KHROUCHTCHEV

Du même auteur

Les paroles qui ébranlèrent le monde, Seuil, coll. « L'Histoire immédiate », 1967.

Staline, Seuil, coll. « L'Histoire immédiate », 1967.

Les Bolcheviks par eux-mêmes (avec Georges Haupt), Maspero, 1969.

L'Affaire Guinzbourg-Galanskov (avec Carol Head), Seuil, coll. « Combats », 1976.

Le Trotskysme, Flammarion, coll. « Champs », 1977.

Trotsky, Presses universitaires de France, coll. « Que sais-je ? », 1980.

Trotsky, LGF, coll. « Biblio essais », 1984.

Vladimir Vissotsky, Seghers, 1989.

1953, les derniers complots de Staline, Complexe, coll. « La Mémoire du siècle », 1993.

Les Peuples déportés d'Union soviétique, Complexe, 1995.

La Russie de 1855 à 1956, Hachette, coll. « Les Fondamentaux », 1997.

La Jeunesse de Trotsky, Autrement, coll. « Naissance d'un destin », 1998.

La Jeunesse de Staline, Autrement, coll. « Naissance d'un destin », 1998.

Le Goulag, Presses universitaires de France, coll. « Que sais-je ? », 1999.

Staline, Fayard, 2001.

Le Trotskysme et les Trotskystes, Armand Colin, 2002.

Lénine, Balland, 2004.

La Guerre civile russe 1917-1922, Autrement, 2005.

Cronstadt, Fayard, 2005.

Trotsky : révolutionnaire sans frontières, Payot, 2006.

Le Dimanche rouge, Larousse, 2008.

L'Antisémitisme en Russie, de Catherine II à Poutine, Tallandier, 2009.

Jean-Jacques MARIE

KHROUCHTCHEV

La réforme impossible

LE GRAND LIVRE DU MOIS

Collection dirigée
par Sophie Bajard

Illustration de couverture : « Nikita Khrouchtchev, Premier secrétaire du parti communiste de l'URSS, signe à Mourenx vers 1961 le livre d'or », © Hugues/Rapho/Rapho.
Photo de l'auteur : © Adine Sagalyn
Cartes : Nathalie Cottrel-Bierling

AVANT-PROPOS

« J'ai commencé à travailler dès le moment où j'ai appris à marcher. Jusqu'à l'âge de quinze ans, j'ai gardé les veaux, les moutons, puis j'ai gardé les vaches des propriétaires fonciers. Ensuite, j'ai travaillé dans une usine qui appartenait à des Allemands, puis dans des mines appartenant à des Français ; j'ai travaillé dans des usines chimiques dont les propriétaires étaient des Belges et maintenant je suis Premier ministre du grand État soviétique [1] ! » C'est ainsi que, le 19 septembre 1959, Khrouchtchev présente la trajectoire inachevée de son existence lors d'un déjeuner au studio de la 20th Century Fox devant le gratin de Hollywood. Il est si fier de cette vision de sa vie que ce texte sert d'exergue à sa première biographie officielle publiée en 1961 à Stalino (actuellement Donetsk), sous le titre *Récit du mineur d'honneur* [2].

L'année suivante, les Éditions sociales, maison d'édition du PCF, publient un *Khrouchtchev inédit* dont l'auteur, Pierre Courtade, amplifie le thème esquissé dans le discours hollywoodien. Il s'extasie sur l'incroyable ascension qui a conduit Khrouchtchev, « petit-fils de l'ancien serf Nikanor Sergueïevitch [...] né dans la pièce unique d'une maison de paysans misérables, éclairée faiblement (le dimanche) par la lampe de l'icône » à devenir « le chef du gouvernement de l'ancien empire des tsars, devenu un État socialiste [3] ». En 1965, l'un des premiers biographes de Khrouchtchev, Wolfgang Leonhard, reprend l'antienne : « Dans un petit village, dans une famille de paysans réduits à la misère, grandit un jeune garçon qui pour vivre doit s'engager comme berger et comme journalier. Aussi ne peut-il suivre l'école qu'en hiver [...]. Mais voici qu'en l'espace de quelques dizaines d'années, le petit berger d'autrefois, le gardien de bétail devient peu à peu le chef tout-puissant du second État du monde par ordre de puissance[4]. »

À l'image trop rustique du gardien de bétail, Khrouchtchev lui-même préférait celle du mineur de fond qu'en réalité il ne fut jamais. Il aimait à répéter : « Je suis un mineur, j'aime sentir l'odeur du charbon, cela me rappelle ma vie à la mine... Je sais ce que c'est qu'un pic, et j'ai plaisir à serrer les mains calleuses des mineurs [...] moi, je sais ce que c'est le cal du travailleur. »

Pierre Courtade couronne son conte de fées politique en faisant de Khrouchtchev le symbole du peuple au pouvoir. Il est en même temps lui-même et l'image de millions d'hommes : « Et pourtant [...] sa vie a été la vie de millions d'autres. Non pas une vie "hors série", mais une vie typique pour les Soviétiques de sa génération [...] une vie qui a coïncidé à tout moment avec une phase ou une autre de la vie du peuple soviétique, sur la voie des succès et aussi sur le long, le dur "chemin des tourments[5]". »

Cinq ans après son discours hollywoodien, Khrouchtchev est renversé par ses pairs, qui effacent son nom de l'Histoire pendant un quart de siècle. Sa figure réapparaît en URSS en 1987, dès les premiers balbutiements de la perestroïka gorbatchévienne, qui fait de lui un ancêtre. La chute de l'URSS en 1991 l'entraîne dans un passé apparemment révolu. Commence alors une entreprise de diabolisation de la révolution russe et de l'histoire de l'Union soviétique dans laquelle Khrouchtchev se voit ramené au rôle mineur d'héritier fantasque et brouillon de Staline bientôt condamné à l'échec.

Or, Krouchtchev est à la fois un personnage caractéristique de l'appareil du parti communiste et de la caste dont cet appareil était l'épine dorsale en même temps qu'un personnage à part en leur sein. Ainsi est-il le seul ancien secrétaire général du Parti communiste de l'URSS décédé dont le buste ne figure pas derrière le mausolée de Lénine, où trônent, impavides,

Staline, Brejnev, Andropov et Tchernenko. Il est aussi le seul secrétaire général, à l'exception du météorique Gorbatchev, qui ait laissé de véritables Mémoires.

Sa personnalité détonne dans l'univers grisâtre des hommes d'appareil auquel il appartint pourtant corps et âme. « Les nombreux portraits qu'ont faits de lui ses sympathisants, souligne Georges Sokoloff, le décrivent bouillant d'énergie, mais tourmenté, brouillon, impulsif, susceptible, autoritaire. Jobard en plus », et marqué par « sa foi dans les solutions miracle [6] ». Boris Souvarine le décrit comme un « personnage prolixe, expansif, touche-à-tout, haut en couleur [7] ». Le communiste français Raymond Jean insiste sur « sa drôlerie, son impertinence, son humour rustre, son côté moujik et bouffon [8] ». Le communiste yougoslave Milovan Djilas, qui le rencontre à Kiev en 1945, le décrit « doué d'une puissante vitalité [...], il s'exprimait de façon vivante et en termes pittoresques. Au contraire d'autres chefs soviétiques, il faisait montre d'une loquacité sans retenue [9] », qui l'amènera plus d'une fois à des gaffes retentissantes. Ainsi, le jour où le chef du gouvernement hongrois János Kádár lui demande d'expliquer le sens d'une déclaration tonitruante mais obscure, Khrouchtchev lui répond : « J'ai fait une gaffe, le monde s'interroge pour savoir ce que cela signifie. Mais cela ne signifie rien du tout [10] ! » Ses foucades improvisées seront parfois désastreuses, pour lui-même et pour sa politique. Il ne cesse de moduler sur tous les tons son attachement viscéral à la « détente » et à la « coexistence pacifique » pour ralentir une course aux armements qui étouffe l'économie soviétique, mais il ne peut s'empêcher de lancer à la face des Américains en novembre 1956 : « Nous vous enterrerons. » Il aura beau multiplier les déclarations lénifiantes sur le caractère pacifique des funérailles ainsi promises, il fournira alors un argument inespéré aux campagnes sur le « danger rouge » et sur la nécessité pour l'Occident, et d'abord pour les États-Unis, d'augmenter les crédits militaires et d'enrichir un arsenal nucléaire pourtant très supérieur à celui de l'Union soviétique.

Khrouchtchev a fait une entrée fracassante dans l'Histoire en février 1956 lorsque, à la fin du XXe congrès du PCUS, il dénonce à huis clos les crimes de Staline. L'écho s'en est considérablement affaibli depuis la chute de l'URSS, mais, en 1978, le dissident Anatole Levitine-Krasnov, libéré du goulag en mai 1954 après sept ans de réclusion, déclarait encore : « Ce fut l'explosion d'une bombe qui provoqua la plus grande vague explosive de l'Histoire. [...] L'année 1956 marque un tournant. Elle entrera dans l'Histoire aux côtés de l'année 1861, l'année de la suppression du servage [11]. » L'historien russe Iouri Afanassiev insiste : « La franchise avec laquelle Khrouchtchev a exposé les crimes de Staline au XXe congrès du Parti constitua une thérapie de choc pour toute une génération [12]. » L'enthousiasme pousse même Raymond Aron à écrire : « Sur les procès et la grande purge, il présenta une version, pour l'essentiel, véridique [13] », alors même qu'il n'avait pas soufflé mot des procès de Moscou (1936-1938).

Pour les historiens Alexandre Nekritch et Michel Heller aussi « le rapport secret de Khrouchtchev était une bombe [...]. Par sa seule dénonciation du culte de la personnalité [...] il avait accompli une œuvre historique [14] ». Christian Dupan et Vincent Giret passent de l'explosion à la déflagration cosmique : « Un homme, un homme seul va orchestrer le "big-bang" du communisme. Il s'apprête à ouvrir une brèche dont il ne mesure pas une seconde les conséquences pour l'Europe, le communisme et la marche du monde. Avec lui, mais aussi malgré lui, plus rien ne sera comme avant dans toutes les démocraties populaires [15]. » Le politologue soviétique Fiodor Bourlatski donne à cet acte la dimension épique d'un exploit hautement périlleux : « Cela a été un des cas rarissimes de l'Histoire où un dirigeant politique a mis en jeu son pouvoir personnel et même sa vie au nom des plus nobles buts sociaux [...]. Khrouchtchev et lui seul était en mesure de le faire avec tant de hardiesse, d'une manière aussi émotionnelle et, sous bien des rapports, aussi irréfléchie [16]... » Son gendre Alekseï Adjoubeï évoque « la nuit [imaginaire !] où Khrouchchtev prit sa décision [17]. » Le romancier André Bitov, écrivain à demi dissident qui ne fut jamais son thuriféraire, orchestre cette même vision d'un nouveau David face au Goliath de l'appareil : « Il a montré là une hardiesse étourdissante... Il y eut ce moment où il était seul. Non pas seul comme un tyran, mais seul comme un acteur historique, un

ACTEUR [...]. En risquant sa vie et non seulement sa carrière [...] Nikita Sergueïevitch écarte les feuillets du rapport “produit d’un accord” et pour la première fois dans la vie du Parti lit un rapport auquel personne n’a donné son accord[18]. » L’histoire devient ici légende.

L’un des auteurs du *Livre noir du communisme*, Nicolas Werth, faisant le bilan de quatre ans d’action de Khrouchtchev, affirme : « Le système répressif a été pour l’essentiel démantelé entre 1954 et 1958 ; on a libéré massivement les détenus du goulag, on a réformé le code pénal, en supprimant tous les articles permettant de condamner pour crimes contre-révolutionnaires, en supprimant aussi les juridictions spéciales du NKVD, la police politique [...]. Véritablement, on est entré dans un autre système. [...] Il n’y a pas eu à ma connaissance une seule exécution politique à ce moment-là [...]. Ce n’était pas l’État de droit mais ce n’était plus le même système de terreur[19]. » À l’exception de la cinquantaine d’officiers de la Sécurité d’État fusillés entre 1953 et 1956, les exécutions politiques ont effectivement cessé. Et pendant les dix ans de sa domination, le travail forcé a été supprimé et le goulag démantelé, des millions de familles ont pu sortir de leurs cabanes en bois sans électricité ni eau courante pour accéder à un logement convenable, certains des peuples déportés sous Staline ont pu retrouver leurs terres, des centaines de milliers de détenus politiques ont été réhabilités et libérés, la condamnation de l’avortement promulguée en 1937 et les impôts spéciaux sur les célibataires et les familles de moins de trois enfants introduits en 1941 et 1944 ont été supprimés. C’est lui qui fait publier dans la revue *Novy mir* le récit d’Alexandre Soljenitsyne racontant le quotidien du goulag, *Une journée d’Ivan Denissovitch,* et le poème antibureaucratique d’Alexandre Tvardovski, *Tiorkine dans l’autre monde.* La rupture est encore plus sensible pour les membres de l’appareil bureaucratique qui corsète le pays ; sous Staline, un apparatchik en disgrâce finissait souvent en prison, au goulag ou au cimetière ; sous Khrouchtchev, il peut certes toujours être révoqué, limogé, déplacé, mais il garde la vie et retrouve un poste avec les privilèges qui y sont liés. Sous Staline, le membre du Bureau politique limogé recevait d’ordinaire une balle dans la nuque, sous Khrouchtchev il finit ambassadeur.

Khrouchtchev avait pourtant, deux décennies durant, suivi sans broncher le parcours d'un exécutant docile, admiratif et expéditif de Staline. De 1936 à 1940, il avait brutalement décimé Moscou puis l'Ukraine en y exterminant pêle-mêle anciens koulaks, trotskystes réels ou prétendus, saboteurs, nationalistes ukrainiens, agents allemands et polonais, boukhariniens, trotsko-boukhariniens dont l'immense majorité n'étaient rien de tout cela. Il était l'exemple achevé de ces simples soldats de la révolution de 1917 arrachés par elle à la morne existence de l'ouvrier à qui la liquidation par Staline de la quasi-totalité des grands, moyens et petits dirigeants de la révolution avait ouvert la voie des sommets : il est le premier grand promu de la génération qui se hisse sur leurs cadavres et va diriger l'URSS jusqu'à la mort d'Andropov en 1985.

Il souligne lui-même cette continuité en multipliant les plans aux objectifs irréalisables constamment renouvelés, en envoyant huit mois après sa dénonciation de Staline les chars soviétiques écraser la révolution hongroise et les conseils ouvriers qui couvraient le pays, en faisant pendre le chef du gouvernement, Imre Nagy, et trois autres dirigeants de cette révolution, en faisant mitrailler en juin 1962 les ouvriers de Novotcherkassk en grève contre l'augmentation brutale du prix du pain, du lait et de la viande cumulée à la baisse de leur salaire avant de faire condamner à mort sept de leurs « meneurs ». Il réafffirme cette continuité en annonçant – comme Staline déjà – la réalisation prochaine en URSS du communisme, c'est-à-dire d'un système d'abondance assurant la satisfaction des besoins de chacun et la liberté la plus grande grâce à l'extinction progressive de l'État et de son appareil répressif, alors même que l'économie soviétique est marquée par une pénurie permanente des produits de première nécessité. Il poursuit la tradition stalinienne en soumettant toute la vie culturelle et artistique au contrôle policier d'une bureaucratie réactionnaire et bornée et en persécutant les écrivains qui déplaisent à son régime. Certes, à la différence de Staline, il n'en fait déporter ni fusiller aucun, mais il organise une véritable chasse à l'homme contre Boris Pasternak, contraint de refuser le prix Nobel puis menacé d'être traduit en justice et qui meurt aussitôt après, brisé. Il couvre de boue des peintres dits abstraits qui ne l'étaient d'ailleurs pas, le sculpteur Ernst Neizvestny, le romancier Victor Nekrassov, le poète André Voznessenski ; c'est pendant qu'il est au pouvoir et en application d'une loi du 5 avril 1961 inspirée par lui que le poète Joseph Brodsky, futur prix Nobel de littérature (1987), est condamné à cinq ans de relégation pour « parasitisme social » en février 1964. Brodsky a en effet le tort d'écrire sans être inscrit à l'Union (très officielle) des écrivains, véritable mangeoire de dix mille plumitifs encartés, le plus souvent dénués du moindre talent et plus capables de boire que d'écrire.

Il maintient aussi la défense du statu quo mondial issu des accords de Yalta et de Potsdam en passant d'une forme rigide de coexistence pacifique (la guerre froide) à une forme souple (la détente) ; et si ce statu quo est rompu à Cuba, il n'y est pour rien. Il le dira d'ailleurs lui-même. Il marque aussi la continuité en subordonnant, comme Staline, les partis communistes aux intérêts du Kremlin : en 1938, Staline avait dissous le Parti communiste polonais, qui le gênait dans ses tractations avec Hitler ; en 1939, il avait exigé que les partis communistes du monde entier soutiennent le pacte germano-soviétique et mettent fin à leur propagande antifasciste au nom des intérêts supérieurs de son État. Khrouchtchev se situe encore dans cette tradition lorsqu'il manifeste son soutien au chef du gouvernement indien Nehru en 1959, au moment même où celui-ci dissout le gouvernement provincial du Kerala dirigé par des communistes dans le silence assourdissant de Moscou, ou en attribuant en 1964 l'ordre de Lénine au président égyptien Gamal Abdel Nasser, qui a jeté en prison des centaines de militants communistes. Ce n'est certes là qu'un reflet assez pâle de la politique de Staline, mais un reflet quand même.

Cette continuité semble pourtant se heurter à sa dénonciation plusieurs fois répétée des crimes de Staline et à la valse des réformes, restructurations et transformations qu'il entreprend. Leur simple énumération a de quoi donner le tournis et leur accumulation est l'un des motifs, sinon le motif premier de son renversement par ses pairs.

Ces derniers exprimèrent alors le rejet de Khrouchtchev par l'appareil du Parti. Mais sa chute satisfaisait tout le monde.

Ses biographes russes Roy et Jaurès Medvedev écrivent ainsi : « La chute de Khrouchtchev était inévitable et attendue depuis longtemps dans le silence en URSS [...]. Khrouchtchev était peut-être un homme bon mais il menait le pays et surtout le Parti dont il avait ébranlé le pouvoir et l'unité à la catastrophe. » Sa déposition « fut accueillie par la population [...] avec une grande satisfaction [...]. En 1964, Khrouchtchev avait réussi à dresser contre lui toutes les couches de la population et tout l'appareil dirigeant du Parti et de l'État [20] ». Son collaborateur Fiodor Bourlatski note lui aussi en octobre 1964 que « la quasi-majorité de la société poussa un soupir de soulagement et commença à attendre avec espoir des changements favorables [21] » – qui ne vinrent pas.

La « stagnation » brejnévienne qui suit son « règne » pendant dix-sept ans, avec sa tentative en partie avortée de réhabilitation de Staline et sa chasse aux dissidents, la crise alimentaire permanente, l'apparition dans la caste dirigeante de baronnies et de mafias qui se taillent de petits empires et aspirent à s'enrichir du produit de leurs pillages sur le marché mondial, l'enlisement coûteux en Afghanistan, la décomposition du régime font apparaître l'ère khrouchtchévienne comme celle d'un espoir raté ou déçu. Sous Brejnev, tous les éléments de décomposition mafieuse en germe sous Khrouchtchev se développent à grande vitesse. Brejnev et ses successeurs (Andropov, Tchernenko) effacent complètement toute trace de Khrouchtchev, y compris après sa mort, comme s'il représentait encore un danger. Il est interdit d'imprimer son nom, d'évoquer son rôle, fût-ce négativement. En 1980, Moscou publie les œuvres complètes de l'auteur du *Don paisible*, Mikhaïl Cholokhov. Lors de la remise du prix Lénine, le 16 juillet 1960, Cholokhov avait remercié et salué avec une émotion toute alcoolisée « son cher Nikita Sergueïevitch ». En 1980, son nom n'apparaît plus. Khrouchtchev est rayé de l'Histoire et entre dans le néant d'où il ne ressort que sous Gorbatchev, à partir de 1987, lorsque citer son nom est de nouveau autorisé. En 1989, son rapport secret contre Staline prononcé au XXe congrès du PCUS est enfin publié en URSS. Ses Mémoires commencent à être imprimés dans la revue

Vopressy Istorii l'année suivante, juste avant la chute de Mikhaïl Gorbatchev.

Peu après sa mort, sa famille demande au sculpteur Ernst Neizvestny, qu'il avait copieusement injurié neuf ans plus tôt, d'ériger un monument funéraire sur sa tombe. Neizvestny grogne : « Le défunt au cours de sa vie m'a gâché plusieurs années, il continue maintenant après sa mort, mais j'exécuterai cette commande, je le veux. Il en vaut la peine[22]. » Son monument représente un Khrouchtchev formé de deux blocs blanc et noir étroitement entrelacés. Il présente ainsi son existence comme une opposition jamais surmontée entre le mal et le bien. C'était le vœu de Khrouchtchev lui-même qui déclara plusieurs fois devant son fils : « Après ma mort, on posera mes actes sur une balance. Le mal sur un plateau, le bien sur l'autre, j'espère que le bien l'emportera[23]. »

Réduit ainsi à un choc entre les catégories de la morale éternelle, le contraste qui marque sa carrière devient purement intérieur. Or il est d'abord et avant tout politique. Ainsi, dans ses Mémoires, Khrouchtchev peut à loisir et sans y voir la moindre contradiction féliciter Staline d'avoir « édifié le socialisme en Union soviétique » et lui reprocher amèrement d'avoir « anéanti la fleur du peuple soviétique » et l'élite du parti communiste. En quoi consiste ce contraste qui l'amène à cette étonnante affirmation que l'anéantissement de la fleur du peuple soviétique pourrait accompagner l'édification du socialisme, voire déboucher sur elle ? Pourquoi Khrouchtchev n'a-t-il pu surmonter ce dilemme malgré sa dénonciation de Staline ?

Lorsque la perestroïka a fait resurgir sa figure du néant où ses héritiers l'avaient enfouie, les journalistes, chercheurs, historiens soviétiques ont proposé une demi-douzaine de réponses qui sont autant de variantes de la même : il s'est arrêté à mi-chemin, il s'est heurté aux forces conservatrices du Parti, il a hésité, il a fait marche arrière, il n'a pas fait confiance au peuple, ou encore il y aurait eu deux Khrouchtchev : le libéral du XXe congrès et de la déstalinisation ; puis le Khrouchtchev dictatorial enfermé dans son propre culte. Soukhanov, l'ancien secrétaire de son éphémère rival Malenkov, déclarait juste avant de mourir : « Khrouchtchev, tout en dénonçant le culte de la personnalité, [...] a prolongé fondamentalement la ligne de la direction stalinienne [24]. » Selon son fils Sergueï, lorsque son père dictait ses Mémoires, il « revenait constamment à Staline ; il semblait avoir été “empoisonné” par Staline, s'efforçait de l'extirper de lui-même, mais ne pouvait pas y parvenir [25] ». Pourtant, en 1970, un an avant de mourir, Khrouchtchev, convoqué par le Comité de contrôle du Parti, lance au président du Comité : « Moi aussi j'ai été infecté par Staline, mais je me suis libéré de Staline et pas vous [26]. »

La continuité politique ne serait-elle donc qu'apparente ? Contredit-elle la rupture du XXe congrès ou en donne-t-elle la signification profonde ? Au-delà du personnage même de Khrouchtchev, cette biographie tente d'apporter une réponse à cette question qui dépasse sa personne et la période pendant laquelle il a exercé le pouvoir, dans la mesure où les convulsions de sa décennie préfigurent et annoncent la chute de l'Union soviétique.

Ses Mémoires, dont le texte complet a été publié à Moscou en 1999, donnent des éléments fragmentaires de réponse. Au fil de leur dictée, Khrouchtchev s'interroge d'ailleurs sur les causes de son échec et, par-delà sa personne, de ce qu'il appelle l'édification du socialisme en URSS. Ces souvenirs, à la fois confession et plaidoyer, truffés d'anecdotes, d'ellipses, d'oublis et de fables sont d'un maniement délicat et à utiliser avec prudence. Mais ils sont riches d'enseignement et accompagnés de documents jusqu'alors souvent inaccessibles.

Ceux de son fils Sergueï sont eux aussi précieux, même si la volonté de défendre en toute occasion la bonne foi et l'honneur paternels l'amène à occulter, voire à déformer certains faits. D'autres acteurs principaux ou secondaires de cette époque ont laissé des souvenirs : son gendre, Alekseï Adjoubeï, qu'il plaça à la tête du quotidien les *Izvestia* et envoya plusieurs fois en mission auprès de divers grands de ce monde ; Anastase Mikoïan, membre du Bureau politique pendant près de trente ans ; le fils du chef de la police politique Beria, Sergo Beria ; Dimitri Chepilov, ancien rédacteur en chef de la *Pravda*, ancien ministre des Affaires étrangères et membre du Praesidium et du Secrétariat du Comité central ; le maréchal Joukov ; son collaborateur Fedor Bourlatski ; les anciens chefs du KGB Chelepine et Semitchastny. Molotov et Kaganovitch, bras armés de Staline puis rivaux déchus de Khrouchtchev, comme de multiples collaborateurs de ce dernier ont accordé des entretiens. Tous ces souvenirs sont d'une fiabilité variable, et à utiliser avec précaution, surtout ceux du fils de Beria.

L'ouverture partielle des archives soviétiques a permis l'accès à de nombreux documents utilisés pour la première fois dans une biographie de Khrouchtchev en France : d'abord le texte authentique et complet de ses Mémoires, dont le lecteur trouvera ici de larges extraits traduits par moi, beaucoup plus fiable que le texte publié en France en 1970, traduction d'une version transmise en Occident par le KGB, objet de larges coupures ; les procès-verbaux souvent succincts mais toujours éloquents de nombreuses réunions du Praesidium du Comité central, l'organisme dirigeant du PCUS, et du Comité central lui-même, dont même le biographe américain de Khrouchtchev, William Taubman, n'avait pu utiliser que des fragments ; les procès-verbaux des réunions du Comité central consacrées à l'élimination de Beria (1953), du « groupe anti-parti » de Molotov, Malenkov, Kaganovitch, à celle du maréchal Joukov (1957) puis de Khrouchtchev lui-même ; les documents d'archives sur la situation réelle dans les Terres vierges, épopée officielle du régime, sur la grève de Novotcherkassk de juin 1961 et sa sanglante répression ; l'abondante correspondance avec les instances régionales du PCUS dont les secrétaires seront le principal soutien de Khrouchtchev avant de devenir ses adversaires ; des procès-verbaux d'entretiens multiples de ce dernier avec des dirigeants du Labour Party britannique, ou avec l'envoyé du Vatican Casins, ses nombreuses notes aux instances dirigeantes du PCUS, etc. Ces documents accessibles depuis peu permettent de confronter tous ces souvenirs douteux aux traces que laisse l'Histoire dans les coulisses où les grands de ce monde pensent en tirer les ficelles.

Première partie

Vers un avenir meilleur ?

1

« Khrouchtchev l'ignorant » (1908-1916)

À Hollywood, Khrouchtchev avait conclu la description de sa trajectoire par un modeste : « Je n'ai nullement honte de mon passé. » Il est pourtant d'un laconisme extrême lorsqu'il évoque son enfance et son adolescence dans le récit construit de son existence qui forme les deux premiers tomes de ses Mémoires, dictés après son éviction du pouvoir.

« Dans mon enfance, écrit-il, j'ai d'abord vécu à la campagne et j'ai aimé le mode de vie paysan. Mais, ajoute-t-il, j'ai passé pour l'essentiel mes années d'enfance dans les mines avec mon père qui travaillait dans les houillères. J'ai tout particulièrement gardé en mémoire son travail dans la mine Ouspenskaïa, à quatre kilomètres au sud de Iouzovka. J'ai moi-même, dans mon enfance, travaillé dans une usine de construction mécanique, puis dans une mine et enfin j'ai servi dans l'Armée rouge. »

Khrouchtchev survole ainsi en six lignes plus de vingt ans de son existence ! Difficile d'être plus évasif. Certes, il y revient quelque peu dans les paragraphes suivants, mais surtout pour évoquer, très brièvement, la vie des paysans de sa région natale, leurs maigres moyens et leurs méthodes rudimentaires de culture, puis il effectue un bref retour en arrière : « En 1908, mon père et ma mère se firent embaucher sur le riche domaine du grand propriétaire Vassiltchenko. J'étais déjà un adolescent, j'avais quatorze ans et j'y travaillais dans les labours comme bouvier. Ce travail était lourd pour mon âge ; il fallait soulever le joug et atteler les bœufs à la charrue. Cela entrait dans les obligations du bouvier et pas du laboureur. »

Cette éphémère incursion dans sa vie d'adolescent s'achève à peine esquissée et se poursuit par un survol fulgurant des années suivantes : « C'est ainsi qu'ont commencé le travail à la mine, dans les usines, les grèves, la révolution, la guerre civile. Je ne raconterai rien de tout cela, j'y ferai peut-être allusion quelque part dans le cours de mon récit [1] » – qui passe alors directement à l'année 1922 : ses vingt-huit premières années tiennent ainsi en moins de vingt-huit lignes. Par la suite, il est vrai, Khrouchtchev revient à divers moments sur quelques souvenirs épars de son enfance et de son adolescence, lorsqu'il évoque son voyage en Inde, ses rapports avec la Tchécoslovaquie, l'antisémitisme de Staline ou sa passion pour le maïs, mais presque toujours de façon elliptique. Cette période ne semble plus vraiment l'intéresser lorsqu'il se penche sur son existence à son crépuscule pour en dresser le bilan. Sa chute a effacé en lui l'ivresse que provoquait auparavant le souvenir ému du chemin parcouru. Cette discrétion contraste avec sa volubilité habituelle.

Khrouchtchev est né le 2 avril 1894 (dans le calendrier julien ; le 15 avril dans le calendrier grégorien adopté en Russie en février 1918) à Kalinovka, bourgade de quelque 1 200 habitants située dans la province de Koursk, en Russie centrale. Il a, on ne sait pourquoi, repoussé la date de sa naissance deux jours plus tard, au 4 (17) avril, date officielle de son anniversaire. Ses parents, Serge et Ksenia, sont des paysans pauvres sans terre ni cheval. Son père travaille quelque temps sur les terres d'un grand propriétaire voisin. La famille vit dans une isba, cabane de bois recouverte de chaume ; la pièce centrale est disposée autour d'un poêle sans cheminée et percée de fenêtres minuscules soigneusement bouchées pour ne pas laisser entrer l'air, surtout en hiver. Une pièce de l'isba est réservée au petit bétail et à la volaille. L'hiver, la fumée de la cuisine envahit la pièce. Dans l'odeur âcre de fumée et de graillon, les punaises et les cafards grouillent sur le sol de terre battue et sur les murs flanqués de planches mobiles installées sur des montants ; c'est là que dorment les membres de la famille.

Lorsque la popularité éphémère de Khrouchtchev s'effondrera dès la fin des années 1950, la rumeur populaire transformera son père en koulak (paysan riche) possesseur d'un moulin (caractéristique du koulak, qui peut ainsi pressurer tous les paysans qui viennent faire moudre leur blé). Rien n'est plus loin de la vérité. Son père, comme tous les paysans sans terre, loue ses bras pour les travaux des champs l'été et l'automne, et s'embauche l'hiver là où il peut trouver du travail, souvent loin de Kalinovka. Il tâte de tous les métiers. Évoquant un jour son père devant ses collègues, Khrouchtchev en fait l'illustration des méfaits de l'ignorance : « Mon père a commencé par être un cordonnier de pacotille : au début il fabriquait des chaussures, et quand il voulait les retirer de l'embauchoir, il n'y arrivait pas car il les avait clouées dessus[2]. » En 1898, Serge Khrouchtchev part avec sa femme dans le Donbass, vaste bassin minier qui s'étend sur la province russe de Rostov et surtout sur les provinces ukrainiennes de Lougansk et du Donets, à plus de 400 km au sud de Kalinovka. Il y travaille d'abord comme manœuvre dans les chemins de fer puis dans une usine de briques. Le petit Nikita vit alors chez son grand-père, qui le laisse souvent dormir au-dessus du poêle, une place privilégiée bien au chaud. Sa grand-mère le nourrit de maïs cuit à l'étuvée, plat alors considéré comme le comble du raffinement.

Deux ans plus tard, Serge Khrouchtchev revient avec sa femme et une fillette, Irina. Khrouchtchev n'aura pas d'autre sœur et pas de frère. Son enfance est misérable. Comme tous les petits – et la plupart des grands – paysans de son âge, il marche pieds nus ou porte des *lapty*, sortes d'espadrilles de teille fixées au bas de la jambe et qui ne protègent ni de l'humidité ni du froid. Son pantalon est retenu par un bout de ficelle ; la manche de sa veste lui sert de mouchoir.

Le 14 avril 1900, à quelque 1 000 km au nord-ouest, dans le village de Vassiliev, près de Chelm, aujourd'hui en territoire polonais, naît dans une famille de paysans misérables Nina Koukhartchouk, qui deviendra en 1923 la compagne de Khrouchtchev. Les paysans du village parlent ukrainien ;

l'administration locale ne parle que russe. La famille vit sur un lopin de terre de moins de un hectare. La chaumière de terre battue ne possède pas de table ; lors des repas, on dispose sur un banc une grande écuelle où chacun pioche comme il peut.

Pendant l'hiver 1904, son père part s'engager comme mineur à Iouzovka. Peu après s'y être installé, il fait venir sa femme et ses enfants. La famille loge dans un gros village à 4 km de la ville. Serge inscrit Nikita à l'école du village près de la mine où il travaille. La Russie de l'époque comporte des écoles primaires religieuses orthodoxes et des écoles publiques gérées par les *zemvstvos* (assemblées locales). L'enseignement y est limité : lecture et écriture, maîtrise des quatre opérations arithmétiques élémentaires et étude de la religion orthodoxe, discipline obligatoire tout au long de la scolarité primaire, secondaire et supérieure. À l'école paroissiale, le maître fait entrer les maigres connaissances exigées (et surtout le catéchisme), qu'il faut apprendre par cœur, à coups de règle sur les doigts ou sur la tête. Pour Nina Koukhartchouk, qui entrera à l'école en 1906, s'ajouteront les coups de règle distribués par le maître pour fautes dans l'apprentissage du russe.

C'est l'époque des pogroms, qui secouent la Russie de 1903 à 1906. Dès 1900, le pays subit les contrecoups d'une crise mondiale de surproduction, les carnets de commandes de l'industrie russe destinées à l'étranger se vident. Or, la paysannerie russe ne peut guère acheter que du sel, des allumettes, quelques étoffes et de la vodka. Elle ne fournit aucun marché à son industrie nationale. En trois ans, de 1900 à 1903, 3 000 entreprises ferment leurs portes, la métallurgie licencie le tiers de sa main-d'œuvre. Les ouvriers répondent ici et là par la grève. En divers endroits, les paysans se soulèvent, occupent des terres et incendient les manoirs des grands propriétaires.

Le régime tsariste utilise la chasse aux juifs pour détourner la colère des paysans récemment arrachés à leur terre (ou à leur manque de terre) et entassés dans des usines d'où on les congédie alors par milliers. Des organisations dites Cent-Noirs ou Centuries noires, qui pullulent au début du siècle, lancent, avec la complicité active ou passive des autorités et de l'Église orthodoxe, des hordes fanatisées à l'assaut des juifs aux cris de « Mort aux juifs, sauvons la Russie ! ». Iouzovka n'est pas épargnée. Un jour d'octobre 1905 ensoleillé, en rentrant de l'école, Khrouchtchev croise un homme qui interpelle les écoliers en pleurant : « Ah, les mômes, qu'est-ce qui se passe à Iouzovka ! » Khrouchtchev y court. Aux abords de la ville, il aperçoit une foule immense alignée sur les monceaux de minerai de fer entassés en bordure des voies de chemin de fer, et un détachement de Cosaques. Un clairon sonne, des coups de feu éclatent ; les soldats empêchent la foule de passer. Khrouchtchev ne voit rien. Le soir, la foule se disperse après avoir pillé les juifs. Le lendemain, dès la sortie de l'école, Khrouchtchev se précipite de nouveau à Iouzovka. Les ouvriers de la mine où travaille son père se vantent d'avoir raflé des bottes et des vêtements. Certains racontent un spectacle fantasmagorique : « Les juifs avaient organisé un cortège en brandissant des bannières avec sur leurs épaules leur tsar juif. Les Russes les attaquèrent à coups de gourdin, le tsar juif se réfugia dans une tannerie. Les Russes y mirent le feu et le tsar juif brûla vif[3]. » Le bruit court qu'un arrêté permet durant trois jours de faire ce que l'on veut aux juifs. La police lui donne consistance en ne bougeant pas trois jours durant. Le pillage se poursuit sans entrave dans le nuage des plumes arrachées par les pillards aux matelas des maisons juives. À l'infirmerie de l'usine, Khrouchtchev découvre, horrifié, les cadavres des juifs assassinés alignés sur le sol.

En novembre 1905, Serge Khrouchtchev revient avec sa petite famille à Kalinovka. Ils s'installent à nouveau chez le grand-père, mais lorsque Serge n'a plus les moyens de contribuer aux frais de la maison, le grand-père les chasse et les quatre Khrouchtchev s'installent dans une cabane en torchis percée de fenêtres minuscules. Serge s'embauche à nouveau comme laboureur.

En 1906, une école publique de *zemvstvo* ouvre ses portes à Kalinovka. Le petit Khrouchtchev y est inscrit. Combien de temps y reste-t-il ? Combien de temps au total a-t-il fréquenté l'école ? En juin 1957, il lancera à son adversaire Dimitri Chepilov, fier de ses diplômes : « Moi j'ai étudié un seul hiver chez un pope pour le prix d'un sac de patates[4]. » Au même

Chepilov, il racontera qu'à Kalinovka, il a fréquenté l'école du village un seul hiver, que l'année suivante il n'y est allé que de temps à autre puis a complètement cessé de s'y rendre. Dans un passage de ses Mémoires, il affirme : « Après un an ou deux à l'école, j'avais appris à compter jusqu'à trente. Mon père décida que j'avais passé assez de temps à l'école. Il me dit que tout ce dont j'avais besoin était d'être capable de compter l'argent et que je n'aurai jamais plus de trente roubles à compter de toute façon[5]. » À d'autres endroits de ses Mémoires, il affirme avoir passé quatre ans à l'école, qui ouvre en octobre et ferme ses portes en mars, l'école rurale ne fonctionnant que l'hiver. Le reste du temps, l'enfant doit être libéré pour les travaux des champs ou pour garder les troupeaux. Réduire ces quatre demi-années à une ou deux vise peut-être à impressionner son auditoire en exagérant la longueur du chemin parcouru.

En 1990 paraît en France un volume complémentaire des Mémoires composé d'« extraits inédits » des bandes enregistrées par Khrouchtchev. Celui-ci affirme avoir d'abord fréquenté l'école de Iouzovka. Puis, après son retour à Kalinovka en 1906, il aurait suivi les cours d'une institutrice socialiste-révolutionnaire et athée Lydia Chevtchenko, qui, au grand scandale de tout le village, n'allait jamais à l'église. Il voit chez elle pour la première fois « des livres interdits » et y rencontre un jour son frère, à qui l'institutrice déclare : « C'est le garçon dont je t'ai parlé. Il voudrait que je lui passe des tracts interdits. » Dans son village perdu de Kalinovka, à l'âge de douze ou treize ans, le petit bouvier Khrouchtchev aurait donc déjà été un rebelle ? C'est bien douteux. Mais, comme lui, les dirigeants formés à l'école de Staline avancent systématiquement leur engagement révolutionnaire précoce. Plus ils remontent tôt dans leur enfance et plus leur qualité passée de révolutionnaire leur paraît garantie. Certains semblent l'être quasiment dès le berceau.

Khrouchtchev affirme ensuite : « J'étais très bon en maths. Je pouvais résoudre en un temps record, et mentalement, n'importe quel problème. » Son niveau est si élevé que son institutrice, lorsqu'elle part en ville ou faire des courses, lui confie le cours de mathématiques (limité à l'arithmétique) :

« J'enseignais les règles de base aux autres enfants. » Le voici donc instituteur remplaçant à l'âge de douze ou treize ans ! Ce récit complaisant se conclut par la perspective non réalisée d'un autre destin : « Quand j'arrivai au terme de mes quatre années d'école, Lydia me dit : "Nikita, tu devrais poursuivre tes études. Ne reste pas au village, va à la ville. Quelqu'un comme toi doit faire des études. Il faut que tu reçoives une instruction[6]." » Il méritait donc de recevoir l'instruction qui lui a manqué. Mais son père n'ayant plus un sou, la carrière scolaire de Khrouchtchev se trouva ainsi brisée.

Que croire de ce récit supprimé sans explication de l'édition définitive de ses Mémoires par son fils Sergueï ? En l'effaçant, les éditeurs russes gomment également le nom de Lydia Chevtchenko, qui n'apparaît plus nulle part. Son influence sur le petit Nikita semble d'ailleurs avoir été réduite. Khrouchtchev déclarera en effet lors de sa visite en France, en 1960 : « J'ai été un excellent élève de religion. » L'athéisme de Lydia Chevtchenko ne l'avait donc pas convaincu. La disparition de ce passage réduit d'autant la scolarité du petit Khrouchtchev. Son père lui fait alors quitter l'école et veut en faire un cordonnier, puis, devant le refus de son fils, un vendeur dans un magasin. Nikita refuse encore.

Il tâchera plusieurs fois de compléter sa mince formation, mais abandonnera toujours en chemin. Il suivra plus ou moins les cours de la faculté ouvrière *(rabfak)* de 1922 à 1925, sans grand succès malgré le faible niveau de ces « facultés » destinées à fournir une formation élémentaire. Son ancien collègue du Secrétariat du Comité central, Dimitri Chepilov, l'accusera d'être resté toute sa vie quasiment illettré. Selon lui, « Khrouchtchev n'a réellement jamais rien lu : ni livres ni revues. Il n'en sentait en lui aucune nécessité [...]. C'était un ignorant rêveur [...], un homme peu instruit et il n'aimait pas étudier les questions minutieusement ». Chepilov l'accuse même d'être incapable de signer convenablement son nom et d'écrire quelques lignes dans un russe correct, et le surnomme souvent « Khrouchtchev l'ignorant[7] ». L'ancien président du KGB Vladimir Semitchastny affirme plus modestement que « Khrouchtchev n'écrivait pas de longues lettres. Il ne rédigeait jamais de résolutions de sa propre main car il se méfiait de son orthographe, de sa grammaire et du reste ». Vladimir Semitchastny recevait toujours les documents avec une fiche jointe écrite par son assistant Chouïski et signée par Khrouchtchev l'informant que ce dernier avait pris connaissance de sa note. « Il n'écrivait même pas “d'accord”. Il signait et c'est tout. Même les mots “d'accord” ou “pas d'accord”, c'étaient ses assistants qui les écrivaient [8]. » Le fils de l'éphémère successeur de Staline, Malenkov, insiste : « Khrouchtchev était un individu parfaitement mal dégrossi, avec un sens de l'humour extrêmement grossier, il n'avait jamais rien lu et ignorait totalement la littérature [9]. » « Khrouchtchev me faisait penser à un marchand de bestiaux », déclare Molotov, qui ajoute : « Un homme sans culture, c'est évident [10]. » Un responsable du ministère des Affaires étrangères affirme : « D'un côté, il avait un flair stupéfiant en politique et de l'autre, tout au long de sa carrière, il a manqué de connaissances [11]. » Pronine, qui travailla sous ses ordres avant de devenir président du soviet de Moscou d'avril 1939 à 1945, déclara : « Il était inculte et là était son malheur [12]. » L'historien de la flotte russe Alexandre Chirokorad le qualifie « d'ignorant apparatchik du Parti [13] ».

Une chose est certaine : la lecture lui pèse, et, une fois au pouvoir, il demandera qu'on lui lise à haute voix les œuvres sur lesquelles il est invité à donner son avis. De même, à la tribune d'un congrès, il se détachera régulièrement du texte écrit dont le déchiffrement le fatigue pour se lancer dans des improvisations parfois sans rapport avec le fil même du développement. En 1964, il déclarera à l'écrivain Cholokhov qui l'incite à lire son dernier ouvrage qu'il peine à faire publier : « Je n'ai pas le temps de lire de la littérature [...]. Et quand je lis des documents, mes yeux se fatiguent et j'ai l'impression qu'on me tape sur la tête à coups de marteau [14]. » Il prêche sans doute pour sa paroisse quand il note dans ses Mémoires : « J'ai rencontré beaucoup de gens cultivés pas très intelligents et en revanche des esprit brillants qui n'avaient pas reçu de formation systématique [15]. » Mais de là à dire qu'il n'a jamais lu un livre, il y a plus qu'un pas...

L'inculture de Khrouchtchev est un lourd héritage du tsarisme. Les besoins du développement industriel exigeaient la formation d'une couche d'ouvriers et d'employés sachant écrire et lire pour comprendre les instructions, mais la masse de la population était toujours composée d'une paysannerie arriérée, utilisant encore l'araire en bois, que le régime et l'Église orthodoxe, désireux de maintenir ses superstitions, jugeaient inutile d'alphabétiser massivement. Ainsi, en 1911, les deux tiers des recrues (67 %) étaient-elles totalement analphabètes. Certains des hauts dignitaires du régime tsariste étaient eux-mêmes fort incultes, à commencer par le tsar Alexandre III. Dimitri Trepov, chef de la police impériale à Moscou, passe pour n'avoir lu de toute sa vie que le seul « règlement de la cavalerie », dans laquelle il avait servi au cours de sa jeunesse.

Khrouchtchev est, par son manque de culture, un digne représentant de la couche dirigeante promue par Staline après la liquidation massive des dirigeants bolcheviks d'octobre 1917. Ces derniers étaient cultivés, souvent polyglottes, auteurs de traités politiques, économiques, historiques, voire de romans ou de pièces de théâtre. Sans parler de Trotsky et de Lénine, Boukharine et Preobrajenski ont écrit des ouvrages d'économie, Lounatcharski et Raskolnikov, des drames, Arossev, des romans. La liste pourrait encore s'allonger.

Les cadres moyens du parti communiste, après la saignée de la guerre civile qui a envoyé à la mort la moitié du Parti et surtout son vieil encadrement révolutionnaire, sont pour la plupart quasi illettrés, surtout dans les campagnes et dans les provinces lointaines. La génération de dirigeants promue par Staline sur les cadavres des premiers est formée surtout de plébéiens contraints de travailler aux champs ou dans des ateliers enfumés dès leur plus jeune âge. Kaganovitch, qui fut plusieurs années durant le bras droit de Staline, après avoir été apprenti cordonnier, n'a derrière lui que quatre ans d'école primaire, comme le chef de la Sécurité d'État de 1946 à 1951, Abakoumov, qui commence à travailler à l'âge de treize ans, ou Matvei Chkiriatov, président du Comité de contrôle du Parti, dont les lettres sont truffées de fautes d'orthographe. Le maréchal Vorochilov, commissaire du peuple à la Guerre, envoyé au travail dès l'âge de huit ans, n'a pu recevoir aucune instruction ; et Anastase Mikoïan dira du maréchal Timochenko qu'« il n'avait jamais lu aucun livre[16] ».

Le Secrétariat du Comité central rédigera dès 1922 un « mode d'emploi » des résolutions du Bureau politique et du Comité central. « Il était obligé, expliquera l'un de ses membres, Balachov, de donner des instructions amples et détaillées aux cadres sur place dans la mesure où il s'adressait à des gens en majorité peu instruits et qui souvent ne comprenaient même pas de quoi il était question dans les résolutions et qui avaient donc besoin d'explications et d'indications concrètes[17]. » Cela permettra au Secrétariat, dirigé par Staline à partir d'avril 1922, de moduler à son gré les résolutions votées.

La bureaucratie stalinienne, comme son ancêtre tsariste, fait de la docilité, voire de la servilité, la vertu première. Certes, la culture ne vaccine pas contre elles, mais elle favorise la capacité d'analyser, l'esprit critique et le doute. La bureaucratie s'en méfie donc. Les proches collaborateurs de Khrouchtchev, Brejnev, Polianski, Podgorny, sont plus incultes encore que lui : leur passe-temps favori – en dehors de la chasse et de la pêche, activités préférées des apparatchiks – est le jeu de dominos. Khrouchtchev méprisant cette distraction, les trois hommes attendent qu'il ait le dos tourné pour les sortir et pouvoir enfin y jouer.

Les dirigeants formés à l'école stalinienne semblent souvent fiers de cette inculture qu'ils peuvent exagérer à l'occasion. Le 13 juin 1953, lors d'une rencontre entre les dirigeants soviétiques et hongrois, Khrouchtchev, prêchant pour sa paroisse, lance à ses interlocuteurs : « Vous pensez peut-être que celui qui ne sort pas de l'université n'est pas apte au commandement. » Mais, ajoute-t-il : « Il ne faut pas envoyer tout le monde à la faculté[18]. »

Mikoïan atténue les conséquences de cette inculture en affirmant : « Khrouchtchev était un véritable autodidacte, que l'on pourrait comparer à un diamant non taillé, non travaillé. Malgré son éducation tout à fait réduite, il saisissait vite les choses, apprenait rapidement[19]. » En un mot, il avait de l'intuition, du flair, l'instinct d'un animal politique. Mais cette inculture l'amènera à dépendre exagérément de conseillers chargés de rédiger ses discours et de parfaire ses interventions pour la presse.

Khrouchtchev laissera plusieurs fois percer la gêne ou le regret que suscite en lui sa maigre instruction. Ainsi, reçu le 15 septembre 1959 à la Maison-Blanche par Dwight Eisenhower, il évoque l'histoire des rapports entre l'URSS et les États-Unis puis s'interrompt en susurrant : « Je ne prétends pas avoir, loin de là, de profondes connaissances en histoire [20]. » Selon son gendre, Khrouchtchev, à la fin de sa vie, « posait souvent le livre qu'il lisait et soupirait qu'il n'avait pas réussi à terminer sa formation supérieure. En général, disait-il, il n'avait pas eu de chance avec ses études : les affaires urgentes du Parti l'empêchaient trop fréquemment d'assister aux cours [21] ». Dans un Comité central de juin 1957, il se plaindra : « J'ai lu plus de papiers de Serov [le chef du KGB] que d'œuvres de Marx, Engels, Lénine. » Il s'empressera d'ajouter : « Bien sûr je ne veux pas dire que je ne lis pas les œuvres de Lénine [...]. Mais dans le cours de notre travail, il nous faut lire tant de sortes d'écrits qu'il ne reste pas de temps pour la littérature. Il y a des papiers que l'on ne peut pas différer, je ne peux pas agir ainsi [22]. »

Après son éloignement du pouvoir, il confiera au dramaturge Mikhaïl Chatrov : « Je n'avais pas d'instruction et pas assez de culture. Pour gouverner un pays comme la Russie, vous devez avoir l'équivalent de deux académies des sciences dans votre tête. Mais toute ma scolarité s'est limitée à quatre années de classe dans une école paroissiale et après, au lieu d'aller dans une école supérieure, je n'ai acquis que des bribes superficielles d'instruction supérieure. C'est pourquoi je me suis comporté de façon inconséquente [23]. »

À l'automne 1907, son père retourne travailler à la mine à Iouzovka. Au début de 1908, il y fait venir sa famille, quitte la mine et s'engage comme homme de peine chez un riche propriétaire terrien qui embauche sa femme comme lingère et Nikita comme bouvier pour 5 kopecks par jour. Une fois la saison des semailles passée, Nikita travaille dans une équipe chargée du nettoyage de la forêt voisine. Les adultes coupent les coudriers et les broussailles qu'il est chargé de mettre en tas. Il ne prend en revanche guère part aux travaux des champs. En novembre 1955, lors d'un voyage en Inde, il voudra montrer à des paysans qu'il est un travailleur et entreprendra de faucher un champ. Il s'interrompra vite : « Bien que je sois un ouvrier, note-t-il, j'ai vécu quelque temps à la campagne et j'avais un petit peu essayé de faucher, mais je n'ai jamais été un faucheur [24]. »

Il s'embauche ensuite comme berger chez un gros propriétaire local, le général Chaoukas, qui possède un grand domaine où il cultive des céréales et de la betterave sucrière, et où il élève des chevaux de race anglaise et des moutons pour faire commerce de la laine. Khrouchtchev vit neuf ans à Iouzovka. La ville, rebaptisée en 1924 Stalino puis, à la chute de l'URSS Donetsk, doit son nom à l'entrepreneur gallois John Hughes qui y construisit en 1869 une usine sidérurgique destinée en particulier à fabriquer des rails. Hughes s'y installa avec près de 70 ingénieurs et techniciens britanniques pour lesquels il fit construire une petite cité de maisons en briques et en bois. Selon un rapport du commissaire de police, la ville compte alors 54 717 habitants, une église, 3 lieux de culte (orthodoxe, musulmane et anglicane), 16 débits de vin et 17 débits de bière. La population des mines de la région a plus de penchant pour la boisson que pour la religion.

Iouzovka était à l'époque, écrit l'écrivain Constantin Paoustovski, « une cité sale, désordonnée, ceinte de taudis et d'abris creusés à même le sol », encerclée par les pyramides grises et poussiéreuses des terrils et noyée dans la fumée jaune des usines. « Du ciel tombait une suie grasse. La fumée et la suie aidant, le blanc avait disparu de Iouzovka. Tout ce qui aurait dû l'être avait pris une teinte grise, crasseuse avec des auréoles jaunâtres [...], nuit et jour un vent chaud faisait tourbillonner les détritus et le poussier mêlé de duvet de poule [25]. » Les mineurs vivent dans de sordides baraquements sans eau courante où s'alignent de sommaires lits de bois occupés à tour de rôle par deux mineurs de deux équipes différentes. La ville abrite une population interlope de brocanteurs, petits usuriers, petits trafiquants, cabaretières et prostituées. Ville sale, c'est aussi une ville dangereuse, où les bagarres éclatent à tout propos et le sang coule jusqu'à ce que les Cosaques dispersent les combattants à coups de cravache.

Bouvier n'est pas un métier, entasser des broussailles moins encore. Nikita est embauché comme apprenti dans un atelier de maréchal-ferrant puis comme apprenti ajusteur aux usines Wagner et ensuite à la Fonderie Bosse et Genefeld. Il travaille de 6 heures du matin à 18 heures avec une interruption d'une demi-heure pour le petit déjeuner et d'une heure pour le déjeuner. Il touche 25 kopecks par jour – à cette époque, une livre de viande de porc ou de bœuf coûte 15 kopecks. Il travaille le samedi d'abord, puis bientôt toute la semaine à nettoyer les scories des chaudières dans les mines environnantes. En ce temps-là, on forme les apprentis en les battant. Khrouchtchev semble avoir échappé à cette pédagogie sommaire, comme il échappe en 1910 à une épidémie de choléra qui ravage les mines de la région.

Il cherche manifestement à échapper à l'univers des beuveries et des violences décrit par Constantin Paoustovski. Une photographie de 1912 le montre en costume trois pièces avec cravate, ce qui est alors fort rare chez les ouvriers russes ou ukrainiens. Il adhère à la société de tempérance locale, décision tout aussi inhabituelle pour un ouvrier paysan de l'époque, qui manifeste une volonté de se hisser au-dessus de son milieu. Il ne boit effectivement pas. Il se distingue encore des autres jeunes de son milieu par son mépris pour la danse. Il note dans ses Mémoires : « Je ne suis absolument pas danseur, même dans ma jeunesse la danse ne m'a jamais attiré et je ne sais pas danser. » Et il ajoute : « Dans ma jeunesse, j'étais très timide[26]. » Il se contente de participer aux rondes primitives des mineurs, qui se tiennent par la main et tapent du pied en cadence. Peut-être l'absence de femme dans ce carrousel le libère-t-elle. Khrouchtchev est en effet pudibond. Il sera choqué plus tard lorsque le président indonésien Sukarno, grand amateur de femmes, sollicitera son avis sur le physique de certaines d'entre elles. Un spectacle de french cancan qu'on lui impose aux États-Unis en 1959 sera pour lui le comble de l'horreur. Il manifeste enfin une volonté nette de se distancier du monde des ouvriers. Un jour, il entre dans un foyer de travailleurs, un baraquement où s'alignent des châlits superposés. Il n'en retient qu'un unique détail : des ouvriers installés sur la planche du haut pissent de leur couchette sur le sol. « Depuis ce moment-là, dit-il, j'ai haï les foyers [27]. »

Enfin, il se lie dès 1910 avec le mineur Panteleï Makhinia, grand lecteur de journaux et de livres et auteur de vers plus moralisateurs que poétiques mais qui font sur le jeune Khrouchtchev une impression ineffaçable. Un demi-siècle plus tard, il prétendra donner à des écrivains soviétiques une leçon de poésie en leur déclamant un poème de Panteleï Makhinia, qui proclame sa volonté d'écrire :

> Pour créer un élan, pour avoir la force
> D'enflammer le cœur des hommes
> Combattre les ténèbres jusqu'au tombeau
> Et ne pas passer sa vie en vain.

Il affirme avoir lu chez lui le *Manifeste du parti communiste* de Marx et Engels mais ne dit jamais mot de son contenu. On peut douter qu'avec son maigre bagage, il ait alors pu lire et moins encore comprendre ce texte. D'ailleurs, cinquante ans plus tard, il déclarera au socialiste Guy Mollet qu'il n'a jamais lu Marx et ne s'en trouve pas plus mal pour exercer ses fonctions.

À la mi-février 1912, les ouvriers des mines d'or de la Lena Goldfield, propriété de la famille Rothschild, sur les bords de la Lena en Sibérie, se mettent en grève. L'armée tire sur les grévistes à bout portant et en tue près de 300. Une vague de colère soulève la Russie ouvrière. Les ouvriers de l'usine Bosse décident une journée de grève de solidarité. Khrouchtchev souligne que l'un des meneurs de la grève, un ajusteur polonais, fut ensuite contraint de quitter l'usine. A-t-il lui-même fait grève ? Il l'affirme et prétend – ce qui est faux – avoir été licencié pour cette raison. Il a en revanche participé à la levée de fonds organisée par les partis révolutionnaires pour soutenir les familles des victimes de la Lena. Un rapport d'un colonel de gendarmerie signale dans la liste des éléments subversifs qui ont recueilli ces fonds « l'élève de l'atelier de serrurerie de l'usine Bosse du gouvernement de Koursk [...] Nikita Sergueïevitch Grouchev [28] ». La faute d'orthographe n'abuse pas ses employeurs, qui le licencient aussitôt pour ce motif.

Il se fait alors embaucher comme ajusteur chargé de l'entretien du matériel de la mine 31. Il participe à l'activité de groupes d'étude du marxisme. Cette année-là, Nina Koukhartchouk, que l'instituteur de son école villageoise où elle a passé trois ans juge douée, part pour Lublin étudier au collège. Elle y reste un an, puis va étudier au collège de Chelm où son oncle travaille comme portier.

Une fois devenu premier secrétaire du parti communiste, Khrouchtchev manifestera une étrange nostalgie de cette période. Lors du Comité central de juillet 1953, qui condamne le ministre de l'Intérieur Beria, il oppose le libéralisme tsariste au caractère policier du régime dit socialiste : « Je suis un homme, comme on dit, de l'ancien régime. J'ai vu un gendarme pour la première fois à l'âge de vingt-quatre ans. Dans les mines, il n'y avait pas de gendarmes. Nous avions juste un Cosaque – policier qui passait et se saoulait. Dans le canton il n'y avait qu'un seul et unique brigadier. Et maintenant on a un chef du MVD [ministère de l'Intérieur] dans chaque district, et il est flanqué d'un vaste appareil de fondés de pouvoir[29]. »

Deux ans plus tard, il évoque à brûle-pourpoint et toujours avec nostalgie cette période où la bureaucratie était à l'en croire beaucoup moins envahissante qu'en URSS : « Quand on avait besoin d'un certain matériel donné, on remplissait une demande, on allait au dépôt et on le recevait. Ça ne traînait pas en longueur. Mais chez nous pour qu'un ouvrier reçoive le matériel dont il a besoin, il lui faut passer par toute une série d'instances. Et souvent on ne le lui donne pas[30]. » Le socialisme, d'après lui pourtant déjà réalisé, lui paraît somme toute beaucoup plus bureaucratique et bien moins enviable que le régime tsariste de sa jeunesse !

En 1914, Nikita quitte la mine et trouve du travail dans une usine de réparation de machines. Il épouse Efrosinia Pissareva, l'aînée des cinq filles du mineur Ivan Pisarev, née en 1896. Il déclarera un jour qu'après son mariage son salaire lui permit de louer un appartement comprenant un salon, une cuisine, une chambre à coucher et une salle à manger et il ajoutera : « Il m'est pénible de penser que moi, en tant qu'ouvrier, je vivais sous le capitalisme dans des conditions bien meilleures que celles dans lesquelles vivent les ouvriers en Union soviétique. Nous avons renversé la monarchie, la bourgeoisie, nous avons conquis notre liberté et les gens vivent plus mal qu'avant[31]. » Il précise ailleurs qu'il ne veut pas comparer les conditions de vie des ouvriers avant la révolution, à l'époque où il travaillait « comme simple ajusteur », tant cette comparaison est au désavantage de l'Union soviétique des années 1950 : « Je gagnais 45 roubles (par mois) ; or le pain noir valait 2 kopecks, le pain blanc, 4 kopecks, la livre de lard, 22 kopecks, un œuf, 1 kopeck, la meilleure marque de bottes, 7 roubles[32]. » Il pouvait donc se payer tout cela.

Depuis plusieurs années, les grandes puissances européennes se préparent à la guerre pour trancher la question de savoir qui va dominer l'Europe. La France, qui a soutenu la Russie de ses prêts depuis un quart de siècle, a besoin du « rouleau compresseur » de son armée et de ses Cosaques contre l'Allemagne, dont l'Angleterre craint les ambitions maritimes et coloniales. En contrepartie, les Alliés promettent à la Russie par un accord secret, au printemps 1915, Constantinople, les détroits du Bosphore et des Dardanelles et leurs rivages arrachés à l'Empire ottoman. Le 1er août 1914, la Russie ordonne la mobilisation contre l'Allemagne, qui, déjà sur le pied de guerre, répond du tac au tac. Le 3 août, la Russie, l'Allemagne, la France, l'Autriche-Hongrie et l'Angleterre sont en guerre. Le 4, le groupe parlementaire social-démocrate allemand vote les crédits de guerre. Les députés socialistes français les imitent avec enthousiasme.

Dans un mémorandum de février 1914, l'ancien ministre de l'Intérieur Dournovo alertait le tsar sur les conséquences probables d'une guerre à ses yeux inéluctablement perdue par la Russie : « Les troubles commenceront par l'accusation portée contre le gouvernement d'être responsable de tous les désastres. » La campagne engagée contre lui « sera suivie par une agitation révolutionnaire à travers le pays, avec des slogans socialistes capables d'éveiller et de rallier les masses, d'abord sur le partage des terres, puis sur celui de toutes les richesses et de toute la propriété. L'armée battue [...], emportée par la vague de la soif paysanne primitive de la terre, sera trop démoralisée pour défendre la loi et l'ordre » et il annonçait la victoire probable des « partis extrémistes », car nul ne pourra « enrayer la vague populaire [33] ». Nicolas II, sûr d'être protégé par Dieu auquel il croit devoir son titre et sa fonction, balaye d'un revers de manche cet avertissement prophétique dont la protection divine n'empêchera pas la réalisation.

Comme tous les ouvriers métallurgistes qualifiés, dont l'industrie russe a besoin pour fabriquer les armes qui manquent cruellement aux troupes, Nikita est dispensé du service armé. Il traverse la guerre paisiblement. En 1915 naît sa fille Ioulia. Au début de cette année, il travaille comme ajusteur à la station électrique de la mine de Pastoukhov, près de Roudtchenkovo, non loin de Iouzovka. Son père travaille à la mine Ouspenskaia, à 4 km au sud de Iouzovka et à 25 km de Roudtchenkovo. L'armée ayant réquisitionné les chevaux, Khrouchtchev doit faire le trajet à pied. Il lui faut trois jours pour abattre les 50 km aller-retour.

La mine emploie une pléiade de prisonniers de guerre de l'armée austro-hongroise, des Tchèques, des Slovènes, des Hongrois, qui ne manifestent pas toujours une ardeur patriotique farouche pour cette monarchie hétéroclite et se sont souvent rendus sans grande résistance. Khrouchtchev communique avec les Hongrois par gestes, mimiques et grimaces diverses, et avec deux Tchèques en articulant lentement. Ces derniers proposent de lui apprendre le dessin linéaire. Khrouchtchev, qui régale les prisonniers de thé et de confiture, accepte avec enthousiasme. Mais les deux Tchèques sont bientôt envoyés sous d'autres cieux. C'est la première tentative avortée de Khrouchtchev pour compléter sa maigre formation.

En mars 1915, une grève éclate à Roudtchenkovo. Les mineurs exigent une augmentation de salaire et une amélioration des conditions de travail. Selon le très hagiographique *Récit du mineur d'honneur* publié en 1961, Khrouchtchev harangua les grévistes en prononçant « un discours enflammé [34] ». Le même récit officiel lui attribue une intervention tout aussi peu vraisemblable dans les grèves répetées des mineurs de Roudtchenkovo au cours de l'année 1916. En pleine guerre, tout fauteur de grève s'attirait de sérieux ennuis. Or Khrouchtchev coule alors des jours paisibles. Mais le futur chef de l'Union soviétique doit impérativement avoir un passé de lutteur acharné contre l'autocratie.

Les difficultés provoquées par la guerre semblent d'ailleurs assez peu le toucher. Il note plusieurs fois dans ses souvenirs : « Dans ces régions d'Ukraine, dans le Donbass, jusqu'à la révolution les ouvriers étaient bien pourvus en produits d'alimentation. S'il y avait des files d'attente à Pétersbourg, Moscou et dans d'autres villes, il n'y en avait pas chez nous. Le Donbass recevait du pain du Kouban, du Don [35]. » Tout allait donc à peu près bien pour lui.

Nina Koukhartchouk a presque autant de chance. Lorsque les soldats autrichiens envahissent Chelm, ils violent femmes, filles et fillettes, mais la mère de Nina les décourage en criant qu'elle a le typhus ! Le commandant du bataillon où sert son père recommande la jeune fille à l'évêque de Chelm, alors réfugié à Kiev, et qui la fait inscrire au lycée de filles de Chelm évacué à Odessa ; elle y étudie comme interne jusqu'en 1919, après une scolarité de huit années. Elle aura donc une instruction bien supérieure à celle de son futur mari.

Lorsqu'il sera au pouvoir, cette longue période de 1908 à 1917 alimentera la vision officielle d'un Khrouchtchev ouvrier mineur. En avril 1960, il participera comme délégué d'honneur au congrès du syndicat officiel d'État des mineurs soviétiques qui lui attribuera le titre de « mineur d 'honneur » et lui décernera la médaille de « la gloire du mineur premier rang » en affirmant : Nikita Khrouchtchev, « le plus vieux mineur du Donetsk, a apporté une contribution énorme au développement de l'industrie minière de notre pays et dans l'organisation et le renforcement du syndicat des ouvriers de l'industrie houillère [...]. Les mineurs sont fiers de leur fils glorieux [36] ». Les journaux le représentent souvent portant un casque et une lampe de mineur et brandissant un marteau piqueur.

Quelle est dans ces images la part du réel et celle du mythe ? Dimitri Chepilov tranche : « Khrouchtchev n'a pas un seul jour de sa vie travaillé avec un pic, ni avec un marteau piqueur dans une mine, il n'a d'ailleurs jamais travaillé au fond dans le sous-sol[37]. » Chepilov nourrit pour Khrouchtchev, qui l'éliminera en 1957, une telle haine qu'on ne peut le croire sur parole. Mais la façon vague dont Khrouchtchev évoque son travail à la mine ne peut que susciter quelques doutes sur la réalité ou au moins la durée de son travail au fond de la mine. Certes, il affirme : « Quand je lus *Germinal* il me sembla qu'Émile Zola n'y décrivait pas la France mais la mine où mon père et moi-même avions travaillé[38] », mais cette référence littéraire est bien imprécise. D'ailleurs, dans ses Mémoires, il se déclare le plus souvent ajusteur et non mineur : « Dans le milieu prolétarien où j'ai passé ma jeunesse, les métiers de métallos, ajusteurs, tourneurs, métallurgistes jouissaient d'une grande autorité. J'ai choisi la profession d'ajusteur[39]. » En 1925, il a voulu, dit-il, entrer dans un établissement d'enseignement technique supérieur pour se perfectionner et il précise : « En tant qu'ajusteur j'aimais mon métier[40]. » Il affirme enfin avoir jusqu'en 1935 conservé précieusement ses instruments de travail, à savoir les outils de « tout ajusteur » qu'il énumère du « compas à balustre » à « toutes les variétés d'équerres » et il souligne : « À n'importe quel moment je pouvais ne pas être réélu et alors je retournerais à ma profession de base : ajusteur[41]. »

Si Khrouchtchev a quelque temps travaillé à nettoyer les chaudières dans les mines de Iouzovka et des environs, s'il a bien été chargé de la réparation du matériel dans une mine, il n'est jamais, semble-t-il, descendu au fond abattre le charbon. Il ressemble en cela au secrétaire général du Parti communiste français, Maurice Thorez, « fils du peuple » autoproclamé, qui travailla plusieurs mois en surface mais se présenta obstinément toute sa vie comme un ancien mineur.

Mieux vaut encore être mineur de naissance, par héritage génétique, et donc appartenir à une lignée de mineurs de père en fils. Ainsi l'article « Khrouchtchev » de la *Grande Encyclopédie soviétique* de 1957 prétend-il que ce dernier « naquit dans la famille d'un ouvrier mineur », affirmation répétée dans le *Dictionnaire encyclopédique* de 1964 et même reprise dans la réédition de 1978 de la *Grande Encyclopédie*. Or son père était un paysan sans terre contraint par sa condition à s'embaucher là où il pouvait trouver du travail. Il fut homme de peine, cordonnier, moissonneur ou mineur, selon l'occasion et par intermittence. Il ne peut donc être le fondateur d'une tradition familiale imaginaire.

Les mains de l'homme d'appareil doivent porter la trace visible du cal censé les avoir ornées et témoigner de son « origine prolétarienne » pour justifier sa promotion sociale et politique aux yeux des ouvriers eux-mêmes et de ses propres camarades. Or l'équerre et le compas de l'ajusteur ne laissent aucun cal, même symbolique, sur la main qui les manie. Khrouchtchev a sans doute choisi le personnage mythique du mineur parce que son casque et sa lampe étaient le signe le plus éclatant d'une condition ouvrière provisoire mais indispensable à la généalogie du premier secrétaire du parti communiste de l'URSS qu'il sera onze ans durant.

2

VERS UNE ÈRE NOUVELLE ?
(1917-1924)

Dès l'été 1915, la guerre tourne mal pour l'armée russe, qui doit abandonner la Pologne russe, puis la Lituanie et une partie de la Lettonie, chassant devant elle les populations locales, surtout les juifs accusés d'espionnage par l'état-major.

La guerre vide les campagnes. L'armée passe de 1,5 million à 10 millions d'hommes, mal armés, mal chaussés et mal nourris. Dès octobre 1914, seuls 10 % des renforts arrivent armés de fusils. Les soldats doivent récupérer les armes des morts ; l'artillerie russe, vite privée d'obus, ne peut ni préparer l'offensive des soldats, réduits à charger à la baïonnette, ni répondre au pilonnage des tranchées par les canons allemands. Les soldats russes se font massacrer dans l'indifférence de la plupart de leurs généraux. Dans le pays, la colère monte contre le pouvoir et l'état-major. Dès août 1915, le ministre de la Guerre gémit : « On peut s'attendre à une catastrophe d'un moment à l'autre, au front et à l'arrière. L'armée ne bat pas en retraite, elle court [...]. La moindre apparition d'une patrouille allemande et c'est la panique. » Que faire ? Le ministre répond : « Je compte sur l'espace, la boue et prie saint Nicolas [1] », qui reste désespérément sourd et muet. Les Allemands et les Turcs soumettent la Russie à un quasi-blocus qui l'étrangle. L'industrie russe travaille aux deux tiers pour la guerre, mais en 1916, la production de fusils et de cartouches est huit fois inférieure aux besoins.

La démoralisation de millions de soldats mal équipés, piétinant dans la neige et la boue en attendant la retraite prochaine et le prochain massacre, l'incurie de l'état-major, la corruption des cercles dirigeants englués dans les bénéfices de guerre, le discrédit de la famille impériale, la haine suscitée par l'arrogante impératrice d'origine allemande, éclaboussée par ses relations avec le moine intrigant et dévergondé Raspoutine, assassiné en décembre 1916, la chute de la production industrielle, la paralysie croissante des transports, qui ralentit le ravitaillement, tout cela mine le régime.

Au début de 1917, le bilan est accablant : sur 15 millions d'hommes partis sous les drapeaux, 1,5 million sont morts, plus de 2 millions, blessés et mutilés, 3 millions, prisonniers, un demi-million a déserté. La production agricole baisse. La crainte de la faim hante les villes, où le pain se fait rare. Les files d'attente s'allongent dans le froid glacial devant les boulangeries. Le 18 février*, à Petrograd, la capitale où le sort du régime se joue, les ouvriers de l'usine Poutilov se mettent en grève, le 23, des ouvrières du textile débrayent et défilent en criant « du pain, du pain ». La grève s'étend, elle devient générale le 26, puis insurrectionnelle après la mutinerie d'un régiment. Le 27 au matin, ouvriers et mutins attaquent ensemble les commissariats de police, pillent l'arsenal, forcent les prisons, incendient le palais de justice. Le soir, quelques délégués désignés en hâte forment le soviet des députés ouvriers et soldats de Petrograd. Le 2 mars, un gouvernement provisoire se constitue qui décide de poursuivre la guerre. Nicolas II abdique ce même jour. La monarchie s'effondre.

La révolution balaye la tranquillité et le bonheur familial provisoires de Khrouchtchev. Cinq ans plus tard, dans un article de souvenirs, il décrit l'enthousiasme avec lequel il a alors accueilli la nouvelle de la révolution triomphante à Petrograd : un télégramme aux cheminots envoyé de la capitale a annoncé l'heureuse nouvelle. Quand elle est publiée dans les journaux le lendemain, c'est l'allégresse générale. « Nous étions tous certains d'une chose : l'ancien [régime] ne revien-

---

* Jusqu'au 1er février 1918, les dates sont indiquées selon le calendrier julien.

drait pas. » Il se précipite le dimanche à Iouzovka où se tient un meeting. Il écoute les discours. « J'avais envie de pleurer et de rire, écrit-il. Nous étions tellement sûrs de la victoire et les sergents de ville présents ne nous faisaient plus peur[2]. » Après le meeting, un militant le convainc de la nécessité de créer des soviets. Quelques jours plus tard, un comité exécutif provisoire des mines de Roudchenkovo composé de six membres est élu : Khrouchtchev est l'un d'eux. Ce comité provisoire constitue le soviet qui arrête les policiers et forme une milice ouvrière. En mars, la grève éclate à la mine de Roudchenkovo, Khrouchtchev y prend part. Il est alors désigné au comité exécutif du soviet, dont, le 29 mai, il est élu président à l'unanimité.

Il ne choisit pas à ce moment-là entre les deux courants historiques de la social-démocratie russe, séparés depuis 1912, les bolcheviks et les mencheviks. Il mettra du temps à le faire. Les différences sont pourtant sensibles : les mencheviks participent dès mai 1917 au gouvernement provisoire, qui poursuit la guerre et renvoie toute décision sur le partage des terres à la réunion d'une Assemblée constituante après la victoire attendue et espérée. Les bolcheviks, eux, dénoncent la poursuite de la guerre, réclament la paix et la terre aux paysans et tout le pouvoir aux soviets. Mais, loin de Petrograd et de Moscou, l'unité des rangs sociaux-démocrates prime encore assez souvent sur ces différences de fond.

La crise économique et sociale s'amplifie et s'accélère. Le chômage galope. En juillet et août, 366 entreprises ferment : 90 000 ouvriers sont licenciés à Petrograd, 200 puits de mine sont fermés dans le Donbass, la moitié des entreprises de l'Oural cessent leurs activités. Les paysans commencent à saisir les terres des propriétaires fonciers ; souvent ils brûlent leurs manoirs et brisent le matériel pour empêcher leur retour. Premier tumulte de la guerre civile prochaine, une immense jacquerie dévale comme une avalanche sur la Russie. Le pays entretient une armée de 10 millions d'hommes démoralisés. La dette, qui gonfle de jour en jour, disloque une économie délabrée. Les soldats-paysans quittent le front en masse. La Russie compte alors 2 millions de déserteurs. Le général Anton Denikine souligne « la lassitude générale de la guerre et des troubles, l'insatisfaction de la situation existante [...]. L'armée ne voulait plus connaître aucun "but de guerre" et désirait la paix immédiate à n'importe quel prix[3] ». Le journal progouvernemental les *Izvestia* se lamente le 14 octobre : « Tout est à un cheveu de la ruine, le ravitaillement, les transports, les finances, l'industrie, l'armée, la flotte, Petrograd, le gouvernement provisoire. »

Le rejet de la guerre par toute la population discrédite le gouvernement provisoire, qui s'acharne pourtant à la poursuivre, et pousse les soviets vers les bolcheviks, majoritaires à Petrograd et à Moscou. Un congrès des soviets est convoqué pour le 25 octobre. Le 10, Lénine, incertain de sa représentativité, fait voter par le Comité central bolchevik, dont il est le principal dirigeant, et qui se montre réticent, la préparation d'une insurrection armée qui se réduira quasiment à une parade.

Pendant que le Palais d'Hiver, où siègent les ministres, tombe faute de défenseurs, le congrès des soviets renverse le gouvernement provisoire, forme un Conseil des commissaires du peuple et vote un premier décret proposant à tous les belligérants une paix immédiate et sans annexion, puis un second transmettant toute la terre aux comités paysans et un appel aux soviets locaux à empêcher les pogroms antijuifs.

Khrouchtchev ne choisit pas encore son camp. C'est sans doute cette position au-dessus des partis qui lui permet d'être élu en décembre 1917 président du conseil des syndicats de métallos et de mineurs rassemblant les ouvriers de huit mines et entreprises de Iouzovka. Il ne connaît pas alors le dirigeant bolchevik de la ville Lazare Kaganovitch, son futur protecteur.

Dès le début de décembre, la contre-révolution s'organise dans le sud de la Russie. Le général Alexeïev, auquel succède bientôt le général Denikine, forme l'Armée des volontaires, soutenue par les Anglais et les Français. L'un de ses chefs, le général Kornilov, auteur d'un complot avorté en août 1917, déclare sans ambages : « Même s'il faut brûler la moitié de la Russie et verser le sang des trois quarts de la population, nous le ferons si c'est nécessaire pour sauver la Russie[4]. » L'écrivain blanc Leonide Andreïev explique : « Là où l'on fusille les gens comme des chiens, règnent la paix, la prospérité et un sens très fin de la légalité [5]. » Ces mots se transforment vite en actes.

Les hetmans cosaques Krasnov, financé par les Allemands, et Kaledine bousculent les maigres détachements rouges. Dès janvier 1918, les Blancs occupent le sud du Donbass, en particulier Iouzovka, et coupent la route du Kouban. Dès lors, plus de blé et donc plus de pain. À Iassinovka, le général cosaque Denissov, qui commande l'armée blanche du Don, aligne les mineurs sur le carreau de la mine et en fait pendre un sur dix. À Makeïevka, non loin de là, les Cosaques arrachent les yeux des mineurs, les égorgent, ou les jettent encore vivants dans les puits de mines. L'armée de Kaledine se heurte cependant au bataillon de gardes rouges de Roudtchenkovo, auquel appartient Nikita Khrouchtchev, avant d'être bousculée par les troupes rouges venues du nord, qui l'obligent à faire retraite.

La guerre civile disloque toute la société et provoque la famine, dans le Donbass comme ailleurs :« Les files d'attente, note Khrouchtchev, ne sont apparues chez nous qu'après la révolution d'Octobre, lorsque les gens du commerce ont commencé à saboter et à fuir, lorsque a commencé la guerre civile [6]. » Fin mars, Khrouchtchev et sa famille, enrichie d'un fils, Leonide, né en décembre 1917, quittent Iouzovka pour Kalinovka.

En avril 1918, l'armée allemande installe à la tête de l'Ukraine un fantoche, l'hetman Skoropadski. Elle bouscule sans difficulté les troupes du gouvernement ukrainien et occupe le Donbass, faisant fusiller par centaines les mineurs jugés suspects de par leur seul statut social. Selon le très officiel *Récit du mineur d'honneur*, le gouvernement Skoropadski déclare Khrouchtchev hors la loi et lance l'armée allemande à ses trousses. Mais Khrouchtchev lui échappe. Nul n'ayant trouvé aucune trace de cet exploit dont il ne dit mot lui-même, on peut y voir un nouvelle invention de la propagande officielle.

Le 9 juin 1918, Lénine crée des comités de paysans pauvres chargés de confisquer les excédents détenus par les paysans dits aisés ou riches afin de les répartir dans l'Armée rouge et parmi les populations nécessiteuses des villes et des campagnes à des prix inférieurs à ceux du marché et d'interdire, ou du moins de réduire, le commerce libre et spéculatif. La réquisition des céréales, qui se durcit au fil des mois pour faire face à la famine et à la guerre civile, irrite les campagnes. Khrouchtchev participe à l'activité du comité des paysans pauvres de Kalinovka, qu'il préside bientôt. Mais on ne sait ce qu'il y fait réellement, il n'en dit mot. Bien que faisant alors la connaissance de Kaganovitch, il ne se hâte pas de rejoindre les rangs du parti bolchevik. Il y adhère à l'âge, tardif pour l'époque, de vingt-quatre ans, en janvier 1919, au moment où il est enrôlé dans l'Armée rouge créée depuis février 1918. Il confie alors sa femme et ses enfants à ses parents. Le ministre des Affaires étrangères de Staline, Molotov, s'indignera plus tard de cette adhésion tardive que Khrouchtchev tente de dissimuler en affirmant qu'il a rejoint le Parti en 1918.

Le 23 février 1968, alors qu'il dicte ses Mémoires, le cinquantième anniversaire de la fondation de l'Armée rouge l'amène à évoquer dans une « digression lyrique » son activité militaire. « Dans ses rangs, je suis passé par de difficiles épreuves et j'ai effectué un long chemin, j'ai servi dans la 9e division de tirailleurs, qui commença par reculer lors des combats pour [la ville d'] Orel [7]. » En mai 1919, les Blancs de Denikine, au début d'une offensive qui va les amener jusqu'à 200 km de Moscou, occupent Iouzovka. Ce même mois de mai, l'épidémie de typhus qui ravage la Russie, dévastée par la faim et à qui le blocus total imposé par la France et l'Angleterre toute l'année 1919 interdit d'acheter le moindre médicament, emporte la première femme de Khrouchtchev, Efrosinia. Il l'apprend quelques mois plus tard. « Sa mort fut pour moi un grand chagrin », commente-t-il sobrement. La 9e armée à laquelle il appartient ne cesse de reculer. Son commandant en chef passe du côté des Blancs, qui prennent Orel à la mi-septembre et menacent Moscou. Mais cette armée d'officiers souvent pleins de haine pour les paysans, qu'ils font fouetter au moindre prétexte, suscite sur ses arrières des insurrections paysannes ; de plus, harcelée par les détachements de l'anarchiste Makhno, prise entre deux feux, elle se disloque.

Khrouchtchev poursuit sur un ton triomphant : « Nous avancions à marche forcée, vraiment sur les talons de l'adversaire. Nous avons fêté Noël 1920 à Taganrog [...]. C'est un long périple depuis Orel. Mais les Blancs reculaient si vite qu'il nous fallait littéralement nous précipiter à leur poursuite. [...] Au début d'avril 1920, nous avons atteint la mer Noire, occupé Anapa et nous avons célébré la victoire après avoir complètement écrasé les gardes blancs que nous avons alors jetés à la mer. Pendant l'hiver, nous avions constitué un escadron de cavalerie pour poursuivre les Blancs. Nous avons mobilisé les chevaux des Cosaques du Kouban et nous avons installé nos combattants sur ces chevaux, puis nous avons participé à la libération de Novotcherkassk. [...] Nous avons occupé la presqu'île de Taman ce même mois d'avril et nous avons fêté le 1er mai à Taman [8]. » Il résume ainsi dix-huit mois de guerre civile en vingt lignes. Là s'arrête en effet sa « digression lyrique » marquée par son extrême et inhabituelle brièveté et par l'absence des détails fleuris dont il orne en général ses récits et ses discours.

Pierre Courtade est plus disert, mais plus mensonger : « Pendant deux ans, il se battit les armes à la main contre les Blancs au Kouban, sur la Volga et en Ukraine contre les interventionnistes allemands. Il participa notamment à la bataille de Tsaritsyne [Stalingrad] qui fut un des tournants de la guerre civile [9]. » Comment aurait-il pu se battre alors contre la Reichswehr, qui a quitté l'Ukraine dès novembre 1918 lors de l'effondrement de la monarchie allemande, puisqu'il ne s'est engagé dans l'Armée rouge qu'en janvier 1919 ? Sa biographie officielle prétend de façon aussi vague que pompeuse que, au cours de l'été et de l'automne 1918, « pendant la défense héroïque de Tsaritsyne, il a uni les communistes de l'armée, avec leur aide il a dressé les combattants à lancer des contre-attaques contre les bataillons d'officiers blancs de Krasnov et de ses protecteurs allemands [10] ». Mais comment aurait-il pu unir les communistes de Tsaritsyne alors qu'il n'avait pas encore adhéré au parti communiste ? À l'époque, d'ailleurs, personne n'a noté ce rôle décisif ; les nombreux souvenirs et histoires de la guerre civile des années 1920 et 1930 ne citent jamais son nom. Les auteurs poursuivent de façon tout aussi floue : « Dans la 9e armée, il a constitué des cellules dans les régiments et les bataillons et uni les communistes de l'armée. » Le maréchal Boudienny, qui commanda la 1re division de cavalerie rouge, signale sa fonction de commissaire du 2e bataillon du 74e régiment, mais, ce détail mis à part, se limite à des généralités : « L'actuel premier secrétaire du Comité central, dans sa tenue de soldat grise, placé au premier rang des héroïques fantassins rouges, a courageusement défendu les grandes conquêtes d'octobre de notre peuple [11]. » L'absence de toute date, de tout lieu et de tout fait d'armes précis suggère le caractère conventionnel de cet héroïsme privé de contenu. Khrouchtchev lui-même, si disert lorsqu'il évoque son rôle dans la guerre de 1941-1945 contre l'Allemagne, reste là tout aussi imprécis que les hérauts circonstanciels de son héroïsme.

Sa participation réelle à la guerre civile est plus prosaïque. Il remplit des fonctions plus politiques que militaires. Il est d'abord mobilisé dans un bataillon du train, puis passe plus de deux mois à suivre une formation d'instructeur politique et devient commissaire d'un bataillon puis instructeur de la section politique de la 9e armée commandée par Stanislas Kossior, futur secrétaire du Comité central du PC ukrainien. La fonction de commissaire politique a été créée en avril 1918 par Trotsky. Faute d'encadrement militaire communiste, ce dernier, pour gérer l'Armée rouge en construction, recrute près de 35 000 anciens officiers tsaristes, peu enthousiastes pour la révolution, qui bouleversent l'ordre social dans lequel ils ont été formés ; certains sont même des agents des Blancs. Aussi Trotsky fait-il doubler ces officiers par un commissaire chargé d'organiser la formation et la mobilisation politiques des soldats et de contrôler l'innocuité politique des décisions des commandants, seuls responsables des décisions proprement militaires. Cette coopération ne va pas sans tensions, voire conflits. Khrouchtchev n'évoque jamais précisément son activité de commissaire politique ; il n'a sans doute été chargé que de l'éducation sommaire des paysans qui constituent la masse des soldats de l'Armée rouge. Il rencontre alors une jeune femme, Maroussia, qu'il épouse, dont il a un enfant puis qu'il quitte peu après la naissance et dont il ne parle jamais.

Le 25 avril 1920, l'armée polonaise du maréchal Józef Pilsudski envahit l'Ukraine et prend Kiev le 6 mai. Les communistes sont mobilisés pour participer à la contre-offensive de l'Armée rouge, qui, le 12 juin, libère Kiev où les Polonais, avant de reculer, dynamitent l'église orthodoxe Saint-Vladimir, la gare, le réservoir d'eau et l'usine d'électricité. Nina Koukhartchouk est alors envoyée sur ce front polonais comme agitatrice à cause de sa connaissance de l'ukrainien. L'Armée rouge bouscule les Polonais qui décampent et entrent en Ukraine occidentale. Nina Koukhartchouk, qui vient d'adhérer au parti bolchevik, fait le tour des fermes avec un soldat pour expliquer aux paysans les avantages du pouvoir soviétique. Elle est nommée responsable de la section féminine du Comité central du PC d'Ukraine occidentale formé à la hâte. L'aventure polonaise s'achève mi-août par la défaite de l'Armée rouge devant Varsovie.

Le Donbass, qui fournissait les quatre cinquièmes du charbon et de l'acier du pays, est en ruine comme le reste de la Russie. Pour redresser une situation catastrophique, sur proposition de Trotsky, le gouvernement bolchevik tente de transformer les détachements de l'Armée rouge en armées du travail. Staline dirige un moment l'armée ukrainienne du travail. Les mineurs en haillons et affamés passent plus de temps à chercher de quoi manger qu'à extraire du charbon. On leur impose une discipline extrêmement sévère. Ils sont menacés d'être envoyés dans des camps en cas d'absence au travail et leur ravitaillement est strictement proportionnel à leur productivité. Les mines reçoivent le nom de régiments, les regroupements de mines celui de divisions. Tous les hommes de la région de dix-huit à quarante-six ans sont mobilisés ainsi que tous les mineurs qualifiés jusqu'à cinquante ans et tous les techniciens jusqu'à soixante-cinq ans. Les groupements de mines sont dirigés par un président et deux vice-présidents, l'un chargé des questions techniques, l'autre des questions politiques. Renvoyé dans le civil à la fin de 1920, Khrouchtchev revient alors dans le Donbass ; il est d'abord nommé commissaire de brigade, puis, à la fin de 1921, vice-président chargé des questions politiques du groupement de Roudtchenkovo, qui réunit seize mines. Il est donc chargé de mettre en œuvre ces mesures brutales qu'il n'évoque pas dans ses Mémoires. On ne sait ni ce qu'il en pense ni comment il les a appliquées.

Il bat aussi la campagne pour inviter les paysans affamés et las à faire les semailles. « Ils comprenaient très mal ce que nous leur disions. Mes discours étaient assez primitifs [12]. » Au sud, la guerre civile s'achève avec l'écrasement des troupes du général Piotr Wrangel – qui a succédé à Denikine – en Crimée, en novembre 1920, puis des derniers détachements de l'anarchiste Makhno en juin 1921. Le pays sort de la guerre civile ruiné, affamé, exsangue, sa monnaie a perdu toute valeur – le rouble a été dévalué de 20 000 % depuis 1917.

Une famine effroyable ravage alors la région de la Basse-Volga à la suite d'une sécheresse exceptionnelle. Au cours des dix-sept années précédentes, il était tombé en moyenne 108,3 mm d'eau d'avril à juin, mais l'été 1921 bat tous les records avec 7,1 mm de pluie en trois mois. Tout est brûlé, calciné sur des centaines de kilomètres... La famine ravage tout le sud de la Russie et tout le Donbass pendant l'hiver 1921-1922. « La terre s'est desséchée et a durci comme un parquet. Les sauterelles dévorent ce que le soleil n'a pas brûlé [...]. Les glands passent désormais pour produits de luxe. On fait des gâteaux avec des feuilles de tilleul. Dans la région de Kama, les hommes mangent une variété d'argile. Dans la province de Tsaritsyne, ils dévorent l'herbe auparavant réservée aux chameaux [13]. » L'hiver arrive, la neige tombe, les affamés ne peuvent plus rien glaner. Ici et là, ils déterrent les cadavres pour les manger ; d'autres dévorent leurs propres enfants, éventrés, démembrés puis cuits ou bouillis.

Dans le Donbass, la ruine des transports paralyse l'acheminement des secours en blé fournis entre autres par l'aide internationale. Khrouchtchev parcourt la campagne en multipliant les meetings auxquels, dit-il, « les paysans qui chancelaient sous le souffle du vent venaient non pas en marchant, mais en rampant [14] ». Au cours de l'été 1921, Nina Koukhartchouk est envoyée à Bakhmout dans le Donbass enseigner l'histoire du mouvement ouvrier en Occident à l'école du Parti de la région. À l'automne 1922, on l'envoie à Iouzovka enseigner l'économie politique à l'école du Parti du district.

Au début de cette même année, Khrouchtchev est revenu à Iouzovka, à moitié détruite au cours de la guerre civile. Il passe un jour dans la propriété de son ancien patron

Chaoukas. Les paysans ont saccagé les bâtiments et se sont partagé les briques. Il comprend certes leur haine des propriétaires qui les ont longtemps surexploités et fait fouetter au moindre grognement. « Mais, ajoute-t-il, l'explosion de leur colère avait balayé non seulement ceux qui les avaient roués de coups, mais aussi ce que les paysans avaient construit de leurs propres mains [...]. Dans cette incompréhension totale, tout fut balayé à travers toute la Russie[15]. » La fureur paysanne, dans un flot de haine pour les anciens propriétaires, a plus fait que la guerre civile elle-même pour détruire toute trace de leur présence, de leurs manoirs à leur matériel, également saccagés.

Dans un article publié le 12 mars 1922, pour le cinquième anniversaire de la révolution de Février, Khrouchtchev rappelle son enthousiasme de l'époque et conclut avec optimisme : « Nous vivons un moment difficile marqué par la faim et la destruction, mais nous parviendrons à rétablir l'économie et nous réussirons à instaurer une société communiste où il n'y aura ni esclaves ni maîtres[16]. » Ce rêve d'une société égalitaire, partagé alors par la masse des communistes, est sans doute encore sincère. Au même moment, le futur organisateur de la terreur en 1936-1938, Nicolas Iejov, sympathise avec l'Opposition ouvrière du parti bolchevik qui réclame la démocratisation du Parti. Rien ne permet en 1922 ou 1923 de déceler dans ces hommes encore portés par l'ardeur de la révolution l'amorce de ce qu'ils deviendront au fur et à mesure de leur ascension dans un appareil qui rompra les amarres avec l'héritage d'octobre 1917.

Conscient des limites de sa formation, le 24 avril 1922, Khrouchtchev demande à être admis à la faculté ouvrière *(rabfak)* de Iouzovka, installée dans un bâtiment à moitié détruit au cours de la guerre civile et que les élèves doivent remettre eux-mêmes en état avec les moyens du bord. Ces facultés ouvrières créées en 1919 fournissaient une formation, en particulier technique, élémentaire, accélérée à des jeunes ouvriers, surtout militants du parti communiste, destinés à constituer l'encadrement de l'industrie encore balbutiante et de la société ainsi que les nouveaux contingents d'ingénieurs. Après deux années d'études, le diplômé de la *rabfak* pouvait poursuivre ses études dans un institut technique créé au même moment à Iouzovka.

En 1921, Lénine a lancé la nouvelle politique économique (NEP) qui supprime les réquisitions dans les campagnes et redonne peu à peu vie à un marché étranglé pendant la guerre civile par la concentration de toutes les ressources destinées à alimenter l'Armée rouge. Mais le redressement est très lent. Khrouchtchev note ainsi : « En 1922, dans les mines du Donbass, c'était la famine et il y eut même quelques cas isolés de cannibalisme. Les villages étaient encore plus dévastés que les mines [17]. » Les conditions de vie des mineurs du Donbass sont lamentables. Le secrétaire du comité du Parti de la province de Poltava s'en plaindra dans une lettre à Staline du 10 novembre 1923 : « Les mineurs du Donbass, écrit-il, sont plus mal logés que des bestiaux. Dix mille ouvriers du Donbass préfèrent descendre chaque jour dans les mines, vivre au milieu des roches, dans les entrailles de la terre, à une profondeur de 400, 600, 1 000 mètres [18]. » Ces mineurs, non contents de fuir leurs baraquements infects dans les entrailles de la mine, font massivement grève en septembre et surtout en octobre pour protester contre le retard dans le paiement des salaires par une administration qui, elle, s'accorde des augmentations payées sur-le-champ. Khrouchtchev évoque très brièvement une grève qu'il tente d'arrêter avec un autre ancien de la mine. Les deux hommes sont mal accueillis : « Ils avaient beau nous connaître comme s'ils nous avaient vus naître, nous en avons pris pour notre grade [19]. »

Khrouchtchev se présente comme appartenant toujours à l'univers des damnés de la terre. « La plupart d'entre nous, affirme-t-il, acceptèrent volontiers les privations [...]. En ce temps-là, l'appartenance au Parti ne procurait aucune récompense particulière pour les sacrifices qu'impliquait l'activité militante [20]. » C'est vrai de la masse des militants, cela ne l'est déjà plus pour les cadres de l'appareil. Cette vision reflète un passé qui s'estompe déjà : s'il a brièvement appartenu au monde des travailleurs manuels, Khrouchtchev cesse dès lors d'en faire partie pour entrer dans l'appareil, terré dans les bureaux. Certes, à la différence du bureaucrate type, il n'y restera jamais enfermé et fera inlassablement la tournée de ses administrés, mais il vient désormais à eux de l'extérieur. S'il les écoute parfois, il appartient vite au monde de ceux qui donnent les ordres.

À la *rabfak*, il fait la connaissance de Nina Koukhartchouk, qui, on l'a dit, a été envoyée à Iouzovka en 1922 pour enseigner l'économie politique et donner au club des mineurs de Roudtchenkovo des conférences de formation politique élémentaire auxquelles Khrouchtchev assiste.

Bien des choses changent alors dans la Russie soviétique. Le 4 avril 1922, Staline a été élu secrétaire du Comité central ; en mai 1922, Lénine est tombé gravement malade. Lors de son bref retour à l'activité d'octobre 1922 à mars 1923, il se dresse, sans succès, contre Staline, qui organise son appareil en créant une section spéciale du Secrétariat du Comité central, l'Orgraspred, chargée de répartir dans le pays les cadres dirigeants et dont il confie la gestion au fidèle Lazare Kaganovitch.

Poursuivant de façon systématique un procédé mis en place empiriquement pendant la guerre civile, l'Orgraspred assigne souverainement les cadres du Parti dans les régions : en 1923, il affecte ainsi plus de 10 000 cadres dont près de la moitié à des fonctions théoriquement électives mais dont les titulaires comprennent vite qu'ils dépendent beaucoup moins des instances qui les élisent formellement que du centre qui les désigne souverainement et devant lequel ils sont responsables. C'est l'embryon de la future nomenklatura auquel Staline donne d'emblée un contenu social.

Le parti bolchevik a bien changé depuis octobre 1917. Il a perdu dans la guerre civile la majorité de ses adhérents d'alors. Les plus combatifs ont formé l'ossature de l'Armée rouge au printemps 1918, ont été disséminés sur tous les fronts et la plupart n'en sont pas revenus. Le typhus, la dysenterie et la grippe espagnole en ont fauché des milliers. Nombre de survivants, las, voudraient bénéficier de quelques miettes d'une difficile et coûteuse victoire. Après la mort de Lénine, le 21 janvier 1924, Staline fait entrer d'un coup dans le Parti 240 000 nouveaux adhérents qualifiés de « promotion Lénine ». Le niveau culturel et politique des 600 000 membres du Parti de 1924 est très bas : 5 % sont illettrés ; 75 % n'ont qu'une instruction élémentaire (de quatre à six ans d'école primaire), 6,3 % ont une instruction moyenne. Ils sont aisément manipulables par l'appareil que Staline façonne patiemment depuis deux ans et dont Khrouchtchev va bientôt devenir un rouage.

En juin 1922, profitant de la maladie de Lénine écarté des affaires, Staline a créé un corps d'inspecteurs politiques chargés de contrôler les directions provinciales et fait attribuer à 15 500 cadres du Parti des avantages matériels substantiels (salaire minimum triple de celui de l'ouvrier d'industrie, augmenté de 50 % pour le père ou la mère de trois enfants et pour le travail déclaré en plus du service normal le soir et le samedi, un paquet mensuel contenant toute une série de produits qui manquent partout : 12 kg de viande, 1,2 kg de beurre et de sucre, 4,8 kg de riz, des cigarettes et des allumettes). Il renouvelle enfin systématiquement les secrétaires de comités de district du Parti ; près des deux tiers seront remplacés dès la fin de l'été 1922 par des fidèles bien tenus en main. Il façonne ainsi un appareil à sa dévotion dont il s'assure la fidélité par des privilèges qui s'évanouissent avec la perte de la fonction. Maintenant que l'enthousiasme de la révolution s'est atténué ou envolé, nombre de ses membres seront prêts à tout pour ne pas les perdre et donc ne pas heurter leur dispensateur. Trois ans plus tard, Khrouchtchev appartiendra à cette cohorte soudée par la défense de privilèges destinés à croître.

Sentant venir sa fin, Lénine dicte alors un ensemble de documents rassemblés sous le nom de « testament ». Ce testament sera dissimulé et dénoncé comme un faux sous Staline ; son évocation sera considérée comme un crime ; Khrouchtchev le rendra public en 1956 en le faisant imprimer dans un tome supplémentaire des œuvres complètes de Lénine. Ce dernier y affirmait d'abord : « Le camarade Staline, en devenant secrétaire général, a concentré dans ses mains un pouvoir illimité et je ne suis pas convaincu qu'il saura toujours en user avec assez de circonspection [21]. » Si la fonction de secrétaire général donne à Staline un pouvoir illimité, c'est donc que, dans la Russie soviétique du début de 1923, le pouvoir de l'appareil du parti unique qui dirige l'État est illimité. Dès lors, s'opposer à Staline c'est s'opposer à cet appareil lui-même. Une semaine plus tard, Lénine élargit sa dénonciation de Staline. Critiquant son comportement brutal à l'égard des communistes géorgiens, il précise : « Ce défaut tout à fait supportable dans notre milieu et dans les relations entre nous, communistes, est insupportable dans les fonctions de secrétaire général. » C'est pourquoi il propose prudemment aux délégués du futur congrès du parti communiste auquel il ne pourra participer, « de réfléchir aux moyens de déplacer Staline de ce poste [22] ». Le congrès ne suivra pas ce conseil.

Six mois plus tard, en octobre 1923, Trotsky décide de reprendre et d'élargir le combat inachevé et ignoré de tous entrepris par Lénine. Il engage une campagne pour la démocratisation du Parti et il dénonce « la bureaucratisation de l'appareil du Parti qui s'est développée dans des proportions inouïes au moyen de la sélection des secrétaires [...]. On a ainsi créé une très large couche de permanents qui, en entrant dans l'appareil de direction du Parti, renoncent complètement à leurs opinions politiques personnelles, ou du moins à leur expression ouverte [23] ». Une semaine plus tard, 46 militants stigmatisent « le régime parfaitement intolérable établi dans le Parti [...] remplacé par un appareil bureaucratique sélectionné » et « la dictature d'une fraction dans le Parti [24] ». Pour désamorcer le mécontentement, la direction lance une discussion sur le « cours nouveau » proposé par Trotsky, qui en définit nettement l'axe : « Le Parti doit se subordonner son propre appareil, sans cesser d'être une organisation centralisée [25]. » Mais l'appareil, lui, veut se subordonner complètement le Parti et, à cette fin, se rallie tout entier derrière celui qui a entre les mains ses leviers et lui paraît le plus apte à réaliser ce vœu : Joseph Staline.

Khrouchtchev commet alors, au regard de son avenir dans l'appareil du Parti, une sérieuse faute politique. Il vote en décembre 1923 pour les positions de Trotsky. Ce vote permettra plus tard à ses adversaires d'affirmer qu'il était alors trotskyste. En 1957, lorsqu'ils tenteront de l'écarter du pouvoir, Kaganovitch lui donnera cette étiquette, jugée infamante. Khrouchtchev se justifiera alors dans un développement embarrassé : « J'ai commis une faute en 1923 lors de la discussion engagée par les trotskystes. » À Iouzovka, explique-t-il, il s'est dressé contre les dirigeants du comité de district qui bafouaient « la démocratie interne [...]. Objectivement mes interventions dans le temps se confondaient avec le début de la discussion suscitée par les trotskystes [...]. En conséquence, [...] elles apparurent objectivement comme un soutien des trotskystes, bien que fondamentalement je ne sois jamais intervenu avec les trotskystes. Je compris vite que j'avais commis une faute [...]. Lorsque le plenum du Comité central prit en octobre 1923 une décision sur la situation dans le Parti, je campai aussitôt et fermement sur des positions justes [26] ».

Khrouchtchev altère ici la chronologie. Les votes ont été organisés de la mi-novembre à la fin décembre 1923 : c'est donc alors et non avant octobre 1923 qu'il a voté pour l'exigence de la démocratie dans le Parti avancée par l'opposition de gauche. Mais il ne partage en rien ce qui fonde le « trotskysme » : l'idée que le socialisme ne peut être construit dans un pays isolé en dehors de la division internationale du travail réalisée par le développement du capitalisme et ne peut être que le produit d'une lutte internationale. Il n'a donc jamais été trotskyste et ne se souciera d'ailleurs plus jamais de la démocratie. En décembre 1923, Khrouchtchev représente sa cellule à la conférence du comité régional du Parti de Iouzovka. À la fin de la conférence, il est élu membre du comité régional et renie publiquement ses éphémères sympathies trotskystes qui ont duré l'espace d'un automne.

À la *rabfak*, Khrouchtchev manifeste un goût limité pour des études pourtant élémentaires ; élu secrétaire de la cellule du Parti de la *rabfak*, il consacre la plus grande partie de son temps à une activité d'agitation et de propagande. Il n'obtient pas le diplôme de fin d'études au bout de ses trois années, mais cet échec ne l'empêchera pas de siéger en septembre 1924, à la veille même de son départ de la *rabfak*, dans la commission d'attribution du diplôme qu'il n'a pas obtenu. Il est là pour vérifier non les connaissances des étudiants mais leur fiabilité politique. Il s'inscrit donc maintenant dans la ligne...

3

L'HOMME LIGE DE KAGANOVITCH (1925-1935)

La république socialiste d'Ukraine, proclamée en janvier 1923, est sans doute la plus fragile de toutes les Républiques qui constituent l'URSS. Pendant la guerre civile, elle a été ravagée par l'armée allemande, par l'Armée des volontaires de Denikine, par les nationalistes ukrainiens dits socialistes de Petlioura, par les bandes paysannes vertes, par l'armée insurrectionnelle de Makhno et par l'armée polonaise. Kiev a changé treize fois de mains, Odessa, un moment occupée par les troupes roumaines, presque autant. Ces troupes ont déchaîné une vague de pogroms, incendié les bourgades juives, égorgé plus de 100 000 juifs. Elles ont réduit les survivants pillés et dépouillés de tout, transformés en mendiants et en vagabonds sans toit, à errer à la belle étoile.

L'Ukraine est de plus mutilée. Après la débâcle de l'Armée rouge en août-septembre 1920, la Pologne s'est emparée de sa province occidentale (autour de Lvov), peuplée majoritairement d'Ukrainiens et de juifs. Enfin, Staline s'est heurté en Ukraine à une vive résistance devant sa volonté de réduire à néant les prérogatives des diverses Républiques de l'URSS pour les subordonner étroitement à Moscou. Il s'est débarrassé des principaux résistants dirigés par Christian Racovski, qui a mené une politique dite d'« ukrainisation » et de « yiddishisation », reposant sur l'ouverture systématique d'écoles en yiddish et en ukrainien, langue marginalisée sous le tsarisme. Pour reprendre les choses en main, au début de 1925, il nomme premier secrétaire du PC ukrainien son homme lige Lazare Kaganovitch, juif mais russificateur acharné, dans la droite ligne de la politique russificatrice du tsarisme.

C'est alors qu'il repère Khrouchtchev, élu délégué de Iouzovka, à la conférence nationale du parti russe d'avril 1925. Khrouchtchev y voit pour la première fois Staline. Ce dernier accepte de se faire photographier avec toute sa délégation. Le photographe dispose les délégués avec autorité. Staline grogne : « Il aime commander mais chez nous c'est interdit de commander [1]. » La délégation et Khrouchtchev sont aux anges. Quel démocrate ! Il ne se prend pas pour un chef ! L'année suivante, un communiste de Iouzovka demande à Staline d'écrire une lettre aux ouvriers de la ville (tout juste rebaptisée Stalino) ; il refuse en bougonnant : « Je ne suis pas un propriétaire terrien et les ouvriers ne sont pas mes serfs. » Khrouchtchev voit dans cette réponse « le caractère démocratique de Staline, son ouverture d'esprit et la juste compréhension qu'il avait de sa vraie place [2] ». Le même mois pourtant, Tsaritsyne devient Stalingrad.

En juillet 1925, Khrouchtchev est élu deuxième secrétaire du comité territorial de Petrovo-Marinski (qui recouvre deux districts, le premier minier, le second agricole) puis délégué à la conférence nationale du PC ukrainien, qui se tient du 17 au 21 octobre ; il y dénonce un militant coupable d'avoir protesté contre la décision de chasser de l'Armée rouge un commissaire politique dont le seul crime était de s'être abstenu lors d'un vote dans sa cellule. Khrouchtchev s'indigne : « Le Parti élève notre Armée rouge, et le commissaire, qui est l'éducateur politique des communistes et des paysans sans parti, doit savoir nettement développer la ligne du Parti dans l'Armée rouge. S'il chancelle et ne peut servir de ciment renforçant notre Armée rouge, s'il ébranle ses rangs, y crée des fractions, ruine la discipline, pouvons-nous, comme des tolstoïens, rester indifférents à tout cela [3] ? » Le « Parti », c'est en réalité le Secrétariat du Comité central puis le seul Staline. À parti unique, pensée unique et vote unique. Les opposants, dit Khrouchtchev, doivent « manifester un repentir sincère ».

C'est à cette seule condition que « le Parti leur pardonnera leurs fautes. Dans le cas contraire, nous devons exiger de nos instances supérieures du Parti qu'elles prennent inconditionnellement, sans se soucier des mérites de certains opposants, les mesures les plus répressives à l'encontre des incorrigibles [4] ».

À la fin de l'année, il est élu délégué avec voix consultative au XIVe congrès du Parti communiste de Russie (18-31 décembre 1925) où la « nouvelle opposition », dite de Leningrad et dirigée par Zinoviev et Kamenev, engage le fer avec Staline, qui l'écrase. Il écoute.

En avril 1926, l'Opposition unifiée constituée autour de Trotsky, Zinoviev et Kamenev réclame, dans une déclaration au Comité central, la démocratisation du Parti et une industrialisation rapide. Staline et Boukharine, alors alliés, pensent construire le socialisme en Russie en réduisant peu à peu l'élévation espérée des revenus des paysans aisés ou (relativement) riches (les koulaks) auxquels Boukharine a lancé un an plus tôt un appel vibrant à s'enrichir.

Khrouchtchev se déchaîne contre les opposants. Au comité du district de Stalino le 11 novembre 1926, il les accuse de vouloir « ruiner la foi dans la possibilité de construire le socialisme dans notre pays [5] », proclamée par Staline en décembre 1924. Il ne s'interroge pas sur cette possibilité, il faut y croire. L'acte de foi diabolise toute opposition, bientôt présentée comme organiquement étrangère. L'intimidation puis la répression remplacent dès lors la discussion et l'argumentation. Le plan de carrière d'un apparatchik exige la chasse aux opposants, réels puis supposés, aux hésitants d'un jour, et enfin aux « gens à double face » suspects d'hypocrisie que Staline ne cessera de stigmatiser.

Le « socialisme dans un seul pays » a un contenu matériel précis pour la caste dont Khrouchtchev est désormais membre : un ouvrier à l'établi gagne alors de 30 à 40 roubles par mois. Le permanent du Parti, à l'échelon le plus bas de l'appareil, touche autour de 200 roubles. Celui qui vote mal retombe de ces hauteurs à un salaire de misère ou au chômage qui frappe alors plus d'un million d'ouvriers. Beaucoup y regardent à deux fois ou plus.

Pourtant, dans ses Mémoires, Khrouchtchev affirmera que Staline et ses partisans ont remporté « une bataille idéologique », sans jamais préciser entre quelles idéologies s'est déroulé ce combat. Il n'a sans doute jamais lu une ligne de Trotsky ou de Boukharine. La femme de son fils aîné Leonide, Liouba, est exclue du Komsomol (les Jeunesses communistes), après la découverte dans sa chambre d'une copie des *Leçons d'Octobre* de Trotsky. Nikita, lui, n'a jamais eu cette curiosité. Il n'évoque jamais, même de façon succincte ou caricaturale, les idées des opposants qu'il stigmatise, ni d'ailleurs celles de Staline qu'il soutient. Il répète seulement les formules rituelles sur « la construction du socialisme en URSS » et invoque « la doctrine marxiste léniniste » sans jamais tenter de préciser leur sens, évoquer leur contenu ou s'interroger sur elles.

En décembre 1926, il est nommé secrétaire de la section d'organisation du comité provincial de Stalino. Khrouchtchev participe ensuite au congrès du Parti communiste ukrainien déchiré par un conflit entre Kaganovitch et son équipe de russificateurs d'un côté, et, de l'autre, un groupe de défenseurs de l'ukrainisation, par ailleurs partisans de Staline et de la « ligne générale ». Khrouchtchev, russophone et militant dans une région russophone, reste à l'écart de cet affrontement.

En Chine, depuis le début de 1925, les grèves et les saisies de terres se sont multipliées. Les unions paysannes et les syndicats ouvriers poussent partout comme des champignons sous la pluie. Le 12 avril 1927, Chiang Kaï-shek, promu par Staline membre d'honneur de l'Internationale communiste, écrase dans le sang, avec l'aide de la pègre locale et la coopération de la police des concessions étrangères, la grève des ouvriers de Shanghai. L'opposition russe unifiée dénonce la politique de Staline et de Boukharine en Chine, qu'elle relie à la théorie du « socialisme dans un seul pays » et en appelle à la discussion la plus large et à la restauration de la démocratie dans le Parti. Staline exclut Trotsky et Zinoviev du Parti. Il élabore alors l'une de ses armes politiques qui lui servira à la fois d'explication universelle aux ratés de la construction du « socialisme dans un seul pays » et d'accusation fourre-tout contre ses adversaires réels ou supposés. Un tchékiste lui parle un jour des incendies et avaries qui ont ravagé quelques usines.

Staline lui répond « sabotage ». Ce sabotage, il l'attribue aux Polonais, demain il l'attribuera aux koulaks, après-demain aux trotskystes, puis à ses anciens partisans, et à tous ceux qu'il veut éliminer.

Khrouchtchev est délégué au XVe congrès qui se tient en décembre 1927. Le congrès, après avoir hué les derniers opposants, décide d'exclure tous les membres de l'Opposition unifiée qui ne se repentiront pas. Khrouchtchev ne prend pas la parole, il se contente d'écouter. Il ne retient guère qu'un détail des débats orageux. Une délégation avait offert au Praesidium un balai de fer. Rykov l'empoigne et le tend à Staline en s'écriant : « Je transmets ce balai au camarade Staline, pour qu'il balaye nos ennemis[6]. » Onze ans plus tard, Staline fera fusiller Rykov. Près de 8 000 trotskystes prennent alors le chemin de la Sibérie.

En mars 1928, Staline, soucieux de ne pas envenimer ses rapports avec ses propres partisans en Ukraine, rappelle Kaganovitch à Moscou et le remplace par Stanislas Kossior. Ce dernier, à peine installé, forme une nouvelle équipe, qu'il veut plus « prolétarienne » que l'ancienne. Il nomme Khrouchtchev vice-président de la section d'organisation du Comité central du PC ukrainien, chargée de choisir, contrôler, vérifier les membres de l'appareil de la République. La section, présidée par Nicolas Demtchenko, est installée à Kharkov, ville russophone, alors capitale de l'Ukraine.

Khrouchtchev affirmera plus tard que ce « travail de bureau » ne lui plaisait pas : « À travers les papiers, tu ne vois pas la réalité vivante [...]. Moi, je suis un homme de la terre, de l'action concrète, du charbon, du métal, de la chimie et, dans une certaine mesure, de l'agriculture. [...] Je me suis mis à m'occuper de paperasse, et ce n'est pas une nourriture pour moi ; cela m'a repoussé dès le début[7]. »

Il doit pourtant donner satisfaction dans cette fonction de superviseur puisque, six mois plus tard, Demtchenko le nomme secrétaire du comité du district de Kiev, l'emmène avec lui et l'installe, avec femme et enfants, dans un immeuble réservé aux dirigeants du parti ukrainien. Khrouchtchev y a comme voisins Demtchenko lui-même et le général Iona Iakir, qui commande le district militaire de Kiev. Il y occupe un cinq pièces avec salle de bains, double luxe rarissime à une époque où, vu l'héritage immobilier misérable du tsarisme, l'écrasante majorité des Soviétiques vivent dans des appartements communautaires et des baraquements ou des maisonnettes de bois. Il appartient déjà à la nomenklatura.

À Kiev, il impulse la chasse aux trotskystes. Il ne sait et ne saura jamais que l'agent de liaison de ce groupe est l'écrivain Emmanuel Kazakievitch, qui obtiendra le prix Staline de littérature en 1948, sans avoir jamais eu à renier un passé clandestin. Le 28 septembre 1928, le bureau du comité régional se réunit à huis clos pour discuter de la lutte contre les trotskystes, que Khrouchtchev accuse de sabotage : « Utilisant les difficultés économiques internes et le mécontentement lié à elles de groupes d'ouvriers arriérés, les restes de l'opposition trotskyste de Kiev développent une campagne effrénée d'agitation orale et écrite [...] ; ils sont passés de la discussion [...] aux méthodes de la provocation et de la calomnie contre-révolutionnaires [...] débouchant sur des appels directement contre-révolutionnaires : sur le sabotage du deuxième emprunt pour l'industrialisation, sur le refus de servir dans l'Armée rouge, sur des grèves et même sur des menaces de soulèvement[8] » – autant d'accusations totalement inventées.

Khrouchtchev maîtrise déjà les procédés de la « polémique stalinienne », qui ne vise nullement à démontrer que l'adversaire a tort, mais uniquement à le salir et à le discréditer. Ces techniques découlent de la nature même de l'appareil totalitaire que Staline dirige et dont Khrouchtchev est désormais un rouage avant d'en devenir un levier.

L'ancien président du Conseil des commissaires du peuple d'Ukraine, Christian Racovski, décrit cet appareil en août 1928. Il énumère les scandales qui, depuis de longs mois, ont éclaboussé de nombreux dirigeants : « Vols, prévarications, violences, extorsions, abus de pouvoirs inouïs, arbitraire illimité, ivrognerie, débauche[9] », tous comportements que la brutalité de la collectivisation totale engagée à la fin de l'année va décupler. Il lie ces mœurs aux « dangers professionnels du pouvoir » : « Quand une classe s'empare du pouvoir, écrit-il, une partie d'elle-même devient l'agent de ce pouvoir. C'est ainsi que surgit la bureaucratie. Dans un État socialiste, où l'accumulation capitaliste est interdite aux membres du parti dirigeant, la différenciation est d'abord fonctionnelle puis devient sociale : la situation sociale d'un communiste qui dispose d'une automobile, d'un bon appartement, d'un congé régulier, qui touche le salaire maximum autorisé par le Parti, est bien différente de celle du communiste qui travaille dans les charbonnages et touche de 50 à 60 roubles par mois[10]. » Khrouchtchev appartient désormais à la première catégorie. D'un bond ou presque, il va en deux ans accéder à ses sommets.

En juillet 1928, Staline annonce un tournant brusque et l'abandon de la NEP, la nouvelle politique économique mise en œuvre à partir de 1921. L'URSS, explique-t-il, doit s'industrialiser. Comme elle ne dispose pas de colonies ni de pays étrangers à piller, elle est donc contrainte de se contenter d'une accumulation intérieure prélevée « d'abord sur la classe ouvrière », réduite (3 millions d'individus), et « ensuite sur la paysannerie », nombreuse, qui doit, dit-il, payer son « tribut[11] ». Le lui imposer exige la collectivisation massive, rapide et brutale des 25 millions d'exploitations individuelles, transformées en kolkhozes (fermes collectives). Les partisans de Boukharine, dits « droitiers », freinent pendant un an la mise en pratique effective de cette politique.

En avril 1929, Staline les dénonce et fait adopter le premier plan quinquennal d'industrialisation mis en œuvre de façon rétroactive... à partir du 1er octobre 1928. Il lance aussitôt le slogan : « Réalisons le plan quinquennal en quatre ans. » En remplaçant calculs et prévisions statistiques par un enthousiasme de commande, un appel à dépasser les chiffres et les rythmes prévus, une émulation socialiste (qui consiste à lancer un défi à un voisin qui s'engage à faire mieux, au moins en parole), ces slogans désorganisent la planification. Cette pratique entraîne une véritable mise à mal de l'économie que Staline couvrira en déclenchant, à partir de 1936, une véritable chasse nationale aux prétendus « saboteurs » infiltrés, selon lui, à tous les échelons de l'appareil productif.

Le 24 octobre 1929 a lieu le « jeudi noir » : la crise financière qui explose ferme des milliers d'usines de par le monde, provoque un chômage gigantesque, surtout en Allemagne, où elle prépare le terreau du nazisme ; Khrouchtchev ne s'en aperçoit manifestement pas et n'en parle même pas dans ses Mémoires. Il vit enclos dans l'univers étroit et autarcique des apparatchiks. Il reste aveugle et sourd à tout ce qui se passe en dehors ou au-delà.

Pour préparer des lendemains qui déchantent, Staline doit normaliser son parti : après avoir organisé la traque des trotskystes, il se lance dans une chasse aux « droitiers ». Khrouchtchev s'y distingue. Désireux d'améliorer une formation technique et intellectuelle trop maigre, il a fait une demande d'admission à l'Académie industrielle de Moscou, peu après la naissance de sa fille Rada le 4 avril 1929. Il y entre en septembre. Il quitte le cinq pièces de Kiev pour le foyer des élèves de l'Académie où il dispose d'une chambre individuelle. Nina et les enfants viendront l'y rejoindre l'été suivant, et on leur fournira une chambre à part.

Le 4 septembre 1929, lors de la réunion de la section de l'Académie, un certain Vorobiev, ancien partisan de Boukharine, avait accusé, après son autocritique rituelle, un groupe d'auditeurs de continuer à soutenir Boukharine. Deux mois plus tard, le 4 novembre, lors d'une nouvelle réunion, Khrouchtchev s'indigne : « Autour de Vorobiev s'est créée une atmosphère de trahison » ; on l'a exclu de l'Académie « mais tous les autres restent[12] ! ». Il réclame l'élection d'un nouveau bureau auquel il n'est pas élu. Il rencontre alors un enseignant d'économie politique nouvellement nommé à l'Académie : Mikhaïl Souslov, futur « idéologue » en chef du régime, qui sera dix ans durant l'un de ses thuriféraires avant d'être son exécuteur politique officiel en octobre 1964.

En décembre, Staline lance la collectivisation totale à laquelle s'opposent massivement les paysans, harcelés, dépouillés et souvent déportés dans des régions désolées du Nord et de la Sibérie. Khrouchtchev en approuve le principe. Le bureau de la section de l'Académie l'envoie au kolkhoze Staline dans la province de Samara pour informer les paysans que l'Académie a collecté des fonds afin de leur acheter de l'outillage. Il découvre la situation réelle des campagnes, dont il n'avait aucune idée. Le choc est brutal : « Nous avons littéralement rencontré la famine, écrit-il dans un passage effacé des versions anglaise et française de ses Mémoires. Les gens, ravagés par la sous-alimentation, se déplaçaient comme des mouches d'automne. » Ces paysans tchouvaches ne parlent pas russe. Khrouchtchev, logé chez une veuve qui n'a pas une miette de pain, les harangue par le biais d'un interprète. La liste des machines-outils qu'il promet de leur livrer avec l'argent recueilli par l'Académie les laisse froids. « Ils nous demandèrent de leur donner du pain... Ils étaient littéralement affamés [13]. » Mais Khrouchtchev n'a que des slogans à leur offrir.

Le 2 mars 1930, Staline, confronté à plusieurs centaines d'insurrections paysannes sporadiques, fait volte-face. Il publie dans la *Pravda* un article intitulé « Le vertige du succès ». Il y accuse les cadres moyens du Parti, enivrés selon lui par le succès foudroyant de la collectivisation, d'avoir forcé le mouvement, d'être allé trop loin en collectivisant même les outils individuels et les volailles, bref d'avoir commis des « exagérations ». Khrouchtchev voit alors dans cet article « un chef-d'œuvre [...] la hardiesse d'un dirigeant du Parti qui ne craignait pas de reconnaître les erreurs [qu'] à la vérité, précise-t-il, il ne prenait pas à son compte personnellement et faisait retomber sur l'encadrement du Parti. [...] Staline s'était heurté de front à un mur sans pouvoir le briser, il fut donc obligé de reculer. Mais en reculant il rejeta la faute sur les autres et ceux-ci allaient le payer très cher [14] ».

Le bureau de la section de l'Académie élit Boukharine et son ami Rykov parmi les treize délégués à la conférence de l'arrondissement préparatoire au XVIe congrès du Parti. Staline, bien qu'élu lui aussi, est furieux. Le rédacteur en chef de la *Pravda*, Mekhlis, son âme damnée, convoque Khrouchtchev. Il lui montre une lettre anonyme fabriquée par ses services, qui dénonce l'élection comme un coup tordu des « droitiers ». Qu'en pense Khrouchtchev ? Il opine : « La lettre reflète la réalité de la situation. » Accepte-t-il de mettre son nom au bas de la lettre ? Oui. Le lendemain, 26 mai 1930, la *Pravda* publie sous la simple signature « T » la lettre dénonciatrice qui fait grand bruit.

Une nouvelle réunion, convoquée le 28, révoque les délégués élus qui déplaisent, en désigne de nouveaux, dont Khrouchtchev. Kaganovitch ordonne au secrétaire du comité de l'arrondissement de Bauman où se trouve le siège de l'Académie de nommer Khrouchtchev secrétaire de la section. Aussitôt dit, aussitôt fait. Khrouchtchev commente : « Cela décida de mon destin ultérieur comme cadre du Parti [15]. »

Son protecteur, Kaganovitch, est un bourreau de travail et surtout un apparatchik brutal, grossier et intolérant avec ses subordonnés, mais, selon un de ses camarades, « mielleux, flagorneur et obséquieux [16] » avec Staline. Il a commencé par porter la barbichette comme Lénine, puis l'a remplacée par la moustache pour ressembler à Staline. Il dirige en hurlant, criant, tempêtant et menaçant. Pendant les réunions, il pouvait « comme rien cracher au visage de ses subordonnés, leur balancer une chaise à la tête ou les frapper au visage [17] ». C'est pour lui la marque d'une fermeté « prolétarienne » qui en impose alors à Khrouchtchev. En décembre 1929, Kaganovitch déclare : « Nous rejetons la notion d'État de droit [...]. Si un homme prétendument marxiste parle sérieusement d'État de droit ou, pis encore, applique cette notion à l'État soviétique, cela signifie qu'il rompt avec l'enseignement marxiste-léniniste sur l'État [18]. » Dans l'Altaï, les acteurs de la collectivisation ont violé femmes, filles et brus des paysans, roué de coups et abattu celles qui résistaient et ceux qui protestaient... Au lendemain du « Vertige du succès », la justice des districts de l'Altaï condamne plusieurs de ces bourreaux à mort. Kaganovitch se rend dans la région en avril 1930 et demande la raison de cette décision au procureur, qui lui répond : « Pour pillage et outrages. » Il s'emporte : « Quelle sorte d'excès est-ce là ? » C'est sa vision de la lutte des classes...

Kaganovitch sera l'un des principaux artisans de la Grande Terreur déclenchée de 1936 à 1938. Il ne se contentera pas de cosigner les listes interminables d'« ennemis » imaginaires à fusiller établies par Staline et le chef du NKVD Nicolas Iejov, il en inventera lui-même.

Dans ses souvenirs, Khrouchtchev tente d'escamoter le parrainage, décisif mais doublement encombrant, de Kaganovitch, qu'il éliminera de la vie politique en 1957. À cette fin, il attribue sa promotion non à un bourreau, mais à l'amitié personnelle et désintéressée d'une future victime, l'épouse de Staline, Nadejda Allilouïeva, femme simple, hostile aux privilèges et qui finira par se suicider en novembre 1932. « Staline, écrit-il, suivait mes activités par les yeux de Nadia qui l'entretenait de mes faits et gestes, ce qui fut le fondement de sa confiance en moi [19]. » Pur roman. Staline n'aimait pas que sa femme, qui éprouvait une vive sympathie pour Boukharine, se mêle de questions politiques ; dans ses lettres, si elle évoque plusieurs fois l'Académie industrielle, elle ne cite jamais ce Nikita Khrouchtchev qui prétend lui avoir fait une si vive impression et n'est reçu pour la première fois par Staline dans son bureau que le 4 mai 1931, avec une délégation de onze membres de l'Académie industrielle menée non par lui mais par Allilouïev, le beau-frère de Staline. Ce dernier ne le convoquera une nouvelle fois au Kremlin que le 15 novembre 1932, un an et demi plus tard. Il ne l'a donc reçu – et dans un groupe – qu'une seule fois du vivant de sa femme.

En réalité, l'ascension de Khrouchtchev à l'Académie industrielle est la conséquence de sa chasse aux « droitiers ». Avec son profil d'ancien ouvrier, il répond exactement aux exigences de l'appareil : le cadre prolétaire à l'assaut des intellectuels droitiers. Une fois nommé secrétaire de la section, il tombe sous la coupe de Nicolas Iejov, responsable de la section des cadres du Comité central et grand organisateur des purges sanglantes de 1936-1938, dont il écrit : « Il produisait sur moi une bonne impression, c'était un homme attentif[20]. »

Cette ardeur épuratrice ne suffit pas à le faire élire délégué au XVIe congrès du Parti, qui se tient du 26 juin au 13 juillet 1930. Il parvient à assister à une partie des séances grâce à un billet d'invité, et à écouter le rapport introductif de Staline. Il ne dit rien dans ses souvenirs de ce premier congrès typiquement stalinien, qui s'ouvre sur un cérémonial parareligieux où quinze délégations de travailleurs, paysans, soldats et marins hurlent : « Vive notre Guide, l'élève de Lénine, le camarade Staline ! À bas les opportunistes à double face ! Vive le Parti et son Guide Staline ! Vive notre Guide aimé, le camarade Staline ! » Pour la première fois, aucun délégué n'exprime le moindre désaccord, la moindre nuance, la moindre réserve.

Staline affirme : « La crise du blé peut être considérée comme résolue [...]. L'approvisionnement en pain peut être considéré comme assuré [21]. » Deux ans plus tard, la famine dévastera l'Ukraine, le Kouban, le Kazakhstan. Khrouchtchev ne tirera de conclusion du décalage entre les mots et les faits que trente ans plus tard : « Je ne sais pas même maintenant quels succès réels nous avons alors obtenus [dans l'agriculture]. Nous n'y pensions pas alors : puisque Staline l'avait dit, c'était ainsi, nous ne comprenions tout simplement pas, nous ne remarquions pas les faits. Et les "succès" étaient tels que le pays connut la famine [22]. »

Une fois élu secrétaire, Khrouchtchev épure sévèrement la section de l'Académie ; il passe au crible ses membres un par un pour vérifier leur fidélité à la « ligne générale » c'est-à-dire à Staline. Ainsi, les 31 octobre et 1er novembre 1930, il convoque une quarantaine de vieux adhérents, qu'il accuse d'être des « droitiers », actifs ou passifs, ou encore des « conciliateurs » (militants accusés de ne pas vouloir combattre les « droitiers » ou accusés de passivité à leur égard). Il en exclut la majorité et déclare : « Il nous faut créer les conditions pour qu'aucun opportuniste n'ose intervenir contre la ligne générale du Parti dans nos réunions. » Les procès-verbaux des réunions gardent trace des protestations de plusieurs exclus – l'un d'eux qualifie une accusation de Khrouchtchev de « mensonge éhonté et calomnie ». Le 6 novembre, Khrouchtchev, satisfait, déclare que le « marais » a été liquidé à l'Académie, mais qu'il faut continuer le combat. Il fait du zèle. Le 20 novembre 1930, le bureau de l'Académie, sous son impulsion, exprime sa défiance vis-à-vis du « repentir » de Boukharine, qui a fait son autocritique. Khrouchtchev anticipe. La *Pravda* critique cette résolution, que le bureau annule le 22 novembre. Khrouchtchev va trop vite, mais Staline apprécie sans doute ce dévouement.

Son ascension dans l'appareil s'accélère. En janvier 1931, il est nommé premier secrétaire du comité du Parti de l'arrondissement de Bauman, puis, en juillet 1931, premier secrétaire du comité du Parti de l'arrondissement de Krasnopresnenskaïa à la place du boukharinien Martemian Rioutine. Khrouchtchev ne cite jamais son nom, or Rioutine écrira et diffusera l'année suivante une plate-forme antistalinienne qui circulera chez des dizaines de cadres supérieurs du Parti. Tous ceux qui en auront pris connaissance sans dénoncer son auteur seront condamnés à mort, comme Rioutine lui-même en 1937.

Kaganovitch présente le nouveau promu à la réunion du bureau du comité où nul ne le connaît. Peut-être ému, Khrouchtchev balbutie, écorche ses mots. Une ouvrière chuchote à son voisin : « Est-ce qu'il était impossible de trouver pour Krasnaïa Presnia [Krasnopresnenskaïa] un homme possédant une instruction élémentaire[23] ? » Il est cependant élu à l'unanimité.

Il fait alors la connaissance de Boulganine, auquel son destin sera étroitement lié pendant un quart de siècle. Boulganine a travaillé dans les services ferroviaires de la Tcheka (police chargée de combattre la contre-révolution), de 1918 à 1922 pour traquer les trafiquants de marchandises déficitaires dits « commerçants du sac ». Il passe ensuite au Conseil supérieur de l'Économie nationale, est nommé en 1927 directeur de l'usine d'électricité Elektrozavod de Moscou et enfin, en 1931, président du comité exécutif régional des Soviets de Moscou. L'ancien tchékiste à barbichette est devenu un parvenu caractéristique de la nomenklatura, connu pour son goût prononcé pour les ballerines. Dans ses souvenirs, Khrouchtchev porte sur lui un jugement sévère, qui reflète sans doute son opinion postérieure : « Boulganine est un homme très superficiel, léger. Il survolait les questions économiques, on pouvait en politique le considérer comme apolitique [...]. D'après son style de travail, c'était un comptable[24]. »

Khrouchtchev effectue alors un nouveau bond stupéfiant : en janvier 1932, Kaganovitch, dont il devient ainsi l'adjoint, le fait entrer au secrétariat du comité de ville de Moscou. Lors de la réunion des militants de l'arrondissement de Krasnopresnenskaïa qui précède sa nomination, le deuxième secrétaire du Comité de Moscou et les intervenants, les uns après les autres, chantent ses mérites. L'un d'eux exalte « les victoires colossales, remportées avec l'aide de la nouvelle direction incarnée par le camarade Khrouchtchev[25] ». Un cadre moscovite note alors dans son journal : « L'ascension rapide de Khrouchtchev m'étonne. À l'Académie, il étudiait couci-couça, et le voilà soudain deuxième secrétaire, adjoint de Kaganovitch. Et pourtant c'est une buse de première grandeur, tout ce qu'il sait faire c'est de lécher les bottes de la direction[26]. » De fait, lorsque Kaganovitch apparaît aux réunions du comité de ville de Moscou, Khrouchtchev bondit systématiquement de son siège et clame : « Vive notre homme de barre Lazare Moïsseïevitch Kaganovitch ! »

Khrouchtchev apparaît alors comme un exécutant docile un peu benêt. Cette niaiserie démonstrative va contribuer puissamment à sa carrière. Nul ne peut en effet le soupçonner alors d'avoir des idées politiques de son cru, surtout critiques. Il exécute les ordres le doigt sur la couture du pantalon, sans les états d'âme que Staline suspecte chez les vieux révolutionnaires bureaucratisés des années de la guerre civile. Khrouchtchev le souligne dans ses Mémoires : « J'étais de toute mon âme dévoué au Comité central du Parti dirigé par Staline et à Staline lui-même au premier chef[27]. »

L'année 1932 est marquée en URSS par trois événements majeurs. Le premier est public, la loi du 7 août « sur la protection de la propriété socialiste », le deuxième, clandestin, la formation de l'Union des cercles marxistes-léninistes créée par Martemian Rioutine et l'arrestation de ses membres ; le troisième occulté : la famine qui ravage l'Ukraine dès l'hiver 1932.

La loi du 7 août 1932, imposée par Staline, prévoit la mort avec confiscation des biens de la famille pour quiconque est convaincu de « pillage » (vol) – si modeste soit-il ! – « de la propriété kolkhozienne ou coopérative ». Le peuple donne le nom de « loi des cinq épis » (glanés dans un champ après la moisson) à ce texte qui permet d'envoyer à la mort l'auteur d'un petit larcin destiné à nourrir sa famille ou ses enfants. Elle embarrasse même des juges qui renâclent ici et là à l'appliquer, mais entraîne en cinq mois de 1932 la condamnation de 103 000 personnes. Khrouchtchev n'en dit jamais un mot dans ses Mémoires. Il est tout aussi muet, on l'a vu, sur Rioutine. Il ne peut en revanche taire la famine qui ravage l'Ukraine d'octobre 1932 à mars 1933 et y fait 4 millions de morts, mais il en minimise largement l'ampleur...

Cette année 1932 est aussi celle de la montée apparemment irrésistible du nazisme en Allemagne, qui va faire peser sur l'Union soviétique une menace mortelle et déboucher sur la guerre. Sur ordre de Staline, les dirigeants du Parti communiste allemand dénoncent comme ennemi numéro un les sociaux-démocrates et non les nazis. Ils contribuent ainsi à la victoire de Hitler. Khrouchtchev n'en dit mot. Il a beau répéter inlassablement le nom de Lénine, pour qui la révolution russe était la première étape de la révolution européenne et mondiale, ce qui se passe au-delà des frontières de l'URSS et le mouvement ouvrier international ne l'intéressent pas : les journées de février 1934 à Vienne, où le chancelier Engelbert Dollfuss installe le « catholicisme social » en écrasant à coups de canon les ouvriers de la ville, le parti social-démocrate et les syndicats ; la grève générale française de juin 1936 ; le coup d'État de Franco en juillet 1936 ; la révolution et la guerre civile espagnoles, qui ont pourtant poussé des milliers de jeunes Soviétiques à tenter (en vain) de s'y engager comme volontaires ; l'invasion de la Chine par le Japon en 1937 ; Munich et le dépeçage puis l'invasion de la Tchécoslovaquie... Tous ces événements, qui pèsent sur le destin de l'Union soviétique, n'existent pas pour Khrouchtchev, ni sur le moment, ni même lorsqu'il se remémore ces années glorieuses où sa carrière se déploie. Il n'évoque d'ailleurs jamais l'Internationale communiste dont le Parti communiste russe n'est théoriquement qu'une section... C'est avec ce bagage étriqué qu'il devra aborder les questions internationales au lendemain de la mort de Staline.

Kaganovitch est alors à la fois premier secrétaire du comité de ville du Parti de Moscou et du comité régional de Moscou, secrétaire du Comité central et à cette époque véritable numéro deux de la direction du Parti – il remplace Staline quand celui-ci est en vacances. Aussi la responsabilité de la ville retombe-t-elle en partie sur Khrouchtchev. Kaganovitch lui confie la surveillance et le contrôle des travaux du métro de Moscou, commencés en décembre 1931 et qui piétinent. Il lui déclare : « La construction du métro avance mal et comme vous êtes un ancien mineur vous allez vous occuper de la suivre dans le détail. » Les mines et le métro ont un seul point commun : ils se trouvent sous la terre ! Cela suffit à Kaganovitch. Or Khrouchtchev reconnaît : « Auparavant le mot de métropolitain ne signifiait pour moi rien de concret. » Il accepte pourtant. Lorsqu'un jeune ingénieur lui propose de construire des « escalators » au lieu d'ascenseurs, Khrouchtchev avoue : « J'entendais ce mot pour la première fois[28]. » Il se met néanmoins à la tâche. Tous les jours, le casque vissé sur la tête, il court dans la boue sur les chantiers, surveille, encourage, harcèle.

En janvier 1934, à la veille même du XVIIe congrès, il remplace Kaganovitch au poste de premier secrétaire du Parti de Moscou. Cette promotion surprenante confie la direction du Parti dans la capitale de l'URSS à un jeune apparatchik à peu près inculte et d'une expérience politique limitée au regard des exigences d'une telle tâche. Sa promotion la plus prestigieuse et la plus sensationnelle dépasse sa personne. Elle anticipe d'un an celle de l'inconnu André Jdanov, qui sera nommé en décembre 1934 premier secrétaire du comité régional du Parti de Leningrad après l'assassinat de Serge Kirov, le premier secrétaire du PC de Leningrad.

Sa promotion reçoit aussitôt une traduction matérielle : il déménage pour s'installer dans le fameux immeuble gouvernemental dit « Maison sur le quai », que le romancier Iouri Trifonov évoque dans le roman du même nom. Cet immeuble massif de 506 appartements, aux grandes pièces hautes de plafond, est réservé à l'élite dirigeante. Trifonov évoque « ses couloirs et ses salles qui rappelaient un musée », et sa surveillance policière. Le héros du roman, rendant visite à un camarade, a l'impression d'être « un malfaiteur pris en flagrant délit » et remarque que « les garçons qui vivaient dans la maison avaient peur des liftiers et s'efforçaient de passer devant eux au plus vite[29] ». Le sort tragique que connaîtront la plupart des habitants de l'immeuble justifiera ces craintes.

Staline suit de très près les affaires des deux comités de la capitale qui doivent servir de modèles et d'exemples pour le reste du pays. Kaganovitch, répondant devant le Bureau politique de l'activité de Khrouchtchev, participe souvent aux réunions des secrétaires des comités d'arrondissement que ce dernier tient chaque matin.

Le 26 janvier 1934, Khrouchtchev ouvre le XVIIe congrès en proposant la liste des membres du Praesidium du congrès, du Secrétariat et de la commission des résolutions. Il salue « notre guide génial, le camarade Staline », exalte la construction, pourtant retardée, du métro de Moscou, et le creusement du canal Volga-Moscou, assuré – ce qu'il ne dit pas alors, mais qu'il soulignera dans ses Mémoires – par des déportés et des détenus. Il évite d'aborder les grands problèmes politiques et se contente d'affirmer rituellement la nécessité « d'anéantir définitivement les ennemis de classe, tous les restes des droitiers et des "gauchistes" et toutes les sortes d'opportunistes[30]... ».

Trotsky affirmait à la veille de ce congrès : « La bureaucratie soviétique s'est familiarisée avec bien des traits du fascisme victorieux, avant tout en se débarrassant du contrôle du Parti et en instaurant le culte du chef[31]. » Les acclamations remplacent les débats. Serge Kirov s'exclame : « Notre réussite est véritablement fantastique. Du diable si je suis capable de dire à quel point il fait bon vivre ici[32] ! » Les cartes de rationnement subsistent, le salaire des ouvriers a diminué de moitié depuis 1928, le nazisme triomphant en Allemagne annonce sa volonté d'en finir avec le « judéo-bolchevisme » et donc la guerre contre l'URSS... Mais tout va bien pour Kirov et les nomenklaturistes. Ils trouvent seulement que la main de Staline se fait trop lourde pour eux. Or celui-ci annonce qu'elle va se faire plus lourde encore. Il dénonce les dirigeants qui ont eu « des mérites bien connus dans le passé, les gens qui sont devenus des grands seigneurs, les gens qui considèrent que les lois du Parti et de l'État soviétique ne sont pas écrites pour eux, mais pour les imbéciles [...]. Ils ne considèrent pas leur obligation d'exécuter les décisions du Parti et du gouvernement et [...] ils espèrent que le pouvoir soviétique ne se décidera pas à les toucher à cause de leurs anciens mérites. Ces grands seigneurs infatués pensent qu'ils sont irremplaçables et peuvent impunément violer les décisions des organes dirigeants[33] ». Staline va leur montrer qu'ils sont tout à fait remplaçables.

À la fin du congrès, Khrouchtchev est élu au Comité central – élections qui annoncent un drame que personne ne pressent. Le Secrétariat du Comité central, dirigé par Staline, avait établi une liste de candidats égale au nombre de postes à pourvoir ; la seule condition pour être élu était d'obtenir au moins 50 % des voix exprimées. Selon le résultat officiel proclamé en fin de congrès, il a en fait manqué trois voix à Staline. Khrouchtchev affirme que selon ce même résultat officiel il lui manquait à lui-même et à Staline le même nombre de voix, soit six. Cette coïncidence, ajoute-t-il, a inscrit ce chiffre dans sa mémoire... hélas, là encore, défaillante, car il lui en manqua 22 !

Le résultat attribué à Staline a été trafiqué. Combien lui a-t-il réellement manqué de voix sur les 1 225 bulletins dépouillés dans 13 commissions ? 123, 125, 160, 200 ou 292 ? On ne le saura jamais, les procès-verbaux des 13 commissions ayant été détruits et la quasi-totalité des membres de la commission centrale de recouvrement des votes va être bientôt liquidée par Staline, qui a compris d'où venait le coup. Khrouchtchev souligne : « Il était impossible même de supposer que Khrouchtchev [*sic*] ou des jeunes gens semblables à lui, promus sous Staline, qui le vénéraient et buvaient chacune de ses paroles, avaient pu voter contre lui. C'était absolument impossible. » Seuls pouvaient avoir voté contre lui « les vieux cadres dirigeants du Parti » dont « Staline comprit qu'ils étaient mécontents de lui et voulaient se débarrasser de lui s'ils le pouvaient [34] ». Il décide donc de les prendre de vitesse et de frapper le premier.

Khrouchtchev est élu au Comité central en même temps que les autres nouveaux promus, Iejov et Beria – les deux futurs chefs du NKVD –, et, comme eux, sans avoir eu à passer par le stage transitoire de membre suppléant. Malgré cela, il n'appartient pas encore à l'élite dirigeante. Alors que Staline reçoit en moyenne les cadres dirigeants du Parti et de l'État deux fois, sinon trois fois par semaine, dans son bureau du Kremlin, il y convoque Khrouchtchev une seule fois en 1933, le 9 août, trois fois en 1934 (les 1er, 13 et 23 avril), puis un an plus tard seulement, le 19 avril 1935, malgré sa promotion officielle au rang de premier secrétaire du comité de Moscou. En 1935, il ne le convoque que six fois (le 19 avril, les 18, 19 et 26 mai, le 7 août, le 2 novembre). Le 1er juin 1935 au soir, Staline réunit 28 dignitaires du régime, mais

Khrouchtchev n'en fait pas partie. En 1936, il ne le convoque que quatre fois (les 29 avril, 13 mai, 18 juin et 2 décembre). Les choses ne changeront qu'en 1937. En revanche, Staline convoque alors systématiquement Kaganovitch, avec qui il discute des affaires de Moscou qu'il suit de très près.

Diriger Moscou n'est pas une sinécure. Les conditions de travail et de vie effroyables des travailleurs recrutés à la hâte dans les campagnes voisines suscitent dans les entreprises, écrit-il, des « refus de travail et même des grèves [...]. Dans les baraquements, les gens vivaient dans des conditions inimaginables : la crasse, les punaises, les cafards, toutes sortes de saletés et surtout une mauvaise nourriture et la quasi-absence de vêtements de travail [...] tout cela provoquait le mécontentement[35] ».

Le 1er décembre 1934, à l'Institut Smolny, un certain Nicolaïev abat d'une balle dans la nuque le premier secrétaire du Parti de Leningrad, Serge Kirov. Staline a-t-il commandité le meurtre ou se contente-t-il de l'utiliser ? En tout cas, il dicte aussitôt à Kaganovitch un décret instaurant une justice expéditive qui prépare la terreur : il ordonne à l'instruction d'accélérer les procès des gens accusés d'avoir projeté ou commis des attentats, supprime le recours en grâce pour ces crimes et rend les sentences de mort exécutoires dès l'énoncé du jugement.

Trois mois plus tard, en mars 1935, la carrière de Khrouchtchev fait un nouveau bond : il devient premier secrétaire du comité régional de Moscou tandis que Kaganovitch est nommé commissaire aux Voies de communication. Il cumule cette fonction avec celle de secrétaire du comité de ville de la capitale dont il est ainsi formellement le patron tout-puissant. Le 1er mai 1935, il inaugure les premiers essais expérimentaux du métro, officiellement inauguré le 14 mai dans la Maison des syndicats, à deux pas du Kremlin, en présence de Staline, Boulganine. Khrouchtchev affiche un sourire satisfait. Le 15 mai, la première ligne est ouverte au public. Le métro gardera le nom de Kaganovitch jusqu'en novembre 1955, lorsque Khrouchtchev le fera remplacer par celui de Lénine.

Fin juillet s'ouvre le septième et dernier congrès de l'Internationale communiste qui se clôt le 25 août. Khrouchtchev, bien que membre de la délégation russe, évoque en deux lignes seulement sa présence. Ce congrès, pourtant, abandonne la dénonciation des sociaux-démocrates comme sociaux-fascistes et définit la politique de Front populaire qui doit permettre au Kremlin de conclure une alliance militaire avec la France et l'Angleterre contre le danger nazi. À cette fin, le Front populaire défend la propriété privée des moyens de production, les empires coloniaux et rejette toute nationalisation, y compris celle des banques. Khrouchtchev n'en dit mot mais s'étend sur le dîner avec la délégation tchécoslovaque dans lequel il a officié comme *tamada*, « chef de table », chargé de proposer les toasts. C'est son seul souvenir.

Il dresse un bilan satisfait de son activité épuratrice le 29 décembre 1935 en énumérant la liste des ennemis du Parti démasqués et exclus lors de la campagne de vérification des cartes : « Trotskystes, zinoviévistes, espions, koulaks, officiers gardes-blancs [36]. » Il croit avoir fait du bon travail : 7,5 % des adhérents de Moscou ont été exclus en 1935. Mais non, il est à la traîne ! En janvier 1936, à la réunion du comité de ville, il déclare penaud : « On a arrêté seulement 308 individus. [...] Pour notre organisation de Moscou 308 individus arrêtés c'est peu [37]. » Il s'attelle à corriger ce retard. Pourtant, Moscou détenait le record du nombre de militants exclus pour « passivité », c'est-à-dire pour manque d'enthousiasme à dénoncer des camarades. Le stalinisme veut transformer chaque militant en dénonciateur, tout « passif » est suspect.

Les lettres de citoyens aux instances du Parti et de l'État dénoncent souvent des vices du système. Un groupe d'ouvrières écrit ainsi : « Les dirigeants ne se soucient que d'eux-mêmes, ils reçoivent des appointements et des primes [...], les sanatoriums et maisons de repos sont pour eux et il n'y a rien pour les ouvriers. » Un paysan s'insurge contre les « bureaucrates, dilapidateurs et ivrognes ». Un autre dénonce « certains communistes qui, sous la protection du Comité de district du Parti [...], remplissent plutôt le rôle d'un gendarme avec la carte du Parti dans la poche ». Certes, ces auteurs de lettres mettent en cause les dirigeants locaux, non le pouvoir central, mais il est aisé de passer de l'un à l'autre.

Ainsi, un groupe d'ouvriers protestant contre les abus de leurs dirigeants affirment : « Tous les ouvriers ignorants et inconscients maudissent le pouvoir à cause de pareils idiots [38]. » Pour répondre au mécontentement, la terreur doit prendre une autre dimension.

Deuxième partie

Un stalinien zélé

4

La machine infernale de la Terreur (1936-1937)

Le 19 août 1936 s'ouvre le premier procès de Moscou contre onze anciens dirigeants du parti bolchevik et de la révolution (dont Grigori Zinoviev, ancien président de l'Internationale communiste, et Léon Kamenev, ancien président du soviet de Moscou, tous deux anciens membres du Bureau politique du parti bolchevik) et cinq communistes allemands réfugiés à Moscou. Les seize, accusés d'avoir constitué un mythique « centre trotskyste-zinoviéviste » terroriste, qui, parmi ses innombrables forfaits, aurait assassiné Serge Kirov, sont condamnés à mort. Avant même la fin du premier procès, dont le verdict est prononcé le 23 août, Khrouchtchev réclame la peine de mort pour les accusés. Le 22 août, devant les cadres du Parti de la capitale, il fait voter une résolution qui, « considérant la culpabilité prouvée de façon irréfutable des dirigeants du bloc des trotskystes et des zinoviévistes – Trotsky, Zinoviev, Kamenev –, dans le meurtre scélérat de Serge Mironovitch Kirov et la préparation ignoble de la terreur contre le grand guide des peuples, le camarade Staline, et contre ses proches collaborateurs », exige de « fusiller la bande méprisable des assassins [1] ».

Le procès prépare une vaste entreprise de nettoyage sanglant du Parti lui-même. Désormais, la réunion matinale quotidienne des secrétaires des comités d'arrondissement autour de Khrouchtchev examine d'abord le cas des militants accusés d'activités contre-révolutionnaires ou de liens avec des ennemis du peuple. Au début, le NKVD coordonne avec les comités de ville ou de région l'arrestation de ces victimes exclues du Parti avant d'être arrêtées. À partir de mars 1937, il arrêtera les suspects, leur carte du Parti en poche, et la réunion matinale du bureau présidée par Khrouchtchev enregistrera leur arrestation et les exclura ensuite.

Le 25 novembre 1936 s'ouvre le VIIIe congrès extraordinaire des soviets de l'URSS, qui se conclut le 6 décembre par l'adoption de la nouvelle Constitution soviétique que Khrouchtchev exalte comme « le plus grand document de l'Histoire de toutes les époques et de tous les peuples », qui incarne « notre joyeuse vie d'aujourd'hui [2] ». Il affirme que « de la première à la dernière ligne, la Constitution est écrite de la main de Staline », alors qu'elle a été pour l'essentiel rédigée par Boukharine, futur condamné à mort du troisième procès de Moscou, assisté de Radek, condamné du deuxième et assassiné ensuite au goulag.

Saluant le génie de Staline dans un paragraphe sur deux de son discours, il se déchaîne à la veille du deuxième procès de Moscou contre les accusés, cette « bande d'assassins et de scélérats dont les crimes sont sans exemple dans l'Histoire [...]. Trotsky et Zinoviev ont abouti au banditisme, à l'alliance avec les saboteurs et les fascistes, avec les agents de la Gestapo. [...] La main vengeresse de la loi prolétarienne a écrasé cette bande d'assassins et exterminé [...] toute cette racaille [...]. Nous avons tiré l'épée du prolétariat pour l'abattre sur la tête de ces vipères, ces traîtres, ces assassins, ces agents du fascisme [3] ».

Le Comité central se réunit les 4 et 7 décembre. Le 5, il interrompt ses travaux pour célébrer l'adoption triomphale de la « Constitution la plus démocratique du monde ». Lors de la manifestation organisée ce jour-là pour célébrer l'adoption de la Constitution dite « stalinienne », les manifestants brandissent les portraits des principaux dirigeants soviétiques : pour la première fois, Khrouchtchev figure parmi eux.

Le 7 décembre, Boukharine, accusé la veille par Staline et Iejov d'avoir prémédité avec les « trotskystes » des attentats contre les dirigeants de l'Union soviétique, tente de rappeler à Staline ses mérites passés dans la révolution ; Staline le rabroue : « Personne ne les conteste, lui dit-il. Mais Trotsky aussi en a. Personne n'a devant la révolution autant de mérites que Trotsky, entre nous soit dit[4]. » Si personne n'avait autant de mérites devant la révolution que Trotsky et si les seize du procès de Moscou ont été fusillés pour de prétendus liens avec lui, c'est donc que les mérites devant et pour la révolution sont devenus une charge. La promotion des Iejov, Beria, Jdanov, Malenkov, Khrouchtchev et leurs semblables passe par la liquidation de ces méritants de la révolution de 1917 mal formés à l'obéissance mécanique et au culte du chef. Si bureaucratisés soient-ils, ils ont souvent gardé quelques habitudes de l'ivresse révolutionnaire de leur jeunesse. L'écrivain David Samoïlov le souligne. À la veille de l'épuration massive, « l'appareil du Parti, écrit-il, comptait encore beaucoup de responsables propulsés à leur poste par la révolution, déjà fortement corrompus et dégénérés, mais qui se souvenaient encore de l'époque où le Parti était divisé par des luttes et des discussions fractionnelles. [...] L'année 1937 était indispensable pour que la bureaucratie du Parti s'installât définitivement aux commandes[5] ».

Khrouchtchev fait partie de la vingtaine d'invités au 57e anniversaire de Staline, le 21 décembre 1936. Deux jours plus tard, il est à ses côtés dans la loge du gouvernement au Théâtre du Bolchoï pour assister à un concert en l'honneur de la conférence des femmes de l'Armée rouge, et dix jours plus tard, le 5 janvier 1937, il trône encore dans la même loge aux côtés de Staline pour le début des « Dix jours de la Géorgie ». Il siège de plus en plus visiblement sur l'Olympe des nouveaux dirigeants.

Cette année-là, Staline le convoque dix-huit fois dans son bureau du Kremlin. Moscou doit donner l'exemple du déchaînement de la répression. Ainsi Staline le voit-il longuement le 29 janvier 1937, la veille du verdict du deuxième procès de Moscou. Le lendemain soir, Khrouchtchev doit organiser une manifestation de soutien aux condamnations à mort. Staline lui donne ses instructions. Le 30 au soir, des dizaines de milliers de moscovites s'entassent sur la place Rouge. Son futur biographe, Wolfgang Leonhard, alors âgé de seize ans et réfugié en URSS avec son père, communiste allemand, est présent dans la foule et l'entend dénoncer violemment « la clique trotskyste » des accusés.

Au lendemain du procès, Trotsky écrit : « Aucun bureaucrate ne se sent désormais en sécurité. Staline possède des dossiers sur tous les personnages politiques ou administratifs de quelque importance. Ces dossiers contiennent des rapports sur la moindre faute commise (maniement imprudent de fonds publics, aventures sentimentales, relations personnelles suspectes, parents compromis, etc.) [...]. Il peut à tout moment renverser et briser n'importe lequel de ses collaborateurs, y compris des membres du Bureau politique. Jusqu'à 1936, grâce à ses dossiers, il s'est contenté de violer la conscience des gens, les obligeant à dire des choses qu'ils ne pensaient pas. Depuis 1936, il commence ouvertement à jouer avec les têtes de ses collaborateurs. Une nouvelle période s'est ouverte : avec l'aide de la bureaucratie, Staline écrasait le peuple ; aujourd'hui, il terrorise la bureaucratie elle-même[6]. » Cette vision relevait à l'époque d'une prophétie, bientôt vérifiée... Sept mois plus tard, Trotsky ajoutera : « Staline sera demain un fardeau pour la caste dirigeante[7]. »

Les années précédentes, les principaux visiteurs de Staline étaient Molotov et Kaganovitch. En 1937, Nicolas Iejov, qui a remplacé Henryk Iagoda à la tête du NKVD en septembre 1936, les éclipse tous : chaque jour ou presque, Staline délibère avec lui de la gigantesque saignée qu'il organise. Deux fois, Khrouchtchev sera reçu à cette fin par Staline juste après Iejov, et une fois, juste après son bras droit en Ukraine Mikhaïl Frinovski.

Son vieil ami Sergo Ordjonikidzé manifestant son hostilité à la chasse aux « saboteurs » imaginaires dans l'industrie lourde qu'il dirige, Staline fait arrêter son frère Papoulia en novembre 1936 puis le fait fusiller, le 10 février 1937 ; Sergo Ordjonikidzé, visé également par la condamnation à mort de son ancien adjoint Piatakov au deuxième procès de Moscou, le 30 janvier, craque et se suicide une semaine après l'exécution de son frère, le 17 février – sa mort est officiellement attribuée à une crise cardiaque. Le lendemain se déroulent ses obsèques solennelles ; Staline ne prononce pas un mot sur la tombe de son vieux camarade. Khrouchtchev est l'une des quatre personnes commises à la corvée. Il impute la mort d'Ordjonikidzé aux condamnés du deuxième procès de Moscou : « Ce sont eux qui ont porté ce coup à ton noble cœur. Piatakov – l'espion, l'assassin, l'ennemi du peuple – est pris en flagrant délit, pris et condamné, écrasé comme un reptile par la classe ouvrière, mais c'est son travail contre-révolutionnaire qui a précipité la mort de notre cher Sergo [8]. » Dans son rapport secret au XXe congrès du PCUS en 1956, Khrouchtchev évoquera pour la première fois le suicide du « cher Sergo » en l'attribuant aux malversations de Beria, qui « persécuta Ordjonikidzé, au point que ce dernier fut obligé de se donner la mort ». Au XXIIe congrès, en 1961, Khrouchtchev abandonnera cette version et affirmera : « Ne voulant plus avoir affaire avec Staline et partager la responsabilité de ses abus de pouvoir, Sergo décida de se suicider [9]. »

Le Comité central de fin février-début mars 1937 donne à la terreur contre le parti communiste et ses cadres une nouvelle dimension. La bureaucratie dirigeante est divisée en clans et en cliques constitués autour d'un cadre dirigeant, qui les protège, et qui, en contrepartie, le soutiennent et le suivent selon leurs intérêts propres. Staline dénonce ce système qui n'est que la reproduction locale de celui qu'il a instauré au sommet de l'État. Il stigmatise brutalement deux satrapes, Lev Mirzoïan et Kirill Vaïnov : « Le premier a traîné avec lui au Kazakhstan, en Azerbaïdjan et en Oural, où il travaillait précédemment, de trente à quarante de ses hommes “à lui” qu'il a installés aux postes dirigeants au Kazakhstan. Le second aussi a traîné avec lui à Iaroslavl, depuis le bassin du Donets où il travaillait auparavant, plus d'une dizaine de ses hommes “à lui” et les a aussi installés aux postes dirigeants. » Staline dénonce des féodalités qui font obstacle à son pouvoir absolu et menacent son monopole en cristallisant des intérêts de clan : « En choisissant comme collaborateurs des hommes qui leur sont personnellement dévoués, ces camarades voulaient manifestement se créer un climat d'indépendance [...] à l'égard du comité central [10] », en réalité de Staline et de son propre clan. Or les secrétaires de régions et de territoires sont tous des Mirzoïan et des Vaïnov, dont la liquidation est un avertissement à tous les satrapes provinciaux, leurs fiefs locaux et leurs cliques. Ainsi, Pavel Postychev, le maître de l'Ukraine, promis à une liquidation prochaine, est critiqué pour le nombre de ses portraits dans la presse ukrainienne.

Un certain Pakhomov se glorifie d'avoir recensé 77 ennemis du peuple dans son commissariat à la navigation fluviale « dont les deux tiers sont arrêtés ». Staline ricane : « Ce n'est pas beaucoup. » Pakhomov se rattrape aussitôt : « Camarade Staline, je vous ai dit que ce n'était qu'un début [11]. » La salle éclate de rire. La majorité des rieurs seront bientôt arrêtés. Iejov l'annonce d'ailleurs en déclarant : « Le discours du camarade Pakhomov est plus que modeste [12]. » Cette modestie répressive lui coûtera la vie.

À ce plenum, Malenkov, après avoir indiqué le nombre d'exclus du Parti au cours de l'année 1936 (266 000 !), critique l'organisation du Parti de Moscou, sans citer le nom de Khrouchtchev (alors qu'il stigmatise nommément les dirigeants d'autres régions promis à la liquidation prochaine). À Moscou, affirme-t-il, « 820 trotskystes et zinoviévistes ont reçu une nouvelle carte du Parti puis ont été exclus comme ennemis du Parti. En même temps on a exclu 6 400 communistes pour passivité [13] », c'est-à-dire pour non-dénonciation de camarades de travail ou de voisins.

Khrouchtchev prononce un premier discours bureaucratique incolore et inodore lors du deuxième point de l'ordre du jour consacré aux prochaines élections, puis un second discours entièrement consacré à la chasse aux trotskystes, qui, à l'en croire, sont infiltrés partout à Moscou, surtout dans les usines consacrées à la défense. Il dénonce un « ennemi, un trotskyste, le bandit Fourer », à qui il reproche de s'être suicidé pour mieux dissimuler ses forfaits. Or, dans ses Mémoires, Khrouchtchev évoque cet homme et la lettre qu'il avait transmise à Staline avant de se suicider et dans laquelle il lui demandait de cesser d'arrêter des innocents. Khrouchtchev se reproche alors, ainsi qu'à toute la direction du Parti de Moscou, d'avoir manqué de vigilance, surtout face à des ennemis qui ne cessent de parler eux-mêmes de vigilance. Il donne quelques chiffres qui en disent long sur la saignée à laquelle il s'est déjà livré tout en promettant de faire beaucoup mieux dans les semaines à venir. À l'usine Calibre, on a exclu

113 des 197 membres de la cellule, dont 15 « pour passivité ». À l'usine Spetssnajenie, 23 sur 59 membres, tandis que l'usine Vorochilov n° 58 traîne à l'arrière-garde : là, on a exclu seulement 45 des 122 membres de la cellule. Mais Khrouchtchev se défend : des adhérents exclus ailleurs affluent à Moscou où personne ne les connaît et se réinscrivent aussitôt dans la cellule de leur nouvelle entreprise. Comment vérifier ? À Moscou, personne ne connaît ses voisins.

De son côté, Staline constitue une commission chargée de proposer la sanction à infliger à Boukharine et à Rykov, dénoncés au cours de ce même comité central. Après Iejov, qui propose de fusiller les deux hommes, Postychev, qui suggère de les faire juger sans les fusiller, suggestion reprise par Khrouchtchev, Staline propose finalement d'exclure les deux hommes du Comité central et de confier leur affaire au NKVD pour complément d'information, proposition évidemment votée à l'unanimité moins l'abstention de Boukharine et de Rykov, aussitôt exclus, arrêtés en plein Comité central et emprisonnés.

Lors de la conférence du Parti de Moscou le 23 mai 1937, Khrouchtchev exalte les victoires obtenues grâce « à la sagesse, à la perspicacité, à l'énergie inépuisable du grand continuateur de la cause de Lénine, le guide des peuples de l'URSS, l'ami des travailleurs du monde entier, le camarade Staline... Cependant, il est impossible de se relâcher, l'ennemi n'est pas encore définitivement abattu [14] ». Loin de là, puisque Staline élargit sans cesse la liste.

Khrouchtchev se montre encore plus net lors de la conférence régionale de Moscou, qui s'ouvre le 5 juin 1937 au lendemain du suicide de Gamarnik, ancien membre du comité de ville de Moscou, qu'il dénonce comme « un traître trotskyste, un traître à la patrie, un ennemi du peuple ». Le plan prévoyait la construction de 800 000 m^2 de logements ; il n'en a été construit que 210 000 m^2. Khrouchtchev, en disciple de Staline, attribue cet échec... au sabotage, dont il donne un exemple ahurissant : au cours du deuxième procès de Moscou, un violent orage a provoqué une coupure d'électricité qui a plongé un moment dans l'obscurité la salle des colonnes où se tenait le procès. Un groupe d'ingénieurs et de techniciens de la Direction de l'électricité de Moscou ont aussitôt été accusés de l'avoir provoquée et arrêtés comme espions allemands. Khrouchtchev laisse planer une sourde menace sur l'ensemble des délégués. Des agents de l'ennemi, dit-il, se sont infiltrés dans les conférences d'arrondissement du Parti et même dans la conférence alors réunie et il persifle : « Pour le moment, je ne citerai pas de nom et vous ne m'y contraindrez pas. Pendant un certain temps, il faut se taire, tenir sa bouche fermée et lorsque le moment sera venu, nous ne nous retiendrons pas, nous parlerons. » Il précise : « Ce n'est pas une lutte ouverte [...] c'est une lutte avec un homme assis à côté de toi, qui exalte nos succès et les réalisations de notre Parti et qui en même temps serre un pistolet dans sa poche pour choisir le moment où il te tirera une balle comme ils ont tiré sur Serge Kirov [15]. » Tout délégué peut ainsi se sentir visé. Il pourchasse ces ennemis sans visage jusque dans la tombe : « Si profondément qu'ils s'installent dans leurs niches, nous démasquerons nos ennemis et les anéantirons, nous [les] réduirons en poussière [...] jusqu'au dernier et nous disperserons leurs cendres au vent, afin qu'il ne reste pas une seule trace de ces maudits traîtres et renégats de la patrie socialiste [16]. »

Sous ces imprécations rituelles se développe une répression de masse à double détente : d'un côté, la liquidation de cadres et de militants du Parti, souvent membres de la génération de la révolution ; de l'autre, une terreur de masse dont les objectifs sont fixés par l'ordre opérationnel du NKVD n° 00447 du 30 juillet 1937, qui définit deux groupes à épurer massivement : un groupe social aux frontières vagues allant des koulaks libérés à l'expiration de leur peine aux « éléments socialement nuisibles », et divers groupes nationaux : Polonais, Allemands soviétiques, Lettons, Finlandais, Grecs, Estoniens, Roumains, Coréens.

Cette gigantesque purge vise d'une part à démanteler les petites bureaucraties tentaculaires locales installées avec leurs réseaux de solidarités et leur clientèle en lâchant la bride à la police politique (le NKVD) hissée au-dessus du Parti lui-même pour le contrôler, le terroriser et le décimer ; de l'autre, elle vise à terroriser la masse de la population en frappant ses couches jugées les plus instables.

Face à la guerre qui menace, Staline sait que la cohésion sociale de l'Union soviétique est fragile, que les sources de mécontentement, voire de révolte, sont nombreuses. En liquidant la vieille couche dirigeante du Parti, il se débarrasse de nombre de sceptiques ; en liquidant les clans locaux, il prétend renforcer le pouvoir central, et en envoyant dans l'autre monde ou au goulag des centaines de milliers de membres des minorités nationales, il élimine des éléments jugés instables et pense ainsi renforcer la cohésion sociale sous la houlette de son propre clan. Le calcul produira les effets exactement inverses : les nazis n'auront guère de peine à trouver des collaborateurs parmi ces victimes. Molotov déclarera plus tard : « 1937 était indispensable [...]. Il restait de nombreux ennemis de tous bords, prêts à s'unir avec les fascistes ; grâce à 1937 nous n'avons pas eu de cinquième colonne durant la Grande Guerre patriotique[17]. » Mais Molotov s'aveugle ou ment : l'armée Vlassov et les groupes nationalistes ukrainiens antisoviétiques, stimulés par la bacchanale de la répression, formèrent la seule authentique et redoutable cinquième colonne !

Au milieu de cette tourmente naît une nouvelle fille de Khrouchtchev : Elena vient au monde le 17 juillet 1937, deux ans après la naissance de son fils Sergueï le 6 juillet 1935.

Le 13 décembre 1937, le poète Alexandre Bezymenski publie dans les *Izvestia* un poème qui exalte Iejov et Khrouchtchev avec une exagération hystérique qui recouvre peut-être une ironie cachée :

> Le hardi Iejov et l'intrépide Khrouchtchev
> Attrapent et écrasent les espions ennemis.
> Qui n'est pas avec nous est contre nous
> Nous leur arracherons l'âme et les yeux...

Et ces ennemis sont d'abord dans le Comité central, théoriquement l'organe dirigeant du Parti ! Lorsqu'il se réunit à la fin juin 1937, il est soumis à une purge féroce : pendant son déroulement même, 31 de ses membres en sont exclus comme traîtres et espions et livrés au NKVD. C'est la plus grande saignée jamais effectuée dans et contre le Comité central. Les rescapés votent une résolution autorisant officiellement – mais non publiquement – le recours à la torture. En juillet 1957, Khrouchtchev donnera lecture avec indignation au Comité central du texte complet de cette résolution dictée et signée par Staline, mais écrite de la main même de Kaganovitch. Il invectivera alors ce dernier ainsi que Molotov : « C'est votre document, c'est votre initiative. » Il demandera alors à Molotov de s'expliquer « sur la décision de torturer les détenus pour leur arracher des dépositions. Qui a signé le document sur les coups et les tortures ? ». Molotov répond alors : « Il s'agissait d'une décision unanime et secrète du Bureau politique. » Kaganovitch confirmera : « Tous les membres du Bureau politique ont signé pour appliquer les mesures extrêmes de pression physique à l'encontre des espions [...]. Le document a été rédigé de la main de Staline et tous l'ont signé [18]. »

Staline présente le texte comme une décision du Comité central et le fait valider par ses membres terrorisés. Khrouchtchev l'a donc voté, mais nul ne pense alors à le lui reprocher. Comment un membre du Comité central qui voit ses voisins exclus et arrêtés en pleine séance pourrait-il refuser de voter une décision unanime du Bureau politique ?

L'autre face de cette purge est, on l'a dit, la répression de masse sanglante. Le 2 juillet 1937, le Bureau politique adopte une résolution « sur les éléments antisoviétiques » adressée à tous les dirigeants des Républiques, des régions et des territoires. D'après ce texte, la majorité des « koulaks », une fois purgée leur peine de déportation dans les régions du Nord du pays ou en Sibérie, reviennent chez eux où « ils sont les principaux instigateurs des crimes antisoviétiques aussi bien dans les kolkhozes, les sovkhozes que dans les transports et certaines branches de l'industrie ». La résolution demande de recenser tous ces éléments « afin que les plus hostiles d'entre eux puissent être immédiatement arrêtés et fusillés à l'issue d'une procédure administrative simplifiée devant une troïka, les autres moins actifs, mais néanmoins hostiles, étant exilés dans les régions éloignées du pays sur ordre du NKVD ». La résolution définit un quota de victimes de la répression à atteindre dans chaque République ou région, classées en deux catégories : la première réunit les éléments destinés à être fusillés, la seconde, ceux destinés à la déportation, c'est-à-dire au goulag. Le texte exige enfin des réceptionnaires de cette résolution qu'ils « présentent la composition des *troïki* dans un délai de cinq jours, ainsi que la quantité d'individus soumis à l'exécution et la quantité d'individus soumis à la déportation [19] ».

Khrouchtchev, pour lui démontrer sa vigilance et sa détermination, propose à Staline dans une lettre du 10 juillet une liste conséquente des victimes. « Ont été comptabilisés 41 305 éléments koulaks et criminels installés à Moscou et dans sa région. Sur ce total, on a comptabilisé 33 436 éléments "criminels" [c'est-à-dire en majorité de malheureux condamnés au nom de la scélérate loi d'août 1932 dite des cinq épis]. Les matériaux existants sur ces éléments permettent d'affecter 6 500 d'entre eux à la première catégorie et 26 936 individus à la seconde. » Puis il ajoute : « En outre, on a comptabilisé 7 869 koulaks installés à Moscou. Les matériaux existants justifient le fait d'en affecter 2 000 à la première catégorie et 5 869 à la seconde [20] », soit au total 8 500 individus à fusiller – sans que Khrouchtchev avance d'autre raison pour ce massacre que l'évocation vague de « matériaux existants » dont il ne cite pas la moindre ligne, le moindre fait, le moindre argument. Il reçoit d'abord étrangement une confirmation de 5 000 victimes à fusiller alors qu'il en a proposé 8 500, nombre que le Bureau politique confirme le lendemain, tout comme il confirme les fonctions de Khrouchtchev dans la troïka chargée d'épurer la capitale. La troïka de la province de Moscou, depuis l'année précédente, comprend au titre du NKVD Stanislav Redens, beau-frère de Staline, qui le fera arrêter et fusiller comme « ennemi du peuple » en 1938, et, au titre du Parti, Khrouchtchev, qui a donc établi ou validé toutes les listes de victimes, plus un procureur. Le Bureau politique donne finalement « son accord pour fusiller 2 000 koulaks, 6 500 criminels, déporter 5 869 koulaks et 26 936 criminels [21] ». Ce massacre frappe autant peut-être par son caractère aveugle que par son ampleur. Pour remplir les quotas fixés et les rallonges demandées, et en général obtenues, les agents du NKVD raflent n'importe qui sur la base du plus mince incident, de la parole la plus insignifiante et inventent même des organisations clandestines fantasmagoriques pour pouvoir multiplier les arrestations. Ainsi, un cheminot est condamné à mort pour terrorisme après avoir, dans un accès d'ivresse, jeté une bouteille vide qui par malchance a atterri sur le portrait du chef théorique de l'État, Mikhaïl Kalinine : il a donc voulu attenter à la vie du chef de l'État !

Le 14 août 1937, Khrouchtchev demande au bureau du comité de ville d'étudier de près tous les documents sur les liens des cadres des comités d'arrondissement avec les ennemis du peuple et il s'écrie : « Il faut anéantir ces canailles. En anéantissant un, deux, une dizaine d'entre eux, nous défendons la cause de millions d'hommes. C'est pourquoi il ne faut pas que notre main tremble, il faut marcher sur les cadavres de l'ennemi pour le bien du peuple [22]. »

Cela n'empêchera pas Aristov, membre du Secrétariat, en juin 1957, d'opposer la blancheur de Khrouchtchev à la noirceur de Kaganovitch, Molotov et Malenkov en déclarant alors devant le Comité central impassible : « Le camarade Khrouchtchev n'a pas proposé d'arrêter ou de fusiller un seul individu. Il n'y a pas eu de cas de ce type [23]. » Alekseï Adjoubeï, son gendre, rédacteur en chef des *Izvestia*, osera affirmer en plein plenum du Comité central, le 19 juin 1963, qu'en cette même année 1937, Khrouchtchev faisait voter des résolutions hostiles au culte de la personnalité, ce qui prouve, selon ce gendre imaginatif, qu'il y a toujours eu dans le Parti des « forces décidées à défendre les principes authentiquement léninistes de la vie du Parti [24] ». Le plumitif Sofronov, rédacteur en chef du magazine *Ogoniok*, reprendra cette légende à l'occasion du 70e anniversaire de Khrouchtchev en 1964 : « Nikita Khrouchtchev, écrira-t-il alors, a pendant le culte de la personnalité tout fait à Moscou et en Ukraine pour conserver la vie et l'honneur de plusieurs milliers de personnes [25]. » Nul n'a retrouvé la moindre trace de ces résolutions aussi audacieuses qu'imaginaires, ni d'aucun de ces rescapés du massacre, inventés pour les besoins de la cause.

Le 30 juillet 1937, Staline prend une mesure permettant d'accélérer le rythme et d'amplifier de façon massive la répression. Le 27 mai 1935 avaient été constituées des *troïki* (« triplettes ») du NKVD au niveau des Républiques, territoires et régions disposant des droits des conférences spéciales du

NKVD créées un an plus tôt : composées du chef local du NKVD, du chef de la police et du secrétaire du Parti de l'échelon concerné, et siégeant en présence d'un représentant du procureur, elles pouvaient condamner à l'exil ou à l'emprisonnement pour cinq ans. Le décret du 30 juillet leur donne le droit de prononcer des condamnations à mort (catégorie n° 1) ou des peines de huit à dix ans de détention (catégorie 2).

Staline améliore encore la structure répressive par un premier décret du NKVD le 11 août 1937, signé Staline, Kaganovitch, Molotov et Kossior, puis par un second le 20 septembre, qui, pour accélérer la répression, permet l'examen des victimes par des *dvoïki* (« doublettes ») ne comprenant pas le secrétaire du Parti, ainsi jeté par-dessus bord. Ces *troïki* et *dvoïki* seront dissoutes par décret du 26 novembre 1938, une fois l'essentiel du massacre parachevé.

Pour maintenir ses collaborateurs les plus proches sous tension permanente, Staline utilise deux armes : la pression de la base contre les chefs d'un côté, et, de l'autre, le chantage et la constitution de dossiers rassemblant, outre des éléments factuels, des dépositions délirantes arrachées aux « ennemis du peuple » démasqués et arrêtés. À l'automne 1937 se tiennent partout des conférences du Parti où les militants sont invités à poser des questions gênantes à leurs chefs. Malenkov se voit interpeller parce que en 1919 il a vécu dans une ville occupée par les Blancs. Khrouchtchev, qui prend sa défense, est quant à lui tourmenté par le souvenir de 1923. Il se demande que faire. Il va voir Kaganovitch, chargé de superviser la conférence de Moscou, lui raconte ses errements éphémères de 1923 et sollicite son avis. Kaganovitch lui conseille de se taire. Mais Khrouchtchev, inquiet, demande un rendez-vous à Staline et lui confesse son erreur de 1923. Staline lui conseille d'avouer. Khrouchtchev s'exécute ; personne n'ose mettre en doute la profondeur de son repentir. Il est donc réélu à l'unanimité premier secrétaire du comité régional et du comité de ville du Parti.

Mais Staline ne veut laisser personne souffler. Un jour de juin 1937, après l'arrestation d'un certain Antipov, membre du Comité central, Staline convoque Khrouchtchev au Kremlin.

Il s'y précipite. Staline lui déclare : « Antipov a fait des dépositions contre vous. » Impossible, bafouille Khrouchtchev, qui voit là « une provocation psychologique. Vraisemblablement, il [Staline] observait comment se conduisait alors l'individu et définissait ainsi si c'était un criminel ou non ». Mais, souligne Khrouchtchev, « même un homme honnête peut être dérouté, et trembler quand il répond au chef du Parti, et donner ainsi l'impression qu'il est lui aussi compromis[26] ».

À l'en croire, Staline essaiera de le déstabiliser encore deux fois. Un autre jour, il le convoque à nouveau au Kremlin, où il l'informe que le commandant de la garde du Kremlin récemment arrêté a témoigné contre lui. Khrouchtchev proteste : « Non, c'est impossible ! », puis, accablé, il garde le silence jusqu'à ce que Staline ricane : « Je plaisante, Nikita, je plaisante[27]... » Un peu plus tard, pendant une réunion du Comité central, Staline, à brûle-pourpoint, lui demande son nom puis lui déclare : « Non, vous ne vous appelez pas Khrouchtchev. » Devant les protestations de ce dernier, Staline grogne : « C'est Iejov qui l'a dit[28]. » Staline lui fait ainsi comprendre que s'il le désire, il ne sera plus rien, plus personne ou deviendra un autre, tout comme un dirigeant de la révolution devient, sur sa décision, un agent de la Gestapo, des services japonais ou les deux à la fois. Les deux incidents sont vraisemblables.

Le maître de l'URSS aimait en effet jouer avec les nerfs de ses proches collaborateurs, les mettre à l'épreuve, jauger leurs réactions et ne pas les laisser se reposer dans l'illusion qu'ils étaient protégés. À cette fin, il fera arrêter au fil des années les femmes de plusieurs dirigeants, dont, en 1937, celle du chef nominal de l'État soviétique, Mikhaïl Kalinine, qu'il ne fera sortir un bref moment du goulag qu'en 1946, afin qu'elle assiste aux obsèques de son époux. Plus tard, il fera arrêter la femme de Molotov, et celle d'un autre membre du Bureau politique, Andreïev. Il ne fera jamais arrêter la femme de Khrouchtchev.

Pour les deux années 1936-1937, les seules affaires montées de toutes pièces par le NKVD de Moscou, obligatoirement visées par Khrouchtchev chaque fois qu'elles concernaient un responsable du Parti jusqu'au niveau de l'arrondissement, ont conduit à l'arrestation de 55 741 personnes, dont la majorité ont été fusillées. Son bilan dans la saignée de l'appareil du Parti de Moscou et de sa région est accablant : lorsqu'il quittera le secrétariat de Moscou en janvier 1938, il laissera derrière lui une organisation décapitée : 35 des 38 membres du secrétariat des comités de ville et de région de Moscou, 136 des 146 secrétaires de comités de ville et d'arrondissement ont été liquidés. Khrouchtchev a visé chaque arrestation en tant que premier secrétaire. Staline veille à ce que ses hommes liges se compromettent et apposent leur signature au bas d'interminables listes de proscrits et de fusillés. L'adjoint de Khrouchtchev au Soviet de Moscou, Pronine, ajoute : « Nous qui étions alors de jeunes militants, nous nous étonnions : comment Khrouchtchev pouvait-il nous enseigner la vigilance, alors que tous ceux qui l'entouraient s'avéraient être des ennemis du peuple ? Il fut en effet le seul membre du Comité de Moscou à rester en vie. » Et la liste serait longue des cadres syndicaux, directeurs d'entreprise, ingénieurs en chef, écrivains, artistes et autres liquidés eux aussi avec son aval. Pronine explique cette fureur vengeresse par « l'épée de Damoclès qui pendait au-dessus de sa tête [29] » – son vote trotskyste de 1923.

Une autre épée de Damoclès est suspendue au-dessus de lui. Le NKVD tente d'arracher à tous les membres de son secrétariat, arrêtés les uns après les autres, des aveux compromettants contre lui. Staline en fait fabriquer sur ses collaborateurs les plus proches. Soukhanov, le chef de la chancellerie du Comité central du PCUS de 1932 à 1954, affirme ainsi : « Même Molotov, Kaganovitch, Mikoïan, à un certain moment, n'ont tenu qu'à un fil. Un dossier compromettant avait été rassemblé sur chacun d'eux. [...] Staline avait l'habitude de tenir ses collaborateurs au bout d'un crochet [30]. »

Dans ses souvenirs, Khrouchtchev note : « Presque tous les gens qui travaillaient avec moi furent arrêtés », dont ses deux assistants, Rabinovitch et Finkel. « Je ne pouvais absolument pas admettre, écrit-il, même l'idée que ces deux hommes, que je connaissais parfaitement, aient pu être effectivement des “ennemis du peuple”. » Il l'admet pourtant, car, ajoute-t-il, « on fournissait des “documents factuels” sur tous ceux qui étaient arrêtés, et je n'avais pas la possibilité de les réfuter, et alors je me contentais de me reprocher de m'être ainsi laissé rouler : des gens proches de moi s'étaient révélés des ennemis du peuple [31] ».

C'est ainsi qu'il justifie alors, en son for intérieur et publiquement, toutes les arrestations, comme celle du général Iakir, qu'il connaît intimement depuis 1928. Un jour de 1937, celui-ci vient le voir à Moscou. Après une promenade commune dans le parc voisin, Iakir repart pour Kiev où il est arrêté peu après par le NKVD. Khrouchtchev s'émeut : « D'abord j'eus pitié de lui. » Mais il a alors surtout pitié de lui-même, car il ajoute aussitôt : « Ensuite, on pouvait m'entraîner là-dedans. Quoi ! quelques heures avant son arrestation, Iakir était chez Khrouchtchev, il est venu chez lui la nuit, ils ont déambulé et ils parlaient tout le temps de quelque chose [32] ! » Le même mécanisme d'aveuglement volontaire et autojustificateur fonctionnera pour le vice-commissaire à la Défense, le maréchal Toukhatchevski, arrêté peu après avoir proposé à Khrouchtchev, qui, dit-il, refusa, de lui envoyer un sculpteur pour faire son buste. Après un procès à huis clos, Toukhatchevski et Iakir sont condamnés à mort pour complot avec la Wehrmacht – complot fabriqué par Staline. Khrouchtchev s'inquiète : « Lorsque j'appris leur procès, je me dis : "Mais diable pourquoi il [Toukhatchevski] m'a proposé cela ? Est-ce que c'était pour me recruter ?" Et je me reprochai : "Que je pensai du bien de lui ! Quelle buse je fais, je n'ai rien vu et Staline, lui, a vu [33]." »

Ce mécanisme lui permet de tout accepter. Ainsi, le NKVD arrête son assistant Korytny, que Khrouchtchev connaît depuis Kiev, comme Iakir, beau-frère de ce Korytny qu'il apprécie beaucoup. Informé qu'il est malade et hospitalisé, Khrouchtchev va le voir à l'hopital. Le lendemain, il apprend qu'on a arrêté Korytny à l'hôpital avec sa femme. Il tourne aussitôt casaque : « J'avais beau considérer Korytny comme un homme très honnête et irréprochable, dès lors que Iakir s'était révélé être un traître, un félon, et un agent des fascistes, et que Korytny était son ami le plus proche, Iakir avait pu exercer son influence sur lui. En conséquence, j'avais pu me tromper et fait à tort confiance à cet homme [34]. » Khrouchtchev n'a alors pas besoin d'autre preuve pour justifier l'orgie de massacres qui dévaste l'appareil même du parti communiste.

À l'époque, et plus tard dans ses Mémoires, où il dénonce pourtant la terreur, Khrouchtchev ne se demande jamais ce que désigne et recouvre cette catégorie des « ennemis », depuis quand et pourquoi les militants et les cadres du Parti ainsi stigmatisés sont devenus les « ennemis », après avoir avant-hier souvent risqué leur vie pour la victoire de la révolution, puis hier soutenu Staline contre les diverses oppositions. Il ne se pose aucune de ces questions. X est un bon communiste, un excellent camarade, dévoué, fidèle, et d'un seul coup le voilà métamorphosé en « ennemi », sans que jamais Khrouchtchev s'interroge sur cette étrange et soudaine métamorphose. Dans le même temps, il était, à l'en croire, au mieux avec tout le monde : il déroule dans ses souvenirs une longue litanie de dirigeants tous plus charmants les uns que les autres. La liste de ses amitiés est interminable. « J'avais de bonnes relations avec Postychev », ainsi qu'avec Kossior. Quant à Ordjonikidzé, il en a « toujours parlé avec une grande chaleur ». Il juge « tout à fait charmant » André Jdanov, le père fouettard de l'intelligentsia. Khrouchtchev s'entend même avec les pires bourreaux staliniens. De Mekhlis, véritable chien courant de Staline, chef de la direction politique de l'Armée rouge qu'il décime, il dit : « J'avais du respect pour lui [...]. J'avais de très bonnes relations avec Mekhlis. » Le vice-président du Guépéou, Jacob Agranov, lui « plaisait beaucoup ». Il avait même, écrit-il, « de bonnes relations avec Iejov », le nabot sanglant ; de son successeur, il écrit : « Beria me plut, c'était un homme simple et spirituel [...]. Il me plut tellement qu'en 1934, alors que je prenais un congé pour la première fois à Sotchi, j'allai le voir en Géorgie. » En décembre 1953, il le fera pourtant fusiller [35].

Dans son récit, la direction du parti communiste des années 1930 apparaît ainsi comme une bande de bons camarades dont, bizarrement, les meilleurs ont liquidé l'écrasante majorité des autres. Ce débordement de fraternité universelle en pleine bacchanale sanglante où les amis d'aujourd'hui sont les ennemis de demain camoufle, par son caractère faussement naïf et candide, les rapports politiques réels dans les sommets du parti de Staline, plus proches de ceux d'une mafia que de ceux d'un parti politique. Ce camouflage apparaît dans sa nudité grossière lorsque Khrouchtchev affirme : « À cette époque, je regardai les choses d'un point de vue idéaliste : si un homme avait sa carte du Parti en poche et si c'était un vrai communiste, alors c'était mon frère et même plus que mon frère. Je considérais que nous étions tous liés par le fil invisible d'une lutte d'idées, les idées de la construction du communisme, quelque chose d'élevé et de saint. Chaque participant de notre mouvement était à mes yeux, pour parler la langue des croyants, comme un apôtre, prêt à supporter n'importe quel sacrifice au nom de l'idée [36]. »

Sa foi aveugle en Staline, inlassablement répétée, est une bonne excuse. En réalité, souligne Mikhaïl Vozlensky, « il appartient à la génération des nomenklaturistes staliniens qui ont exterminé les vieux léniniens pour s'emparer de leurs postes [37] ». Cette liquidation a largement débordé l'univers des révolutionnaires de la veille, mais elle a dégagé la place pour la horde de jeunes loups, dont Khrouchtchev, sous son air bonasse, était l'un des meilleurs représentants. D'après le général Volkogonov, cette apparence trompeuse fut l'un des atouts essentiels de sa survie : « Khrouchtchev fut dans la terreur un exécutant zélé de la volonté de Staline ; c'est pourquoi il survécut. » Mais nombre d'autres exécutants zélés ont disparu dans la tourmente. C'est pourquoi Volkogonov ajoute : « Toute sa figure débonnaire et comique ne disposait nullement à voir en lui un "espion" polonais ou un "terroriste" trotskyste [38]. » Staline, pourtant dévoré par une infinie méfiance à l'égard de tout son entourage, ne pouvait le suspecter d'avoir ses propres idées ou de nourrir des réserves sur sa politique. Staline l'appréciant, Khrouchtchev lui téléphone à tout propos et sollicite ses conseils, comme un enfant avec son père. Cette dépendance satisfaite rassure Staline. Khrouchtchev pousse ici à son degré suprême l'attitude des nouveaux dirigeants mis en selle par le maître du pays au début des années 1930.

Dans l'antre des tueurs et des tués qu'est devenu le Comité central sous la botte de Staline et du NKVD, chacun, pour survivre, est prêt à accabler les autres. Ainsi, entre le 4 et le

8 décembre 1937, Staline envoie aux membres du Comité central encore en liberté, et en vie, une liste supplémentaire de membres dont il leur demande de valider l'exclusion. Tous signent, bien entendu, Khrouchtchev comme les autres. Ils sont tous piégés. Certains ajoutent des commentaires destinés à les protéger du même sort, mais souvent en vain. Ainsi, le maréchal Iegorov écrit au bas de la liste : « Il faut exterminer tous ces salauds, toutes ces ordures, comme les plus ignobles vipères, comme la plus répugnante vermine [39] », vermine qu'il devient lui-même deux mois plus tard, le 8 février 1938, lorsque Staline demande aux survivants d'exclure le même Iegorov, arrêté puis bientôt fusillé.

Un chercheur inventif a pourtant trouvé le moyen de voir en Khrouchtchev le représentant d'une imaginaire « plate-forme d'amnistie partielle [dont] les promoteurs plaidaient indirectement pour l'arrêt de la purge [40] ». En réalité, Khrouchtchev partage au moins publiquement la conviction de Kalinine, qui déclare : « En découvrant le premier, le deuxième, puis le troisième ennemi, il est impossible de dire que le dernier ennemi est attrapé [41]. » Il faut donc toujours en débusquer un autre.

L'URSS AVANT LA SECONDE GUERRE MONDIALE

5

Proconsul d'Ukraine (1938-1939)

Au début de janvier 1938, Khrouchtchev quitte la « Maison sur le quai », dont chaque semaine les habitants étaient dérangés par les agents du NKVD venus arrêter un nouveau dignitaire ou inquiets de savoir si leur tour n'était pas arrivé. Il emménage rue Granovski, à deux pas du Kremlin, dans un appartement de sept pièces, voisin de celui de Malenkov, avec qui Khrouchtchev est alors très lié. Boulganine s'y installera à son tour en 1940. À cette époque, Khrouchtchev, Malenkov et Boulganine passent souvent leurs jours de congé ensemble et se rendent dans leur datcha. Jusqu'à la fin de 1949, Khrouchtchev laissera cet appartement inoccupé la plupart du temps.

Staline décide en effet de l'envoyer en Ukraine. Le plenum du Comité central qui se tient les 11, 14, 18 et 20 janvier 1938 marque un nouveau tournant dans sa carrière. Pour participer à cette réunion, il ne reste plus que 28 des 71 titulaires élus au congrès de janvier 1934. Le quorum n'est pas atteint, mais qu'importe à Staline, qui convoque le Comité central pour purger encore un peu plus cette assemblée dévastée au nom de laquelle se prennent pourtant toutes les décisions politiques, affublées de la formule rituelle : « Le Comité central décide. » En réalité, il n'est plus alors qu'une fiction. Ce plenum, qui élit Khrouchtchev membre suppléant du Bureau politique, est le dernier de la grande purge. Au mépris des statuts, dont il n'a que faire, Staline n'en convoque plus un seul pendant quatorze mois jusqu'au XVIIIe Congrès. Il continue néanmoins à décimer les derniers restes de ce Comité central. Il en fera encore exclure 14 titulaires et 11 suppléants par consultation au cours de l'année 1938, plus 7 autres qu'il exclut sans même demander aux survivants du Comité central de signer la fin de leurs camarades.

Staline reçoit alors Khrouchtchev à plusieurs reprises dans son bureau les 10, 13, 16 et 25 janvier, l'avant-veille de son départ pour Kiev, où il doit prendre ses nouvelles fonctions ; ces réunions dont Khrouchtchev ne dit mot le préparent à parachever l'épuration sanglante du PC ukrainien et de l'Ukraine.

Le 26 janvier 1938, Vladimir Kossior, de retour de Moscou, est accueilli à la gare de Kiev par un Comité central ukrainien fantôme, réduit par la purge à quelques rares survivants. Le lendemain, le plenum de cet organisme croupion le démet de ses fonctions et le remplace le surlendemain au poste de premier secrétaire du PC ukrainien par Khrouchtchev, qui s'installe dans un hôtel particulier situé au milieu d'un petit parc – il s'adjugera un peu plus tard une villa à 50 km au sud, sur la rive gauche du Dniepr. Aussi l'évocation de son « mode de vie spartiate » dans les années 1930 paraît-elle largement exagérée. Il n'a pas amené avec lui de Moscou une équipe de fidèles comme les Mirzoïan et les Vaïnov, liquidés par Staline pour avoir constitué leurs cliques personnelles ; c'est Moscou qui nomme son secrétaire-adjoint, le nkvédiste Bourmistenko et le nouveau chef du NKVD d'Ukraine, Ouspenski, dont le prédécesseur, Leplevski, avait pourtant demandé le 6 septembre 1937 un supplément de 4 200 victimes à fusiller, après en avoir fait fusiller plus de 6 000. Toutefois, Staline le trouvait trop mou. Faute de cadres survivants, Khrouchtchev est en même temps nommé secrétaire du comité de ville du Parti et du soviet de Kiev.

Il y découvre, dit-il, un tableau effrayant : « On avait l'impression que Mamaï était passé en Ukraine. » Mamaï, successeur de Gengis Khan, ne laissait que des cadavres et des ruines dans les territoires qu'il dévastait. Khrouchtchev poursuit : « Il n'y avait plus ni secrétaires régionaux du Parti, ni présidents des comités régionaux des soviets et bientôt il n'y eut bientôt plus de secrétaire du comité de Kiev [...] Toute la couche supérieure des cadres du Parti à plusieurs échelons a été anéantie. On changea plusieurs fois les cadres, à nouveau soumis aux arrestations et à l'extermination[1]. » Souvent les rares dirigeants survivants n'osaient pas nommer un successeur au traître débusqué de peur de se voir bientôt accuser d'avoir promu un ennemi du peuple brutalement démasqué.

Khrouchtchev continue le travail avec une ardeur qu'il tente de dissimuler derrière une dénonciation des excès de son prédécesseur. La presse de Kiev stigmatise ainsi, entre autres, un communiste de la région de Poltava convaincu d'avoir dénoncé comme ennemis du peuple tous les membres de sa section puis un membre du Parti d'Odessa, auteur de 230 dénonciations calomnieuses. Mais cette mise en œuvre de la résolution sur les « ennemis habilement camouflés » ne freine guère la poursuite de la répression.

Le 30 janvier 1938, Staline informe les secrétaires des comités régionaux et des comités centraux des diverses Républiques qu'un quota supplémentaire « d'éléments koulaks, criminels et autres antisoviétiques à réprimer », dans le cadre de l'opération déclenchée en juillet 1937, est attribué à certaines Républiques. L'Ukraine « bénéficie » ainsi d'un supplément de 6 000 hommes à fusiller. L'opération doit être terminée avant le 15 mars 1938.

Deux semaines plus tard, le 17 février, Staline se penche encore sur l'Ukraine. Le Bureau politique autorise le NKVD d'Ukraine à arrêter et à faire passer devant les *troiki* un nouveau contingent d'éléments koulaks et antisoviétiques de 30 000 individus. Il envoie Iejov sur les talons de Khrouchtchev pour organiser cette saignée. Le jour même, Iejov terrorise les cadres du NKVD d'Ukraine en leur déclarant détenir « des documents compromettants » sur 1 244 des 2 918 agents, « c'est-à-dire sur presque la moitié ». Après avoir ainsi fait peser une menace imprécise sur tous, il se déchaîne : « L'opération de masse s'est très mal passée en Ukraine. Les quotas ont été remplis et dépassés, on en a fusillé pas mal, mis pas mal en camp, la quantité est là sans doute, mais la qualité laisse à désirer. » Les nkvédistes ukrainiens ont donc raflé le menu fretin et laissé filer les vrais contre-révolutionnaires. « Il va donc falloir continuer à nettoyer encore », surtout les Polonais et les Allemands installés depuis longtemps dans la République et automatiquement suspects d'espionner pour leurs pays respectifs.

Khrouchtchev participe à la réalisation de ce plan sanglant dont il ne dit jamais le moindre mot dans ses Mémoires, où il affirme : « À cette époque, j'étais mal informé de la situation du pays dans son ensemble. Bien que membre suppléant du Bureau politique, les détails ne venaient pas jusqu'à moi [2] ». Mais ce plan ne relève pas du détail...

Cinq jours plus tard, le 22 février, l'ancien premier secrétaire du PC ukrainien, Postychev, est arrêté. Démis de ses fonctions dès février 1937 et relégué au poste de premier secrétaire de la ville de Kouïbychev, il y a organisé une épuration sauvage. Il a même voulu jeter en prison le chef du NKVD de Penza. Accusé en août 1937 de libéralisme, Postychev se voit cette fois dénoncé pour un excès de zèle jugé provocateur. Il languira en prison un an avant d'être fusillé.

En plus de l'opération des 30 000 « ennemis » à juger, une vague de condamnations à mort, sous la direction de Khrouchtchev, ravage l'Ukraine jusqu'à la fin mars 1938. Il parachève ainsi la purge sanglante entamée par Postychev. En cinq mois, il remplace les douze nouveaux secrétaires régionaux et épure brutalement l'armée.

Au début de mars 1938, dans un rapport à Moscou, Constantin Timochenko, commandant des troupes du district militaire de Kiev, et Nikita Khrouchtchev, membre du Conseil militaire de la région, se félicitent du « grand travail de nettoyage dans les rangs de la RKKA (Armée rouge) des éléments hostiles ». Ils précisent : « On a nettoyé pendant l'année environ 3 000 ennemis des troupes du district, dont plus de 1 000 ont été arrêtés. Pratiquement tous les commandants de corps et de divisions ont été renouvelés... » Mais cela ne suffit pas : « Le conseil militaire se donne comme tâche essentielle d'extirper jusqu'au bout les restes d'éléments hostiles, en étudiant profondément chaque commandant, chaque chef, chaque instructeur politique lors de leurs changements [3]. » Et pourtant, 9 commandants de corps, 24 commandants de division sur 25, 87 commandants de régiments sur 135 ont déjà été renouvelés, et le reste à l'avenant. C'est une véritable saignée.

Le 23 mai, dans sa lettre de candidature au Soviet suprême d'Ukraine, Khrouchtchev affirme : « Je jure de ne ménager aucun effort pour anéantir sur notre libre sol ukrainien tous les agents du fascisme, les trotskystes, les boukhariniens et tous ces méprisables nationalistes bourgeois [4]. » De fait, il ne se ménage pas. Le 5 juin 1938, dans un discours à la conférence de Kiev du PC ukrainien, il se félicite de l'élimination « d'un grand nombre d'ennemis du peuple » et avertit : « Mais nous ne devons pas nous relâcher [...]. Nous devons rester vigilants, ne pas nous laisser endormir par les applaudissements, les approbations ou les votes unanimes [5]. » Les ennemis sont donc à chercher parmi les délégués qui applaudissent Khrouchtchev et votent tous les motions qu'il propose.

Au XIVe congrès du PC ukrainien tenu en juin, Nikita Khrouchtchev fulmine : « Celui à qui la main tremble, qui s'arrête à mi-chemin, celui dont les genoux flanchent, lorsqu'il faut tuer dix ou cent ennemis, celui-là met en danger la révolution. Il faut combattre les ennemis de façon impitoyable [...]. Pour chaque goutte de sang d'ouvriers honnêtes nous verserons un tonneau du sang noir de nos ennemis [6]. » Dans le nouveau Comité central de 166 titulaires et suppléants, on ne retrouve que... trois membres du précédent. Tous les membres, sauf un, du Bureau politique, du Bureau d'organisation et du Secrétariat du Comité central ont été liquidés, ainsi que tous les premiers et deuxièmes secrétaires des douze comités régionaux du PC ukrainien. La purge a donc totalement anéanti la couche dirigeante du PC ukrainien et, pour la première fois, la continuité dans le fonctionnement de l'appareil du Parti de la deuxième République de l'URSS a été complètement rompue – ce dont Khrouchtchev se félicite [7]. Lors de ce congrès, le président du Conseil des commissaires du peuple, Demian Korotchenko, souligne que Staline a envoyé Khrouchtchev en Ukraine « pour porter le coup final à toute cette bande trotskyste, boukharinienne et nationaliste bourgeoise en Ukraine [8] ». Pour Chtcherbakov, premier secrétaire du comité régional de Stalino, c'est seulement après son arrivée que « le véritable écrasement impitoyable des ennemis du peuple en Ukraine a commencé [9] ».

La réputation d'homme à poigne de Khrouchtchev est telle qu'en septembre 1938, Staline fait appel à lui pour nettoyer à nouveau l'appareil du Parti de Moscou accusé de négligence – et donc de sabotage – dans l'approvisionnement de la ville en légumes et en pommes de terre. Lorsqu'il se rend ainsi à Moscou, Khrouchtchev loge en général chez Malenkov avec qui, on l'a vu, il est alors très lié. Le 13 septembre, il assiste à la réunion des bureaux des comités de Moscou et de la région qui doit préparer l'épuration, mais n'y intervient pas. Le 16 octobre, le chef du comité de Moscou, Ougarov, est limogé, arrêté et fusillé. Khrouchtchev participe à la troisième réunion du 2 novembre. Il y qualifie Ougarov de vieil ennemi du socialisme, de saboteur recruté par les trotskystes et les droitiers dont « le travail provocateur [a] délibérément provoqué des interruptions dans le ravitaillement et des files d'attente devant les magasins [10] ».

L'épuration sanglante des années 1930 fut la pierre de touche de l'aptitude des nouveaux venus aux tâches fixées par Staline dans l'ère qui s'ouvrait. Khrouchtchev passa l'épreuve avec mention bien, voire très bien. La réunion du Bureau politique des 11 et 12 octobre consacrée à l'étude systématique par les cadres du Parti du *Précis d'histoire du Parti bolchevik*, entièrement revu et corrigé par Staline, en donne la preuve. Khrouchtchev, présent, n'y dit pas le moindre mot. Mais Staline le prend comme exemple de la nouvelle « intelligentsia, c'est-à-dire des gens qui abandonnent le travail physique et vivent du travail intellectuel [...]. Le camarade Khrouchtchev, affirme-t-il, pense que aujourd'hui encore il reste un ouvrier, et pourtant c'est un intellectuel ». Cette affirmation suscite une « animation joyeuse dans la salle », qui juge manifestement amusante cette vision de Khrouchtchev. Staline s'explique : « Il a cessé d'être un ouvrier parce qu'il vit de l'intellect, il travaille avec sa tête, il a abandonné le travail physique, il est sorti du milieu des ouvriers [11]. »

Le 17 novembre 1938, sur ordre de Staline, l'opération de terreur de masse engagée le 30 juillet 1937 s'arrête, mais la répression se poursuit. Elle a tout particulièrement ravagé la région du Donbass où travaillaient beaucoup de Polonais, d'Allemands et d'ex-koulaks libérés. Le 26 février 1939, les anciens dirigeants de l'Ukraine Kossior et Tchoubar sont condamnés à mort et fusillés le même jour que l'ancien homme fort du pays, Postychev. Sur les trois années 1938, 1939 et 1940, le NKVD a arrêté en Ukraine 167 565 personnes sur une population de 28 millions d'individus, dont 2 140 membres de l'appareil du Parti et des soviets pour la seule année 1938. Khrouchtchev a personnellement visé toutes les arrestations de responsables du Parti à tous les niveaux ainsi que l'arrestation et l'exécution de plusieurs individus accusés de préparer des attentats contre lui.

Sa promotion lui a en effet valu un honneur réservé aux plus hauts dignitaires : le NKVD découvre plusieurs projets d'assassinat imaginaires contre lui. Il se hisse ainsi au rang des Staline, Molotov, Kaganovitch que les victimes des procès de Moscou étaient accusées d'avoir voulu abattre. Le 13 novembre 1938, le NKVD d'Ukraine rédige un rapport fondé sur les aveux arrachés à une demi-douzaine de communistes ukrainiens, dont le secrétaire du Komsomol d'Ukraine, Stepan Oussenko, accusé d'avoir dirigé un groupe contre-révolutionnaire de six dignitaires du Komsomol et du Parti. Sous la torture, le NKVD leur fait déclarer qu'ils préparaient l'assassinat de Khrouchtchev pendant le défilé du 7 novembre en l'honneur de la révolution d'Octobre, attentat qui, « dans les conditions de la situation internationale actuelle et de développement du fascisme en Occident, aurait une signification plus grande que l'assassinat de Kirov à Leningrad[12] ».

Khrouchtchev justifiera longtemps cette répression. Ainsi, au plenum du Comité central de juillet 1955, plus de deux ans après la mort de Staline, il évoque l'affaire de Leningrad, la liquidation de Kossarev et Postychev, la dissolution du Parti communiste polonais, toutes des « affaires » fabriquées qu'il attribue alors à Beria, pourtant étranger aux trois dernières, puis s'empresse d'ajouter : « De tout cela, il est impossible de conclure que nous n'avions pas et que nous n'avons pas aujourd'hui d'ennemis. Nous en avions pas mal. Les mencheviks, les socialistes-révolutionnaires, les trotskystes, les boukhariniens, les opportunistes de droite, les nationalistes bourgeois de tout poil et autres ennemis acharnés du peuple soviétique et du parti communiste ont mené activement leur travail de sape et ont tout fait pour saboter l'édification du socialisme dans notre pays. Fidèle au léninisme, le parti communiste sous la direction du Comité central a écrasé tous les ennemis du peuple soviétique [13]. » La purge sanglante ainsi prétendument dirigée par le Comité central, qui en fut pourtant la première victime, était donc alors encore à ses yeux totalement légitime : Kossarev, Postychev, les léningradois, le PC polonais n'ont été que des bavures.

L'évocation qu'il donne de cette épuration sanglante est un mélange de roublardise et de fausse naïveté. Il cite une longue liste de dirigeants dévoués, honnêtes, compétents, fidèles exécutants de la ligne générale et soutiens fermes de Staline, qui leur accorde sa confiance, et se voient soudain arrêtés, qualifiés d'ennemis du peuple, torturés puis fusillés. À chaque cas énuméré, il s'étonne. En 1937-1938, il accepte et applique. Lorsqu'il rédige ses Mémoires trente ans plus tard, il s'interroge : Pourquoi cette entreprise d'extermination ?

Il trouve deux réponses, aussi peu convaincantes l'une que l'autre : la domination du NKVD sur le Parti et la paranoïa de Staline qui réduit le stalinisme à une douteuse maladie mentale. « Au-dessus du Parti, écrit-il, il y avait la Tcheka. [...] À vrai dire, ce n'est pas nous qui les dirigions, c'est eux qui nous imposaient leur volonté, même si extérieurement la hiérarchie était respectée. En fait, avec les dossiers qu'ils constituaient, leurs documents et leurs actes, ils faisaient de nous ce qu'ils voulaient. Et nous, conformément à la pratique instituée, nous étions tenus de faire totalement confiance aux documents qu'ils établissaient pour les organes du Parti. » Évoquant avec réticence la terreur en Ukraine, il essaie de se justifier en affirmant que le chef du NKVD d'Ukraine, Ouspenski, l'accablait de papiers dénonçant une liste constamment renouvelée d'« ennemis », et prétend qu'en contresignant les listes de condamnés, il « appliquait une sorte de contrôle du Parti sur le NKVD d'Ukraine [14] ». Contrôle imaginaire. Tout refus d'un dirigeant local ou régional de contresigner une de ces listes et d'entériner les arrestations décidées à Moscou aurait aussitôt fait ajouter le nom du téméraire sur ces mêmes listes.

En fait, le NKVD ne disposait d'autonomie que dans le choix des moyens pour remplir les quotas d'arrêtés et de fusillés décidés par Staline et son clan. Staline l'utilisait pour imposer ses décisions à l'appareil du Parti de bas en haut et pour décimer ce dernier. C'est lui qui décidait qui était un ennemi du peuple ou non. Iagoda puis Iejov et leurs sbires ne furent que des instruments entre ses mains, dont il se débarrassa quand il le voulut. Khrouchtchev savait que le NKVD ne disposait que de l'autonomie que Staline lui concédait puisqu'en décembre 1938, ce dernier lui téléphona pour lui ordonner d'arrêter Ouspenski, qui, prévenu, détala aussitôt.

Il a pourtant été alors confronté à l'une des inventions staliniennes sanglantes les plus fantasmagoriques. Une épidémie mortelle s'abat en 1938 sur les chevaux dans les régions frontalières de l'Ukraine. Plusieurs commissions d'enquête s'enlisent ; leurs membres sont arrêtés et fusillés comme comploteurs et saboteurs. Khrouchtchev, pour une fois peut-être saisi d'un doute et peut-être inquiet à l'idée d'être accusé d'avoir manqué de vigilance, se mêle de l'affaire. Selon le NKVD, les professeurs et vétérinaires arrêtés ont empoisonné le fourrage. Khrouchtchev demande alors la formule chimique du poison, le fait fabriquer et répandre dans le fourrage distribué à des chevaux, qui ne manifestent pas le moindre trouble. Il interroge alors lui-même les détenus, qui jurent avoir contaminé le fourrage avec un poison reçu d'Allemagne – ils ne peuvent désavouer leurs tortionnaires, maîtres réels de leur sort. Malgré l'arrestation des « saboteurs-empoisonneurs », l'épidémie d'épizootie continue. Khrouchtchev constitue deux nouvelles commissions qui en découvrent la cause réelle : le fourrage conservé dans des conditions douteuses a été contaminé par un champignon microscopique. Khrouchtchev fait alors diffuser une directive sur le stockage du fourrage, faisant ainsi cesser l'épidémie. Son récit est confirmé par l'académicien Sarkissov, qui découvrit la toxicité du champignon à la fin des années 1930 [15]. Mais des dizaines d'agronomes, de vétérinaires, de scientifiques et de présidents de kolkhozes avaient été fusillés pour un sabotage imaginaire.

Khrouchtchev affirme que, même après cette farce sanglante, il n'imaginait pas que le NKVD ait pu extorquer des aveux par la torture. Or, dès cette époque, il rencontra des victimes de la répression relâchées qui lui racontèrent leurs épreuves. Ainsi, l'ancien commissaire du peuple au Commerce d'Ukraine, Loukachov, sorti de prison invalide, lui raconta que le NKVD l'avait torturé pour lui faire avouer que lui, Khrouchtchev, l'avait envoyé à l'étranger contacter des services d'espionnage. Celui-ci se plaignit à Staline, sans l'ordre ou l'autorisation de qui un gradé du NKVD n'aurait pu ouvrir un dossier sur un membre du Bureau politique. Staline lui répondit par une pirouette : « Sur moi aussi on rassemble un dossier. C'est Iejov qui fait ça[16]. »

Khrouchtchev raconte aussi à Staline la visite d'un jeune instituteur, arrêté et torturé pour qu'il avoue que le président du Conseil des commissaires du peuple d'Ukraine, Korotchenko, était un agent de la cour de Roumanie. Les enquêteurs lui ont aussi extorqué par la torture des aveux compromettants contre Khrouchtchev. Staline prend alors la défense de son protégé. La plainte de l'instituteur moldave est examinée en décembre 1938 par le Bureau politique lui-même qui décide qu'il faut « organiser un jugement public, fusiller les coupables et le faire savoir dans la presse[17] ». Staline fait constituer un dossier sur Khrouchtchev mais lui maintient sa confiance.

La saignée effectuée dans les cadres du Parti et de l'État et donc de l'économie a désorganisé cette dernière. Une fois arrivé à la tête du Parti, Khrouchtchev dénoncera – devant un cercle restreint – la responsabilité des méthodes de Staline dans la criminalisation de toute la vie sociale. Ainsi, le 5 novembre 1962, il évoquera le système stalinien de la « tension » poussant à établir des plans « non garantis par les possibilités matérielles [...]. À cause de cela, les mineurs n'avaient pas de jours de congé et se trouvaient en situation d'être des débiteurs et des criminels devant le Parti. Pourtant ils travaillaient très consciencieusement et bien. Nous planifiions une utilisation du charbon plus élevée que ne le permettaient les travaux préparatoires[18] ». Cette surévaluation systématique d'objectifs sans cesse révisés à la hausse engendre une tension permanente. Les mineurs qui n'atteignaient pas ces objectifs irréalisables malgré la suppression de leurs congés étaient qualifiés de saboteurs. Le but, purement politique, de Staline était de faire peser sur l'ensemble des acteurs une menace permanente en sabordant la planification. En 1962, Khrouchtchev suggérera ce qu'à l'évidence il ne comprenait pas alors.

Les grandes purges de 1936-1939, qui ont décimé les élites en place et des groupes sociaux jugés instables et dangereux, ont ouvert la voie à la promotion sociale et politique, parfois vertigineuse, des bénéficiaires des répressions massives. C'est sur eux que Staline mise, ce sont eux qui l'appuient. Les grandes purges représentent en effet une gigantesque redistribution des positions au sein des divers appareils du pouvoir ; l'arrestation de tout cadre haut placé entraîne l'avancement de plusieurs personnes à la fois et, dans certains cas, plusieurs fois de suite en peu de temps, car si les titulaires de fonctions importantes à liquider ainsi que les quotas de gens à supprimer par catégorie sont fixés par Staline et ses acolytes, la détermination précise des victimes aux échelons inférieurs était l'objet d'une lutte farouche qui a pu amener à des renouvellements successifs tant que la saignée se poursuivait. Des hordes de promus ont ainsi franchi en un instant plusieurs étapes que, dans une situation normale, ils auraient mis de très longues années à parcourir.

Ainsi, le journaliste Mikhaïl Koltsov célébrait en février 1938 – avant d'être lui-même liquidé – l'ascension de millions « de modestes petits rouages » promus à « un travail encore et toujours plus grand, encore et toujours plus important [19] ». Au plus fort du massacre des généraux, Vorochilov déclare lors d'une réunion de lieutenants : « Chacun d'entre vous est un maréchal en puissance [20]. » Les représentants de la dernière couche des promus, sans expérience politique ni relation dangereuse et qui avaient commencé leur activité politique en applaudissant rituellement voire frénétiquement Staline, n'avaient à peu près rien à craindre. Ils ont effectué en quelques mois une ascension inattendue et inespérée, parfois foudroyante, qui les a menés d'un poste de technicien de base, de petit fonctionnaire, de contremaître à un poste de secrétaire de comité de district ou de région ou de président de comité exécutif du soviet. Ils ont pénétré dans les appartements construits ou aménagés pour l'élite du Parti et de l'État, recevant une datcha d'État, une voiture avec chauffeur, ayant accès à des maisons de repos confortables et à des magasins réservés leur offrant des biens inaccessibles à plus de 90 % de la population. La divine surprise de cette fulgurante ascension n'exigeait alors aucune ancienneté, aucune compétence spécialisée ou formation professionnelle sérieuse. C'est à cette jeune cohorte avide que Staline a lancé son appel, vite compris par elle, du plenum du Comité central de février-mars 1937 pardessus la tête – bientôt tranchée – des membres du Comité central qui eux n'avaient pas saisi ce qui les attendait.

L'un des membres de cette cohorte, le lieutenant du NKVD Mechik, plus tard adjoint de Beria, qui le nommera en 1953 ministre de l'Intérieur de l'Ukraine, l'explique en termes simples au secrétaire général du Komsomol, Milchakov, arrêté et interrogé par ses soins : « Les gens comme toi ont fait leur temps [...]. Vous n'avez pas compris que la situation a changé. Il faut un régime nouveau, rénové et avant tout un pouvoir fort, dirigé par un "maître" puissant. L'époque de Staline est venue et avec elle celle de gens nouveaux qui occupent toutes les positions dans l'appareil. À l'avant-garde, marche la garde de Staline, les tchékistes... Nous, tchékistes, sommes un parti dans le Parti. Nous allons nettoyer le Parti de toutes ces vieilleries comme la prétendue "vieille garde" et tous les individus liés aux vieux, aux conceptions d'hier. Nous avons déjà viré environ un million de membres du Parti. Et les autres seront rééduqués. Ils nous suivront, ils suivront Staline comme des agneaux. Ils occuperont vos places dans tous les appareils [21]. » Mechik répète ce que Iejov a retenu de ses entretiens quotidiens avec Staline en 1937 et transmis à ses cadres. Cette entreprise suppose à la fois la corruption accélérée et la purge de l'appareil policier lui-même. De 1934 à 1939, 21 800 membres du NKVD accusés de « crimes contre-révolutionnaires » sont liquidés.

Les « recrues de 1937 » qui se ruent sur le pouvoir et les privilèges, se sentant entièrement redevables à Staline de leur statut social et de leur bien-être matériel, éprouvent à son égard un sentiment profond de reconnaissance servile. Tous ces promus chantent en toute sincérité les louanges de Staline qui leur a ouvert les portes d'une carrière et d'un statut social inespérés. Pour eux, le socialisme c'est cela, le marxisme-léninisme c'est cette aventure réussie. Dans leur écrasante majorité, ces nouveaux promus ne souffriront que peu de la guerre, car, occupant la myriade de postes bureaucratiques libérés par leurs prédécesseurs fusillés, ils échapperont à la conscription. Ils pourront donc en toute sécurité chanter l'héroïsme du peuple soviétique qu'ils auront admiré sans risque de leurs bureaux.

Khrouchtchev, qui, à la différence de ces promus, sera sur le front pendant les trois quarts de la guerre, appartient aux échelons supérieurs de cette couche sociale entraînée dans un tourbillon qui l'enivre. Tous les secrétaires de comité régional ou territorial du Parti en place en 1935 ont été liquidés, sauf trois, Beria, Jdanov et Khrouchtchev, qui ont tous les trois commencé leur carrière pendant la stalinisation du parti communiste. L'ascension vertigineuse à laquelle Khrouchtchev n'aurait jamais rêvé lors de son arrivée à Moscou fonde l'admiration qu'il voue à Staline : « Durant des années, dit-il, je m'étais dévoué corps et âme au Comité central et à Staline. Depuis que j'étais arrivé à Moscou et que je l'avais entendu parler à des meetings de masse, j'admirais Staline pour la clarté de sa pensée et la concision de ses formules [...]. Et maintenant que j'étais membre suppléant du Bureau politique, j'avais l'occasion de l'observer au travail de très près, de façon régulière. Mon admiration pour lui continuait de croître. » Il lui « vouait, ajoute-t-il, un véritable culte [22] ». S'il mènera de façon si partielle et si incohérente la déstalinisation qu'il lancera en février 1956, c'est qu'elle remettait en question sa propre ascension et celle de cette couche sociale de parvenus dans laquelle les uns et les autres voyaient la réalisation du socialisme.

En Ukraine, Khrouchtchev met en œuvre l'un des axes de la politique de Staline ; une politique de russification entreprise depuis le début des années 1930 et qui frappe d'abord l'Ukraine. La chasse aux communistes accusés de nationalisme a liquidé des dizaines d'entre eux après avoir dès 1933 poussé au suicide le vice-président du Conseil des commissaires du peuple d'Ukraine, Skrypnyk, pourtant partisan de Staline, et l'écrivain communiste Khvylovy. Khrouchtchev inverse donc la politique de développement de la culture nationale ukrainienne et juive ; il fait fermer un grand nombre d'écoles enseignant en yiddish et en ukrainien, langue qu'il ne parlera jamais, à la différence de sa femme. Des onze théâtres juifs ouverts en Ukraine en 1933, il n'en reste que quatre en 1938.

Le 27 avril 1938, le NKVD arrête le jeune, mais déjà grand, physicien Lev Davidovitch Landau, accusé d'avoir constitué un groupe contre-révolutionnaire à l'Institut technique de physique d'Ukraine. Par un étrange hasard, son groupe « antisoviétique » est surtout formé de juifs (Rozenkievitch, Korets, Weisberg, Lifchits, Akhiezer). Le NKVD les accuse d'avoir volé la place de scientifiques aux noms bien russes : Riabinine, Strelnikov, Jelekovski, Pomazanov. Ainsi, les juifs chassent les Russes ! Leur tract qualifie Staline de « dictateur fasciste », traître à la révolution d'Octobre, et dénonce le « fascisme stalinien et hitlérien ». Khrouchtchev ne dit mot de cette affaire dont le NKVD l'a nécessairement averti. Staline libérera pourtant Landau dont le génie scientifique pouvait lui être fort utile et qui obtiendra le prix Nobel de physique en 1962...

En mars 1939, Khrouchtchev part avec toute sa famille pour Moscou où il doit participer au XVIIIe congrès du Parti. Son discours est l'un des points d'orgue d'un concert de dithyrambes délirants à Staline, où se mêlent les louanges grossières des nouveaux promus et les flatteries hypocrites de rares survivants inquiets sur leurs lendemains. Khrouchtchev exalte le « guide génial, notre grand Staline », puis dénonce rituellement les « agents des services de renseignements fascistes, les trotskystes, les boukhariniens et les nationalistes bourgeois », et prétend enfin que « de toute son âme, le peuple ukrainien proclame avec tendresse, amour et solennité : “Longue vie à notre cher Staline !”. L'amour du peuple ukrainien pour Staline, responsable d'une famine qui a emporté près de quatre millions de paysans en Ukraine cinq ans plus tôt, est pourtant mince. Les survivants accueilleront souvent la Wehrmacht avec sympathie jusqu'à ce que ses razzias et ses assassinats ne les en détournent.

Le tableau idyllique que Khrouchtchev dresse alors de l'Ukraine relève de la mystification. Il exalte les mirifiques succès imaginaires de l'agriculture ukrainienne, de la betterave à sucre jusqu'à l'élevage, et l'élévation galopante du niveau de vie des paysans. D'après lui, la production de pain blanc a augmenté de 310 % en 1937. « Les usines d'Ukraine produisent autant d'acier que le Japon, l'Italie et la Pologne réunies. Elle produit trente fois plus de machines-outils qu'en 1913 [23]. » Bref, l'abondance frappe à la porte...

Le 22 mars 1939, à la fin du XVIIIe congrès, le nouveau Comité central l'élit membre titulaire du Bureau politique. Il fait désormais partie des neuf dirigeants théoriques du pays, aux côtés d'Andreïev, Vorochilov, Jdanov, Kaganovitch, Kalinine (figure d'opérette dont la femme est au goulag !), Mikoïan, Molotov et Staline, plus les deux suppléants, Beria et Chvernik. Mais le Bureau politique est devenu un organe fantôme : en 1934, il s'était réuni 18 fois, en 1935, 16 fois, en 1936 et 1937, 7 fois, en 1938, 5 fois. En 1939 et 1940, il se réunira en tout et pour tout 2 fois par an ! En février 1941, Staline déclarera à ses membres : « Nous n'avons pas réuni le Bureau politique depuis quatre, cinq mois. Jdanov, Malenkov et les autres ont préparé avec les camarades compétents toutes les questions à l'ordre du jour des quelques réunions et la direction du Parti ne s'en est pas trouvée diminuée, mais augmentée [24]. » La saignée massive du parti communiste s'accompagne de la liquidation de fait de ses instances légales, pourtant dociles. Khrouchtchev souligne que « Staline considérait le Comité central et le Bureau politique, pour ainsi dire, comme un mobilier, nécessaire pour l'aménagement de la maison [25] ».

Maxime Litvinov, commissaire aux Affaires étrangères, moque les nouveaux promus : « Staline choisit des imbéciles limités et obéissants », en particulier « Khrouchtchev le crétin [26] », dont Roy Medvedev suppose « qu'outre son énergie et sa loyauté, sa taille a favorisé la sympathie de Staline pour lui. Staline n'aimait pas les gens grands ; or le robuste et vigoureux Khrouchtchev était encore plus petit que le petit secrétaire général [27] ». Mais Stanislas Kossior, son prédécesseur à la tête du PC ukrainien, était encore plus petit que lui. Son quasi-nanisme ne le sauvera pourtant pas du massacre.

Le 8 décembre 1938, Staline remplace Iejov par Beria à la tête du NKVD, chargé de faire libérer quelques rares milliers de détenus et de moduler la terreur. Cinq jours plus tard, Khrouchtchev invite les cadres du NKVD d'Ukraine à « se rassembler avec le camarade Beria à leur tête pour frapper sur les ennemis[28] ». En mars 1939, Staline fait arrêter Iejov, qu'il rend responsable des « abus » ou « excès » prétendus de la terreur et dont les collaborateurs sont presque tous arrêtés et liquidés, en Ukraine comme partout ailleurs. Staline déclare : « Nous n'aurons plus à employer la méthode de l'épuration massive. » Khrouchtchev précisera dans ses souvenirs : « La terreur était simplement devenue plus subtile et plus sélective[29]. »

Muet sur ses initiatives dans la répression, il s'étend pourtant longuement sur les rares cas où il dit être intervenu en faveur d'une victime, comme le poète Maxime Rylski. Il affirme aussi s'être plusieurs fois rendu au siège du NKVD pour discuter avec des prévenus dont la culpabilité lui paraissait suspecte et dans les prisons pour vérifier certains aveux surprenants, sans nourrir d'illusions sur l'efficacité de ces visites. Il commente en effet : « De quel contrôle peut-on parler quand les organes du Parti tombaient eux-mêmes sous le contrôle de ceux qu'ils étaient censés contrôler[30] ? » S'il l'a fait, c'est sans doute au lendemain de la révocation de Iejov.

Quant à lui, il poursuit l'épuration. Lors du XVe congrès du PC ukrainien en mai 1940, 53 % des membres du Comité central élu deux ans plus tôt disparaissent du nouveau Comité central. Dès le 14 novembre 1938, Iejov, qui avait senti le vent tourner, avait alerté son ami Ouspenski, qui avait aussitôt pris la fuite. Staline, furieux, exigea de Beria d'« attraper Ouspenski à tout prix[31] ».

Celui-ci n'est arrêté qu'en avril 1939. Il tente alors de s'abriter sous la puissance de Khrouchtchev en soulignant son amitié avec lui et les liens de leurs familles. En vain. Il est fusillé avec sa femme, jugée complice de sa fuite. Son poste de chef du NKVD d'Ukraine reste vacant près d'une année.

Un jeune nigaud inexpérimenté, Amaiak Koboulov, âme damnée de Beria comme son frère aîné Bogdan, est nommé premier adjoint d'un commissaire du peuple inexistant dont il remplit les fonctions. Khrouchtchev doit apprécier cette absence de contrôle policier.

Khrouchtchev est longtemps parvenu à imposer la légende de sa participation marginale aux purges sanglantes de la fin des années 1930. Sur cet épisode, les frères Medvedev manient la litote : « Khrouchtchev lui-même n'était pas absolument blanc en ce qui concerne les répressions de 1936-1938 et d'autres périodes[32]. » Ainsi, le correspondant du *Monde* à Moscou, Michel Tatu, évoquant en 1967 cette période dans *Le Pouvoir en URSS*, affirme : « La seule répression qui puisse être mise à son passif est celle de 1938 en Ukraine, encore que Khrouchtchev se soit apparemment borné à installer ses hommes aux postes laissés vacants par les hommes épurés[33]. »

Selon l'ancien chef du KGB Chelepine, Khrouchtchev chargera plus tard Ivan Serov, président du KGB (Sécurité d'État) de 1954 à 1958, de retirer des archives de longues listes de gens à fusiller qu'il avait contresignées et qu'il fit disparaître. Or une bonne partie des archives de la Sécurité d'État de Moscou avaient déjà disparu en octobre 1941 : lors de leur évacuation vers l'Est, elles avaient été chargées sur une barge que l'aviation allemande coula ; une partie des archives de la Sécurité d'État de Kiev avait connu le même sort lors de l'évacuation de la ville un mois plus tôt... Khrouchtchev ne peut donc être tenu pour seul responsable.

Dans ses Mémoires, il justifie sans fard la terreur : « Comme beaucoup d'autres, je croyais sans réserve en Staline, et nous nous reprochions d'être des aveugles, de ne pas voir et sentir les ennemis, de ne pas avoir de flair politique, ni de compréhension profonde de la lutte des classes, de ne pas savoir démasquer les ennemis, comme le faisait le camarade Staline. Ce n'est que progressivement que je commençai à me dire que tout était loin d'être aussi simple[34]. » Khrouchtchev ne date pas cette prise de conscience tardive. Mais surtout, sous sa plume, l'expression « lutte des classes » a un tout autre sens que chez Marx : pour ce dernier, elle signifie le combat des travailleurs salariés pour résister à leur exploitation par les détenteurs du capital. Khrouchtchev, lui, désigne ainsi la chasse aux membres, voire aux dirigeants du parti communiste, qui auraient soudain décidé de saboter l'œuvre à laquelle ils avaient si longtemps contribué. Il répète comme une litanie ce vocable d'« ennemis » avec le seul contenu fantasmatique fabriqué par Staline, celui de saboteurs ou d'espions. Il poursuit : « Je considérais que des excès se produisaient, mais que fondamentalement tout était fait correctement. Je portais même Staline aux nues pour le fait qu'il ne craignait pas les complications, qu'il menait à bien la purge et par là même unissait, rassemblait les gens honnêtes [35] », c'est-à-dire les nouveaux promus.

Ces derniers approuvent la législation brutale que Staline met en place contre la population laborieuse. Après avoir, en juin 1937, promulgué l'interdiction de l'avortement, puni d'une peine de prison, il instaure le 28 décembre 1938 un nouveau livret de travail enregistrant toutes les sanctions prises contre les « fautes » de l'ouvrier. Un deuxième décret du même jour prévoit des peines sévères pour retards injustifiés et absentéisme au travail. Une semaine plus tard, un nouveau décret assimile à un délit tout retard de plus de vingt minutes, situation fréquente dans un pays aux transports collectifs dans un état déplorable. Un décret du 26 juin 1940 porte la journée de travail à huit heures, proclame la semaine de travail de sept jours et interdit, sous peine de prison, à l'ouvrier de quitter l'entreprise de sa propre initiative. Enfin, un décret du 10 août 1940 punit l'absence injustifiée et tout retard de plus de vingt minutes au travail, la production de rebut (marchandises inutilisables) et le chapardage sur le lieu de travail d'une peine de prison ou de camp allant de un à trois ans.

Khrouchtchev, qui, dans ses Mémoires, se présente systématiquement comme un ouvrier et un représentant de la classe ouvrière, ne dit pas un mot de cette législation contraignante dont il abrogera pourtant, une fois qu'il sera au pouvoir, la quasi-totalité des dispositions. Il n'éprouve ni le besoin de la justifier, ni celui de la critiquer, ni d'évoquer sa mise en application qu'il a dû impulser. Il peut dénoncer la répression sans mettre en cause le Parti lui-même, car ce dernier en a été lui aussi la victime ; évoquer la législation antisociale, en revanche, c'est remettre en question les rapports officiels entre la classe ouvrière et le parti communiste, qui se présente historiquement comme son avant-garde au pouvoir. Or, où a-t-on vu une avant-garde faire feu sur son corps d'armée ?

6

LE PACTE GERMANO-SOVIÉTIQUE (1939-1941)

À la mi-août 1939, Staline convoque Khrouchtchev à Moscou. Le samedi 22, celui-ci se trouve à la datcha de Staline qui, le sourire aux lèvres, lui annonce l'arrivée imminente de Ribbentrop, le ministre des Affaires étrangères de Hitler. Khrouchtchev, pétrifié, pense d'abord à une plaisanterie, mais Staline lui lit le message de Hitler lui demandant de recevoir son ministre, porteur de propositions concrètes. « Nous le rencontrerons demain », ajoute Staline, qui a tenu les membres du Bureau politique, sauf Molotov, dans l'ignorance de ses contacts avec le Führer. Khrouchtchev l'informe qu'il avait projeté de partir le lendemain avec Boulganine et Malenkov dans la chasse de Vorochilov, où il était invité pour la première fois et qu'il avait grande envie de s'y rendre. Staline l'y encourage. Il recevra Ribbentrop avec Molotov et informera les autres du résultat de l'entrevue à leur retour de la chasse.

Le soir, Khrouchtchev et Malenkov rejoignent dans son chalet de chasse Vorochilov, chargé de mener les négociations en vue d'un pacte d'assistance mutuelle contre Hitler avec les délégations française et anglaise présentes à Moscou depuis quinze jours. Le lendemain 23 août, à midi, Ribbentrop atterrit à Moscou. Les discussions commencent à quinze heures trente dans le bureau de Molotov, flanqué de Staline. Pendant que Ribbentrop, Molotov et Staline fignolent les derniers détails du déchaînement de la guerre, Vorochilov et ses invités abattent une nuée de canards. Khrouchtchev est ravi. Il emporte fièrement ses canards au dîner, auquel tout le Bureau politique a été invité le soir même à la datcha de Staline, et vante ses exploits de chasseur à son patron sans l'interroger sur Ribbentrop. S'intéresse-t-il effectivement plus à ses canards qu'aux rapports avec Hitler, ou joue-t-il ici l'idiot du village ? En tout cas, son désintérêt affiché ne peut que confirmer Staline dans l'idée qu'il est un benêt docile et inoffensif.

Staline, souriant, informe alors ses interlocuteurs que Moscou vient de signer avec l'Allemagne nazie un pacte de non-agression dont il ne communique pas le texte aux chasseurs. Bien que membre de l'organe suprême du Parti, Khrouchtchev se garde d'en demander la communication. Il a compris qu'il ne faut pas être trop curieux ; il accepte sans broncher d'être écarté de la discussion du pacte, des conditions de sa signature et de son contenu, qui va pourtant le concerner bientôt puisqu'une annexe secrète prévoit le partage de la Pologne et donc le retour à l'Union soviétique de l'Ukraine occidentale. Staline affirme qu'avec ce pacte, l'Union soviétique pourra rester neutre et économiser ses forces. Khrouchtchev partage bien évidemment ce point de vue. En véritable fils du « socialisme dans un seul pays », il ne s'interroge jamais sur la volonté de Staline d'imposer aux partis communistes du monde entier le soutien au pacte germano-soviétique et l'abandon de toute propagande antifasciste. Seul compte pour lui l'intérêt de Moscou.

Le 1er septembre 1939, la Wehrmacht envahit la Pologne où elle s'enfonce au pas de charge. Dès le lendemain, Moscou nomme en Ukraine un chef du NKVD, dont la première tâche, et la tâche essentielle, sera de nettoyer l'Ukraine occidentale de ses éléments jugés hostiles. Le 17 septembre, l'Armée rouge entre en Pologne où elle ne rencontre aucune résistance. Khrouchtchev s'y précipite avec le général Timochenko. Il installe ses quartiers à Lvov. Ivan Serov, le représentant local du NKVD, rencontre les deux hommes le 23. Timochenko tempête : « Il faudrait fusiller l'état-major du groupe d'armées, c'est clair que c'est un rassemblement d'ordures. » Khrouchtchev reproche à Serov sa mollesse : « Il n'y a pas un seul fusillé ici ! » L'autre se défend : il a fait fusiller 12 individus ! Khrouchtchev l'accuse alors d'abus de biens gouvernementaux et lui déclare : « Tu es un joli coco, nous savons comment vos cadres s'efforcent d'écraser sous leur poids la direction du Parti. » Serov, qui raconte ces incidents dans un rapport à Beria et deviendra pourtant chef du KGB de 1954 à 1958 sous l'autorité de Khrouchtchev, conclut : « Khrouchtchev est un homme hautain, qui ne se gêne pas pour jouer au démocrate et adore entendre son entourage le flatter [1]. »

La colère de Khrouchtchev se comprend. Il doit gérer l'occupation d'un nouveau territoire. Même si la majorité de la population – des juifs et des Ukrainiens, opprimés sous la botte polonaise – accueille d'abord l'Armée rouge avec sympathie, il ne peut plus se contenter des intrigues d'appareil dont il a fait son pain quotidien. Il est confronté à une difficulté qu'il règle brutalement avec l'aide indispensable de Serov et de ses services : au début de 1938, Staline a dissous le Parti communiste polonais et le Parti communiste d'Ukraine occidentale, dénoncés par lui comme un repaire de trotskystes, de luxemburgistes (partisans de Rosa Luxemburg, assassinée en janvier 1919 par les sbires du gouvernement social-démocrate allemand) et d'agents de la Gestapo ; il a fait fusiller tous les dirigeants polonais exilés à Moscou. Il soupçonnait sans doute ces deux partis d'accepter difficilement l'accord qu'il préparait déjà avec Hitler. Tout militant qui continue de s'en réclamer est automatiquement qualifié de provocateur. Malgré cela, de nombreux cadres locaux – souvent tout juste libérés par l'Armée rouge des prisons où le gouvernement polonais les avait jetés – proposent leurs services aux Soviétiques pour les aider à installer les organes locaux du pouvoir. Le NKVD les rafle et aussitôt Khrouchtchev décrit leur sort avec un détachement cynique : « Nous les considérions comme des agents non démasqués [...]. Un très grand nombre d'entre eux, libérés par notre Armée rouge, retombèrent ensuite dans nos prisons soviétiques. [...] Les cadres du Parti communiste d'Ukraine occidentale, que nous pûmes prendre, furent liquidés comme provocateurs, traîtres, félons et agents de Pilsudski [2] », le chef d'État polonais mort en 1935.

Le déchaînement du NKVD est sans limite. L'écrivain communiste polonaise Wanda Wassilievska rejoint Lvov avec son mari, ancien membre du Parti socialiste polonais. Khrouchtchev l'accueille à bras ouverts. Il compte sur elle pour amadouer l'intelligentsia polonaise de la ville. Un soir, des agents du NKVD abattent son mari à leur domicile ; d'après la version officielle de l'assassinat, ils se sont trompés d'étage et ont tiré avant de vérifier l'identité de la victime. Khrouchtchev feint d'accorder foi à ce mauvais roman policier et le communique à la veuve qui se console bientôt en épousant l'écrivain ukrainien officiel Aleksandr Korneitchouk, protégé de Khrouchtchev. Cette ultrastalinienne déclarera à Khrouchtchev après la guerre qu'elle ne rentrerait en Pologne que le jour où ce pays serait devenu une République fédérée de l'Union soviétique !

Khrouchtchev organise une épuration sévère des milieux nationalistes ukrainiens. Fin février 1940, il transmet au Bureau politique, qui les adopte le 2 mars 1940, des propositions de renforcement des nouvelles frontières occidentales de l'URSS : il préconise de chasser la population sur une zone frontalière de 800 mètres, de condamner à dix ans de déportation au Kazakhstan les familles des soldats et officiers polonais internés dans des camps de prisonniers (soit de 22 000 à 25 000 familles), d'arrêter les plus déterminés d'entre eux et de transmettre leurs dossiers au NKVD, enfin d'utiliser les maisons et appartements des familles déportées pour y installer les personnels administratifs et militaires soviétiques envoyés dans ces nouvelles régions. Le Bureau politique transforme en décret du gouvernement ces propositions qui préparent le massacre de près de 22 000 officiers polonais à Katyn, Starobelsk, Ostachkov et Kozelsk, dont Khrouchtchev partage ainsi la responsabilité [3]. Dans ses Mémoires, il ne cite jamais ces lieux et ne dit mot de cette épuration déclenchée à son initiative dont il ne peut donc rejeter la responsabilité sur Staline et Beria. Le 3 mars 1959, le chef du KGB de l'époque, Chelepine, informera par téléphone Khrouchtchev du résultat de ses recherches dans les archives sur cette affaire. Il lui indiquera le chiffre exact d'officiers et de policiers polonais assassinés : 21 857. Il lui proposera de détruire les dossiers personnels des fusillés et les matériaux de la fugitive instruction de leur affaire mais de conserver les procès-verbaux de la troïka qui a décidé leur exécution ; Khrouchtchev, soucieux d'effacer les traces d'un passé qu'il réécrit à loisir, lui demandera de tout détruire. Ce n'est pourtant là qu'une partie de l'épuration brutale que Serov, sous la houlette de Khrouchtchev, déploie en Ukraine occidentale : de septembre 1939 à février 1941, il y arrête 21 449 Polonais, 19 982 Ukrainiens et 12 695 juifs, en grande majorité déportés en Sibérie. Au total, en trois ans, de 1938 à 1940, sous sa direction politique, le NKVD arrête en Ukraine 167 565 individus, pour la plupart déportés.

Non content de gérer ainsi l'extension de l'Ukraine, Khrouchtchev prétend l'agrandir au détriment de la Biélorussie. Il soumet au Comité central un projet de fixation des nouvelles frontières qui repousse loin au nord les frontières ethnographiques traditionnelles mises en place sous l'Empire russe entre la Biélorussie et l'Ukraine, à laquelle il veut intégrer une demi-douzaine de villes biélorusses dont Brest-Litovsk et toute la campagne environnante. Le PC biélorusse élabore une contre-proposition. Le 22 novembre 1939, son premier secrétaire, Ponomarenko, est convoqué à Moscou. Il déclare à Khrouchtchev que les territoires qu'il revendique sont historiquement biélorusses. Khrouchtchev explose : « Depuis le Moyen Âge, des Ukrainiens vivaient ou vivent sur les territoires que vous voulez inclure dans la Biélorussie... » Staline déclare ce projet « inacceptable et totalement infondé [4] ». Pour apaiser Khrouchtchev, il lui propose alors une portion de forêt biélorusse dans un district à peu près désert. Khrouchtchev avale la pilule, mais au lendemain de la mort de Staline, il se vengera de ce camouflet en chassant Ponomarenko du Secrétariat du Comité central.

En avril 1940, Beria, dans un rapport à Staline et à Molotov, signale que dans un certain nombre de Républiques et de régions « des kolkhoziens et leurs familles sont malades à cause de la sous-alimentation » que Staline attribue à un sabotage des livraisons par les kolkhoziens eux-mêmes, en particulier en Ukraine. Au plenum du Comité central de juillet, il interpelle brutalement Khrouchtchev, qui bafouille : « La discipline du travail ne se trouve pas encore à la hauteur à laquelle elle devrait être... » Staline explose : « Quelle hauteur ? De quoi parlez-vous quand les gens refusent de travailler, ne se rendent pas au travail ? » Khrouchtchev propose : « Il faut les juger. » Staline le corrige : « Il faut les envoyer dans des camps de concentration. Le travail est une obligation dans le socialisme. Nous punissons les ouvriers qui arrivent en retard au travail mais le kolkhozien qui ne va pas du tout travailler, il ne lui arrive rien [5]. »

Moscou parachève alors la mise en œuvre des accords secrets signés avec Hitler comprenant la récupération de la Bessarabie et de la Bucovine du Nord que la Roumanie avait arrachées à la Russie en 1918. L'armée roumaine recule sans livrer combat. Khrouchtchev, chargé de soviétiser la région, reçoit du NKVD une liste de 39 cadres communistes accusés de liens avec la police secrète roumaine, d'espionnage et de provocation. Il les envoie en prison sans commentaire.

Il a plus de difficulté pour définir comment se comporter avec les juifs... L'intégration des territoires orientaux de la Pologne a placé sous la coupe de Khrouchtchev une population juive beaucoup moins assimilée que les juifs russes. Il se trouve alors confronté à leur volonté de célébrer Yom Kippour et de ne pas travailler ce jour-là qui, en 1940, correspond à un jour de shabbat. Craignant de commettre un impair politique, il demande à Staline ce qu'il doit répondre à tous les juifs qui demandent la permission de ne pas travailler ce samedi 12 octobre. Staline tranche : « Qu'ils célèbrent leur fête [6] ! » Khrouchtchev s'exécute.

Le 30 novembre 1939, Khrouchtchev dîne chez Staline avec le communiste finlandais Otto Kuusinen que ce dernier s'apprête à mettre à la tête d'un gouvernement fantoche. Staline avait réclamé aux Finlandais, qui ont refusé, un recul de la frontière d'une trentaine de kilomètres au nord de Leningrad, dans le but de protéger la ville, contre la cession d'une partie désertique de la Carélie. Il annonce à ses invités que, dans quelques heures, l'artillerie soviétique va bombarder le territoire finlandais ; Moscou criera à l'agression et ripostera en envahissant la Finlande qui capitulera vite. Khrouchtchev confirme : « Au premier coup de canon, les Finlandais lèveront les bras et satisferont à nos exigences [7]. » Mais, abusés par leur propre propagande tapageuse, les Soviétiques se trompent. L'Armée rouge, désorganisée par les purges, privée d'un commandement expérimenté, piétine quatre mois devant la ligne de fortins Mannerheim. Elle enregistre de lourdes pertes et étale ainsi sa faiblesse aux yeux du monde. Pour Khrouchtchev, la guerre de Finlande « a peut-être coûté des millions de vies humaines [8] » à l'URSS en révélant sa faiblesse militaire et poussé Hitler à l'envahir. Celui-ci aurait certes attaqué un jour ou l'autre, mais les échecs de l'Armée rouge le confortent dans son intention d'envahir l'URSS avant d'avoir mis l'Angleterre à genoux...

Un soir, dînant chez Staline, Khrouchtchev est témoin d'un incident inouï qui le laisse médusé ; Staline, furieux, reproche à Vorochilov les échecs de l'Armée rouge. Vorochilov, rouge de colère, se lève, brandit son assiette pleine et la projette violemment sur la table en hurlant : « C'est toi qui es responsable ; tu as exterminé les cadres de l'armée [9]. » Au lendemain de l'armistice avec la Finlande (12 mars 1940), Staline remplacera Vorochilov au poste de commissaire à la Guerre par un autre vieux compagnon de la guerre civile, Semion Timochenko, qui se révélera par la suite à peu près aussi incompétent.

Le 25 février 1941, Staline nomme Serov, membre du Bureau politique du PC ukrainien depuis mai 1940, premier vice-président de la Sécurité d'État. Serov quitte donc l'Ukraine, où il a noué avec Khrouchtchev des liens étroits qui se révéleront précieux pour ce dernier à un tournant décisif de sa carrière politique, quinze ans plus tard. Ce printemps 1941 est lourd d'ennuis familiaux pour Khrouchtchev. Son fils Sergueï, frappé par la tuberculose, est victime d'une dégénérescence des jambes qui le contraint à vivre plâtré pendant deux ans ; Ioulia, tuberculeuse elle aussi, doit subir une opération des poumons.

Le 1er juin 1941, alors que la guerre s'approche, dans la province de Tchernovitsy au sud de l'Ukraine, un millier de paysans se rassemblent devant le local du NKVD du chef-lieu de canton et exigent qu'on les laisse entrer en Roumanie. Le NKVD les disperse et arrête un groupe de « meneurs ». Mais, dans la soirée, 500 à 600 paysans tentent de franchir la frontière. Les gardes-frontières ouvrent le feu, faisant, écrit Khrouchtchev à Staline, « une cinquantaine de tués et de blessés ». Khrouchtchev conclut satisfait : « Personne n'a pu franchir la frontière. » Le lendemain, Staline lui demande la nationalité de ces paysans, puis le sermonne : « On peut bien entendu tirer sur les gens, mais la fusillade n'est pas la méthode essentielle de notre travail [10]. » Khrouchtchev, qui ne s'attendait certainement pas à ce genre de reproche, avoue le lendemain que tous ces paysans étaient des Roumains. Il en a donc trop fait !

L'invasion de l'Union soviétique par la Wehrmacht est imminente. Staline rejette les avertissements qui lui viennent de toute part, de Churchill à son agent au Japon, Richard Sorge, en passant par le résident du NKVD à Kichinev, en Bessarabie, Sergo Goglidzé, ou l'attaché militaire soviétique adjoint à Berlin, Khlopov. Dans son rapport au XXe congrès en février 1956, Khrouchtchev affirmera que « Staline ne prit pas garde à ces avertissements. Qui plus est, il ordonna de ne pas ajouter foi à des renseignements de ce genre, afin de ne pas provoquer le déclenchement d'opérations militaires [11] ». Staline ne réagit pas plus aux 324 cas de violations de l'espace aérien soviétique entre le 1er janvier et le 22 juin 1941. Mieux encore, lui qui voit des espions partout, y compris dans son entourage proche, autorise des groupes d'experts allemands à entrer sur le territoire afin de faire des relevés topographiques, sous l'aimable prétexte de rechercher les traces des tombes de soldats allemands de la Première Guerre mondiale. Il déclare à Timochenko : « L'Allemagne ne combattra jamais toute seule contre la Russie [12]. »

Comment expliquer cette paralysie qui va livrer l'Union soviétique sans préparation à l'offensive allemande du 22 juin ? Staline espérait repousser à 1942 une agression qu'il savait inévitable et tentait d'amadouer Hitler par sa passivité et par la ponctualité avec laquelle il faisait livrer toutes les commandes de l'Allemagne nazie. Le maréchal Gueorgui Joukov le souligne : « Jusqu'au début de l'agression de l'Union soviétique, l'espoir de différer la guerre n'a pas abandonné Staline [13] », que son incompréhension totale de la politique et de la psychologie de Hitler pousse à interdire toute mesure où ce dernier pourrait voir une provocation. Mais Khrouchtchev a sans doute raison d'ajouter à cet espoir naïf : « Staline se tenait devant Hitler comme un lapin devant un serpent [...]. L'inéluctabilité de la guerre le paralysait[14]. »

Staline convoque Khrouchtchev à Moscou, il y arrive le 14 juin. Ce soir-là, Staline le reçoit durant vingt minutes dans son bureau au Kremlin alors qu'il reçoit Malenkov durant près de deux heures. Le 20, le même scénario se répète. Staline réunit longuement Molotov, Kaganovitch, Vorochilov, Mikoïan, Beria et Malenkov. Quoique membre du Bureau politique, Khrouchtchev n'est invité à aucune de ces réunions et se morfond dans la capitale en attendant le moment où Staline va l'inviter à de longs dîners largement arrosés, où ne l'on ne discute pas de la guerre qui vient. Il se console en affirmant que le Patron, angoissé par la menace chaque jour plus évidente d'une guerre imminente, cherche seulement à ne pas rester seul. Il l'aurait donc fait venir de Kiev, lui le patron de l'Ukraine, pourtant visée de plein fouet par l'invasion allemande imminente uniquement pour se distraire ? Staline juge en tout cas inutile de l'associer à la discussion des problèmes. Khrouchtchev insiste pour être renvoyé à Kiev. Il obtient enfin gain de cause le 21 et prend d'urgence le train pour revenir dans sa capitale.

Une grande échéance l'attend. Le 22 juin doit en effet être un jour de gloire pour lui. Ce jour-là doit être inauguré à Kiev un grand stade portant son nom dont la construction vient de s'achever. Deux réjouissances sont au programme des festivités : un grand meeting où Khrouchtchev doit prendre la parole et de nombreuses épreuves sportives. Il ne pouvait manquer ce moment de triomphe. Hitler en décidera autrement.

LES FRONTS RUSSES (1942-1945)

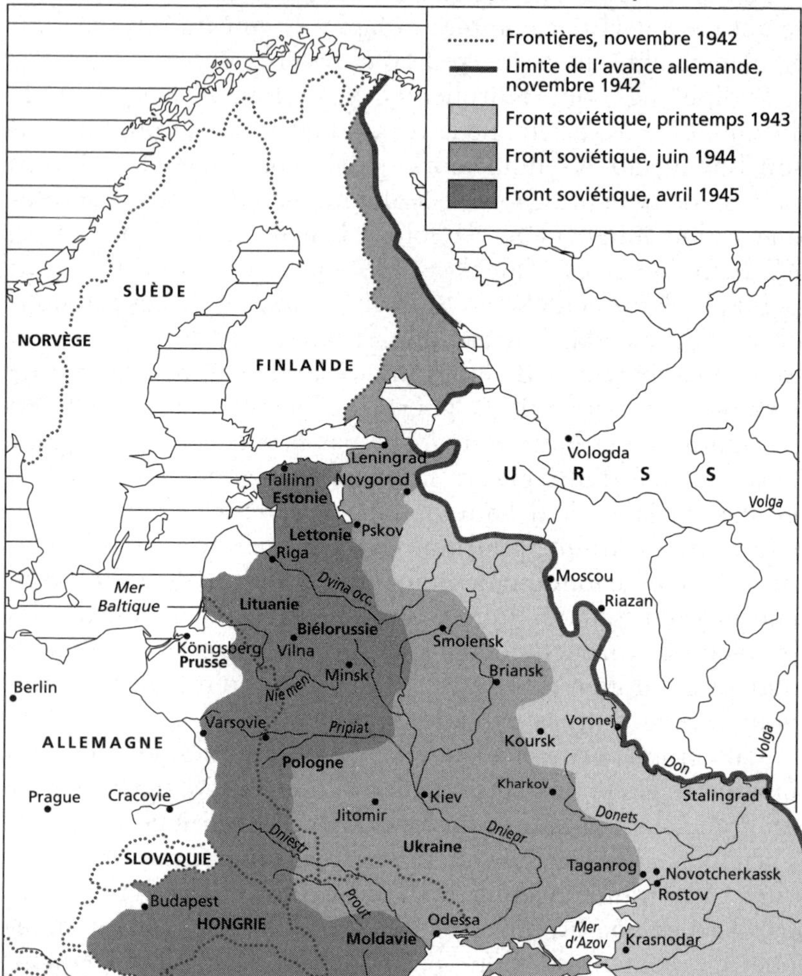

7

KHROUCHTCHEV CHEF DE GUERRE ? (1941-1944)

Dans la nuit du 21 au 22 juin 1941, la Wehrmacht envahit l'URSS, la Luftwaffe bombarde les villes et les aérodromes de Biélorussie et de Lituanie, clouant au sol des avions soviétiques dépourvus d'instruments de vol de nuit. Elle détruit dans la journée plus de 1 200 avions immobilisés sur les aérodromes par le refus de Staline de donner l'ordre immédiat de réagir à une attaque allemande dans laquelle il voit une simple provocation des généraux !

Khrouchtchev est immédiatement nommé membre du conseil militaire du district de Kiev. À dater du 5 août 1941 jusqu'en février 1944, il appartiendra aux conseils militaires des divers fronts du Sud-Ouest dont les noms changeront au fil de l'évolution de la situation militaire (front de Briansk, front de Voronej, front de Stalingrad, etc.). Bien que sa fonction soit plus politique que militaire, il participe aux discussions des plans opérationnels dont la responsabilité finale repose sur le Grand Quartier général (GQG) et sur l'état-major, et en porte parfois une part de responsabilité.

Quel rôle a-t-il réellement joué dans cette guerre, dont il sortira comblé de décorations et avec le grade de lieutenant général ? Chez qui trouver des éléments de réponse fiables ? Il a lui-même évoqué son rôle à loisir devant les délégués du XXe congrès du PCUS en 1956, puis, un an plus tard, devant les chefs militaires réunis pour destituer le maréchal Joukov, et enfin dans ses Mémoires à géométrie variable. S'il y peine souvent à définir son propre rôle, le souci d'attribuer les échecs aux autres (et d'abord à Staline) et de s'attribuer les succès est trop évident pour lui faire aveuglément confiance.

Les souvenirs des chefs militaires publiés pendant la décennie où il a exercé le pouvoir, revus et corrigés par l'appareil du Comité central, sont eux aussi trop complaisants. Les mêmes maréchaux effaceront son nom après sa chute. Les souvenirs de Joukov, amputés sous Brejnev des trois quarts de leurs références à Khrouchtchev, sont sans doute les plus fiables, mais ils sont entachés par la vanité et par l'aversion de leur auteur pour Khrouchtchev, coupable de l'avoir diffamé et limogé en septembre 1957. Il cite son nom douze fois seulement en plus de 750 pages et lui attribue soit une place modeste, soit un rôle négatif.

La première histoire objective de la guerre, publiée en Russie en 1999 par les éditions Naouka, ne cite que onze fois Khrouchtchev au cours de ses 1 900 pages. L'ouvrage de l'historien britannique Chris Bellamy, *Absolute War*, ne le cite que huit fois en 700 pages et lui attribue un rôle négligeable. En revanche, dans sa biographie de Staline, Dimitri Volkogonov range Khrouchtchev parmi les trois seuls hommes politiques de son entourage qui aient alors « joué un rôle marquant [1] ». Il est le seul avec Jdanov à Leningrad à être resté sur le front pendant la plus grande partie de la guerre. Les autres, à commencer par Staline, sont restés terrés dans leurs bureaux, d'où Beria n'est guère sorti que pour déporter des peuples entiers du Caucase d'octobre 1943 à mai 1944. L'auteur d'un ouvrage sur Stalingrad, Viktor Pavlov, constate la difficulté de définir le rôle réel de Khrouchtchev, les embarras de ce dernier lui-même à le définir, mais souligne l'importance de ses responsabilités et de son activité.

À Moscou, jusqu'au 28 juin 1941, Staline reçoit dans une activité fébrile ses plus proches collaborateurs. Puis, les 29 et 30, il s'efface un moment, accablé par la succession des défaites et la prise de Minsk avant que ses pairs ne viennent le chercher.

Sur le front sud-ouest (Ukraine et Moldavie), à la veille de l'invasion, l'Armée rouge dispose de 957 000 soldats contre

730 000 à la Wehrmacht, de six fois plus de tanks (4 783 contre 799), de deux fois plus d'avions (1 759 contre 772) et même de 3 000 mortiers et canons de plus. Le GQG, c'est-à-dire Staline, donne au commandant du front l'ordre irréaliste de passer à l'offensive pour s'emparer de la ville de Lublin d'ici au 24 juin, ce qui exigerait une avancée de l'Armée rouge de 60 km par jour, soit un peu plus que la vitesse à laquelle elle va reculer face à l'offensive de von Kleist, commandant de la Ire armée de Panzer.

Le 3 juillet, la famille de Khrouchtchev quitte Kiev pour Kouïbychev (Samara) , où sont installées de nombreuses institutions gouvernementales et les missions étrangères. Ses enfants atteints par la tuberculose sont placés comme ceux de Malenkov dans une datcha spéciale. Dans la nuit du 4 juillet, Khrouchtchev reçoit le secrétaire régional de Tchernigov. Il lui ordonne de préparer sans tarder l'installation de bases de partisans dans les forêts voisines. Dès le 6 juillet, dans la partie de l'Ukraine déjà occupée par l'armée allemande, les structures clandestines du parti communiste diffusent un tract signé Khrouchtchev invitant les Ukrainiens à détruire tout ce qui peut être détruit et à organiser une guerre de partisans pour combattre partout l'envahisseur.

La paysannerie ukrainienne accueille d'abord avec sympathie les soldats de la Wehrmacht. Les nationalistes ukrainiens, dirigés par Stepan Bandera, proclament même une éphémère République ukrainienne « indépendante sous sa protection ». Mais les nazis, désireux de réduire les Ukrainiens en esclavage, n'ont aucunement besoin d'un État même fantoche, qu'ils liquident aussitôt. Bandera crée alors une armée insurrectionnelle, l'UPA, dont les maquis se battent d'abord modérément contre la Wehrmacht puis se battront farouchement contre l'Armée rouge, dès que celle-ci entamera sa marche en avant au printemps 1943.

Au sud-ouest, les 9 et 10 juillet, en deux jours, les tanks de von Kleist avancent de 110 km en Ukraine. Khrouchtchev, affolé, propose à Staline, conformément aux directives qu'il a données dans son grand discours du 3 juillet 1941, de tout détruire sur une profondeur de 100 à 150 km sur les arrières de l'ennemi. Staline, sous-estimant sans doute l'ampleur de la catastrophe, veut éviter de jeter dans les bras de la Wehrmacht des populations que la destruction systématique de leurs récoltes et de leur bétail affamerait. Aussi rétorque-t-il à Khrouchtchev que ces propositions pourraient « démoraliser la population, susciter son mécontentement à l'égard du pouvoir soviétique, désorganiser les arrières de l'Armée rouge et susciter dans l'armée comme dans la population la croyance en un recul obligatoire quand nous avons décidé de résister à l'ennemi ». Il ordonne, en cas de recul, de transférer toute la population, avec son bétail, son blé, ses tracteurs, ses machines, dans un rayon de 70 km en arrière du front, de détruire tout ce qui n'est pas transportable « sauf la volaille, le petit bétail et autre ravitaillement nécessaire à la population qui restera sur place ». Il interdit de faire sauter les stations électriques, les usines, mais ordonne de les rendre inutilisables et de faire sauter tous les ponts une fois les armées regroupées sur la rive gauche du Dniepr, ce qu'il semble alors juger inéluctable[2]. Mais la débâcle le contraindra à reprendre les propositions de Khrouchtchev trois semaines plus tard.

Ce même 10 juillet, le Comité d'État à la Défense forme trois commandements principaux : le front nord-ouest, le front ouest et le front sud-ouest, commandé par Boudienny, dont Khrouchtchev sera nommé membre du conseil militaire le 5 août. Comme Vorochilov, Boudienny a pour seul bagage les batailles de la guerre civile et leurs manœuvres rudimentaires de charges de cavalerie, d'attaques frontales à la baïonnette et de canonnades. Tous deux vont révéler une incapacité tragique – Staline les relèvera bientôt de leur commandement.

La débandade de l'Armée rouge provoque une marée de prisonniers et de déserteurs. Un rapport à Beria recense, à la date du 10 octobre 1941, 657 364 fuyards ayant abandonné leurs unités et raflés par les sections spéciales du NKVD, qui en ont renvoyé 632 486 sur le front et arrêté 25 878. Elles en fusillent 10 201 dont 3 321 devant leurs unités. Sur le front sud-ouest de Khrouchtchev, 3 249 soldats sont arrêtés et 868 fusillés.

Son fils Leonide s'engage comme pilote de bombardier. La destruction de l'aviation de chasse soviétique les 22 et 23 juin donne la maîtrise du ciel à la chasse allemande pour qui les bombardiers soviétiques sans protection sont une proie facile. Le 26 juillet 1941, un chasseur allemand abat l'avion de Leonide, qui saute en parachute mais se casse la jambe en arrivant au sol ; à l'hôpital de campagne, on veut couper sa jambe en piteux état. Il refuse. Il est ensuite évacué et soigné à Kouïbychev, où il reste hospitalisé jusqu'en mars 1942. Le futur gendre de Khrouchtchev, Adjoubeï, est plus prudent : sa mère taillant les vêtements de nombreux dignitaires, dont Beria, il passe toute la guerre dans l'ensemble de chant et de danse du NKVD.

Face à l'avance allemande vers Kiev, Khrouchtchev assure Staline de sa ferme décision de défendre la capitale de l'Ukraine et sa certitude qu'il y parviendra. Dès le 29 juillet, Joukov, chef de l'état-major, constatant que les armées du front sud-ouest risquent d'être encerclées par la Wehrmacht, propose de les regrouper derrière le Dniepr, sur la rive gauche, et donc d'abandonner Kiev, à ses yeux indéfendable. Staline répond en remplaçant Joukov par le maréchal Chapochnikov. Les troupes de von Kleist poursuivent leur avance et, le 3 août, encerclent deux armées soviétiques à Ouman.

La fureur de Staline devant le désastre imminent retombe sur Khrouchtchev. Le 16 août, une alerte aérienne le contraint à se réfugier dans son abri souterrain du Kremlin. Furieux, il téléphone à Khrouchtchev, et hurle : « N'avez-vous pas honte ? Vous vous conduisez comme des petits joueurs. [...] Vous leur avez déjà donné la moitié de l'Ukraine et vous vous préparez à leur donner l'autre moitié. Quelle honte ! Quelles mesures prenez-vous ? Pourquoi vous taisez-vous ? Je vous donne dix-neuf divisions [...]. En aucun cas ne laissez passer les Allemands sur la rive gauche du Dniepr. Agissez comme il faut. Autrement, je vous le dis clairement, nous vous ferons la peau[3]. » Khrouchtchev jure à Staline que jamais Kiev ne sera livrée aux Allemands. Au début de septembre, la Wehrmacht enfonce l'Armée rouge au nord et au sud de la ville dont les défenseurs risquent ainsi d'être pris en tenaille. Joukov fait part de ses inquiétudes à Staline, qui lui répond : « Je viens à nouveau de discuter avec Khrouchtchev et il m'a convaincu qu'il ne fallait abandonner Kiev sous aucun prétexte[4]. » Le lieutenant général Eremenko, qui commande le nouveau front dit de Briansk, se montre en tout cas certain d'écraser l'armée allemande.

Face à la menace allemande sur Kiev, Khrouchtchev, sans prévenir Staline, déplace l'état-major du front sud-ouest à Brovary, à 27 km à l'est de la capitale ukrainienne, sur la rive gauche du Dniepr. Le lendemain, un télégramme furieux de Staline, alerté sans doute par le chef du NKVD en Ukraine, l'accuse de lâcheté, lui reproche de vouloir livrer Kiev aux Allemands et lui annonce que des mesures seront prises[5]. La menace est claire...

Le 10 septembre, les blindés allemands enfoncent un coin dans l'Armée rouge et menacent directement Kiev. Staline interdit d'évacuer la ville. Le 15 septembre, Timochenko et Khrouchtchev, sans son accord, donnent oralement l'ordre d'abandonner la ville, ordre que Staline ne donnera que dans la nuit du 17 au 18. Trop tard. Le 17, l'anneau s'est refermé sur Kiev, qui tombe, avec un demi-million de soldats soviétiques, entre les mains de la Wehrmacht.

Un danger plane alors sur la tête de Khrouchtchev. Le philosophe policier Pavel Ioudine, envoyé en mission d'inspection en Ukraine, souligne l'incompétence des autorités dans le rapport qu'il adresse à Staline le 4 octobre 1941. D'après lui, « les organisations du Donbass n'ont pas été restructurées sur le mode militaire. On sent partout une situation de temps de paix » et cela ne va pas mieux ailleurs, car « le centre n'exerce pas le contrôle nécessaire sur le travail des organisations régionales. Dans la province et les arrondissements, on manque de dictature, de pouvoir décidé et sévère, on manque d'esprit d'organisation et de discipline[6] ». On n'est pas loin du sabotage ! Certes, le nom de Khrouchtchev n'est jamais cité, mais le centre défaillant c'est d'abord lui.

Khrouchtchev recule avec les troupes du front sud-ouest, commandées désormais par le général Bagramian, jusqu'à Kharkov, perdue en janvier 1942. En mars 1942, Khrouchtchev et Bagramian sont invités à participer à la réunion du Comité d'État à la Défense, qui définit la stratégie à appliquer pour l'été 1942. Le 22 mars, Timochenko et Khrouchtchev proposent à l'état-major de lancer une vaste contre-offensive sur

Kharkov, qui démarre le 12 mai. L'offensive des 7e et 57e armée est enrayée dès le 17 par une contre-offensive allemande qui enfonce l'Armée rouge sur ses flancs sud et nord. À Moscou, le maréchal Vassilievski propose à l'état-major d'arrêter l'offensive sur Kharkov pour faire face à l'attaque allemande. De leur côté, Timochenko et Khrouchtchev assurent Staline que la situation se normalise sur ces flancs et proposent de continuer l'offensive.

Le 18, l'Armée rouge est prise en tenaille. Khrouchtchev et Timochenko, pris de panique, se rallient, trop tard, à la position de Vassilievski. Khrouchtchev prétend que c'est Staline qui prescrivit la poursuite de l'offensive. De toute façon, selon Joukov, il était déjà trop tard. Le lendemain, le 19, les deux hommes reçoivent l'ordre de stopper leur opération. Le 23 mai, deux armées entières et une moitié de la troisième sont encerclées. Timochenko, Bagramian et Khrouchtchev accablent le quartier général de demandes répétées de renforts que Staline rejette sèchement en admonestant Khrouchtchev : « N'est-il pas temps pour vous d'apprendre à combattre en économisant le sang, comme le font les Allemands[7] ? » Le 30 mai, les deux armées soviétiques encerclées sont anéanties : 230 000 hommes sont abattus ou faits prisonniers, 1 249 tanks sont détruits, 2 026 pièces d'artillerie et mortiers tombent entre les mains de l'ennemi.

Poursuivant leur avance, les troupes allemandes auxquelles la déroute de Kharkov ouvre la route de Stalingrad enfoncent la défense soviétique sur une profondeur de 160 km au nord de Koursk et avancent jusqu'aux abords de Voronej. Staline, enragé, menace Khrouchtchev : il démet le général Bagramian, commandant du front sud-ouest, qualifie la défaite de Kharkov de « catastrophe, comparable par ses résultats funestes à la catastrophe des généraux von Rennenkampf et Samsonov en Prusse-Orientale » au début de la guerre de 1914, et dénonce les erreurs « de tous les membres du Conseil militaire, et avant tout celles des camarades Timochenko et Khrouchtchev[8] ». « Si nous informions le pays de toute l'ampleur de la catastrophe que le front a connue et continue de connaître avec la perte de 18 à 20 divisions, je crains que les gens vous fassent passer un très mauvais moment[9]. »

Malgré cette menace à peine voilée, il ne prend aucune mesure contre Timochenko et Khrouchtchev, en l'occurrence bien chanceux : en 1941, Staline a fait fusiller le commandant du front ouest, Pavlov, et trois généraux de son état-major. En 1942, il en fait fusiller 30 au total.

Dans son rapport au XXe congrès, Khrouchtchev fera retomber sur Staline toute la responsabilité du désastre. Dans ses Mémoires, il écrit de façon plus alambiquée : « J'oublie à qui revient en premier lieu l'initiative de l'opération de Kharkov. » Il souligne : « Plus tard, Staline devait m'accuser d'avoir donné l'ordre de l'offensive. » Il concède : « Je ne nie pas que j'aie pu y jouer un rôle », mais il conclut : « Nous avions tous ensemble été mêlés à la décision originelle [10]. »

Ce même 18 mai au soir, Staline demande à Boulganine d'enquêter sur l'échec de l'opération de Kharkov et sur le rôle de Khrouchtchev. Boulganine, arguant de son amitié avec ce dernier, refuse. Il explique à son adjoint que Khrouchtchev « est un homme difficile. Dans sa manière de voir les choses tout est toujours assez simple : rendre possible l'impossible ». Mais, selon lui, il ne paiera pas sa légèreté, car « Staline l'a toujours soutenu ». Boulganine ajoute : « C'est un autodidacte ; il lit visiblement peu ; mais c'est un bon organisateur. Il est audacieux, il ne recule pas devant les initiatives [11]. »

Staline convoque alors Khrouchtchev à Moscou et le laisse un moment patienter dans l'indécision et la peur. Il l'invite un soir à dîner ; au cours du repas, il lui rappelle que lors de la Première Guerre mondiale, après l'encerclement des armées russes en Prusse-Orientale, le général commandant les troupes avait été traduit en conseil de guerre, condamné à mort et pendu. Malgré cet avertissement, Khrouchtchev est nommé membre du Conseil militaire du front de Stalingrad, commandé par le général Eremenko, où il se rend sur-le-champ.

Simon Montefiore prétend qu'après le désastre de Kharkov, « Khrouchtchev subit une dépression nerveuse et s'envola pour Bakou où il séjourna chez Bagirov, l'allié de Beria ». Mauvais roman-feuilleton. Staline en aurait été averti avant même qu'il atterrisse à Bakou et l'aurait fait fusiller pour haute trahison. Timochenko, qui cherche à faire retomber la responsabilité de la défaite sur Khrouchtchev, lui aurait fait payer cet abandon du front. Or il se contente de reprocher à Khrouchtchev d'être « de plus en plus nerveux [...]. Il ne croit en rien [...], il est très malade [12] ». Selon le petit-fils de Staline, Evgueni Djougachvili, « il abandonna le front et s'enfuit à Moscou (donc vers le nord, dans la direction opposée à Bakou !). Il était menacé du tribunal militaire. Molotov le sauva du châtiment [13] », ce dont Molotov lui-même ne semble pas être au courant...

Le 28 juin, la IIe armée et la IVe division blindée allemandes percent le front en direction de Voronej. Des combats furieux freinent plusieurs semaines durant l'avance allemande, mais un mois plus tard, l'armée du général von Paulus n'est plus qu'à 70 km de la Volga et de Stalingrad. Sur le rôle de Khrouchtchev, l'historien Viktor Pavlov écrit : « Sa personne est une partie intégrante de Stalingrad [...]. Il a pris part à la bataille de Stalingrad depuis le début et s'est trouvé presque jusqu'à la fin parmi les défenseurs de la ville sur l'axe même de l'offensive principale de l'adversaire. Vu sa fonction de commissaire, il était le principal dirigeant spirituel et le mentor des armées [...]. De plus, il était responsable de la situation générale des affaires dans la population [14]. »

Les désastres répétés poussent Staline à durcir encore les mesures disciplinaires. Le 28 juillet 1942, il édicte et signe l'ordre 227, lu dans toutes les unités de l'Armée rouge. Dénonçant les « paniquards » et les soldats qui les suivent, il ordonne : « Plus un pas en arrière ! Tel doit être maintenant notre mot d'ordre principal ! », et menace : « Les paniquards doivent être exterminés sur place. » Il renouvelle sa décision de septembre 1941 de former des détachements de barrage placés derrière les unités combattantes et chargés, « en cas de panique et de recul désordonné des unités, de fusiller sur place les paniquards et les lâches [15] ». Deux jours plus tard, des unités de deux divisions du front de Stalingrad abandonnent leurs positions sans en avoir reçu l'ordre et se replient. Staline, furieux, juge son ordre 227 bafoué. Il met le commandant du front et Khrouchtchev en demeure de l'appliquer strictement.

La Wehrmacht prépare l'attaque de Stalingrad par une vague de bombardements. Le 23 août, les avions de la Luftwaffe lâchent des milliers de bombes incendiaires sur la ville qui font flamber les maisons de bois, volatilisent les murs en brique et les toits des usines, éventrent les immeubles de béton. L'incendie ravage la cité noyée dans des nuages de poussière et de cendres. Le surlendemain, le 25, une nouvelle vague d'avions nazis bombarde la ville. Ils visent d'abord les hôpitaux, puis les bateaux qui tentent d'évacuer les blessés, les femmes et les enfants, et coulent, au milieu des cris de terreur des noyés. Malgré cela, Staline refuse longtemps d'autoriser l'évacuation sur la rive gauche de la Volga, à l'est, des milliers de civils terrés dans les caves et les trous de bombes.

Le 26 août, le Comité de défense de la ville lance aux habitants un appel à construire des barricades dans toutes les rues, à faire de chaque maison, de chaque quartier, de chaque rue « une forteresse imprenable » en utilisant tout ce qu'ils peuvent trouver : pierres, poutres, wagons de tramway... Mais le 16 septembre, le chef de la section spéciale du NKVD du front notera : « Stalingrad n'a pas été préparée à se défendre ; les retranchements n'ont pas été édifiés à temps dans les rues ; aucun entrepôt de munitions, médicaments, ravitaillement n'a été creusé dans le sol[16]. » De par ses fonctions politiques, Khrouchtchev est visé par la dénonciation de cette pagaille.

Le 3 septembre 1942, les IVe et VIe armées blindées de la Wehrmacht font leur jonction autour de Stalingrad, ainsi encerclée au nord, à l'ouest et au sud. C'est le début d'un enfer de cinq mois, d'une mêlée sauvage que les Allemands ont appelée « le combat des rats ». Khrouchtchev autorise alors l'évacuation de quelques dizaines de familles de civils. Informé, Staline, en colère, lui demande ce que signifie ce début d'évacuation de la ville. Khrouchtchev, apeuré, bredouille que l'information est fausse.

Le 2 octobre 1942, Staline crée un Comité central ukrainien clandestin de 17 membres – sans Khrouchtchev –, coiffé par un bureau politique de trois membres du Parti communiste ukrainien, chargé de diriger et généraliser le mouvement des partisans en Ukraine. Il est installé à Moscou, comme toutes les instances de la République ukrainienne. Ses trois dirigeants, placés sous le contrôle direct de Staline, informent régulièrement Khrouchtchev de leurs décisions.

La Wehrmacht n'est plus alors qu'à 150 mètres de la Volga. Malgré des combats furieux et le bombardement, le 2 octobre, des réservoirs de carburant de l'Armée rouge qui explosent dans un gigantesque incendie, les Allemands n'arriveront jamais à franchir ces 150 mètres de la victoire. Staline autorise Eremenko et Khrouchtchev à installer leur QG sur la rive gauche de la Volga tandis que le général Tchouïkov, commandant de la 62e armée soviétique, reste sur la rive droite, face aux lignes allemandes. Des jours durant, dans un tourbillon de fumée, de cendres et de poussière, les combattants retranchés dans les ruines se battent à la grenade, à la baïonnette, au poignard, pour chaque fosse, chaque pan de mur, chaque trou. Les blessés entassés à la hâte sur les rives y agonisent en râlant, sans eau, sans médicaments, sans soins. La nuit, les rats rongent les cadavres entre les lignes pendant que les civils terrés dans les ruines leur disputent les débris d'aliments ou rampent désespérément à la recherche d'une eau polluée. En cinq mois, les détachements spéciaux du NKVD fusillent 13 500 soldats soviétiques accusés de panique ou de désertion.

Le 7 octobre, Joukov et Vassilievski élaborent le plan de la contre-offensive victorieuse, dont Khrouchtchev s'attribue très abusivement l'élaboration ainsi qu'à Eremenko. Joukov rejette cette prétention. Le 8 novembre, Hitler annonce sans la nommer la prise de Stalingrad. Le 22, l'Armée rouge encercle les 300 000 hommes de l'armée de von Paulus, pour qui c'est le commencement de la fin. Le 31 janvier 1943, il se rend avec ses 91 000 soldats survivants, affamés, au nez et aux mains gelés.

Le 12 février, Staline, qui le considère comme un des artisans de la victoire, nomme Khrouchtchev lieutenant général et l'affecte au conseil militaire du front de Voronej. À la mi-mars, la situation se tend dans la région de Kharkov, où les troupes soviétiques, subissant de lourdes pertes, doivent se replier. Staline reproche alors sèchement à Khrouchtchev de ne pas avoir pris les mesures permettant de faire face à la contre-offensive et, furieux, lui rappelle au téléphone, en présence de Joukov, ses erreurs lors de l'offensive perdue sur Kharkov en mai 1942.

Ce mois de mars 1943 est tragique pour Khrouchtchev. Peu après sa sortie d'hôpital, lors d'une soirée arrosée, son fils Leonide, voulant imiter Guillaume Tell, rate la bouteille plantée sur la tête d'un compagnon de beuverie qu'il abat d'une balle en plein front. Le tribunal militaire lui épargne le bataillon disciplinaire et l'autorise à passer son brevet de pilote de chasse, qu'il obtient en novembre 1942. Il repart au combat. Le 11 mars 1943, son avion est abattu. On ne retrouvera jamais ni l'avion ni le corps. Cette vaine recherche nourrira des rumeurs tardives selon lesquelles Leonide aurait survécu et aurait été capturé par les Allemands. Cédant aux suppliques de Khrouchtchev, Staline aurait donné son accord pour l'échanger contre un prisonnier allemand, mais le NKVD aurait découvert alors que Leonide avait collaboré avec les Allemands et un tribunal militaire l'aurait condamné à mort. Khrouchtchev aurait supplié Staline – en vain – de gracier son fils. Selon Evgueni Djougachvili, le petit-fils de Staline, qui reprend et amplifie la rumeur, Staline aurait ordonné au chef de l'état-major central des partisans de s'emparer de Leonide accusé de collaboration, et de le fusiller. On pourrait passer sous silence cette fable si Molotov ne s'en faisait l'écho en déclarant : « Son fils était une sorte de traître [...]. Staline n'a pas voulu gracier le fils de Khrouchtchev. Et celui-ci lui avait voué une haine personnelle [17]. »

Après la capture par les nazis, en juillet 1941, de son fils Jacob Djougachvili, Staline avait fait arrêter et déporter la femme de ce dernier, jugée moralement coresponsable de sa reddition. En juin 1943, il fait aussi arrêter la femme de Leonide, Lioubov Sizykh, condamnée à cinq ans de détention dans un camp de Mordovie. Khrouchtchev ne lève pas le petit doigt pour défendre sa bru. Il se contente d'adopter sa petite-fille, Ioulia, et Nina Petrovna livre Anatoli, son petit-fils de neuf ans, à un orphelinat, sorte de bagne pour enfants. Staline ayant inventé une catégorie spéciale de criminels dénommée « membres de la famille d'un ennemi du peuple », les

Khrouchtchev veulent ainsi montrer qu'ils n'ont rien à voir avec une ennemie du peuple. Khrouchtchev ne veut pas risquer d'entacher sa carrière pour sa bru.

Dans la première quinzaine de juillet 1943, une gigantesque bataille de chars près de Koursk s'achève par la déroute de la Wehrmacht, qui, en un mois, perd un demi-million d'hommes et entame une longue retraite. Le 23 août, l'Armée rouge libère Kharkov en ruine. La contre-offensive de l'Armée rouge confronte Khrouchtchev aux nationalistes ukrainiens antisoviétiques de l'UPA, dont les maquis rassemblent près de 150 000 hommes. Khrouchtchev se montre d'abord d'une grande prudence. Le 23 mars 1943, dans une note aux chefs des détachements de partisans soviétiques, il souligne que ces mouvements sont dirigés par « des nationalistes bourgeois, agents allemands, ennemis du peuple civil [*sic*] », mais concède : « Certains des éléments de base de ces détachements désirent combattre directement les occupants allemands, mais ils sont trompés par les nationalistes bourgeois qui se sont glissés à la tête de ces formations. » De là découlent trois consignes prudentes : « Démasquer par tous les moyens les dirigeants de ces formations [...] comme ennemis du peuple ukrainien et agents allemands ; [...] ne pas entrer en contact avec ces détachements ; [...] ne pas entrer en conflit armé avec ces détachements s'ils ne vous attaquent pas les premiers[18]. »

Le 2 novembre, le général Vatoutine, qui commande le premier front ukrainien, et Khrouchtchev signent l'ordre enjoignant l'offensive sur Kiev, libérée une semaine plus tard. Dans une lettre à Staline, Khrouchtchev, qui retrouve son titre de premier secrétaire du PC ukrainien, note : « Kiev donne l'impression d'une ville morte[19]. »

Plus l'Armée rouge avance en Ukraine et plus Khrouchtchev durcit le ton à l'égard des nationalistes. À la mi-janvier 1944, dans un appel aux membres de l'UPA dont il attribue la création aux Allemands, il stigmatise les « bandes de nationalistes ukraino-allemands [...] qui se sont vendus à Hitler et l'aident à subjuguer notre peuple, notre Ukraine. Ces mercenaires font semblant de lutter contre les Allemands [...], forment de faux détachements de partisans et y attirent des gens en prétendant que ces détachements vont lutter contre les Allemands. [...] Ils y ont entraîné des gens qui voulaient honnêtement combattre le pire ennemi du peuple : l'hitlérisme. [20] ». Khrouchtchev les invite à se rendre, et leur promet alors le pardon pour éviter « la terrible justice du peuple », à savoir celle du NKVD. D'ailleurs, poursuit l'appel, « l'Armée rouge, qui a écrasé l'énorme armée allemande bien équipée, pourra facilement venir à bout des maigres bandes éparses et mal armées des nationalistes ukraino-allemands [21] ».

Vantardise imprudente : deux semaines après la diffusion de cet appel, le 29 février 1944, à une cinquantaine de kilomètres du front, une colonne du premier front d'Ukraine commandée par le général Vatoutine, et où se trouve Khrouchtchev, tombe dans une embuscade tendue par une unité de l'UPA. Khrouchtchev en sort indemne, mais Vatoutine, grièvement blessé, meurt cinq semaines plus tard. Khrouchtchev ne peut admettre qu'une de ces « maigres bandes mal armées » dont parlait son appel ait pu abattre le général qui venait de libérer Kiev. Il fait attribuer sa mort à une blessure survenue lors d'une inspection du front.

Malgré ce revers, Khrouchtchev invite le 1er avril 1944 les chefs de partisans soviétiques à séparer le bon grain de l'ivraie nationaliste : « Désarmer les nationalistes armés qui se trouvent dans les maisons et libérer les éléments du rang qui n'opposent pas de résistance, arrêter les dirigeants et agir avec eux en fonction de la situation [22] », ce qui laisse une grande latitude aux responsables, alors même que les policiers auxiliaires des Allemands, abandonnés par ces derniers, prennent le maquis pour échapper au sort qui les attend...

Khrouchtchev, nommé le 6 février 1944 président du Conseil des commissaires du peuple d'Ukraine, cesse d'exercer les fonctions de membre du conseil militaire et de participer directement aux opérations militaires, mais supervise politiquement le front ukrainien jusqu'en mai 1945 ; là s'arrête sa carrière militaire. Il visite quelques régions libérées et jure à Staline que les groupes nationalistes n'y ont pas de forces sérieuses. Or ils vont tenir des zones entières des forêts ukrainiennes jusqu'en 1950. Il dément d'ailleurs cet optimisme forcé en invitant les cadres locaux à arrêter systématiquement les familles des membres de l'UPA, et « tout le monde, même le menu fretin », à « anéantir un village entier » si on y a tué deux femmes, à liquider « cent ennemis pour chacun des nôtres », en soulignant : « On ne nous respectera pas si nous ne prenons pas de mesures sévères[23]. »

Dans ses Mémoires, Khrouchtchev parle peu de son existence sur le front. Le fils de Beria, qui n'a jamais mis les pieds sur les fronts où agissait Khrouchtchev, affirme : « Khrouchtchev faisait de la résistance en Ukraine, assis devant une table croulant sous les victuailles. Les militaires, sous le prétexte de le consulter, lui rendaient visite lorsqu'ils voulaient se remplir la panse et se saouler[24]. » Joukov écrit seulement : « Un jour, comme j'étais passablement affamé, je fis un saut chez Khrouchtchev car je savais que chez lui on pouvait toujours assez bien reprendre ses forces[25]. » On est assez loin de la ripaille, mais à coup sûr Nikita ne se laisse pas dépérir. Sa silhouette rondouillarde en témoigne. Il est d'ailleurs accompagné tout au long de la guerre par son cuisinier personnel, Vassili Savvitch, cuisinier du comte Khmelnitski avant la révolution.

Évoquant le général polonais Berling, libéré du goulag pour prendre la tête d'une armée polonaise inféodée à Moscou, il note : « Je lui envoyais souvent des petits paquets : des friandises ukrainiennes, du caviar que je recevais de Moscou. » Puis, racontant la venue d'une commission présidée par Malenkov, il souligne : « Sa réunion se conclut par un repas, un repas solide avec des boissons, comme il convient pour les hauts représentants d'une commission[26]. » Colis de caviar envoyés de Moscou, « repas solides » convenablement arrosés dans un pays affamé, cela souligne la place de Khrouchtchev sur un Olympe inaccessible aux généraux soviétiques eux-mêmes. Au début de décembre 1944, de Gaulle, invité à Moscou, se rappellera le dîner servi au Kremlin : « La table étincelait d'un luxe inimaginable. On servit un repas stupéfiant[27]. » Il n'a en revanche gardé aucun souvenir de la présence de Khrouchtchev à ce dîner.

Khrouchtchev sort de la guerre les reins abîmés par la vodka. Les médecins lui interdisent dès lors de s'adonner à la boisson. Il continue pourtant. Staline ayant pris l'habitude depuis la guerre de boire et surtout de faire boire ses proches collaborateurs, Khrouchtchev tente de le rendre responsable de ses excès. À la fin d'avril 1945, une délégation de communistes yougoslaves, de retour de Moscou, passe par Kiev. L'un d'eux, Milovan Djilas, laisse un portrait pittoresque de Khrouchtchev, « plutôt petit et trapu, mais alerte et vif d'esprit, fortement charpenté, comme taillé à la hache [...]. Il gobait littéralement des quantités impressionnantes de nourriture comme pour épargner un surcroît de travail à son bridge en acier [...]. Il semblait que Khrouchtchev se souciait peu de ce qu'il mangeait et qu'il lui importait surtout de se remplir [...]. Sa table était opulente, magnifique, mais sans caractère ». Khrouchtchev les emmène visiter un kolkhoze « et vide force verres de vodka ». Djilas souligne aussi « son extraordinaire sens pratique », qui lui permet de « s'adapter à toutes les circonstances », et son humour « typiquement populaire, parfois vulgaire, mais plein d'entrain et inépuisable [28] ».

Au début de 1944, Khrouchtchev s'installe dans un bel hôtel particulier d'une dizaine de pièces aux murs décorés de frises, au milieu d'un grand parc, rue Herzen dans le centre de Kiev, où sa famille vient le rejoindre en septembre. Des milliers de survivants fouillent les ruines et vivent parfois entre des murs calcinés à ciel ouvert. Le 1er mars, Khrouchtchev, ouvrant la première réunion du Soviet suprême de l'Ukraine dans Kiev libérée, évoque longuement les souffrances infligées aux Ukrainiens sous l'occupation allemande sans dire un mot sur les massacres de juifs. Quelques mois plus tard, la communiste Maria Khelminskaïa, au sortir de la clandestinité, est recrutée dans le secrétariat de Khrouchtchev. Sa fiche individuelle révèle son origine juive. Or une circulaire secrète interdit le recrutement de juifs à des postes de responsabilité dans toute l'Ukraine. Choquée, elle proteste auprès de Khrouchtchev, qui, selon elle, lui déclare : « Nous n'avons pas intérêt à ce que le peuple ukrainien interprète le retour du pouvoir soviétique comme un retour des juifs [29]. » Il ne veut sans doute fournir aucun argument aux nationalistes de l'UPA.

Staline l'envoie alors à Varsovie superviser les premiers travaux de reconstruction de la capitale polonaise presque entièrement détruite par les nazis pendant l'insurrection d'août 1944. Il la survole en avion. « C'était un amas de ruines, pas une ville [...]. Aucun mot ne peut donner une image des destructions que j'ai vues[30]. »

L'UKRAINE APRÈS 1945

8

MAIN DE FER EN UKRAINE (1945-1950)

La guerre a ravagé l'Ukraine, détruit ses grandes villes et la majorité de ses villages, de ses fermes, de ses usines. Khrouchtchev doit s'engager dans une difficile reconstruction à l'aide entre autres des usines que Staline fait démonter en Allemagne et emporter en URSS avec leur matériel, dont une bonne moitié se perd en route et dont ce qui reste sera rarement installé. Il court le pays en tous sens et sous bonne garde. Un jour de l'été 1945, Khrouchtchev descend dans son village natal où il découvre un spectacle désolant qu'il décrira devant le Comité central en 1957. « Ils n'avaient pas de chevaux, pas de charrettes, pas de pain. » Il demande au général Gretchko, dont les troupes sont stationnées dans les environs, de fournir aux paysans une partie de leurs chevaux désormais inutiles. Les kolkhoziens refusent de les emmener, car il faut en prendre soin. « Or, affirme Khrouchtchev, ils ne veulent pas travailler dans le kolkhoze. Pour leur travail ils ne reçoivent que des nèfles [...] ils ne voulaient pas nourrir les chevaux, ils n'y avaient aucun intérêt. »

Non seulement les paysans ne retirent rien de leur travail au kolkhoze, mais ils n'ont aucun pouvoir de décision. « Ils semaient des cultures qui ne pouvaient donner de moisson, constate Khrouchtchev. Des génies installés à Moscou décident combien il faut semer de blé de printemps, combien de blé d'automne, combien d'orge, combien de vesce, combien de betterave. Et on répartit ainsi de haut en bas. Qui pouvait s'écarter de ce prétendu plan ? Personne. Quiconque changera la structure des surfaces ensemencées violera la directive. Impossible », même pour le premier secrétaire du PC ukrainien. À ces ordres mécaniques venus d'en haut, les paysans réagissent par une obéissance tout aussi mécanique. Khrouchtchev conclut : « Cette situation de stagnation n'existait pas seulement à Kalinovka, mais en général dans toute notre agriculture [1]. »

À cette misère d'en bas s'oppose l'avidité croissante de la caste dirigeante, dont la guerre victorieuse a décuplé les appétits. Les généraux de l'armée et ceux de la Sécurité rivalisent d'ardeur dans le pillage de l'Allemagne et de ses richesses. Généraux, maréchaux, officiers supérieurs, gradés du NKVD raflent à tout-va. Les champions sont le maréchal Joukov et le colonel du NKVD Serov. Au lendemain de la guerre, Staline, jaloux de la gloire militaire de Joukov, le chasse du Comité central, l'envoie à Odessa et ordonne en janvier 1948 une perquisition dans sa villa. La police y découvre un véritable musée d'antiquités et d'objets précieux raflés en Allemagne : 323 fourrures, 44 tapis et tapisseries des Gobelins, 55 tableaux de maîtres, 7 coffres remplis de services de table et de vaisselle en porcelaine et en cristal, une masse de livres allemands aussi rares que précieux (alors que Joukov ne lit pas l'allemand) – 51 malles ne suffisent pas à contenir tous les trésors énumérés. Ivan Serov, chef adjoint de l'administration militaire soviétique et plénipotentiaire du NKVD (transformé en MVD en mars 1946) en Allemagne de juin 1945 à novembre 1946, n'est pas en reste. Il organise l'arrestation des militants communistes allemands jugés dangereux pour Staline, mais surtout il rafle fourrures, tapis, tableaux, bijoux, qu'il se fait livrer par wagons, camions ou par avion à Moscou et dont un tiers aboutit à son domicile. Il détourne plus de 80 millions de marks et détruit toutes les traces. Joukov et Serov, au lieu de se faire concurrence, collaborent. Le chef de la Sécurité d'État, Viktor Abakoumov, coupable de malversations similaires, dénonce leurs pillages et leur collaboration à Staline, qui se contente d'enrichir leurs dossiers. Lorsque Khrouchtchev démettra Serov de la direction de la Sécurité d'État en décembre 1958, le président de la Commission de contrôle du Parti, Nikolaï Chvernik, accusera Serov d'avoir, à la tête de la Sécurité, détruit tous les documents sur les pillages organisés par lui et ses complices en Allemagne. Khrouchtchev, dont il est le féal, ne réagira pas.

Les soldats, revenus de la guerre en vainqueurs, et la population manifestent une assurance nouvelle. La guerre les a poussés à prendre des initiatives, voire à décider par eux-mêmes. Ils ont vaincu un ennemi apparemment invincible. Ainsi des apparatchiks en Moldavie sont-ils interpellés : « Quand aurons-nous beaucoup de pain, de graisse, de sucre et d'autres produits ? Quand nourrirez-vous le peuple à sa faim ? » Ils sont invités à répondre que « les difficultés ont un caractère provisoire, qu'elles sont incontestablement surmontables » et qu'en retroussant les manches, on pourra « les surmonter au plus vite[2] ». Khrouchtchev répondra la même chose vingt ans plus tard à une population mécontente lorsqu'il augmentera brutalement le prix du pain et des produits laitiers.

Le côté provisoire de la pénurie est une donnée permanente du « socialisme dans un seul pays ». De plus, les bombardements atomiques sur Hiroshima et Nagasaki ont convaincu Staline de l'infériorité technique et militaire de l'URSS sur les États-Unis. Aussi fait-il porter tous les efforts sur l'armée. Dans son discours électoral du 9 février 1946, il définit quatre priorités : produire du métal pour fabriquer les machines dont ont besoin les entreprises et les armées, du combustible nécessaire au fonctionnement des usines et du transport, du coton pour vêtir l'armée, et du pain pour la nourrir. La population devra donc encore longtemps se serrer la ceinture.

Mais les soldats qui ont marché triomphalement jusqu'à Berlin en passant par la Hongrie, la Tchécoslovaquie ou l'Autriche, ont vu un autre monde. La campagne engagée par Staline dès 1946 contre « l'agenouillement devant l'Occident » vise, au-delà des savants et des écrivains, ces soldats qui comparent ce qu'ils ont vu avec ce qui les attend à leur retour chez eux. Khrouchtchev réagit comme eux. Au début de 1946, il demande à Staline l'autorisation de rendre visite aux troupes soviétiques stationnées en Allemagne ; il revêt son uniforme de général et voyage incognito sous le nom de « général Petrenko », traverse la Tchécoslovaquie et s'arrête plusieurs jours à Vienne. Outre le palais de Schönbrunn, les blanchisseries mécanisées de la capitale autrichienne suscitent son enthousiasme, « mais, ajoute-t-il, nous ne pouvions alors rien organiser de tel, car notre technique ne se trouvait pas à un haut niveau [3] ». Cela est vrai dans tous les domaines.

Les mœurs du vieux monde fascinent Khrouchtchev autant que sa supériorité technique. Certains Jacobins de 1793 étaient hypnotisés par les élégantes aristocrates parfumées des beaux quartiers. On retrouve chez Khrouchtchev des traces de cette fascination plébéienne pour les nobles et les banquiers. Envoyé en Pologne en 1945, il manifeste son admiration pour le général Polia Jimerski, qui, au cours d'un banquet, « impressionna tous les présents parce qu'il connaissait les manières de la haute société [...]. Jimerski était un homme très cultivé, ayant, d'un certain point de vue, des manières aristocratiques [4] ». La reine Élisabeth II d'Angleterre, qui recevra Khrouchtchev en 1955, l'impressionnera vivement et, lorsqu'il sera invité aux États-Unis par Eisenhower en 1959, il manifestera autant d'attrait pour les industriels et les banquiers américains que d'aversion pour les dirigeants syndicalistes de l'automobile.

Staline avait entamé à l'automne 1943 un rapprochement avec l'Église orthodoxe, qui l'amène à dépouiller l'Église uniate ukrainienne, de rite orthodoxe mais reconnaissant depuis le XVIIe siècle l'autorité du Vatican. Khrouchtchev engage le fer avec elle. Un mois avant la prise de Berlin par l'Armée rouge, le 8 avril 1945, le quotidien *Vikla Ukraina* publie un article dénonçant le flirt prolongé entre le patriarche de l'Église uniate Tcheptitski et les nazis et préparant l'offensive contre elle. Dès le mois suivant, Khrouchtchev vante à Staline les progrès enregistrés dans la « dissolution de l'Église uniate et le transfert du clergé uniate dans l'Église orthodoxe [...]. Un groupe d'initiative a été formé avec un certain nombre de prêtres de l'Église uniate », en réalité trois en tout et pour tout, qui signent un appel à rejoindre l'Église orthodoxe concocté par le NKVD. Khrouchtchev jure que « tous les documents ont été rédigés par les gens d'Église eux-mêmes ; nos gens n'ont pris aucune part dans leur rédaction[5] ». Staline dissoudra l'Église uniate en mars 1946. Les quelque 4 millions d'uniates dont Khrouchtchev, sur ordre de Staline, transfère alors les églises aux orthodoxes vont renforcer l'opposition au régime. Opposition qu'il tente de minimiser aux yeux de Staline. Le 15 novembre 1945, dans un rapport à Moscou, il prétend que « les bandes nationalistes ukraino-allemandes » sont en pleine déconfiture : hier le NKVD se heurtait à des bandes de 200 à 300 hommes, aujourd'hui il n'a plus affaire qu'à des groupes de 5 à 15 individus. Leur fin devrait donc être proche. D'ailleurs, « la population locale s'est mise à participer plus activement [...]. Les paysans manifestent de plus en plus le désir de s'unir en kolkhozes[6] ». La suite dément vite cet optimisme. Le 31 décembre 1945, dans un second rapport, il insiste sur l'activisme déployé par les nationalistes ukrainiens dans les régions occidentales de la République en liaison avec l'approche des élections au Soviet suprême et il demande l'envoi de renforts militaires dans ces régions. Staline les lui accorde. Quatre ans plus tard, les maquis nationalistes tiendront encore les Carpates. À la fin de 1949 encore, dira-t-il, « elles nous étaient pratiquement inaccessibles. Chaque rocher, chaque buisson pouvait abriter des terroristes[7] ».

Le 27 janvier 1944, Khrouchtchev a assisté à Moscou à l'unique réunion du Comité central tenue pendant la guerre pour, entre autres, adopter un nouvel hymne national à la place de *L'Internationale*, reléguée au rang d'hymne du Parti. Une fois les décisions prises, les membres du Comité central sont renvoyés chez eux. Cet effacement de l'instance théoriquement dirigeante du parti au pouvoir reflète celui du Parti lui-même, dont, au cours de la guerre, Staline évoque rarement le rôle. Après la guerre, il laisse dépérir le Comité central : il le réunit en mars 1946, en février 1947, en janvier 1949, puis en août et en octobre 1952. Entre-temps, il fait valider les décisions qui lui importent par le procédé cavalier du sondage téléphonique : c'est comme cela que les membres du Comité central seront invités le 6 mai 1946 à remplacer Malenkov au Secrétariat du Comité central par Nicolas Patolitchev ; le 24 mai 1947 à valider le remplacement à ce poste de Patolitchev par Souslov ; le 1er juillet 1948 à y nommer de nouveau Malenkov et Ponomarenko ; le 28 janvier 1949 à confirmer le limogeage du léningradois Kouznetsov du Secrétariat du Comité central, puis le 16 décembre 1949 à ratifier le remplacement du moscovite Gueorgui Popov au Secrétariat par Khrouchtchev. Le Comité central est ainsi dissous de fait comme organe collectif. Khrouchtchev dirige le PC ukrainien comme Staline dirige le PC soviétique ; il ne réunit à peu près jamais son Bureau politique, dont 486 des 499 décisions prises au cours du premier semestre 1946 le sont par consultation écrite sans réunion. Il dirige à peu près seul et avec une poigne de fer.

Il propose ainsi à la direction du NKVD un plan de durcissement des peines prévues par le Code pénal et présenté comme économiquement rentable. Constatant « qu'il existe des cas dans la pratique judiciaire où la privation de liberté pour une durée de dix ans apparaît une peine trop douce et qu'alors, faute d'avoir dans leur arsenal une peine plus sévère, les tribunaux sont contraints d'appliquer la peine de mort », il propose d'ajouter la possibilité de condamner aux travaux forcés pour une durée de quinze à vingt ans, ce qui permettrait de « conserver des gens physiquement en bonne santé pour les utiliser à des travaux dans les endroits éloignés et particulièrement pénibles de l'Union soviétique », donc au goulag.

Le vice-président du NKVD, Tchernychov, résumant sa proposition à Beria, conseille de la rejeter : la peine de travaux forcés, introduite en avril 1943, existe déjà, écrit-il, et a déjà frappé 29 000 individus, dont près de 10 000 sont inaptes au travail ; enfin, l'expérience montre que le travail des forçats condamnés à une peine de quinze à vingt ans est nettement moins productif que celui des autres déportés : privés de toute perspective par une telle peine, ils sont « moralement accablés et manquent de stimulant pour le travail [8] » auquel d'ailleurs, au bout de cinq ou six ans, les travaux forcés les rendent déjà inaptes. Le NKVD rejette donc cette proposition de fournir au goulag une main-d'œuvre supplémentaire.

L'été 1946, une terrible sécheresse, dépassant en ampleur celle de 1921 qui avait fait près de 4 millions de morts, s'abat sur la Russie d'Europe, l'Ukraine, la Biélorussie et la Moldavie ; dans certains districts, il ne tombe pas une goutte de pluie pendant deux mois et les premières ne tombent que... le 29 juin ! Un président de kolkhoze se rappelle : « Le soleil brûlait impitoyablement. La terre se fendillait, les semis se desséchaient, les feuilles de la betterave à sucre retombaient fanées[9]. » En revanche, des pluies diluviennes ravagent la Sibérie. Les kolkhoziens, dans leur grande majorité, ne touchent aucune rémunération pour leur *troudodien* (« journée de travail »), ni en argent, ni en blé, ni en pain. Aussi, traités comme des serfs, ils ne manifestent aucune ardeur ni aux semailles ni à la moisson qui traîne.

Pourtant, cette même année 1946, Moscou livre 600 000 tonnes de blé à la Pologne et 500 000 tonnes à la France ; au total, elle exporte, pour des raisons politiques, 1,7 million de tonnes de blé. Or la récolte de blé, de 40 millions de tonnes, est la pire de toute l'histoire de l'URSS. Le gouvernement prélève la quasi-totalité de la récolte des kolkhozes et sovkhozes, rafle la maigre récolte des paysans sur leurs petits lopins individuels. Incapable d'assurer la couverture des tickets de pain sur l'ensemble des cartes de rationnement existantes, il décide d'en réduire brutalement le nombre : il y en avait 87,8 millions en septembre 1946. Au 1er octobre, le gouvernement raye des listes 23 millions de bénéficiaires vivant ou travaillant à la campagne et censés, pour cette raison, pouvoir trouver de quoi manger. Le Conseil des ministres révise chaque mois à la baisse la liste des bénéficiaires.

La famine frappe à nouveau l'Ukraine, où Khrouchtchev ouvre des centres de secours qui distribuent 300 à 400 grammes de pain par jour à 3,4 millions de paysans. La récolte de pommes de terre est aussi mauvaise que celle de blé. Des millions de paysans se nourrissent d'herbe, d'écorce d'arbre, de cadavres de chevaux, de soupe d'orties, de pommes de terre gelées ramassées après la fonte des neiges, avec lesquelles ils façonnent des galettes auxquelles ils donnent le nom évocateur de *tochnotiki* (« vomissures »).

Le 25 novembre 1946, le ministre de la Sécurité d'État de l'Ukraine alerte Abakoumov sur les « nombreux cas de gonflement et de morts dus à la sous-alimentation dans toute une série de villages et de sovkhozes [...] à la suite de la mauvaise moisson et de la dégradation du ravitaillement » dans la région d'Izmail (province d'Odessa), où de nombreuses familles « ne disposent pas du moindre gramme de pain ». Et il s'inquiète : « En liaison avec l'insuffisance des produits d'alimentation des faits de déclarations antisoviétiques se manifestent dans la population [10]. » Les effets de la famine sont brutaux : en 1946, 369 000 habitants de l'Ukraine décèdent, en 1947, 628 000. La mort fauche surtout les enfants : dans le district d'Izmail, le taux de mortalité infantile atteint 319 ‰, 211 ‰ dans la province de Tchernovytsy, 177 ‰ dans la province de Zaporojie.

Khrouchtchev, dépassé, sollicite l'aide de Moscou, qui lui répond en exigeant au contraire que l'Ukraine livre 400 millions de pouds, soit 6,6 tonnes de blé en plus... Le 15 octobre, Khrouchtchev, dans une série de notes sur la récolte en Ukraine, évoque les sombres perspectives de stockage et les besoins alimentaires de la population et demande à Staline de réduire les quotas de livraisons imposés à l'Ukraine, de fournir des cartes d'alimentation et du ravitaillement. Staline le contredit brutalement dans une réponse menaçante du 19 octobre : « Aucune de vos notes ne mérite l'attention. D'ordinaire, c'est par de telles notes dénuées de fondement que certains responsables politiques douteux de l'Union soviétique se défendent pour ne pas remplir les tâches du Parti. Je vous préviens que si, à l'avenir, vous continuez à vous tenir sur cette voie non étatique et non bolchevique, cela peut se terminer mal pour vous [11]. » Khrouchtchev, terrifié, se précipite au Kremlin. Staline rejette toutes ses demandes. À son habitude, il prône et pratique comme première, voire unique, méthode la répression. Des présidents de kolkhozes essaient de conserver un peu de grain pour nourrir les paysans qui le récoltent ? On les traduit en justice. Ainsi, en 1946, 1 555 présidents de kolkhozes sont condamnés dans la province de Stalingrad.

De retour à Kiev, Khrouchtchev découvre sur son bureau des piles de rapports sur les décès dus à la famine et sur le cannibalisme renaissant. Le secrétaire du comité d'Odessa, Alekseï Kiritchenko, visitant un kolkhoze, a découvert une femme en train de découper à la hache le cadavre de son deuxième enfant qu'elle se préparait à saler après avoir mangé l'aîné. Il relate la scène à Khrouchtchev, qui la rapporte à Staline au téléphone. Staline ricane en réponse : « Tu te ramollis ! On te trompe, on espère toucher ta sensiblerie en te racontant des choses pareilles. On veut te forcer à distribuer toutes tes réserves[12]. »

Le 1er décembre, Khrouchtchev fait un nouveau rapport à Staline sur la situation dramatique du ravitaillement. Le 17 décembre, il lui demande encore de l'aide. Il tente de convaincre Beria et Malenkov de proposer l'instauration de cartes de ravitaillement pour les paysans ukrainiens. Puis, dans une nouvelle lettre à Staline, il change de registre : il développe une idée qu'il reprendra et mettra en œuvre lorsqu'il sera à la tête de l'URSS : les paysans, affirme-t-il, consacrent beaucoup trop de temps au bétail et aux volailles qu'ils élèvent sur leurs lopins individuels au détriment de leur activité dans les kolkhozes. Il faut inverser la situation et donc réduire leurs lopins. Staline l'approuve mais déclare son idée prématurée.

Khrouchtchev va bientôt payer le prix de ses efforts impuissants. Un soir de janvier 1947, Staline l'invite à dîner avec le Biélorusse Ponomarenko ; il leur annonce sa décision de séparer les postes de secrétaire du Comité central et de président du Conseil des ministres en Ukraine et en Biélorussie et de les nommer à cette dernière fonction. Le 3 mars 1947, Kaganovitch devient premier secrétaire du Comité central et Khrouchtchev se contente du titre de président du Conseil des ministres. Kaganovitch avertit les cadres du parti ukrainien : « Je vais extirper au fer rouge le style de travail pourri qui a été installé en Ukraine[13] », c'est-à-dire l'héritage de Khrouchtchev. Frappé par ce désaveu et sans doute épuisé par le surmenage des années de guerre, Khrouchtchev s'effondre et reste plusieurs mois gravement malade ; il frôle la mort et doit être placé plusieurs semaines sous tente à oxygène.

Pendant sa semi-retraite forcée, Staline crée en septembre 1947 le Kominform qui rassemble neuf partis communistes européens. Khrouchtchev, qui le dissoudra en avril 1956, n'évoque dans ses Mémoires pas plus sa création qu'il n'avait évoqué la dissolution de l'Internationale communiste par Staline en mai 1943.

Kaganovitch est lui chargé de faire la chasse aux nationalistes ukrainiens. Faute de les déloger des forêts où leurs maquis se terrent, il en débusque dans l'appareil local du Parti. Il fait fermer à la circulation la rue sur laquelle donne sa résidence principale pour ne pas être gêné par le bruit, et la rue sur laquelle se trouve l'entrée principale du siège du Comité central, ainsi transformé en blockhaus. Les membres du Comité central ukrainien et les secrétaires régionaux mortifiés doivent laisser leur voiture au coin de la rue et faire le reste du trajet à pied, comme n'importe quel citoyen. Kaganovitch ne connaît comme mode de direction que les cris, la trique, la sanction et l'exclusion ; il rabroue et insulte les cadres du Parti, qui, selon Nicolas Podgorny, futur adjoint de Khrouchtchev, qualifièrent les huit mois où ils furent soumis à sa férule de « journées noires ». Sa qualité de juif n'arrange pas les choses dans une région antisémite. Le 8 novembre, Staline le rapatrie à Moscou. Le 26 décembre 1947, Khrouchtchev redevient premier secrétaire du PC ukrainien et abandonne à Demyan Korotchenko la présidence du Conseil des ministres d'une République qui dispose maintenant d'un siège à l'Onu.

La mise à l'écart momentanée de Khrouchtchev sera plus tard transformée en héroïsme. Au XXIIe congrès du PCUS, en octobre 1961, Nicolas Podgorny, alors premier secrétaire du PC ukrainien, s'exclamera : « Le camarade Khrouchtchev jouissait d'une autorité énorme parmi les communistes et tous les travailleurs d'Ukraine et, s'appuyant sur eux, mettait en échec les provocations montées par Kaganovitch. » Le poète Maxime Rylski et d'autres écrivains ukrainiens, s'écrie-t-il, doivent leur vie « d'abord au courage et à la volonté inflexible de N. S. Khrouchtchev. Dans les conditions de la domination du culte de Staline, c'était une lutte véritablement héroïque [14] ».

Staline répond à la famine de l'hiver 1946-1947 en promulguant, le 4 juin 1947, deux décrets, l'un « sur la responsabilité pénale pour vol de la propriété sociale », le second « sur le renforcement de la propriété privée des citoyens », publiés dans la *Pravda* du lendemain et enrichis d'un additif secret concernant les « petits vols sur le lieu de production » (un pain dans une boulangerie par exemple), sanctionnés d'une peine de prison de sept à dix ans (contre un an auparavant). Ces décrets reprennent largement les dispositions de la loi du 7 août 1932 dite des cinq épis, tombée en désuétude, qui punissait de dix ans d'internement dans les camps ou de mort les petits larcins – surtout les vols de lait, beurre, pain, viande, voire d'épis glanés après la moisson – commis par une population affamée. Ils vont envoyer au goulag, dans les six dernières années du règne de Staline, 2 200 000 individus, transformés en condamnés de droit commun, surtout des femmes qui ont chapardé un kilo de pain, ou de beurre ou un litre de lait pour nourrir leurs enfants affamés ou encore un coupon de tissu pour les vêtir. Cette législation brutale marginalise et criminalise une partie de la population laborieuse, assimilée de force aux voleurs et aux truands. Le goulag, qui n'abritait plus en 1944 que 1 200 000 détenus, rouvre grandes ses portes. Les condamnés de la faim constitueront en 1953 la majorité de ses 2 526 402 détenus. Khrouchtchev n'évoque jamais ces deux décrets pas plus que la loi du 7 août 1932 et se dispense donc de dire ce qu'il en pense. Enfin, Staline crée en 1948 des « camps spéciaux » pour accueillir 200 000 détenus jugés politiquement dangereux, dont bien sûr les trotskystes... pourtant à peu près déjà tous fusillés en 1937 et 1938.

Revenu à la tête de l'Ukraine, Khrouchtchev manifeste d'emblée une brutalité exemplaire face aux sérieuses difficultés auxquelles il se heurte, surtout en Ukraine occidentale, où les paysans opposent une résistance acharnée à la collectivisation. Au 1er janvier 1947, un peu plus de 10 % seulement du 1,4 million d'exploitations individuelles ont été collectivisées. Dès janvier 1948, il propose dans une lettre à Staline de déporter les fainéants qui, d'après lui, peuplent les kolkhozes : « Des éléments parasitaires et criminels, écrit-il, se sont infiltrés dans les kolkhozes, ils en utilisent les avantages attribués aux kolkhoziens, en considérant les kolkhozes comme un paravent, ils spéculent, volent, font de la vodka clandestine et commettent encore divers autres crimes [15]. »

Le 10 février 1948, il adresse à Beria, vice-président du Conseil des ministres, « un projet de loi renforçant la discipline dans les kolkhozes [où] certains individus se refusent encore obstinément à se joindre au travail socialement utile et vivent en fainéants sur le dos des kolkhoziens honnêtes ». Ils ont collaboré avec les Allemands, ils « ne veulent pas revenir à un travail honnête [...] et agissent de façon démoralisante sur certains kolkhoziens arriérés ». Ce tableau catastrophique se conclut par un chiffre éloquent : « En 1946, en Ukraine, 86 676 kolkhoziens n'ont pas travaillé un seul *troudodien.* » Au total plus de 300 000 paysans ukrainiens n'ont pas travaillé un seul jour dans un kolkhoze. Les présidents des kolkhozes ferment souvent les yeux sur cet absentéisme. « Les sanctions prises en application des règlements et lois existants sont inefficaces : la condamnation à six mois de travaux obligatoires ne mortifie personne. » Il oublie de signaler que 4 millions de paysans ukrainiens en âge et en état de travailler n'ont pas effectué le nombre minimal de 120 jours de travail exigé par les règlements dans les kolkhozes. Le signaler révélerait sa faiblesse. Que faire ? Khrouchtchev prend appui sur le passé ! « Dans la Russie tsariste, écrit-il, une loi permettait aux communautés paysannes de chasser de leur village des individus “dont la continuation de la présence dans leur milieu menaçait la prospérité et la sécurité locales” (Recueil des lois de l'Empire russe, tome LV, article 683). » Il propose d'adopter une loi similaire, « accordant le droit aux assemblées générales de prendre la décision de déporter au-delà des limites de la République les éléments antisociaux et criminels les plus dangereux, qui se refusent obstinément à s'associer au travail socialement utile ». Dans un accès de faiblesse momentané, il propose d'abord d'inciter l'assemblée à se contenter de donner un « avertissement » à l'individu qui manifesterait la volonté de s'amender et de « définir un délai pendant lequel cet individu devrait se corriger par un travail honnête et une bonne conduite [16] ». Beria s'étonne de cette mollesse...

Le 10 février 1948, le Bureau politique examine sa proposition et crée une commission, dont il est membre, chargée entre autres d'« étudier la question de la déportation, hors d'Ukraine, des éléments nuisibles à la campagne [17] ». Le Bureau du Conseil des ministres, le 21 février, prend une décision en ce sens, mise en œuvre le 2 juin en Ukraine occidentale.

Auparavant, dès la mi-février 1948, suite aux propositions de Khrouchtchev, le Soviet suprême d'Ukraine adopte un décret « sur la déportation hors de la république d'Ukraine des individus qui sabotent avec de mauvaises intentions [*sic*] l'activité laborieuse dans l'agriculture et qui mènent un mode d'existence antisocial parasitaire ». Il y ajoute un projet d'arrêté proposant d'accorder aux assemblées de kolkhoziens le droit de déporter « les éléments indésirables » pour une période qui peut atteindre huit ans. Le 21 février, le Praesidium du Soviet suprême valide ce décret. De février 1948 à juin 1950, 11 991 « fainéants » seront déportés d'Ukraine en Sibérie. Les dirigeants locaux du Parti peuvent ainsi se débarrasser des paysans qui leur déplaisent et ils n'y vont pas de main morte : parmi les victimes figurent des retraités et des invalides de guerre... accusés de ne pas travailler.

Moscou décide de généraliser la proposition de Khrouchtchev. La chasse organisée aux prétendus parasites, tire-au-flanc des kolkhozes, qu'il a engagée en Ukraine est étendue à la Biélorussie, aux pays baltes et à la Moldavie par un décret secret du 2 juin 1948 : « Sur la déportation dans des districts éloignés des personnes qui refusent obstinément de se livrer à une activité travailleuse et mènent un mode de vie antisocial et parasitaire. » Au total, du 2 juin 1948 au 20 mars 1953, 33 266 individus seront ainsi déportés (accompagnés de 13 598 membres de leur famille, femmes ou enfants, qui ont choisi de les suivre). Le ministère de l'Intérieur n'en fera libérer qu'un peu moins de 4 000, condamnés à ses yeux par erreur au regard même de cette loi secrète d'inspiration khrouchtchévienne.

En mars 1948, le ministre de la Sécurité d'État arrête le général Klepov, adjoint de Serov en Allemagne. Il exige – soit avec l'accord, soit sur ordre de Staline – et obtient de lui des données compromettantes sur Serov, Khrouchtchev et Kaganovitch. C'est lui qui révèle le vol de 80 millions de marks par Serov en Allemagne en 1945.

L'ardeur répressive de Nikita semble alors sans bornes. Il joue aussi les innovateurs. En 1949, il organise ainsi « l'exploit des travailleurs » du district de Chpolianski (région de Kiev), qui, selon lui, réaliseront en un an les objectifs du plan de développement de l'élevage de trois ans (1949-1951). Il traduit cet objectif irréalisable (et jamais réalisé) en un slogan pompeux : « Les gens de Chpolianski soumettront victorieusement le temps, qui leur résistera[18]. » Khrouchtchev reprendra à satiété ces procédés et formules volontaristes aux fins purement propagandistes et régulièrement démenties.

Du 25 au 28 janvier 1949 se tient à Kiev le XVIe congrès du PC ukrainien sous sa présidence. À la première page des journaux ukrainiens s'étalent alors les trois portraits de Lénine, Staline et Khrouchtchev, bien entendu réélu premier secrétaire du PC d'Ukraine.

Le 24 octobre 1949, le pamphlétaire Iaroslav Galan, communiste depuis 1924, connu pour les accusations de collaboration avec les nazis qu'il portait contre le Vatican et l'Église uniate, est assassiné à coups de hache à Lvov. Un an avant, en septembre 1948, l'un des trois prêtres uniates qui avaient signé l'appel à rejoindre l'Église orthodoxe, Kostelnik, avait été assassiné par des partisans ukrainiens. En octobre 1948, l'évêque uniate Fiodor Romji avait été empoisonné par le NKVD sur son lit d'hôpital. Le maître espion, mais aussi maître menteur Pavel Soudoplatov affirme que l'ordre venait de Khrouchtchev en personne. Mais son témoignage est hautement suspect. C'est lui que Beria envoie à Lvov pour débrouiller l'affaire. D'après lui, « Khrouchtchev était d'une humeur de chien, car il craignait d'avoir déchaîné la colère de Staline par son impuissance à écraser la résistance armée des nationalistes ukrainiens ». Il propose « d'obliger tous les habitants de cette région à se déplacer en Ukraine occidentale munis de passeports. Il voulait aussi réquisitionner la jeunesse (d'Ukraine occidentale) pour l'envoyer ou bien au fond des mines de charbon du Donbass ou bien dans des écoles techniques en Ukraine orientale[19] ». Soudoplatov dit s'être opposé à ces propositions en soulignant qu'elles ne pourraient qu'alimenter les maquis nationalistes. Finalement, Khrouchtchev les abandonne.

Le 18 décembre 1949, la *Pravda* annonce que Khrouchtchev quitte l'Ukraine et est nommé premier secrétaire du comité du Parti de la ville et de la région de Moscou à la place de Popov et au Secrétariat du Comité central, dont il devient ainsi l'un des cinq membres aux côtés de Staline, Souslov,

Malenkov et Ponomarenko. Il arrive à Moscou pour participer aux festivités du soixante-dixième anniversaire de Staline. Une grande soirée est organisée au Bolchoï. Staline fait asseoir Mao Zedong à sa droite et Khrouchtchev à sa gauche.

Celui-ci voit dans sa nomination la nécessité pour Staline « d'équilibrer les pouvoirs dans la capitale et de réduire le rôle de Beria et de Malenkov[20] », bref de contrebalancer leur influence. Mais Staline ne pouvait guère voir dans celui qu'il appela un jour un « benêt » un contrepoids à ces deux hommes ; s'il avait de la sympathie pour Khrouchtchev et le jugeait bon organisateur, il ne plaçait pas très haut ses capacités politiques. Un soir de 1945, désignant ses adjoints du doigt à Tito, il raille leur nullité et dit de Khrouchtchev qu'« il a déjà outrepassé ses petites capacités[21] ». De plus, il accorde alors plus d'importance à l'appareil du gouvernement qu'à celui du Parti. S'il ne réunit quasiment plus le Bureau politique et plus du tout le Comité central, il réunit régulièrement le Conseil des ministres, son Praesidium et, à partir d'avril 1950, le Bureau du Praesidium tous les dix jours. Or Staline ne confie à Khrouchtchev aucune fonction gouvernementale. L'homme qu'il pousse alors face à Beria et Malenkov est Nicolas Boulganine, nommé le 7 avril 1950 premier vice-président du Conseil des ministres. Khrouchtchev prétend s'être alors heurté constamment à Beria et à Malenkov. Rien ne confirme ces heurts permanents, inventés sans doute, pour anticiper le combat victorieux de Khrouchtchev après la mort de Staline afin d'éliminer le premier puis le second.

9

Sous le manteau de Staline (1950-1953)

Khrouchtchev arrive à Moscou à la fin d'une année au cours de laquelle Staline s'est jeté dans une véritable fuite en avant politique : lancement de la campagne anticosmopolite aux relents antisémites patents ; arrestation des dirigeants du Comité antifasciste juif qu'il fera fusiller en août 1952 ; rafle de dizaines de milliers de détenus libérés du goulag qui y retournent ; décret du 1er avril 1949 sur une baisse des prix – répétée chaque année – des produits de première nécessité de plus en plus rares ; et organisation de la purge sanglante des dirigeants du Parti de Leningrad arrêtés cette année-là et fusillés l'année suivante. La victoire de la révolution chinoise le 1er octobre 1949 n'arrange rien. Staline avait en vain constamment poussé Mao Zedong à s'entendre avec l'homme des Américains, Chiang Kaï-shek...

À en croire Khrouchtchev, dès son arrivée, Staline lui soumet une lettre dénonçant comme comploteurs le précédent premier secrétaire du Parti de Moscou, Popov, et ses adjoints. Khrouchtchev jure que la lettre relève « de la provocation ou de la folie ». Staline, convaincu, abandonne l'affaire. Khrouchtchev se rengorge ; s'il n'avait pas agi ainsi, Staline aurait ordonné d'arrêter Popov et son « groupe ». « Lors des interrogatoires, ils auraient, bien entendu, “avoué” [...] et je serais devenu un homme à qui on en aurait attribué le mérite :

il est arrivé, il a jeté un œil et d'un seul coup, il a découvert et écrasé les comploteurs. Quelle bassesse [1] ! ».

Ainsi, Khrouchtchev aurait soudain cessé de prendre pour argent comptant, comme dans les années 1930, les accusations de terrorisme ou de sabotage. Mais son récit n'est qu'un tissu de mensonges. En réalité, Gueorgui Popov, nommé premier secrétaire de Moscou avec l'appui de Staline, a bientôt heurté quelques dignitaires par sa morgue. Lors de la conférence du Parti de Moscou en février 1949, il s'est permis de tancer des ministres. Ses ennemis ont alors adressé à Staline une lettre anonyme l'accusant d'avoir constitué un groupe terroriste dans le but de l'assassiner. Staline ordonne à la Sécurité et à Malenkov d'en vérifier le contenu. Du 13 au 16 décembre 1949 se tient, en présence d'un Khrouchtchev silencieux, un plenum des comités de ville et de région de Moscou. Popov se voit reprocher sa présomption, son aveuglement politique, son habitude d'interrompre brutalement les orateurs lors des réunions, de se moquer d'eux, de « créer ainsi une atmosphère rendant impossible le développement de la critique et de l'autocritique ». Mais la résolution finale dénonce comme « infondées les accusations calomnieuses » de la lettre anonyme [2]. Khrouchtchev, que Popov qualifie d'individu « borné et impudent » dans ses Mémoires, n'est pour rien dans le destin de ce dernier, réglé avant même sa nomination au poste de premier secrétaire de Moscou. En revanche, il se comportera avec les cadres qui se trouvent sous sa direction comme Popov avant lui...

Khrouchtchev se réinstalle dans l'appartement de la rue Granovski, resté inoccupé pendant son séjour en Ukraine et où venaient parfois sa fille Rada et son gendre Adjoubeï qui se sont mariés en 1949. Il vit au quatrième étage, juste au-dessus de Malenkov. Après la mort de Staline, y déménageront aussi Ivan Serov, Roman Roudenko, procureur général de l'URSS, le maréchal Joukov, Souslov, Elena Fourtseva.

Khrouchtchev, membre du Secrétariat du Comité central comme du Bureau politique et placé à la tête de l'appareil du Parti de la capitale et de sa région, semble disposer d'une puissance politique considérable, qu'il ne détient en réalité qu'aussi longtemps que Staline lui fait confiance. Celui-ci voit alors en lui un exécutant dévoué et Khrouchtchev dit vrai quand il affirme : « Il me traitait incontestablement bien ; il semblait me faire confiance et m'estimer[3]. » Molotov, qui le déteste, confirme « la confiance de Staline en Khrouchtchev qui le flattait[4] ». Chepilov affirme que, dès lors, Khrouchtchev fut son « favori dévoué ».

Sa docilité est un premier atout. La fille de Staline souligne que « Khrouchtchev s'était tenu, sous la férule de mon père, bien sagement à sa place et n'avait pas ouvert la bouche[5] ». Son second atout est d'être l'un des seuls proches de Staline à ne pas être marié à une juive. Staline prolonge alors en effet, dans son entourage le plus proche, sa chasse aux juifs. En 1949, il fait exclure du Parti et déporter Paulina Jemtchoujina, épouse de Molotov. Il ordonne à Malenkov de faire divorcer sa fille, Volia, épouse du fils de son ancien assistant Chamberg. Il fait fusiller la femme de son secrétaire personnel Poskrebychev, Bronislava Slomonovna, arrêtée en 1949 et accusée d'espionnage, il fait jeter en prison Dora Khazan, épouse du fidèle Andreïev, membre du Bureau politique. S'il ne fait pas emprisonner la femme de Vorochilov, Golda Gorbman, il ne convoque plus le vieux maréchal qu'il dit lié à l'espionnage britannique. Il voit rarement son propre fils Vassili, marié, en secondes noces, à Galina Bourdonskaïa, juive elle aussi. Nina Petrovna, elle, est une pure Slave...

Khrouchtchev chamboule l'appareil du Parti de la capitale. En trois mois, il change tous les secrétaires des comités de ville et de région du Parti, en place depuis la guerre, et tous les dirigeants du soviet de la ville, et les remplace par des hommes dont la carrière est liée à la sienne ; il remarque alors la jeune secrétaire du comité du Parti de l'arrondissement de Frounzé, Elena Fourtseva, alors âgée de trente-neuf ans. Cette élégante harpie stalinienne, future protégée de Khrouchtchev, manifestera une brutalité à toute épreuve dans une séquelle lointaine de l'affaire de Leningrad.

Cette affaire a commencé en janvier 1949 par de banales accusations ; tentative de trafiquer les résultats lors des votes au comité régional, projet d'organiser une foire commerciale panrusse à Leningrad, scènes d'orgies arrosées des dirigeants lors de réunions de chasse. Ces pratiques scandaleuses mais banales auraient pu se conclure par de simples blâmes, mais le nouveau premier secrétaire du PC de Leningrad, Vassili Andrianov, nommé par Malenkov, lance alors une accusation mortelle : « Restent dans la ville des trotskystes qui n'ont pas été liquidés[6]. » À la veille du jugement de la Cour militaire, le 30 septembre 1950, Staline fait donc voter par le Bureau politique (dont Khrouchtchev est membre) la condamnation à mort des principaux dirigeants de la ville, entre autres Kouznetsov et Voznessenski.

La sœur de ce dernier, recrutée en 1952 à l'Institut pédagogique situé dans son district, sera aussitôt licenciée par Elena Fourtseva avec tous les membres du jury qui l'ont reçue, dont le directeur de l'Institut, puis tous ses collègues. Le ministère de l'Enseignement de Russie protestant contre ce nettoyage par le vide, Fourtseva licencie toute la direction de l'enseignement supérieur du ministère, puis supprime 23 postes de l'Institut pédagogique, limogeant ainsi 23 nouvelles brebis galeuses. Sa promotion par Khrouchtchev illustre bien le style de direction de ce dernier.

Il a avec les cadres de la région le même comportement autoritaire et cassant que Popov. Dès sa première réunion avec eux, il admoneste les intervenants : « Vous passerez en justice pour non-exécution des contrats. Je vous le promets. » « Nous allons vous envoyer devant les tribunaux pour attitude formaliste ! » « Il faut démêler l'affaire et punir ! » Un orateur tente de défendre sa position, Khrouchtchev le coupe : « Vous mentez. Je ne me trompe pas[7] » et il le chasse de la tribune ! La morgue, la brutalité, la dévalorisation systématique des subordonnés, la menace ne sont cependant pas des traits personnels de Khrouchtchev, mais, sauf rarissimes exceptions, la caractéristique même du bureaucrate.

Une fois le nettoyage de l'appareil réalisé, Khrouchtchev s'attache à mettre en œuvre l'une de ses grandes idées pour résoudre la crise permanente de l'agriculture. Dans la *Pravda* du 20 juin 1950, il déclare nécessaire de regrouper les petits kolkhozes en kolkhozes géants devant lesquels il ouvre des perspectives grandioses : « Chaque village doit posséder son école de sept à dix ans d'études, son club, sa maison de la culture agricole, son hôpital, sa maternité, sa bibliothèque, son établissement de bains, sa crèche, son jardin d'enfants. Les travaux essentiels doivent être mécanisés. Chaque village doit avoir son stade, son parc, son jardin kolkhozien. » Vu la faiblesse de l'implantation du Parti dans les campagnes, ce regroupement permettrait de constituer des unités plus aisément contrôlables. Khrouchtchev met en œuvre cette politique avec vigueur, et, dans la région de Moscou, le nombre de kolkhozes passe au cours de l'année 1950 de 254 000 à 123 000.

Il précise ces vues dans un discours du 18 janvier 1951 que la *Pravda* reproduit. Il reprend son idée dans un nouvel article de la *Pravda* et de la *Moskovskaïa Pravda* du 4 mars où la vision se fait plus idyllique encore. Il propose de regrouper tous les petits et moyens kolkhozes en kolkhozes géants et de liquider les villages ; leurs habitants seraient réunis dans d'énormes concentrations urbaines dites « agrovilles », dont les immeubles à plusieurs étages disposeraient de l'eau courante, de l'électricité, de salles de bains, et seraient entourés de plantations d'arbres décoratives et de parterres de fleurs installés aux carrefours et aux embranchements routiers. Or nombre de kolkhozes n'ont encore ni électricité ni même eau courante, la majorité des rares voies de communication ne sont pas asphaltées et ne peuvent souvent être empruntées que par des tracteurs ; enfin, la masse des paysans vit dans la misère. Ce projet exigerait la construction de centaines de villes neuves et le déplacement massif d'une population paysanne de 110 millions d'hommes, deux entreprises nécessitant des investissements fantastiques et techniquement irréalisables, mais que Khrouchtchev affirme possible de réaliser en trois ans maximum !

L'article déplaît à Staline ; Khrouchtchev se fait vite taper sur les doigts. Le 5 mars, la *Pravda* publie un court rectificatif affirmant que la rédaction a, par inadvertance, omis d'imprimer une note précisant que le texte était publié à des fins de discussion. Khrouchtchev s'excuse dès le lendemain auprès de Staline, reconnaît s'être gravement trompé et l'implore par lettre : « Je vous demande, camarade Staline, de m'aider à corriger ma grossière erreur et pour autant que cela soit possible à atténuer le tort que j'ai porté au Parti [8]. » Staline le convoque et le réprimande. Il qualifie son article de « manie de projets de la plus belle eau », de « fuite en avant gauchiste » de « fièvre petite-bourgeoise [9] » et fait rédiger une lettre confidentielle par la section « Agriculture » du Comité central dans laquelle on trouve des allusions perfides au trotskysme de Khrouchtchev que Staline fait supprimer. La lettre est envoyée le 2 avril 1951 aux cadres du Parti, condamnant ainsi la proposition de Khrouchtchev. Rencontrant celui-ci peu après, Staline lui frappe le front avec sa pipe et ricane : « Ça sonne vide ! » Le 23 avril, le plenum du comité de Moscou rejette les vues de Khrouchtchev. Au XXIIe congrès, en octobre 1961, le secrétaire à l'Idéologie Leonide Ilitchev verra dans sa proposition un exemple de sa lutte contre les forces conservatrices du Parti.

Le 5 octobre 1952 s'ouvre le XIXe congrès du PCUS, treize ans après le XVIIIe. Malenkov présente, à la place de Staline, le rapport d'activité du Comité central validé par lui. Il ose y déclarer : « Le problème céréalier [...] a été résolu, définitivement et sans retour. » Or le pain manque un peu partout. Il critique longuement ceux qui « proposaient d'exécuter à cadences forcées le transfert massif des villages dans les grands bourgs kolkhoziens, de démolir tous les anciens bâtiments d'exploitation et les maisons des kolkhoziens » et de créer sur de nouveaux emplacements de grands « bourgs kolkhoziens », des « villes kolkhoziennes », des « agrovilles », oubliant ainsi les tâches de production des kolkhozes au profit de « la consommation intérieure et de l'aménagement de la vie dans les kolkhozes ». Cet oubli peut « créer des difficultés pour l'essor futur des kolkhozes et porter préjudice aussi bien à l'aménagement de la vie qu'à toute l'entreprise d'édification socialiste [10] ». On n'est pas loin du sabotage. Khrouchtchev, même s'il n'est pas nommé, est clairement visé.

Ce dernier présente au congrès un rapport sur la modification des statuts, dont Staline a dicté de nombreuses dispositions nouvelles sans aucun lien avec la réalité du parti unique. Ainsi, l'article 21 évoque la « soumission de la minorité à la majorité » alors que depuis 1930 tout suspect de désaccord est stigmatisé comme « trotskyste » ou « saboteur » puis exclu et emprisonné. L'article 29 évoque même l'improbable hypothèse d'une situation où « il n'y aurait pas de majorité nettement affirmée à l'intérieur du Comité central », qui devrait donc « vérifier la justesse de sa politique par une discussion dans le Parti[11] ». Ces statuts ne sont que poudre aux yeux destinée à dissimuler la nouvelle purge terroriste préparée par Staline.

Au plenum du Comité central qui suit le congrès les 16 et 17 octobre, Staline prononce debout un rapport introductif d'une heure et demie dont il interdit la prise en sténo. Il fait adopter des modifications statutaires d'importance : il désigne un Secrétariat du Comité central de 10 membres (contre 4 auparavant), dont lui-même, Souslov, Malenkov, Khrouchtchev, et les jeunes loups Mikhaïlov et Brejnev ; il remplace le Bureau politique d'une dizaine de membres par un Praesidium du Comité central (désigné dans la suite de ce livre par le seul mot de Praesidium) de 25 membres titulaires (dont Khrouchtchev) plus 11 suppléants, soit 36 membres, un organisme trop lourd donc pour jouer un rôle dirigeant. Le choix de certains élus surprend même les intéressés. Varvara Stepanova, lisant son nom dans la liste, croit d'abord qu'il s'agit d'une autre. Le « philosophe » Tchesnokov voit dans les félicitations pour sa promotion inattendue une mauvaise plaisanterie. Staline a composé la liste du nouveau Comité central sans consulter ni Malenkov, ni Beria, ni Khrouchtchev.

Ce secret et le nombre de nouveaux promus suggèrent un renouvellement massif des sommets, donc une purge. Staline noie ceux qu'il s'apprête à liquider (Molotov, Mikoïan, Andreïev et peut-être Beria) dans le flot des nouveaux arrivants. Déjà, en octobre 1951, lors d'un dîner avec les membres du Bureau politique, il leur avait lancé, raconte Mikoïan : « Vous avez vieilli, je vais vous remplacer. » Le changement de nom, enfin, suggère un organisme plus décoratif que le Bureau politique, convoqué d'ailleurs par Staline de plus en plus rarement au cours des trois dernières années (6 fois en 1950, 5 fois en 1951 et 4 fois en 1952 !) et donc devenu quasiment fictif. L'éclipse de l'appareil du Parti au profit de celui de l'État se marque par un détail lourd de sens : à Ouspenskoïe, où sont regroupées les datchas de nombreux dignitaires, les plus belles sont attribuées à des ministres et non aux secrétaires du Comité central. Staline avait donné une première idée de cet effacement du Parti en déclarant le 9 février 1946 aux électeurs de sa circonscription : « La seule différence entre les sans-parti et les militants du Parti est que les uns sont membres du Parti et les autres non, mais ce n'est là qu'une différence formelle [12]. » Staline désigne ensuite un bureau restreint du Praesidium de 9 membres, dont fait partie Khrouchtchev, qui n'était pas prévu par les statuts, et dont l'existence n'est pas rendue publique. Staline ne le réunira que trois fois au cours des cinq mois qui séparent le congrès de sa mort.

Staline prépare alors une gigantesque chasse à l'homme. En novembre 1951, il a inventé un complot de nationalistes mingréliens désireux de rattacher cette province du nord-ouest de la Géorgie à la Turquie. En novembre 1952, il fait arrêter une douzaine de médecins destinés eux aussi à faire partie d'un complot d'assassins, liés à l'impérialisme américain et au sionisme. À la fin du même mois, il fait monter à Prague le procès de 14 dignitaires du Parti communiste tchécoslovaque (dont le secrétaire général lui-même, Rudolf Slánský) ; 11 des 14 accusés sont juifs. Le 1er décembre 1952, recevant dans sa datcha Beria, Malenkov, Boulganine et Khrouchtchev, il met en cause devant eux l'activité de la Sécurité d'État, dont il juge la « vigilance émoussée ».

Le 4 décembre, il fait voter au Bureau du Praesidium une résolution, « Sur la situation dans le ministère de la Sécurité d'État et sur le sabotage dans le système de soins », qui décide de « mettre radicalement fin au caractère incontrôlé des organismes du ministère de la Sécurité d'État », dirigé par Semion Ignatiev. La résolution accuse la Sécurité de se placer en dehors – ou au-dessus – du Parti et décide de la soumettre à tous les niveaux aux instances du Parti. Ce qui devrait satisfaire la nomenklatura, lasse de voir l'activité de chaque dirigeant du Parti scrutée et espionnée par un responsable de la Sécurité. Mais Staline ne vise qu'à terroriser la Sécurité pour terroriser l'appareil du Parti, la nomenklatura elle-même et la population.

Au début de 1953, Staline concentre ses efforts sur l'affaire des médecins : le 2 janvier, il reçoit Sergo Goglidzé, nouveau vice-ministre de la Sécurité d'État, chargé du dossier avec

Malenkov, Beria, Boulganine et Khrouchtchev, qui, dans ses Mémoires ne dit mot de cette réunion, ni de la réunion élargie qui se tient une semaine plus tard, le 9 janvier. Ce jour-là, le bureau du Praesidium, étendu aux six secrétaires du Comité central (Khrouchtchev en fait donc partie à ce double titre) et réuni sans Staline, approuve le communiqué de presse et l'article à paraître dans la *Pravda* sur l'arrestation des « médecins assassins » relu et corrigé par lui-même.

Le 13 janvier, la *Pravda* publie le communiqué annonçant l'arrestation d'un groupe de « médecins saboteurs » accusés d'avoir assassiné Jdanov et Chtcherbakov et de préparer le meurtre de cinq chefs militaires soviétiques. Contrairement aux affirmations de nombreux historiens et mémorialistes, le communiqué ne cite jamais le nom de Staline. Ce soir-là, celui-ci reçoit le quatuor Beria, Malenkov, Boulganine et Khrouchtchev, aussi muet sur cette réunion que sur les deux précédentes.

Sa protégée Elena Fourtseva se déchaîne. Dès l'après-midi du 13 janvier, elle informe Khrouchtchev que les travailleurs de Moscou veulent la peau des comploteurs. Selon elle, « il faut jeter dans le métal en fusion ces anthropophages qui ont perdu tout visage humain [13] ». Mais la campagne antisémite s'enlise vite. Staline semble empêtré dans une machination qu'il ne sait comment conclure. Sa santé se dégrade si vite qu'il n'est sans doute pas en état de s'en dégager. Seuls trois dirigeants s'impliquent publiquement dans la campagne : Kozlov, le nouveau secrétaire du Parti à Leningrad, Souslov, et l'ancien chef du Komsomol, Mikhaïlov, trois étoiles montantes. Les autres font le dos rond. Khrouchtchev, pourtant secrétaire du Comité central et premier secrétaire de Moscou où vivent la grande majorité des « comploteurs » prétendus et où l'éventuel procès devrait se tenir, ne souffle mot, alors qu'en 1937 il se dépensait sans compter pour appeler à la mort.

Le samedi 28 février 1953, Staline invite le quatuor habituel à dîner avec lui dans sa datcha de Kountsevo. Selon Khrouchtchev, le dîner copieux et bien arrosé se termine tard vers 5 heures du matin, et, au moment du départ, « Staline était pompette, d'une excellente humeur [14] ». Or, d'après le chef de la garde Lozgatchev, Staline a commandé ce soir-là deux bouteilles de Madjari, un jus de raisin légèrement fermeté qui ne contient pas plus de 4 ou 5 degrés d'alcool et ne peut donc rendre personne « pompette ». Ce repas n'était donc aux yeux de Staline qu'une de ces réunions informelles sans procès-verbal, qui remplaçaient les réunions du Bureau politique. Mais Khrouchtchev ne mentionne aucun échange politique et ne dit pas un mot des sujets abordés lors de ce dîner.

Le lendemain, dimanche 1er mars, Khrouchtchev attend en vain toute la journée un coup de téléphone de Staline le convoquant et finit par aller se coucher. Ce jour-là, Staline, qui d'ordinaire se réveille vers 10 ou 11 heures, ne donne aucun signe de vie ; vers 18 h 30, la lumière s'allume dans sa chambre mais il ne se manifeste toujours pas. Vers 23 heures, Lozgatchev, chargé de lui apporter le courrier, pénètre dans son appartement et le découvre allongé sur le sol, endormi et trempé d'urine. Les gardes l'installent sur une couchette. Lozgatchev appelle le ministre de la Sécurité d'État, Ignatiev. Ce dernier demande qu'on prévienne Beria, introuvable, puis Malenkov, qui téléphone à Khrouchtchev et lui annonce que le chef de la garde de la villa l'a appelé lui pour l'informer de l'état de Staline et l'inviter à venir d'urgence – Khrouchtchev affirme l'y avoir accompagné vers 3 heures du matin. Informés que Staline dormait, « nous considérâmes, écrit Khrouchtchev, qu'il n'était pas convenable de nous présenter à lui, puisqu'il se trouvait dans une situation aussi malséante [15] », c'est-à-dire ivre, selon lui, ce qui n'exigeait aucun soin. Or les gardes ont bien vu venir à cette heure-là Malenkov et Beria, qui, prétendant que Staline dormait, leur ont ordonné de ne déranger personne, mais ils n'ont vu arriver Khrouchtchev qu'à 9 heures du matin. Sa pudeur affirmée vise à dissimuler son absence.

L'état de Staline, laissé sans soins, s'aggrave. Le 2 mars à l'aube, des médecins se présentent, mais leurs mains tremblent si fort qu'il faut les aider à ouvrir la chemise du malade. L'attaque étant probablement survenue la veille à 18 h 30, lorsque Staline a allumé la lumière et s'est levé pour s'effondrer au sol, quinze heures se sont écoulées avant qu'il soit pris en charge.

Les six dirigeants présents se partagent la garde de Staline : de jour, Malenkov et Beria, puis Kaganovitch et Molotov, et, de nuit, Boulganine et Khrouchtchev, qu'il dit avoir dès ce moment alerté sur les plans machiavéliques qu'il prête à Beria : « Il prendra le poste de ministre de la Sécurité d'État [...] pour nous anéantir tous. [...] Il nous est impossible d'accepter cela [16]. » La suite lui donnera raison.

Les proches collaborateurs de Staline laissent mourir, en retardant au maximum les soins indispensables, l'homme qui a envoyé à la mort tant d'individus accusés d'attentats imaginaires contre lui mais n'a pas prévu cet attentat passif, bien réel. Ils sont, dès le matin du 2, certains de sa mort. Le Praesidium, sous la conduite de Beria, se réunit en effet deux fois dans le bureau même de Staline, une première fois à 10 h 40, une seconde à 20 h 25.

Staline agonise trois jours durant sous les cris de son fils alcoolique Vassili, qui braille : « Vous l'avez tué ! » Ces hurlements nourrissent une rumeur récurrente. Le journaliste Tchouev demandera plus tard à Molotov si Staline n'a pas été empoisonné. Molotov répond : « Peut-être [...]. Il n'est pas impossible que Beria ait été impliqué dans la mort de Staline, d'après ce qu'il m'a dit, et j'en avais d'ailleurs comme l'intuition. » Il ajoute : « Je ne pense pas que Khrouchtchev l'ait aidé. Il pouvait tout au plus subodorer des choses. Quoique... Ils étaient tout de même très proches. Malenkov en sait davantage. Bien davantage. » À la tribune du 1er mai 1953, Beria glissera à l'oreille de Molotov : « C'est moi qui l'ai éliminé. Je vous ai tous sauvés [17] », transformant la non-assistance à personne en danger en véritable assassinat. Les résultats de l'autopsie récusent cependant toute hypothèse d'empoisonnement.

Le 5 mars au soir, à 20 heures, les collaborateurs de Staline organisent une séance commune extraordinaire du plenum du Comité central, du Conseil des ministres et du Soviet suprême. Khrouchtchev préside. Il déclare que la réunion est convoquée à cause de la maladie de Staline, qui, « vu son état de santé, ne pourra visiblement pas revenir bientôt à la tête du Parti et de l'État [18] ». Il faut donc prendre des décisions urgentes sur lesquelles Malenkov et Beria rapportent. Joukov observe les visages : « Malenkov, Khrouchtchev, Beria et Boulganine étaient tout excités et savaient visiblement mieux que les autres la fin prochaine de Staline. Leurs réflexions et leur critique des règles étatiques instaurées sous Staline montraient qu'ils étaient à cent pour cent certains de sa mort prochaine et ne craignaient donc plus d'exprimer leur avis, comme sous Staline[19]. » L'écrivain Constantin Simonov a lui, écrit-il, l'impression qu'ils « arrivaient avec un sentiment de soulagement, certes dissimulé et qui ne s'extériorisait pas, [...] qu'ils étaient libérés d'un poids qui les oppressait, comme démaillotés[20] ». En quarante minutes, la réunion avalise à l'unanimité dix-sept décisions élaborées par eux. Molotov s'indignera plus tard : « Ils rapportent des propositions toutes prêtes, rédigées, un appel du Comité central, les projets du Praesidium du Soviet suprême, la composition du gouvernement, le chef du gouvernement, les ministères, unifier tels ministères, etc.[21] » On retrouvera la liste du gouvernement rédigée de la main de Malenkov et datée du 4 mars.

Ces décisions annulent les mesures antérieures prises par Staline. Il s'agit d'un minicoup d'État contre le dictateur agonisant. Le Bureau du Praesidium du Comité central est liquidé, le Praesidium ramené de 25 membres à 11 : parmi les 14 membres éliminés figurent tous les nouveaux désignés par Staline, dont Souslov et Brejnev, écarté aussi du Secrétariat du Comité central. Ces deux derniers verront dans leur élimination la main de Beria et de Malenkov, ils soutiendront donc Khrouchtchev contre eux. Molotov et Mikoïan reprennent leur place. Beria propose de nommer Malenkov président du Conseil flanqué de quatre vice-présidents, Beria, Molotov, Boulganine et Kaganovitch, les cinq hommes formant le Praesidium du Conseil des ministres. Il propose aussi de nommer comme premier secrétaire du Comité central Malenkov, ainsi désigné par le cumul des deux fonctions suprêmes comme le successeur de Staline. Malenkov renvoie l'ascenseur à Beria en proposant de fusionner le ministère de l'Intérieur et le ministère de la Sécurité d'État en un seul ministère de l'Intérieur (MVD) confié à Beria. La vieille garde stalinienne se partage les postes : Vorochilov est président du Praesidium du Soviet suprême, Molotov ministre des Affaires étrangères, Mikoïan, ministre du Commerce, Boulganine ministre de la Guerre, flanqué de Vassilievski et de Joukov, qui apprend avec surprise sa nomination sous les ordres de ce maréchal d'opérette qu'il méprise. La réunion confie enfin à une commission de trois membres (Beria, Malenkov et Khrouchtchev) le classement des papiers et des archives de Staline. Khrouchtchev se fait remplacer à la tête du Parti de Moscou par Mikhaïlov pour mieux se concentrer sur l'activité du Secrétariat du Comité central.

Beria, Vorochilov, Kaganovitch, Molotov et Khrouchtchev repartent pour Kountsevo, où ils arrivent au moment même où Staline passe de vie à trépas, à 21 h 50. Aussitôt, les cinq hommes foncent vers leurs voitures. Ils arrivent dans le bureau du mort au Kremlin à 22 h 25. Bientôt rejoints par une demi-douzaine de membres du Praesidium et du Secrétariat du Comité central, ils y tiennent la première réunion du nouveau Praesidium. Malgré la désinvolture criarde de Beria, un sentiment mêlé d'inquiétude dissimulée, d'affliction, de préoccupations, d'irrésolution régnait dans la salle. On commente dans le brouhaha les derniers instants du guide défunt, puis Malenkov, présidant la séance, résume les décisions prises trois heures plus tôt. Le Praesidium décide de faire embaumer le corps de Staline et constitue une commission chargée des funérailles présidée par Khrouchtchev. Un des membres propose de bâtir un énorme panthéon pour accueillir les sarcophages de Lénine et Staline. Khrouchtchev suggère de le construire dans le nouveau secteur du sud-ouest de Moscou. Le Praesidium juge la décision prématurée et convoque un plenum du Comité central pour le lendemain.

Pendant que Staline se meurt se réunit aussi le Comité central du Komsomol (Jeunesses communistes) présidé par Alexandre Chelepine. Brusquement informé que Staline vient de mourir, ce dernier convoque les membres du bureau. L'un d'eux propose de changer le nom de « Komsomol léniniste » en « Komsomol lénino-stalinien ». Khrouchtchev donne d'abord son accord à Chelepine, puis l'appelle à minuit pour l'inviter à s'en abstenir...

Le communiqué annonçant la mort de Staline invite la population à ne pas céder à la panique. Les rédacteurs du texte, habitués depuis de longues années à obéir aux ordres de Staline, à apparaître les meilleurs exécutants de ses volontés, s'adressent cette invitation d'abord à eux-mêmes. Sauf durant la guerre où les circonstances les y ont contraints, ils n'ont guère pu manifester d'initiative – et encore – que dans le domaine étroit qui leur était confié, où Staline pouvait néanmoins toujours intervenir, et dans les manœuvres de clan contre clan, de clique contre clique. Ce bagage est bien mince pour prendre la direction du pays. Khrouchtchev le reconnaît : « Avant, déclare-t-il, nous vivions abrités derrière le large dos de Staline. Nous faisions tout reposer sur Staline. Nous savions que Staline décidait de tout correctement. Et nous vivions tranquillement. Et maintenant on ne peut espérer en personne. Il nous faut tout décider nous-mêmes. Et décider des questions complexes, et des questions internationales, et de l'économie et de la littérature [22]. »

La population, sous le choc et ne sachant de quoi sera fait un obscur lendemain, manifeste une profonde tristesse parfois trompeuse. Parmi les 5 millions et demi de détenus du goulag et de déplacés spéciaux des peuples déportés, certains aussi pleurent, comme Tatiana Smilga dont le père, vieux dirigeant bolchevik, et la mère ont été fusillés, mais c'est de joie. Khrouchtchev note dans ses Mémoires son désarroi passager : « Je craignais sa mort. Et je craignais encore plus les suites de sa mort : que se passerait-il ensuite dans le pays [23] ? »

Troisième partie

L'iconoclaste

10

LE COMPLOT DE L'IMPROBABLE HÉRITIER (1953)

À la mort de Staline, l'Union soviétique étouffe ; sa production industrielle stagne et son agriculture est ruinée. Les kolkhozes doivent livrer à l'État une bonne moitié du blé qu'ils récoltent et plus de la moitié de la viande et du lait qu'ils produisent à des prix qui ne couvrent même pas les frais de production. En 1950, 22,4 % des kolkhoziens n'ont officiellement pas touché un kopeck pour leurs *troudodni*, pas un seul jour de travail. Ils ont travaillé gratuitement toute l'année ! 20 % de kolkhoziens ont touché pour toute l'année... une livre de grains [1]. Les kolkhoziens travaillent donc le moins possible dans le kolkhoze et, pour survivre, concentrent tous leurs efforts sur leur petit lopin individuel, que Staline, visant à les décourager, a accablé d'impôts, y compris un impôt sur chaque arbre fruitier, si lourd que certains préfèrent abattre leurs arbres. L'URSS est confrontée à une sorte d'immense grève passive des paysans et à un déficit alimentaire, dissimulé par des baisses de prix annuelles sur des produits de plus en plus introuvables.

La situation des campagnes autour de Moscou – comme dans le reste du pays – est catastrophique. Au début de novembre 1952, un vétérinaire en donne une image saisissante dans une lettre à Staline. La moitié de la récolte n'est pas moissonnée parce que les paysans ne veulent pas travailler gratuitement. Douze ans plus tard, Khrouchtchev donnera lui-même de la situation des kolkhoziens un tableau beaucoup plus noir. Dans un rapport prononcé le 28 février 1964, il affirmera qu'à l'époque de Staline « le travail de la majorité des kolkhoziens n'était pratiquement pas payé. Ainsi, en 1952, dans les provinces de Kalouga et de Toula, pour un *troudodien* [« jour de travail »], un kolkhozien recevait 1 kopeck, dans les provinces de Riazan et de Lipetsk 2 kopecks, dans les provinces de Kostroma et de Koursk 4 kopecks. Et dans de nombreux kolkhozes, pendant des années, on ne versait pas le moindre kopeck pour les *troudodni*[2] ». Il avouera aussi que les kolkhoziens condamnés à travailler gratuitement étaient réduits à une condition d'esclaves (aggravée par les limitations très sévères imposées à leur liberté de déplacement puisque depuis 1932, ils ne disposaient pas de passeport intérieur – c'est-à-dire de carte d'identité !) – et opposaient massivement une résistance passive mais obstinée.

Ce quasi-esclavage permet un pillage effréné de la paysannerie par l'État. Ce dernier achète la production des paysans à deux tarifs, un très bas pour les achats dits de stockage et un autre un peu plus élevé pour les achats destinés au commerce. Mais même ces derniers sont extrêmement bas ; les kolkhozes vendent à perte... et ne peuvent donc payer les *troudodni* dus aux kolkhoziens. Le *troudodien* est l'unité de paiement théorique reposant sur la répartition des bénéfices du kolkhoze. En l'absence de bénéfice, le *troudodien* est égal à zéro. L'ampleur du pillage apparaît en comparant le niveau de ces prix d'achat en 1952 et en 1963 après une série de relèvements décidés par Malenkov et surtout par Khrouchtchev au cours des dix années suivantes. En 1963, l'État paiera aux kolkhozes le quintal de lait 5 fois plus cher qu'en 1952, le millier d'œufs 3,5 fois plus, le quintal de blé 8 fois plus, le quintal de maïs 14 fois plus, le quintal de petits pois 16 fois plus, la viande de bœuf 40 fois plus ! Et pourtant, les kolkhozes ne nageront pas alors dans l'abondance. Le litre d'essence, qui, en 1930, représentait pour le paysan l'équivalent d'une livre de viande, représente en 1952 l'équivalent de 4 kilos...

Selon le secrétaire du comité régional de Smolensk, Doronine : « La situation dans l'agriculture de la région de Smolensk était effrayante. » Mais, ajoute-t-il, « quand nous allions au Comité central, comme nous ne savions pas si nous en ressortirions ou pas, nous faisions des rapports mensongers [3] ». Khrouchtchev résumera cette réalité en trois lignes : à la mort de Staline, « le pays était en ruine [...], les prisons étaient surpeuplées [...], la guerre froide battait son plein. Le poids du primat de l'industrie de guerre sur le peuple soviétique était incroyable [4] ».

Or la mort de Staline affaiblit la peur devant l'État dont il était l'incarnation suprême, voire unique. « La mort de Staline bouleversa notre vie jusque dans ses fondements, écrit Vladimir Boukovski [...]. On avait comme le sentiment qu'il n'y avait plus de pouvoir [5]. » C'est pourquoi ses héritiers veulent d'abord apparaître unis et Beria promet du haut du mausolée de Lénine de faire respecter les droits des citoyens. Le Comité central va se réunir en un mois presque autant de fois qu'au cours des douze dernières années du règne de Staline...

Le 9 mars, les dignitaires se rassemblent autour du cercueil de Staline exposé dans la salle des Colonnes près du Kremlin. Molotov est blême, Vorochilov, défait, Malenkov, placide, Beria est secoué de temps à autre de tics nerveux, Khrouchtchev essuie des larmes. Selon Chepilov : « Comme tout le monde savait qu'il était le favori de Staline, ses larmes n'étonnaient personne [6]. » Sur la place Rouge, pour les funérailles solennelles de Staline, Khrouchtchev prend la parole le premier, pour donner successivement la parole à Malenkov, Beria puis Molotov. Il n'a encore qu'un rôle effacé de maître des cérémonies. Les trois autres semblent concentrer le pouvoir entre leurs mains ou prêts à se le disputer.

L'URSS a besoin d'un réformateur. « En 1953, écrit l'historien russe Vladimir Naoumov, la société soviétique se trouvait à la veille d'une explosion sociale. [...] Tous les clichés de la propagande officielle ne pouvaient déjà plus dissimuler les profondes contradictions qui déchiraient la société. Des millions et des millions de gens avaient de longues années durant supporté des privations et des sacrifices incroyables. Leur patience arrivait à son terme [7]. » Pour l'historien Alexandre Akhiezer, « le nouveau pouvoir ressentit une puissante pression venue d'en bas [8] ».

Cette pression muette et passive, mais massive, s'exprimait dans la sensation diffuse que cela ne pouvait plus continuer comme avant. De plus, la couche dirigeante avait besoin de savoir que sa sécurité, que les dernières inventions de Staline (le complot mingrélien, le complot des blouses blanches, etc.) menaçaient en annonçant une purge aux dimensions imprévisibles, était assurée. La nomenklatura voulait obtenir la garantie de pouvoir jouir de ses privilèges sans craindre les caprices mortels que Staline faisait en permanence peser sur elle depuis près de vingt ans.

Le réformateur nécessaire ne pouvait se recruter parmi les vieux staliniens endurcis Molotov, Kaganovitch et Vorochilov, qui ne pouvaient ni ne voulaient rien changer. Trois hommes étaient en réalité candidats à cette fonction : Beria, Malenkov et Khrouchtchev. Cependant, nul ne pensait alors à ce dernier. En 1952, le spécialiste des affaires soviétiques du *Monde,* André Pierre, dans *Qui succédera à Staline ?,* plaçait Khrouchtchev en neuvième position sur les onze compagnons de Staline qui pouvaient par ordre hiérarchique prétendre à la succession. L'hebdomadaire du PC italien *Vie Nuove* du 15 mars 1953, publiant les noms et les photographies des « hommes qui dirigent aujourd'hui l'Union soviétique », n'y fait pas figurer Khrouchtchev. En URSS, selon le futur collaborateur de Khrouchtchev, Fiodor Bourlatski, « personne ne voyait alors en lui un successeur possible de Staline [9] ». Beria et Malenkov semblent les maîtres du jeu. Ils s'associent Khrouchtchev sans doute parce qu'ils sous-estiment ce personnage, qui semble prêt à se contenter de gérer la machine du Parti dans leur ombre pendant qu'eux exerceront le véritable pouvoir.

Les funérailles de Staline débouchent sur un massacre symbolique : pendant que sur le mausolée Khrouchtchev donne successivement la parole à Beria, Molotov et Malenkov, la foule se presse et s'écrase contre les camions qui bloquent les rues et piétine des dizaines de vieillards, de femmes et d'enfants dans une boue sanglante. Qui en porte la responsabilité ? Khrouchtchev, qui préside la commission d'organisation des funérailles ? Mikhaïlov, le tout nouveau premier secrétaire du Parti de Moscou ? Le président du soviet de Moscou ? Le ministre de l'Intérieur Beria ? Nul ne pose la question, mais sans doute est-il heureux pour Khrouchtchev qu'il n'ait plus été depuis deux jours le secrétaire du Parti de Moscou. La carrière de son remplaçant, le jeune loup Mikhaïlov, s'interrompt en tout cas brutalement...

La mort de Staline déchaîne les appétits des différents clans, libérés du poids étouffant de la menace qu'il faisait peser sur eux tous. Comme le souligne l'écrivain Alexandre Zinoviev dans ses *Confessions d'un homme en trop*, les cellules mêmes d'entreprises et des institutions devinrent le théâtre d'une lutte acharnée entre les centaines de milliers de chefs, grands, moyens et petits ainsi qu'entre eux et la masse des adhérents.

Malenkov subit une première rebuffade indirecte dès le 12 mars. Le Praesidium blâme le rédacteur en chef de la *Pravda*, Chepilov, pour avoir publié dans son numéro du 10 mars une photo montrant Staline, Mao Zedong et Malenkov le 12 février 1950, lors de la signature du traité d'amitié soviéto-chinois, en effaçant tous les autres dignitaires présents à cette cérémonie afin de mieux présenter Malenkov comme l'héritier légitime. Staline faisait supprimer systématiquement sur les photos ceux qui lui déplaisaient. Malenkov est averti d'emblée par la direction collective qu'il n'a pas les mêmes droits ni les mêmes pouvoirs.

Le rejet – d'abord discret – de Staline commence aussitôt. Dès le lendemain de ses funérailles, Malenkov déclare au Praesidium : « Nous avons eu des phénomènes fortement anormaux ; [...] nous jugeons obligatoire d'arrêter la politique du culte de la personnalité [10]. » Le 12 mars est livrée à l'impression une réédition du *Dictionnaire de la langue russe* de Sergueï Ojegov. Le substantif « staliniste », défini en 1952 comme « inébranlablement dévoué à la cause de Lénine-Staline », a disparu. L'adjectif « stalinien » a lui subi une cure d'amaigrissement notable. De « qui a rapport à la construction du socialisme et du communisme sous la direction du grand chef des peuples J.V.Staline », il se réduit au plat « qui a rapport à la vie et à l'action de J.V.Staline », et les neuf exemples antérieurs se réduisent à un seul. La décision n'a pu être prise que par le Secrétariat du Comité central.

Deux semaines plus tard, l'écrivain Constantin Simonov, dans *Literatournaia Gazeta*, invite les écrivains soviétiques à « fixer dans toute sa grandeur et dans toute sa plénitude pour nos contemporains et pour les générations à venir l'image du plus grand génie de tous les temps et de tous les peuples, l'immortel Staline. » Khrouchtchev, chargé du contrôle des matériaux destinés à célébrer la mémoire de Staline, demande son limogeage qu'il n'obtient pas.

Ce rejet – purement interne au cercle étroit des dirigeants – du « culte de la personnalité » vise alors seulement le fonctionnement de la direction. Malenkov précisera au Comité central de juillet 1953 que cette question « est directement et étroitement liée à celle du caractère collectif de la direction. [...] Le culte de la personnalité de Staline dans la pratique quotidienne de la direction avait pris des formes et des dimensions maladives qui débouchaient sur le rejet du caractère collectif du travail [11] » – ainsi l'absence de convocation régulière du Comité central et de son Bureau politique. Il faut désormais les réunir et rejeter toute déification d'un dirigeant au détriment des autres. Khrouchtchev approuve.

Après la tutelle étouffante et sanglante de Staline, le cercle des dirigeants, où chacun se méfie de son voisin, tente un bref moment d'instaurer une direction collégiale. Cette aspiration est peu compatible avec la double fonction attribuée à Malenkov de président du Conseil des ministres et de premier secrétaire du Comité central. Le plenum réuni à nouveau le 14 mars libère Malenkov de cette dernière fonction « à sa demande ». Ce dernier pense sans doute, comme Beria, que l'appareil du gouvernement continue à l'emporter sur celui du Parti et accepte donc de se décharger d'une fonction à ses yeux secondaire. Il semble alors à tous assumer l'essentiel du pouvoir et le croit ; il fait aménager et restaurer pour lui l'appartement que Staline habitait (rarement) au Kremlin. S'installer dans les appartements du Père des Peuples, c'est prétendre occuper sa place politique. Le plenum réélit un secrétariat restreint de cinq membres dont Khrouchtchev, le seul à faire aussi partie du Praesidium ; tous les autres membres de ce dernier appartiennent au gouvernement dont l'appareil semble ainsi largement dominer celui du Parti. Le poste de premier secrétaire du Comité central n'est alors attribué à personne, mais Khrouchtchev en assume déjà en réalité la fonction.

Dès avant ce plenum, sa place apparaît dans le fait qu'il a dirigé conjointement avec Malenkov les discussions avec la délégation chinoise aux obsèques de Staline dirigée par Zhou Enlai. Alors que Staline avait systématiquement refusé toute aide économique à la Chine populaire, ces discussions se concluent le 21 mars par un accord sur les échanges commerciaux entre les deux pays et sur la décision soviétique d'aider la Chine à restaurer ses stations électriques et à en construire de nouvelles. Khrouchtchev, dont c'est la première incursion en politique étrangère, participe à ce changement de politique qui va s'accentuer au cours des mois suivants.

Staline avait placé tout l'appareil régional et local du Parti sous le double contrôle, au sommet, de l'appareil central de celui-ci et de la police politique. Les dirigeants des partis des quatorze Républiques fédérées (il n'y a pas de parti de Russie) et des divers comités de région, de territoire, de district et de ville aspirent à échapper au contrôle de l'appareil policier et à desserrer celui de l'appareil central, afin de jouir d'une certaine autonomie de décision que Staline leur refusait. L'homme qui répondra le mieux à leur double souci aura les plus grandes chances d'accéder au pouvoir.

Beria, grâce à ses réseaux policiers, est le mieux informé de l'état d'esprit réel du pays. Mais il apparaît, surtout après la fusion récente de la Sécurité d'État et du ministère de l'Intérieur sous sa direction, comme le symbole de la machine policière, dont l'appareil du Parti veut secouer la tutelle. Beria le sent probablement et c'est pourquoi il passe un accord avec Malenkov, homme du sérail, qu'il entend manipuler et à travers lequel ou à l'ombre duquel il pense gouverner.

Il lance d'abord un premier train de réformes pour débloquer un régime paralysé par une crise économique, sociale et politique. Le 18 mars, il retire au ministère de l'Intérieur son secteur économique en transférant les chantiers gérés par le goulag aux ministères industriels concernés et tous les établissements pénitentiaires au ministère de la Justice, sauf les camps spéciaux réservés aux détenus politiques. Il prépare un vaste projet d'amnistie des détenus. Le 24 mars, il soumet au Praesidium un document affirmant que sur 2 526 042 détenus, le goulag ne compte que « 221 435 criminels particulièrement dangereux pour l'État (espions, saboteurs, terroristes, trotskystes, socialistes-révolutionnaires, nationalistes et autres) détenus dans les camps spéciaux ». Il estime les victimes des décrets économiques de juin 1947 sur les atteintes à la propriété kolkhozienne à 1 241 919 détenus, dont « 238 000 personnes âgées de plus de cinquante ans », parmi lesquels « environ 198 000 détenus souffrent de graves maladies incurables et sont absolument inaptes au travail [12] ». Pour se débarrasser de cette main-d'œuvre non rentable, il fait amnistier le 27 mars 1953 tous les détenus condamnés au maximum à une peine de cinq ans de détention. Cette amnistie, à l'instar de celles qui suivront jusqu'à la fin des années 1980, laisse derrière les barbelés tous les détenus politiques qui effraient le régime.

Beria tente de déplacer le centre du pouvoir de l'appareil du Comité central et de son Secrétariat vers le Conseil des ministres. Molotov souligne ainsi qu'« à partir du mois de mars [1953] [...] toutes les questions de politique internationale du Parti passèrent au Praesidium du Conseil des ministres et [...] cessèrent d'être discutées au Praesidium du Comité central... Tout cela se fit sous la pression de Beria [13] », avec la complicité évidente de Malenkov.

À ce premier attentat contre le pouvoir du Secrétariat du Comité central et de son appareil, Beria en ajoute un autre. Il tente d'assouplir une politique d'étouffement des nationalités qui mène systématiquement à nommer des Russes aux postes décisifs de l'appareil dans toutes les Républiques. Il fait voter par le Praesidium la promotion de cadres nationaux en Ukraine, en Biélorussie et dans les Républiques baltes et fait remplacer les premiers secrétaires russes des PC ukrainien et biélorusse par un Ukrainien et un Biélorusse. Ce faisant, il écorne une prérogative essentielle du Secrétariat, la « nomenklatura », c'est-à-dire le monopole de la nomination à une longue liste de fonctions jugées essentielles et qui couvre alors centralement quelque 40 000 postes. Ce monopole fait du Secrétariat du Comité central le véritable organe du pouvoir.

Certes, Beria respecte d'abord les formes. Ainsi, le 16 mars, il soumet à Khrouchtchev une liste de 82 nominations à des postes importants (entre autres dans son ministère). Mais l'initiative vient de lui, non du Secrétariat. C'est ce renversement du rapport entre l'appareil du gouvernement et l'appareil du Parti que Khrouchtchev et ses alliés qualifient de « complot de Beria » pour prendre le pouvoir.

Ce dernier fait feu de tout bois : le 4 avril, il fait publier dans la presse un communiqué affirmant que le « complot des médecins » était une fabrication et que les médecins dont les aveux avaient été « obtenus [...] par des moyens d'enquête inadmissibles strictement interdits par la loi soviétique » étaient innocents, et il annonce l'arrestation des tortionnaires. Il signe du ministère de l'Intérieur ce communiqué adopté la veille par le Praesidium. C'est un coup de tonnerre : pour la première fois, le régime dénonce les pratiques de sa police politique et annonce la punition des coupables. Or, tout bureaucrate sait que le prétendu complot a été fabriqué par Staline, dont, par ricochet, le communiqué écorne l'image un mois à peine après sa mort. Deux semaines plus tard, Beria fait arrêter le fils de Staline, Vassili, et l'accuse de détournement de fonds. Le nom même de Staline est ainsi désacralisé.

Beria semble disposer d'atouts imparables pour écarter ses rivaux de la direction collective. Dirigeant le MVD, produit de la réunification de deux ministères séparés depuis avril 1943, qui dispose de troupes spéciales, il désigne et contrôle la garde du Kremlin et même les gardes affectés à chacun des membres du Praesidium et du Secrétariat du Comité central. Ces hommes lui rendent donc compte des conversations et des activités de ses collègues. S'y ajoute un vaste réseau d'écoutes téléphoniques. Enfin, maître des archives du ministère de l'Intérieur, il dispose d'épais dossiers sur tous les dirigeants contre lesquels Staline a fait collationner les déclarations arrachées à leurs anciens collaborateurs arrêtés et torturés. Mais ses forces et ses moyens sont moins impressionnants qu'il n'y paraît au premier regard. Le MVD n'est pas un organisme monolithique à sa botte. Certes, Beria y a nommé en hâte plusieurs de ses fidèles aux postes clés (dont

Pavel Soudoplatov et Nahoum Eitingon, les deux organisateurs de l'assassinat de Trotsky), mais la Sécurité a été dirigée pendant près de huit ans par deux hommes (Abakoumov puis Ignatiev) qui y ont placé des individus qui lui sont étrangers. Ils lui obéissent tant qu'il est le chef, mais leur dévouement ne va pas au-delà.

Beria compte en revanche de nombreux adversaires. En débarrassant en hâte son ministère de ses tâches économiques et de la gestion de la plupart des camps du goulag, il lui donne un rôle essentiellement répressif, ce qui ne peut qu'inquiéter ses pairs et l'appareil du Parti comme celui de l'État. Tous les chefs politiques et militaires ont vécu vingt ans durant sous la menace de la Sécurité qui pouvait, sur ordre de Staline, arrêter, torturer et fusiller n'importe lequel d'entre eux. L'appareil du MVD espionne, contrôle, dénonce les cadres du Parti et ceux du gouvernement, agit comme un « pouvoir parallèle », se mêlant de tout sans être responsable de rien. Il est une menace permanente pour tous ces cadres qui veulent s'émanciper de sa tutelle et le placer sous leur contrôle. Khrouchtchev le perçoit mieux que les autres et tisse les fils de l'intrigue pour écarter Beria.

C'est lui qui organise contre Beria un véritable complot, auquel il a peu à peu rallié l'ensemble des dirigeants. Mikhaïl Smirtioukov, chef du service administratif du Conseil des ministres, le souligne : « Le “complot de Beria” [...] n'a en réalité pas existé. On l'a inventé [14]. » Molotov en confirme l'inexistence : « Beria représentait un danger sur le plan politique. Il s'efforçait, avec le soutien du veule Malenkov, de devenir le leader du Parti. Et le fait qu'on lui ait tordu le cou était tout à fait justifié [15]. » Mais aspirer à devenir le dirigeant du Parti n'est pas comploter.

Fort du contrôle de l'appareil policier, Beria croit sans doute impossible une coalition des autres membres du Praesidium contre lui. Les troupes du MVD que l'on a fait venir à Moscou pour les funérailles de Staline y restent d'ailleurs stationnées sur son ordre au lieu de retourner dans leurs casernes. Leur présence nourrit chez les autres dirigeants la crainte d'un coup de Jarnac et prête consistance à l'hypothèse d'un complot de Beria pour s'emparer du pouvoir.

Pendant plusieurs semaines, Khrouchtchev, Beria et Malenkov semblent former un trio d'inséparables. Ils déambulent ensemble dans le Kremlin avant les réunions du Praesidium et se mettent d'accord entre eux, parfois avec Molotov, sur les propositions à soumettre au Praesidium où ils sont ainsi assurés d'imposer leurs vues. Le soir, les trois hommes quittent ensemble le Kremlin – où les autres vivent – et la voiture de Beria dépose Malenkov et Khrouchtchev devant l'immeuble de la rue Granovski, où les deux hommes habitent.

Pourtant, Beria s'aliène son vieil allié Malenkov. Il ordonne au chef de la direction centrale des archives de son ministère de rassembler des documents compromettants sur Malenkov, qu'il pousse ainsi dans les bras de Khrouchtchev au moment même où il fait voter des réformes qui scandalisent certains de ses pairs.

Depuis de longues années, le Bureau politique était dessaisi de la politique étrangère. Jusqu'en 1949, Staline en discutait avec Molotov, puis, après le remplacement de ce dernier aux Affaires étrangères par Andreï Vychinski, simple potiche, il n'en discutait plus avec personne. Ses successeurs se sentent d'abord un peu perdus et mal préparés dans ce domaine, Khrouchtchev encore plus que les autres. Seul Beria, grâce aux réseaux internationaux de la Sécurité, a des lueurs dans ce domaine. Il s'appuie sur eux pour tenter de modifier certaines des équipes staliniennes à la tête des partis communistes des pays de l'Est.

Au Praesidium du 27 mai 1953, Beria propose une inflexion brutale de la politique allemande. Il propose d'abandonner « la construction forcée du socialisme en RDA » et de s'orienter vers une Allemagne réunifiée et neutre. Malenkov, qui préside la réunion, ne dit mot. Khrouchtchev refuse d'abandonner la RDA ! Il faut la défendre. Molotov le soutient, puis Mikoïan, Boulganine, Vorochilov. Beria et Malenkov, qui l'a soutenu passivement, sont désavoués.

Mikoïan affirme que c'est à la suite de cette discussion que ses rapports avec Khrouchtchev, dont il n'avait jusque-là jamais été proche, s'améliorèrent.

C'est alors que prend corps l'idée de se débarrasser de Beria, à l'initiative de Khrouchtchev. Mikoïan voit dans l'élimination de Beria « un mérite de Khrouchtchev » et Molotov confirme : « L'initiative de l'arrestation de cet aventurier revient à Khrouchtchev. Il faut lui reconnaître le mérite d'avoir fait tomber ce scélérat dans un traquenard. » Il précise : « Khrouchtchev était un homme de droite complètement pourri ; Beria était encore plus à droite et encore plus pourri. » Mais « Khrouchtchev au moins, à la différence de Beria, avait la fibre patriotique ». Chepilov, qui hait lui aussi Khrouchtchev, le souligne à son tour : « La situation de Beria pouvait se renforcer rapidement et de façon irréversible ; c'est pourquoi Khrouchtchev décida qu'il fallait agir sans tarder [16]. »

Il commence par persuader Malenkov que Beria intrigue contre lui. Apeuré, Malenkov craque. Puis il contacte Molotov qui lui donne tout de suite son accord, rallie sans peine son vieil ami Boulganine et Sabourov.

La lutte des classes va alors rattraper les dirigeants de Moscou et sceller le sort de Beria. Le 16 juin, à Berlin-Est, les ouvriers de l'Union du bâtiment de la Stalin-Allée, furieux de la baisse de leurs salaires provoquée par le relèvement des normes qu'a décidé le gouvernement de la RDA, débrayent et descendent manifester vers le centre de la ville, bientôt rejoints par d'autres ouvriers. À 15 heures, le gouvernement annule le relèvement des normes. Trop tard. Les manifestants réclament sa démission, des élections libres, et appellent à la grève générale. La police dite populaire est débordée.

Moscou craint la contagion aux « démocraties populaires voisines ». La grève qui, de Berlin-Est, s'étend le lendemain à plusieurs villes de RDA, est aussitôt écrasée par les chars soviétiques. Le 18 juin, le Praesidium envoie Beria parachever le travail avec le maréchal Gretchko. L'armée soviétique a en effet montré un flottement imprévu : 42 officiers et soldats, qui ont refusé de faire tirer ou de tirer sur des manifestants désarmés, sont traduits devant un tribunal militaire, déclarés traîtres à la patrie, condamnés à mort et fusillés. L'avertissement est menaçant, mais l'événement est bénéfique pour Khrouchtchev : pendant une semaine, en l'absence de Beria, il peut réunir tranquillement les autres dirigeants ; tous imputent à Beria l'explosion de Berlin-Est, qu'il aurait provoquée en voulant promouvoir en RDA un nouveau cours *(Neue Kurs)*, comparable à la NEP soviétique, et remplacer la vieille direction. Beria revient triomphant à Moscou le 25 juin au matin. Son triomphe va se révéler éphémère.

Le complot contre lui ne peut réussir qu'avec l'aide de l'armée. La veille du retour de Beria, le 24, Boulganine invite le maréchal Joukov, son vice-ministre, à l'accompagner dans le bureau de Malenkov, où se trouvent déjà Molotov et Khrouchtchev avec le maréchal Moskalenko, qui commande les troupes du district militaire de Moscou, le chef de l'artillerie, le maréchal Nedeline et le général Batitski, qui commande les troupes antiaériennes. Malenkov, en tant que chef du gouvernement, et non Khrouchtchev, expose aux militaires la tâche importante qui leur est confiée, arrêter Beria, qui est « devenu un homme dangereux pour le Parti et l'État », et « neutraliser tout le système du NKVD ». Malenkov précise que Beria est officiellement convoqué à une réunion du Conseil des ministres mais, son arrestation étant une affaire de parti et non de gouvernement, il s'agira en réalité d'une réunion du Praesidium du Comité central où « Beria sera accusé d'ignorer le Comité central [...] et d'affecter les cadres du NKVD sans se mettre d'accord avec lui », en un mot de violer les règles sacro-saintes de la nomenklatura. Khrouchtchev s'affirme certain que Joukov, à qui Beria a personnellement causé beaucoup de désagréments, saura bien remplir cette tâche, mais il l'avertit : « Beria est un homme malin et physiquement assez fort et, de plus, visiblement il est armé[17]. » Les chefs militaires devront s'installer dans la salle de repos du Praesidium, y attendre deux coups de sonnette, puis entrer dans la salle et arrêter Beria.

Le 25 juin, le Praesidium se réunit dans une atmosphère cordiale. Avant de quitter Beria, Khrouchtchev le félicite pour toutes les mesures qu'il a fait adopter depuis trois mois. Comment Beria, formé sous Staline à débusquer partout les « individus à double face » dont l'apparence extérieure dissimule le vrai visage, peut-il se laisser abuser par les flatteries de Khrouchtchev ? Sans doute parce qu'il le prend lui aussi pour un benêt. D'après Molotov, « il ne s'attendait pas à ça de la part de Khrouchtchev[18] ».

C'est ce soir-là seulement que Khrouchtchev prévient Vorochilov de l'arrestation de Beria, décidée pour le lendemain. Il n'informe Mikoïan que le matin même de la seconde réunion du Praesidium, lui énumère les méfaits de Beria, s'indigne que, « par-dessus l'appareil du Comité central, il ait pris langue avec les comités centraux d'Ukraine et de Biélorussie et fait nommer de nouveaux dirigeants sur qui il puisse s'appuyer ». Mikoïan, qui, depuis mars, voyait dans Khrouchtchev, Malenkov et Beria un trio d'amis, est étonné. Il demande à Khrouchtchev ce qu'il veut faire de Beria. Khrouchtchev lui répond : « Je propose de le nommer ministre de l'Industrie pétrolière[19]. » Mikoïan, sans doute soucieux de mettre un terme aux liquidations physiques de dignitaires écartés, trouve l'idée fort bonne. Kaganovitch, alors en province, revient à Moscou ce même jour, donne son accord et rallie Vorochilov sans peine.

Le lendemain matin, le 26, deux voitures emmènent au Kremlin les officiers armés qui doivent arrêter Beria. La garde ne vérifie pas le contenu de la voiture. On installe les officiers dans la salle de repos qui jouxte l'ancien bureau de Staline où se tient la réunion. Khrouchtchev vient leur confirmer leur tâche et leur déclare : « Si l'opération rate, vous serez déclarés ennemis du peuple. »

À 10 heures, la séance du Praesidium s'ouvre. Le récit de cette réunion, dont aucun procès-verbal n'a été établi, est difficile à établir car les versions de Khrouchtchev, des maréchaux Joukov et Moskalenko diffèrent sur bien des points. On ne sait si c'est Malenkov, blême, ou Khrouchtchev qui ouvre la séance en déclarant : « Avant d'aborder l'ordre du jour, il y a la proposition de discuter de la question du camarade Beria. » Qui se crispe : « Quelle question ? Quelle question ? Qu'est-ce que tu chantes ? » Molotov se déchaîne, qualifie Béria de « dégénéré [...] étranger au Parti ». Khrouchtchev corrige : « Beria n'a jamais été communiste. Comment aurait-il dégénéré[20] ? » Beria, accusé de vouloir instaurer sa dictature et d'avoir placé les organes de la Sécurité au-dessus du Parti et du gouvernement, ricane : « Qu'est-ce que vous avez à me chercher des puces dans le pantalon ? » Mais il comprend vite.

Dans leur salle de repos, les généraux trouvent le temps long. Une heure passe, puis deux. Enfin, les deux coups de sonnette retentissent. Ils entrent dans la salle. Malenkov propose d'arrêter immédiatement Beria. Le vote est unanime. Les généraux embarquent Beria, l'enferment pour la nuit dans le corps de garde de la garnison, puis le transfèrent dans un immeuble souterrain de l'état-major de la défense antiaérienne de Moscou. Chepilov, aussitôt informé, note : « Après son arrestation, nous allions tous ivres de joie [21]. »

Le 27 juin, le Praesidium convoque pour le 2 juillet un plenum du Comité central uniquement consacré « aux actes criminels antiparti de Beria ». Dans sa prison secrète, Beria écrit le 1er juillet à Malenkov auquel il rappelle avec insistance leur longue collaboration. Il fait son autocritique et, comprenant où le bât blesse, souligne qu'il a eu tort de doubler l'envoi de résolutions du Comité central des partis communistes de plusieurs Républiques par des notes du MVD, « signifiant que le MVD corrigeait les comités centraux du PC d'Ukraine, de Lituanie et de Biélorussie ». Il souligne ses profonds sentiments d'amitié pour chaque membre du Praesidium. Il déclare ainsi à Khrouchtchev : « Si l'on ne tient pas compte de la dernière réunion du Praesidium du Comité central où tu m'as invectivé avec vigueur et colère, ce avec quoi je suis entièrement d'accord, nous avons toujours été de grands amis [...]. J'ai toujours apprécié ton comportement [22]. »

En convoquant ce plenum, les dirigeants, Khrouchtchev en tête, affirment que le Comité central doit retrouver sa place. Khrouchtchev mène la danse. Selon lui, Beria aurait déclaré : « Qu'est-ce que le Comité central ? Que le Conseil des ministres décide de tout et que le Comité central s'occupe des cadres et de la propagande. » Khrouchtchev s'indigne : « Les opinions de Beria sur le Parti ne se distinguent en rien de celles de Hitler [...]. Cette déclaration signifie que Beria niait le rôle dirigeant du Parti [...] [23]. » En un mot, remettre en cause le principe de la nomenklatura c'est, pour Khrouchtchev, détruire le parti communiste, assimilé par lui à son seul appareil central.

Là est le nœud du problème. Le vrai crime de Beria, son vrai complot, que Kaganovitch qualifie de « fasciste », c'est d'avoir tenté non pas de prendre le pouvoir, mais d'émanciper l'appareil du gouvernement et de l'État du contrôle permanent de l'appareil central du Parti dont il ne pouvait ainsi que susciter l'hostilité massive.

La question est récurrente. Un quart de siècle plus tard, lors d'une réunion du Bureau politique le 17 juin 1971, Voronov suggérera que la nomination des secrétaires de comités régionaux du PCUS et les présidents de comités exécutifs des soviets soit « confirmée aussi par le Conseil des ministres de la république de Russie ou au moins établie en accord avec lui ». Kirilenko, ancien protégé de Khrouchtchev, lui répondra alors : « En Russie, il y a un Comité central du PCUS et c'est lui qui décide toutes ces questions, en particulier les affectations de cadres. Il n'en a jamais été autrement[24]. »

L'élimination de Beria, c'est la victoire de l'appareil central du Parti sur la Sécurité d'État, à qui Staline avait accordé sous son seul contrôle une grande autonomie pour le terroriser. À la mort de Staline, l'énorme appareil du ministère de l'Intérieur (avant sa fusion avec la Sécurité d'État) comprenait 374 800 fonctionnaires. Après la fusion, il en compte plus de 500 000. Khrouchtchev touche la corde sensible des apparatchiks en soulignant : « Le chef du NKVD perçoit la rémunération la plus élevée, plus que le secrétaire du comité régional du Parti. » Pour justifier son salaire, « il doit montrer qu'il fait quelque chose... Et alors certains de ses cadres commencent à fabriquer des affaires[25]... » contre les cadres du Parti. Le plenum décide que les organes du MVD sont strictement soumis à ceux du Parti. Le Conseil des ministres le confirmera en 1959 : « Le KGB [anciennement NKVD] travaille sous la direction et le contrôle du Comité central du PCUS[26] » et non du gouvernement.

La destitution de Beria permet enfin à Khrouchtchev et au Comité central de rejeter sur lui la terreur qui maintenait l'appareil sous une pression et une tension constantes et décimait ses rangs. Charger Beria, c'est innocenter Staline et exonérer ses héritiers de toute responsabilité. Ainsi, Khrouchtchev assure que la liquidation de ce « vil traître et provocateur contribuera [...] au renforcement de notre direction lénino-stalinienne[27] ».

Il faut donc présenter Beria comme un élément extérieur, étranger même au système. Malenkov le qualifie « d'ennemi du Parti et du peuple », Khrouchtchev le traite de « non-communiste », de « coquin », d'« aventurier et de provocateur ». Molotov ajoute les termes d'« agent du camp étranger » et d'« agent de l'ennemi de classe [28] ».

Khrouchtchev conclut son intervention par la promesse qu'attendent ses auditeurs : « Maintenant nous aurons une direction collective [...]. Il faut convoquer régulièrement les plenums du Comité central, les réunions des comités du Parti [29]. »

Ce plenum exclut de ses rangs Beria et ses créatures Goglidzé et Koboulov, promeut le maréchal Joukov comme titulaire et Kiritchenko, membre du clan Khrouchtchev en Ukraine, comme suppléant du Praesidium. Chataline, proche de Malenkov, est élu au Secrétariat du Comité central, chargé d'épurer la Sécurité. Chepilov traduit la satisfaction de l'appareil : « Nous sortîmes du plenum heureux et enthousiastes [30]. »

Après avoir ouvert ces travaux, Malenkov les a conclus. Il semble donc tenir fermement les rênes du pouvoir. Pourtant, ce plenum marque les débuts de sa chute et de l'ascension de Khrouchtchev. L'accusation portée contre Beria d'avoir monté l'affaire de Leningrad rejaillit sur Malenkov, associé à lui dans cette entreprise. La liquidation de Beria le prive d'un allié, dangereux sans doute, mais d'un allié. Or, dans la nouvelle direction, mis à part l'obscur Chataline, Malenkov n'en a pas : les vieux staliniens Molotov et Kaganovitch, comme l'insinuant Mikoïan, n'ont aucune sympathie pour ce promu que Staline avait désigné à leur place comme son héritier, le pantin décoré Vorochilov ne compte pas, et Boulganine est depuis vingt ans lié à Khrouchtchev.

Par ailleurs, desserrer l'emprise de la police politique sur le Comité central entraîne inéluctablement le relâchement de son emprise sur le Parti lui-même et sur la société tout entière, car la frontière est poreuse entre les sommets de l'appareil et ses strates moyennes et inférieures ainsi qu'entre ces dernières et la masse de la population. La promesse de libérer les membres du Comité central du contrôle de l'appareil policier s'étendra donc à tout l'appareil du Parti dont Khrouchtchev se présente ici en défenseur. Mais son extension à la population elle-même est porteuse de crise. L'omnipotence du parti unique exige qu'il échappe au contrôle de la population.

Le 10 juillet, la *Pravda* rend publique l'arrestation de Beria en soulignant qu'il était « nécessaire de placer les organes du ministère de l'Intérieur sous un contrôle systématique et inflexible ». La nouvelle ne peut qu'ébranler un peu plus le culte de Staline. Comment le patron a-t-il pu confier la direction de la police politique et du projet atomique à un homme dénoncé comme un provocateur et un agent de l'impérialisme ?

11

VERS LA CONQUÊTE DU POUVOIR (1953-1954)

Dans les mois qui suivent le plenum, Khrouchtchev, comme enivré, reviendra à chaque occasion sur la maestria avec laquelle il a éliminé Beria : dans les réunions du Praesidium et du Comité central, devant diverses délégations étrangères. L'alcool aidant, parfois, il ajoute ou modifie à chaque fois un détail, engendrant ainsi une douzaine de versions différentes de l'entreprise. Si les épouses des dignitaires sont présentes, il se laisse aller à citer les détails scabreux du dossier rassemblé sur Beria : les femmes qu'il faisait rafler dans la rue pour satisfaire ses désirs pressants, les maîtresses qu'il accumulait et changeait au fil des semaines. Au début, commente Chepilov, ses auditeurs « mettaient cela sur le compte de sa "simplicité", de son "caractère direct" ». Mais ces répétitions finiront par lasser.

Commence alors à apparaître un nouveau Khrouchtchev. « Le changement du personnage du jour au lendemain me frappa comme tout le monde », écrit Svetlana Allilouïeva. Lui si discret du vivant de Staline « se montra, en arrivant au pouvoir, volubile, agité, intolérant, bouillant [1] ». Mais, au lendemain de la mort de Staline, il n'a aucune conception d'ensemble des réformes à mettre en œuvre pour sauver un système en crise. C'est dans sa lutte pour le pouvoir contre les deux hommes qui en ont une, Malenkov et Beria, qu'il avancera une autre politique, reprenant en grande partie les propositions de ses deux rivaux éliminés.

Après la mort de Staline, Khrouchtchev et Malenkov se sont installés dans deux hôtels particuliers du quartier d'Ostojenka, séparés par un mur de briques. Khrouchtchev y fait percer, avec l'accord de Malenkov, un portillon pour que tous deux puissent communiquer aisément. Puis Khrouchtchev, jugeant sans doute néfaste cet isolement des deux principaux dirigeants, fait construire au sud de la ville, sur les Leninskie Gory, une suite d'hôtels particuliers luxueux, décorés de marbre et de bois précieux et séparés du monde extérieur par d'épais murs percés d'une imposante grille en acier. Molotov, Kaganovitch et Vorochilov, habitués à vivre terrés au Kremlin loin des regards des simples mortels, rechignent à venir y habiter mais obéissent. Aucun Soviétique ne savait comment vivaient Staline et ses proches au Kremlin, dont l'accès était interdit au commun des mortels, ou dans des datchas perdues dans les bois et entourées de hauts murs et de barbelés. Or, d'un coup, des milliers de Moscovites allant se promener sur les Leninskie Gory le dimanche pourront bientôt voir le luxe dans lequel vivent leurs dirigeants prolétariens, et l'abîme jusqu'alors camouflé qui sépare leurs conditions de vie de celles des dirigeants.

L'écrasante majorité des Moscovites connaissent alors en effet des conditions de logement lamentables. La multiplication des bureaux et des usines a, en un quart de siècle, doublé la population de la ville, qui habite des appartements communautaires où une famille dispose d'une unique pièce, la cuisine et les sanitaires étant communs, ou dans des maisonnettes en bois privées de sanitaires, voire de l'électricité et de l'eau courante, dans des baraquements ou dans des caves. En 1955, Khrouchtchev lancera un programme de constructions massives d'énormes barres disgracieuses, qui, aujourd'hui encore, sont ridiculisées sous le nom de « khrouchtchevki », mais qui, à l'époque, offrent pour la première fois à des millions de gens un (petit) appartement avec une cuisine et une salle d'eau.

Une fois écarté le danger de la police politique, la nouvelle direction doit se pencher de toute urgence sur l'agriculture. L'héritage laissé par Staline est accablant. Au plenum de juillet

1953, Mikoïan affirme que depuis deux ans l'URSS souffre d'« un déficit aigu de légumes et de pommes de terre ». Faisant référence aux rituelles baisses de prix annuelles, il affirme : « On a diminué de moitié récemment le prix des pommes de terre, des légumes et des fruits et la population se plaint : qui a besoin d'une telle baisse alors qu'il est impossible d'acheter ces produits à ces prix-là dans les magasins et que sur les marchés kolkhoziens, les prix, loin de baisser, ont augmenté[2] ? »

Lors de la préparation du plenum du Comité central du 3 septembre 1953, Khrouchtchev et Souslov élaborent donc un projet de résolution. Khrouchtchev veut faire voter la promesse de régler les problèmes du ravitaillement dans un délai très bref. Il note à propos du projet : « Il faut manifestement trouver des mots atténuants, là où on parle de réaliser l'abondance dans deux à trois ans ; deux à trois ans c'est peu. » Souslov partage sa réserve mais suggère de « ne pas abandonner la formule de trois ans ». La propagande l'exige. Khrouchtchev propose quand même de « remplacer le mot "abondance" par un mot ayant le même sens mais qui ne nous oblige pas concernant l'abondance[3] ». Il reste prudent, et lorsqu'un dirigeant du PC hongrois lui propose d'envoyer en URSS des délégations de paysans de Hongrie pour les convaincre de l'intérêt des kolkhozes, Khrouchtchev lui rétorque : « Chez vous les paysans vivent mieux que chez nous, [...] aussi il ne faut pas envoyer ces paysans dans nos kolkhozes, sinon ce qu'ils y verront leur enlèvera l'envie d'entrer dans des fermes coopératives[4]. » Khrouchtchev n'observera pas longtemps cette réserve pourtant modeste. Il s'en mordra les doigts.

Son discours au plenum dénonce la misère des paysans, le poids accablant des impôts et des collectes, le prix dérisoire que l'État paye leur production, leur refus de travailler au kolkhoze. Malenkov avait affirmé au XIXe congrès que la production de céréales en URSS était satisfaisante. Khrouchtchev, sans le nommer, rectifie en visant implicitement à la fois sa propre personne et Staline : « Cette affirmation ne correspond pas aux faits. » Il exalte les vertus de la pomme de terre, « produit précieux non seulement pour l'alimentation, mais aussi comme matière première de l'alcool, de la fécule, etc. N'oublions pas qu'à superficie égale, la pomme de terre donne environ quatre fois plus d'alcool que les céréales » – c'est en Russie un argument de poids. Enfin, « c'est un aliment excellent pour les animaux, surtout pour le porc et le bétail laitier, ainsi que pour la volaille[5] ». Pour soulager la misère des paysans, il réduit les normes de livraison obligatoire pour le stockage par l'État, majore sensiblement le prix auquel celui-ci paie aux kolkhoziens leurs livraisons obligatoires (de plus de 5,5 fois pour le bétail et la volaille, de 2,50 fois pour la pomme de terre, de 25 % à 40 % en moyenne pour les légumes, de 100 % pour le blé et le beurre) et majore le prix d'achat par les particuliers de 30 % en moyenne pour la viande et de 1,5 fois pour le lait. Il espère ainsi inciter les kolkhoziens à travailler. C'est l'État et non la population qui jusqu'en 1953 prend à sa charge l'augmentation du prix payé aux kolkhoziens et le prix des produits alimentaires n'augmentera pas jusqu'en 1962. En même temps, Khrouchtchev baisse les impôts sur les lopins individuels. Il estime le coût de cet effort à 15 milliards de roubles pour l'année 1953 et à 35 milliards supplémentaires pour l'année 1954. Il ajoute une promesse absente du texte écrit officiel de son discours, celle d'« atteindre le niveau de consommation de produits alimentaires répondant aux normes scientifiques de l'alimentation, exigées pour le développement complet et harmonieux d'un homme en bonne santé [...] en deux ou trois ans pour toute une série de produits[6] ». Enfin, il fait voter l'électrification des kolkhozes, que Staline n'avait guère réalisée que sur le papier, et l'envoi de 20 000 « ouvriers » dans les campagnes pour aider au redressement de l'agriculture. Il en avait espéré 50 000...

L'amélioration de la situation des kolkhoziens ne saurait produire d'effets immédiats. Or la récolte de 1953 a été mauvaise. Une décision urgente s'impose après les résolutions adoptées par le plenum, qui, en réduisant le pillage des kolkhozes, réduisent les stocks de l'État. Khrouchtchev soumet alors au plenum la proposition de livrer à la culture extensive des terres inexploitées, dites « vierges et en friche », situées en Sibérie (région de Krasnoïarsk), au sud de l'Oural (la région d'Orenbourg) et dans les steppes de l'Altaï, la Basse-Volga, le Nord-Caucase et surtout au Kazakhstan, dont les deux secrétaires du Parti, plus que réticents, attirent son attention sur les risques de perte de pâturages nécessaires à l'élevage. Khrouchtchev écarte leurs objections d'un revers de la main, avant de les écarter eux-mêmes. Le 22 janvier 1954, dans une note au Praesidium, il propose de défricher 13 millions d'hectares de terres vierges. C'est la première annonce d'une « épopée » qui tournera mal.

À la fin du plenum, Malenkov propose que l'on rétablisse la fonction de premier secrétaire du Comité central et que Khrouchtchev, qui le lui a sans doute fortement suggéré, soit nommé à ce poste. Le plenum approuve et marque ainsi une étape décisive dans l'ascension de Khrouchtchev, à la fois membre du Praesidium, dont les autres membres sont accablés de charges gouvernementales, et chef du Secrétariat du Comité central.

Khrouchtchev poursuit également sa politique de regroupement de kolkhozes en kolkhozes géants et de transformation massive de kolkhozes en sovkhozes. Le kolkhoze est une coopérative, certes entièrement soumise à l'État, mais dont les paysans sont collectivement – et théoriquement – propriétaires de la terre et des biens du kolkhoze auquel ils doivent un certain nombre de journées de travail (les *troudodni*) ; le sovkhoze est une entreprise d'État dont les membres sont des employés ou des ouvriers d'État qui perçoivent un salaire fixe et dont le lopin privé ne peut pas dépasser 0,15 ha. Khrouchtchev promet aux paysans qui acceptent de transformer leur kolkhoze en sovkhoze le droit de conserver leur lopin d'un demi-hectare, le règlement des journées de salaire dues et une compensation pour le passage à l'État des fonds indivis (bâtiments, argent, semences, matériel, bêtes de trait, réserves de fourrage) qui appartiennent au kolkhoze. Les kolkhoziens auront toutefois le sentiment d'avoir été roulés, car cette compensation en argent sera considérée elle aussi comme indivise, et ne leur sera donc pas distribuée mais affectée au budget du nouveau sovkhoze ; la compensation n'est qu'un simple jeu d'écriture comptable...

Néanmoins, Khrouchtchev offre un avantage réel aux kolkhoziens devenus ouvriers agricoles : ils bénéficient de la retraite d'État avec prise en compte de toutes les années passées au kolkhoze depuis 1939, sauf pour les années où ils n'auraient pas fourni le minimum légal de cent vingt journées de travail. Le gain sur ce plan est substantiel..., car les kolkhoziens n'ont pas de retraite et doivent travailler jusqu'à leur dernier souffle.

Au lendemain du plenum, Khrouchtchev se rend à Leningrad et réunit les cadres du Parti. Il remplace le premier secrétaire Vassili Andrianov par Frol Kozlov. En limogeant Andrianov, Khrouchtchev porte un coup à Malenkov qui l'avait intronisé en 1949 ; en promouvant Kozlov, il se crée un obligé. Malenkov lui offre bientôt un atout supplémentaire : en novembre 1953, lors d'une réunion de cadres dirigeants, il dénonce « la dégénérescence » de certains hauts cadres du Parti, « le mépris total des besoins du peuple [...], la concussion et la décomposition du profil moral du communiste ». Il propose de leur retirer le contrôle des organes du pouvoir d'État. Son discours est accueilli dans un silence sépulcral, où se mêlent la perplexité, le désarroi, la peur et l'indignation. Soudain, Khrouchtchev, assis près de lui, rompt ce silence : « Tout cela est certes vrai Gueorgui Maximilianovitch, mais l'appareil c'est notre soutien [7]. » La salle l'applaudit à tout rompre. L'appareil reconnaît son défenseur.

Quelques jours plus tard, un décret abroge les conférences spéciales près le ministère de l'Intérieur (MVD) et autres organismes extra-judiciaires [*troïka*, *piaterka*, etc.] créés sous Staline dès 1937 et dotés du pouvoir de prononcer des condamnations allant jusqu'à la peine de mort sans instruction ni passage devant un tribunal. À la fin de l'année, l'attribution des prix Staline est suspendue officiellement pour raisons d'économie et ne sera jamais rétablie. Seul est maintenu pour des raisons de propagande internationale le prix Staline de la paix. Le 23 décembre 1953, Beria est fusillé avec cinq de ses adjoints. Les membres du Praesidium décident de détruire les dossiers compromettants établis contre eux sur l'ordre de Staline et rassemblés dans son coffre. Ils se protègent ainsi contre l'utilisation éventuelle par l'un d'eux de ces dossiers pour l'essentiel fabriqués. Les vrais dossiers portant la signature des dirigeants en poste se trouvaient au MVD.

En mars 1954, Khrouchtchev réduit la police politique au rang de simple comité (et non plus de ministère) en créant le Comité de la Sécurité d'État, le KGB, dont le premier président est son ancien complice de l'Ukraine, le « boucher » Ivan Serov, aux états de service pourtant accablants : sous la direction de Beria, Serov a organisé la déportation au Kazakhstan d'un million d'Allemands soviétiques en août-septembre 1941 ; puis, d'octobre 1943 à mai 1944, celle des Kalmouks, Karatchaïs, Tchétchènes, Ingouches, Balkars, Tatares de Crimée, Arméniens et Grecs de la mer Noire. Au cours du transfert, un quart des victimes, surtout des enfants, sont morts de faim, de soif ou de froid. Au Praesidium du 8 février 1954, il suscite une assez vive hostilité. Chataline dit de lui : « Il est mal vu dans l'appareil. Pas vraiment un homme de parti, des tendances carriéristes. Opportuniste. » Pervoukhine le juge « grossier, c'est l'image du chef, un peu lèche-bottes », mais il ajoute : « On ne peut pas trouver meilleur que lui en ce moment », ce qui en dit long sur le matériel humain policier laissé en héritage par Staline. Souslov émet lui aussi des réserves, mais Khrouchtchev insiste : « En Ukraine, il s'est bien conduit[8]. » Deux ans plus tard, dans son rapport secret au XXe congrès, il dénoncera la déportation de cinq des peuples dont Serov avait organisé le calvaire, mais maintiendra celui-ci à son poste jusqu'en décembre 1958 et le fera nommer héros de l'Union soviétique. Khrouchtchev entend soumettre la Sécurité à l'appareil du Parti, à la grande satisfaction de ce dernier. Serov affirmera plus tard qu'un jour de l'été 1957, en Crimée, Khrouchtchev se leva et prononça un toast menaçant : « Le KGB c'est nos yeux et nos oreilles, mais s'ils ne regardent pas vers le bon côté, nous leur arracherons les yeux et nous leur couperons les oreilles et nous ferons ce qu'a dit Tarass Boulba : "Je t'ai engendré, je vais te tuer[9]." » En juillet 1954, sur son ordre, Serov collecte et brûle la majeure partie des archives de Beria (essentiellement des dossiers visant à compromettre ses collègues) et de celles qu'a rassemblées Staline dans la section générale du Comité central. Il détruit ainsi les dossiers à charge rassemblés contre Dimitrov, Malenkov,

Souslov, Sabourov, Pospelov, Pervoukhine, Chvernik, Boulganine, Kaganovitch (6 dossiers complets !), Jemtchoujina, la femme de Molotov (8 tomes !), ainsi qu'une correspondance contre Khrouchtchev lui-même de 261 pages. D'autres dossiers sont transférés au KGB, qui détruit ceux concernant de vieux collaborateurs de Staline (dont le procureur des procès de Moscou, Vychinski) ainsi que des écrivains, et conserve les autres. Semitchastny, le chef du KGB de 1961 à 1967, affirme, à tort, que seuls furent détruits les dossiers concernant Khrouchtchev.

Le 5 janvier 1954, Khrouchtchev reçoit sur son bureau le rapport sur la terreur stalinienne établi à sa demande par le colonel Pavlov, chef du Premier département spécial du ministère de l'Intérieur. Le rapport souligne l'ampleur de la Grande Terreur de 1937-1938, qui a entraîné 1 548 366 arrestations et 681 682 condamnations à mort. Aussitôt, Khrouchtchev demande au procureur général de l'URSS, Roman Roudenko, au ministre de l'Intérieur Sergueï Krouglov et au ministre de la Justice K. Gorchenine un rapport sur les répressions en URSS entre 1921 et 1953. Il le reçoit trois semaines plus tard, le 1er février. Les auteurs, répondant, écrivent-ils à Khrouchtchev, à la « demande formulée par le Premier secrétaire du Parti [10] », affirment que, de 1921 à 1953, 3 777 380 individus ont été jugés par les juridictions d'exception, dont 642 980 ont été condamnés à la peine capitale, 2 369 220 à des peines d'internement dans les camps et prisons de vingt-cinq ans maximum, à l'exil et à la déportation. Au 1er janvier 1954, 467 946 personnes sont internées pour crimes contre-révolutionnaires, et 62 462 sont toujours détenues après avoir purgé leur peine. Cette demande de Khrouchtchev est la première amorce de son futur rapport secret au XXe congrès.

Une image favorable de Khrouchtchev se dessine alors dans la population. Ainsi, les étudiants de la faculté d'histoire de Moscou, futurs opposants envoyés dans les camps en 1958, affirment : « Tout en approuvant toutes les mesures positives de 1953-1956, nous avions une attitude négative à l'égard de Malenkov et de ses partisans. [...] Très vite nous avons mis

Khrouchtchev à part et placé de sérieux espoirs en ses actes[11]. »

Khrouchtchev prend, il est vrai, le contre-pied de Staline dans son comportement. Staline se terrait au Kremlin ou dans ses villas, Khrouchtchev parcourt le pays – puis bientôt une bonne moitié de la planète – d'est en ouest et du nord au sud. Staline gardait un silence rarement interrompu par des interventions solennelles souvent menaçantes, Khrouchtchev pérore à tout-va.

On peut distinguer chez lui trois types de discours : ses discours improvisés, en général pleins de verve, colorés, originaux, truffés d'exemples concrets, de comparaisons vivantes, de proverbes et de dictons populaires, et, lorsqu'il s'emporte, de grossièretés. Ses proches conseillers revoient le texte avant sa publication dans la presse, le nettoient de la plupart de ses saillies, y introduisent la langue de bois rituelle et des citations appropriées – ou non – de Marx, Engels et Lénine, et le produit final n'est plus qu'un pâle reflet châtré du discours original. Deuxième type de discours, ceux que ses conseillers lui écrivent. Pour les lire, Khrouchtchev chausse ses lunettes, suit le texte mot à mot sur un rythme hésitant, en balbutiant de temps à autre, voire en bégayant, achoppe sur les mots compliqués ou qu'il ne connaît pas, s'irrite, s'énerve et ennuie son auditoire comme lui-même. Puis vient le moment où il lâche la bride, abandonne le pensum écrit, grommelle : « Bon, maintenant, je vais un peu m'écarter du texte écrit[12] », et se lance dans une improvisation débridée qui réveille l'auditoire. S'il s'agit de politique internationale, ses conseillers se tassent sur leurs sièges, attendant avec inquiétude les fantaisies imprévisibles de leur chef. Ils sont rarement déçus. Le texte final du discours est revu, corrigé, amendé pour sa publication mais les correspondants et les diplomates étrangers ont déjà transmis les saillies du discours oral original, parfois très différent du texte officiel. Troisième type de discours, ceux que Khrouchtchev doit prononcer dans les plenums du Comité central, des congrès et conférences. Il convoque une sténographe et lui dicte ce qui lui passe alors par la tête ; il recommence cinq ou six fois de suite ou plus ; le projet de rapport enfle ainsi démesurément au fil des jours. Puis ses collaborateurs mettent en forme ces morceaux souvent hétéroclites mais qui reflètent ses objectifs divers et variés du moment. Aussi, tous ses rapports fourre-tout sont-ils interminables, pouvant durer cinq à six heures et occuper de cinq à six pages de la *Pravda* et des *Izvestia,* journaux de grand format.

Dans les premiers mois de la direction collective, Khrouchtchev n'intervient pas sur les questions de politique extérieure. Les membres du Praesidium se rappellent sans doute la réunion où Staline, peu avant sa mort, avait laissé s'exprimer deux points de vue divergents avant de se tourner vers Khrouchtchev et de susurrer sous les sourires moqueurs des autres : « Eh bien, que notre Nikita nous lâche quelque chose ! » Khrouchtchev bafouilla quelques mots incompréhensibles. Selon Chepilov, « la proposition faite à Khrouchtchev de s'exprimer sur une question internationale apparaissait à tout le monde incroyable et risible [13] ».

Mais Khrouchtchev se lance bientôt en politique étrangère. La nouvelle direction, Malenkov en tête, a engagé une politique internationale dite de « détente » sous le vocable inlassablement répété de « coexistence pacifique ». Le terme avait déjà été utilisé par Staline, mais réduit par lui au seul maintien du partage du monde défini par les Alliés en 1945 à Yalta et Potsdam. Malenkov puis Khrouchtchev vont lui donner une autre ampleur, répondant ainsi à une exigence vitale : produit d'une révolution, issue d'une guerre ruineuse, confrontée à une guerre civile encore plus ruineuse, l'Union soviétique, coupée du marché mondial et de la division internationale du travail, a été, dès sa naissance, marquée par une pénurie généralisée. La Première Guerre mondiale a mis la Russie et l'Europe à genoux pendant qu'elle enrichissait les États-Unis. La Seconde Guerre mondiale a dévasté l'Union soviétique en détruisant la moitié de son industrie et en tuant 27 millions de ses habitants tout en enrichissant les États-Unis, propulsés par elle à la direction du monde sur les ruines de l'Europe. L'économie d'armement, volant d'entraînement pour l'économie américaine qui abreuve de ses armes le « monde libre », pèse comme un fardeau insupportable sur l'économie exsangue de l'Union soviétique. Alléger ce fardeau permettrait de consacrer une partie des crédits ainsi dégagés à la satisfaction de quelques besoins élémentaires de la population. Pour aller en ce sens, Beria proposait d'abandonner la RDA, portée à bout de bras par Moscou, au profit d'une Allemagne neutre. Pour la même raison, l'équipe Malenkov-Khrouchtchev s'attache à mettre fin à la guerre de Corée commencée en 1950. Mao, qui y avait engagé la Chine à contrecœur sous la pression de Staline et contre l'avis de la majorité de son Bureau politique, les soutient ; les Chinois ont perdu dans l'aventure 148 000 hommes, dont le fils aîné de Mao. Le 27 juillet 1953, la Corée du Nord signe avec la Chine d'un côté et le commandement américain des troupes de l'Onu de l'autre un cessez-le-feu. C'est le premier acte de la « détente ».

La détente se heurte pourtant vite à un durcissement annoncé de la politique américaine. L'élection du général Eisenhower à la présidence des États-Unis en 1952 et son entrée en fonction en janvier 1953 se traduisent par le passage de la politique d'« endiguement » du communisme de Truman à la politique offensive de « refoulement » prônée par le secrétaire d'État, l'évangéliste militant John Foster Dulles, parangon du « réarmement moral », qu'Eisenhower illustre en déclarant au Conseil national de sécurité en décembre 1953 que, si les Nord-Coréens et les Chinois rompent l'armistice signé en Corée, il lancera la bombe atomique sur Pékin. Le 12 janvier 1954, John Foster Dulles annonce que les États-Unis maintiendront « une grande capacité de représailles instantanées, par des moyens et sur des objectifs de leur choix [14] », y compris des représailles nucléaires massives. Ensuite, il encercle l'Union soviétique d'un cordon d'alliances militaires : en septembre 1954, le pacte de Manille crée l'Otase (Organisation du traité de l'Asie du Sud-Est), qui réunit les États-Unis, le Royaume-Uni, la France, l'Australie, la Nouvelle-Zélande, les Philippines, la Thaïlande et le Pakistan ; en février 1955, le pacte de Bagdad crée le Cento (Central Treaty Organization ou Traité d'organisation du Moyen-Orient), qui réunit le Pakistan, la Turquie, l'Irak, l'Iran et le Royaume-Uni sous le patronage des États-Unis. Ces deux pactes ajoutés à l'Otan créée en 1949 constituent une véritable ceinture armée autour de l'URSS et des démocraties populaires. La Yougoslavie de Tito s'associe indirectement à l'Otan en signant un pacte balkanique avec la Grèce et la Turquie aux gouvernements inféodés à Washington. Après le rejet par l'Assemblée nationale française du traité de Communauté européenne de défense (CED), visant à créer une armée européenne intégrant des unités militaires allemandes, les États-Unis créent une Union de l'Europe occidentale comportant une armée allemande reconstituée dans le cadre de l'Otan, donc directement sous leur direction et tournée vers l'est.

Le 31 mars 1954, le Kremlin tentera une manœuvre désespérée ; dans une note aux gouvernements américain, anglais et français, il propose l'adhésion de l'URSS à l'Otan qui, de la sorte, « prendrait effectivement un caractère défensif, créant ainsi les conditions excluant la possibilité que l'une ou l'autre des parties de l'Allemagne soit intégrée à des groupements militaires [15] ». Les trois gouvernements refusent : cette adhésion transformerait selon eux le caractère de l'Otan, ce qui est peu discutable, puisque cette dernière est tout entière et uniquement dirigée contre l'Union soviétique.

Au début de 1954, Khrouchtchev reprend le projet honni de Beria de dégeler les relations avec Tito. Il se heurte aux réticences de Vorochilov et Souslov et surtout à l'opposition de Molotov, dont l'adjoint rédige un document préparatoire aux négociations proposant l'établissement de relations normales avec « le gouvernement fasciste de la Yougoslavie fasciste ». Khrouchtchev, furieux, fait condamner la position de Molotov par le Praesidium et voter le 31 mai une résolution affirmant la volonté d'engager des négociations avec la direction de l'Union des communistes de Yougoslavie. Molotov répète la litanie des accusations lancées depuis 1948 : le capitalisme, c'est-à-dire la propriété privée des moyens de production, a été rétabli en Yougoslavie. Pour en examiner la validité, Khrouchtchev installe une commission qui constate que l'industrie et les banques sont entièrement entre les mains de l'État.

Cependant, Khrouchtchev apparaît encore aux dirigeants étrangers dans l'ombre de Malenkov. En août 1954, une délégation du Labour Party anglais fait escale à Moscou. L'un de ses membres, Aneurin Bevan, évoque dans son journal une réception à la datcha de Malenkov à laquelle assiste

Khrouchtchev. Il en conclut : « Indubitablement, Malenkov est le plus capable d'eux tous. Bien que Khrouchtchev soit le secrétaire général du Parti, j'ai eu l'impression que sa désignation est un indice que le Parti est destiné à jouer un rôle déclinant dans les affaires administratives centrales [16]. » On ne saurait mieux se tromper.

Pour se gagner les secrétaires régionaux qui forment l'ossature du Comité central, Khrouchtchev a, dès le 23 juin 1953, soumis au Praesidium une note proposant de réduire les 45 000 postes de la nomenclature du Comité central à 25 300 (c'est-à-dire les postes dont les titulaires sont obligatoirement nommés ou validés par le Secrétariat du Comité central) pour élargir les compétences des régions et des divers bureaux. L'appareil régional et local du Parti se voit ainsi attribuer des pouvoirs de nomination, certes toujours soumis à l'approbation finale du Secrétariat, mais bien réels et qui lui facilitent donc la constitution d'une clientèle que Staline avait toujours empêchée. La mise en œuvre effective de la mesure prendra du temps, car elle a des aspects complexes : l'apparatchik exclu de la nomenclature du Comité central perd en effet en prestige ce qu'il gagne en liberté de manœuvre.

En 1954, Khrouchtchev poursuit l'élargissement des droits des structures régionales et locales de l'appareil du Parti. Le 25 janvier, il fait voter par le Praesidium une résolution invitant les dirigeants des partis des quatorze Républiques, des ministères centraux et des Républiques, des structures territoriales et régionales du Parti à transmettre leurs propositions sur l'amélioration du travail de l'appareil. De la sorte, il les sollicite et les invite à demander une certaine autonomie de décision. C'est sans doute un souci du même ordre – favoriser des dirigeants régionaux – qui pousse Khrouchtchev à faire voter le même jour le transfert de la Crimée de la république de Russie à l'Ukraine, ce qui posera d'épineux problèmes après la chute de l'URSS.

Fin février 1954, il valide une liste de 18 titulaires et 12 suppléants du Comité central « ne s'étant pas acquittés de leurs tâches » : outre Chakhmetov, le premier secrétaire du PC kazakh, on y trouve Andrianov, l'ancien secrétaire régional de Leningrad et homme de Malenkov, et huit autres secrétaires régionaux, quatre anciens premiers secrétaires de partis nationaux, dont deux partisans de Beria (Melnikov et Baguirov), Alexandre Poskrebychev, l'ancien secrétaire personnel de Staline, Iouri Jdanov, le fils d'André Jdanov, et Dmitri Tchesnokov, promu par Staline au Praesidium en octobre 1952. Le plenum du 2 mars n'en limogera finalement que neuf, dont Poskrebychev... et Chakhmetov.

En mars 1954, Khrouchtchev nomme Elena Fourtseva premier secrétaire du comité de Moscou, alors subordonné au comité régional de la ville mais que Khrouchtchev entend soumettre directement au Secrétariat du Comité central à côté duquel, par ailleurs, l'appareil du Parti de Moscou siège dans l'immeuble de la Vieille-Place. Cette jolie femme énergique, élégante, travailleuse et autoritaire détonne dans ce milieu par son souci du paraître et son intérêt affiché pour les arts, le théâtre et la littérature. Pour garder la ligne – à la différence des épouses en général fort épaisses des dirigeants –, elle fait chaque jour son heure de gymnastique, joue au tennis, va régulièrement au sauna (et s'en fera plus tard construire un dans sa luxueuse datcha), ne boit que du café sans sucre et fait venir de Paris des médicaments amaigrissants. Elle séduit Khrouchtchev en l'accablant de notes sur tous les problèmes de la capitale et sur son activité débordante.

En avril, Khrouchtchev fait réhabiliter les dirigeants de Leningrad fusillés en octobre 1950. Un mois plus tard, le 7 mai, il réunit les cadres de la ville, les en informe et, pour la première fois, dénonce la dictature de Staline devenu, dit-il, « dans les dernières années de sa vie, de plus en plus étrange, imprévisible, irritable, soupçonneux... Des aventuriers comme Beria et Abakoumov ont mis à profit ces faiblesses. [...] Staline avait beaucoup changé. Il avait un pouvoir immense et des forces déclinantes. C'était un homme malade, nerveux, colérique. Il fallait un drôle de courage pour aller le voir et affronter de plein fouet sa colère ».

Cette critique préfigure l'un des axes du rapport secret de 1956 : l'opposition entre le régime despotique imposé par Staline et la direction collective instaurée depuis sa mort : « Aujourd'hui, ajoute-t-il, au sein de notre Praesidium, les rapports sont tout à fait différents. Si l'un d'entre nous débloque, on lui dit : “Tu as tort.” On ne pouvait rien dire de pareil à Staline et pourtant combien de fois l’avons-nous entendu proférer des choses avec lesquelles nous n’étions pas d’accord, sans pouvoir souffler mot et dire : “Camarade Staline vous avez tort.” Mais telle était la situation. On ne peut plus tolérer qu’elle se reproduise. Notre parti a besoin d’une direction collégiale pour que ne s’instaure jamais plus le culte de la personnalité [17]. »

Il cherche certes à utiliser l’affaire contre Malenkov, mais il déclenche par là même un processus qui dépasse son seul intérêt politicien et débouche inéluctablement sur la mise en cause de Staline, qu’il tente de freiner : comment séparer en effet Staline du système qu’il a mis en place et que Khrouchtchev veut assouplir et non détruire ? Aussi, lorsque les Léningradois réclament le procès d’Abakoumov, qui a organisé la liquidation de leurs dirigeants réhabilités, Khrouchtchev hésite par crainte que l’ancien chef de la Sûreté ne rejette la responsabilité de ses crimes sur « le Vieux ». Et lorsque son procès à huis clos se tiendra finalement en décembre 1954, les juges, sur son ordre, interdiront à Abakoumov et à ses coaccusés de prononcer le nom de Staline, qu’ils devront remplacer par « les instances » ou par « le Comité central » lorsqu’ils voudront indiquer qu’ils ont obéi à des ordres venus d’en haut.

Trois jours plus tôt, sous la pression de Khrouchtchev, le Praesidium a constitué des commissions chargées de « réviser les dossiers des personnes condamnées pour crimes contre-révolutionnaires et purgeant leur peine dans les camps, les prisons ou en exil ». La Sécurité d’État avait jusqu’alors freiné des quatre fers. En un an, ces commissions examinent 237 000 dossiers sur 530 000 condamnés pour crimes contre-révolutionnaires et ne cassent qu’un peu moins de 4 % des condamnations.

Les détenus du goulag eux n’attendent pas. Au 1er avril 1954, après l’amnistie décrétée en mars 1953 et au lendemain des grèves qui l’ont déjà secoué, il y reste un peu plus de 1 360 000 détenus, que le ministère de l’Intérieur répartit en 448 000 auteurs de crimes contre-révolutionnaires environ et 680 000 détenus de droit commun. En juin 1953, une grève vite écrasée avait secoué le camp de Vorkouta.

Le 19 mai 1954 éclate dans le camp de concentration de Kenguir situé dans la steppe du nord du Kazakhstan, à la frontière des Terres vierges, un mouvement qui ébranle tout le système du goulag. Kenguir fait partie du Steplag, ensemble de camps agricoles et de camps miniers chargés d'exploiter des mines de cuivre et de charbon. Le 17 mai, la garde mitraille 400 détenus qui ont pénétré dans une zone réservée aux femmes, elle en tue 14 et en blesse grièvement 32. La colère explose. Le 19, 5 000 détenus cessent le travail et élisent des délégués qui exigent la punition des responsables de la fusillade, puis une « commission » de 9 membres présidée par un ancien lieutenant-colonel de l'Armée rouge, et élaborent une liste de 10 revendications modestes portant sur les conditions de vie des détenus. Le chef du goulag, Dolguikh, descend en personne à Kenguir, révoque les responsables de la fusillade et satisfait la moitié des revendications des grévistes, qui, encouragés par ce premier succès, décident de continuer le mouvement. Dolguikh les exhorte en vain à reprendre le travail en faisant appel à leur patriotisme. L'agitation gagne le camp voisin. Dolguikh continue à négocier. Mais le 20 juin, les ministres de la Construction mécanique et de la Métallurgie, soulignant l'importance des mines de Djezgazkane exploitées par les détenus et dont les livraisons se sont effondrées, exigent le rétablissement de l'ordre dans un délai de dix jours. Le 26, Dolguikh lance l'assaut. Les chars tirent à blanc, mais les soldats à balle réelle. Le bilan officiel, sous-évalué, est de 35 morts chez les détenus armés de piques et de 4 blessés chez les soldats. La révolte de Kenguir annonce la mort du goulag stalinien, bientôt liquidé : la bureaucratie craint que la révolte des esclaves ne fasse tache d'huile. Les trois semaines de négociations reflètent sa peur. En mars 1956, le Steplag sera dissous. Le goulag disparaît, et le travail forcé de masse avec lui. Ce que l'on continue alors à dénoncer en Occident sous ce nom n'est plus qu'un système pénitentiaire sévère.

Le bouillonnement gagne l'intelligentsia. Le 23 juillet 1954, le Secrétariat du Comité central, Khrouchtchev en tête, se penche sur le projet de contenu de la revue libérale *Novy Mir* dirigée par Alexandre Tvardovski et sur son poème antibureaucratique, « Tiorkine dans l'autre monde » où il critique le culte de Staline. Khrouchtchev affirme : « Nos ennemis espéraient qu'après la mort de Staline, la ligne de notre parti serait révisée, mais ils se sont trompés [...]. Nous sommes des staliniens. » Puis, faisant preuve de libéralisme, il s'oppose à l'adoption d'une « résolution brutale » sur la revue, qu'il conseille d'ignorer tranquillement. « Nous sommes si forts que les Tiorkine morts n'ébranleront pas les fondements de l'État[18]. » Le Secrétariat n'adopte donc aucune résolution condamnant Tvardovski, mais, dix jours plus tard, le Secrétariat le limoge de la rédaction de *Novy Mir*.

Une lettre collective anonyme d'ouvriers de Voronej au secrétaire du comité régional suggère que le mécontentement est profond. Anciens combattants de la guerre civile ou de la dernière guerre, ils s'indignent : « À Voronej, dans les magasins, à part le pain il n'y a rien. Le sucre est apparu pendant trois ou quatre mois puis a disparu, il n'y a ni viande ni beurre, et, en général, on ne peut rien avoir aux prix d'État et les prix du bazar sont trop élevés. » La situation à la campagne est aussi catastrophique : « Pendant la guerre, nous sommes allés à l'étranger, nous avons vu comment vit le paysan allemand, autrichien, tchécoslovaque, nous, nous sommes en retard de cent ans sur eux. » Ils proposent d'assouplir la collectivisation des terres, de réduire les effectifs de l'armée, formée « de gens qui ne font que consommer et ne produisent rien[19] » et envisagent une réduction drastique de l'appareil d'État. S'ils reflètent une exaspération largement partagée, ils montrent, en envoyant leur lettre au comité régional, qu'ils croient l'appareil du Parti capable de se réformer. C'est sur ce sentiment illusoire que Khrouchtchev prendra appui deux ans plus tard.

Il ne prend pour l'heure ses distances avec Staline que de façon intermittente. Chepilov n'exagère sans doute guère quand il affirme que les deux premières années, ses collègues du Praesidium n'ont pas « entendu de sa bouche de remarques critiques à l'adresse de Staline, de sa politique et de ses décisions pratiques. Au contraire, ajoute-t-il, il soulignait de toutes les façons la grandeur de Staline, la sagesse, l'ordre qui régnait sous lui ». Et il répondait aux flatteurs qui opposaient son « honnêteté » au « méchant Staline » que « Khrouchtchev ne vaut pas la merde de Staline[20] ». Phrase qu'il répétera alors dans des conversations privées et même dans quelques réceptions. Il y a dans cette apparente modestie une part de jeu, une part d'hésitation et aussi l'expression d'une réalité : Khrouchtchev se dégage lentement de la gangue de son personnage de simple exécutant des décisions de Staline. En juillet 1954, il déclare : « L'espoir que nourrissent certains individus de voir notre parti s'orienter vers le rejet de la politique qui était mise en œuvre sous Staline est injustifié [21]. »

Cette timidité reflète aussi sans doute la prudence nécessaire pour s'assurer le contrôle des leviers du pouvoir alors que sa légitimité est encore en suspens. Malgré son expansivité naturelle, il se conduit avec réserve, voire bonhomie, à l'égard des membres du Praesidium et du Secrétariat du Comité central. Malgré sa langue bien pendue, note Chepilov : « Il ne se laissait aller à aucune pique et à aucune attaque personnelle. Il offrait à chacun un large champ d'initiative et des droits dans sa propre sphère. "Voyez vous-même, disait-il. Décidez vous-même. Vous connaissez cette affaire mieux que moi. Ce n'est pas à moi à vous apprendre [22]. » Tous ceux qui se rappellent les réunions pleines de tension et de crainte avec Staline apprécient cette atmosphère détendue. Pour la renforcer, Khrouchtchev invite chaque jour les membres du Praesidium à déjeuner dans une des salles retirées du Kremlin. Il prend l'habitude, pendant les repas, de discuter des problèmes politiques du jour et, bientôt, la majorité des dirigeants participent à ces déjeuners conviviaux et politiques.

En mai 1954, Ilya Ehrenbourg publie la première partie d'un médiocre roman qu'il intitule *Le Dégel*, symbole à ses yeux d'une ère nouvelle. Grigori Tchoukhraï reprendra l'image dans son film *Ciel pur* : pour marquer le changement d'époque, on voit un fleuve entièrement gelé dont les glaces se craquellent soudain puis sont emportées par une gigantesque crue. Mais Khrouchtchev ne veut pas de cette crue et rejette le mot de « dégel ». Devant le Praesidium, le 25 avril 1963, il dénonce ce « mot qu'a habilement lancé ce filou d'Ehrenbourg [23] ». Son gendre Adjoubeï écrira plus tard : « Khrouchtchev n'appréciait pas beaucoup l'expression de "dégel" utilisée par Ehrenbourg. Il considérait que certains dégels peuvent se transformer en grande crue [24] »... comme dans le film de Tchoukhraï. Il tente donc d'empêcher cette crue.

12

La chute de Malenkov (1954-1955)

Tout au long de 1954, Khrouchtchev consacre une partie de son inépuisable énergie à saper les positions de Malenkov. Pendant ses vacances en Crimée, en août et septembre, il obtient l'accord des dirigeants qu'il y invite sur une exigence : Malenkov, qui n'appartient pas au Secrétariat du Comité central, ne doit plus présider les réunions du Praesidium. Au-delà de son ambition personnelle, Khrouchtchev pose une question de fond : en assumant la présidence des réunions du Praesidium, le président du Conseil des ministres affirme la prééminence de l'appareil du gouvernement sur le Comité central, dont Khrouchtchev affirme au contraire la suprématie et reflète l'ambition collective.

En novembre, à son initiative, le Secrétariat du Comité central crée une Section générale à qui il fait transférer les fonctions de chancellerie du Praesidium, auparavant sous la coupe de Malenkov. Ainsi, tout l'appareil du Comité central passe sous l'influence de Khrouchtchev, qui soumet l'appareil du gouvernement au contrôle de celui du Parti sur les ministères essentiels (Armée, Intérieur, Sécurité d'État) ainsi que la justice et la procurature, en constituant dans le Secrétariat des sections correspondantes, chargées formellement de la seule nomination et répartition des cadres selon les principes de la nomenklatura, mais qui exercent en réalité un contrôle politique. Le sol se dérobe sous les pieds de Malenkov.

Khrouchtchev multiplie aussi les restructurations bureaucratiques qui ne feront que croître et embellir au fil des années. À côté de l'appareil du Comité central du PCUS, il crée un Bureau du Comité central pour la république de Russie. Après la suppression des ministères industriels des Républiques fédérées, il crée une douzaine de sections industrielles du Comité central spécialisées par branche d'industrie au lieu d'une seule. Des sections analogues sont créées auprès du Bureau du Comité central de Russie. Des organes de contrôle apparaissent auprès du Comité central et de ce bureau russe, lui-même divisé en trois sections, une pour l'industrie, une pour l'agriculture et un bureau général. En même temps, Khrouchtchev dénonce à l'envi le « bureaucratisme », c'est-à-dire l'inflation paperassière. Ainsi apprend-on qu'en onze mois le ministère de l'Agriculture a expédié 3 486 instructions, 2 330 circulaires, 856 000 lettres et 67 000 télégrammes, ou que certains comités régionaux diffusent en moyenne 30 directives par jour. Cette hypertrophie d'écrits est la première activité d'un appareil tentaculaire qui prétend tout diriger, contrôler, vérifier et, à cette fin, harcèle sans cesse tous les échelons. Khrouchtchev le critique mais l'imite.

La Chine populaire demande alors à Moscou une augmentation sensible de l'aide soviétique pour la construction d'usines sidérurgiques. Khrouchtchev répond avec enthousiasme à cette demande et fait placer l'aide à la Chine, considérée comme prioritaire, sous son contrôle direct de premier secrétaire. Il s'enflamme : « Nous allons vivre fraternellement avec les Chinois. Si nécessaire nous partagerons en deux le dernier morceau de pain [1]. » Fin septembre 1954, il convoque une séance spéciale du Praesidium pour obtenir le soutien de la direction aux largesses qu'il décide d'annoncer en personne à Mao. Il force quelque peu la main des autres dirigeants, plus circonspects sur leur ampleur.

Le 28 septembre, il s'envole pour la Chine, son premier voyage à l'étranger, à la tête d'une imposante délégation qui comprend Boulganine, Mikoïan, Chvernik, Chepilov, Elena Fourtseva, mais pas Molotov. En se déplaçant, Khrouchtchev inverse et rompt la tradition instaurée par Staline, qui convoquait à Moscou les dirigeants des partis frères et leur dictait sa loi, les promouvait ou les liquidait, et n'envoyait à l'étranger que le ministre des Affaires étrangères (Molotov, puis Vychinski) et celui du Commerce extérieur, Mikoïan, les autres ne franchissant jamais les frontières du pays.

Khrouchtchev brûle d'envie de voir le monde extérieur. C'est l'une des raisons de cette démarche politiquement étrange. Il aurait eu intérêt à inviter Mao à Moscou pour signer l'accord commercial avantageux qu'il lui accorde. En se déplaçant à Pékin lui-même pour négocier son cadeau, il semble reconnaître à Mao une sorte de leadership dans le « mouvement communiste mondial » où lui-même jouit encore d'une mince notoriété.

À Pékin, tout commence par une réception avec Mao, Liu Shaoqi, Zhou Enlai, Deng Xiaoping et quelques autres. Lors des longues discussions entre les deux délégations, les Chinois servent abondamment à boire, mais seulement du thé vert que Khrouchtchev, habitué à des boissons plus fortes, déteste. Seuls parlent Mao, qui se contente de brèves répliques, et surtout Khrouchtchev, qui gesticule et parsème son discours de bons mots et d'histoires drôles devant un auditoire impassible. Il raconte longuement aux Chinois la liquidation de Beria. Ils l'écoutent sans mot dire. À un moment, Mao lâche : « Nous avons eu nous aussi notre Beria, Gao Gang... » Or, Gao Gang, membre du Bureau politique chinois, avait des années durant rapporté tout ce qui s'y disait à Staline, qui avait fini par en informer Mao. En février 1954, celui-ci, sans concertation avec Moscou, a fait arrêter Gao Gang, qui s'est suicidé ou a été suicidé en prison le 17 août 1954. Il n'en avertit Khrouchtchev qu'un mois avant son arrivée. C'est là le premier signe d'un changement dans les rapports entre les deux capitales, que cependant Khrouchtchev ne relève pas.

L'accord commercial signé à Pékin est très avantageux pour les Chinois. En échange de la fourniture de marchandises locales, il annule la participation soviétique dans les quatre entreprises mixtes soviéto-chinoises constituées sous Staline pour piller l'économie chinoise. Il restitue à la Chine la base navale de Liushung, occupée alors par des troupes soviétiques. Il lui accorde un crédit à long terme de 520 millions de roubles, plus un autre de 400 millions supplémentaires pour l'aide technique à la construction de 141 entreprises industrielles, et promet d'aider le pays à former des spécialistes du nucléaire, y compris de l'armement. Mao écrira plus tard : « Lors de nos premières rencontres avec le camarade Khrouchtchev, nous avons eu des conversations très agréables [...], nous avions établi des rapports de confiance mutuelle[2]. » Et pour cause. Mao et Zhou En-lai accablent Khrouchtchev de demandes telles que le secret de la bombe atomique ou une aide à la construction d'une flotte sous-marine. Khrouchtchev écarte ces requêtes, mais ses concessions et sa cordialité démonstrative apparaissent à Mao comme autant de signes de faiblesse. Mao le prend pour un « grand crétin[3] » et s'ingénie à lui donner une leçon. Informé du « dégel » rampant qui touche l'Union soviétique et des distances prises avec le culte stalinien, il offre à Khrouchtchev et à Boulganine 12 tomes des œuvres complètes de Staline hâtivement traduites en chinois. Les deux hommes comprennent le message et « oublient » dans leur chambre le précieux présent, qu'un courrier spécial remet au chef de la garnison soviétique de Liushung. Khrouchtchev n'apprécie guère l'empressement de ses services à lui rendre le « message codé » de Mao, qui se présente ainsi comme le défenseur du chef disparu face à son successeur.

Il affirme avoir déclaré à ses camarades de la direction au lendemain de cette visite : « "Le conflit avec la Chine est inévitable." J'en étais arrivé à cette conclusion à la suite de plusieurs remarques faites par Mao et de l'ambiance créée autour de nous, une ambiance asiatique marquée par une politesse allant jusqu'à la mièvrerie, une prévenance incroyable mais insincère [...]. Mais Mao ne pouvait accepter l'idée qu'il existait un autre parti communiste en dehors du parti chinois qui puisse jouer un rôle quelque peu dirigeant dans le mouvement communiste mondial[4]. » Khrouchtchev situe ici, à l'automne 1954, des sentiments en réalité plus tardifs. Dès son retour à Moscou, il renseigne en effet la Chine, sans compensation, sur 1 400 projets techniques de grandes entreprises industrielles et lui envoie plus de 24 000 dossiers de documentation scientifique et technique ainsi que des experts soviétiques destinés à aider les économistes chinois à élaborer le premier plan quinquennal d'industrialisation massive du pays.

Puis Khrouchtchev poursuit ses incursions en politique étrangère. Il propose de se retirer de l'Autriche, soumise dix ans après la fin de la guerre à l'occupation militaire des alliés. Il établit un distinguo entre l'Allemagne, qui a déclaré la guerre aux pays alliés, et l'Autriche, qui y a simplement été entraînée. Il veut donc signer la paix avec elle et rapatrier les troupes d'occupation. Il voit là l'amorce d'un dialogue avec les grandes puissances occidentales. D'ailleurs, Staline en avait eu l'idée dès 1952, souligne-t-il. Molotov, hostile au retrait, reste isolé et, le 15 mai 1955, l'URSS signe un traité de paix avec l'Autriche prévoyant l'évacuation totale des troupes étrangères, dont les troupes soviétiques, d'ici la fin de l'année. Elles partiront avant. Khrouchtchev voit là sa première victoire en politique extérieure. Le 19 septembre 1955, dans la même voie, le Kremlin annonce sa décision d'évacuer la base militaire de Porkalla que l'URSS occupait en Finlande depuis 1945. Khrouchtchev consulte le maréchal Joukov, qui lui confirme que cette base est militairement inutile. L'abandonner ne coûte donc rien mais peut rapporter gros politiquement.

Parallèlement, il se prépare à achever Malenkov, qu'il contraint à se livrer à une autocritique au Praesidium du 22 janvier 1955 : « [Malenkov] reconnaît que son éviction est correcte [et ajoute :] “Je ne corresponds pas (à mes tâches).” N'avoue pas de malhonnêteté mais reconnaît sa proximité avec Beria[5]. » Le 25 s'ouvre le plenum du Comité central. Khrouchtchev y dénonce « les faux théoriciens qui s'efforcent de démontrer qu'à une certaine étape de la construction du socialisme, le développement de l'industrie lourde cesserait d'être la tâche essentielle et que l'industrie légère peut et doit dépasser toutes les autres branches de l'industrie ». « Il s'agit là d'une survivance de la déviation à droite, d'une survivance d'opinions hostiles au léninisme, jadis développées par Rykov, Boukharine et quelques autres », c'est-à-dire par les condamnés à mort – en tant que traîtres – du troisième procès de Moscou. Il dénonce comme théoriquement incorrecte et politiquement nuisible l'affirmation de Malenkov selon laquelle « la civilisation mondiale pourrait périr si l'impérialisme parvenait à déclencher une troisième guerre mondiale », affirmation qui ne peut qu'« engendrer des sentiments de désespérance... ». Il l'accuse également d'avoir soutenu la proposition avancée par Beria d'une Allemagne réunifiée et neutre, et donc de « refuser l'orientation vers l'édification du socialisme en RDA [6] ». Malenkov est enfin et pour la première fois publiquement accusé d'avoir collaboré avec Beria dans l'affaire de Leningrad et dans toute une série de procès politiques des années 1940 et du début des années 1950. Entre 1936 et 1939, il avait en effet été envoyé, comme chargé des cadres dans le Secrétariat du Comité central, dans les provinces pour organiser ou vérifier la mise en œuvre des purges décidées à Moscou.

Molotov et Kaganovitch se joignent à Khrouchtchev pour dénoncer Malenkov. Khrouchtchev a ainsi isolé Malenkov et rassemblé autour de lui tous ceux qui veulent tenter de maintenir le vieil ordre des choses au prix d'un simple ravalement. Malenkov se reconnaît quelques torts et avoue « son manque d'expérience », mais Khrouchtchev exige de lui une autocritique complète et en règle à laquelle il finit par se plier dans un second discours. Le rival ne doit pas seulement être vaincu, il doit confesser ses erreurs et ses péchés et ainsi se priver à tout jamais de la possibilité de défendre ses opinions.

À ce plenum, certains, dont Molotov, proposent que Khrouchtchev remplace Malenkov au poste de président du Conseil tout en restant premier secrétaire du Comité central. L'intéressé refuse ; il veut, dit-il, se concentrer sur l'activité du Comité central.

La résolution sur Malenkov, discutée le 29 janvier 1955 puis adoptée le matin du 31 par le Praesidium et le soir même par le Comité central, est un réquisitoire accablant, manifestement dicté par Khrouchtchev ; stigmatisant ses « lourdes fautes politiques », elle reprend tous les reproches avancés par lui au Praesidium et en ajoute trois autres. Elle accuse Malenkov de « porter la responsabilité politique pour le retard sérieux de l'agriculture », car il a « longtemps dirigé ce secteur [...] alors qu'il ne possède ni les connaissances nécessaires, ni l'expérience en ce domaine », et n'a aucune des qualités nécessaires aux fonctions de président du Conseil des ministres. Enfin, crime suprême, « après la séparation des fonctions de président du Conseil des ministres et de premier secrétaire du Comité central [...], il a manifestement prétendu diriger non seulement l'activité du gouvernement mais aussi celle du Praesidium du Comité central », voulant donc subordonner la direction du Parti au gouvernement, comme Beria avant lui ! Enfin, le plenum « remarque avec satisfaction que les décisions prises par le Praesidium du Comité central garantissent le renforcement ultérieur de la direction collective du Parti [7] ». Malenkov vote la résolution finale le condamnant. Il respecte ainsi le rituel stalinien : le vaincu doit justifier sa défaite, devenant ainsi une âme morte. Sous Staline, cette reconnaissance préparait la liquidation physique. Sous Khrouchtchev, l'âme reste dans les instances dirigeantes, sans poids réel.

Pourtant, lorsqu'il rentre le soir dans son petit hôtel particulier, Malenkov déclare aux membres de sa famille qui l'attendent dans l'anxiété : « Tout reste comme avant. » Il n'est plus président du Conseil, mais garde sa place au Praesidium et donc l'ensemble des privilèges attenant à cette fonction, dont cet hôtel particulier, et devient ministre des Stations électriques de l'URSS. Certes, il digère mal son élimination, mais pour sa famille l'essentiel est sauf.

Le Praesidium revient encore sur son éviction le 7 février pour l'accabler un peu plus ; Khrouchtchev exige qu'il se déclare « fautif et responsable » de la situation de l'agriculture. Malenkov obtempère et en rajoute : « On a manifesté du souci à mon égard et je me suis conduit comme un porc [8]. »

Le 8 février, la *Pravda* et les *Izvestia* annoncent le remplacement de Malenkov aux fonctions de président du Conseil des ministres par Boulganine, dont Khrouchtchev dresse un portrait assassin tout en rappelant que Staline voyait en lui son seul successeur à ce poste. Évoquant sa nomination comme ministre de la Défense à la mort de Staline, il écrit : « Aucun de nous ne le pensait capable d'assumer de telles fonctions [...]. Il n'avait jamais fait preuve d'une intelligence particulière pour ces questions – pas plus que pour les autres d'ailleurs. [...] Il n'avait jamais rien commandé ni personne, et il était d'ailleurs incapable de commander quoi que ce soit [9]. »

Chepilov, étonné du succès de Khrouchtchev, se demande quant à lui « d'où sont venus à cet individu inculte, aux yeux de cochon, profondément provincial par ses manières et sa pensée, tant d'adresse fine, de duplicité, de perfidie jésuitique, d'hypocrisie et d'amoralisme dans la poursuite de ses fins [10] » ? Molotov le qualifie de marchand de bestiaux mais n'explique pas comment un marchand de bestiaux a pu en un an accéder au pouvoir suprême en écartant ses rivaux potentiels. Il esquive en répondant : « L'erreur de Staline est de ne pas avoir préparé sa succession. C'est ce qui explique l'avènement de Khrouchtchev, qui n'était pas à la hauteur. » Mais, de même, comment un homme qui n'était pas à la hauteur a-t-il pu l'emporter sur les autres ? Pourquoi a-t-il si aisément triomphé de Malenkov qui semblait avoir au départ autant d'atouts sinon plus que lui ? Molotov répond : « Malenkov était un très bon exécutant, “le téléphoniste” comme nous l'appelions. Il était toujours au téléphone : où obtenir un renseignement, par où passer, ça il savait le faire. Les affaires organisationnelles et administratives, la répartition des cadres, c'était Malenkov. » Mais, ajoute-t-il : « Sur les questions essentielles, il gardait le silence [11]. » Il restait souvent silencieux dans les réunions et aux repas chez Staline, mais lorsque ce dernier prenait la parole, Malenkov sortait de sa poche un carnet où il notait pieusement ses propos. Une telle attitude d'élève docile prépare mal à la lutte pour le pouvoir. Cet homme de bureau au visage mou puis empâté n'avait longtemps été qu'un simple exécutant de Staline, chargé de transmettre ses directives aux autres et de contrôler leur application. Son pouvoir n'était que l'ombre portée de celui de Staline. Après la mort du « Vieux », il semble d'abord se résigner au rôle de second, voire d'instrument de Beria. Un bref temps président du Conseil des ministres et secrétaire du Comité central, il n'a pas la force de tenir les deux leviers du pouvoir et abandonne le second au bout de dix jours. Or la logique du bonapartisme bureaucratique est de concentrer les deux leviers dans la même main. De plus, Malenkov, politiquement isolé dans la direction où personne ne le soutenait, était donc mal armé face à un Khrouchtchev tenace et volontaire dont Mikoïan écrit : « Il avait le caractère d'un leader : la persévérance, l'entêtement pour atteindre son but, le courage et la volonté d'aller à l'encontre des stéréotypes. » Certes, ces qualités ont un revers : « Lorsqu'il était séduit par une nouvelle idée, il ne connaissait pas de mesure, ne voulait écouter personne et fonçait comme un tank [12]. » Pour la conquête du pouvoir, il s'agit d'un atout. Pour la gestion de ce pouvoir, surtout lorsqu'il deviendra presque absolu, ce penchant de fonceur aveugle sera un handicap.

Mais on ne peut attribuer uniquement la victoire de Khrouchtchev à sa plus grande force de caractère ni à sa supériorité dans la manipulation de l'appareil. Elle est avant tout la victoire de l'appareil du Parti sur l'appareil du gouvernement. Smirtioukov le souligne : « La question n'est pas tant dans Khrouchtchev que dans l'appareil du Parti. Après la mort de Staline, les cadres du Comité central et les secrétaires des comités régionaux voulaient se hisser au-dessus du gouvernement et de son appareil, et Khrouchtchev n'a été que l'expression de leurs intérêts [13]. » Les secrétaires régionaux – l'ossature du Comité central – voient en effet en Khrouchtchev, qui les rassure, l'un des leurs, à la différence de Malenkov. Il a gravi tous les échelons de l'appareil, avec les difficultés et les risques que cela entraînait sous Staline. Malenkov n'a pas effectué ce parcours rituel. Il a été quasiment dès le début de sa carrière un rouage de l'appareil central chargé du contrôle des cadres régionaux et locaux de l'appareil dont il n'a jamais fait partie. Molotov insiste sur ce point crucial : « Il n'a jamais dirigé aucune organisation du Parti, à la différence de Khrouchtchev [14]. »

La chute de Malenkov est aussitôt utilisée à Budapest par Mátyás Rákosi et son groupe. Malenkov avait contraint Rákosi, le petit Staline hongrois, à céder en juillet 1954 la présidence du Conseil à Imre Nagy, qui apparaissait comme son protégé. Rákosi exclut celui-ci du Bureau politique le 18 avril 1955. Imre Nagy abandonne alors la présidence du Conseil des ministres, mais, rompant avec la tradition stalinienne et annonçant ainsi des temps nouveaux, il refuse de faire son autocritique avant d'être, pour ce sacrilège, exclu du parti hongrois en novembre.

À peine a-t-il fini de régler son compte à Malenkov que Khrouchtchev s'attaque à Molotov. En février 1955, au Soviet suprême, Molotov déclare soudain qu'« en Union soviétique sont déjà construits les fondements de la société socialiste[15] ». Or, le XVIIIe congrès de 1939 avait officiellement déclaré (et le XIXe l'avait confirmé) que le socialisme *était édifié* en URSS, qui s'engageait sur la voie de la construction du communisme donc de l'abondance réalisée dans un avenir proche. Cette déclaration était certes de pure propagande. L'économie de l'URSS, de sa naissance à sa chute, a toujours été une économie de pénurie soumise à un rationnement ouvert (la carte de rationnement) ou dissimulé (l'absence des marchandises et les files d'attente, formes primitives de rationnement). Molotov remettait donc en cause le XVIIIe congrès. Pourquoi ? On ne le sait. Mais Khrouchtchev saisit la balle au bond. Il se pose aussitôt en défenseur de l'héritage « théorique » de Staline contre son ancien bras droit, qu'il contraint à une autocritique humiliante publiée dans la revue « théorique » du Comité central, *Kommounist.* Molotov condamne publiquement sa formulation antérieure, qu'il juge « théoriquement erronée et politiquement nuisible[16] », ce qui fait beaucoup pour un dirigeant historique.

Khrouchtchev y reviendra dans son rapport introductif au XXe congrès ; affirmant que depuis l'adoption de la nouvelle Constitution en 1936, le socialisme avait triomphé en URSS, il ajoute : « Affirmer que seules sont posées chez nous des bases du socialisme serait donc désorienter les communistes et tous les Soviétiques dans la question capitale de l'évolution de notre pays[17]. »

Khrouchtchev dément pourtant ses propres affirmations dès qu'il oublie Molotov. Le 12 avril 1955, il déclare ainsi à Leningrad : « Le peuple nous demande : "Il y aura de la viande, oui ou non ? Il y aura du lait, oui ou non ? Il y aura de bons pantalons ?" À coup sûr ce n'est pas de l'idéologie. Mais il est impossible que tous aient une idéologie correcte et aillent sans pantalon[18]. » Devant le Comité central du PC polonais, le 20 mars 1956, il s'écriera : « Quel genre de socialisme est-ce quand on ne peut pas boire une tasse de lait supplémentaire ? Quand j'étais mineur sous le capitalisme, je pouvais boire autant de lait que je le voulais[19]. » Mais si dans l'Union soviétique de 1955, la population se demande si elle aura du pain, du lait et des pantalons, le socialisme réalisé n'est que poudre aux yeux. Khrouchtchev réfute ainsi inconsciemment les reproches qu'il adresse à Molotov et la propagande officielle. Il s'intéresse peu à la théorie pour laquelle il lui manque d'ailleurs les connaissances les plus élémentaires et se contente d'invoquer régulièrement les « principes du léninisme », « les enseignements de Lénine », « les normes léninistes de la vie du Parti », « le marxisme-léninisme ». Ces formules qu'il répète à satiété sans jamais leur donner de contenu lui sont surtout utiles contre ses adversaires internes.

Aussi est-il très aventureux de prendre au sérieux la phraséologie révolutionnaire qui accompagne cette litanie et de voir une volonté de révolution sociale dans l'aspiration du Kremlin à défendre ses intérêts et, si possible, à élargir la zone dans laquelle ceux-ci s'exercent face à l'encerclement organisé par les États-Unis. Cette politique se revêt d'oripeaux idéologiques trompeurs qui ont autant de rapports avec sa réalité que « le réarmement moral » du secrétaire d'État américain John Foster Dulles avec la morale.

LES TERRES VIERGES

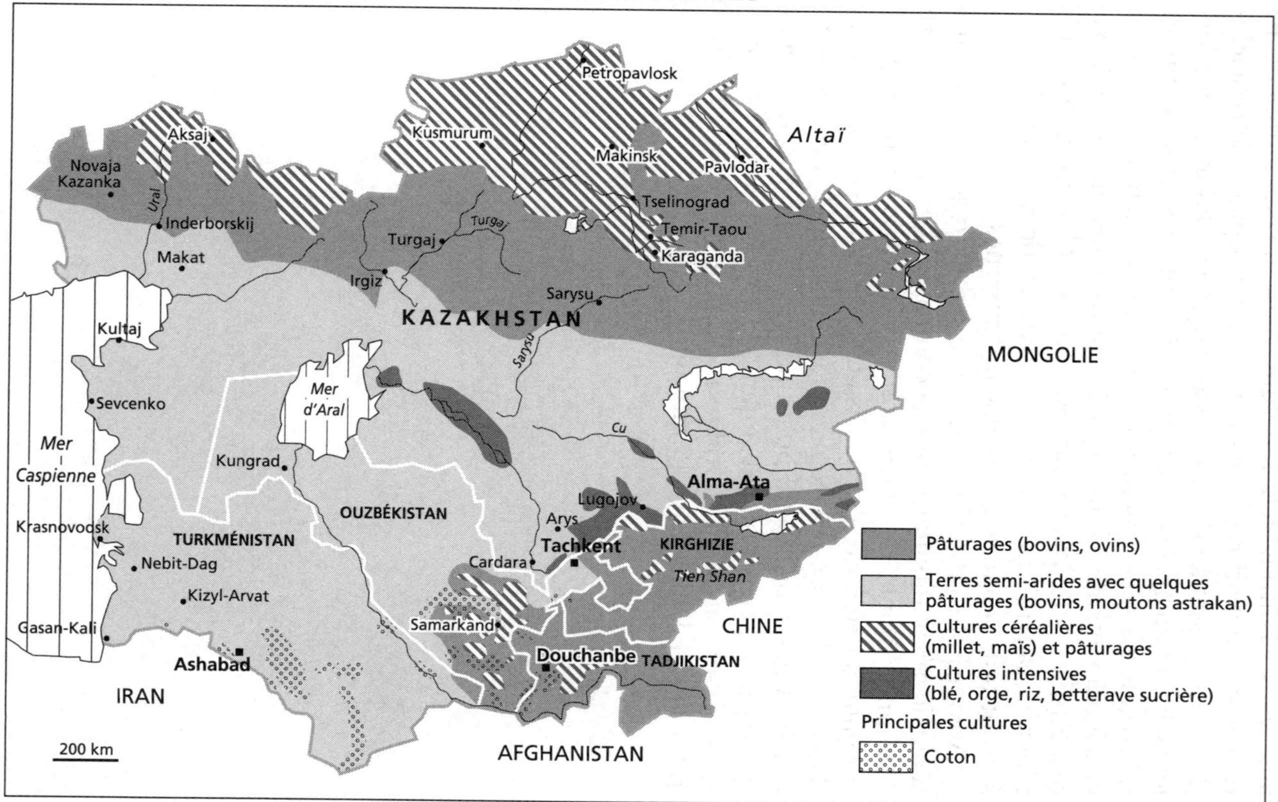

13

L'ÉPOPÉE RATÉE DES TERRES VIERGES (1954-1955)

Mais les Terres vierges sont le premier objet de ses inquiétudes. Au plenum du Comité central de fin février-début mars 1954 consacré à l'agriculture, il présente un rapport fleuve de près de huit heures, publié sur cinq pages entières de la *Pravda*, qui présente son vaste plan de culture de millions d'hectares. Le plan est grandiose mais lancé sans aucune étude sérieuse préalable des conditions d'exploitation de ces terres, de transport et de stockage des futures moissons.

Une grande campagne de propagande vise à soulever des escouades de volontaires un peu partout pour les envoyer coloniser les terres nouvelles. Khrouchtchev harangue au Kremlin un premier groupe de komsomols. Le Parti, leur dit-il, place en eux de grands espoirs. Les premiers détachements de volontaires, expédiés par trains, avions et cars, suivis de cohortes de remorques et tracteurs, arrivent dès avril dans ces terres quasiment sans routes ni voies de chemin de fer et où rien n'est organisé pour les accueillir et abriter les machines.

C'est la première des recettes magiques de Khrouchtchev pour tenter de permettre à l'agriculture soviétique de nourrir la population. Il la qualifie de « grande épopée ». Il se précipite d'ailleurs dans ces régions qu'il n'avait encore jamais vues. « L'impression était tout simplement incroyable [...]. Mon âme chantait[1]. » Elle déchantera bientôt mais refusera de se l'avouer. En 1954, 3,6 millions d'hectares supplémentaires livrés à la culture améliorent sensiblement la récolte. Dès lors, Khrouchtchev présente les Terres vierges, l'alpha et l'oméga de sa politique agricole, comme la corne d'abondance pour des lendemains proches.

En prétendant sédentariser une population d'éleveurs nomades, Staline avait provoqué une première tragédie dans le Kazakhstan ravagé en 1932-1933 par une famine qui y avait fait environ 1,8 million de morts, soit plus d'un quart de sa population ; à partir de 1937, Staline avait fait du nord du Kazakhstan une terre privilégiée de déportation des peuples poursuivis par sa vindicte : Polonais soviétiques, Coréens de l'Extrême-Orient sibérien, Allemands de la Volga, descendants des colons installés à la fin du XVIIIe siècle sous Catherine II, etc. L'envoi des cohortes de volontaires (de moins en moins volontaires d'ailleurs) menace l'équilibre national, déjà fragilisé, du Kazakhstan, dont quatre ans plus tard les Kazakhs ne représenteront plus qu'un tiers des habitants. La conquête des Terres vierges est aussi pour Khrouchtchev un moyen détourné de russifier la République.

Dès le 5 avril 1954, les deux nouveaux secrétaires du PC kazakh, Panteleimon Ponomarenko et Elubay Taibekov, ont alerté Khrouchtchev sur les difficultés des Terres vierges. Les bâtiments des 86 sovkhozes annoncés n'existent pour la plupart que sur le papier. Les nouveaux arrivants sont donc logés dans les bâtiments souvent délabrés des anciens sovkhozes et dans les kolkhozes voisins, souvent sans literie. Le ministère des Sovkhozes leur a promis 26 200 lits, mais ils n'ont reçu que 3 000 draps. Et le reste est à l'avenant. Or, soulignent les deux hommes, « la majorité des nouveaux sovkhozes à grains se trouvent dans des districts inhabités et manquent de ressources naturelles en eau, [et] les sovkhozes avec leurs seuls forces et moyens ne réussiront pas à fournir de l'eau [2] ». Les volontaires n'auront donc souvent ni de quoi boire ni de quoi se laver, d'autant que le carburant manque pour faire acheminer de l'eau par camion. Les deux hommes réclament de Moscou du tissu, de la vaisselle, du matériel agricole. Khrouchtchev répond à leurs demandes en remplaçant Taïbekov par le Kazakh Kouniaiev et en effectuant, à la fin du mois de mai, une rapide tournée au Kazakhstan. Dans une note au Praesidium du 6 juin, il dénonce le manque de matériel adapté aux Terres vierges et de carburant pour les tracteurs et les camions et en rejette la responsabilité sur les bureaux des ministères.

Pourtant, l'entreprise semble d'abord connaître le succès. De 1954 à 1956, on ensemence 36 millions d'hectares de terres vierges ou en friche. La récolte de grains de l'URSS passe de 82,5 millions de tonnes en 1953 à 125 millions en 1956 et les stocks de grains rassemblés par l'État passent de 31 à 54 millions de tonnes. Ces succès initiaux, mais éphémères, masquent en fait une dure réalité. Les conditions d'existence et de travail aggravées par l'insouciance des autorités locales sont en effet lamentables. L'accueil des volontaires est aussi calamiteux un an après le lancement de l'opération. L'un d'eux note : « Il n'y avait pas de tente pour notre brigade. Nous avons construit une petite baraque en bois où nous avons vécu tout le printemps, tout l'été et tout l'automne [...]. Il y avait des interruptions dans le ravitaillement : au printemps, c'était la *raspoutitsa* [période de fonte des neiges qui transforme les chemins en flots de boue] ; il fallait transporter le ravitaillement sur des centaines de kilomètres [3]. » Des volontaires vivent dans des villages de tentes, manquant des commodités les plus élémentaires, et ne peuvent parfois prendre qu'un repas par jour. Aucune mesure sérieuse n'a été prise pour engranger la future moisson ni pour assurer son transport. Le réseau routier et ferroviaire tout juste embryonnaire de la région ne peut assurer ni l'acheminement des machines et de leurs pièces de rechange dans un sens ni celui de la récolte dans l'autre. Or les silos indispensables pour le stockage du blé sont rares. Derrière la magie du projet des Terres vierges se dissimulent des moissons non fauchées ou perdues et des machines qui rouillent faute de hangars.

Le mécontentement qui gagne les volontaires pousse la direction du Komsomol à intervenir. Le 9 février 1955, son secrétaire, le futur président du KGB Vladimir Semitchastny, recense dans une lettre au vice-ministre des Sovkhozes une pluie de réclamations parvenues à son siège central. Ce réquisitoire donne une image hallucinante des conditions de vie déplorables des jeunes partis ou envoyés défricher les Terres vierges. « Dans la majorité des sovkhozes du Kazakhstan, écrit-il, les locaux dans lesquels sont installées les cantines sont petits, sales, froids, sans aucun équipement et peu fournis en vaisselle. » Il cite un sovkhoze qui possède en tout 20 écuelles et 15 verres. La cantine d'un autre ne possède que 7 verres pour 35 personnes. Trois autres sovkhozes manquent parfois de pain pendant trois ou quatre jours. On fait bouillir le thé rituel dans le seau où on lave la rare vaisselle. Dans trois autres sovkhozes, les travailleurs logent et dorment dans des *zemlianki* (des fosses creusées dans la terre et recouvertes de planches) abandonnées, des étables, des greniers, des granges, sans aucun mobilier. Les conditions sanitaires sont si lamentables que les poux et le typhus font ici et là leur apparition. Semitchastny conclut : « Les sovkhozes du Kazakhstan souffrent d'interruptions dans la fourniture d'allumettes, de sel, de pétrole, de lampe, de tabac, de sucre[4]. » Des travailleurs désespérés par ces conditions, que les retards ou le non-versement des salaires accompagnent souvent, se plaignent à Khrouchtchev.

Leur mécontentement risque de faire tache d'huile à un moment où une explosion menace sur une autre poudrière. Pour combattre le déficit de la force de travail provoqué par la saignée de la guerre, le Kremlin, sous Staline, affectait une partie des appelés à des ministères, qui les employaient comme ouvriers. Ces mobilisés percevaient un salaire et pouvaient disposer à leur guise de leur temps libre à condition de rester sur les chantiers où ils étaient employés. Leur mise à disposition s'arrêtait normalement au moment même où leur classe d'âge était démobilisée. Khrouchtchev maintient le dispositif. En février 1955, une directive de la direction des cadres ouvriers du ministère de la Construction annonce que les appelés employés dans les bataillons de construction affectés aux chantiers seront libérés comme leurs camarades de la classe 52 au 1er octobre. Mais une directive secrète du Conseil des ministres du 18 juillet 1955 repousse leur libération au 1er avril 1956, prolongeant donc leur service de six mois sans les en avertir. Les journaux publient le 7 septembre 1955 l'ordre du maréchal Joukov, ministre de la Défense, annonçant la libération des appelés de la classe 52. Aussi, le 10 septembre au matin, plusieurs milliers d'entre eux, travaillant sur des chantiers de Kemerovo, se présentent à la direction du trust et réclament leur compte et leur billet de départ. La direction refusant, les ouvriers se mettent en grève. Finalement, Moscou accepte un compromis pour ne pas apparaître comme cédant sur toute la ligne et promet aux travailleurs qu'ils seront libérés le 1er décembre 1955.

Pendant ce temps, les conditions d'un échec final et d'explosions de protestation s'accumulent dans les Terres vierges. Khrouchtchev, qui y retournera chaque année ou presque, avoue, sans préciser la date de son inspection : « En faisant la tournée des champs des Terres vierges, je voyais beaucoup de choses que je n'aurais pas voulu voir. Quand on ramassait le blé, on répandait directement le grain sur le sol ; les pertes lors du transport étaient énormes. Il n'y avait pas d'aires de battage, pas d'entrepôts, même pas assez de simples bâches. On couvrait le blé répandu sur le sol comme on pouvait, et la plupart du temps, malheureusement on ne le couvrait pas du tout [...]. Il n'y avait pas assez de sacs, [...] on jetait le blé en tas dans un camion et à tous les tournants et à tous les cahots, le blé volait alentour. C'était pain bénit pour les oiseaux qui engraissaient à vue d'œil. » Mais ils sont les seuls à bénéficier de ce régime. Khrouchtchev se console comme il peut : « Malgré toutes les pertes, la production fut avantageuse [5]. » Cela ne durera pas.

Édouard Chevardnadze, secrétaire du Comité central du Komsomol de Géorgie, a participé à l'aventure des Terres vierges. Il en « garde un très bon souvenir », écrit-il, mais y voit « un immense gâchis : les matériels qu'on avait collectés à travers tout le pays et amenés sur les Terres vierges se détérioraient sous nos yeux. Des milliers de personnes travaillaient d'arrache-pied, mais ne parvenaient pas sur ces superficies gigantesques à moissonner à temps. Les pousses pourrissaient dans les champs, on manquait de silos. C'était un immense gaspillage de milliards de roubles, de moyens matériels et techniques, de travail humain. L'épopée des Terres vierges coûta cher au pays [6] ». Khrouchtchev, qui tenait beaucoup aux colifichets, se fera pourtant attribuer par le Praesidium la médaille de Héros du travail socialiste « pour mérites exceptionnels dans l'élaboration et la réalisation des mesures pour la mise en valeur et l'exploitation des Terres vierges et en jachère[7] ».

À la même époque apparaissent les premiers accrocs dans la « direction collective » de l'URSS. Après avoir contraint Molotov à une autocritique publique en mars 1955, il limoge Kaganovitch de la direction de la planification industrielle.

Le 28 avril 1955, le Praesidium nomme une commission chargée de contrôler les archives de Staline, présidée par Khrouchtchev et composée de Boulganine, Kaganovitch, Malenkov, Molotov et Souslov. Khrouchtchev ne la réunira jamais, mais le fait d'en être le président souligne qu'il peut aisément disposer de ces archives explosives. Le 10 mai se produit un nouveau choc avec Molotov : contre son opposition, le Praesidium, sous l'impulsion de Khrouchtchev, décide de proposer publiquement que les États-Unis, la France et la Chine – que Khrouchtchev a omis de consulter – ainsi que l'URSS, ainsi parée des intentions les plus pacifiques, réduisent leurs forces armées respectives de 1 million à 1,5 million d'hommes. Sa proposition ne rencontre guère de succès : à l'époque, les États-Unis arment et réarment leurs alliés.

14

La boîte de Pandore (1955)

Le 26 mai 1955, Khrouchtchev porte le premier coup public à Staline. Ce jour-là, il débarque à Belgrade avec Boulganine, à la tête d'une imposante délégation comprenant Mikoïan, Chepilov, Serov et Andreï Gromyko, le vice-ministre des Affaires étrangères, en l'absence de son ministre Molotov. La démarche a une double portée. En se déplaçant, Khrouchtchev inverse une seconde fois (après sa visite à Pékin) la tradition instaurée par Staline, qui faisait venir à lui les dirigeants des partis frères, suggérant que cette subordination servile appartient au passé ; mais, surtout, en effaçant l'excommunication de 1948 qui faisait de Tito un nouveau Goebbels et de la Yougoslavie « socialiste » un État fasciste, Khrouchtchev porte un coup au culte de Staline, même s'il tente encore de contourner le problème en rejetant sur Beria la responsabilité de la rupture. Cette décision a été précédée d'un débat au Praesidium où Molotov, en fidèle de Staline, a marqué son opposition à la démarche. Khrouchtchev a consulté sur son intention les dirigeants des partis communistes au pouvoir, ainsi que ceux de France, d'Italie, de Finlande et, bizarrement, d'Angleterre. Tous ont donné leur accord, sauf l'ultrastalinien Rákosi.

Le 25 mai, Khrouchtchev soumet au Praesidium le discours qu'il doit prononcer le lendemain à Belgrade. Molotov s'insurge : « Le discours est incorrect et contredit nos orientations, on prend tout sur nous [1] », c'est-à-dire que Moscou reconnaît sa responsabilité dans la rupture. Mais les autres soutiennent le projet du premier secrétaire.

À l'aéroport, Tito prononce un discours de bienvenue convenu et peu chaleureux, puis transmet le micro à Khrouchtchev en lui annonçant : « Inutile de traduire. Chez nous, tout le monde connaît le russe. » Khrouchtchev en doute, mais s'incline. Dans son discours, reproduit dans la *Pravda* du lendemain, il efface l'anathème lancé par Staline contre Tito : « Nous regrettons sincèrement ce qui s'est passé et nous répudions résolument les particularités [*sic !*] de cette période », dont il rejette la responsabilité sur « le rôle provocateur joué [...] par les ennemis du peuple démasqués depuis lors : Beria, Abakoumov et d'autres encore », à qui Khrouchtchev fait jouer le rôle de paravent de Staline qu'il tente encore de protéger. Cette ultime tentative d'épargner Staline en chargeant son complice fait sourire Tito et apparaît comme la répétition dérisoire et grotesque d'un procédé bientôt usé jusqu'à la corde. Dans ses souvenirs, Khrouchtchev avoue cependant ses doutes : « J'ai commencé à sentir la fausseté de notre position [qui attribue à Beria tous les crimes de Staline] lorsque je suis arrivé en Yougoslavie et que j'ai discuté avec Tito et d'autres camarades. Lorsque nous avons abordé cette question et renvoyé à Beria, ils se sont mis à sourire et à échanger des répliques ironiques. Cela nous a irrités et nous avons défendu Staline et avons engagé une grande discussion qui est allée jusqu'au scandale. Ensuite, je suis intervenu publiquement pour défendre Staline contre les Yougoslaves [2]. »

La restauration des rapports soviéto-yougoslaves a des répercussions sur les partis communistes des démocraties populaires. Si Tito n'est plus un nouveau Goebbels, si les communistes yougoslaves ne sont pas des fascistes mais des communistes hétérodoxes, il faut réhabiliter les dirigeants condamnés à mort hier pour titisme : le Hongrois László Rajk, le Bulgare Traycho Kostov, le Tchèque Rudolf Slánský. Khrouchtchev ébranle ainsi la domination des partis communistes d'Europe de l'Est, dont, sur le chemin du retour en juin, il décide de réunir à Bucarest les responsables pour les rassurer : « Nous ne permettrons à personne de découronner Staline[3]. »

Le 9 juillet 1955, Khrouchtchev rapporte au plenum du Comité central son voyage en Yougoslavie. Il répète la litanie : « La bande de Beria-Abakoumov a mis sa sale patte dans la rupture des relations amicales entre l'Union soviétique et la Yougoslavie. » Il n'est pas encore question d'incriminer Staline. Et il conclut sans même l'évoquer : « Le parti communiste sous la direction du Comité central a écrasé tous les ennemis du peuple soviétique[4]. » Mais comment expliquer que ce même Comité central si valeureux ait été lui-même saigné à blanc ?

Il souligne ensuite la responsabilité de l'URSS dans la mise en place des sociétés d'économie mixte dans toutes les démocraties populaires puis en Chine pour piller leurs richesses. Or tout membre du Comité central sait que ces sociétés, dont Khrouchtchev montre le caractère paracolonial, ont été créées sur décision de Staline. Puis il dénonce le procès truqué du communiste hongrois Rajk accusé de titisme. Staline, dit-il, n'avait pas été en l'occurrence « correctement informé ». Ce n'est que l'amorce timide de sa mise en cause.

Dans la discussion qui suit, Boulganine insiste sur la responsabilité de Staline, et, soutenu par Khrouchtchev, dénonce l'accord passé à Yalta entre le maître de l'URSS et Churchill, qui ont décidé souverainement de l'avenir de la Yougoslavie sans que Staline en ait jamais discuté auparavant avec les dirigeants yougoslaves, informés par le seul Churchill. Mais Molotov rompt la règle d'or du régime politique stalinien. Il défend sa position contre le rapport présenté au nom de la direction collective par le premier secrétaire et dénonce le voyage à Belgrade qu'il qualifie de « faute ». Dix-huit orateurs, dont tous les membres du Praesidium, interviennent pour le critiquer.

Khrouchtchev entame ainsi le tournant politique qui va déboucher sur le rapport secret au XXe congrès du Parti contre Staline.

Après ce voyage qui ébranle les pays d'Europe de l'Est, en juillet 1955, Khrouchtchev, Boulganine, Molotov et Joukov se rendent à Genève pour la première conférence au sommet entre les États-Unis, l'URSS, la France et l'Angleterre : elle réunit Eisenhower, Anthony Eden, le Premier ministre anglais, Edgar Faure, alors président du Conseil, Boulganine et Khrouchtchev, qui a inclus Joukov dans la délégation du fait de ses bons rapports avec Eisenhower en 1945. À son arrivée à Genève, Khrouchtchev se sent humilié : les délégations américaine, anglaise et française atterrissent dans des quadrimoteurs, la délégation soviétique arrive dans un bimoteur Iliouchine Il-14. « Cela abaissa quelque peu, dit-il, la solidité de notre délégation, car notre avion ne témoignait pas du haut degré de développement de la technique aérienne soviétique. » Dans la délégation américaine figure Nelson Aldrich Rockefeller, symbole du capitalisme américain. Son apparence surprend Khrouchtchev : « Ce banquier était habillé de façon démocratique et ne ressemblait pas à l'image du millionnaire que je m'étais faite jusqu'alors [5]. »

Cette conférence est, aux yeux de Khrouchtchev, la première vraie sortie à l'étranger des nouveaux dirigeants du pays, la Yougoslavie et la Chine étant des « pays frères ». Les résultats de ce sommet sont pour lui modestes mais appréciables dans la mesure où il dissipe un complexe d'infériorité manifeste vis-à-vis des grandes puissances capitalistes. « Nous avons en quelque sorte passé un examen, pour vérifier si nous pouvions représenter dignement notre pays, sans se laisser intimider et sans manifester d'espérances superflues mais en abordant avec sang-froid l'appréciation de la situation existante. » Staline, qui ne discutait des problèmes internationaux qu'avec le seul Molotov jusqu'en 1949, leur répétait en effet : « Je mourrai et les puissances impérialistes vous étrangleront comme des cailles. Vous ne serez pas capables de défendre l'État soviétique [6]. »

Khrouchtchev n'exerce en réalité aucune fonction gouvernementale, ce qui entraîne quelques contorsions protocolaires. La conférence discute essentiellement de l'Allemagne. Khrouchtchev veut obtenir un traité aboutissant à la reconnaissance officielle de l'existence de deux États allemands, donc de la RDA, que les Occidentaux ne veulent pas reconnaître ; assurés que cette proposition n'a aucune chance d'aboutir, ceux-ci se donnent le beau rôle en proposant des élections libres qui déboucheraient sur la réunification. Khrouchtchev s'y oppose mais voudrait obtenir des États-Unis un crédit de 6 milliards de dollars et régler ainsi une partie des dettes du Lend-Lease Act, la loi prêt-bail que F. D. Roosevelt fit voter en mars 1941, et dont Staline avait suspendu le paiement. Eisenhower, de son côté, propose le plan Open Skies qui autorise des inspections aériennes sur le territoire russe, alors que des avions espions américains survolent déjà l'Union soviétique depuis 1947, sans que jamais Washington évoque le sort des aviateurs abattus de temps à autre.

Malgré l'échec de sa proposition sur l'Allemagne, Khrouchtchev reçoit à Moscou, en septembre 1955, le chancelier allemand Adenauer, qui refuse toute concession sur la RDA, dont il ne veut en aucun cas reconnaître l'existence, et qui n'accepte donc de participer à aucune discussion avec ses représentants, qu'il considère comme de simples fantoches de Moscou. Khrouchtchev fait néanmoins deux gestes à son égard. Par un décret du 13 septembre, il annule le texte du 28 août 1941 qui qualifiait collectivement les Allemands soviétiques de traîtres et ordonnait leur déportation. Le décret abroge les restrictions de droit qui leur étaient imposées, mais ne leur donne nullement le droit de retourner dans leur région d'origine. Leur honneur, et celui d'Adenauer, est donc sauf, mais les déportés le restent à vie. Puis un décret du 17 septembre, qui reprend les termes d'une note rédigée le 14 décembre 1954 à sa demande par Serov, amnistie les citoyens soviétiques restés à l'étranger après la guerre et ceux qui ont servi dans les forces armées et dans l'administration allemandes dans les territoires occupés. Khrouchtchev n'étend pas cette mesure aux soldats soviétiques capturés par la Wehrmacht, jugés suspects à leur retour en URSS et envoyés en camp pour réparer leur faute imaginaire. Furieux, nombre d'entre eux accablent alors de lettres les instances du Parti et celles de l'État. Ils devront encore attendre longtemps.

L'image de Khrouchtchev commence alors à faire le tour du monde. Fiodor Bourlatski en a donné une description pittoresque : « Sa large face ornée de deux verrues et son énorme crâne chauve, son gros nez retroussé et ses oreilles fortement décollées pouvaient tout à fait appartenir au paysan d'un village de moyenne Russie. Cette impression, disons, de rusticité s'accentuait au vu de la silhouette solide et rondelette, ainsi que des mains, mobiles, qui gesticulaient presque sans arrêt[7]... »

Ces discussions au sommet ne changent guère la réalité sociale, que les dirigeants évoquent entre eux mais dissimulent publiquement. Ainsi, en juin 1957, Elena Fourtseva déclarera au Comité central : « Même à Moscou, jusqu'à ces derniers temps, on ne vendait qu'un kilo de pain par personne. À Moscou [...], qui connaît pourtant des conditions spéciales, on vendait du pain fabriqué avec un mélange de 60 % de pomme de terre et d'autre chose[8] ». D'autres membres du Comité central confirmeront ses propos.

En août, dans une bourgade de la province de Kemerovo, le chef adjoint de la section du MVD de la ville, membre du parti communiste et bientôt arrêté, colle sur les murs de la ville des tracts proclamant : « Les ouvriers de Kemerovo ont fait grève en septembre [...] contre l'arbitraire de la bourgeoisie soviétique et non contre le pouvoir soviétique [...]. Une petite poignée de gens [...] jouissent des biens de l'existence [...]. Les ouvriers n'ont pas de farine [...] mais on en apporte pour le comité de ville du Parti dans ses magasins spéciaux[9]. » Cette voix isolée reflète un sentiment d'injustice diffus face à l'inégalité sociale croissante.

Khrouchtchev reconnaîtra en juin 1957 que 1955 fut une année de tensions sociales et politiques, dont il donne une curieuse explication : « En 1955, on a commencé à connaître des périodes de chômage partiel, de nombreux travailleurs n'ont pas alors gagné ce qu'ils gagnaient d'habitude, les entreprises n'ont pas produit dans la quantité nécessaire la production indispensable. Les conditions d'un mécontentement politique des travailleurs se sont créées avec toutes leurs conséquences. » Tout cela, dit-il, parce que « la Pologne a refusé de nous livrer du charbon », dont l'industrie avait besoin[10]... Ce refus suffirait donc à expliquer que l'URSS ait été confrontée à une grave crise. Khrouchtchev remet ainsi en cause – inconsciemment, car il ne théorise jamais ses remarques ou ses saillies – les fondements mêmes du socialisme dans un seul pays. Ce dernier repose en effet sur une conception autarcique : l'Union soviétique peut construire le socialisme entre ses frontières sans participation à la division internationale du travail et aux échanges économiques mondiaux. Mais le manque de charbon polonais suffit pourtant à paralyser le pays du socialisme triomphant !

La préparation du 6ᵉ plan quinquennal (1955-1960) exige donc l'atténuation de la priorité de l'industrie lourde sur l'industrie légère. En l'ayant proposée plus tôt, Malenkov s'était attiré les foudres de Khrouchtchev, qui reprend là à son compte cette suggestion. Au Praesidium du 16 novembre, Khrouchtchev souligne la nécessité d'augmenter la production de biens de consommation et de « [...] réduire [les crédits] pour la sidérurgie [11] ».

L'année 1955 s'achève loin de ces soucis. Du 18 novembre au 14 décembre, Khrouchtchev et Boulganine, accompagnés de Serov, visitent l'Inde, la Birmanie et l'Afghanistan. Khrouchtchev avoue : « Nos connaissances sur l'Inde étaient [...] non seulement superficielles, mais tout simplement primitives. Personnellement, je puisais une partie de mes connaissances sur l'Inde, sans rire, de l'aria de l'hôte indien dans l'opéra de Rimski-Korsakov, *Sadko* [12]. » Le bagage est mince. Les deux hommes discutent longuement avec Nehru, qui attire leur attention sur le Kominform et sa publication, dont tous les partis communistes reçoivent les articles, dit-il, comme autant de directives. Cela « revenait à proposer de liquider cette organisation et son journal », affirme la note envoyée aux dirigeants des démocraties populaires, qui ajoute : la délégation soviétique a repoussé la demande en affirmant que les partis communistes avaient autant le droit que les partis socialistes de former une organisation internationale [13]. Khrouchtchev dissoudra le Kominform six mois plus tard.

15

Le Rapport secret (1956)

L'héritage de Staline part peu à peu en lambeaux. Ainsi, le Praesidium du 5 novembre 1955 discute des mesures pour l'anniversaire de la naissance de Staline, le 21 décembre. Khrouchtchev propose de le marquer uniquement par des articles de presse, sans aucune réunion dans les entreprises. Kaganovitch et Vorochilov affirment leur désaccord, mais le premier, prudent, dit à Khrouchtchev : « C'est une nuance. Je n'ai pas de désaccord avec toi, [...]. Je n'ai pas l'intention de mener le combat contre toi [1]. » Molotov se trouve à Genève à la réunion des ministres des Affaires étrangères des quatre grandes puissances. Malenkov ne dit rien, Boulganine et Mikoïan soutiennent Khrouchtchev. Les *Izvestia* du 21 décembre 1955 affirmeront néanmoins : « Le nom de Staline est proche et cher à des millions de travailleurs dans tous les coins du globe. Dans des millions de cœurs, ses paroles brûlent d'une flamme qui ne saurait s'éteindre. »

Au début de décembre, le dirigeant du PC polonais Bolesław Bierut demande de revoir la décision prise le 16 août 1938 par l'exécutif du Komintern – sur ordre de Staline – de dissoudre le Parti communiste polonais, qualifié à l'époque de nid d'espions trotskystes de la Gestapo. Le Praesidium en discute le 8 décembre et s'apprête à accéder à sa demande. Le 31, il évoque « les questions liées à la réhabilitation » de victimes de la terreur stalinienne. Khrouchtchev fait constituer une commission de quatre hommes (Piotr Pospelov, ancien rédacteur en chef de la *Pravda* et corédacteur de la biographie officielle de Staline, Aristov, Nikolaï Chvernik, président de la Commission et du contrôle du Parti, ainsi que son suppléant Komarov, assistés du procureur général Roudenko et du chef du KGB, Serov), chargée d'en discuter, et une « commission pour l'établissement des causes des répressions massives contre les membres titulaires et suppléants du Comité central du PCR élu par le XVIIe congrès du Parti ». L'objet de cette commission, ainsi étroitement circonscrit, prolonge la dénonciation du « culte de la personnalité » : il s'agit de stigmatiser la liquidation physique par Staline des trois quarts des membres du Comité central (98 sur 138) présenté et magnifié comme la première victime du culte, puis de celle des délégués de ce congrès, dont plus de la moitié ont été liquidés. Réhabiliter les apparatchiks fusillés d'hier, c'est promettre la sécurité aux apparatchiks bien en vie d'aujourd'hui en dénonçant la terreur qui a décimé l'appareil dirigeant comme un moment d'un passé révolu. Mais il ne saurait être question d'aller plus loin. Ainsi le Praesidium discute d'une lettre de la vieille bolchevique Chatounovskaïa, rescapée du goulag, affirmant que le garde du corps de Kirov, Borissov, avait été assassiné le lendemain du meurtre de ce dernier sur ordre de Staline. La lettre suscite un vif débat. Khrouchtchev déclare : « Si on enquête, ça ne sentira pas bon[2]. »

Le 6 janvier 1956, Khrouchtchev ouvre la conférence des partis communistes des pays de démocratie populaire. Rien dans son discours stéréotypé n'y annonce le rapport qui va bientôt abasourdir les dirigeants d'Europe de l'Est rassemblés. Ce rapport, produit d'un long cheminement et d'un long débat, et dont Mikoïan tente de s'attribuer indûment le mérite, est pourtant en train de mûrir dans sa tête. Dès le 1er février 1954, lorsqu'il demande au procureur général Roudenko, au ministre de la Justice Gorchenine et au ministre de l'Intérieur Krouglov un bilan des condamnations prononcées par les juridictions d'exception de 1921 à 1953, Khrouchtchev pense à une remise en cause des répressions staliniennes. Mikoïan a certes appuyé sa démarche, mais en prétendant l'avoir lui-même, au cours de l'automne 1955, invité à s'y engager, il tente de masquer le rôle actif qu'il a joué dans les purges de Staline.

Une nouvelle commission constituée des quatre membres de la commission Pospelov ainsi que de Molotov, Kaganovitch et Fourtseva, est alors créée pour examiner les procès de Moscou. Elle rejette la révision des procès au motif que les condamnés, certes innocents des accusations de terrorisme et de sabotage, avaient poursuivi leur combat idéologique contre le Parti et portaient par exemple pour cette raison la responsabilité morale de l'assassinat de Kirov.

Khrouchtchev propose à ses collègues d'utiliser les documents de cette commission dans le rapport d'activité du Comité central qui sera présenté au congrès. Le Praesidium du 30 janvier examine et valide son projet. Le texte contient la phrase « Les préceptes de Lénine ont été appliqués sous la direction de Staline pendant trois décennies », qui restera. Le 1er février, Khrouchtchev fait venir à la réunion du Praesidium l'ancien chef adjoint de la section d'instruction du NKVD/MVD, Boris Rodos, l'un des enquêteurs les plus sanguinaires de la police politique et l'invite à parler. Rodos souligne que les arrestations, les tortures et la liquidation des suspects ont été organisées et planifiées par Staline lui-même. Khrouchtchev fera fusiller Rodos quelques semaines plus tard.

Mais Rodos et ses semblables ne sont que des exécutants. Khrouchtchev commente : « Les coupables sont plus haut. On a mobilisé des éléments à moitié criminels pour mener ce genre d'affaires. Le coupable c'est Staline. » S'ensuit une discussion animée dont Khrouchtchev tire le bilan : « Staline a été dévoué à la cause du socialisme. Mais il a tout fait avec des moyens barbares. Il a anéanti le Parti. Il n'est pas un marxiste. Il a balayé tout ce qui était sacré dans l'homme. Il soumettait tout à ses caprices. » Puis il s'affirme d'accord avec Molotov et Vorochilov pour ne pas évoquer la Terreur devant le congrès, mais précise : « Il faut indiquer la ligne, ramener Staline à sa place, nettoyer les banderoles, la littérature. Prendre Marx-Lénine. Renforcer la critique du culte de la personnalité[3]. »

Les jours suivants, les membres du Praesidium s'accordent sur la nécessité d'aborder la question au congrès. L'accord est formalisé, non sans peine, à la réunion du 9 février où la commission présente son rapport. Elle y affirme que de 1935 à 1950, « 1 920 635 individus ont été arrêtés sous l'accusation d'activité antisoviétique dont 688 503 ont été fusillés ». Un tiers du texte est consacré au « caractère massif des répressions qui se sont abattues sur un très grand nombre de simples citoyens soviétiques ». S'adressant à des cadres promus au cours de cette répression de masse ou qui y ont comme lui largement participé, Khrouchtchev décide de ne pas mentionner cette partie dans son rapport au congrès.

La discussion est vive. Khrouchtchev insiste pour exposer « la faillite de Staline comme chef. Qu'est-ce qu'un chef qui liquide tout le monde ? Il faut montrer du courage, dire la vérité... Si on ne dit pas la vérité, on n'est pas honnête à l'égard du congrès ». Il propose de confier à Pospelov la rédaction d'un rapport qui insiste sur les raisons du culte de la personnalité, à savoir « la concentration du pouvoir dans les mêmes mains, et de plus dans des mains malhonnêtes », et de faire imprimer et distribuer au congrès le « Testament » de Lénine, soit dix-huit textes restés inédits, et ses notes sur la question nationale, qui n'avaient jusqu'alors jamais été publiés en URSS et où Lénine dénonçait vigoureusement Staline.

Tous sont d'accord sur un point : la liquidation des trotskystes était une bonne chose. Kaganovitch, usant de la litote, l'affirme : « Nous serions malhonnêtes si nous disions que toute la lutte contre les trotskystes était injustifiée », ce que Mikoïan confirme : « Je ne condamne pas Staline quand il menait la lutte idéologique avec les trotskystes. » Khrouchtchev reprendra dans son rapport et dans ses Mémoires la rengaine de cette « lutte idéologique » faite de procès truqués et de massacres. Tous sauf Molotov affirment la nécessité de « dire les choses au congrès » et soutiennent la proposition de Khrouchtchev d'y présenter un rapport. Kaganovitch concède : « Nous portons une responsabilité. Mais la situation était telle que nous ne pouvions pas nous opposer. » Toutefois, il s'inquiète : « Il faut faire attention de ne pas déchaîner les éléments. »

La discussion n'oppose pas seulement Molotov, qui défend Staline, mollement soutenu par Kaganovitch et Vorochilov, et ceux qui jugent nécessaire de « dire la vérité au congrès ».

Elle révèle des désaccords sérieux aussi entre ces derniers. Ainsi Souslov, que les « soviétologues » occidentaux présenteront inlassablement comme un pur stalinien, déclare : « Deux périodes chez Staline, c'est globalement juste. Mais avant 1934, Staline avait tort sur bien des points », alors que pour Mikoïan, « avant 1934, Staline s'est conduit héroïquement, après 1934 il a fait des choses effroyables. Il a usurpé et monopolisé le pouvoir ». Boulganine partage ce point de vue et c'est la position qu'adoptera Khrouchtchev. Sabourov se montre lui plus brutal : « Il y a un seul Staline et pas deux ; son essence s'est révélée les quinze dernières années. Ce ne sont pas des erreurs (comme dit Kaganovitch), mais des crimes. »

Khrouchtchev conclut la discussion en constatant : « Il n'y a pas de désaccords entre nous sur le fait qu'il faut le dire au congrès. Mais des nuances sont apparues. Il faut en tenir compte. » Puis il définit une ligne de défense : « Nous avons tous travaillé avec Staline, mais cela ne nous engage pas [...]. Nous pouvons dire à pleine voix : “Nous n'avons pas honte !” » L'arrestation de Beria a d'ailleurs « ouvert la voie pour agir ». Le Praesidium décide d'envoyer aux secrétaires du Comité central le “Testament” de Lénine et ses notes sur la question nationale et de communiquer ces textes aux délégués au XXe congrès, et conclut : « Le rapporteur sera le camarade Khrouchtchev[4]. »

Celui-ci est parvenu à la conclusion qu'il résume dans ses Mémoires : « En 1953, nous avions, pour parler grossièrement, la version du rôle de Beria : en un mot Beria était totalement responsable des abus commis sous Staline [...] Nous ne pouvions alors nous libérer pleinement de l'idée que Staline était le père du peuple, un génie, etc. Il était impossible de représenter d'un seul coup Staline comme un tueur et un monstre. C'est pourquoi, après le procès de Beria, nous nous sommes trouvés prisonniers de cette version, créée par nous-mêmes pour la réhabilitation de Staline [...], nous nous efforcions de blanchir, de laver Staline [...]. Il n'y avait pas de logique là-dedans[5]. »

Khrouchtchev suit en même temps avec attention l'épuration de la Sécurité d'État dont il a chargé Serov. Ce dernier l'informe en février 1956 que, depuis mars 1954, il a licencié

16 000 agents du KGB, ceux « qui ne suscitent pas la confiance politique ont délibérément violé la légalité socialiste, les carriéristes, les individus moralement instables et les individus peu instruits et arriérés ». Il poursuivra l'épuration : en juin 1957, il aura licencié 18 000 agents du KGB dont 2 000 membres de son appareil central[6]. Il renouvelle aussi largement l'appareil du PCUS : de mars 1953 à l'ouverture du congrès, il a remplacé 45 des 84 premiers secrétaires des Comités centraux des partis des Républiques et des comités régionaux, mais, à la différence de ce qui se pratiquait à l'époque de Staline, les éliminés sont reclassés à des postes certes moins prestigieux mais qui leur garantissent le maintien de nombreux privilèges.

Dans ses Mémoires, Khrouchtchev transforme la décision collective de présenter un rapport au congrès sur le culte de la personnalité en héroïque acte individuel. Il efface tous les débats du Praesidium depuis le début de janvier et présente le rapport secret comme le produit de sa réflexion et de son évolution personnelle au cours même du congrès. Taraudé par la pensée des centaines de milliers d'innocents fusillés, il se décide à agir. « La note de Pospelov m'avait ravagé la cervelle. Enfin, je rassemblai mes forces et lors de l'une des suspensions de séance, alors que dans la salle de Praesidium du Comité central se trouvaient seulement ses membres, je leur posai la question : “Alors camarades, qu'est-ce que nous allons faire avec la note de Pospelov ? Comment faire avec les gens qui ont été arrêtés et fusillés ? Le congrès va se terminer sans que nous ayons dit notre mot. Nous savons que les gens victimes de la répression étaient innocents et n'étaient pas des ‘ennemis du peuple’. C'étaient des gens honnêtes, dévoués au Parti, à la révolution, à la cause léniniste de la construction du socialisme en URSS. Ils reviendront d'exil. Nous n'allons pas les garder là-bas. Il faut penser à la manière de les faire revenir.” À peine avais-je fini de parler qu'ils me tombèrent tous dessus. » Il se dresse alors : « “Je suis personnellement prêt, en temps que membre du Comité central depuis le XVIIe congrès et du Bureau politique depuis le XVIIIe à porter ma part de responsabilité, si le Parti décide de faire juger tous ceux qui appartenaient à la direction du temps de

Staline à l'époque où régnait l'arbitraire." [...] À nouveau ils ne furent pas d'accord avec moi [...]. Je vis que je ne réussirai pas à obtenir une décision correcte des membres du Praesidium du Comité central[7]. » Il décide donc d'intervenir en son nom personnel.

Ce récit est un roman. Khrouchtchev a soigneusement entretenu cette légende d'un exploit solitaire. Il a ainsi donné à une délégation étrangère une version imagée de sa décision en faisant le parallèle avec un conte dont, dit-il, il se souvenait depuis son enfance à l'école. Il leur a raconté l'histoire de détenus politiques du temps des tsars et du vieux cordonnier Jankel, jeté en prison par hasard. Lors de l'élection du staroste chargé des rapports avec l'administration, chaque parti propose son candidat sans succès. Alors quelqu'un propose d'élire l'inoffensif cordonnier sans parti. Les détenus décident ensuite de s'évader et creusent une sape. Une fois que celle-ci est creusée se pose la question de savoir qui y avancera le premier au risque d'être abattu par les gardiens. « Alors le vieux cordonnier Jankel se leva dans son coin et dit : "Si vous m'avez élu staroste, c'est à moi d'avancer le premier." Ça a été la même chose pour moi au XXe congrès. Du moment qu'on m'avait élu premier secrétaire, je devais, j'étais tenu, comme le cordonnier Jankel, de dire la vérité sur le passé, quoi que cela me coûte et quel qu'en soit le risque[8]. » Khrouchtchev assimile ainsi son acte à celui d'un homme simple, d'un homme du peuple, élu à une fonction qu'il n'a pas sollicitée et qui, une fois élu, obéit à la voix de sa conscience au péril de sa vie et fait son devoir.

Le 14 février au matin, le jour où s'ouvre le congrès, la *Pravda* paraît avec une modification de la première page : le profil de Lénine, en haut et à gauche, est débarrassé du profil de Staline qui l'accompagnait rituellement.

Un rapport de Khrouchtchev de quatre bonnes heures occupe le premier après-midi du congrès. Une oreille attentive peut déjà y déceler l'annonce d'un changement politique, alors juste esquissé. Le nom de Staline n'est cité qu'une seule et unique fois de façon purement administrative : « Peu après le XIXe congrès, la mort a arraché de nos rangs Joseph Vissarionovitch Staline. » À cette sécheresse s'oppose la chaleur avec laquelle est évoqué « notre guide génial [titre dont Staline est dépossédé] et notre éducateur, Vladimir Ilitch ». « Le Comité central s'est élevé résolument contre le culte de la personnalité, étranger à l'esprit du marxisme-léninisme et qui fait de tel dirigeant un héros, un thaumaturge, tout en minimisant le rôle du Parti et des masses populaires [9]. » L'identité du thaumaturge non désigné est cependant évidente aux yeux du plus nigaud. Pourtant, le très stalinien secrétaire du PC hongrois, Mátyás Rákosi, présent dans la salle, note étrangement dans ses souvenirs : « La relative faiblesse de critique de Staline dans le rapport introductif m'étonna [10]. »

Un tiers à peu près du long rapport introductif est consacré à la situation internationale. Tout en dénonçant rituellement l'impérialisme américain et sa politique agressive, Khrouchtchev déclare : « Nous voulons être amis avec les États-Unis et coopérer avec eux dans la lutte pour la paix et la sécurité des peuples. » Dire « coopérer », c'est évoquer une communauté ou une identité au moins partielle de vues et de buts. C'est la « coexistence pacifique », dont on attribue souvent l'initiative à Khrouchtchev. Or, Staline avait déjà lancé dans une série d'articles parus en 1952 cette perspective, ici reprise, il est vrai, avec une insistance nouvelle pour un objectif que Khrouchtchev se garde encore d'évoquer : afin de relever le niveau de vie de la population, il faut transférer une partie du budget de la défense vers le domaine civil. La différence entre les deux systèmes économiques de l'URSS et des États-Unis fait que les dépenses militaires sont un volant d'entraînement pour l'économie américaine mais un frein pour l'économie soviétique ; tout transfert de crédits du secteur A, comprenant le budget de la défense, vers le secteur B, visant à la satisfaction même modeste des besoins de la population, exige un affaiblissement de l'énorme pression économique et militaire que font peser les États-Unis et leurs alliés de l'Otan sur l'URSS. Son évocation de cercles militaristes américains présentés comme distincts du gouvernement et du président vise à rejeter sur les premiers la responsabilité de cette pression et à suggérer la possibilité d'une entente avec ces derniers.

Khrouchtchev définit ensuite les limites de son futur rapport secret en affirmant : « L'unité de notre parti [...] a grandi et s'est fortifiée dans la lutte contre de nombreux ennemis. Les trotskystes, les boukhariniens, les nationalistes bourgeois et autres ennemis jurés du peuple, les champions de la restauration du capitalisme ont fait des efforts désespérés pour faire sauter de l'intérieur l'unité léniniste des rangs du Parti, mais tous se sont brisés contre cette unité [11]. » Or c'est Staline qui a mené d'une main de fer le combat contre tous ces « ennemis jurés du peuple » et, comme dans toute guerre, des innocents ont écopé. Cette déclaration enserre la dénonciation de Staline et de ses crimes dans des limites étroites. Les crimes de Staline ne peuvent effacer la construction du socialisme et donc ses mérites historiques. Quoique avec brutalité, il est allé dans la bonne direction. Dès lors, le dénoncer ne peut déboucher sur une critique cohérente du stalinisme.

En mai 1957, devant 300 intellectuels soviétiques, Khrouchtchev résumera cette vision dans un balancement peu dialectique : « Dans l'activité du camarade Staline, nous voyons deux aspects : l'aspect positif que nous appuyons et apprécions hautement et l'aspect négatif que nous critiquons, condamnons et rejetons [12]. » Pourtant, il qualifie un moment dans ses Mémoires Staline d'« assassin de toute la fleur du peuple soviétique [13] ». Comment peut-on édifier le socialisme en assassinant toute la fleur du peuple ? Khrouchtchev n'arrivera jamais à surmonter cette contradiction.

L'un des premiers orateurs après lui, Souslov, dénonce « la théorie et la pratique du culte de la personnalité [...] qui avaient pris de l'extension avant le XIXe congrès », et y oppose « le principe de la direction collective entièrement rétabli au Comité central [14] ». Le nom de Staline n'est pas prononcé mais l'évocation du XIXe congrès est transparente. Mikoïan franchit le Rubicon en critiquant le dernier écrit de Staline, les *Problèmes économiques du socialisme en URSS*, et en prononçant son nom sans l'accompagner du mot camarade, alors qu'il évoque les « camarades » Antonov-Ovseenko et Kossior, fusillés sous Staline. Et il précise : « Au cours des quinze ou vingt dernières années, nous avons malheureusement puisé peu, bien peu au trésor des idées léninistes [15]... » Lorsque Mikoïan quitte la tribune, les délégués, surpris, s'interpellent bruyamment.

Entre le 14 et le 24 février, presque chaque soir, Nikita Khrouchtchev convoque Pospelov pour peaufiner son rapport final et lui dicter des compléments ou des variantes. Le 19, le quotidien polonais *Trybuna Ludu* publie les photos des dirigeants du Parti communiste polonais fusillés à Moscou en 1938. À la réunion du Praesidium du 22 février, Khrouchtchev fait décider la liquidation du Kominform fondé par Staline en 1947 avec neuf partis communistes européens : et son remplacement par des unions régionales de coordination entre les partis communistes, qui ne verront jamais le jour.

Le congrès s'achève le 24 février au soir. Le samedi matin 25 s'ouvre la séance à huis clos. Boulganine, qui la préside, interdit aux délégués de prendre des notes et annonce que la lecture du rapport ne sera suivie d'aucune question ni discussion. Le Praesidium évite ainsi toute éventuelle question gênante sur la responsabilité de ses membres. L'éventualité est certes minime ; les délégués formés à l'école stalinienne ne sont en rien préparés à interpeller la direction du Parti, mais la brutalité du choc provoqué par le rapport peut faire craquer les habitudes d'obéissance moutonnière. Conformément à la décision du Praesidium du 9 février, Khrouchtchev fait aussi distribuer aux délégués le texte du rapport et le « Testament » de Lénine, dont la possession, voire la seule connaissance, pouvait sous Staline valoir la prison, le goulag ou la mort. Parmi eux, la lettre de Lénine du 4 janvier 1923 proposant d'écarter Staline du poste de secrétaire général.

Khrouchtchev lit son rapport dans un silence de mort. Lorsqu'il achève son marathon de cinq heures, la salle, qui, depuis 1927, salue la fin des (rares) congrès par des ovations de plus en plus longues, reste muette. « La salle à mes pieds, écrit le futur membre du Bureau politique Alexandre Iakovlev assis au balcon, avait sombré dans le silence. Pas un fauteuil ne grinçait, on n'entendait pas un murmure, pas une toux non plus. Personne n'osait échanger le moindre regard. Tous les participants présents étaient sous le coup de l'inattendu ou sous l'emprise de la peur [...]. Khrouchtchev ne cessait d'empiler les faits, tous plus terrifiants les uns que les autres. Il parla longuement, avec émotion, s'écartant de temps à autre de son texte. Il était visiblement sur les nerfs. J'étais si décontenancé que je ne me souviens même pas qu'il y eut des applaudissements. Je ne crois pas ; nous sommes sortis la tête basse. Le choc avait été d'une sévérité indescriptible [...]. Personne ne réagit. » Le choc est aussi brutal pour lui : « Tout me semblait irréel, y compris le fait d'être assis là, en plein Kremlin, à entendre prononcer des propos qui détruisaient tout ce pour quoi j'avais vécu, des propos capables de mettre le passé en pièces et de vous fendre l'âme. Tout s'écroulait pour ne jamais se reconstituer [16]. » S'il produisit un tel effet sur un jeune cadre stalinien un peu naïf, on imagine le bouleversement que le rapport provoqua dans la masse des délégués qui tous avaient fait carrière sous Staline.

À l'époque, Khrouchtchev frappa ses auditeurs, puis ses lecteurs, par ses dénonciations de certains crimes de Staline, de la répression et de l'usage de la torture. Mais cet aspect sensationnel occulte la visée réelle du rapport, qui est construit autour de quatre axes : la violation de la légalité dite socialiste et les répressions de masse injustifiées ; les erreurs et les fautes de Staline pendant la guerre ; le culte de sa propre personnalité qu'il fabriqua et encouragea ; et enfin la violation du principe de la direction collective du Parti, c'est-à-dire du rôle dirigeant du Comité central, de son secrétariat, du bureau d'organisation, du Bureau politique, tous mis à l'écart, voire décimés, par Staline.

Les deux derniers aspects, étroitement liés, du rapport en forment l'essentiel. Khrouchtchev le souligne fortement dès le début : « Le but de ce rapport n'est pas de procéder à une critique approfondie de la vie de Staline et de ses activités [...]. Ce qui nous intéresse aujourd'hui [...], c'est de savoir comment le culte de la personnalité de Staline n'a cessé de croître » ; il faut étudier « les conséquences pratiques résultant du culte de l'individu, le grave préjudice causé par la violation du principe de la direction collective du Parti du fait de l'accumulation entre les mains d'une personne d'un pouvoir immense et illimité ». Khrouchtchev rappelle ensuite : « Durant la vie de Lénine, le Comité central du parti fut la réelle expression de la direction collective du Parti et de la Nation [17]. » C'est à ce rôle que Staline a mis fin au milieu des années 1930, après avoir mené une juste lutte contre les diverses oppositions.

Khrouchtchev s'attarde dès lors logiquement sur les suites du XVIIe congrès de janvier 1934. C'est après lui, affirme-t-il, que « l'autoritarisme de Staline à l'égard du Parti et de son Comité central se révéla pleinement. » Et c'est pourquoi « le Comité central a créé une commission sur les répressions de masse contre la majorité des membres du Comité central et des suppléants élus au XVIIe congrès ». Khrouchtchev dénonce « la terreur de masse contre les cadres du Parti » et souligne : « À l'époque, Staline [...] avait cessé de prendre en considération le Comité central ou le Parti, [...] de tenir compte des membres du Comité central et même des membres du Bureau politique. » C'est là son crime le plus grave, et Khrouchtchev insiste sur la nécessité de « prévenir toute possibilité d'un retour sous quelque forme que ce soit de ce qui s'est produit du vivant de Staline, qui ne tolérait absolument pas la direction et le travail collectifs [18] ». Il promet ainsi aux délégués rassemblés et au Comité central désigné ou confirmé par le congrès que ces temps où ils n'avaient plus aucun pouvoir réel et pouvaient tomber sous les coups d'un « esprit capricieux et despotique » sont révolus. Il leur assure qu'une page est tournée et les rassure.

S'il évoque la déportation des peuples par Staline en 1943-1944, Khrouchtchev n'en cite que cinq bientôt autorisés à revenir sur leurs terres, dont les Tchétchènes, les Ingouches, peuples montagnards rétifs à l'agriculture tout comme les Kalmouks, habitués à l'élevage nomade. Il oublie les Allemands de la Volga déportés en 1941 au Kazakhstan, rudes travailleurs qui y ont mis en valeur de vastes surfaces ; il oublie également les Tatares de Crimée, bons agriculteurs eux aussi, et dont le retour dans leur terre d'origine poserait de nombreux problèmes aux Russes et aux Ukrainiens installés à leur place.

Il évoque aussi le complot des médecins et l'usage de la torture que Staline a invité les enquêteurs à utiliser, mais il occulte son caractère antisémite. L'appareil, éduqué dans un nationalisme russe étriqué, est largement antisémite, et Khrouchtchev ne veut pas le heurter.

Il évoque surtout les répressions successives qui ont frappé la nomenklatura elle-même. L'appareil du Parti – y compris ses dirigeants les plus éminents – n'en a pas été complice puisqu'il est présenté comme sa principale victime. Il sort donc grandi du rapport. En renvoyant la responsabilité des crimes sur le seul Staline, Khrouchtchev protège les cadres du Parti contre la société elle-même. Tout en épurant l'appareil policier et en le subordonnant à celui du Parti, il étend sur lui sa protection. Il déclarera plus tard : « Les gens qui travaillent pour la Sécurité d'État sont des travailleurs honnêtes, ce ne sont pas du tout des voyous. Ce n'est pas parce que quelques individus ont commis des excès que les policiers soviétiques sont des assassins[19]. » Il rassure ainsi l'appareil politique et policier de l'URSS : en dehors des amis de Beria et d'Abakoumov, ses membres n'auront à répondre d'aucune accusation.

En même temps que la sécurité, Khrouchtchev garantit aux cadres du Parti la continuité. Son rapport secret ne dit en effet pas un mot des divers lois et décrets coercitifs et répressifs qui s'étaient accumulés sous la botte de Staline, de la loi d'août 1932 dite des Cinq épis, des décrets anti-ouvriers de 1940, du décret du 4 juin 1947 qui avait envoyé au goulag des dizaines de milliers de femmes coupables d'avoir dérobé un litre de lait ou un morceau de pain pour nourrir leurs enfants affamés. Rien n'indique que cette législation l'ait choqué, mais, quoi qu'il en pense lui-même, il ne pouvait la dénoncer devant l'appareil qui l'a mise en œuvre. Au lendemain du congrès, il allégera pourtant cette législation répressive. Ainsi, le 25 avril 1956, le Soviet suprême abroge le décret du 10 août 1940 qui condamnait à des peines de trois ans de prison les ouvriers et les employés quittant leur entreprise ou leur établissement pour tenter de se faire embaucher ailleurs ou pour absence au travail sans motif sérieux. Le décret remplace l'emprisonnement par des mesures disciplinaires ou sociales purement formelles et rétablit ainsi la liberté pour le travailleur de quitter son entreprise ou son établissement sous réserve d'avertir la direction deux semaines avant son départ pour se faire embaucher dans l'entreprise de son choix. Cette nouvelle disposition va engendrer une grande fluidité d'une main-d'œuvre à la recherche constante de meilleures conditions de travail ou de salaire.

Cette continuité exige que le fil qui relie Staline à ses héritiers ne soit pas complètement rompu. C'est pourquoi il déclarera plus tard : « On dit que Khrouchtchev a condamné Staline parce qu'il avait organisé la répression. Mais moi je loue Staline pour son inflexibilité, pour ne pas avoir eu peur d'abattre le glaive sur les ennemis. Le malheur de Staline, c'est qu'il n'a pas toujours discerné qui avait raison et qui était coupable [20]. » Mais ennemi de qui et coupable de quoi ? À ces deux questions, Khrouchtchev ne répond que par des généralités vagues ; l'ennemi du Parti est quiconque manifeste, est suspecté ou accusé de manifester, une opposition, même fugace et modeste, à la politique de sa direction puis du seul Staline.

Il souligne enfin dans ses Mémoires : « Au XXe congrès, rien n'a été dit sur les procès publics des années 1930 [21] », qui ont rythmé la promotion des jeunes staliniens en 1936-1938. Dans ses souvenirs, il évoque avec sympathie les principaux condamnés : Zinoviev, Kamenev, Boukharine, Rykov, mais souligne : « Dans la question des procès publics s'exprimait là encore l'ambiguïté de notre position. Nous craignions encore d'aller jusqu'au bout, bien qu'il n'y ait eu aucun doute que ces gens étaient innocents et avaient été victimes de l'arbitraire [22]. » Oubliant les nomenklaturistes, il explique cette discrétion par la volonté de ne pas discréditer les dirigeants des partis communistes étrangers qui avaient applaudi aux procès. Aussi peut-on lire non sans étonnement sous la plume de Raymond Aron : « Sur les procès et la grande purge, il [Khrouchtchev] présenta une version, pour l'essentiel, véridique [23]. »

Khrouchtchev ne peut éluder la question brûlante de la responsabilité de la direction du Parti dans cette bacchanale répressive. Il y apporte quatre réponses : nous avions tous foi en Staline à qui nous devons nos victoires ; il y a beaucoup de choses que nous ne savions pas ; Staline décidait seul de tout sans même consulter le Bureau politique, et, enfin, nous vivions tous sous la menace d'être arrêtés et, si Staline avait vécu quelques mois de plus, certains de ceux qui figurent dans cette salle ne s'y trouveraient pas. Ces quatre réponses contiennent chacune une parcelle de vérité et pourtant l'ensemble ne forme pas une réponse politique cohérente à la question posée.

Boulganine soumet au congrès, qui l'adopte sans broncher, une résolution « sur le culte de la personnalité et ses conséquences » publiée le lendemain dans la presse. Sur sa proposition, dictée par Khrouchtchev, le congrès décide aussi d'envoyer le texte du rapport aux organisations du Parti mais sans le faire paraître dans les journaux.

Les correspondants de presse informés de la tenue d'une séance à huis clos ne se doutent de rien et ne s'y intéressent guère. Vers 14 heures, ce samedi 25 février, ils apprennent par un communiqué laconique que la séance s'est achevée et que Khrouchtchev y a pris la parole. Des meetings rituels se tiennent l'après-midi dans Moscou. Palmiro Togliatti, qui s'est exilé en Russie après l'instauration du fascisme en Italie, prend la parole à l'usine automobile Staline. La presse informe qu'il s'est adressé aux ouvriers d'une « usine automobile de Moscou », la débarrassant ainsi discrètement du nom de Staline.

Les délégués étrangers qui n'ont pas été admis à assister à la séance secrète reçoivent un exemplaire du rapport le lendemain. Le chef de la délégation chinoise Zhou De, qui avait salué Staline sous les applaudissements du congrès quelques jours plus tôt, est abasourdi. Il téléphone l'information à Mao, tout aussi abasourdi que lui. Rákosi dicte en hâte une traduction en hongrois qu'il emporte avec lui à Budapest et dont la lecture l'emplit de crainte.

Dans l'intervalle, Khrouchtchev relit et fait relire le texte de son rapport par ses collaborateurs pour préciser des citations et des dates et pour intégrer ou supprimer les adjonctions orales qu'habitué aux digressions improvisées, il a faites au texte écrit initial. Le 1er mars, il fait distribuer le texte officiel revu et corrigé aux membres du Praesidium et aux secrétaires du Comité central en précisant qu'en l'absence de remarques, il sera diffusé dans tout le Parti. Le texte est alors enrichi d'ajouts comme la phrase de Boulganine affirmant qu'un invité chez Staline parfois « ne sait pas où on l'enverra par la suite, chez lui ou en prison[24] ». Le Secrétariat du Comité central prépare en hâte une traduction pour certains délégués étrangers, comme Deng Xiaoping, qui repart le 4 mars pour Pékin.

Puis la décision est prise d'informer sur ce rapport tous les communistes et tous les komsomols ainsi que les cadres sans parti. Le rapport sera donc lu aux plus de 7 millions de membres du Parti et aux 18 millions de komsomols lors de réunions auxquelles seront invités des sans-parti jugés socialement actifs, soit au bas mot 30 millions d'auditeurs. C'est le rapport secret le plus écouté de l'Histoire ! La mention initiale « ultrasecret » accompagnant l'envoi est d'ailleurs remplacée par le modeste « Ne pas communiquer à la presse ». Ce rapport si largement diffusé oralement ne sera jamais publié en Union soviétique du vivant de Khrouchtchev. La CIA ne parviendra à en prendre connaissance, malgré cette large publicité, que par le canal de la Pologne où, un mois plus tard, il est vendu sur les marchés puis publié dans le *New York Times* du 4 juin.

Dans quelle mesure ce texte correspond-il au discours réel prononcé le 25 février ? Aucun enregistrement n'ayant été retrouvé et les délégués s'étant vu interdire de prendre la moindre note, on ne peut apprécier les différences entre le discours et le texte revu et corrigé. Iakovlev dit que la salle avait sombré dans le silence. Or les derniers paragraphes du texte publié sont entrecoupés de notes comme « Applaudissements tumultueux. [...] Applaudissements prolongés. [...] Applaudissements tumultueux et prolongés », et enfin le bouquet final : « Applaudissements tumultueux et prolongés qui s'achèvent par une ovation. Tous se lèvent. » Tout cela étant inventé, on peut s'interroger sur les autres aménagements subis par le texte. Le secrétaire du Comité central Moukhitdinov affirme : « Entre le texte confirmé par le Praesidium du Comité central et l'intervention réelle de Khrouchtchev, la différence est substantielle. Ce qu'on a publié, c'est le rapport officiel et non le sténogramme de son intervention[25] », jamais établi ou disparu.

La semi-réhabilitation sournoise de Staline engagée en URSS sous Leonide Brejnev puis en Russie sous l'ancien officier du KGB Vladimir Poutine passe par la diabolisation du rapport de Khrouchtchev. Khrouchtchev s'est pourtant expliqué à demi-mot sur la portée politique de son rapport dans son discours introductif au XXIIe congrès en octobre 1961 : « Était-il nécessaire de critiquer avec tant de violence et aussi franchement les graves erreurs et les dures conséquences qu'entraînait le culte de la personnalité ? [...] Oui, il le fallait [...]. Que serait-il advenu du Parti et du pays si le culte de la personnalité n'avait pas été condamné et si on n'avait pas surmonté ses conséquences sociales ? [...] Le Parti risquait alors d'être isolé des masses, du peuple[26]. »

De sa lointaine Pékin, Mao est encore plus net. Lors d'une rencontre avec le journaliste communiste italien David Laiola en septembre 1956, il justifie la décision de Khrouchtchev comme une nécessité politique. « La direction du Parti soviétique s'était trouvée ces dernières années dans une situation très difficile. On peut la comparer à une chaudière hermétiquement close et qui aurait pu exploser d'un instant à l'autre. » Et il considère que, « dans des conditions aussi dangereuses », Khrouchtchev et les autres congressistes « avaient eu le courage de s'approcher de la chaudière, d'en enlever le couvercle et d'éviter ainsi l'explosion. Au cours de cette opération risquée, nos camarades soviétiques se sont brûlé les mains[27] ».

Même si nombre de délégués ont été choqués par la violence de la charge contre celui qu'ils avaient des années durant vénéré en tremblant comme le guide génial et infaillible, l'appareil du Parti dans son ensemble comprend le message que Khrouchtchev lui délivre. Le très stalinien Molotov doit le reconnaître. Lorsque le journaliste Tchouev lui demande pourquoi lui et son groupe ne sont pas intervenus contre Khrouchtchev au XXe congrès, Molotov rétorque : « À l'époque, j'y ai beaucoup réfléchi, j'ai étudié la question sous tous ses aspects. Mais le Parti n'était pas prêt. On nous aurait tout simplement fichu dehors. J'espérais qu'en restant dans le Parti, nous pourrions peu à peu réparer les dégâts. Mais, sur le moment, si nous étions intervenus, personne ne nous aurait soutenus. Non vraiment personne. » Il ajoute : « Khrouchtchev n'était pas seul. Ils étaient des centaines, des milliers, parce que tout seul il n'aurait rien pu faire. Simplement il a joué sur l'état d'esprit du peuple, il répondait à cet état d'esprit (...) Khrouchtchev disposait d'une base sociale plus solide parce que la petite-bourgeoisie était partout. Or il s'orientait justement vers les petits-bourgeois [28]. »

16

L'ONDE DE CHOC

Le rapport secret de février 1956 ébranle non seulement l'URSS, mais aussi les démocraties populaires, les partis communistes du monde entier, dont certains dirigeants, à l'exemple de Maurice Thorez en France, tentent d'en dissimuler l'existence. Le futur et dernier chef du KGB Fiodor Krioutchkov, alors en poste à l'ambassade soviétique de Budapest, note dans ses souvenirs : « Le rapport de Khrouchtchev produisit une impression assourdissante [1]. » Le 12 mars, le premier secrétaire du PC polonais (POUP) Bolesław Bierut, malade puis ébranlé par sa lecture, meurt à Moscou – officiellement d'un refroidissement, qui dissimule sans doute une crise cardiaque provoquée par la secousse. Le correspondant du journal du PC italien *L'Unità* à Moscou résume la situation : « Dans l'esprit et le cœur de chacun régnait la tempête [2]. » Dans sa lettre du 24 octobre 1956 à Maurice Thorez, où il annoncera sa démission du PCF, Aimé Césaire insistera : « Les révélations de Khrouchtchev sur Staline sont telles qu'elles ont plongé, ou du moins je l'espère, tous ceux qui ont, à quelque degré que ce soit, participé à l'action communiste dans un abîme de stupeur, de douleur et de honte [3]. » Le physicien est-allemand Robert Havemann explique ainsi : « Avant le XXe congrès du PCUS, j'étais un stalinien. C'est en 1956, après les révélations du XXe congrès, que j'ai fondamentalement changé de position [4]. » Maurice Thorez, qui garde le texte du rapport par-devers lui et parlera des années durant du « rapport attribué à Khrouchtchev », s'indigne devant un proche de Togliatti en avril 1956 : « Que de boue ce Khrouchtchev a fait retomber sur nous tous ! Il a sali un passé éclatant, lumineux, héroïque. Quelle honte ! Staline avait commis des erreurs, violé la légalité, sévi contre de bons camarades. Qu'on le critique, même très durement s'il le faut, mais de là à le couvrir de boue [5]... » Le philosophe officiel du PCF, membre de son Bureau politique, Roger Garaudy, exprime la consternation de la direction : « J'éclate en sanglots chez moi sur ma table de travail [...]. La sphère de cristal dans laquelle nous nous étions orgueilleusement enfermés était brisée. L'anneau magique était rompu [6]. » Réunis en conférence le 23 juin 1956, des militants communistes du Rhône demanderont à Jacques Duclos ce qu'il a retenu du XXe congrès et des révélations de Khrouchtchev sur le stalinisme. Duclos écartera la question d'une boutade : « Nous sommes allés entendre rugir le lion soviétique et pas voir s'il avait des poux dans la crinière [7]. » Il était lui-même, il est vrai, l'un de ces poux. Rákosi, sans doute rassuré par ses protecteurs à Moscou, Molotov et Kaganovitch, est plus catégorique. Rentrant à Budapest au lendemain du congrès, il déclare à son entourage : « Dans quelques mois Khrouchtchev sera déclaré traître et tout rentrera dans l'ordre [8]. » Dans ses souvenirs, il est plus prudent : « Khrouchtchev a opéré avec une hache de pierre là où il aurait fallu opérer avec le plus fin des scalpels de chirurgien [...]. Son "marxisme" grossier ne connaissait que la hache de pierre [...]. Le dommage causé au mouvement communiste international par la manière incorrecte d'aborder le problème de Staline est incommensurable [9]. »

L'écrivain soviétique David Samoïlov, au contraire, s'enthousiasme comme tant de Soviétiques : à la mort de Staline, « des brèches s'ouvrent. [...]. Dans un premier temps, nous parlâmes par la bouche du joyeux et enhardi Nikita Khrouchtchev. [...] Nous lui emboitâmes le pas. Il n'avait pas une conscience claire de ce qu'il faisait [10] ». L'attentat légal – même partiel – perpétré par le premier secrétaire du Comité central contre la statue du commandeur libère la parole et donne au ressentiment accumulé une puissance explosive. Dès mars 1956, un petit groupe de futurs dissidents animé par le mathématicien Revolt Pimenov édite en *samizdat* le rapport Khrouchtchev, enrichi de remarques et notes explicatives. L'un des acheteurs, Rokhline, un étudiant en histoire, créera peu après un groupe d'opposants et le paiera de dix ans de camp.

La première onde de choc frappe la patrie du dictateur défunt. Le 7 mars 1956, dans plusieurs villes de Géorgie, des manifestants descendent dans la rue en brandissant des portraits de Staline. Le 9 mars, à Tbilissi, près de 50 000 habitants massés devant la Maison des télécommunications crient : « Réhabiliter Staline et Beria ! », « À bas Khrouchtchev, Mikoïan et Boulganine », « Pour un gouvernement de Molotov ! », puis « Autonomie de la Géorgie », « Indépendance de la Géorgie ! ». Staline sert de prétexte au rejet de la russification et à l'exigence de l'autodétermination et de l'instauration des libertés civiles. Les troupes massées devant l'établissement tirent, comme les chars qui descendent le quai de la Koura ; les chiffres officiels dénombrent 22 morts. Il y en eut sans doute une cinquantaine.

La lecture publique du rapport provoque un séisme politique en URSS. Pourtant, la discussion est interdite après sa lecture ; les auditeurs ont seulement le droit de poser des questions écrites. Ils ne s'en privent pas, comme en témoigne l'un des orateurs, l'historienne Anna Pankratova, veuve du trotskyste Iakovine liquidé au goulag en 1938, élue au Comité central en 1952. Ses neuf conférences rassemblent 5 930 personnes qui lui posent par écrit 825 questions dont elle présente une synthèse au Praesidium. De nombreux billets, souligne Pankratova, évoquaient « la condamnation non seulement du culte de Staline, mais aussi de tous ceux qui avaient soutenu ce culte, [...] la responsabilité de ceux qui furent membres du Bureau politique sous Staline dans sa diffusion dans le pays [...] ou exprimaient le mécontentement que les membres du Praesidium n'interviennent pas avec des rapports explicatifs sur le culte de la personnalité ». Beaucoup de billets, « formulés sur un ton extrêmement vif », demandent s'il était possible de « lutter contre le culte et si oui, qui a laissé passer cette possibilité ». D'autres remettent en cause la collectivisation sauvage décidée par Staline, demandent la révision des procès de Moscou ou même, s'indigne (ou feint de s'indigner...) Pankratova, expriment « des récidives directes des opinions trotsko-boukhariniennes ». D'autres enfin, allant plus loin encore, abordent certains aspects essentiels de la politique stalinienne toujours vivaces en étendant leurs critiques au-delà de la personne même de Staline. Ainsi, « un grand nombre de billets sont consacrés à la question de l'antisémitisme et à la lutte contre lui ». L'un d'eux se demande pourquoi l'antisémitisme se perpétue et pourquoi le Comité central n'agit pas contre « ce phénomène étranger au marxisme », et « honteux », dit un autre qui pose la même question en demandant si l'on « a établi qui a été l'initiateur de la vague d'antisémitisme de l'après-guerre ». D'autres enfin passent de la critique de Staline à celle du système lui-même. « Un très grand nombre de billets abordent les questions de la démocratie interne au Parti. » Plus grave, Pankratova souligne : « Toute une série d'auteurs de billets avancent l'idée que, dans notre pays, s'est constituée une large couche de bureaucratie soviétique et vont même jusqu'à s'accorder pour mettre en doute l'essence socialiste de notre régime social et étatique. » Ainsi, l'un d'eux s'indigne : « Pourquoi n'explique-t-on pas la conduite de Staline comme étant le reflet des intérêts d'une couche sociale définie qui s'est développée sur le terreau du bureaucratisme soviétique [11] ? » Enfin, certains militants disent vouloir rencontrer les membres du Praesidium... qui n'ont nulle envie de discuter avec eux.

Le rapport de Khrouchtchev a donc ouvert les vannes d'une discussion qui met en cause l'héritage de Staline, la direction en place et tous les aspects du régime. L'historien Bourdjalov, de la revue *Voprossy Istorii*, dont Pankratova est la rédactrice en chef, se laisse ainsi emporter dans un débat et déclare : « Peut-être faudra-t-il un jour une quatrième révolution ? » Le fantôme de Trotsky, qui appelait à la révolution politique contre la bureaucratie, semble rôder. Bourdjalov franchit la ligne jaune qui sépare la réforme – par ailleurs impossible – de la bureaucratie dirigeante et son renversement. Pankratova et lui le paieront : le Secrétariat du Comité central limogera le comité de rédaction de la revue le 9 mars 1957. Pankratova mourra peu après.

La discussion du rapport, que l'appareil, habitué seulement à dicter et commander, est incapable de mener, secoue le pays. Elena Fourtseva, alors ministre de la Culture, dira plus tard : « Lorsque se développèrent des interventions actives après le XXe congrès, nous n'étions pas préparés à y riposter [12]. » Igor Dedkov anime alors un groupe de komsomols à la faculté de journalisme de Moscou dont les discussions partent dans tous les sens ; un étudiant demande l'accès aux œuvres de Trotsky, un autre la suppression du contrôle du Parti sur les journaux. Dedkov résumera en trois lignes leur opinion : « Toute la phraséologie était du vent [...]. La révolution avait été trahie. C'est *eux* qui l'avaient trahie, les gens qui avaient usurpé le pouvoir [...]. On ne respecta quelque temps encore que Khrouchtchev et même cela ne dura guère [13]. »

Un rapport note une exaspération croissante des militants contre l'appareil lui-même : « Les communistes critiquent vivement de nombreux cadres du Parti, des soviets, des syndicats et de l'économie pour violation des normes léninistes de comportement, infatuation, morgue, éloignement des masses travailleuses et attitude incorrecte à l'égard de la critique [14]. »

Les débats de la section du PCUS du laboratoire thermotechnique de Doubna près de Moscou, les 23 et 26 mars, attestent de la profondeur du choc. Un jeune physicien, Iouri Orlov, future figure de proue de la dissidence, déclare : « Chez nous [...] la propriété appartient au peuple et le pouvoir à des coquins. » Il juge l'appareil de l'État et du Parti truffé de « flagorneurs » et la presse « d'aventuriers et d'opportunistes ». Il ajoute : « Avec la Sécurité d'État nous avons élevé un enfant qui nous tape sur la gueule [15]. » La direction de la section affolée propose à la salle une motion condamnant l'intervention d'Orlov ; cette motion ne reçoit que deux voix de plus qu'une motion soutenant Orlov. Le Comité central dissout aussitôt la section, exclut du Parti Orlov et deux autres protestataires, et adresse à toutes les instances du Parti le 3 avril une résolution secrète « sur les interventions ennemies tenues au laboratoire thermotechnique de Doubna [16] », auxquelles il donne ainsi une résonance nationale. Dans la foulée, la *Pravda* du 5 avril menace : « Certains éléments pourris s'efforcent, sous l'apparence de condamner le culte de la personnalité, de mettre en doute la justesse de la politique du Parti [...], d'utiliser la critique et l'autocritique pour avancer toutes sortes d'inventions calomniatrices et d'affirmations antiparti. » Orlov n'évite l'arrestation que grâce à l'intervention auprès de Khrouchtchev de l'académicien Abraham Alikhanov, trois fois prix Staline et chef de l'équipe chargée de construire le premier réacteur nucléaire à réaction lente. Quelques jours plus tard, le chef du KGB, Ivan Serov, affirme dans une lettre circulaire que « les trotskystes et les nationalistes tentent d'utiliser les mesures prises par le Parti pour liquider le culte de la personnalité » pour leurs entreprises antisoviétiques et « attirent largement les jeunes gens dans leurs activités ». Serov rappelle l'exigence du Comité central que « les organes du KGB soient vigilants, sachent reconnaître l'ennemi et déjouer à temps toutes ses ruses [17] ».

Aussi n'est-il pas étonnant qu'il faille attendre un mois pour que la presse se fasse l'écho de la dénonciation de Staline au congrès. L'éditorial de la *Pravda* du 28 mars intitulé « Pourquoi le culte de la personnalité est étranger à l'esprit du marxisme-léninisme ? » parle pour la première fois du culte de Staline précisément et non plus en général.

Nommé ambassadeur de Yougoslavie en URSS, Veljko Mićunović est reçu par Khrouchtchev dans son bureau le 2 avril 1956. L'entretien dure quatre heures. Devant les portraits de Lénine et de Staline accrochés au mur face à face, Mićunović s'interroge : « Si le portrait de Staline reste accroché dans le cabinet de Khrouchtchev, qu'est-ce que ce doit être dans le reste de l'URSS ? Si Khrouchtchev ne peut toujours pas éliminer Staline de son cabinet de travail à Moscou, comment pourra-t-il l'éliminer de la Russie ? » Khrouchtchev insiste sur la liquidation du Comité central élu en janvier 1934 et justifie son attitude de l'époque : « Si certains de ceux qui sont restés en vie et sont maintenant à la tête du Parti s'étaient déclarés contre Staline et contre sa folie, cela n'aurait rien changé. Le nombre de communistes tués se serait élevé de

1 %, un point c'est tout[18]. » Il reprendra plusieurs fois cet argument.

Le rapport Khrouchtchev inquiète aussi le patriarcat de Moscou, soucieux de voir préserver l'accord passé en 1943 avec Staline. Le patriarche demande un rendez-vous à Khrouchtchev, qui refuse de le recevoir. C'est Boulganine qui reçoit les évêques russes le 26 mars et les rassure : aucune nouvelle offensive contre la religion n'est à l'ordre du jour. Le 27 mars 1954, les dirigeants de l'agit-prop avaient dénoncé en effet dans une note à Khrouchtchev le développement rapide de l'influence de l'Église et l'effondrement de la propagande athéiste. Khrouchtchev fit adopter le 7 juillet 1954 par le Comité central un décret qui prônait la reprise d'une vigoureuse campagne antireligieuse et suscita des manifestations massives de croyants mécontents contre le harcèlement auquel ils étaient soumis. Malenkov, Molotov, Vorochilov, partisans de prolonger le compromis avec l'Église défini par Staline, s'inquiétèrent. En octobre, Khrouchtchev émit un décret « sur les erreurs commises dans la mise en œuvre de la campagne de propagande pour l'athéisme scientifique au sein de la population » et invita à la modération les exécutants, désignés comme responsables ; il entendait en effet utiliser le patriarcat orthodoxe dans sa propagande pour la paix et la coexistence pacifique. À cette fin, en août 1955, il fit décorer le métropolite Nicolas de l'Ordre du Travail du Drapeau rouge. Certes, le mois suivant, il affirme à une délégation de parlementaires français sa volonté « de libérer de l'opium religieux, qui existe encore, la plus grande partie du peuple ». Mais il ne change pas de politique.

Et en cette année 1956, pour la première fois depuis 1917, l'Église orthodoxe peut procéder à une édition de la Bible et à une édition séparée des Évangiles pour un tirage total de 50 000 exemplaires.

Soucieux d'obtenir le soutien de Mao, Khrouchtchev a ordonné à l'ambassadeur soviétique à Pékin, le très stalinien Ioudine, de demander d'urgence une audience à Mao, qui temporise puis le reçoit finalement le 31 mars. Ioudine lui transmet deux lettres de Khrouchtchev, qui lui promet de l'aider à construire des entreprises, trois centres de recherche scientifique en industrie militaire et une ligne de chemin de fer d'Ouroumtchi, dans le Xinjiang, à la frontière soviéto-chinoise. Mao demande à Ioudine de « transmettre sa profonde reconnaissance au Comité central du PCUS et au gouvernement soviétique » et non à Khrouchtchev personnellement. L'ambassadeur soviétique veut alors l'informer sur le rapport Khrouchtchev ; Mao lui répond qu'il l'a lu et il le commente longuement avec une dialectique aussi spécieuse que spéciale. Selon lui, « la ligne de Staline dans la question chinoise a été dans l'ensemble juste, mais, à certaines périodes, Staline avait dans cette question commis de sérieuses fautes », dont il dresse une liste impressionnante : « Il disait qu'il fallait que le parti communiste se subordonne au Guomindang [le parti nationaliste de Chiang Kaï-shek], [...] ce qui a paralysé l'activité indépendante du PC chinois [...] », puis, même après la guerre, « il a continué à croire plus dans les forces du Guomindang que dans celles du parti communiste ». Bref, une ligne dans l'ensemble juste s'est traduite par une suite ininterrompue de consignes fausses. Il ajoute enfin : « Staline était incontestablement un grand marxiste, un bon et honnête révolutionnaire, malgré les erreurs décrites dans le rapport Khrouchtchev [19]. » Quelques années plus tard, dans leur querelle avec Moscou, les dirigeants chinois brandiront pourtant l'étendard de Staline comme prétexte idéologique fallacieux dissimulant la réalité des désaccords avec Khrouchtchev.

Dans le *Renmin Ribao* du 5 avril 1956, Mao, atténuant ses déclarations privées à Ioudine, apporte son soutien public à Khrouchtchev. « Durant la dernière période de sa vie, Staline s'est complu de plus en plus dans le culte de la personnalité [...] cela l'a conduit à commettre quelques erreurs graves. [...] La lutte contre le culte de la personnalité déclenchée au cours du XXe congrès du PCUS est une lutte grandiose et courageuse. » Puis il corrrige légèrement ce constat. Recevant Mikoïan, envoyé en Chine par Khrouchtchev, il lui déclare qu'il a accordé une grande attention à la critique des « fautes sérieuses » de Staline contenues dans le rapport secret, mais que, en fin de compte, « les mérites de Staline l'emportent sur ses insuffisances [20] ». Et lors des parades du 1er mai, dans toutes les villes chinoises, les manifestants brandissent des portraits de Staline. Le lendemain, Mao confirme à Ioudine ses propos sur « les mérites et les fautes » de Staline, mais affirme surtout son désaccord avec deux des formulations de Khrouchtchev dans son rapport inaugural du XXe congrès : la première sur « la coexistence pacifique des deux systèmes », la seconde sur « la possibilité d'empêcher les guerres à l'époque contemporaine ». Rencontrant en février 1965 – soit cinq mois après la chute de Khrouchtchev – le nouveau président du Conseil des ministres de l'URSS Alexis Kossyguine, Mao, ne craignant ni la contradiction ni l'hyperbole déclarera à ce dernier : « J'écrirai moi-même un livre sur les erreurs et les crimes de Staline. Mais il sera si effrayant que je ne le laisserai pas publier pendant dix mille ans[21]. »

Khrouchtchev poursuit en même temps ses attaques contre Malenkov. Ce dernier, en tant que ministre de l'Énergie électrique, a conduit en Angleterre à la mi-mars une délégation reçue par le Premier ministre conservateur Anthony Eden. La délégation a dîné deux fois avec les dirigeants du Parti travailliste. À son retour, Khrouchtchev déclare au Praesidium que ce voyage, quoique utile, « s'est transformé en voyage touristique » et que Malenkov s'est montré trop accommodant avec les dirigeants du Labour. Il lui lance : « Ils t'ont imposé beaucoup de choses superflues. Tu n'as pas percé à jour leurs intentions[22]. »

Au lendemain du congrès, Khrouchtchev propose de constituer une centaine de commissions chargées de visiter les camps et les prisons pour préparer la révision des condamnations des détenus politiques. Le procureur de l'URSS, Roudenko, qui jusqu'alors menait les réhabilitations à un rythme modéré, tente en vain de s'y opposer. Le 26 mars, Aristov soumet au Praesidium un projet de communiqué à diffuser dans la presse et annonçant la formation de ces commissions destinées « à vérifier dans les lieux de privation de liberté le bien-fondé de la condamnation de chaque individu accusé d'avoir commis un crime de caractère politique, ainsi qu'à l'examen du caractère rationnel du maintien en détention d'individus ne présentant pas de danger pour l'État et la société ». Le Praesidium en discute le 5 avril. Molotov et Vorochilov s'opposent à la publication, Boulganine a des doutes. Khrouchtchev affirme :

« Il y a beaucoup d'avantages si on le publie. » Souslov le soutient : « Il est logique de publier après le congrès[23]. » Dans la même ligne, le 28 mars, le Praesidium discute du document annonçant la dissolution du Kominform. Poursuivant le nettoyage du passé, il crée le 10 avril une commission sur le sort des anciens prisonniers de guerre soviétiques, présidée par le maréchal Joukov et composée de quelques dignitaires du KGB, très réticents, et du parquet. Khrouchtchev forme aussi une commission sur le meurtre de Serge Kirov, présidée par Nikolaï Chvernik, comprenant entre autres Roudenko, Chelepine et Olga Chatounovskaïa. Révolutionnaire condamnée à mort en 1918 par les Turcs à Bakou, cette dernière fut sauvée *in extremis* avant d'être victime de la terreur stalinienne et déportée à Kolyma où, une fois libérée, elle resta en exil. Elle demande au KGB un état de l'ampleur de la Grande Terreur et déclare en avoir reçu une note affirmant que, du 1er janvier 1935 au 1er juillet 1941, 19 840 000 individus avaient été arrêtés dont 7 millions avaient été fusillés. Sur l'affaire Kirov, elle interroge un millier de témoins et l'ensemble des documents qu'elle rassemble forme un énorme dossier de 64 tomes que Khrouchtchev, atterré, met sous l'éteignoir.

Le 15 avril, Khrouchtchev, à la tête d'une délégation comprenant son fils Sergueï et Boulganine, prend le train pour Kaliningrad. Là, répondant à une invitation d'Anthony Eden, ils embarquent pour l'Angleterre sur un croiseur accompagné de deux torpilleurs. Le 17, à la veille de leur arrivée et jour anniversaire de Khrouchtchev, Radio Moscou annonce la dissolution du Kominform, dont la visite de Khrouchtchev à Belgrade en mai 1955 avait déjà signé la condamnation à mort rendue effective ce 17 avril. C'est un petit cadeau à Eden et surtout à Tito. Le Kominform a eu comme activité essentielle d'exclure le Parti communiste yougoslave puis de déchaîner une campagne hystérique contre le titisme assimilé au trotskysme et au fascisme. Sa dissolution permet au Kremlin d'affirmer que les partis communistes ne dépendent pas de lui.

Reçu par les chefs de la marine anglaise, Khrouchtchev leur assène une vérité qu'il a déjà martelée au ministre de la

Marine soviétique et à ses amiraux, à savoir que les grandes heures de la marine de guerre sont révolues et que l'heure est désormais aux sous-marins, à l'aviation et aux fusées, qui ont changé la donne : « Aujourd'hui les croiseurs et les cuirassés sont des tombes flottantes, ils ont moralement vieilli[24]. »

Le 23 avril, Khrouchtchev et Boulganine sont invités à dîner par les dirigeants du Parti travailliste. Le dîner se passe mal. Le président du Labour, Hugh Gaitskell, remet à Khrouchtchev une liste de sociaux-démocrates emprisonnés en Europe de l'Est. Boulganine la prend et porte un toast aux gens du Labour. Khrouchtchev, furieux, explose : il n'a pas à rendre compte de ce qui se passe en URSS, et son rôle est d'arrêter les ennemis du peuple.

Au Praesidium du 3 mai, Khrouchtchev raconte le conflit avec le Parti travailliste et en profite pour mettre Malenkov sur la sellette. « Le conflit avec les gens du Labour est d'une certaine façon lié à la bonhomie de Malenkov [...] qui a beaucoup gâché [les choses] ; dans les conversations avec eux, [...] il ne leur a pas opposé la résistance nécessaire ; il était bien disposé à leur égard, [...] il n'a pas manifesté de caractère, il s'est laissé mener par la bride par eux[25]. » La mauvaise foi de Khrouchtchev est patente – mais tout est bon pour piétiner un ancien rival à terre. Une semaine plus tard, il prépare contre lui un coup décisif. La police arrête le chef de son secrétariat personnel, Soukhanov, accusé de malversations, et confisque dans le coffre-fort de Malenkov 58 tomes de bandes d'écoutes téléphoniques, essentiellement sur les chefs militaires soviétiques, et un texte manuscrit de Malenkov datant de 1952 sur la construction demandée par Staline d'une prison spéciale d'une trentaine de places pour les détenus politiques de haut rang. Le KGB extorque à Soukhanov une longue déposition contre Malenkov, que Khrouchtchev garde par-devers lui avec la liste des documents saisis. Khrouchtchev attendra un an avant de s'en servir.

Dans la foulée, il porte un coup à Kaganovitch. Ce dernier avait été nommé à la tête du Comité du travail et du salaire créé le 24 mai 1955. Ce spécialiste de la répression se révèle à ce poste d'une rare incompétence. En onze mois, le comité ne soumet aucune proposition. Le 25 avril 1956, constatant ce bilan, le Praesidium réduit le comité au rang de commission. Le 7 mai, Khrouchtchev affirme avec l'accord de tous que Kaganovitch ne fait rien et se contente de parader. Kaganovitch lui-même avoue : « Je ne suis pas compétent en matière de salaire, j'aurais abordé la question en cadre du Parti [26] », c'est-à-dire en compensant son incompétence par l'injonction et l'intimidation.

Deux semaines plus tard vient le tour de Molotov. Le 1er juin, Tito doit arriver en URSS où il restera trois semaines entières. Khrouchtchev lui offre la tête de Molotov qui s'était opposé à la réconciliation avec Tito. Le Praesidium du 28 mai le remplace par Dimitri Chepilov à la tête du ministère des Affaires étrangères. Tous, sauf Kaganovitch, l'accusent de mener une politique différente de celle du Comité central, et Khrouchtchev conclut la charge : « Après la mort de Staline, Molotov continue à se tenir fermement sur les anciennes positions [...]. » Sa raideur s'oppose à la coexistence pacifique. Il ajoute ironiquement que, « à part sa qualité de lord, rien ne milite pour Molotov », à qui Churchill, dans l'euphorie de la guerre, avait fait accorder cette distinction. Il l'accuse de surcroît de ne rien comprendre aux Terres vierges ni aux kolkhozes, sujets de prédilection pour Khrouchtchev [27].

Parallèlement, Khrouchtchev renforce son contrôle sur l'appareil central du Parti en constituant un bureau de la république de Russie, organisme bureaucratique supplémentaire de douze membres présidé par lui, Frol Kozlov assurant l'intérim lors de ses nombreux déplacements en province. Frol Kozlov est, selon Mikoïan, un homme « peu intelligent, prostalinien, réactionnaire, carriériste et par-dessus le marché vil » : « Les intrigues remplaçaient chez lui le travail authentique [28]. » Grossier, comme la plupart de ses pairs de l'appareil qui voient dans la vulgarité et la grossièreté un trait « prolétarien », il ne connaît comme mode de direction que la réprimande et la menace.

Le 1er juin 1956, pour plaire aux secrétaires régionaux, le Secrétariat du Comité central promulgue la refonte de la nomenklatura centrale : la direction à Moscou conserve la gestion directe de 9 042 fonctions seulement : 1 151 dépendent du Praesidium, 5 671 du Secrétariat, 2 580 du bureau russe.

La nomenklatura centrale du Comité central est donc réduite de moitié et celle de son annexe (dite de contrôle et vérification) de près de quatre fois. Ce cadeau n'annihile pas les fortes résistances auxquelles la déstalinisation khrouchtchévienne se heurte dans l'appareil dirigeant. Khrouchtchev avait fait accepter par le Praesidium l'idée d'un plenum du Comité central tenu au milieu de 1956, introduit par Joukov et consacré aux moyens de « surmonter le culte de la personnalité ». Il ne se réunira jamais. Le 10 mai 1956, Khrouchtchev nie même devant une délégation étrangère l'existence de son rapport secret. Ce même mois, Togliatti envoie un émissaire à Moscou, qui, à son retour, lui déclare que « depuis la mort de Staline, c'est Khrouchtchev qui mène le jeu, de loin le camarade le plus intelligent et le plus décidé. Le plus brillant aussi ». Mais « les jeux ne sont pas faits [...] », dans le Parti se font jour des îlots de résistance, des camarades n'admettant pas « les extravagances de Khrouchtchev ». Nikita n'a pas encore gagné la bataille contre la vieille garde, mais il a dans les mains de bonnes cartes, étant donné la « mollesse de Malenkov et de Mikoïan[29] ». Le 10 juillet, Khrouchtchev déclare à une délégation du PC italien : « Nous comptions que le rapport ne serait pas publié ; autrement nous l'aurions construit autrement. » À ce mensonge probable il ajoute un mensonge certain pour justifier la mise à l'écart des délégués étrangers : « La décision de poser cette question n'a pas été prise pendant la préparation du congrès mais dans le cours de son déroulement. C'est pourquoi nous avons été privés de la possibilité de nous consulter avec les partis frères et d'établir un équilibre entre les côtés positifs et les côtés négatifs de Staline. » Il espérait, ajoute-t-il, que le contenu du rapport filtrerait « progressivement[30] ».

Khrouchtchev a pourtant d'ores et déjà prolongé le rapport par des décisions politiques. Le 10 mars 1956, le Praesidium du Soviet suprême abroge le décret du 21 février 1948 qui ordonnait l'exil, dans les régions éloignées de l'URSS, des criminels jugés « particulièrement dangereux » une fois purgée leur peine de détention. Le 19 avril, il abroge le décret du 1er décembre 1934, qui permettait de juger en urgence et sans possibilité d'appel les actes qualifiés de « terroristes » ainsi que le décret du 14 septembre 1937, qui étendait cette procédure expéditive aux affaires de « sabotage et de diversion », transformant en actes terroristes des accidents du travail dus aux exhortations permanentes à dépasser le plan, à la mauvaise maîtrise d'un équipement industriel moderne par une main-d'œuvre d'origine paysanne ou à l'incompétence de l'encadrement.

Le 4 juin, la commission Joukov adresse au Comité central une note sur la situation des anciens prisonniers de guerre soviétiques toujours privés de droits civiques, voire encore internés. La note les lave de toute accusation de lâcheté, incrimine l'arbitraire du NKVD et le pouvoir absolu de Staline, propose de condamner par un décret du Comité central et du Conseil des ministres « la défiance politique dénuée de tout fondement vis-à-vis des anciens militaires soviétiques capturés ou encerclés par l'ennemi », d'étendre d'abord à leur cas l'amnistie accordée aux collaborateurs de l'armée allemande par le décret du 17 décembre 1955, puis de réviser les jugements prononcés contre eux, de rétablir leurs droits civiques, de réviser les décisions prises par le NKVD dégradant les officiers, de rétablir dans le Parti ceux qui en étaient membres, de décorer ceux qui ont été blessés en tentant de s'enfuir et enfin de tourner des films, d'écrire des pièces, des livres, des articles, des brochures, des nouvelles et des essais « consacrés au comportement héroïque des militaires soviétiques tombés prisonniers des fascistes [31] », qui ne verront jamais le jour.

L'extension aux anciens prisonniers de guerre soviétiques de l'amnistie accordée aux anciens collaborateurs des nazis assimile victimes du nazisme et victimes du totalitarisme stalinien. Le 29 juin, le Comité central et le Conseil des ministres adoptent un décret secret « sur l'abrogation des dernières violations grossières de la légalité concernant les anciens prisonniers de guerre et les membres de leur famille », signé Khrouchtchev et Boulganine, qui reprend l'essentiel des propositions de la commission Joukov, dont une partie restera lettre morte. Le même jour, le Praesidium adopte une décision « ultrasecrète » sur la révision des mesures décidées jusqu'alors contre les populations soviétiques « chassées de force pendant la guerre patriotique au-delà des frontières de la patrie [32] ». Le Praesidium du

18 septembre 1956 se contente d'étendre le décret du 17 décembre 1955 aux prisonniers de guerre.

L'application pratique des autres décisions se heurtera à la résistance de l'appareil, surtout celui du KGB, qui a organisé la chasse aux prisonniers et freine ou entrave les décisions de Khrouchtchev. Les prisonniers resteront globalement suspects et, jusqu'à la chute de l'URSS, dans nombre de documents à remplir par les candidats à diverses fonctions subsistera la question : « Avez-vous personnellement – ou des membres de votre famille – été fait prisonnier, été interné ou résidé dans les territoires occupés ? » On ne peut néanmoins qu'être d'accord avec Nicolas Werth quand il constate que « Khrouchtchev finit par aller plus loin que tous ses collègues dans la voie d'une déstalinisation mesurée et partielle, sur le plan politique, mais radicale sur le plan de la vie quotidienne de la population [33] ».

L'agriculture lui pose aussi quelques problèmes épineux. Khrouchtchev renforce la pression sur la paysannerie. Un décret du 10 mars 1956 sur « le développement de l'initiative des kolkhoziens » invite ces derniers à augmenter le nombre minimal de journées dues à leur kolkhoze et à réduire la superficie des parcelles individuelles et le nombre de leurs têtes de bétail. Malgré les résultats honorables de la récolte des Terres vierges, les difficultés s'annoncent. Le flot des volontaires, découragés par les conditions de vie difficiles, se tarit. Un appel à la jeunesse pour se rendre dans les Terres vierges, publié dans la *Pravda* du 13 avril 1956, souligne que le komsomol devra se livrer à « un gros travail d'éducation pour persuader les gens ».

Or, le 10 juin 1956, Kouniaev et Iakovlev, qui a remplacé Ponomarenko comme premier secrétaire du PC kazakh, demandent instamment une aide urgente pour assurer la moisson. Rien ne va en effet : ils ne recevront, affirment-ils, que « le 20-25 août les moissonneuses-batteuses nécessaires à la moisson qui, dans de nombreux secteurs du Kazakhstan, commence fin juillet-début août ». Ils insistent pour les recevoir le 20 juillet au plus tard et réclament également l'envoi d'un nombreux matériel (2 800 tracteurs, 30 000 camions supplémentaires, 90 stations électriques mobiles, etc.) et de 25 000 conducteurs expérimentés de tracteurs venus d'autres

Républiques. Khrouchtchev harcèle le ministère de l'Agriculture, qui annonce fin juillet l'envoi de 25 965 moissonneuses-batteuses prélevées sur le parc des autres Républiques, évidemment mécontentes. Cette mobilisation quasi militaire repose sur une tension permanente aux résultats éphémères.

Mais le pire vient de l'extérieur. Après le premier coup de semonce provoqué par les réactions parfois brutales au rapport Khrouchtchev en URSS même, un second coup de semonce est donné en Pologne. Le pays a déjà retenu l'attention de Khrouchtchev en mars 1956. Le 15, Khrouchtchev s'envole pour Varsovie où de nombreux communistes polonais ont déjà en poche son rapport imprimé, diffusé par la délégation polonaise au congrès et vendu dans les rues à un prix (230 zlotys) que Khrouchtchev trouve trop bas. Il y reste jusqu'au 22 pour contrôler la désignation du successeur de Bierut. Il participe aux débats du plenum du Comité central qui doit le choisir. Il veut éviter que la nouvelle direction ne tombe entre les mains des communistes juifs polonais, promus par Staline et qui, affirme-t-il, « ont accueilli douloureusement la critique du culte de Staline. Ces gens [...] poussent systématiquement en avant leurs gens à eux dans les organes du Parti et de l'État [...]. Au plenum, lorsque a été choisie la direction du Parti, j'ai ouvertement déclaré que, dans un État ouvrier et paysan, la majorité des cadres dirigeants doivent appartenir à la nationalité fondamentale. » Il s'oppose donc à l'élection du juif Zambrovski au poste de premier secrétaire. « Pour les intérêts nationaux de la Pologne, il est préférable, dit-il, de promouvoir des dirigeants du Parti de nationalité polonaise, car plus on mettra en avant des juifs aux postes dirigeants plus les états d'esprit antisémites seront vivaces [34]. » Certains membres du Comité central polonais lui reprochent alors sa position antisémite.

Le 27 juin, les ouvriers de l'usine métallurgique Zispo à Poznań se mettent en grève contre la baisse de leurs salaires réels, descendent dans la rue, puis sont rejoints le 28 par les ouvriers d'autres usines qui défilent en criant : « À bas les bonzes ! Nous ne voulons plus être des esclaves ! À bas la dictature ! À bas le communisme ! À bas le faux communisme ! À bas l'occupation soviétique ! Dehors les Moscoutaires !

Dehors les troupes russes d'invasion ! Nous voulons une Pologne libre ! » Les bureaucrates, terrés dans leurs bunkers, envoient la troupe, peu motivée. La police politique tire. Les ouvriers et les étudiants désarment des soldats souvent passifs. La grève devient insurrectionnelle. Les blindés entrent dans la ville et de véritables combats s'engagent. Bilan : 53 tués, 434 blessés et près de 2 000 arrestations, en grande majorité des jeunes et des ouvriers. La Pologne vibre. Au Praesidium du 12 juillet, Khrouchtchev dénonce dans la grève de Poznań « l'activité subversive des impérialistes [35] ». Le mécontentement des ouvriers n'existe pas pour lui. En Hongrie, où la haine monte contre la dictature de Rákosi, le cercle d'écrivains Petöfi organise des débats de plus en plus animés, dont l'un sur la liberté – exigée – de la presse, qui rassemblent des milliers de participants. Le 13 juillet, Khrouchtchev envoie Mikoïan en Hongrie. Le 16, la *Pravda* accuse le cercle Petöfi de « céder à la pression extérieure des cercles impérialistes » et de « diffuser ses opinions antiparti sous l'apparence de la discussion et de jouer ainsi le jeu des ennemis de la Hongrie populaire ». À Budapest, Mikoïan remplace au poste de secrétaire général du Parti Rákosi, haï, par Ernst Gerö, tout aussi détesté. La promotion de cet ancien bourreau du NKVD en Espagne durant la guerre civile polarise un peu plus des forces antagonistes.

C'est dans cette tension croissante que le plenum du Comité central adopte le 30 juin 1956 une résolution, « Sur le dépassement du culte de la personnalité et ses conséquences », qui marque un recul sur le rapport secret, dont elle émousse sérieusement la portée, et encadre très étroitement la « déstalinisation » officielle. Staline y est qualifié de « grand théoricien et organisateur », vanté pour avoir combattu impitoyablement les diverses oppositions, assuré la victoire du socialisme en URSS et contribué au développement du mouvement communiste mondial et de la lutte de libération nationale des peuples. Il est seulement accusé d'abus de pouvoir dus à ses traits personnels, qui ont freiné le progrès de la société soviétique sans avoir altéré sa nature socialiste. Bref, la résolution, à laquelle Thorez, Ulbricht et Rákosi, secrétaires des PC français, est-allemand et hongrois et ultrastaliniens notoires s'associent, est une défense du système stalinien, écorné dans le rapport de Khrouchtchev.

Quelques jours plus tard, le Secrétariat du Comité central, dans une lettre confidentielle à toutes les organisations du Parti, annonce des poursuites engagées contre certains communistes et certaines cellules pour leur discussion « incorrecte » des décisions du XXe congrès. « Une partie des communistes, affirme la lettre, comprend de manière incorrecte la liberté de discussion et de critique dans le Parti, à la suite de quoi ils se trouvent dans l'incapacité de distinguer le moment où la liberté de discussion franchit la limite de l'esprit de parti, et où la critique se transforme en calomnie [...] Le Parti n'a pas besoin de tels communistes[36]. » La critique « se transforme en calomnie » dès qu'elle aborde les questions que l'appareil interdit de discuter, à commencer par son monopole politique et ses privilèges. Or toute discussion peut déboucher sur ces questions interdites. L'appareil doit donc vite y couper court.

L'expression dès lors consacrée de « culte de la personnalité » définit très exactement l'enjeu de la déstalinisation officielle : l'appareil reproche à Staline d'avoir hissé sa personne au-dessus de lui, de l'avoir privé de sa souveraineté, décimé et réduit au rôle d'instrument d'exécution docile et perpétuellement menacé, mais il lui est reconnaissant d'avoir assuré sa suprématie politique et sociale. L'appareil s'affirme désormais comme le seul maître.

Cet appareil, qui réagit brutalement à tout éveil de l'esprit critique, est composé de permanents éternels, qui ont très vite abandonné toute activité professionnelle ou sociale. Il entretient avec la population des rapports purement verticaux (le sommet commande, les échelons inférieurs transmettent et la base exécute) reposant sur le mensonge et le bluff. Le romancier Alexandre Iachine les décrit remarquablement dans sa nouvelle *Les Leviers*, publiée en avril 1956, en pleine discussion du rapport Khrouchtchev, dans l'almanach *Literatournaïa Moskva*, bientôt supprimé.

Ces relations de commandement, qui sont à la racine même de la crise permanente de l'agriculture soviétique et de l'accumulation des chantiers entamés et éternellement inachevés, règlent le fonctionnement de haut en bas. Selon G. Smirnov, de la section d'Agitation et de propagande du Comité central, les rapports d'autorité dans l'appareil central ont trouvé leur expression dans un dicton brutal : « Je suis le chef, tu es un crétin, tu es le chef, je suis un crétin [37]. » Ces relations se traduisent dans le comportement par le ton rogue et cassant, les cris qui accompagnent les interminables bavardages bureaucratiques des sommets.

En règle générale, ces sommets ne réunissent pas des sommités mais des individus ternes, primitifs, souvent incultes y compris politiquement, plus doués pour les intrigues que pour les problèmes économiques, sociaux et politiques. Les dirigeants promus par Khrouchtchev, Kozlov, Podgorny, Polianski, sont des nullités intellectuelles. Souslov, que les soviétologues occidentaux qualifient sans rire d'« idéologue » du régime et que Khrouchtchev traite avec mépris de « rond-de-cuir », en est un bon exemple. Cet apparatchik typique a commencé à travailler dans l'appareil du Parti au début des années 1930 à l'âge de trente ans ; en 1939, les purges staliniennes le font entrer au Comité central. En 1944, il est nommé à la tête du bureau spécial du Comité central chargé de « soviétiser », c'est-à-dire d'épurer, la Lituanie, où la résistance nationaliste va tenir le maquis jusqu'en 1950, de ses éléments indépendants ainsi que des nombreux collaborateurs des nazis. Après la mort de Jdanov en août 1948, il devient responsable du secteur idéologique du Comité central, chargé de la surveillance policière de toutes les productions écrites, donc de la censure. En 1954-1955, il soutient Khrouchtchev contre Malenkov qu'il déteste. C'est lui qui introduira les réunions consacrées aux diverses purges, jusqu'à l'élimination de Khrouchtchev lui-même.

L'inculture politique de tous ces dirigeants est abyssale. Selon le général Volkogonov, ancien chef de la direction politique de l'armée soviétique : « Khrouchtchev lui-même, comme de nombreux autres bonzes bolcheviks, connaissait très peu Lénine... Certes, le bureau de chaque guide contenait les œuvres complètes de Lénine, mais jamais ils n'y touchaient [38]. »

La résolution du 30 juin n'empêche pourtant pas la réflexion sur le stalinisme de se poursuivre dans la société et, de façon irrégulière et contradictoire, chez Khrouchtchev lui-même. Au Praesidium du 5 novembre, il reconnaît dans la continuité entre Staline et ses héritiers, dont lui et tout le Praesidium, un obstacle à la poursuite de la déstalinisation : « Nous avons changé quelque chose après la mort de Staline dans le bon sens, mais pas jusqu'au bout. C'est tout à fait compréhensible, parce que nous-mêmes nous avons travaillé avec Staline, et les vices contenus dans la direction de Staline, nous n'en sommes bien entendu pas libérés, parce que nous nous y sommes habitués [39]. »

Malgré le coup de frein du 30 juin, les réhabilitations et – pour les survivants – les libérations de nombreuses victimes de Staline se poursuivent sous l'impulsion de Khrouchtchev, qui se refuse à franchir une ligne rouge : la réhabilitation des victimes des trois procès de Moscou. Selon lui, en effet, les réhabilitations déjà prononcées ont provoqué des « réactions orageuses tant à l'intérieur du pays qu'à l'étranger », notamment chez les dirigeants des partis frères – surtout français et italien – « inquiets parce que l'événement ébranlait leurs partis ». Togliatti et Thorez ont averti Moscou que toute réhabilitation leur créerait d'énormes difficultés. « Nous ne voulions pas, conclut Khrouchtchev, en reconnaissant l'inconsistance de ces procès, donner des armes à nos ennemis contre les partis frères, contre des dirigeants comme Maurice Thorez et Palmiro Togliatti [...]. Nous décidâmes donc de ne pas les réhabiliter maintenant, mais de préparer tout ce qui était nécessaire pour cela. [...] Nous prendrons une décision secrète, affirmant que ces gens avaient été victimes de l'arbitraire », qui pourra être publiée une fois la génération actuelle (celle des complices et profiteurs de leur liquidation) disparue, et alors « tous ces gens devraient être réhabilités parce que ç'avaient été des gens honnêtes, dévoués et très valables pour l'URSS, ayant simplement d'autres opinions ». Mais, souligne Khrouchtchev, « la lutte contre eux était correcte, car il y avait des divergences idéologiques, des points de vue différents sur la pratique de l'édification du socialisme [...]. Avec Staline qui était notre guide, nous avons mené le combat correctement, avec des méthodes de parti, par le canal de discussions, de débats, par le vote dans les organisations du Parti ». Mais « il n'y avait pas besoin de les juger, pas de raison. Là il y avait un vrai arbitraire, un abus de pouvoir. »

Une exception cependant à ces réhabilitations différées : Trotsky et sa mort. « Nous ne soulevâmes pas le rideau sur cette affaire et ne voulions même pas le faire. Nous avions mené contre Trotsky une lutte idéologique, nous l'avions condamné, nous avions été et nous restions des adversaires de son idéologie, de ses conceptions. Il avait fait pas mal de tort au mouvement révolutionnaire et de plus il n'était pas mort sur le territoire de l'URSS ; il était mort sans jugement et sans enquête. En 1940, un de nos agents le rattrapa et le tua, semble-t-il, au Mexique. Pour cela notre agent fut décoré. C'est pourquoi nous ne touchâmes pas cet aspect de la question[40]. »

17

L'EXPLOSION : BUDAPEST, 1956

Molotov éliminé, Khrouchtchev décide d'intervenir dans le domaine diplomatique en court-circuitant le nouveau ministre des Affaires étrangères, Dimitri Chepilov. Ainsi, à la fin du mois de septembre 1956 s'ouvrent des négociations entre le Japon et l'URSS. La délégation soviétique désignée le 11 octobre pour discuter avec le ministre des Affaires étrangères japonais, Kono, est composée de Boulganine, Khrouchtchev, Mikoïan, Gromyko, mais pas Chepilov. L'irruption de Khrouchtchev, qui manie la menace, la bravade, voire la provocation, dans une diplomatie dirigée jusqu'alors par l'impassible et froid Molotov marque un changement brutal de comportement. Quinze jours après la nationalisation du canal de Suez par Gamal Abdel Nasser en juillet 1956, il interpelle par exemple les ambassadeurs français et anglais lors d'une réception à l'ambassade de Roumanie, leur coupe la parole, leur délivre un vigoureux discours anticolonialiste et leur déclare sans ambages : « Si l'Occident provoque un conflit armé, l'Égypte ne sera pas seule. Si mon propre fils décidait de se porter volontaire pour en défendre la cause, je lui donnerais ma bénédiction [1]. » Il semble ainsi menacer l'Angleterre et la France d'un envoi massif de volontaires soviétiques en Égypte, qu'il n'a nullement l'intention d'effectuer. Il inaugure de la sorte une liste nombreuse de tartarinades, non suivies d'effet en règle générale, mais dont la multiplication sert la propagande des défenseurs du « monde libre » sur la « menace soviétique » et dont l'absence de suite conforte les gouvernements des États-Unis et de leurs alliés dans leur appréciation de la force réelle de l'Union soviétique.

C'est avec les pays frères que Khrouchtchev rencontre le plus de difficultés. Au VIIIe congrès du PC chinois, qui se tient du 15 au 27 septembre, les adversaires de Mao Zedong dénoncent en effet le culte de la personnalité sans le nommer mais de façon transparente. Mao relie cette offensive à la campagne antistalinienne de Khrouchtchev. Il déclare alors à l'un de ses interprètes : « Khrouchtchev n'est pas assez mûr pour diriger un aussi grand pays. » Des gens comme lui, ajoute-t-il, « ne sont pas dévoués au marxisme-léninisme [...], ils n'ont pas assez d'esprit révolutionnaire [2] ». Cette phraséologie dissimule le contenu réel des désaccords. Le 1er octobre, Zhou Enlai les précise en reprochant aux dirigeants du PCUS de n'avoir pas, lors de la dénonciation du culte de Staline, « mené de consultations préalables avec les partis frères » (ce que pensent de nombreux dirigeants de partis communistes pris au dépourvu) ; de plus, ils « n'ont pas fait preuve d'autocritique » et enfin « il manque une analyse historique globale [3] ».

Le 19 septembre, Khrouchtchev, après avoir passé trois semaines de vacances en Crimée, arrive à Belgrade pour un voyage privé. Il rencontre longuement Tito et revient à Yalta le 27 septembre, accompagné de ce dernier et de sa femme Jovanka. Il invite aussi plusieurs dirigeants des démocraties populaires pour discuter de la tension qui y règne. L'ancien secrétaire du PC polonais, Wladyslaw Gomulka, arrêté en décembre 1949 comme nationaliste polonais puis libéré de prison secrètement en décembre 1954, est aussi invité discrètement ; il refuse l'invitation en prétextant de sa mauvaise santé. Khrouchtchev développe un plan pour l'Europe de l'Est : satisfaire quelques revendications, faire quelques changements mais maintenir à la tête les « léninistes éprouvés », c'est-à-dire des staliniens endurcis comme le Hongrois Ernö Gerö et le Polonais Edward Ochab, flanqués de quelques vieux hommes nouveaux (Kádár, Gomulka). Ces menus replâtrages au sommet retardent de plus en plus la politisation galopante des peuples et se révéleront complètement inefficaces.

En Pologne et en Hongrie, l'agitation croît de jour en jour. Le 27 septembre 1956 s'ouvre le procès des émeutiers de Poznań dont l'avocat dresse un acte d'accusation de la bureaucratie au pouvoir. Le 6 octobre, dans Budapest, une manifestation monstre célèbre les funérailles solennelles de László Rajk, ancien des Brigades internationales et ministre de l'Intérieur pendu en 1949 comme trotskyste-titiste. Khrouchtchev confie la gestion sur place de la question hongroise à quatre hommes : l'ambassadeur Iouri Andropov, futur président du KGB, le président en exercice du KGB, Ivan Serov, et deux membres du Praesidium, Mikoïan et Souslov. Le 13, le général Farkas, ancien chef et bourreau de la police politique, est arrêté ; le lendemain Imre Nagy est réintégré dans le PC hongrois. Ce même jour, Andropov alerte Moscou. Il télégraphie le contenu de son entretien avec un membre du PC hongrois, Vas Zoltán, qui lui déclare qu'« une catastrophe nationale s'approche » et que le seul moyen de l'éviter est de porter Imre Nagy à la tête du gouvernement [4]. Khrouchtchev refuse et maintient en place l'équipe Gerö.

L'Histoire alors s'emballe. En Pologne, pour tenter de calmer l'agitation qui après l'intelligentsia gagne les usines, la direction du Parti ouvrier unifié polonais (POUP) annonce que Gomulka, à qui son emprisonnement a valu une réelle popularité, sera invité au prochain Comité central. Le 15 octobre, le Bureau politique du POUP propose une refonte de la direction : la nomination au poste de premier secrétaire du Parti de Wladyslaw Gomulka et l'élimination du Bureau politique du maréchal soviétique Rokossovski. Ces propositions doivent être soumises au plenum du Comité central du 19. Pour la première fois dans son histoire, le Bureau politique polonais se refuse à discuter de ses propositions avec le Kremlin où règne une grande nervosité. Khrouchtchev insiste sur la nécessité de mesures urgentes. Le 18 octobre, le Praesidium décide d'envoyer en Pologne une délégation composée de Khrouchtchev, Kaganovitch, Mikoïan et Molotov et en informe les partis frères : « La situation qui se crée dans la direction du POUP suscite en nous une sérieuse inquiétude étant donné la signification particulière de la Pologne pour le camp du socialisme et en particulier pour l'Union soviétique [5]. » La délégation s'enrichit des maréchaux Koniev et Joukov qui placent les troupes soviétiques stationnées en Pologne et la flotte soviétique de la mer Baltique en état d'alerte. Le matin du 19, le maréchal Rokossovski, alors membre du Bureau politique du POUP, fait monter une division blindée soviétique vers la capitale. À cette nouvelle, les ouvriers de plusieurs usines se mobilisent.

Le 19 octobre au matin, la tour de contrôle de l'aéroport de Varsovie fait patienter près d'une heure le Tupolev qui transporte la délégation soviétique avant de lui donner l'autorisation d'atterrir. Khrouchtchev bondit vers les dirigeants du POUP qui l'accueillent, fou de rage, et crie : « Nous avons versé notre sang pour libérer cette terre et maintenant vous voulez la donner aux Américains, mais cela ne réussira pas, cela n'aura pas lieu. » Puis il pointe son doigt vers Gomulka et s'écrie : « Qui c'est celui-là ? » Gomulka rétorque en russe : « Je suis l'ancien secrétaire général du Parti que Staline et vous-même avez jeté en prison. Mon nom est Gomulka. » Khrouchtchev, démonté un bref instant, sourit, lui tend la main et dit : « Allons causer[6]. »

Le 20, les négociations sont difficiles. Khrouchtchev, toujours en rage, menace Gomulka et les Polonais. Mikoïan et lui, dépêches de presse en main, dénoncent une tentative de contre-révolution en Pologne et exigent le maintien de l'ancien Bureau politique avec Gomulka en sus. Molotov ne dit mot pendant les négociations. Il semble se réjouir de l'échec du premier secrétaire, qui repart dans l'après-midi pour Moscou sans avoir obtenu la garantie que les hommes de Moscou resteront au Bureau politique. Le Praesidium se réunit le soir même dans une atmosphère belliqueuse. Khrouchtchev décide : « Une seule issue : en finir avec ce qui se passe en Pologne. Si Rossokovski reste [au BP] on peut tenir provisoirement. » Le Praesidium décide d'« organiser » des manœuvres (militaires), de créer un comité destiné à contrer la nouvelle direction et de convoquer d'urgence les dirigeants des PC des démocraties populaires et de Chine pour discuter des affaires polonaises[7].

Le 21, le comité central du POUP ne donne que 26 voix à Rokossovski éliminé du BP, contre 74 à Gomulka. Malgré cette défaite de l'agent direct du Kremlin, l'atmosphère au

Praesidium est beaucoup moins belliqueuse que la veille. Khrouchtchev déclare : « Vu la situation, il faut s'interdire une intervention armée. Manifester de la tolérance[8]. » Cette position recueille l'unanimité. Le Praesidium décide de satisfaire la demande des Polonais en rapatriant les conseillers soviétiques de la Sécurité d'État polonaise, et les officiers et généraux soviétiques en poste dans l'armée polonaise. La promesse est notifiée dans une lettre à Gomulka du 22 octobre. Le jour même, à minuit, Mao convoque une réunion extraordinaire du Bureau politique du PC chinois. Inquiet qu'une intervention militaire soviétique en Pologne ne fasse peser demain une menace similaire sur la Chine, il déclare : « L'URSS est prête à organiser une intervention militaire en Pologne, en violant par là les règles les plus élémentaires des relations internationales. C'est un véritable chauvinisme de grande puissance. » Et il propose de condamner publiquement toute intervention militaire en Pologne, comme il l'annonce une heure plus tard à l'ambassadeur soviétique Ioudine convoqué en urgence[9]. Il en profite pour faire la leçon à Khrouchtchev : les Russes, lui dit-il, ont rejeté l'épée que représentait Staline. Les ennemis ont relevé cette épée pour tuer les communistes ! Quelques heures plus tard, une délégation du PC chinois composée entre autres de Liu Shaoqi, Deng Xiaoping part pour Moscou.

Le 23 octobre, Khrouchtchev téléphone à Gomulka, le félicite de son élection, lui souhaite plein succès et lui annonce que les troupes soviétiques vont regagner leurs bases d'ici quarante-huit heures, mais décide que la presse soviétique ne publiera pas le discours prononcé par Gomulka au Comité central du POUP le 20 – trop dangereux. À Varsovie, la révision du procès des émeutiers de Poznań aboutit à la libération de tous les grévistes condamnés.

C'est en Hongrie que va se produire l'explosion. Le 23 octobre 1956, à Budapest, une manifestation de solidarité avec les Polonais rassemble plus de 100 000 étudiants et ouvriers place du Gouvernement. Un groupe de manifestants abat la statue haïe de Staline, une délégation se rend au Palais de la radio pour demander en vain la lecture d'une résolution exigeant le retour de Nagy au gouvernement. Les manifestants tentent d'entrer dans le Palais puis désarment sans peine l'armée appelée en renfort. À 23 heures, Gerö ordonne à l'AVH, la police politique, de tirer. Des manifestants ripostent. C'est le début de la révolution. Le Praesidium de ce 23 octobre ne discute que de la Hongrie et de la Pologne. Avant même que Gerö n'ait fait tirer sur la foule, Khrouchtchev se prononce pour l'entrée des troupes soviétiques dans Budapest ; les autres approuvent. Joukov suggère même de « proclamer la loi martiale dans le pays et le couvre-feu ». Seul Mikoïan émet des réserves et propose de « rétablir l'ordre par les mains des Hongrois eux-mêmes. Si nous faisons entrer les troupes, nous gâtons nos affaires [10] ». Khrouchtchev fait voter l'envoi de Mikoïan et Souslov à Budapest.

Le 24 à l'aube, l'armée russe intervient à Budapest contre les insurgés, puis Radio Budapest annonce le nomination de Nagy à la tête du gouvernement et affirme, pour le discréditer, que c'est lui qui a appelé l'armée russe à intervenir. Le 25, Gerö est remplacé par János Kádár à la tête du PC hongrois. Alors que les combats continuent dans les rues de Budapest et que se forment les premiers conseils ouvriers dans les usines, au Praesidium du 26, Khrouchtchev propose d'envoyer à Budapest Molotov, Malenkov et Joukov, qui s'y envole seul.

Le 28, Khrouchtchev juge que « la situation se complique [...]. Les ouvriers soutiennent l'insurrection ». Il ajoute : « Nous sommes responsables de beaucoup de choses. [...] Il n'y a pas là-bas de direction ferme, ni dans le Parti ni dans le gouvernement. L'insurrection s'est étendue à la province. Les troupes peuvent passer du côté des insurgés. » Pis encore, « des Soviets se constituent (de façon spontanée) dans les entreprises ». Il affirme son accord avec Joukov et Sabourov, qui proposent de « soutenir » le gouvernement actuel. Il suggère de dire à Nagy et Kádár : « Nous vous soutenons. Nous cessons le feu. Nous sommes disposés à retirer nos troupes de Budapest... à condition que les centres de résistance cessent le feu [11]. »

Toute la nuit du 30 au 31, avec quelques membres du Praesidium, Khrouchtchev discute avec la délégation chinoise alors présente à Moscou sur l'attitude à adopter vis-à-vis de la Hongrie. « Devions-nous entreprendre une action militaire en

Hongrie ou non ? Au cours de la conversation, nous avons penché pour telle décision, puis pour une autre, nous en avons changé plusieurs fois au cours de la nuit. Liu [Shaoqi] contactait aussitôt Mao [...]. » À l'aube, affirme-t-il, ils se quittent sur la décision de ne pas envoyer l'armée, mais à peine l'accord passé avec les Chinois, ils apprennent que les insurgés de Budapest ont pendu et lynché quelques dizaines d'officiers et de soldats de la Sécurité d'État haïs, qualifiés abusivement de « militants communistes ». Le Praesidium se réunit immédiatement. Khrouchtchev revient sur la décision de ne pas envoyer l'armée en Hongrie, pour des raisons de politique internationale, affirme-t-il : « Si nous évacuons la Hongrie, cela encouragera les impérialistes américains, anglais et français. Ils l'interpréteront comme une faiblesse de notre part et ils nous attaqueront. Nous manifesterons alors la faiblesse de nos positions [...]. Nous n'avons pas d'autre choix. » En Hongrie, « à présent, il n'y a plus de gouvernement ». Il propose donc de former un gouvernement révolutionnaire provisoire dirigé par Kádár. Ce gouvernement « nous demandera de l'aide, nous lui donnerons de l'aide et nous rétablirons l'ordre ». Khrouchtchev veut obtenir un large accord et propose donc d'engager des pourparlers avec Tito, d'informer les camarades chinois, tchèques, roumains, bulgares, déclarant : « Ce ne sera pas une grande guerre [12]. » Il est décidé d'envoyer Khrouchtchev et Malenkov en Yougoslavie pour discuter de la situation avec Tito [13]. Le Praesidium se précipite alors au grand complet à l'aéroport de Vnoukovo, d'où s'apprêtent à repartir les Chinois, pour informer Liu Shaoqi du changement de cap décidé et lui en expliquer les raisons. Celui-ci contacte Mao, qui donne son aval : la révolution hongroise menace toutes les bureaucraties dites socialistes. Une semaine après avoir dénoncé une hypothétique intervention soviétique en Pologne, il insiste pour que l'armée russe rétablisse l'ordre ancien à Budapest. Comme Khrouchtchev, il ne dit mot du vrai motif de son changement de cap : le 30 octobre, à 14 h 30, Nagy a annoncé à la radio la fin du régime du parti unique. La liberté réelle des partis proclamée en Hongrie est une menace pour tout le système au moment même où les conseils ouvriers commencent à couvrir le pays.

Khrouchtchev, flanqué de Molotov et Malenkov, court d'abord discuter avec Gomulka à Brest-Litovsk. Gomulka est réservé, voire réticent, sur l'intervention militaire à Budapest. Il craint qu'elle ne provoque une explosion en Pologne où la vague révolutionnaire n'est pas retombée. Khrouchtchev part ensuite, flanqué du seul Malenkov, à Bucarest rencontrer les dirigeants des PC roumain, bulgare et tchécoslovaque. Ils approuvent tous l'entrée des chars à Budapest. Les Roumains proposent même d'y envoyer leurs troupes. Khrouchtchev et Malenkov s'envolent enfin pour la résidence de Brioni de Tito. Après celui de Mao, l'accord de Tito, dont Khrouchtchev redoutait les réticences, pèse lourd dans la décision d'envoyer les chars russes écraser les insurgés. Tito craint l'extension de la révolution des conseils à son propre pays. L'autogestion ouvrière yougoslave ne laisse aux ouvriers que la possibilité de gérer la mise en œuvre dans le détail d'une politique décidée souverainement par le Parti. Les conseils ouvriers de Hongrie veulent eux décider souverainement. C'est un danger mortel.

Khrouchtchev rentre à Moscou satisfait. Au Praesidium du 3 novembre, où Kádár disparu de Budapest vient faire acte d'allégeance, il concède : « Une partie des insurgés ne sont pas des ennemis. Ils ont été rendus enragés par les erreurs de la direction [14]. » Mais il tranche : « Nous ne pouvons pas considérer Imre Nagy comme un communiste. » Le 4 novembre 1956, les chars soviétiques entrent dans Budapest. Imre Nagy et ses principaux camarades se réfugient à l'ambassade de Yougoslavie. Ce jour-là, le Praesidium se penche avec inquiétude sur l'agitation suscitée en URSS par les révolutions hongroise et polonaise. Joukov, Khrouchtchev, Fourtseva et Pervoukhine interviennent sur le « nettoyage des instituts d'enseignement supérieur des éléments malsains [15] », que le Praesidium confie à quatre de ses membres. Le kaguébiste Bobkov, chargé de surveiller les milieux étudiants, témoigne : « Beaucoup d'entre eux, hostiles à Khrouchtchev, appelaient à intervenir en soutien des Hongrois et à protester contre les actions du gouvernement soviétique [16]. » En juin 1957, Khrouchtchev précisera ses craintes : « Chez nous, certains n'étaient pas loin d'organiser un club dans le genre du club

Petöfi en Hongrie. Et si nous ne nous en étions pas mêlés, on ne sait pas comment tout cela aurait pu se terminer[17]. »

Pendant que les chars soviétiques nettoient Budapest et quelques autres villes insurgées, et pour masquer l'ampleur d'une reprise en main qui fera près de 20 000 morts, Khrouchtchev, sous la signature de Boulganine, menace de façon assez vague d'envoyer ses fusées, encore à demi expérimentales, sur la Grande-Bretagne. Le 29 octobre en effet, en accord avec la France et l'Angleterre, l'armée israélienne a lancé une offensive sur Gaza, sur Charm-el-Cheikh et surtout sur le canal de Suez nationalisé par Nasser. Le 31, les aviations française et britannique ont bombardé l'Égypte et lâché sur le canal des commandos de parachutistes.

Dans ses Mémoires, Khrouchtchev attribue à cette menace qui affole les médias occidentaux mais laisse de marbre les chefs d'État une influence décisive sur le retrait des forces israélo-franco-britanniques de Suez. Or ce sont les États-Unis qui ont fait plier d'abord Anthony Eden, puis Guy Mollet.

Après avoir soutenu l'intervention en Hongrie pour « sauver le socialisme », Tito demande à Khrouchtchev d'accepter que Nagy et ses camarades se réfugient en Yougoslavie. Khrouchtchev explose. Impossible d'accepter, lui répond-il, furieux : « Ils constitueraient un point d'attraction pour les éléments contre-révolutionnaires en Hongrie », c'est-à-dire les conseils ouvriers toujours actifs, puis il accuse : « Certains intervenants du cercle Petöfi ont déclaré qu'ils étaient partisans de la voie yougoslave de développement et ont ensuite été à la tête du soulèvement. » On pourrait dès lors penser que « tout avait été organisé avec la participation des Yougoslaves, incapables ensuite de les retenir ». Tito aurait joué avec le feu. Si Belgrade accueille Nagy cela « causera un dommage irréparable dans nos relations[18] ». Tito réagit aussitôt : les Yougoslaves, répond-il, n'ont rien à voir avec le cercle Petöfi et ses semblables. Il s'affirme « prêt à régler la situation dans un esprit de mutuelle amitié, mais pas au détriment de la réputation internationale de la Yougoslavie comme État indépendant ». Le gouvernement soviétique doit « être particulièrement compréhensif pour le prestige international de la Yougoslavie », nécessaire – ce que Tito ne dit pas – pour obtenir des crédits des États-Unis. Enfin, livrer Nagy et ses camarades aux Soviétiques le mettrait dans l'embarras vu « les conséquences importantes qu'un tel acte aurait dans son propre pays » dont la population sympathise avec les Hongrois. Il les livrera quand même [19]. Le 23 novembre, Imre Nagy et ses camarades quittent l'ambassade yougoslave à qui, deux jours plus tôt, Kádár a promis qu'ils pourraient rentrer librement chez eux. Des agents du KGB les enlèvent dès leur sortie et les déportent en Roumanie. Au Praesidium du 27 novembre, Khrouchtchev évoque la nécessité de « discréditer Imre Nagy [20] ». Il n'y parviendra pas.

Les révolutions hongroise et polonaise provoquent des secousses en URSS. À Moscou, quelques centaines d'écrivains se réunissent à la maison des prosateurs pour discuter du roman de Doudintsev, *L'homme ne vit pas seulement de pain* qui stigmatise les bureaucrates, incarnés par un haut fonctionnaire nommé Drozdov, arrogant, obtus et autoritaire. Le romancier Constantin Paoustovski, dans un discours tonitruant, dénonce les Drozdov, cette « nouvelle couche de carnassiers et de possédants qui n'a rien de commun avec la révolution ni avec notre régime, ni avec le socialisme, des cyniques, de noirs obscurantistes », qui tiennent sans se gêner « des propos antisémites de faiseurs de pogroms [...] une force lourde qui opprime le pays [21] ».

Le 2 novembre 1956, dans la capitale de la Lituanie, Vilnius, et dans la deuxième ville du pays, Kaunas, la fête de la Toussaint se transforme en rassemblements et en manifestations publiques de masse où retentissent des slogans en faveur de l'indépendance de la Lituanie ponctués par le cri de « Vive les héros hongrois ! ». Les étudiants de l'Institut historique des archives de Moscou, célébrant la révolution d'Octobre le 7 novembre, au club du ministère de l'Intérieur, accueillent tous les toasts en l'honneur des révolutions hongroise et polonaise aux cris de « Hourrah » et de « Pour la prochaine et quatrième révolution russe ! ». En Ukraine occidentale, des kolkhoziens avertissent les autorités : « En Ukraine, il se produira bientôt la même chose qu'en Hongrie. Nous vous chasserons aussi de notre pays... » Le jeune historien Krasnopevtsev, condamné en 1957 à dix ans de camp pour avoir constitué un groupe d'opposition, affirme : « L'insurrection en Hongrie et son écrasement par Khrouchtchev avec le soutien de Tito ont défini aussi notre destin [...]. Khrouchtchev et le PCUS n'ont pas seulement tiré sur les Hongrois, ils ont aussi tiré sur leur jeunesse. [...] Et dans le pays, les tendances anti-khrouchtchéviennes se sont fortement développées[22]. »

Ces tendances se nourrissent d'un éveil de la pensée politique qui pousse la population à s'interroger sur une multitude de problèmes de la société. La Léningradoise Ksenia Krivocheina se souvient : « Beaucoup de gens espéraient que la critique faite par Khrouchtchev des crimes de l'époque stalinienne entraînerait l'écroulement de l'omnipotence du Parti et de l'appareil bureaucratique. [...] Les simples gens commençaient à s'intéresser à des questions comme : combien gagnent les cadres dirigeants, où vivent-ils, que mangent-ils, que boivent-ils, quels paquets de quels produits perçoivent-ils, où étudient leurs enfants, à quoi ressemblent leurs datchas protégées par de hautes clôtures ? » Cette curiosité sur les mœurs et les privilèges de la couche dirigeante, acharnée à les dissimuler aux regards d'en bas, était grosse de menaces pour elle. « Aussi, conclut Ksenia Krivocheina à la fin de 1956, un état d'esprit de panique se répandit parmi les fonctionnaires du Parti, et le bruit se mit à circuler que l'on commencerait à établir des listes de communistes à fusiller[23]. »

En URSS l'agitation se poursuit. Le 29 novembre, le ministère de l'Instruction de Russie alerte le Secrétariat du Comité central : des étudiants de nombreux instituts cherchent à constituer des groupes d'initiative ou de débats indépendants échappant au contrôle du Parti, à soustraire le komsomol au contrôle du Parti et à organiser des discussions sur *L'homme ne vit pas seulement de pain* de Doudintsev.

Le PCUS réagit. Au Praesidium du 6 décembre, Nikita Khrouchtchev propose d'« épurer le Parti », d'élaborer dans un délai d'une semaine une loi sur le châtiment des individus accusés de mener « une activité antisoviétique et hostile », dont la rédaction est confiée à une commission dirigée par Brejnev, puis affirme que « certains des individus libérés des prisons et de l'exil ne le méritent pas[24] ».

Les 6, 7 et 10 décembre 1956, le Secrétariat du Comité central réunit une conférence sur la littérature. Chepilov se déchaîne contre le roman de Doudintsev dont, dit-il, « la dernière partie est un appel aux armes, à la variante hongroise[25] ». Une fois la vague retombée, Khrouchtchev convoquera les écrivains et artistes en avril 1957, et, signe des peurs d'octobre 1956, menacera de « réduire en poussière » les protestataires. En juin 1957, Fourtseva soulignera : « Lors des événements hongrois et après eux, dans une certaine partie de l'intelligentsia, surtout dans la jeunesse sont apparues des tendances et des humeurs malsaines[26]. »

En décembre, le poète arménien Gevork Emin, dans le poème *Conversation avec un pharisien*, dénonce brutalement les bureaucrates staliniens et le régime politique lui-même :

Pour l'amour du ciel, fichez-moi la paix
Avec vos slogans et vos serments mensongers...
Le sol sous mes pieds est recouvert d'immondices.
Je devrais les balayer non avec des discours
Mais avec un balai d'acier...
Nous n'avons pas d'actions
Investies dans cette boutique
Qui fait commerce d'immondices
Et ne voulons pas être impliqués dans sa faillite[27]

Inquiet, le Secrétariat du Comité central adresse le 19 décembre à toutes les instances du PCUS pour communication à tous les adhérents une lettre lue et discutée dans des réunions du Parti à huis clos sur « la liquidation des entreprises des éléments antisoviétiques, hostiles », définissant « les mesures de lutte contre les éléments antiparti et démagogiques ». La lettre énumère les « groupes à risque », insiste surtout sur l'intelligentsia et les étudiants et affirme la nécessité d'« être impitoyable à l'égard des éléments antisoviétiques[28] ».

Dans le droit-fil de ce texte, une instruction du KGB du 29 décembre 1956 invite ses structures locales à « débusquer les organisateurs et inspirateurs de l'activité antisoviétique parmi les nationalistes bourgeois, les trotskystes, les terroristes et autres éléments hostiles[29] ». Dans cette chasse à ceux qui ont cru pouvoir s'engouffrer dans les discussions suscitées par la lecture du rapport secret, la circulaire du KGB accorde une place particulière aux détenus du goulag récemment libérés, donnant ainsi une forme concrète à la phrase de la poétesse Anna Akhmatova selon laquelle désormais se trouvaient face à face deux Russie, celle des déportés et celle de leurs bourreaux. La circulaire affirme : « Il y a parmi ceux qui sont revenus des gens emplis de haine à l'égard du pouvoir soviétique, surtout parmi les anciens trotskystes [pourtant quasiment tous massacrés en 1937-1938 !], les anciens opportunistes droitiers et les nationalistes bourgeois. Ces gens-là rassemblent autour d'eux des éléments antisoviétiques et des personnes politiquement instables et s'efforcent de renouveler leur activité antisoviétique hostile [30]. » Ces rescapés du goulag ne veulent regrouper personne autour d'eux mais sont un acte d'accusation implicite contre le pouvoir qui leur a confisqué une partie de leur vie.

D'octobre 1956 au printemps 1957, plusieurs centaines d'esprits trop critiques, dont nombre d'étudiants et de détenus à peine libérés, sont arrêtés, jugés, condamnés et envoyés ou renvoyés en prison. En 1957, il y aura quatre fois plus de condamnés pour « crimes contre-révolutionnaires » ou « activités antisoviétiques » qu'en 1956 : 623 en 1956, 2 498 en 1957 et encore 1 545 en 1958. Signe du durcissement, le 31 décembre 1956, dans son discours au grand réveillon du Kremlin, Khrouchtchev se déclare « fier d'avoir grandi sous Staline [31] ».

18

L'AVANT-DERNIÈRE PURGE (1957)

Les secousses qui ont ébranlé la Pologne et la Hongrie poussent plusieurs membres de la direction à se regrouper contre Khrouchtchev. Ces opposants ont des motifs différents : Molotov, qui a été nommé en novembre 1956 ministre du Contrôle d'État, Kaganovitch et Vorochilov ne pardonnent pas à Khrouchtchev le rapport secret qui selon eux a provoqué les crises à Budapest et Varsovie ; Malenkov veut sa revanche sur l'homme qui l'a écarté du pouvoir ; Pervoukhine, Sabourov et Chepilov jugent la gestion économique de Khrouchtchev désastreuse. Les adversaires de Khrouchtchev le mettent une première fois en échec. Le 20 décembre 1956, sous leur impulsion, le Comité central déclare irréalisable parce que trop ambitieux le 6e plan quinquennal (1956-1960), que Khrouchtchev avait fait acclamer au XXe congrès, et décide de confier la réalisation des objectifs économiques à la Commission économique d'État créée en juin 1955 et dirigée par Pervoukhine pour organiser la planification à court terme et faire contrepoids au Gosplan qui gère la planification à long terme. C'est un échec pour Khrouchtchev.

À la mi-janvier 1957 une délégation chinoise dirigée par Zhou Enlai fait escale à Moscou avant de se rendre à Varsovie et Budapest. Mao veut avertir les dirigeants soviétiques que « ceux qui en Union soviétique voudraient à nouveau mener une politique du chauvinisme de grande puissance se heurteraient inéluctablement à des difficultés ». Le 17 au soir, lors de la réception à l'ambassade de Chine, Khrouchtchev, éméché, bredouille : les Soviétiques sont toujours des « staliniens [...] le nom de Staline est inséparable du marxisme-léninisme ». En tête à tête, les Chinois lui demandent pourquoi les membres du Bureau politique du temps de Staline refusent d'assumer leur part de responsabilité dans les décisions prises alors. Khrouchtchev répète : craignant d'être fusillés, ils ne pouvaient ni raisonner ni freiner Staline. À l'aéroport, Zhou Enlai revient sur cette exigence ; Khrouchtchev lui répond que les dirigeants soviétiques « ne peuvent se livrer à cette autocritique ; s'ils le faisaient ils seraient confrontés à des désagréments [1] ».

Dès le lendemain de son échec sur le 6e plan quinquennal, Khrouchtchev contre-attaque. Jugeant dépensiers et inefficaces les innombrables ministères, qui fonctionnent comme des empires économiques parallèles voraces, entraînant gabegie et gaspillage, il propose de supprimer tous les ministères industriels sauf ceux de l'armement, de l'électricité et de la chimie et de confier la gestion de l'économie à une centaine d'organismes régionaux décentralisés, les sovnarkhozes chargés de diriger les entreprises de leurs territoires. Leur activité serait coordonnée ou centralisée par le Gosplan et par le Conseil des ministres de l'URSS, rendu moins pléthorique par la suppression des ministères industriels. La réforme suscite de vives réticences dans les ministères centraux dissous, chez les ministres, leurs appareils centraux et la majorité des directeurs d'usine. Les dirigeants des ministères de l'Armement, des Munitions, de l'Industrie aéronautique, de la Construction navale, reçus par Khrouchtchev protestent contre le transfert des usines de la Défense sous le contrôle des organes locaux du pouvoir.

Pour les apaiser, Khrouchtchev crée un organisme bureaucratique supplémentaire : les entreprises militaires resteront sous la coupe des sovnarkhozes mais pour coordonner leur activité il constitue des comités consultatifs par branche d'industrie avec des instituts spécialisés, des bureaux d'ingénieurs et un petit appareil central. Ainsi le ministre de l'Armement de l'URSS Oustinov est nommé président du comité consultatif de l'industrie correspondant à son ministère. Le 28 janvier, Khrouchtchev fait adopter par la majorité du Praesidium ces propositions qui aboutissent à liquider la « Commission économique d'État » de Pervoukhine et à créer une commission présidée par lui sur la mise en œuvre des mesures proposées. Le plenum du Comité central de la mi-février 1957 soumet à une discussion publique les propositions de Khrouchtchev que le Praesidium approuve le 22 mars. Deux jours plus tard, Molotov tente une première contre-offensive : il déclare le projet inachevé, unilatéral et destiné à provoquer de sérieuses difficultés dans la gestion de l'économie, sauf corrections fondamentales. Il propose en vain de le retravailler et donc de le différer. Le 27 mars, le Praesidium adopte en l'état ces projets validés formellement par le Soviet suprême en mai. C'est le début de bouleversements répétés de l'appareil d'État, qui y introduisent un sentiment d'instabilité mal ressenti par les bureaucrates. Le souvenir du temps de Staline où l'insécurité dominait l'existence est suffisamment fort pour que cette instabilité leur apparaisse supportable, mais au fil des années elle leur apparaîtra de plus en plus intolérable.

La réforme est menée au pas de charge : en mai-juin 1957 sont créées 105 régions économiques qui constituent autant de sovnarkhozes : 70 en république de Russie, 11 en Ukraine, 9 au Kazakhstan, 4 en Ouzbékistan. Les autres Républiques forment chacune un unique sovnarkhoze présidé par leur Premier ministre. La réforme supprime 141 ministères économiques au niveau de l'Union et des quinze Républiques et 56 000 postes de fonctionnaires recasés dans d'autres secteurs de l'appareil, dont plus de la moitié sont envoyés en province dans un douloureux exil. La bureaucratie de Moscou grince des dents. Les ministères centraux avaient en moyenne de 1 000 à 1 500 fonctionnaires dans leurs bureaux, Khrouchtchev fabrique ainsi près de 30 000 mécontents sur lesquels ses adversaires vont tenter de prendre appui. La plupart des chefs de sovnarkhozes sont d'anciens ministres ou vice-ministres contraints de quitter Moscou pour les joies douteuses de la province. Ainsi, en juillet 1957, 94 des 105 présidents de sovnarkhozes auront été choisis parmi le personnel des ministères et des bureaux de la capitale et 11 seulement dans les cadres locaux du Parti. Khrouchtchev crée donc un double foyer de mécontentement, l'un dans l'appareil des ministères, l'autre chez certains apparatchiks locaux du Parti qui rechignent à voir les dirigeants économiques de sovnarkhozes court-circuiter leur appareil. Molotov, Kaganovitch et Malenkov perçoivent vite tout le parti qu'ils peuvent tirer contre Khrouchtchev des conséquences de cette réforme.

En revanche, celle-ci est populaire auprès des secrétaires régionaux, de leurs adjoints et des dirigeants des Républiques, même déçus par le petit nombre d'entre eux appelés à diriger les sovnarkhozes. Elle leur assure, en effet, des pouvoirs plus étendus et donc des possibilités de ponction et de prébendes plus grandes. Dans le conflit qui mûrit au sommet entre la majorité du Praesidium et lui, ce soutien va s'avérer décisif pour Khrouchtchev, ces dirigeants régionaux et locaux formant la grande majorité du Comité central. Mais cette modeste décentralisation aura des conséquences sociales imprévues. En donnant une certaine autonomie de décision – si relative fût-elle – aux responsables régionaux, elle relâche le contrôle du centre sur eux alors même que la réduction de l'appareil de la Sécurité d'État et sa subordination politique aux instances du Parti allègent sensiblement sa présence. Les aspirations des bureaucrates à tirer profit de leur situation vont connaître un vif essor et permettre le développement des premiers germes mafieux de la bureaucratie qui s'épanouiront sous Brejnev puis Gorbatchev et mineront l'Union soviétique de l'intérieur.

Même si les dirigeants des Républiques et des régions soutiennent une réforme qui leur donne plus de pouvoir, les chefs des 105 sovnarkhozes nommés par Moscou entrent souvent en conflit avec les responsables du Parti. Ainsi à Leningrad le président de sovnarkhoze Novikov se heurte au secrétaire du comité de ville du Parti et au président du comité exécutif du Soviet régional qui veulent le contrôler. Novikov commente : « On avait abondance de pouvoirs du Parti à Leningrad comme partout : le comité régional, le comité de ville, les comités d'arrondissement... Et tous prétendaient avoir leur avis propre dans les affaires des sovnarkhozes. Cela compliquait le travail[2]. » La réforme, loin de simplifier la gestion de l'économie, crée donc une tension entre l'appareil de l'État et celui du Parti.

Khrouchtchev prolonge cette réforme en introduisant un mode de gestion des affaires qui rapproche l'appareil central des appareils locaux. Au fil des années, Staline était devenu de plus en plus invisible. Khrouchtchev, lui, aussi volubile que Staline était devenu discret et aussi omniprésent que Staline était secret, parcourt le pays, visite les Républiques, les usines, les kolkhozes, rencontre les responsables régionaux et locaux, discute avec eux, les harangue, les sermonne. Habitué jusqu'alors à recevoir des coups de téléphone menaçants de Moscou, le cadre régional ou local est rassuré d'avoir devant lui un premier secrétaire avec qui il peut s'expliquer, argumenter, se défendre. Khrouchtchev se rend ainsi quatre fois en Ouzbékistan en deux ans, en septembre et en novembre 1954, en décembre 1955, et en janvier 1957, il visite le Tadjikistan en novembre 1954, le Kazakhstan en mai 1954 et en juillet 1956, la Kirghizie en janvier 1957, etc. Le remplacement du contact téléphonique ou de la circulaire comminatoire par ces nouvelles relations entre le premier secrétaire et l'appareil régional du Parti n'abolit pas les rapports verticaux entre le centre et les régions, qui ne se distendront réellement que sous Brejnev en donnant naissance alors à de véritables fiefs dont Khrouchtchev ne veut pas.

En mars, il confie à Iouri Andropov la direction du département du Comité central chargé des relations avec les « pays socialistes ». Andropov, jusqu'alors ambassadeur à Budapest, avait piloté l'action du gouvernement Kádár installé sur les tourelles des tanks soviétiques. La normalisation hongroise est son examen de passage. En lui confiant les relations avec les pays de l'Est, Khrouchtchev indique que pour lui l'heure est au durcissement.

Khrouchtchev poursuit néanmoins, quoique plus lentement, la réhabilitation des victimes de Staline. Ainsi le 25 avril 1957, au grand plaisir de l'état-major, le Praesidium réhabilite les généraux et maréchaux Iakir, Toukhatchevski, Ouborevitch, Iegorov, Eideman, Korch condamnés à mort lors d'un procès à huis clos le 11 juin 1937 sous l'accusation fabriquée de complot avec l'état-major de la Wehrmacht. Khrouchtchev utilise le vote de sa proposition contre Molotov et Kaganovitch. Il lance : « Que les vieux membres du Bureau politique nous disent comment ils ont abouti à traduire ces hommes en justice, comment s'est préparé ce premier pas. » Molotov ne dit rien. Kaganovitch répond : « Ça s'est passé comme ça : on nous a fait un rapport, nous avons adopté une décision. » Joukov commente : « Il faut faire la clarté sur cette question [3]. » Brejnev prêtera deux mois plus tard à Khrouchtchev une phrase beaucoup plus musclée qui ne figure pas dans le procès-verbal, il est vrai succinct : « Nous examinons les documents, nous réhabilitons post mortem des communistes fusillés et innocents. Comment faire avec les responsables de ces exécutions ? Est-ce que nous allons revenir sur cette question ou allons-nous continuer à garder le silence sur cela devant le Parti [4] ? » Malenkov n'étant pas membre du Bureau politique ni même du Comité central à l'époque, Khrouchtchev trouve contre lui une autre victime à réhabiliter : Roubintchik, limogé en 1949 de l'usine qu'il dirigeait pour avoir construit un tank amphibie qui ne l'était guère. Khrouchtchev commente : « Dans cette affaire mon ami Gueorgui Malenkov a joué un rôle peu enviable. Roubintchik a été victime d'une intrigue de palais [5]. »

Khrouchtchev est alors assez sûr de lui pour supprimer plusieurs mesures mises en place par Staline. Ainsi les paquets-enveloppes remis chaque mois à quelques centaines de membres de la haute hiérarchie du Parti et de l'État et contenant des sommes deux à trois fois supérieures à leur traitement et bien entendu non imposables. Il fait aussi supprimer le décret du 21 novembre 1941 qui instaurait un impôt sur les célibataires et les citoyens vivant seuls et les citoyens sans enfants, impôt étendu par un décret du 8 juillet 1944 aux familles de moins de trois enfants, l'un des impôts les plus iniques inventés par Staline. Lors de l'un de ses déplacements à Gorki, le 5 avril 1957, pendant un meeting, il annonce, sans en avoir apparemment discuté avec le Praesidium, la suppression de l'une des mesures staliniennes les plus insupportables pour la population laborieuse : les emprunts (dits volontaires, mais en fait forcés) organisés sous Staline pour prélever en moyenne 6 % de la maigre masse salariale afin de financer les investissements dans l'économie. Si cette promesse – qui sera tenue – ne peut que réjouir la population, la suppression des tirages au sort parmi les listes de prêteurs permettant des remboursements anticipés et l'ajournement du remboursement des emprunts pendant vingt ans (jusqu'en 1977) suscitent la grogne. Or, jamais Khrouchtchev n'a soumis cette proposition au Praesidium. Il s'est contenté de la faire valider par le Secrétariat du Comité central où il règne en maître.

Il se sent assez fort enfin pour prendre seul une décision lourde de conséquences. Le 22 mai, devant les cadres de l'agriculture de la région de Leningrad et des régions autonomes du Nord-Ouest, il lance le slogan qui va cristalliser l'opposition de ses divers adversaires avant de déboucher sur un fiasco qui contribuera à sa chute : « Rattraper et dépasser les États-Unis » pour la production de viande, de lait et de beurre par tête d'habitant d'ici 1960, et à cette fin tripler la production de viande dans les trois ans à venir. Il n'a pas consulté les membres du Presidium avant de lancer cette promesse insensée. Il s'émancipe donc des entraves de la direction collective. Molotov, Malenkov et Kaganovitch expriment vite leurs doutes. Quatre mois plus tôt, un « Appel du Parti et du Gouvernement aux producteurs agricoles » publié dans la *Pravda* du 17 janvier 1957 dénonçait « le bas rendement ne dépassant pas 3-4 quintaux à l'hectare que beaucoup de kolkhozes et de sovkhozes obtiennent depuis plusieurs années dans les régions de Novgorod, Paskov, Kostroma, Vielilouki et autres lieux de la RSFSR, en Biélorussie et dans les pays baltes ». Par quel miracle quatre mois plus tard ces mêmes régions allaient-elles rattraper les États-Unis ? Comment Khrouchtchev prétend-il y parvenir ? Par l'émulation socialiste : « Que la région rivalise avec la région, le territoire avec le territoire, le kolkhoze avec le kolkhoze, le sovkhoze avec le sovkhoze, le MTS [station de machines et tracteurs] avec le MTS, etc., que l'on mobilise les réserves car nous avons chez nous une masse de réserves inutilisées[6]. » Chacun doit défier l'autre en jurant de faire mieux que lui. C'est à qui proposera les chiffres les plus élevés et les plus fantaisistes.

Pour Khrouchtchev, l'une des clés du succès de son plan est la culture extensive du maïs, qu'il promeut depuis deux ans comme garantie d'un développement extensif de l'élevage : le maïs, dit-il, peut être cultivé partout ou presque en URSS, même très au nord. Ainsi déclare-t-il à Saratov le 18 mars 1955 : « Nous ferons obligatoirement pousser du maïs en Iakoutie, et peut-être même en Tchoukotkie », c'est-à-dire aux abords du cercle polaire. « Est-ce que la pomme de terre pousse là- bas ? Oui, elle pousse. Alors je pense que le maïs y poussera aussi[7]. » Pousser certes, il le peut. Mais mûrir, c'est une autre affaire. Dans toute une partie de l'URSS, on ne peut le cultiver que comme fourrage vert ou pour l'ensilage. Malgré cela, la surface cultivée en maïs passe de 3,5 millions d'hectares en 1953 à 23,9 millions en 1956, dont 40 % seulement pour le grain mûr. Faute de silos, une bonne partie du fourrage vert destiné au bétail est perdue. Khrouchtchev affirme : « J'ai cru au maïs [...]. Je n'ai jamais caché que j'étais un grand patriote [*sic !*] de cette culture à qui le futur appartient[8]. » Son engouement pour le maïs impose son extension à des régions qui n'y sont nullement favorables. Ainsi la région de Leningrad y consacre-t-elle 15 000 hectares. Les résultats sont pitoyables : dans 20 % des cas aucune pousse n'est sortie de terre, dans 24 % des cas ne sont sorties que de courtes tiges d'aspect maladif et improductives. Et le reste ne vaut guère mieux. Or on a mobilisé des jours durant des centaines d'ouvriers et d'employés de la région, ainsi détournés de leur travail, pour arracher ce maïs chétif. Il faudra attendre la chute de Khrouchtchev pour que l'on cesse de planter du maïs jusqu'aux abords du cercle polaire.

Il s'attache enfin à remettre les intellectuels au pas pour étouffer les derniers échos d'octobre 1956. En avril et mai 1957, il réunit plusieurs groupes d'écrivains et d'artistes. Lors de la première réunion, le 27 avril, il intervient quatre fois. Pour remettre au pas des frondeurs, il doit réhabiliter Staline. Il accuse les écrivains d'avoir compris la critique du culte de la personnalité « de façon unilatérale ». Il insiste : « Staline occupera la part qui lui revient dans l'histoire de l'Union sovié-

Nikita Khrouchtchev avec sa seconde épouse, Nina Petrovna, sa petite-fille Iulia, et deux de ses enfants Rada et Leonide, Kiev, 1929, © DR.

Nikita Khrouchtchev avec sa première épouse, Efrosinia Pissareva, Ioussovka, 1916, © DR.

Leonide Khrouchtchev, Moscou, 1940, © DR.

Khrouchtchev avec des délégués mineurs officiels du Donbass, © DR.

Khrouchtchev avec des habitants de Kiev libérée en ruines, mars 1944, © DR.

De gauche à droite :
ɩnastase Mikoïan, Khrouchtchev, Staline et Gueorgui Malenkov, 1945, © Roger-Viollet.

Enterrement de Staline. Au premier plan, de gauche à droite : Beria, Vorochilov et Khrouchtchev. À l'extrême droite : Souslov et Kaganovitch, 1953, © Roger-Viollet.

Khrouchtchev accueille Fidel Castro à la tribune du Kremlin, Moscou, 1961, © Seymour Raskin /Magnum Photos.

Khrouchtchev et Mao Zedong dînent ensemble dans un restaurant de Pékin, octobre 1959, © Keystone-France.

Khrouchtchev et Dwight Eisenhower à la Maison-Blanche, Washington, septembre 1959, © Elliott Erwitt / Magnum Photos.

Khrouchtchev et John Fitzgerald Kennedy, Vienne, juin 1961, © TopFoto / Roger-Viollet.

Khrouchtchev rend visite au général de Gaulle, Versailles, avril 1960, © Keystone-France.

Khrouchtchev s'adressant aux ouvriers de l'usine Tungsram, avec derrière lui János Kádár et Andreï Gromyko, Hongrie, 1964, © TopFoto / Roger-Viollet.

Khrouchtchev en voiture avec à ses côtés Walter Ulbricht, Premier secrétaire du parti est-allemand, et derrière lui Otto Grotewohl, Premier ministre de la RDA, lors d'une visite à Berlin-Est, 1958, © Ullstein Bild / Roger-Viollet.

Une séance du Soviet suprême.
De gauche à droite au premier plan :
Brejnev, Souslov, Mikoïan, Khrouchtchev et Vorochilov, © DR.

Promenade jusqu'au Kremlin. De gauche à droite au premier plan :
Brejnev, Souslov, Khrouchtchev et Elena Fourtseva, Moscou, 1958,
© Seymour Raskin / Magnum Photos.

Khrouchtchev visite une ferme aux environs de Washington, 1959,
© Elliott Erwitt / Magnum Photos.

Khrouchtchev dans un champ de maïs en URSS, 1960, © Roger-Viollet.

Khrouchtchev sur la place rouge, Moscou 1960, © Seymour Raskin / Magnum Photos

tique. Il avait de grandes insuffisances, mais Staline était un marxiste-léniniste dévoué, un révolutionnaire ferme et dévoué. Notre parti, notre peuple, se rappelleront Staline et lui rendront ce qu'ils lui doivent. » Il menace : « Il n'y aurait pas eu d'émeute en Hongrie si on avait arrêté à temps deux ou trois braillards. » Le romancier Benjamin Kaverine commente : « L'ombre d'arrestations planait[9]. » Un membre du Comité central résume ainsi son discours : « Si quelqu'un pense faire comme il a été fait en Hongrie, on va le réduire en poussière[10]. »

Ses adversaires se coalisent... Chaque réunion du Praesidium ou presque est dès lors le lieu d'affrontements permanents entre Molotov et Kaganovitch d'un côté, soutenus passivement par Malenkov, et Khrouchtchev de l'autre. Les noms d'oiseaux volent bas, sans que leur ombre subsiste dans les procès-verbaux extrêmement succincts. Le mécontentement semble gagner toute la direction. Chepilov entrant un jour dans le bureau de Mikoïan entend ce dernier terminer une conversation téléphonique par ces mots : « C'est juste, Nicolas, c'est insupportable, tout à fait insupportable que cela continue. » Il repose le combiné et dit à Chepilov : « Je parlais avec Boulganine [...] la situation est intolérable. Nous voulons faire la leçon à Khrouchtchev. Il est absolument impossible de continuer comme cela. Il rejette tout, il ne tient compte de personne, avec tous ses projets on perd la cause. Il faut parler très sérieusement sur ce sujet. » Vorochilov lui déclare à son tour un peu plus tard : « Il faut faire quelque chose. C'est insupportable : il offense tout le monde, il humilie tout le monde, il ne tient compte de rien... » À l'en croire, Fourtseva vient aussi se plaindre à lui : « Qu'est-ce qui se passe chez nous ? Tout tombe en ruine, tout se défait[11]... » Mais, poursuit-il, voyant où le vent tourne, elle le menacera de le réduire « en poussière de camp de concentration » s'il répète ses propos. Pervoukhine affirmera que ses critiques portaient sur le « travail du Praesidium » en général et que Mikoïan et Fourtseva étaient « sur beaucoup de points d'accord avec ce qu'il avait dit au Praesidium[12] ». Ainsi, même des partisans de Khrouchtchev ne sont que modérément satisfaits du fonctionnement de l'instance dirigeante du Parti.

Molotov, Kaganovitch et Malenkov prennent les choses en main. Les conjurés contactent le premier secrétaire du PC de Biélorussie Patolitchev, lui proposent de remplacer à la tête du KGB Serov, qu'ils accusent d'être subordonné non au Praesidium mais à Khrouchtchev personnellement, ou si Patolitchev refuse d'y nommer provisoirement Boulganine. Molotov, Malenkov et Vorochilov contactent aussi Joukov, qui, prudent, prévient Khrouchtchev, sans peut-être lui dire tout. Le 20 mai, le trio contacte Pervoukhine. Ils se méfient de Chepilov, trop antistalinien à leur goût. Il s'agit plus d'une conjuration de pieds écrasés, de chefs humiliés et offensés par les remarques sarcastiques, voire insultantes de Khrouchtchev, que d'un véritable complot organisé. D'ailleurs, les conjurés ne se réunissent qu'une seule fois pour élaborer une tactique et un programme. Molotov le reconnaît : « Nous n'avions aucun programme, rien que la destitution de Khrouchtchev qui aurait été nommé ministre de l'Agriculture [...]. Dans notre groupe il n'y avait ni cohésion ni programme. Nous nous sommes mis d'accord pour le destituer, mais nous-mêmes n'étions pas prêts à prendre le pouvoir [13]. » Molotov dit vrai. De plus, l'un des conjurés, Vorochilov, déjà gâteux, ne joue plus depuis longtemps qu'un rôle décoratif.

Les conjurés mettent au point leur plan pendant le voyage de Khrouchtchev – flanqué de Boulganine – en Finlande du 6 au 13 juin 1957. Ce jour-là, ils se réunissent avec Boulganine et s'entendent pour réduire Khrouchtchev au rang de simple secrétaire du Comité central... Le vendredi 18 au matin, ils se retrouvent dans le bureau de Boulganine qui téléphone à Khrouchtchev pour le convoquer à une réunion impromptue du Praesidium. Khrouchtchev renâcle puis s'incline. À son arrivée, les présents exigent la convocation immédiate du Praesidium qui s'ouvre à 16 heures. Huit membres titulaires sur onze et quatre suppléants sur sept sont présents. Sont absents Kiritchenko, Souslov, Sabourov, Chvernik, Moukhitdinov et Kozlov et trois secrétaires du Comité central. Khrouchtchev, habitué à présider, commence : « Je propose... » Malenkov l'interrompt aussitôt et déclare inconvenant qu'il dirige la réunion. Il propose de confier la présidence à Boulganine et de discuter des erreurs et fautes de Khrouchtchev, dont les partisans, très minoritaires, arguant de l'absence de plusieurs membres, exigent et obtiennent que la réunion soit repoussée au lendemain après convocation des absents.

La réunion reprend le lendemain matin. Aucun sténogramme n'en ayant été établi, il faut se fonder pour en rétablir le déroulement sur les souvenirs de Kaganovitch, Chepilov et Joukov, sur le bref résumé qu'en donne Souslov au début du plenum du Comité central qui suit, et sur les détails fournis par les membres du Praesidium lors de ce plenum. Les dires et les souvenirs des vainqueurs, des vaincus et des repentis, qui essaient de se faire pardonner, divergent fortement et rendent difficile de démêler le vrai du faux.

Les présents s'opposent d'abord sur la présidence habituellement assumée par Khrouchtchev. Après une série d'échanges vifs, la majorité impose Boulganine. Malenkov, Vorochilov, Kaganovitch et Molotov prennent successivement la parole pour égrener une liste de reproches : Khrouchtchev viole le principe de la direction collective, laisse se développer le culte de sa personnalité, tend les relations à l'intérieur du Praesidium dont il divise les membres au lieu de les unir, court-circuite les organes de l'État, commande directement par-dessus la tête du Conseil des ministres. Le slogan irréaliste « Rattraper et dépasser les États-Unis » est qualifié de « déviation de droite » par Molotov. Khrouchtchev a perdu la mesure et est devenu présomptueux et insupportable, multipliant les rebuffades, les railleries, les moqueries et les provocations contre les uns et les autres. Il a construit sa propre fraction dans le Secrétariat du Comité central où il critique et discrédite les membres du Praesidium. Il est impossible de supporter cette situation plus longtemps et de continuer à travailler avec Khrouchtchev comme premier secrétaire. Molotov accuse Khrouchtchev d'être un « droitier », c'est-à-dire un disciple de Boukharine (condamné à mort du troisième procès de Moscou), Kaganovitch l'accuse d'avoir jadis été trotskyste et d'avoir lutté contre Lénine.

Chepilov, croyant se ranger dans le camp des vainqueurs, s'associe à ces critiques et sort de sa poche un petit carnet sur lequel il a noté certaines amabilités que les membres du Praesidium – et surtout Khrouchtchev à la langue bien pendue – échangent dans le dos de leurs collègues. Au Comité central, quatre jours plus tard, Fourtseva indignée propose de citer quelques-unes de ces petites phrases. La salle s'y oppose. Fourtseva s'incline, privant l'historien de ces commentaires acerbes, car le carnet de Chepilov, invité par Kozlov à le déchirer, n'a jamais été retrouvé. Molotov cite quelques compliments de Khrouchtchev : « Celui-ci est un vieillard gâteux, celui-ci est un fainéant, celui-là est un carriériste [14] ». Le premier est sans doute Vorochilov, le deuxième Boulganine, le troisième Chepilov. Khrouchtchev confirme : « Comme un trafiquant et un calomniateur de bazar, Chepilov rassemblait dans son petit carnet noir toutes les méchancetés que les membres du Praesidium lâchaient l'un sur l'autre, en plaisantant ou dans le feu de l'emportement [15]. »

Les attaquants concluent tous : il faut libérer Khrouchtchev des fonctions de premier secrétaire. Boulganine s'associe à cette demande en insistant sur l'attitude inamicale de Khrouchtchev à son égard. Mikoïan admet qu'il y a des insuffisances dans le travail de Khrouchtchev, mais les déclare amendables et n'est donc pas favorable à son limogeage. Khrouchtchev reconnaît quelques erreurs, admet qu'il se conduit parfois mal avec les camarades et promet de se corriger. Puis les secrétaires du Comité central Souslov, Fourtseva et Pospelov prennent sa défense en admettant des erreurs qui seront corrigées. Brejnev se lance lui aussi. Kaganovitch l'interrompt brutalement ; Brejnev, terrifié, s'évanouit. Il faut le sortir de la salle et l'hospitaliser. Il ne réapparaîtra qu'une fois la victoire assurée de Khrouchtchev. Le Secrétariat du Comité central – sauf Chepilov – fait bloc derrière son premier secrétaire. Alerté, Kiritchenko, le second de Khrouchtchev, alors en réunion à Kiev, prend aussitôt l'avion pour Moscou et se précipite à la réunion du Praesidium. Khrouchtchev et ses partisans exigent que l'on convoque les absents et font traîner la réunion qui ne se conclut par aucun vote et reprend le lendemain.

Sabourov, revenu en toute urgence de Varsovie, se prononce contre Khrouchtchev et l'accuse de vouloir faire arrêter ses opposants. Khrouchtchev lui demande : « À quoi voyez-vous cela ? – Au fait que des tanks sont apparus dans la banlieue de Moscou. » Joukov rétorque : « Quels tanks ? Qu'est-ce que ce bavardage ? Les tanks ne peuvent s'approcher de

Moscou sans l'ordre du ministre, et je n'ai pas donné un tel ordre [16]. » Cette réponse ravit alors Khrouchtchev et ses amis ; quatre mois plus tard, Mikoïan la dénoncera comme une volonté de hisser l'armée au-dessus du Parti : « Ainsi, les tanks se mettent en mouvement, non pas quand le Comité central le dit, mais quand le ministre de la Défense le dit [17]. »

Avec les trois secrétaires du Comité central fidèles et Serov, Khrouchtchev mobilise l'appareil du Comité central pour faire venir ses membres à Moscou. Fourtseva sort souvent pour aller leur téléphoner. Serov mobilise l'appareil du KGB et Joukov, les avions de l'armée qui les amènent des provinces les plus lointaines. Kaganovitch qualifie amèrement cette entreprise « de véritable acte fractionnel, astucieux, mais trotskyste [18] », insulte suprême. Sabourov et Pervoukhine étant réticents à destituer Khrouchtchev, les conjurés changent leur fusil d'épaule et proposent seulement d'adjoindre deux d'entre eux au Secrétariat du Comité central, Molotov et Malenkov. Pervoukhine ne voulant pas de Malenkov, ils proposent alors Kaganovitch. Leur division leur sera fatale.

Le quatrième jour des débats, une délégation de vingt membres du Comité central conduite par le maréchal Koniev se présente à l'entrée de la salle où se réunit le Praesidium et exigent que ce dernier interrompe sa réunion et rapporte sur son déroulement au plenum du Comité central dont ils exigent la réunion. Les adversaires de Khrouchtchev surpris s'enflamment, dénoncent dans la convocation du plenum sans l'autorisation du Praesidium un acte d'usurpation du Secrétariat du Comité central et de Khrouchtchev lui-même, une décision fractionnelle prise, dit Sabourov, par « un homme malhonnête ». D'après Mikoïan, il s'en est fallu de peu que l'entreprise des conjurés ne réussisse ; s'ils avaient rapidement fait voter par le Praesidium la destitution de Khrouchtchev et l'avaient communiquée officiellement, la nouvelle « aurait retenti dans tout le pays ». Donc, conclut Mikoïan : « Si les membres du Comité central étaient arrivés trois heures plus tard, la décision incorrecte aurait été prise [19] » et, une fois annoncée, aurait eu force de loi. Finalement, Boulganine, Vorochilov, Khrouchtchev et Mikoïan accueillent la délégation, suivie de plusieurs groupes qui exigent tous la convocation immédiate du plenum. C'est une avalanche. Le Praesidium n'étant statutairement que l'exécutif du Comité central, comment refuser aux membres de ce dernier le droit de se réunir ? La majorité du Praesidium, contrainte et contrite, interrompt donc sa réunion et part retrouver les membres du Comité central qui les attendent et dont la réunion s'ouvre le 22 juin à 10 heures. Dès lors, les jeux sont faits.

Selon Moukhitdinov, membre suppléant du Praesidium, alors dans les montagnes de Fergana et rappelé d'urgence à Moscou, les conjurés voulaient avant tout « réduire le rôle du Comité central à s'occuper des affaires intérieures du Parti, de l'idéologie et de la culture, mais la direction de tous les secteurs de la vie et de l'activité du pays devait être confiée au gouvernement ». Ainsi, ils reprenaient la politique esquissée par Beria en 1953 : subordonner l'appareil du Parti à celui du gouvernement. Moukhitdinov souligne d'ailleurs que « tous les membres de ce groupe travaillaient au Conseil des ministres et dans ses organismes » et non dans ceux du Parti [20]. Là est à nouveau le nœud du problème et la question de fond : quel appareil doit gouverner le pays ? Celui du Parti ou celui du gouvernement, plus ou moins indépendant du premier dans la mesure où il exerce une réelle souveraineté ? Les conjurés comptaient d'ailleurs, selon Kiritchenko, sur l'appui des nombreux ministres, ministres adjoints et autres cadres qui, « après de longues années de travail dans les ministères à Moscou sont aujourd'hui envoyés travailler au-delà de Moscou et se sentent offensés [21] ». Certains de ces mutés d'office ont dû promettre leur soutien mais l'ont repris dès qu'ils ont vu que la balance penchait du côté de Khrouchtchev.

Molotov croise Joukov à l'entrée de la salle et lui dit : « On t'a certainement ordonné de faire avancer les tanks ? » Joukov lui répète sa phrase de la veille en présence de Khrouchtchev : « Les tanks ne bougeront que sur mon ordre. » La réponse du maréchal répétée par un orateur au cours du plenum scelle son destin futur. Joukov aurait dû répondre : « Les chars ne bougeront que sur ordre du Comité central. » Sa phrase malencontreuse permettra demain de l'accuser de visées bonapartistes. Sabourov l'enfonce un peu plus en affirmant : « J'ai déclaré à Joukov que Serov l'espionnait. Il m'a répondu :

“Qu'il essaye, je le vire en deux secondes et il ne restera rien de la Loubianka [22].” » Joukov ne dément pas cette vantardise imprudente qui prétend hisser l'armée au-dessus du KGB. L'appareil ne veut certes plus que la police politique le contrôle et le surveille mais il a besoin d'elle contre la population et ne saurait admettre qu'un chef militaire puisse envisager de la balayer.

Le plenum s'ouvre sous la présidence de Khrouchtchev par un bref et morne rapport de Souslov qui insiste sur la mise en cause par les conjurés du slogan « Rattraper et dépasser les États-Unis » et célèbre « la politique intérieure et extérieure pleine d'initiatives élaborée et menée à bien par la direction collective, précisément collective, du Comité central ». Les « applaudissements tempétueux » qui saluent cette formule rituelle [23] signifient que Khrouchtchev apparaît à l'appareil comme l'expression de sa réalité collective – 215 présents s'inscrivent dans les débats, seuls 60 pourront prendre la parole. Les autres remettent le texte écrit de leurs discours. Après une brève intervention de Khrouchtchev précisant que ce ne sont pas les tanks qui ont encerclé le Kremlin, mais « les membres du Comité central », Joukov prend la parole et les règlements de comptes commencent. Joukov, qui a reçu de Serov sur ordre de Khrouchtchev un large matériel sur les répressions staliniennes, accuse d'abord Molotov, Kaganovitch et Malenkov d'« avoir retroussé les manches et d'avoir, la hache à la main, fait voler les têtes ». Ainsi, déclare-t-il, « du 27 février au 12 novembre 1937 le NKVD a reçu de Staline, Molotov et Kaganovitch l'accord pour la condamnation de 38 679 individus à la peine capitale », pour l'essentiel des cadres du Parti. Il signale les listes de fusillés au bas desquelles s'étalent les signatures de Molotov, Malenkov, Kaganovitch, Vorochilov. En un seul jour, le 12 novembre 1938, Staline et Molotov ont sanctionné une liste de 3 167 noms de condamnés à mort. Gagné par une indignation rare chez les bureaucrates, Joukov s'écrie : « Ainsi, on envoyait ces gens au massacre comme du bétail sur un registre : tant de bœufs, tant de vaches, tant de brebis. »

Joukov et le Comité central refusent la publication, même interne, de ces documents, proposée par le ministre de la Sidérurgie. Selon Joukov, il faut évoquer les répressions staliniennes uniquement en cercle restreint : « Je suis d'accord, dit-il, qu'il était impossible [d'en parler] au congrès, il y avait beaucoup trop de monde, en parler aurait été pour nous désavantageux. » Il s'emballe pourtant et, porté par l'indignation ou par le frémissement qui parcourt le plenum, franchit la ligne rouge par deux fois. « D'autres camarades, dit-il d'abord, anciens membres du Bureau politique, sont eux aussi coupables. Je suppose, camarades, que vous savez de qui il est question, mais vous savez que ces camarades par leur travail honnête et leur franchise ont mérité la confiance du Comité central et de notre parti tout entier et je suis sûr que pour leur franchise et leurs aveux sincères nous continuerons à les considérer comme des dirigeants. » Il paraît se poser par cette phrase en juge des dirigeants du Parti et de son premier secrétaire (membre du Bureau politique depuis 1938), juge d'autant plus dangereux qu'on lui a confié des archives. Grisé par son rôle, il intervient à tout bout de champ au cours du plenum, interrompt les orateurs, revient sur la répression et se laisse même aller à évoquer « certaines erreurs dans le travail du Praesidium du Comité central, du Secrétariat du Comité central et personnellement du premier secrétaire, le camarade Khrouchtchev[24] » c'est-à-dire de toute la direction.

Ensuite, lorsque Kaganovitch s'affirme prêt à accepter sa responsabilité « politique » dans les répressions des années 1937-1938, Joukov insiste : « Kaganovitch devrait se trouver derrière les barreaux[25]. » Mais les Kaganovitch sont légion ; son procès en entraînerait d'autres et déboucherait sur celui du système stalinien lui-même. Le Comité central n'est nullement disposé à le suivre sur cette voie. Joukov devient l'homme qui en sait trop et en fait trop... Il paiera bientôt cette présomption. Le Comité central ne s'est pas débarrassé de la tutelle de la police politique pour tomber sous celle de l'armée. Joukov n'a sans doute pas cette ambition, mais son attitude conquérante tout au long de ce plenum peut le laisser supposer. Sa grande popularité dans un pays qui voit souvent en lui l'incarnation de la victoire de 1945 cristallise ce risque. Khrouchtchev va bientôt régler son compte à l'imprudent maréchal. Quatre mois lui suffiront pour tisser les fils de son intrigue contre lui.

La séance du samedi 22 s'interrompt à 18 heures. Khrouchtchev a fait voter sa reprise le lundi matin 24, se donnant ainsi le temps de manipuler le Comité central.

Le groupe des sept se disloque alors. Malenkov, Kaganovitch et Molotov, qui interviennent sous les cris, font d'abord face. Malenkov dénonce le caractère personnel et incontrôlé de nombreuses initiatives de Khrouchtchev dont il souligne « le caractère irascible », le refus d'accepter la critique, les dangers de la concentration des pouvoirs dans sa personne. Il a la maladresse de proposer que « le Praesidium soit le véritable organe suprême, et le Secrétariat un organe auxiliaire [26] ». Pospelov s'indigne : « Les trotskystes et les zinovievistes disaient la même chose. C'est par là qu'ils ont commencé. » L'accusation est grave... Le ton des débats est violent. Deux membres menacent Malenkov. Khrouchtchev l'interpelle : « Tes mains, Malenkov, sont pleines de sang, ta conscience n'est pas nette. Tu es un homme vil [27]. »

Kaganovitch succède à Malenkov. Interrompu par des cris, il insiste : c'est « tout le Bureau politique » qui a la responsabilité des purges et il lance à Khrouchtchev : « Et vous, est-ce que vous n'avez pas signé des papiers sur des exécutions en Ukraine ? » Khrouchtchev esquive en affirmant qu'il n'a voté les condamnations que par la faute de Molotov et Kaganovitch en qui il avait placé sa confiance. Il accuse par deux fois les conjurés d'avoir voulu le démettre pour s'emparer des postes clés et remplacer Serov par Boulganine à la tête du KGB afin de faire disparaître les documents condamnant des innocents à mort signés par eux, bref de vouloir « détruire la trace de leurs crimes » qui ont abouti à « anéantir la fleur de notre parti [28] ». Kossyguine ajoute même : « Une fois le contrôle du KGB pris, vos résolutions pour fusiller, anéantir seraient à nouveau apparues sur les listes de gens arrêtés [29]. »

Boulganine craque tout de suite, Sabourov et Pervoukhine s'effondrent. Sabourov condamne « les méthodes inacceptables » utilisées par les trois chefs du groupe « pour discréditer » Khrouchtchev. Mikoïan reproche à Kaganovitch d'avoir lancé contre Khrouchtchev une « sale calomnie » en l'accusant d'être une « survivance du trotskysme[30] ». Seul Molotov reprend ses accusations contre Khrouchtchev.

La farce côtoie le drame. Molotov, raide comme un piquet, s'indigne que, lors du récent voyage de Boulganine et Khrouchtchev en Finlande, ce dernier ait accepté l'invitation du président finlandais Urho Kaleva Kekkonen, refusée par Boulganine, à aller ensemble au sauna où les deux hommes sont donc restés, nus, de 3 heures à 6 heures du matin. Khrouchtchev se défend : « J'ai passé ma jeunesse dans les steppes, dans le sud et là il n'y a pas de bains. Je ne vais jamais aux bains, à une exception, Rodion Iakovlevitch [Malinovski] pendant la guerre quand tous deux sur le Don nous sommes allés aux bains [...]. En Finlande ils y vont tous. Nous avons pris un bain de vapeur, plaisanté, ri. » Dans le bref échange qui suit, Serov, jouant les témoins de moralité, affirme tout à fait convenable pour un premier secrétaire de se prélasser nu au sauna avec le président d'un pays voisin et ami. Molotov s'obstine à juger cette conduite indigne d'un premier secrétaire ; Roudenko, faisant allusion à son voyage à Berlin en 1940, lui lance : « Et vous avez bien jugé convenable d'aller voir Hitler[31] ? »

Cette réunion marque un tournant dans l'histoire de l'URSS. Pour la première fois depuis trois décennies, le Comité central joue le rôle dirigeant que Staline lui avait retiré. Le premier secrétaire du PC de Biélorussie Kiril Mazourov insiste : le Praesidium a prétendu écarter Khrouchtchev du poste de premier secrétaire auquel l'a élu le plenum du Comité central. Il bafoue ainsi l'organe légitime du pouvoir qu'il veut réduire au rôle de chambre d'enregistrement.

C'est une vraie litanie sur le thème « les temps ont changé » repris par une douzaine d'orateurs, dont deux résument l'essentiel : le ministre des Affaires étrangères Gromyko, évoquant la décision de la seconde délégation du Comité central au Praesidium de convoquer elle-même le plenum, affirme : « Notre Comité central s'est révélé alors le véritable patron, et vous savez qu'il a été loin d'en être toujours ainsi dans le passé[32]. » Le jeune secrétaire du Comité central Aristov met les points sur les *i* : « Le Praesidium n'est pas la direction du Parti. La direction c'est le Comité central [...]. La direction du Parti c'est son organe dirigeant le Comité central, comme le précisent les statuts. » Les temps anciens sont révolus, « quand dominait le culte de la personnalité, quand on considérait le Bureau politique ou le Praesidium comme la direction [33] ». Khrouchtchev suscite une rafale d'applaudissements lorsqu'il dit avoir déclaré à Molotov : « Nous les membres du Praesidium nous sommes les serviteurs du plenum, le patron c'est le plenum [34]. »

À la fin du plenum, Kaganovitch fait son autocritique et l'éloge de Khrouchtchev. Malenkov se reconnaît le droit de « critiquer les défauts » de Khrouchtchev mais affirme avoir eu tort de « demander la suppression du poste de premier secrétaire du Comité central et donc la révocation du camarade Khrouchtchev de ce poste ». Molotov « reconnaît les grands mérites » de Khrouchtchev mais dénonce toujours « certaines violations de la direction collective [35] » par lui. L'unanimité rituelle n'est donc pas respectée. Le déballage et l'ampleur des reproches que les uns et les autres se sont envoyé au visage, l'usage des archives fait par Joukov – et celui qu'il annonce pour l'avenir – tout cela suggère l'ampleur du danger que les divisions au sommet représentent. Les conjurés sont accusés d'ébranler le monolithisme dont la domination de l'appareil exige le maintien de haut en bas. C'est pourquoi Kirilenko et Gromyko qualifient Molotov, Kaganovitch et Malenkov d'« alliés de John Foster Dulles ». Gromyko les accuse d'introduire dans le Parti une division que ses ennemis peuvent utiliser pour provoquer « une autre Hongrie et une répétition du 17 juin 1953, des événements de RDA [36] ». L'exagération reflète une crainte réelle : toute division au sommet peut ouvrir une faille où pourrait s'engouffrer le mécontentement populaire. La suite va montrer que cette crainte est légitime.

Aussi, pour limiter les conséquences de ces débats, la dénonciation publique du « groupe antiparti » réduit celui-ci d'abord à trois membres : Molotov, Kaganovitch et Malenkov, auxquels les communiqués ajoutent rituellement « et Chepilov-qui-s'est-joint-à-eux ». Cette limitation du groupe à une simple bande des quatre vise en premier lieu à le présenter comme un clan minoritaire du Praesidium. Ensuite, la volonté de réduire le rôle du Comité central et de son secrétariat n'émouvant sans doute que ses membres, sans émouvoir la population elle-même, il faut donc charger les vaincus de noirs desseins. Molotov affirme : « Dans notre groupe il n'y avait ni cohésion ni programme », mais Khrouchtchev et la résolution publiée du plenum condamnant le groupe antiparti transforment les bribes de critiques des uns et des autres au fil des mois contre sa politique en une plate-forme largement imaginaire résumée dans *L'Histoire du PCUS* publiée en 1964, à la veille même de son élimination : « Les membres du groupe antiparti s'opposaient à la liquidation des conséquences du culte de la personnalité, à l'extension des droits des Républiques fédérées en matière d'édification économique et culturelle, à la réduction de l'appareil d'État et à la lutte contre le bureaucratisme, [...] au mouvement surgi dans les kolkhozes et soutenu activement par le Parti pour rattraper et dépasser les États-Unis dans les années à venir quant à la production du lait, du beurre et de la viande par habitant [...], à la politique extérieure du Parti, à ses efforts en vue de réduire la tension internationale, de renforcer la paix, de développer la coopération et l'amitié entre les peuples [37]. » Les vaincus apparaissent ainsi hostiles à la paix, au développement de l'agriculture et de l'industrie, à l'amélioration des conditions de vie des habitants en général et des paysans en particulier, à la critique de Staline, etc. La majorité de ces accusations sont aussi fantaisistes que le prétendu « mouvement surgi dans les kolkhozes pour rattraper et dépasser les États-Unis ».

Malgré ce travestissement, les organisations du Parti invitées à prendre connaissance de la résolution du plenum et à en discuter soulèvent un flot de questions dont une note du Secrétariat du Comité central recense une bonne centaine. Les participants veulent d'abord savoir exactement ce qui s'est passé au Praesidium puis au plenum et quelles accusations y ont été portées contre Khrouchtchev. Ils demandent des informations sur le sort réservé aux membres du « groupe antiparti », sur leur programme, sur les raisons pour lesquelles ils ont demandé un changement de la direction, sur l'activité de Khrouchtchev, sur ce qu'il a dit au plenum, sur ce qu'il a fait sous Staline et dans l'affaire de Leningrad, sur la nécessité de traduire en justice les autres membres de l'ancien Bureau politique pour les répressions de 1937-1938. Certains revendiquent le droit à l'information pour pouvoir juger eux-mêmes ; ils demandent un compte rendu sténographique de toutes les réunions du Praesidium et du plenum du Comité central, s'interrogent sur la ligne des opposants et leur programme, se demandent dans quelle mesure ils n'ont pas raison. Ces interrogations ainsi provoquées par la dénonciation du « groupe antiparti » débouchent sur des critiques politiques et sociales. « La question du logement est toujours aiguë chez nous aujourd'hui [...]. Les cadres dirigeants disposent d'une surface habitable excessive », et surtout : « Comment peut-on en deux ans rattraper l'Amérique alors qu'aujourd'hui dans nos magasins il n'y a pas de viande, pas d'œufs, pas de saucisson ? Et il n'y a pas toujours de lait[38]. » Lors d'un meeting à l'usine automobile Gorki, une jeune ouvrière déclare : « La confiance disparaît. Je commence personnellement à ne plus croire. En tant que komsomol, je ne comprends pas, je ne crois pas. Malenkov, Molotov, ont-ils vraiment tort ? », et elle ajoute cette phrase naïve mais menaçante : « Les ouvriers comprennent mieux la politique que le groupe dirigeant, parce que eux ils travaillent[39]. » Pis encore, dans une usine de conserves de poisson du district d'Oust-bolcheretski, non loin de Vladivostok, 81 membres de la section votent le soutien au « groupe antiparti » contre 31 seulement pour la position du Comité central. Le secrétaire régional limoge aussitôt le directeur et convoque une nouvelle réunion de la section, qui, sous la contrainte, inverse son vote. L'historien russe Kovalenko, qui signale ce fait, ajoute : « Dans les sections du Parti de nombreuses régions, le mécontentement contre la direction du Parti se manifeste ouvertement[40]. »

Ainsi, la révélation même très partielle des divisions au sommet incite les adhérents du Parti lui-même et plus largement la population à demander à être informée, éveille sa conscience et la pousse dans la voie d'une réflexion critique. La leçon ne sera pas perdue : lorsque l'appareil se débarrassera de Khrouchtchev sept ans plus tard, l'information donnée sur son éviction sera à la fois lapidaire, allusive et vague.

Khrouchtchev ayant dissocié le groupe des sept dans la dénonciation publique, il module leur châtiment. Certains membres du Comité central avaient demandé que les trois chefs du groupe soient exclus du Parti. Molotov, Malenkov, Kaganovitch et Chepilov sont exclus du Praesidium et du Comité central. Boulganine reste président – fantôme – du Conseil des ministres jusqu'en mars 1958, et membre du Praesidium jusqu'en septembre 1958. Pervoukhine est rétrogradé membre suppléant du Praesidium et reste au Comité central jusqu' en octobre 1961 ; Vorochilov reste président du Soviet suprême jusqu'en mai 1960 et membre du Praesidium jusqu'en juillet 1960. Khrouchtchev envoie Molotov comme ambassadeur à Oulan-Bator, capitale de la Mongolie-Extérieure, qui ne compte alors que quatre ambassades étrangères. Difficile de trouver un exil plus humiliant ; mais les capitales de l'Est ne veulent pas de lui. Le 5 septembre 1960, le Conseil des ministres l'enverra représenter l'URSS à l'Agence internationale de l'énergie atomique jusqu'à sa retraite en 1963. Khrouchtchev envoie Kaganovitch diriger une usine de potasse dans l'Oural, où il confirme son incompétence notoire. Malenkov part diriger une centrale hydroélectrique à Oust-Kamenogorsk, dans l'Altaï, puis Khrouchtchev, jugeant sans doute le décor trop agréable pour son concurrent déchu, l'expédie un an plus tard à la tête de la centrale électrique d'Ekibastouz, bourgade perdue dans la steppe. Les deux hommes sont mis à la retraite en 1961. Khrouchtchev, plus indulgent avec Pervoukhine, le nomme ambassadeur en RDA, puis, en 1962, chef de la direction du Conseil de l'économie. Il nomme Sabourov vice-président du Comité d'État des relations économiques extérieures, puis, en 1958, directeur d'une usine de constructions mécaniques à Syzran.

Il s'acharne en revanche sur Chepilov, à qui il ne pardonne pas son passage inattendu dans le camp de ses adversaires, la liste intempestive de ses diplômes et son petit carnet de notes. Chepilov est exclu du Praesidium le 3 juillet ; le 7, son livre *La Politique extérieure de l'URSS* tout juste sorti des presses est retiré des librairies et pilonné. Le 15, la sortie du tome de la *Grande Encyclopédie soviétique* contenant la lettre « Ch » est bloquée et l'article « Chepilov » retiré. On refuse de le soigner pour son ulcère de l'intestin à l'hôpital spécial du Kremlin. Ses ouvrages sont retirés de toutes les bibliothèques du pays, et il perd son titre de membre correspondant de l'Académie des sciences. Expulsé de son appartement de Moscou en septembre 1959, il est exilé à Frounzé et affecté à un kolkhoze, où il refuse de se rendre.

Réduire ce plenum à une victoire de Khrouchtchev sur ses adversaires serait une illusion d'optique que Khrouchtchev a peut-être partagée. Ceux qui le soutiennent ne lui manifestent pas une confiance aveugle et l'en avertissent. Ainsi, Kossyguine, Kirilenko, Souslov et même Kiritchenko (qui prononce le mot quatre fois en quatre lignes) évoquent « les défauts » ou « certains défauts » de Khrouchtchev, qui, précise Kossyguine, « a manifestement besoin d'une influence fraternelle, d'une attention attirée au bon moment sur ses défauts (et aussi de la correction de certains traits de caractère personnels) ». Tous s'affirment persuadés qu'il « corrigera ces défauts ». Mikoïan affirme : « Khrouchtchev a un caractère bouillant, emporté, il a des mots vifs, mais il parle du fond du cœur [...]. Au poste de premier secrétaire ces défauts sont plus notables qu'à d'autres postes. » Il rejette l'accusation de culte de la personnalité mais souligne que « la presse encense beaucoup et ce n'est pas correct[41] ». Khrouchtchev ne tiendra aucun compte de ces avertissements qu'aucun membre du Praesidium, du Secrétariat et du Comité central n'osera plus répéter dès l'année suivante lorsque tout le pouvoir se concentrera entre ses mains.

Ce plenum marque autant voire plus la victoire des secrétaires régionaux que celle de Khrouchtchev lui-même, qui leur a garanti que le pouvoir était entre leurs mains. Mais, dans un parti unique, cette victoire de la direction collective se heurte à la nécessité de concentrer son caractère unique dans un chef suprême, un guide, avec lequel il entre nécessairement en conflit et dont il entend en même temps se protéger. À cette fin, il l'entoure de secrétaires et gardes du corps qui l'espionnent autant qu'ils le protègent. Staline s'était émancipé de cette tutelle en constituant un secrétariat personnel, dirigé longtemps par Poskrebychev. Khrouchtchev tente dès cette époque de desserrer le contrôle des instances suprêmes du PCUS en constituant un groupe de conseillers et d'assistants personnels : d'abord son conseiller pour les questions agricoles, Andreï Chevtchenko, recruté par lui dès avant la guerre, qui prépare, rédige, relit, amende et corrige ses discours et ses notes sur les questions agricoles et l'accompagne souvent dans ses voyages en province ; Grigori Chouïski, qui assure un rôle de secrétaire personnel, rédacteur et correcteur des discours sur les autres questions ; Vladimir Lebedev, son conseiller pour les questions culturelles, littéraires et artistiques, l'homme qui lui lira *Une journée d'Ivan Denissovitch* d'Alexandre Soljenitsyne et le poème satirique antibureaucratique d'Alexandre Tvardovski *Tiorkine dans l'autre monde.* Son gendre Alekseï Adjoubeï, qu'il propulsera en 1959 rédacteur en chef des *Izvestia* et secrétaire de l'Union des journalistes, sera son conseiller diplomatique, voire son envoyé spécial. De ce quatuor, seul Adjoubeï appartiendra au Comité central auquel il sera promu seulement en 1961. S'y ajoute l'obséquieux Satioukov, ancien fonctionnaire de l'appareil du Comité central, rédacteur en chef de la *Pravda* de 1956 à 1964 et propulsé président de l'Union des journalistes en 1959 et organisateur du culte public de plus en plus débridé de Khrouchtchev à partir de 1960. Se joint un moment à ce cercle restreint Vladimir Mylarchtchykov, membre suppléant du Comité central de 1956 à 1961, chef de son département agricole, ivrogne notoire et incapable tout aussi notoire, craint plus encore que Khrouchtchev par les apparatchiks qu'il injurie à loisir. Ce groupe, qui va prendre de plus en plus de poids au fil des ans, est donc marginal par rapport aux instances dirigeantes du Parti auquel aucun n'appartient et forme une direction collective très particulière dont le rôle et le poids finiront par exaspérer la direction collective officielle.

Quatrième partie

Le prisonnier

19

L'HYDRE DE LERNE

Khrouchtchev ne tarde pas à remercier ceux qui ont assuré sa victoire. Le 2 août, les comités centraux des quatorze partis nationaux reçoivent des droits supplémentaires dans le règlement de certaines questions d'organisation et de finances, le droit de dissoudre des comités de ville et de districts ou d'en créer de nouveaux et de fonder de nouveaux organes de presse. Le 3 septembre, il fait augmenter les salaires versés aux cadres du Parti « afin d'élargir les droits des organismes locaux du Parti ».

Mais sa préoccupation principale demeure l'agriculture et ses projets en la matière. Lors du plenum, Khrouchtchev a exalté les résultats de sa politique agricole et monté en épingle son Kalinovka natal, où, dit-il, on a produit en six mois de 1957 2 180 litres de lait par vache contre 1 164 pour toute l'année 1953, soit quatre fois plus ; et comme il y a trois fois plus de vaches dans le kolkhoze, la production de lait sous la baguette magique de Khrouchtchev a ainsi été multipliée quasiment par douze en quatre ans. Khrouchtchev ajoute à ces résultats des promesses mirifiques aux kolkhoziens de son village natal.

Dans le même discours, il reprend le slogan « rattraper et dépasser les États-Unis dans la production de viande, beurre et lait » en effectuant un étonnant distinguo entre ce slogan et les prévisions du plan : « Ce doit être un appel, c'est à cela que nous devons viser, là-dessus que nous devons mobiliser les gens. Et si ce slogan s'empare de l'esprit des gens, alors il deviendra réalité. Mais pour ce qui est de planifier nous allons faire autrement, en partant de données et calculs précis. » Ainsi les chiffres du slogan sont totalement déconnectés de ceux du plan ! Khrouchtchev pose alors la question : « Est-ce que cela contredit la tâche fondamentale de rattraper et dépasser les pays capitalistes dans la production par individu ? » Il répond : « Non, cela ne la contredit pas[1] », sans autre argument.

L'appareil a besoin de faire à la population des promesses jamais tenues, de compenser la grisaille du présent par les couleurs chatoyantes d'un futur radieux proche, mais toujours renvoyé à un après-demain enchanteur. Les chiffres au futur sont comme des trompe-l'œil qu'il faut appuyer sur des chiffres truqués du présent.

La promesse irréalisable répond donc à des objectifs politiques internes et externes. Khrouchtchev précise en effet : « Que signifie avoir en abondance de la viande, du beurre, du lait ? Cela signifie que les travailleurs dans les pays industrialisés se convaincront encore plus des avantages du socialisme. Cela sera un ébranlement pour le capitalisme. En ayant plus de produits agricoles, nous pourrons élargir le commerce de ces produits sur le marché international[2]. » Ainsi, à l'ère des avions à réaction, de l'électronique, des textiles artificiels, de la chimie des plastiques, des débuts de l'automation, de la production de masse de l'industrie automobile à l'Ouest, c'est dans le domaine alimentaire que Khrouchtchev situe sa « compétition » entre le système « socialiste » et les pays capitalistes...

Mais le plenum, en validant le projet irréalisable de rattraper les États-Unis en trois ans, a déposé sous les pieds de Khrouchtchev et sous les siens une bombe à retardement qui va contraindre Khrouchtchev à chercher des faiseurs de miracle. C'est en cette année 1957 qu'il se rapproche du biologiste charlatan Trofim Lyssenko, qui promet de nouvelles races laitières produisant un lait beaucoup plus gras, donc des veaux plus gros... mais dans un avenir encore indistinct. Or Khrouchtchev a besoin de remèdes et de thaumaturges immédiats. L'urgence est d'autant plus grande que l'URSS est très en retard dans l'alimentation du bétail. Évoquant son premier voyage aux États-Unis en 1959 et la manière dont les propriétaires qu'il rencontre nourrissent leurs troupeaux avec des aliments combinés, Khrouchtchev ajoute, désabusé : « Nous aussi nous connaissons l'alimentation combinée *(kombikorm)*. Mais qu'est-ce que notre *kombikorm* ? Des grains défectueux, pourris, à moitié putréfiés, ou des résidus [...] des grains mélangés avec des déchets et de la terre[3]. » Le plan de rattrapage est donc mal parti.

Pour tenter de le réaliser, il doit mobiliser un énorme appareil aux chaussures de plomb. Qu'est-ce que cet appareil en haut duquel trône le Secrétariat du Comité central ? Le siège du Comité central, installé sur la Vieille Place, à Moscou, rassemble autour de 2 200 personnes, pour moitié des « responsables » (c'est-à-dire permanents politiques), pour moitié des « techniciens » (personnels d'exécution, secrétaires, dactylos, etc.). C'est le sommet d'une gigantesque pyramide. L'URSS est constituée de quinze Républiques fédérées : Russie, Ukraine, Biélorussie, Ouzbékistan, Kazakhstan, Azerbaïdjan, Lituanie, Moldavie, Lettonie, Kirghizie, Tadjikistan, Arménie, Turkménistan, Estonie, Géorgie. Certaines de ces Républiques comprennent des territoires (cinq en Russie), des régions (dix-neuf en Russie), des Républiques dites autonomes (seize) et des régions autonomes (sept en Russie dont la prétendue République juive du Birobidjan). Le Kazakhstan contient huit régions, l'Ukraine sept. Chacune de ces Républiques – sauf la république de Russie – dispose d'une organisation du PCUS (un Comité central et ses ramifications) et des komsomols. À côté de cet appareil – et sous son contrôle – foisonne l'appareil gouvernemental : un gouvernement formé de ministères qui doublent la plupart des ministères de l'Union (sauf les Affaires étrangères dont un ministère existe néanmoins en Ukraine et en Biélorussie) et un Conseil des ministres spécifique, qui exerce les maigres compétences qui échappent à celui de l'Union soviétique. On a donc quinze conseils des ministres avec leur appareil administratif. Aux ministères, il faut ajouter des comités permanents dotés eux aussi d'un appareil tentaculaire : le Gosplan (comité de la planification), le Gosstroï (comité de la construction), etc., qui surplombe une kyrielle aussi impressionnante de comités de régions, de territoires et de districts, tous composés de permanents, puis l'appareil monstrueux des « soviets » depuis le Soviet suprême jusqu'aux soviets locaux en passant par les soviets des villes avec leurs comités exécutifs.

Théoriquement, l'organe supérieur du pouvoir d'État est le Soviet suprême de l'URSS composé de deux chambres (Soviet de l'Union et Soviet des nationalités). Il ne dispose d'aucun pouvoir réel et ne siège que quelques jours, deux fois par an, et adopte toujours à l'unanimité les propositions de loi élaborées par le Secrétariat et/ou le Praesidium du Comité central. Il chapeaute un énorme réseau de soviets au niveau des territoires, des régions, des régions autonomes, des arrondissements, des districts, des villes, des diverses localités rurales, tous dirigés par un comité exécutif composé d'un président, de deux ou plusieurs vice-présidents, d'un secrétaire et d'un nombre variable de membres en fonction de la taille de la juridiction.

Un recensement au 1er décembre 1963 donne la répartition suivante : l'appareil régional et local du PCUS compte 117 504 permanents (en plus de ceux du Comité central à Moscou) dont 96 609 « responsables » et 20 595 « techniciens ». Khrouchtchev a imposé une certaine cure d'amaigrissement à cet appareil qui au 1er janvier 1955 comptait 170 348 personnes, dont 142 518 « responsables ». Chaque organisation du PCUS de plus de 500 membres est chapeautée par un permanent à temps complet bien rémunéré. Elle en reçoit un par tranche de 500. Il faut y ajouter l'appareil prolifique du Komsomol (Jeunesses communistes) fort de plus de 18 millions d'adhérents, l'appareil du Syndicat officiel (qui en a plus de 80 millions, la cotisation syndicale obligatoire étant prélevée d'office sur la feuille de paye). Leur nombre de permanents est à peu près identique. Il faut ajouter les deux appareils de l'État : les conseils des ministres et comités multiples des quinze Républiques et l'appareil plus restreint des Soviets, chapeauté par le Soviet suprême et son Praesidium. L'appareil du Parti désigne les membres de tous ces organismes.

Cet appareil tentaculaire ne sait que commander, exiger, morigéner, diriger, contrôler, imposer, dicter, faire pression et punir. Khrouchtchev définit ses rapports avec la population lorsque dans une réunion du Praesidium il bougonne : « Le secrétaire régional de Voronej n'est pas un mauvais bougre, mais c'est un ataman [c'est-à-dire un chef cosaque]. On lui a donné un patrimoine, et il y vit jusqu'à ce qu'il échoue[4]. » Gérant un patrimoine, dont il a l'usufruit mais qu'il ne possède pas en propre puisqu'il peut être déplacé, muté, limogé, l'apparatchik déverse sur les ouvriers, les paysans, les employés, les ingénieurs un flot incessant de directives qui descendent en se multipliant et dont il exige un rapport détaillé sur leur exécution. À cette pression permanente les échelons inférieurs répondent par le bluff et le truquage des chiffres, la population par la passivité et la combine. Il constitue donc un frein énorme au développement des forces productives. Selon le romancier hongrois Jozsef Lengyel – déporté dix-sept ans en Sibérie (dont onze ans au goulag) : « Un appareil semblable ne peut se consolider que s'il écrase tous ceux qui ont la moindre valeur, honneur ou capacité personnelle. Et même ceux dont il suppose qu'ils pourraient en avoir. Être soupçonné d'avoir la moindre qualité – même si la présomption est sans fondement – suffit pour succomber. » Lengyel voit même en lui un conglomérat « d'Untermenschen, des sous-produits humains, des prototypes du fonctionnaire nazi[5] ».

Alexis Kossyguine illustre sa nature parasitaire lorsqu'il dit au ministre des Finances Garbouzov : « La productivité de notre appareil est très faible. La plupart des gens travaillent très peu [...]. Nous produisons des tonnes de papier, mais dans la pratique nous n'en faisons presque rien. Avec une meilleure organisation, du travail, nous pourrions facilement diminuer de moitié le nombre de fonctionnaires[6]. » Mais l'appareil prolifère comme un cancer sur le corps de la société et s'y développe en y multipliant ses métastases. En nécroser une ici ou là ne change rien à sa réalité.

La bureaucratie rappelle l'hydre de Lerne, ce gigantesque serpent à neuf têtes dont chaque tête tranchée donnait naissance à deux têtes. Héraclès ne put vaincre le monstre qu'en faisant cautériser par son neveu les moignons des têtes coupées. Aucun dirigeant du PCUS ne saurait envisager d'infliger un traitement similaire à la bureaucratie dont il est le représentant et le maître, parfois mécontent et furieux. Ainsi la réforme des sovnarkhozes, loin de réduire la bureaucratie, lui ajoute de nouveaux tentacules. Le 20 novembre 1957, dans la *Pravda*, le président du sovnarkhoze de Rostov se plaint de devoir passer par 36 sections différentes du Gosplan de Russie retranchées dans leurs bureaux de Moscou pour faire valider son plan. La *Literatournaïa Gazeta* du 16 octobre évoque l'usine de prototype d'Ijorsk, qui pour obtenir une résistance, du fil électrique, un isolateur et une plaque d'amiante, doit effectuer une douzaine de démarches auprès d'une dizaine d'organismes qui se renvoient la balle et la correspondance dans un ballet sans fin ou presque. Pendant les longues semaines qu'exigent ces démarches, l'atelier de l'usine ne fonctionne pas. Dans ce fatras de paperasses et cette chaîne infinie d'intermédiaires qui se chevauchent, la pièce livrée n'est pas toujours loin de là la pièce demandée. *Troud* du 30 mai 1958 signale l'abondante correspondance entre deux organismes situés pourtant dans le même immeuble : le département de l'approvisionnement pour la construction de machines-outils du sovnarkhoze de Biélorussie et la direction des approvisionnements dudit sovnarkhoze.

Ce dysfonctionnement n'est pas occasionnel mais le produit d'une gigantesque inflation bureaucratique rituellement dénoncée par la presse et par Khrouchtchev lui-même, mais qui découle de la nature même de la caste dirigeante et du mécanisme de sa reproduction élargie : c'est une donnée organique de la bureaucratie qui paralyse l'activité des entreprises. Les directeurs doivent donc recourir à de multiples combines illégales. Les secrétaires des comités de région, de territoire, de district et leurs adjoints ferment les yeux sur ces pratiques en échange de services multiples, de la fourniture de matériaux et de main-d'œuvre pour aménager un appartement ou construire une datcha jusqu'à la construction de véritables réseaux économiques parallèles. Ainsi la paralysie bureaucratique entretient-elle le parasitisme bureaucratique.

Cet appareil bénéficie de privilèges soigneusement hiérarchisés largement dissimulés à la masse de la population. Les membres supérieurs de la hiérarchie sont bien payés, mais, dans une économie marquée par la pénurie permanente et universelle, le salaire est secondaire : l'essentiel pour l'apparatchik est de ne pas avoir à piétiner dans les files d'attente devant des magasins d'où l'acheteur n'est jamais certain de ressortir avec la marchandise désirée. Ce serait d'abord perdre le temps qu'il doit consacrer à répercuter les décisions venues d'en haut et à y ajouter les siennes et plus encore mettre en péril son prestige de chef que d'attendre une éventuelle marchandise perdu dans la tourbe des simples citoyens.

Khrouchtchev n'évoque jamais les privilèges que sa fonction lui octroie. Boris Eltsine en donnera une idée dans ses premiers souvenirs : « Rien qu'à mon niveau de membre suppléant du Bureau politique, j'avais droit à trois cuisiniers, trois femmes de service, une femme de ménage, un jardinier et ses aides. » Il ajoute : « Tout était "spécial" : ateliers spéciaux, vestiaires spéciaux, polycliniques spéciales, hôpitaux spéciaux, datchas spéciales, maisons spéciales, personnel spécial [7]. » Spécial et entièrement dissimulé à la masse de la population.

Khrouchtchev veut réformer et bousculer cet appareil monstrueux sans mettre fin à son règne, qui signifie pour lui le socialisme réalisé. Cet appareil le dirige plus qu'il ne le dirige lui-même. Il le reconnaît naïvement dans une réunion du Praesidium où il s'interroge sur les décisions de grands travaux qu'il signe aveuglément : « Kossyguine met son visa, moi je signe, et on considère que le texte est confirmé. Et vous vous le votez : puisque Khrouchtchev a signé, Kossyguine a visé, c'est qu'ils l'ont étudié et vous dites : "Nous sommes pour !" [...] Or nous ne connaissons pas ceux qui établissent le texte [8]. »

Le 4 juillet 1957, au lendemain du plenum, le Conseil des ministres décide d'abolir entièrement les livraisons obligatoires imposées jusqu'alors aux paysans et aux salariés (réduites en septembre 1953) sur leurs lopins individuels. Cette mesure est un cadeau aux intéressés, mais ce cadeau que Khrouchtchev leur fait d'une main il le reprendra vite de l'autre en s'engageant dès l'année suivante dans une politique systématique de réduction des surfaces des lopins individuels, pourtant essentiels pour assurer l'alimentation des paysans et même de nombreux citadins.

Le 26 septembre 1957, la *Pravda* et les *Izvestia* annoncent la suspension du 6e plan quinquennal. C'est un échec pour

Khrouchtchev. L'abandon est dû entre autres à la multiplication des chantiers inachevés dont l'énumération donne le tournis et dont le volume global représente une somme de 150 milliards de roubles (soit le quart du budget de l'URSS). À cette date, plus de 200 000 entreprises sont en cours de construction et plus de 100 000 chantiers ouverts ! En 1956, seul le quart des travaux de la construction de l'usine d'enrichissement de charbon de Magnitogorsk commencée en 1949 est réalisé ; celle de l'usine de machines électriques Karl-Marx près de Vorochilovgrad, commencée en 1944, traîne encore treize ans plus tard, l'atelier de fonderie de l'usine Loutouguino, mis en chantier en 1940, est toujours en cours de construction en 1956, tout comme le combinat de la viande de Iaroslavl après vingt et un ans de travaux. À cette date, un cinquième seulement des travaux de construction d'une usine de moteurs Diesel engagée dans la ville de Troïtsk en 1949 ont été réalisés. Conséquence dramatique de ce chaos : souvent les machines commandées en fonction du plan établi et non de sa réalisation arrivent en cours de travaux et sont stockées au hasard, souvent à l'air libre. Une partie rouille, une autre se démode au fil des années. L'usine métallurgique de Novotaguilskoie atteint le sommet de l'ubuesque. Le ministère a décidé en 1946 d'y construire un atelier de constructions mécaniques. Les machines commandées commencent à arriver en 1951 et sont livrées jusqu'en 1955. La construction de l'atelier est alors abandonnée. Les machines stockées à l'air libre rouillent mais figurent dans les statistiques de la production mécanique...

Une semaine plus tard, Khrouchtchev opère un rétablissement spectaculaire. Le 4 octobre 1957, cinq jours après une explosion qui a détruit une partie du site de Tcheliabinsk où avait été construite en 1949 la première bombe A soviétique, il triomphe. Le premier satellite artificiel, le *Spoutnik*, s'élève dans l'espace et son bip-bip triomphal fait le tour de la planète. Khrouchtchev en tire des conclusions hâtives. Deux semaines plus tard, il déclare au dirigeant du Parti travailliste Draiberg : « Avec le lancement du *Spoutnik*, les bases militaires américaines perdent leur signification[9]. » La désillusion sera aussi amère que cette victoire scientifique qui coûtera cher à l'URSS. Si le secrétaire américain à la Défense Charles Wilson commence par railler : « Un truc scientifique qui ne troublerait le sommeil de personne [10] », le chef des démocrates au Sénat, Lyndon B. Johnson, futur successeur de Kennedy, alerte l'Amérique : « Le contrôle de l'espace, tonne-t-il, signifie le contrôle du monde », dont il donne une description apocalyptique : « Par l'espace les maîtres de l'infini pourraient exercer leur domination sur le climat de notre planète, créer des sécheresses et des inondations, bouleverser le rythme des marées, élever le niveau des mers, changer le cours du Gulf Stream et transformer les climats tempérés en climats glaciaires [11]. » Ce mauvais roman d'anticipation débouche sur la nécessité d'augmenter les crédits militaires pour empêcher les monstres rouges de balayer ainsi toute vie dans le « monde libre ». Le 3 novembre, un missile soviétique semble confirmer les criantes alarmes de Johnson en envoyant dans l'espace une capsule de quelque 600 kilogrammes avec à son bord une chienne, Laïka. Ce lancement amorce une campagne tapageuse sur le « missile gap » qui placerait les États-Unis en position d'infériorité vis-à-vis de l'Union soviétique. Le Sénat crée une Commission spéciale de l'espace et de l'aéronautique présidée par Lyndon Johnson.

Ses nombreux déplacements et voyages servent de prétexte à Khrouchtchev pour prendre des initiatives sans en avoir référé préalablement au Praesidium. Pendant ces périodes, c'est le deuxième secrétaire du Comité central qui assure la direction de fait. À partir du 17 décembre 1957, ce rôle est assumé par Alexis Kiritchenko, son ancien collaborateur en Ukraine, que Khrouchtchev a promu du rang de membre suppléant du Praesidium au rang de titulaire en juillet 1957 au lendemain de l'élimination du « groupe antiparti ». Cet ingénieur agricole de formation est un fidèle dont la médiocrité garantit l'innocuité ; mais cet individu fruste, peu cultivé, borné et porté sur la boisson montrera vite ses limites.

20

LE FANTÔME DE BONAPARTE

Quatre mois après lui avoir fait jouer les premiers rôles dans l'élimination du « groupe antiparti », Khrouchtchev élimine brutalement le maréchal Joukov de la scène politique. Du 7 au 14 août 1957, il se rend en RDA avec Mikoïan et Gromyko. Le 6, le maréchal Rokossovski, vice-ministre de la Défense, alors présent en RDA, informe Joukov que les troupes soviétiques en RDA, commandées par le maréchal Gretchko, doivent se livrer à des manœuvres les 7 et 8 et ne pourront accueillir Khrouchtchev à sa descente d'avion. Que doit faire Gretchko ? Rester à ces manœuvres répond Joukov. Khrouchtchev atterrit donc à Berlin sans être accueilli par la moindre garde d'honneur. Il en est mortifié, d'autant plus que deux mois plus tôt il a subi une avanie similaire : le 19 juin, le commandant du district militaire de Leningrad est absent pour l'accueillir à la frontière à son retour d'Estonie. Celui-ci a suivi les ordres de Joukov qui lui a déclaré : « Les règlements de l'Armée soviétique ne prévoient pas de rencontre spéciale avec le secrétaire du Comité central du PCUS et devant la loi tous chez nous doivent être égaux [1]. » Certes, mais les chefs, surtout ceux du Kremlin, se jugent en général au-dessus des lois ; Joukov semble ainsi placer l'armée au-dessus du Parti, et blesse la vanité exacerbée de Khrouchtchev.

Au début de septembre, Khrouchtchev, Mikoïan, Brejnev, Kiritchenko et Joukov séjournent à Yalta. Ils passent de longues journées ensemble dans la villa de Khrouchtchev. Joukov commet alors deux impairs. Il veut affecter à la tête des unités stationnées en Extrême-Orient le général Kazakov, qui commande les troupes soviétiques stationnées en Hongrie. Kádár souhaitant garder Kazakov en Hongrie, Brejnev l'invite à trouver un autre commandant en chef, Joukov refuse ; Brejnev insiste, Joukov rétorque : « Ne vous échauffez pas, je suis tout autant membre du Praesidium du Comité central que vous. » Joukov racontant cet épisode ajoute : « Khrouchtchev garda le silence, mais je compris qu'il était mécontent de ma vive réponse [2]. » En refusant de céder, il place un impératif purement militaire au-dessus de l'intérêt politique du soutien à Kádár.

Il commet un impair plus grave quelques jours plus tard. Kirilenko, qui les a rejoints, a invité la compagnie à fêter l'anniversaire de sa femme. Toasts et discours accablent d'éloges dithyrambiques Khrouchtchev, qui répond longuement à chaque toast. Énervé par cette logorrhée, Joukov l'interrompt à un moment et signale que c'est à un autre de parler. Khrouchtchev, vexé, rétorque : « Je peux ne pas parler du tout si vous n'avez pas envie de m'écouter. » Joukov essaie de plaisanter, en vain. Il savait, écrit-il, que « Khrouchtchev était rancunier et ne pardonnait à personne de telles attaques contre sa personne [3] ».

Khrouchtchev décide de mettre Joukov sur la touche. Il l'envoie dans un long voyage de parade en Yougoslavie puis en Albanie, et utilise son absence pour préparer son limogeage. En Yougoslavie, Joukov, reçu en grande pompe, rencontre Tito et les principaux dirigeants du pays. Avant de quitter la Yougoslavie pour l'Albanie, il télégraphie à Khrouchtchev pour l'informer que les représentants soviétiques dans le pays donnent une vision tendancieusement négative de l'attitude des Yougoslaves vis-à-vis de l'URSS et il propose des mesures pour améliorer les relations entre les deux pays et leurs partis communistes. Nouvelle erreur de Joukov, qui se mêle ainsi de la politique étrangère.

Khrouchtchev convoque le 17 octobre une réunion du Praesidium en l'absence de Joukov, qui en est pourtant membre. Le maréchal, considérant que l'armée doit être d'abord entraînée à se battre, a proposé de réduire d'un tiers le nombre des instructeurs politiques qui infligent aux malheureux soldats des conférences politiques assommantes. L'appareil voit dans cette volonté de privilégier la formation militaire sur le bourrage de crâne idéologique une tentative d'alléger son contrôle sur l'armée. Kozlov dénonce ainsi « la tendance à soustraire l'armée au contrôle des organismes du Parti [4] ». Ce sera le leitmotiv de l'offensive déchaînée contre Joukov. Khrouchtchev ruse ; il prépare la liquidation de Joukov sous l'anodine formulation de « l'amélioration du travail politique dans l'armée soviétique ». Le 19, Khrouchtchev fait voter par le Praesidium une résolution affirmant la nécessité de renforcer ce travail et, à cette fin, de convoquer des réunions de cadres militaires. Cette décision apparemment routinière prépare sans le dire le lynchage politique de Joukov. Le 22 octobre, Khrouchtchev ouvre une réunion des cadres des directions centrales du ministère de la Défense et du district militaire de Moscou. Il y accable Joukov dans un long discours décousu truffé de souvenirs de la guerre plus ou moins fiables. Il se pare de vertus stratégiques imaginaires pour mieux accabler le véritable stratège de la guerre. Il dénonce la volonté de nombreux hauts gradés – surtout de Joukov – d'échapper au contrôle politique du Parti et prononce alors un éloge appuyé de Staline : « Staline avait la main lourde, mais personne ne peut lui dénier le fait qu'il était dévoué à la cause du marxisme-léninisme [...] nous pouvions trembler devant Staline, mais être tranquilles pour le Parti [5]. » Ainsi, la dictature de Staline est une incarnation – certes brutale mais juste – de la nécessaire dictature du Parti toujours actuelle : les chefs de l'armée doivent comprendre qu'elle doit être entièrement subordonnée au Parti ; la place des instructeurs politiques que Joukov veut réduire est donc décisive. L'éloge de Staline répond à une nécessité politique du moment. C'est une constante chez Khrouchtchev : ce qu'il dit de Staline est toujours lié à la conjoncture immédiate.

Puis il concentre son offensive sur Joukov, qu'il accuse de promouvoir son propre culte. Certes, précise-t-il hypocritement : « Nous respectons Joukov et nous l'apprécions beaucoup. Quand Staline était en vie et se déchaînait contre Joukov, alors je me suis toujours tenu derrière lui et j'ai toujours parlé en sa faveur. » On peut douter de ces interventions sans traces ni témoins. Il enfonce le clou : « L'armée doit être dévouée au Parti, pas à une personne », et s'interroge : « Peut-être qu'il ne faut pas garder le ministre de la Défense dans les rangs du Praesidium du Comité central, afin que les maréchaux, les généraux puissent discuter[6]. » Le sténogramme note alors « applaudissements tempétueux ». Sa présence dans l'organe dirigeant suprême du Parti hisse en effet Joukov loin au-dessus des autres chefs militaires qui le ressentent d'autant plus mal que Joukov est brutal et cassant. Khrouchtchev présente ainsi le limogeage annoncé du maréchal comme un moyen de libérer la parole des autres officiers supérieurs... Les 22 et 23 octobre, des réunions organisées dans les divers districts militaires du pays réunissent 14 000 officiers supérieurs et instructeurs politiques qui partout adoptent à l'unanimité la résolution du 19 octobre.

Le Praesidium se réunit le 26 octobre pour régler définitivement le sort de Joukov, qui rentre ce matin même de Yougoslavie. On l'emmène directement de l'aéroport à la réunion du Praesidium. Le maréchal Chtemenko, chef de la Direction principale des services de renseignements de l'armée, l'a prévenu par téléphone du coup préparé contre lui. Le Praesidium valide d'abord les résultats du voyage de Joukov chez Tito, puis, après cet hommage fugace, il l'accable. Mikoïan accuse Joukov de semer la peur chez les instructeurs politiques. Boulganine juge particulièrement suspecte la création par Joukov d'une école de saboteurs et d'unités spéciales dans la banlieue de Moscou, sans demander l'autorisation du Comité central, suggérant par là qu'il pourrait l'utiliser contre ce dernier. Le Biélorusse Mazourov résume la charge en déclarant : « Joukov a voulu concentrer la direction de l'armée dans une seule main et l'arracher au Parti[7]. » Joukov ne comprend pas que Khrouchtchev ne veut nullement le pousser à s'amender mais l'éliminer ; il se dit « prêt à reconnaître la critique et à corriger ses erreurs », proteste contre la tenue de la réunion des cadres militaires du 22 octobre en son absence, déclare « saugrenue » l'affirmation qu'il voudrait « séparer les forces armées du Parti », rejette toutes les accusations et demande la constitution d'une commission d'enquête[8]. La vérité et le bon droit sont de son côté. Il a le mauvais goût de le dire. Khrouchtchev propose de démettre Joukov du poste de ministre de la Défense et de communiquer l'information ce jour même par radio. La décision est votée à l'unanimité. Joukov lui-même la vote sans se livrer à l'autocritique rituelle. Le maréchal Malinovski le remplace au ministère de la Défense.

Le plenum du Comité central des 28 et 29 octobre procède à la mise à mort de Joukov. Pour l'accabler, on expose dans la salle un tableau montrant Joukov sur son cheval blanc devant les ruines de Berlin. On le promènera dans les réunions des cadres du Parti de l'armée en l'accompagnant d'un commentaire fielleux : « Regardez comme Joukov s'est fait représenter en Georges vainqueur du dragon ! » Le maréchal, déstabilisé par sa révocation inattendue, a perdu de sa superbe. Après un double rapport accablant de Souslov et de Jeltov, il se livre pendant près de trois quarts d'heure à une autocritique qui n'apaise pas ses censeurs. Les orateurs se succèdent à la tribune pour accabler le maréchal déchu en dénonçant sa grossièreté, sa morgue et sa brutalité incontestables. Khrouchtchev conclut le débat. Il accuse Joukov de tout ramener aux relations personnelles, de placer l'individuel au-dessus du devoir social, du devoir du Parti, de se montrer cassant, voire grossier, de « rugir contre les gens au lieu de discuter avec eux ». Puis il porte l'accusation centrale, essentielle, en caricaturant sa déclaration de juillet aux conjurés du groupe anti-parti et l'accuse de préparer un coup d'État parfaitement imaginaire : « Le couronnement est sa déclaration : si c'est nécessaire, je me tournerai vers l'armée, vers le peuple et ils me soutiendront [...]. Est-ce qu'un dirigeant du Parti peut se permettre de telles déclarations, l'ambition d'en appeler à l'armée et au peuple par-dessus la tête du Comité central ? [...] Dans la conception de Joukov, il n'y a pas de place pour le Parti. L'essentiel pour lui c'est l'armée [...]. Ce n'est rien d'autre que la dictature militaire, une junte militaire [...]. Le camarade Joukov veut se comporter avec nous en tant que représentant des Forces armées dans le Parti. » Ses propos sont ceux « de gens qui veulent commander dans le Parti, établir leur dictature personnelle dans le pays[9] ». Le plenum exclut en conséquence Joukov du Praesidium et du Comité central.

Dans ses Mémoires, Khrouchtchev présente l'élimination de Joukov comme un drame cornélien. Ce fut, écrit-il, une « décision douloureuse et même déchirante pour moi. Chez moi les sentiments luttèrent avec la raison [...]. Mais quand Joukov entra dans le Praesidium, il accumula une telle force, qu'il provoqua une certaine inquiétude dans la direction du pays. Les membres du Praesidium plusieurs fois avancèrent l'opinion que Joukov s'orientait vers un coup d'État militaire, vers la saisie du pouvoir [10]. » Mais rien ne confirme les plans de ce coup d'État et les aspirations bonapartistes de Joukov, inventés pour se débarrasser d'un homme étranger à l'appareil central du Parti. Le 27 février 1958, Joukov sera mis d'office à la retraite à l'âge de soixante-deux ans.

Khrouchtchev, tout en renforçant son emprise sur la direction du Parti, exprime en l'occurrence les intérêts du Comité central. En faisant intervenir l'armée aux côtés de Khrouchtchev contre le « groupe antiparti », Joukov a involontairement suggéré la possibilité d'une intervention de l'armée dans la vie politique, que reflète l'accusation de « bonapartisme ». Cette inquiétude perdurera dans l'appareil tant ce dernier craint toute faille dans son monolithisme.

21

LE CARROUSEL DES RÉFORMES (1958)

En ce mois d'octobre 1957, une nouvelle période s'ouvre dans la vie politique de l'URSS. Avec l'élimination de Beria, le Comité central a écarté la mainmise de l'appareil policier, avec l'élimination du « groupe antiparti », il a supprimé la tutelle méprisante des héritiers de Staline ; avec l'élimination de Joukov, il écarte l'ombre de l'armée. Le fils de Khrouchtchev souligne : « À ce moment le pouvoir passa définitivement dans les mains de l'appareil [1] », désormais le maître tout-puissant du pays. Il se reconnaît en Khrouchtchev certes grandi par cette triple victoire dont il a été à la fois l'organisateur et le bénéficiaire, mais aussi plus étroitement soumis à un appareil dont il est d'abord le porte-voix suprême et le garant de sa sécurité et de ses intérêts.

Au Comité central de décembre 1957, Khrouchtchev parachève le limogeage de Joukov remplacé au Praesidium par le pâle Mourétdine Moukhitdinov, promu aussi au Secrétariat du Comité central avec Ignatov et Kiritchenko, qui deviennent également membres du Praesidium. Ce dernier comporte désormais 15 membres dont les 10 membres du Secrétariat du Comité central ; parmi les 5 autres, Vorochilov est un fantoche décoratif, Boulganine, encore président du Conseil des ministres, n'a plus aucun poids depuis la défaite du « groupe antiparti ». Seul Mikoïan a une stature particulière. Ainsi, le Secrétariat du Comité central apparaît de plus en plus comme le vrai détenteur du pouvoir : le Praesidium n'en est que l'ombre portée et le Conseil des ministres n'a aucune autonomie. Selon Mikoïan, à partir de ce moment-là, « Khrouchtchev y a cru. Dans la mesure où il avait introduit ses hommes à lui au Praesidium, il considérait qu'il pouvait ne tenir compte de personne, que tous les autres devaient simplement l'approuver[2] ». Mikoïan anticipe sans doute ici une mutation à laquelle d'autres donnent une date plus tardive, mais le secrétaire de Moscou Nikolaï Egorytchev la place trop loin en la datant du XXIIe congrès en octobre 1961.

Le système bureaucratique tente de préserver ses prébendes et sa sécurité, mais a en même temps besoin d'un chef suprême. La formule rituelle de la « direction collective » ou « collégiale » reflète l'aspiration réelle, constamment refoulée, des principaux dirigeants à exercer le pouvoir. Mais l'appareil bureaucratique, qui monopolise toute la vie politique, doit s'affirmer monolithique. Ce monolithisme ne peut pleinement se réaliser que dans et par un individu placé au-dessus de lui comme il est lui-même placé au-dessus de la population et donc produire un Bonaparte dont l'appareil essaie en même temps d'encadrer les pouvoirs. Sous des formes et à une échelle différentes, le processus engagé sous Staline se répète et Khrouchtchev, qui se fait alors nommer commandant en chef suprême des armées, se fera bientôt lui aussi tailler un costume de héros de la Seconde Guerre mondiale. Il ne s'agit pas d'un trait de caractère personnel mais d'un processus politique plus ou moins indépendant des individus dans lesquels il s'incarne.

Ainsi, les membres du Praesidium qui renverseront Khrouchtchev en octobre 1964 choisiront pour le remplacer celui d'entre eux qu'ils jugent le plus falot et le plus faible, Brejnev, et sépareront à nouveau les fonctions de premier secrétaire du Comité central et de président du Conseil des ministres.

Tant que le secrétaire-président tout-puissant défend les intérêts collectifs de cet appareil, ses membres courbent la nuque, subissent en silence ses incartades, ses railleries, voire ses humiliations, et l'applaudissent avec une servilité complaisante. Khrouchtchev avec ses foucades, ses initiatives jugées intempestives, ses réformes permanentes qui sèment le désordre et la confusion, ses mesures brutales qui secouent l'appareil, voire ses menaces et ses mesures de révocation, indisposera ce dernier au point de le pousser à la révolte, alors que Brejnev mourra en paix entre sa vodka et ses Mercedes.

Le Comité central marque d'abord sa place et son poids : entre février et novembre 1958, il se réunit cinq fois, soit autant qu'au cours des quinze dernières années du règne de Staline ! Mais Khrouchtchev va vite desserrer le contrôle de l'appareil du Parti en le bouleversant, déplaçant ses membres, rééquilibrant les pouvoirs en faveur de l'appareil du gouvernement, mais aussi en constituant une équipe de conseillers marginaux dans l'appareil du Parti, puis en laissant s'instaurer un véritable culte de la personnalité qui reproduit en modèle réduit farcesque celui de Staline.

Khrouchtchev avait invité Mao à participer à la conférence internationale des partis communistes qui s'ouvre à Moscou le 7 novembre, à l'occasion du quarantième anniversaire de la révolution d'Octobre. Le 2 au soir, Mao atterrit à l'aéroport de Vnoukovo, accompagné de sa femme, de Deng Xiaoping et de Peng Dehuai. Khrouchtchev l'accueille, rayonnant de cordialité. Il loge la délégation chinoise à l'intérieur même du Kremlin alors que les délégations des partis communistes sont habituellement installées dans des datchas en banlieue ; chaque matin il vient voir Mao, le comble de présents, l'accompagne partout. Mao répond à ce débordement d'attentions par une réserve qui, à l'occasion, se transforme en goujaterie. Ainsi, lors d'un dîner où Khrouchtchev éméché raconte longuement ses exploits de la guerre, Mao l'interrompt : « Camarade Khrouchtchev, j'ai fini de dîner, est-ce que vous avez fini votre histoire du front Sud-Ouest [3] ? » Khrouchtchev, stupéfait, se tait. Mao se venge ainsi sans doute des avanies que Staline lui avait infligées lors de sa venue à Moscou en décembre 1949. Il va continuer pendant la conférence.

Lors des débats de la conférence, Mao multiplie les propos provocateurs ; après avoir qualifié toutes les forces réactionnaires de « tigres de papier », il lance : « Essayons de calculer combien de personnes disparaîtront en cas de guerre ? Peut-être un tiers des 2 milliards 700 millions d'humains, peut-être un peu plus, la moitié de l'humanité [...]. Au pire périra la moitié de l'humanité, l'autre moitié survivra, et l'impérialisme sera balayé de la surface de la terre et le monde entier deviendra socialiste. » L'assistance reste muette. Togliatti lui demande : « Combien d'Italiens resteront en vie après une guerre atomique ? — Aucun, lui répond Mao non sans humour. Et pourquoi considérez-vous que les Italiens soient aussi nécessaires à l'humanité ? » Cependant, il déclare finalement que « le camp socialiste doit avoir une tête et [que] cette tête, c'est l'Union soviétique[4] » et il signe le verbeux document final qui reprend cette idée. Dès son retour à Pékin, il engage une campagne contre le « révisionnisme » yougoslave, accusé de plier le genou devant l'impérialisme américain auquel Tito demande des crédits, comme Khrouchtchev va le faire six mois plus tard. Dans une partie de billard à trois bandes, Mao vise donc Tito pour intimider Khrouchtchev.

Mais pour le moment, les vrais soucis de Khrouchtchev sont ailleurs. Ce sont ceux qu'il exprimait déjà en septembre 1953. Comment sortir l'agriculture du marasme ? Il doit trouver la formule. Le 22 janvier 1958, à Minsk, dans un discours retentissant de trois heures, il annonce la liquidation des stations de machines et tracteurs (SMT), créées par Staline et institution clé de sa politique agricole. Ces stations louaient leurs machines (tracteurs, moissonneuses- batteuses, etc.) et leur personnel (conducteurs, mécaniciens) aux kolkhozes et constituaient un moyen de pression efficace sur eux. Khrouchtchev propose de vendre leur matériel aux kolkhozes, ainsi libérés de leur contrôle. Cette proposition publiée dans la *Pravda* du 25 janvier semble tomber dans un silence retentissant. Les jours suivants, ni la *Pravda* ni les *Izvestia* ne l'évoquent. Le 28, au Soviet suprême de Russie, seul Frol Kozlov y fait une allusion pour le moins réservée en soulignant que « le changement des rapports entre les SMT et les kolkhozes n'est pas une question simple, et avant de modifier ses rapports, il est indispensable d'en discuter tous les aspects[5] ». L'adresse de la conférence des travailleurs agricoles d'avant-garde de l'Ukraine publiée dans La *Pravda* du 31 janvier ne dit pas un mot de la question. La proposition de Khrouchtchev suscite manifestement des réticences, voire des résistances.

Le 1er mars, la Pravda publie enfin ses « thèses » sur la réforme des SMT et la vente de leur matériel aux kolkhozes. La presse regorge de témoignages de reconnaissance de kolkhoziens et chefs de brigade. Ceux-ci étaient las de subir la loi des chefs des SMT qui remplissaient le plan d'utilisation de leurs parcs de machines par tous les moyens, y compris des travaux inutiles, voire nuisibles, mais payants. Ils peuvent croire que libérés de la dictature des chefs de SMT ils seront un peu les maîtres chez eux. Les SMT subsistent comme simples stations techniques chargées de l'entretien (payant) des machines et de la fourniture (payante) de pièces détachées. Leur réduction à une fonction apolitique de réparateur semble donner aux kolkhozes une autonomie nouvelle...

La désillusion est amère : les kolkhozes doivent payer le matériel qu'ils acquièrent dans un délai maximal de cinq ans. Ils doivent aussi prendre en charge les frais d'entretien des stations. Khrouchtchev fait en effet transférer au ministère de la Collecte les crédits jusque-là alloués à cet entretien. Dans cette opération, de nombreux kolkhozes dépensent leurs ressources jusqu'au dernier kopeck et sont ruinés. Contraints de racheter les machines et d'en payer l'entretien, ils voient grimper leurs coûts de production. Dès cette année 1958, les prix agricoles fixés par l'État ne permettent pas de couvrir les frais de production des produits d'élevage – ce sera vrai pour les céréales dès l'année suivante. Or, le « salaire » dans les kolkhozes est un dividende : si les ventes ne couvrent pas les frais de production, le dividende est égal à zéro. Dès lors, le kolkhozien n'a plus aucun intérêt à travailler dans le kolkhoze et se replie sur son lopin individuel. Enfin les conducteurs de tracteurs et les mécaniciens qualifiés refusent massivement de devenir kolkhoziens et partent à la ville : employés d'État ils avaient un salaire, une retraite, des congés payés et un passeport intérieur leur permettant de se déplacer librement, toutes choses dont le kolkhozien est privé.

Les kolkhozes ne peuvent construire en hâte les hangars nécessaires à l'entrepôt des machines dont beaucoup restent à l'air libre. Le nombre de tracteurs et machines non réparées (mais payées ou à payer) baisse brutalement ainsi que celui des machines livrées, hier aux SMT et aujourd'hui aux kolkhozes :

le nombre de moissonneuses-batteuses livrées par l'État tombe ainsi de 134 000 en 1957 à 53 000 en 1959, celui des camions de 125 000 en 1957 à 66 000 en 1960, celui des machines à récolter le maïs de 6 000 en 1958 à 200 en 1959 et enfin celui des séchoirs à grains de 13 000 en 1957 à 900 en 1960 ! Pour la première fois dans l'histoire de l'URSS, le parc de machines agricoles diminue brutalement. Sans doute le système des SMT, fondé pour des raisons politiques comme bras armé du pouvoir au sein de la paysannerie, se grippait-il, mais la précipitation avec laquelle Khrouchtchev s'en débarrasse en liquidant son parc de matériel est l'une des multiples raisons de l'échec de sa politique agricole. Après l'aventure des Terres vierges, sa première réforme agricole tourne donc au fiasco.

L'accumulation des difficultés exige le renforcement de son pouvoir personnel. Le 25 mars 1958, le Praesidium démet Boulganine de la présidence du Conseil des ministres pour son « instabilité politique, qui s'est manifestée dans sa participation au groupe fractionnel antiparti [6] ». Il « recommande » la candidature de Khrouchtchev à ce poste « tout en le laissant premier secrétaire du Parti. Brejnev soutient avec enthousiasme cette candidature : « On ne peut pas avancer une autre proposition. L'accession de Khrouchtchev au poste de président du Conseil des ministres va augmenter de façon incommensurable l'autorité du conseil. Il apportera son génie dans la politique extérieure [7]. » Les autres sont moins serviles, Mikoïan et Vorochilov disent même avoir un moment hésité, mais tous approuvent en chœur : c'est la seule solution ! Seul Khrouchtchev feint d'émettre une vague réserve en faisant allusion à son âge. Cette réunion du Praesidium exhale une odeur d'encens qui annonce le prochain culte de Khrouchtchev, officiellement nommé président du Conseil des ministres le 31 mars, flanqué de Kozlov comme vice-président. Boulganine reste au gouvernement comme directeur de la Banque d'État mais il est réduit au rôle d'ombre portée de Khrouchtchev, qui dans ses Mémoires le juge « honnête et sensé [...] mais pas compétent pour assumer ce poste [8] ». Le système du parti unique exige la liquidation de tout embryon éventuel de double pouvoir – et donc de tension, voire de crise – dont est grosse la distinction entre le gouvernement et le Parti. La nomination d'une nullité à la tête du premier n'est pas une garantie suffisante. La fonction peut le transformer en rival. La seule garantie définitive est la confusion des deux fonctions, qui permet à leur titulaire de se hisser au-dessus de l'appareil central et donc d'acquérir par rapport à ce dernier une certaine indépendance. Khrouchtchev tente ainsi d'échapper à son emprise.

Il prend aussitôt une revanche sur l'Histoire en faisant annuler la résolution du Bureau politique d'avril 1951 qui avait condamné son idée d'agrovilles. C'est une satisfaction de vanité mais cette décision a aussi un sens politique : le chef du Parti et du gouvernement ne peut pas se tromper, donc une résolution stigmatisant ses erreurs doit être effacée de l'Histoire.

La « direction collective » fonctionnera dès lors de façon formelle jusqu'aux premiers accrocs en 1962. Depuis juillet 1957, Khrouchtchev n'a plus d'opposant dans le Praesidium, dont la majorité des membres lui doivent leur nomination. Il s'y conduit en patron omnipotent et omniscient. Lorsqu'un de ses membres présente un projet de texte, il l'interrompt, le coupe, le corrige et, sans attendre la fin de la lecture, dicte des corrections et des amendements à la sténographe du Praesidium. Il déclare pourtant : « Au Praesidium, nous sommes tous égaux [9]. » Mais si les membres de ce dernier sont égaux entre eux, certains sont plus égaux que d'autres.

Sergueï Khrouchtchev peut donc affirmer à bon droit ce que confirment les procès-verbaux du Praesidium : pendant les premières années au moins « les membres du Praesidium pour l'essentiel se reposaient sur mon père, c'est à lui que revenait le dernier mot pour la prise des décisions. On le considérait comme l'ancien, on s'était habitué lors des décennies précédentes à ce type de répartition des rôles. Ce n'était pas une question de personne [...]. Tout et tous dépendaient du numéro un. Même les membres du Praesidium s'efforçaient de ne pas se manifester si leurs intérêts vitaux n'étaient pas en jeu. Pas nécessairement leurs intérêts personnels, peut-être, mais ceux de tel ou tel secteur d'activité ou tel ou tel membre du Praesidium se sentait le maître. Dans ce cas il pouvait y avoir querelle, voire un heurt, mais pas très violent [10]. »

Dès lors, Khrouchtchev se mêle de tout et décide de tout. À l'automne 1958, Gromyko se présente dans son bureau pour lui exposer ses propositions sur la crise de Berlin. Gromyko s'assied devant Khrouchtchev, chausse ses lunettes et commence à lui lire sa note. Khrouchtchev le coupe aussitôt : « Attends, écoute plutôt ce que je vais dire, une sténographe va le prendre en note. Si cela correspond avec ce que tu as écrit, c'est bien, sinon tu peux jeter ta note à la corbeille. » Et il dicte un flot de phrases plus ou moins incohérentes dans la forme, mais assez claires dans le fond sur sa proposition de proclamer Berlin-Ouest « ville libre démilitarisée ». Gromyko enregistre puis s'en va [11].

Au début d'avril 1958, Khrouchtchev lance brusquement une offensive contre les dirigeants du PC yougoslave, qu'il accuse de vouloir imposer aux autres pays leur « modèle » de socialisme. Le prétexte en est le nouveau programme de ce parti soumis à son VIIe congrès tenu à la fin du mois. Le PCUS n'envoie ni délégation ni même salut au congrès et invite tous les partis communistes à l'imiter.

Le 17 mai, *Krasnaïa Zvezda*, le quotidien de l'armée soviétique, parle de la « trahison » des dirigeants du PC yougoslave qu'il assimile à la « trahison d'Imre Nagy ». Est-ce la logique de cette campagne de normalisation qui lui vaut la mort ? Le 17 juin 1958, Imre Nagy et trois de ses compagnons sont pendus. Kádár fait courir le bruit qu'à la réunion du Bureau politique du PC hongrois, lui et Ferenc Münich ont voté contre l'exécution mais ont été mis en minorité. Il veut sans doute suggérer en fait que la décision a été prise à Moscou. Selon Fiodor Bourlatski, Khrouchtchev « a fait fusiller Nagy pour donner une leçon à tous les autres leaders des pays socialistes [12] », et d'après lui d'abord à Gomulka, Kádár lui-même, voire à Tito et Mao, pourtant hors de portée, et généralement pour avertir tous les communistes des démocraties populaires. Pourtant, le procès-verbal de la réunion exprès du Praesidium du 5 février 1958 réduite à cinq présents dont Khrouchtchev et consacrée au seul procès de Nagy contient deux lignes qui semblent infirmer cette affirmation. On y lit : « Approuver les propositions (manifester fermeté et magnanimité). Ne pas noter au procès-verbal [13] » ; ce qui suggère une condamnation à mort suivie d'une décision de grâce. Khrouchtchev a-t-il violé ce mandat pour montrer à tous qu'aucune divergence ne saurait être admise ? Les dirigeants du PC hongrois maintenus à bout de bras par Moscou n'ont pu décider seuls de pendre quatre hommes que le Kremlin aurait décidé de laisser en vie. Le quotidien yougoslave *Politika* en date du 23 juin affirme : « L'exécution était nécessaire comme facteur d'aggravation dans les relations avec un pays socialiste comme le nôtre. » Mais le journal de Tito ne tente-t-il pas d'utiliser abusivement à son profit le cadavre de celui que ce même Tito dénonçait le 11 novembre 1956 à Pula en l'accusant de n'avoir rien fait « pour empêcher l'assassinat des communistes et des progressistes » ?

Les vraies difficultés viennent toutefois de la Chine. Le 20 juillet, l'ambassadeur soviétique à Pékin, Ioudine, a transmis à Mao une proposition de Khrouchtchev qui indigne le dirigeant chinois : la formation d'une flotte commune soviéto-chinoise dans le Pacifique. « Qui la commanderait ? » a demandé Mao à Ioudine, qui n'a su que répondre. Mao était déjà furieux de la proposition soviétique, faite quatre mois plus tôt, d'installer une station radar soviétique en Chine destinée à suivre les déplacements de la flotte soviétique dans le Pacifique. Khrouchtchev doit prendre les choses en main. Le 31 juillet 1958, flanqué du ministre de la Défense Malinovski, il débarque à Pékin alors en pleine crise. Depuis de longs mois, les paysans se sont mobilisés pour construire les hauts-fourneaux miniatures de campagne exaltés par Mao, mais qui n'ont produit que du rebut impossible à qualifier d'acier. Cette mobilisation les a détournés de la récolte de céréales (et de riz) qui s'annonce catastrophique. Dès qu'il comprend les raisons de la colère de Mao, Khrouchtchev recule. Mao exprime néanmoins sa colère par des voies détournées. Sachant que Khrouchtchev ne supporte pas la fumée du tabac, il allume cigarette sur cigarette tout au long de leurs échanges. Pis encore ! « Où pensez-vous que Mao m'a reçu ? s'écriera-t-il plus tard devant le cinéaste Mikhaïl Romm. Dans une piscine. Il m'a reçu dans une piscine ! » Or si Mao est un nageur émérite, Khrouchtchev patauge. Vêtu d'un simple caleçon satiné, il barbote maladroitement dans l'eau derrière l'interprète qui nage entre Mao et lui. Mao accélère et pose à Khrouchtchev des questions politiques auxquelles ce dernier peine à répondre. Khrouchtchev, las d'avaler de l'eau en silence, trouve enfin la parade. Il s'installe sur le bord de la piscine et domine dès lors Mao. « Il nageait et moi je le regardais de haut [...] il se vexa [14]. » Un délégué soviétique évoque l'aspect comique de la scène : « Deux gentlemen d'âge mûr, en caleçon de bain, étaient assis près de la piscine, flanqués de leurs interprètes, les autres membres de la délégation et leurs interprètes se trouvant en face. » Mao reprend son thème de la guerre atomique préventive ; il demande à Khrouchtchev de combien de divisions dispose l'URSS. Khrouchtchev n'en sait rien. Il convoque du geste l'un de ses conseillers qui traverse la piscine à la nage et le lui demande. L'autre lui chuchote le chiffre à l'oreille. Khrouchtchev le communique à Mao qui lui demande alors de combien de divisions disposent les États-Unis. La scène se répète avec un autre conseiller. Mao, toujours aussi provocateur, déclare alors : « L'URSS et la Chine disposent de beaucoup plus de divisions que les États-Unis et leurs alliés. Pourquoi alors ne pas attaquer ? » Khrouchtchev répond que la question n'est plus celle du nombre de divisions mais celle des bombes atomiques. Mao demande alors de combien de bombes disposent les États-Unis et l'URSS. Khrouchtchev pose la question à un autre conseiller en lui chuchotant : « Ne donne pas le vrai chiffre », puis transmet la réponse. Mao, se moquant toujours de Khrouchtchev, répète alors sa rengaine : la moitié de la population mondiale périra, mais comme la Chine et l'URSS sont plus peuplées que les autres, la victoire du communisme est assurée. Khrouchtchev s'emporte ; et que deviendront les petits peuples de l'URSS et ses alliés (les Polonais, les Tchèques, etc.) ? Mao imperturbable rétorque que les petits peuples doivent se sacrifier pour la cause de la révolution mondiale. Khrouchtchev conclut : « Voilà, camarades, c'est comme cela que cela a commencé [15]. » Il ne croit sans doute pas vraiment que la querelle sino-soviétique ait débuté par cette histoire de piscine, mais la réduction de l'Histoire à l'anecdote est fréquente chez lui.

Un mois plus tard, à la fin août 1968, Mao ordonne le bombardement des îles Kinmen et Matsu dans le détroit de Taïwan. Khrouchtchev lui propose aussitôt de mettre à sa disposition une escadrille soviétique. Mao refuse. Il ne veut pas reconquérir ces deux îlots mais démontrer la détermination militaire de la Chine au monde et en particulier à Khrouchtchev, qui feint de ne pas comprendre. Ce dernier avertit Eisenhower que si les États-Unis interviennent, il considérera l'attaque de la Chine comme une attaque contre l'URSS, et suggère même qu'il ne reculera pas en ce cas devant l'usage de la bombe atomique, ce dont il se hâte d'avertir Mao, bien qu'il n'ait nulle intention d'aller au-delà de la bravade verbale.

Ce même mois, le Comité central du PC chinois décide de constituer dans toute la Chine un vaste réseau de « communes populaires [...] organisant l'ensemble de la production industrielle et agricole, le commerce, la culture, l'enseignement et la vie politique ». La résolution se conclut par l'annonce de l'avènement prochain de l'ère communiste. « Dans trois ans à peu près, notre peuple mènera une vie heureuse. Il disposera de denrées alimentaires et de vêtements en abondance. » Cette fanfaronnade rappelle celles de Khrouchtchev. Dès les premiers mois de ce prétendu « Grand Bond en avant », le pays sombre dans le chaos et connaît la faim [16].

La veille de son ouverture, le 6, Khrouchtchev, devant le Soviet suprême, développe l'un de ses thèmes préférés : celui de la coexistence pacifique. Il en répétera la formule des centaines de fois. « Les divergences idéologiques, affirme-t-il, sont inconciliables et elles continueront d'exister. Mais elles n'excluent pas la coexistence pacifique et une compétition paisible entre les pays socialistes et les pays capitalistes [17]. » Ainsi l'affrontement entre ces deux systèmes ne dépend-il pas du choc d'intérêts matériels et sociaux, mais d'un combat entre des « idéologies », bref des mots. Sans le dire, Khrouchtchev reprend à son compte la « théorie » développée par Staline en 1952 selon laquelle il existe deux marchés mondiaux parallèles, un marché capitaliste et un marché socialiste, qui fonctionnent indépendamment l'un de l'autre. Le marché capitaliste a beau être secoué par des crises de surproduction, c'est-à-dire produire plus de marchandises qu'il ne peut en absorber, il n'effectue étrangement aucune pression pour tenter d'écouler ses marchandises en surnombre dans « le marché socialiste », d'y faire pénétrer ses capitaux et d'y restaurer les relations marchandes. Ainsi le choc entre deux idéologies désincarnées, sans rapport avec les réalités économiques et sociales et les conflits sociaux, mais censées se livrer un combat tout à la fois impitoyable... et angélique, est la seule source d'antagonisme entre les deux « blocs ». Sous cette phraséologie, Khrouchtchev « théorise » l'aspiration du Kremlin à ce que la pression, en particulier militaire, qu'exerce sur lui le capitalisme américain se relâche. Il n'y parviendra pas...

La politique de coexistence pacifique de Khrouchtchev orchestre une vaste campagne mondiale pour la paix et le désarmement où il tente d'intégrer l'Église orthodoxe. Il a autorisé le patriarcat de Moscou à convoquer dans la capitale à la mi-mai les diverses Églises orthodoxes dans le monde pour célébrer le quarantième anniversaire de la restauration du patriarcat abrogé par Pierre le Grand et reconstitué en mars 1917. Douze des quatorze Églises orthodoxes autocéphales sont représentées à Moscou. Khrouchtchev exige que la conférence adopte un appel pour la paix et le désarmement et condamne les essais atomiques. Le 17 mai, il reçoit le patriarche Alexis et le métropolite, qui lui exposent leurs revendications financières, qu'il refuse de satisfaire : le patriarche d'Alexandrie exigeait le doublement de sa dotation (40 000 dollars par an au lieu de 20 000). La conférence est un échec : trois chefs de délégations refusent en effet de signer l'appel à la paix et au désarmement. Cet échec contribue sans doute à accélérer la campagne antireligieuse que Khrouchtchev, alerté sur l'augmentation considérable de demandes d'ouverture et d'enregistrement d'églises et sur la création massive et spontanée de communautés religieuses, a décidé d'engager dès la fin de 1957. Le gouvernement réduit la dotation en devises du patriarcat de Moscou pour 1958, puis décide de fermer treize des quarante monastères fonctionnant jusqu'alors en Ukraine, et de réduire la surface qui leur était allouée de 357 hectares à 60. À la fin de l'année, le KGB épure sévèrement les bibliothèques ecclésiastiques et limite strictement l'introduction de littérature religieuse étrangère.

Entre deux voyages à l'étranger ou en province, Nikita Khrouchtchev concocte aussi une réforme de l'enseignement destinée à combler le manque de main-d'œuvre qualifiée et qui va provoquer de sérieuses tensions. « Chaque année, écrit-il dans la *Pravda* du 21 septembre 1958, un nombre grandissant de jeunes entre quatorze et dix-sept ans demeurent scolarisés au lieu de s'intégrer à la production industrielle et agricole. Chose plus grave encore, les élèves et leurs parents continuent à considérer l'enseignement secondaire comme un moyen d'échapper à la condition manuelle [...]. Parmi la jeunesse qui vient de terminer ses études secondaires, comme parmi les parents et les éducateurs, l'opinion s'est ancrée que notre école secondaire est destinée à préparer des hommes uniquement pour assurer le recrutement des établissements d'enseignement supérieur. »

La loi promulguée le 24 décembre réduit l'enseignement secondaire de deux ans (de dix ans à huit ans) et impose à tous les élèves sortant de l'école moyenne l'obligation d'effectuer un stage de deux ans en usine ou à la campagne et de recevoir une formation complémentaire en cours du soir ou en fin de semaine. Il voit dans ce stage de deux ans obligatoire pour tout candidat à l'admission à l'université « une disposition démocratique qui améliorera les conditions d'égalité entre tous les citoyens ». Et il menace : « Ni la situation des parents, ni leurs interventions ne dispenseront qui que ce soit de ce travail. Il y aura là une magnifique école pour toute la jeunesse, qui sera éduquée dans l'esprit des traditions héroïques de la classe ouvrière et de la paysannerie kolkhozienne. » Mais cet héroïsme imaginaire et artificiel n'inspirera guère la jeunesse d'alors... Les plus doués et eux seuls pourront poursuivre leurs études en mathématiques, physique ou musique dans des écoles spéciales. Le cursus de la scolarité secondaire n'est plus que l'un des critères de l'entrée à l'université ; l'activité professionnelle et sociale en devient un élément décisif. Au nom d'une mythique union entre « la science et la vie », c'est-à-dire entre l'activité théorique et la pratique, la réforme enverra des cohortes d'étudiants, voire de collaborateurs d'instituts scientifiques pendant deux mois dans les Terres vierges, où les paysans goguenards les regarderont tenter de moissonner, ou sur des chantiers, où leur travail s'avérera d'une inefficacité criante. De plus, l'article 19 de la loi décrétant le russe comme première langue dans toutes les Républiques va susciter au cours des mois suivants de vives réticences.

Le 23 octobre, Khrouchtchev reçoit comme un défi l'annonce que l'académie Nobel a attribué son prix de littérature à Boris Pasternak dont la dernière œuvre, *Le Docteur Jivago*, n'a pas été publiée en URSS. Khrouchtchev voulait voir le prix attribué à son ami le romancier officiel Mikhaïl Cholokhov. L'attribution du prix Nobel à Pasternak le met en rage. Il n'a jamais lu une ligne du roman. Lorsqu'il tentera de le lire lors de sa retraite, il n'y comprendra pas grand-chose. Il affirmera alors s'être appuyé sur un rapport de Souslov qui, selon lui, ne l'avait pas lu non plus ! En digne héritier de Staline, il a de la littérature une approche purement politique. Une œuvre est-elle utile à sa politique, elle est bonne, ne lui sert-elle à rien, elle est sans intérêt et donc ne mérite pas d'être publiée, la contredit-elle, si peu que ce soit, elle est nuisible. Si l'académie Nobel bourgeoise donne un prix à une œuvre soviétique, c'est que cette dernière est antisoviétique. La bureaucratie de l'Union des écrivains, composée de besogneux littérateurs sans talent, jaloux de quiconque en a, nourrit sans peine sa fureur. La presse dénonce Pasternak que le président du KGB Semitchastny traite de « porc ». Le « traître » doit renoncer à son prix bourgeois ou être expulsé d'URSS. Des réunions d'écrivains convoquées en hâte condamnent Pasternak, qui craque et renonce à son prix Nobel. Là ne s'arrêteront pas ses épreuves. Le 11 février 1959 paraît dans un journal italien son poème satirique « Le prix Nobel ». Le 27 février, le Praesidium, sous la présidence de Khrouchtchev, décide de faire convoquer Pasternak par le procureur et le menace de sanctions. Il est accusé de trahison de la patrie et menacé de répression s'il rencontre des étrangers. Il meurt peu après.

L'absence de libre débat politique dans les sommets eux-mêmes engendre intrigues, clans et cliques. À l'automne 1958, des nuages s'accumulent sur la tête de Serov. Les bruits sur ses pillages en Allemagne en 1945 ressurgissent et le procureur général de l'URSS ordonne une perquisition chez lui. On découvre parmi les produits de son pillage la couronne de la reine de Belgique volée par la Wehrmacht en 1940 et confisquée par le NKVD en 1945. Le Praesidium discute de son remplacement le 24 novembre ; chacun y va de son hommage, pourtant ils démettent de la direction du KGB cet homme dont ses collègues du renseignement militaire où il est affecté juste après diront : « Il sait arrêter, interroger, fusiller[18]. » Mikoïan dit avoir longtemps tenté en vain de convaincre Khrouchtchev de se débarrasser de Serov, mais Khrouchtchev lui répondait qu'il « n'avait pas fait de zèle et avait agi avec modération[19] ». Pourquoi Khrouchtchev décide-t-il ou accepte-t-il alors de s'en débarrasser ? Sans doute parce qu'il veut moderniser la police politique dont le bourreau Serov représente une image dépassée au moment même où il fait adopter par le Soviet suprême, le 25 décembre 1958, une révision des fondements du droit pénal, qui supprime les notions d'« ennemi du peuple » et de « crime contre-révolutionnaire », et relève à seize ans l'âge de la responsabilité pénale. Ce limogeage débouche sur une intrigue de palais. Ignatov tente d'utiliser la rancœur de Serov, qui contrôle encore les archives du KGB, contre Khrouchtchev. Au Praesidium du 3 décembre 1958, Khrouchtchev accuse Ignatov de mener « une intrigue qui mérite d'être condamnée[20] ». Le sort de Serov est scellé. Celui d'Ignatov le sera trois mois plus tard.

Alors que c'est pour Khrouchtchev la question numéro un, le bilan agricole de l'année 1958 est mitigé. L'accroissement de la production agricole de 1954 à 1958 est dû uniquement à l'ensemencement massif des Terres vierges : en quatre ans, grâce à leur exploitation, la surface emblavée s'est accrue de 25 millions d'hectares, soit une augmentation de 23 %. En quatre ans, les superficies cultivées en maïs ont été portées de 3 millions et demi d'hectares à 30 millions. En 1957, le prix moyen des céréales payé par l'État aux kolkhoziens a doublé. Les rémunérations de ces derniers et des travailleurs des sovkhozes sont passées de 12,4 milliards de roubles en 1952 à 47,2 milliards. L'amélioration est réelle mais éphémère.

Si la récolte de blé s'améliore, la production de viande en 1958 n'augmente que de 5 à 8 %. Cette quasi-stagnation met en rage Khrouchtchev qui promettait une augmentation minimale de 60 %. Le projet de rattrapage des États-Unis en trois ans exige en effet une impossible progression annuelle de l'ordre de 70 %. L'abîme entre le projet et sa réalisation est béant. La nécessité d'une solution miracle se fait de plus en plus urgente. Le secrétaire du comité régional de Riazan, Alexei Larionov, voit là une chance de promotion qui va provoquer l'un des plus grands scandales de l'ère Khrouchtchev. En décembre, il fait adopter par une conférence régionale un plan mirifique visant à multiplier la production de viande par 2,5 et à doubler les stocks de viande mis à la disposition de l'État en 1959. Malgré l'avis défavorable du département agricole du Comité central qui juge ces promesses irréalisables et sur l'insistance de Khrouchtchev, la *Pravda* publie ces promesses extravagantes trois semaines avant l'ouverture du XXIe congrès. Larionov les juge pourtant insuffisantes. Il fait adopter par une assemblée régionale de « travailleurs d'avant-garde de l'agriculture » la décision ubuesque de multiplier par cinq la production de viande dans les kolkhozes, par quatre (ou presque) dans les sovkhozes et par trois les livraisons de viande à l'État. En 1958, la région de Riazan avait vendu à l'État 48 000 tonnes de viande ; elle s'engage à en vendre 150 000 tonnes en 1959 ! Khrouchtchev, rayonnant, promet à Larionov la présidence du Conseil des ministres de Russie, une fois son impossible exploit réalisé. Mikoïan le souligne : « Khrouchtchev s'emballait aisément, forçait la note quand il s'emparait d'une idée, s'entêtait dans ses décisions erronées et ses caprices. [...] Lorsqu'il était séduit par une nouvelle idée, il ne connaissait pas de mesure, ne voulait écouter personne et fonçait comme un tank. » Plus grave encore : « Il imposait ses décisions erronées à l'ensemble du Comité central après avoir promu des gens à lui, en les présentant comme des décisions collectives [21]. »

Au plenum du Comité central de la mi-décembre 1958, qui enregistre les tartarinades de Larionov, Khrouchtchev donne le coup de pied de l'âne à Malenkov, qui, au XIXe congrès, avait annoncé une récolte de 8 milliards de pouds de blé

(130 millions de tonnes). Malenkov a menti, déclare Khrouchtchev ; la récolte était en réalité de 5,6 milliards de pouds. Malenkov, parlant sous le regard menaçant de Staline, a pourtant moins menti que Larionov, libre de toute menace, à ce même plenum. Puis Khrouchtchev annonce une récolte de 8,65 milliards de pouds en 1959. Or l'année 1958 marque dans ce domaine la fin d'un cycle : elle clôt cinq années au cours desquelles la production agricole a augmenté en moyenne de 7,9 %. L'année suivante marquera le début d'une stagnation qui débouchera sur une crise grave en 1963.

22

KHROUCHTCHEV, EISENHOWER ET MAO (1959)

En janvier 1959, Khrouchtchev envoie Anastase Mikoïan en tournée officieuse aux États-Unis. Arrivé à Washington le 4 janvier, il a un entretien avec le secrétaire d'État John Foster Dulles le 16, puis avec Eisenhower lui-même le 17. Le 18, il participe à une émission télévisée. Un journaliste lui demande s'il n'y a pas en URSS un nouveau culte de la personnalité autour de Khrouchtchev. Il répond que le culte définit un mode de direction où Staline prenait seul les décisions. « Mais maintenant les décisions ne sont pas prises par un seul homme mais par un groupe d'individus. » De plus, affirme-t-il, Khrouchtchev est très populaire en URSS. La réponse mécontente ce dernier, qui au Praesidium fait approuver le bilan du voyage de Mikoïan avec un bémol : « Sur la question du rapport sur le culte de la personnalité, il a donné une réponse incorrecte [1] ». Le sujet n'est plus d'actualité. Le XXIe congrès du PCUS qui s'ouvre le 27 janvier ne l'aborde pas. Seul le secrétaire général du Parti communiste de Lituanie Snetskus prononce ce mot. Khrouchtchev n'en dit rien et souligne en revanche la nécessité de « renforcer les organes de la Sécurité d'État » (le KGB) et déclare qu'il serait stupide et criminel de vouloir les affaiblir.

À ce congrès dit « extraordinaire » du PCUS, convoqué un an avant la date statutaire, Khrouchtchev présente un rapport introductif de plus de six heures et fait adopter un plan septennal (1959-1965) grandiose mais fantaisiste : il annonce une progression de 85 à 88 % de l'industrie lourde (soit 12 % par an) de 62 à 65 % de l'industrie légère (soit 9 % par an), de 70 % de la production agricole (soit 10 % par an), du revenu national de 62 à 65 % (soit 9 % par an) et de 40 % du salaire réel, soit une progression annuelle de plus de 7 %. Khrouchtchev conclut triomphalement : « Il est hors de doute que l'accroissement annuel moyen de 8,6 % de la production industrielle, prévu par le plan septennal, sera non seulement obtenu mais dépassé. » L'URSS sera donc la plus grande puissance industrielle du monde. D'ailleurs, précise-t-il, l'URSS a achevé « la construction complète et définitive du socialisme ».

À ces fanfaronnades, cruellement démenties par la réalité, Khrouchtchev ajoute la menace : l'URSS, dit-il, peut « envoyer sur n'importe quel point de la terre de puissantes fusées qui ne manqueront pas leur but ». Il dément enfin les « prétendues divergences entre le PCUS et le parti communiste de Chine[2] » et attribue les bruits qui en font état aux Yougoslaves. Volonté de dissimulation ou désir de conciliation ? Probablement les deux.

Ce congrès est celui du bluff. La revue « théorique » du PCUS *Kommunist* de février 1959 prétend pourtant : « Les matériaux et décisions du XXIe congrès ont secoué le monde. Le congrès a ouvert de nouvelles perspectives non seulement aux pays socialistes mais à toute l'humanité », qui ne s'en est guère aperçue.

Le congrès confirme également le renforcement des positions personnelles de Khrouchtchev, qui continue à renouveler la composition de l'appareil du Parti en promouvant une nouvelle génération de « cadres ». Staline, dans les années 1934-1939, avait liquidé physiquement la vieille génération des révolutionnaires bureaucratisés pour ouvrir la porte à une horde de nouveaux promus ; Khrouchtchev, lui, se contente de déplacer ceux dont il veut se débarrasser ou de les pousser vers la retraite. Cette rotation sans victimes – qui évoque parfois plus un jeu de chaises musicales qu'un renouvellement – gonfle inéluctablement cet appareil parasitaire et paralyse donc tout effort d'en améliorer le fonctionnement. Khrouchtchev de plus se montre souvent capricieux dans la promotion comme dans la révocation. Il se laisse aussi conseiller des nominations hasardeuses. Ainsi, le 14 mars 1959, il limoge le premier secrétaire du PC ouzbek et annonce son remplacement par Charaf Rachidov, véritable mafieux, qu'il n'a rencontré que rarement et de loin, mais que Brejnev connaît bien. Deux mots de Brejnev, sans doute, et voici Rachidov à la tête du PC ouzbek.

Comme il ne peut, à l'instar de Staline, omettre de convoquer le Comité central qui l'a fait roi ni le terroriser, il tente dès lors, pour mieux affirmer son pouvoir personnel, de le diluer ou de le noyer. Il convoque désormais à la plupart des plenums du Comité central, auquel il demande formellement son accord, des centaines d'invités choisis au nom de leurs compétences. Il limite les sessions réduites aux seuls membres du Comité central aux deux réunions statutaires annuelles, mais poursuit sa politique de concessions aux barons locaux. En août, le ministère des Finances suggère de supprimer 40 000 postes d'officiers de la milice, annonçant ainsi la liquidation du ministère de l'Intérieur de l'URSS décidée par le Comité central en décembre 1959 et officialisée par un décret du Soviet suprême du 13 janvier 1960. N'existeront plus dès lors que les quinze ministères de l'Intérieur des Républiques fédérées soumis à l'autorité de leurs dirigeants, dotés ainsi d'un nouveau pouvoir sur lequel la tutelle de Moscou est allégée. C'est un nouveau pas vers la constitution de baronnies et fiefs locaux.

Dans le même sens, il continue à limiter la place du KGB. Fin février, dans son discours aux électeurs de sa circonscription, il déclare : « Nous avons réduit de façon importante les forces intérieures – nos organes de la Sécurité d'État – et nous visons à la réduire encore davantage[3]. » Deux mois plus tard, le successeur de Serov à la tête du KGB, Alexandre Chelepine, le lui rappelle par écrit : « Vous avez eu raison de dire dans votre intervention devant les électeurs de l'arrondissement électoral de Kalinine qu'il est nécessaire de réduire à l'avenir les organes de la Sécurité d'État. » Mais ce rappel débouche sur une menace. Il faut, écrit-il, éliminer « les apostats, dégénérés, ivrognes et forts en gueule[4] », en particulier ceux qui protestent contre leurs conditions de vie ou de travail et qui, souvent marginalisés après avoir été condamnés pour des vétilles, et sans aucune possibilité de s'organiser, s'enivrent pour se donner le courage de crier, de haranguer les voisins et de s'affronter à la milice.

Chef suprême de l'appareil bureaucratique, Khrouchtchev est néanmoins un bureaucrate atypique à plusieurs égards. Il le démontre dans son discours au troisième congrès de l'Union des écrivains, le 22 mai 1959. Il dédouane *L'homme ne vit pas seulement de pain* de Vladimir Doudintsev qu'il n'a pas lu, dit-il, mais que Mikoïan a jugé bon, même si Doudintsev a « exagéré et généralisé » un peu hâtivement les fautes qu'il dénonce. Il lance aux écrivains réunis : « Vous savez qu'il n'est pas facile de décider de façon juste de ce qui doit ou ne doit pas être publié. Le plus simple serait de ne rien publier du tout, ainsi il n'y aurait pas d'erreurs... Mais ce serait une stupidité. » Il faut laisser les jeunes écrivains faire eux-mêmes leur apprentissage : « Pour pouvoir apprendre à nager il faut avoir le droit de se jeter à l'eau. » Et il conclut d'un ton bonhomme : « Si j'ai dit des bêtises, je pense que vous me pardonnerez [...]. Je ne suis pas sûr de ne pas avoir fait de lapsus. C'est pourquoi je vous demande de ne pas être des juges sévères[5]. »

Après cette main tendue aux écrivains critiques, il raconte sa rencontre, à Sotchi, avec un voleur multirécidiviste depuis douze ans qui lui explique que, à sa sortie de prison, il ne peut trouver qu'un travail déqualifié et sous-payé et ne peut, avec son salaire de misère, entretenir sa famille qu'il a donc abandonnée. Il ne veut pas recommencer à voler et demande que Khrouchtchev l'aide à trouver un travail normalement payé pour pouvoir faire face à ses responsabilités. Khrouchtchev le lui promet et l'aide à se réinsérer dans la société.

Le discours de Khrouchtchev est reproduit dans toute la presse. Trois semaines plus tard, le chef de la section politique de la direction des prisons souligne que cette partie du discours de Khrouchtchev a « attiré une attention exceptionnelle des détenus » des prisons de Russie. Un détenu déclare : « On n'avait encore jamais vu que des dirigeants du Parti et du gouvernement accordent leur attention à un ancien voleur. Khrouchtchev l'a fait[6]. » Mais l'effet d'annonce restera verbal. Khrouchtchev, qui se heurte à une bureaucratie dont la force d'inertie est énorme, qu'il peut certes critiquer, stigmatiser, voire dénoncer, mais n'a guère les moyens de faire bouger, passe à autre chose.

Et d'abord au conflit grandissant avec Mao. Ce dernier après avoir déclaré, en novembre 1957, que « le vent d'est l'emporte désormais sur le vent d'ouest », donc Pékin sur Moscou, et publié en octobre 1958 un essai tapageur intitulé *Les impérialistes et tous les réactionnaires sont des tigres de papier*, ne cesse de railler dans la presse « les gens qui surestiment encore la puissance des impérialistes ». Khrouchtchev ne peut voir là qu'une dénonciation de sa campagne pour la paix et le désarmement. Le 25 mai 1959, il rencontre à Tirana le ministre de la Défense chinois le maréchal Peng Dehuai qu'il encourage sans doute dans ses velléités d'opposition à Mao, car six semaines plus tard le maréchal, dans un mémoire à Mao diffusé aux membres du Comité central avant sa réunion, critique vivement sa politique du Grand Bond en avant. Il en dénonce « les résultats catastrophiques » dus aux « égarements gauchistes » de Mao, dont il ridiculise « le recours généralisé à de creuses fanfaronnades[7] ». Mao, persuadé que Khrouchtchev a promis son appui au maréchal, dénonce au Comité central du 2 août « le groupe antiparti dirigé par Peng Dehuai », démis de son poste et remplacé par Lin Biao.

À vrai dire, Khrouchtchev ne l'a guère aidé. L'été 1959 annonce en Chine une mauvaise récolte : le Nord-Est est frappé par une brutale sécheresse et le Sud par des pluies torrentielles. La faim commence à frapper. C'est ce moment que choisit Khrouchtchev, le 20 juin 1959, pour annuler l'accord d'octobre 1957 par lequel l'URSS s'engageait à fournir à la Chine les moyens de se doter d'usines nucléaires et de construire sa bombe atomique. « Ils nous injurient, dit-il, et nous, comme des esclaves dociles, on irait leur fournir la bombe atomique[8] ? » Un mois plus tard, le 18 juillet, se trouvant à Poznań, il critique vivement les communes chinoises en affirmant que leurs promoteurs « comprennent mal ce qu'est le communisme et comment il faut le construire[9] ».

Khrouchtchev donne une image de la conception qu'il en a au Comité central de la fin juin. Il prononce un éloge vibrant de Trofim Lyssenko. Le biologiste prétend avoir résolu la modification dirigée de l'hérédité et pouvoir produire des espèces nouvelles qui ne pousseront jamais que sur le papier, dans sa tête et celle de Khrouchtchev. Lyssenko s'était ridiculisé sous Staline lorsque son bras droit Prezent avait déclaré avec son accord qu'après avoir augmenté le volume des pis des vaches, qui traînaient désormais par terre, les biologistes soviétiques pourraient allonger leurs jambes mais préféraient « étendre le pis vers l'avant [10] ». Khrouchtchev dénonce violemment le généticien Nicolas Doubinine, adversaire de Lyssenko, tout en déclarant : « Je ne veux pas m'ériger en juge du différend entre les orientations du travail de ces deux savants. » Mais, « la pratique parle en faveur de l'école biologique [...] de l'académicien Lyssenko ». La preuve ? « Ce sont les savants de l'école de Lyssenko » qui ont reçu les prix Lénine de biologie... décernés par une commission truffée de leurs amis [11] !

Khrouchtchev est alors rattrapé par « l'épopée des Terres vierges » où les conditions d'existence lamentables provoquent tensions et conflits. Le plus grave éclate du 1er au 3 août 1959, à Timour-Taou, dans le Karaganda. Là, un chantier de construction accueille près de 2 000 travailleurs, en majorité âgés de dix-sept à vingt ans. La direction n'a rien prévu pour les loger. Elle les installe dans un village de tentes montées en hâte, sans chaises, tables ni même eau potable. La radio ne marche pas. Les ouvriers doivent faire longtemps la queue pour la petite cantine où il n'y a pas assez de couverts pour tout le monde. Plusieurs fois, ils découvrent des vers dans la viande pourrie qui leur est servie. Le ravitaillement est épisodique. Même le lait et le pain manquent parfois. En revanche, la vodka et le vin coulent à flots : en sept mois de 1959, l'Univermag a vendu 200 000 litres de vodka et 120 000 litres de vin. Le plus souvent, les ouvriers n'effectuent que deux ou trois heures de travail par jour et ne reçoivent donc qu'une paye dérisoire ; les accidents du travail sont fréquents. La direction du chantier et les comités de ville et de région du Parti refusent d'écouter leurs doléances.

L'explosion inéluctable se produit le 1er août 1959. Ce soir-là, les travailleurs de la première cité de toile, revenant du chantier, ne trouvent pas d'eau. Cette fois-là est de trop.

Un groupe d'ouvriers furieux saccagent et pillent la cantine. Certains, selon la commission d'enquête officielle, hurlent des slogans : « Liberté de grève ! La journée de six heures ! Hausse des salaires ! » À 3 heures, la milice arrive sur les lieux, disperse la foule et arrête deux ouvriers. Le secrétaire du comité régional, alerté, reste prudemment terré dans son bureau mais envoie un adjoint qui arrive à Timour-Tao vers 10 heures, rencontre le chef de chantier et le secrétaire du comité de ville puis part se baigner dans le lac voisin et rentre chez lui. Le soir du 2 août, un millier de manifestants rassemblés devant le poste de la milice exigent la libération des deux ouvriers arrêtés. Ils l'obtiennent vers minuit. Mais, dans la nuit, plusieurs centaines de jeunes ouvriers attaquent à coups de pierres le grand magasin Univermag. Les soldats, affolés, tirent, certains assaillants ripostent ; il y a onze tués et trente-deux blessés, dont cinq grièvement qui mourront peu après. Le KGB arrête cent quatre-vingt-dix rebelles, dont une majorité de jeunes de dix-huit à vingt et un ans, pour près de la moitié membres du Komsomol. Le 3 août, vingt-cinq mille travailleurs sont en grève ; ils ne sont plus que mille cinq cents le lendemain ; 40 manifestants sont déférés devant les tribunaux. Deux prétendus meneurs sont condamnés à mort, mais leur peine est commuée en quinze ans de détention ; cinq autres écopent de quinze ans.

Une commission d'enquête officielle affirme que les grévistes et manifestants ont été menés par des bandits et des hooligans, mais énumère une liste de faits accablants pour la direction du chantier, les responsables du Parti de la ville, de la région et même de la République. Kozlov exige alors le retrait de tout ce qui met en cause les dirigeants de la République. Mais le Comité central, inquiet, invite le procureur général à « poursuivre les cadres dirigeants, coupables d'une attitude criminellement méprisante vis-à-vis des besoins quotidiens des ouvriers, d'une mauvaise organisation du travail et de ne pas avoir [...] satisfait les besoins les plus fondamentalement élémentaires des ouvriers des chantiers, ce qui a constitué l'une des causes de l'apparition de désordres de masse sur le chantier [12] », par ailleurs soigneusement tenus secrets. Les suites de cette dénonciation sont inversement proportionnelles à sa vigueur répétitive. C'est en effet tout l'appareil de la troisième république de l'URSS par ordre d'importance – et non certains responsables isolés – qui par sa corruption, son inertie et sa morgue est responsable de l'explosion. Il faudrait donc le remplacer en entier... mais par qui ?

Le 13 juillet 1959, Frol Kozlov rapporte des États-Unis une invitation d'Eisenhower à l'adresse de Khrouchtchev. Ce dernier en est tout ébaubi. « Je l'avoue, au début je n'y crus pas. Cela se produisait de façon si inattendue, nous n'y étions absolument pas préparés. Nos relations étaient alors si tendues qu'une invitation à effectuer une visite amicale du chef du gouvernement soviétique et du premier secrétaire du Comité central du PCUS était tout simplement incroyable [13]. » Deux ans plus tôt, Khrouchtchev, invité en Autriche, avait répondu avec empressement : « J'avais personnellement envie de sentir l'atmosphère bourgeoise [14]. » Il en était revenu ravi. Mais les États-Unis, c'est une autre dimension. Et l'inquiétude se mêle au ravissement. Lorsqu'il apprend qu'Eisenhower veut l'accueillir à Camp David, Khrouchtchev se demande si ce n'est pas « un endroit où on invite les gens qui n'inspirent pas la confiance ? Une sorte d'établissement de mise en quarantaine ? Et où seul le président me rencontrerait ? Une sorte de discrimination : pourquoi pas à Washington, mais à Camp David [15] ? »

Une nouvelle dégradation survient alors dans les rapports entre Pékin et Moscou. En mars 1959, les moines tibétains, sous la direction hautement spirituelle du dalaï-lama, avaient réclamé l'indépendance pour mieux préserver le servage interdit par la Chine populaire. Rapidement battu, le dalaï-lama et son entourage fuient en Inde où le Pandit Nehru les accueille avec les honneurs. La vive tension entre Pékin et New Delhi engendre fin août un conflit sur la frontière indochinoise, jadis tracée par les colonialistes britanniques et que l'Inde ne reconnaît pas. Lors d'un accrochage, un garde frontière indien est tué et un autre blessé. Khrouchtchev prépare alors son voyage aux États-Unis alors que Washington soutient ouvertement l'Inde. Il publie un communiqué qui affirme la neutralité de l'URSS. Mao est furieux. Le 9 septembre 1959, l'agence Tass publie un communiqué exprimant le regret de l'URSS à propos des incidents de frontière entre la Chine et l'Inde. Bref, Moscou tient la balance égale entre les deux adversaires et refuse de manifester sa solidarité avec la Chine. C'est la main tendue à Nehru et, par le désaveu implicite de la Chine, un gage donné à Washington. Deux mois avant sa visite aux États-Unis, Khrouchtchev signale ainsi à Eisenhower que l'URSS propose aux États-Unis de détourner sur la Chine une part de la pression économique et militaire qu'ils exercent sur l'Union soviétique. Pour préparer la visite du premier secrétaire soviétique, Eisenhower, reconnaissant, suspend au début de septembre les vols de reconnaissance des U2 au-dessus de l'Union soviétique. Mais cette suspension n'est que provisoire.

La politique étrangère de Khrouchtchev repose sur les principes qu'il rappellera deux ans plus tard à Vienne. Kennedy lui ayant dit « que le statu quo devait former la base de nos relations », il précise : « Nous aussi nous nous tenions sur les positions du statu quo [16] », c'est-à-dire le maintien global du partage du monde dessiné à Yalta et à Potsdam, modifié par la révolution chinoise victorieuse malgré les réticences de Staline, pour qui la Chine appartenait à la zone d'influence américaine. Ce statu quo n'interdit pas à chacun d'essayer d'avancer des pions chez le voisin. Mais il s'agit de l'affaiblir ou de se renforcer, nullement de renverser la domination de l'adversaire dans son pré carré.

Le 14 septembre, Khrouchtchev s'envole pour les États-unis accompagné de sa femme Nina Petrovna, de Gromyko et de l'écrivain Cholokhov, vitrine officielle du régime. La veille de son départ, Khrouchtchev a frappé un grand coup : une capsule de 390 kilos portant sur ses ailettes le sigle de l'Union soviétique s'est posée sur la Lune. Il compte ainsi impressionner les Américains et y parvient sans doute.

Khrouchtchev participe à l'Assemblée générale annuelle de l'Onu le 18 septembre. Il y propose un plan de « désarmement général et complet en quatre ans » : toutes les armées « seront supprimées ; les états-majors et les ministères de la Guerre n'existeront plus ; les écoles militaires seront fermées [...]. Les bases militaires en territoire étranger seront supprimées. Toutes les bombes atomiques et à hydrogène dont disposent les pays seront détruites, leur fabrication cessera [...]. Les fusées de guerre de tout rayon d'action seront supprimées [...]. Les États ne disposeront que de contingents strictement limités, concertés pour chaque pays, de police équipés d'armes à feu légères et destinés exclusivement au maintien de l'ordre intérieur et à la protection de la sécurité individuelle des citoyens ». Pour garantir le respect de ce désarmement par étapes, Khrouchtchev propose « d'instituer un organisme international de contrôle avec la participation de tous les pays ». Une fois le désarmement général et complet réalisé, « les États n'auront rien à cacher, [...] les relations internationales se dérouleront sous le signe de la confiance. La suspicion et la peur disparaîtront, tous les pays pourront se comporter l'un envers l'autre comme de véritables bons voisins [17] ». C'est le royaume de Perlimpinpin.

Ce discours pacifiste ne suscite aucun écho. Khrouchtchev, dans une interview à la télévision américaine quelques jours plus tard, estompe ce pacifisme en déclarant : « Vos petits-enfants vivront sous le communisme. » Certes, il entend par là le résultat de sa prétendue compétition économique pacifique au terme de laquelle le « socialisme » soviétique aura démontré sa supériorité sur le capitalisme. Mais la propagande antisoviétique n'a pas grand-peine à dénoncer une menace dans ce pronostic aventureux.

Ce projet n'est pas seulement un truc de propagande. Le 8 décembre 1959, Khrouchtchev, d'Ukraine où il se trouvait alors, avait envoyé au Praesidium une note en ce sens où il expliquait les vraies raisons de son projet : l'Union soviétique dispose maintenant, disait-il, d'un arsenal de fusées et d'armes atomiques qui rend secondaires les forces armées conventionnelles et lui permet de faire face à toute tentative d'agression ; or l'URSS n'ayant pas envie d'attaquer les pays voisins, cet arsenal nucléaire suffit largement aux besoins de sa défense : « Pourquoi dès lors garder une énorme armée ? Conserver une aussi grande armée c'est affaiblir notre potentiel économique [...]. Il serait aujourd'hui déraisonnable d'avoir des bombes atomiques et thermonucléaires et de conserver en même temps une grande armée. » Il proposait donc de réduire les forces armées soviétiques de 1 million à 1,5 million d'hommes d'ici un à deux ans ; cette décision réduirait la tension internationale et dégagerait des hommes et des moyens pour la production des biens de consommation. Si les pays capitalistes ne suivent pas, ajoutait-t-il, « ils dévoreront leur budget, freineront leur développement économique et contribueront ainsi au développement des avantages de notre système [18] ». Cette mesure devait améliorer la situation à l'intérieur du pays et augmenter le prestige international de l'URSS.

Le 20 septembre 1959, il rencontre à Pittsburgh les dirigeants des syndicats américains. La réunion est tendue. L'un d'eux pose la question de la liberté d'expression en URSS. Khrouchtchev esquive : « Nous avons, dit-il, des conceptions différentes de la liberté. Lorsque nous étions à Hollywood on nous a montrés le cancan. Dans cette danse, les femmes doivent lever leurs jupes pour montrer leur postérieur [...]. C'est de la pornographie. C'est la culture de gens blasés et dépravés [...]. Visiblement la "liberté" de regarder les postérieurs vous plaît. Nous, nous préférons la liberté de penser, de réfléchir, de créer [19]. » Aux rapports tendus avec les dirigeants syndicaux américains, qu'il qualifie de réactionnaires, il oppose « un fait agréable : quand je rencontre des gens d'affaires, dit-il, nous trouvons un langage commun [20] ». Il rencontre effectivement un soir chez Averell Harriman, ancien gouverneur de l'État de New York et banquier notable, une vingtaine de businessmen dont l'aspect l'étonne : ce n'étaient « pas du tout les figures aux physionomies porcines que l'on représentait dans les affiches de la guerre civile. Ils ne ressemblaient pas du tout aux bourgeois de ces affiches. Certains d'entre eux étaient habillés assez modestement, et leurs costumes ne témoignaient nullement que leurs propriétaires étaient de très gros capitalistes ». Mais venu avec l'espoir de développer les relations commerciales avec les États-Unis, il se heurte ce soir-là à une question qu'il entendra souvent pendant son séjour mais à laquelle il ne sait que répondre : « Que pourrions-nous bien commercer avec vous ? Que pouvez-vous nous vendre [21] ? »

Avant de reprendre l'avion, il annonce dans une allocution télévisée la fin prochaine de la supériorité économique des

États-Unis : « Les moyennes annuelles d'accroissement de l'industrie sont en Union soviétique de trois à cinq fois plus élevées que chez vous. C'est pourquoi d'ici dix ou douze ans nous dépasserons les États-Unis tant pour le volume global de la production que pour la production par habitant. Pour ce qui est de l'agriculture, nous atteindrons cet objectif bien plus vite encore [22]. » Son adjoint Leonide Ilitchev peut donc prétendre : « Le séjour de N. S. Khrouchtchev aux États-Unis a revêtu le caractère d'un événement historique capital pour notre siècle. [...] Après cette visite, les Américains cherchent en vain une issue qui permette sinon de liquider, tout au moins d'arrêter la marche du progrès [23]. »

À son retour en URSS, une mauvaise nouvelle l'attend pourtant. L'été chaud laissait espérer une bonne récolte dans les Terres vierges, mais l'automne est pluvieux. Or le territoire manque toujours de séchoirs à grains, de hangars couverts et de silos ; une bonne partie de la récolte pourrit. C'est la première d'une longue série de déconvenues avec les Terres vierges. C'est donc d'une humeur massacrante qu'il se précipite à Pékin pour le dixième anniversaire de la Chine populaire. Mao et Khrouchtchev se rencontrent le 2 octobre 1959 pour la dernière fois, dans une atmosphère tendue, voire glaciale. L'ordre du jour porte d'abord sur Taïwan et le conflit frontalier avec l'Inde. Khrouchtchev raille les Chinois pour avoir laissé fuir le dalaï-lama : « Les événements du Tibet c'est votre faute. Si nous avions été à votre place, nous ne lui aurions pas donné la possibilité de partir. » Mao explose lorsque Khrouchtchev lui conseille de manifester sa « bonne volonté » en libérant cinq soldats américains capturés lors de la guerre de Corée. Pour lui, c'est là une capitulation devant l'impérialisme ! Capitulation aussi la déclaration de Khrouchtchev que l'URSS ne saurait accepter une guerre atomique pour la reconquête de Taïwan (que d'ailleurs Mao n'envisage pas réellement). Son attitude sur le conflit frontalier avec l'Inde provoque l'explosion. Khrouchtchev ridiculise les discussions territoriales entre la Chine et l'Inde : « Avoir cinq kilomètres de plus ou de moins, c'est sans importance. » Il laisse clairement entendre qu'il n'accepte pas la version chinoise des incidents de frontière. Au maréchal Chen Yi, qui qualifie la politique de l'URSS d'« opportuniste », Khrouchtchev rétorque : « Si vous nous considérez comme des opportunistes, camarade Chen Yi, ne me tendez pas la main, je ne la prendrai pas. » Chen Yi réplique : « Moi non plus. D'ailleurs, je ne crains pas votre colère ! » Khrouchtchev s'écrie : « Ne bavez pas sur moi du haut de votre bâton de maréchal [*sic*] ! Vous n'avez pas assez de salive pour ça ! Il est impossible de nous effrayer [24]. » Mais il est si mécontent qu'il fait décider au Praesidium du 15 octobre de détruire dans les archives le dossier des discussions avec les Chinois.

L'éditorial du *Quotidien du peuple* du 11 décembre 1963 datera de cette époque le début de la rupture : « Dès 1959, Khrouchtchev n'avait d'yeux que pour les États-Unis. C'était chez lui une véritable obsession [...]. Il était fasciné par les rencontres au sommet avec les États-Unis. Quels rêves mirifiques n'a-t-il pas faits à ce sujet ! Quelles illusions n'a-t-il pas répandues ! »

Les États-Unis tentent alors d'élargir la faille de plus en plus perceptible entre Pékin et Moscou. Le 6 octobre 1959, le secrétaire d'État américain Christian Herter, lors d'une conférence de presse, répond à une question sur les divergences entre Pékin et Moscou : « Tant que l'URSS maintient le point de vue qu'elle est à la tête du bloc communiste et tant qu'elle insiste [...] pour que les Chinois reconnaissent son leadership [...], les États-Unis rendront Moscou responsable des autres nations communistes [25]. » Deux jours plus tard, Douglas Dillon, sous-secrétaire d'État, répète l'avertissement : « Si nous devons croire les communistes quand ils reconnaissent maintes fois eux-mêmes le leadership communiste, les hommes du Kremlin doivent partager la responsabilité des actions de Pékin [26]. »

Khrouchtchev ne réagira à cette injonction qu'un an plus tard. La conférence internationale des partis communistes réunie à Moscou en novembre 1960 affirmera dans sa déclaration finale : « Les partis communistes et ouvriers déclarent à l'unanimité que le Parti communiste de l'Union soviétique est et restera l'avant-garde universellement reconnue du mouvement communiste mondial. » Il n'est plus à la tête. Pour ceux qui n'auraient pas compris la portée de ce changement,

Khrouchtchev l'expliquera le 6 janvier 1961 : « Le fait qu'on nous dise à la tête ne donnerait aucun avantage à notre parti ni aux autres. Au contraire il n'en résulterait que des difficultés[27]. » Difficultés avec qui ? Avec Washington d'abord et avant tout.

Le 31 octobre 1959, Khrouchtchev fait le bilan de son voyage américain devant le Soviet suprême. Il distingue parmi les dirigeants des pays capitalistes les « hommes d'État réalistes », dont Eisenhower et les « militaristes endurcis ». Il compare sa politique dite de concessions mutuelles entre les deux grands à celle de Lénine lors de la conclusion de la paix de Brest-Litovsk avec les Puissances centrales en 1918 et dénonce « l'aventurisme trotskyste » des partisans d'une politique accusée d'hésiter « entre la paix et la guerre[28] ». La comparaison est boiteuse, car en février 1918 le pouvoir soviétique, dépourvu d'armée, ne tenait qu'à un fil, mais elle a une visée politique : présenter la politique de Mao comme un héritage ou une nouvelle version du trotskysme maudit.

Peu après son retour, il annonce à Chelepine son affectation à la tête de KGB à la place d'Ivan Serov et l'invite à contrôler strictement cette organisation. À la fin de l'entrevue, il le supplie : « Faites en sorte que je ne sois pas mis sur écoute. » Au-delà de cette promotion d'un jeune cadre, il s'attaque à une refonte du travail du Secrétariat destinée à le libérer de son emprise. Le 12 novembre, une résolution du Praesidium affirme la réforme nécessaire. La résolution adoptée le 22 novembre inverse les rapports établis au lendemain de l'affaire du groupe antiparti en affirmant : « La direction du travail du Comité central est réalisée par le Praesidium ; le secrétariat du Comité central a en charge la direction de l'activité quotidienne et d'abord de l'organisation de la vérification de l'exécution des décisions du Parti et la sélection des cadres. » Khrouchtchev n'ayant plus le temps de suivre quotidiennement la cuisine interne de l'appareil transfère ainsi le centre du pouvoir à l'organisme politique qu'est le Praesidium. Il faut donc éviter qu'un secrétaire du Comité central exerce trop de pouvoir et interdire au même d'assurer régulièrement la présidence des réunions du Secrétariat. « Les secrétaires du Comité central doivent présider à tour de rôle (chaque mois). Tous les membres du Secrétariat participent à la préparation des documents et de l'"ordre du jour[29]". » Kiritchenko est démis le 8 janvier. La *Pravda* du 13 janvier 1960 annonce sa brutale rétrogradation au poste de secrétaire du comité régional de Rostov-sur-le Don.

Khrouchtchev prolonge son discours de l'Onu en proposant un plan de refonte de la structure même de l'armée qui va heurter l'état-major et le corps des officiers tout entier. Il propose de conjuguer la réduction des effectifs de l'armée avec sa réorganisation en « unités territoriales (forces de milice) [...] dont les régiments et les divisions réuniraient des citoyens qui y serviraient sans abandonner leur activité dans la production, ouvrier ou employé en semaine et soldat le soir ou le dimanche en cas de nécessité, y compris les officiers. Les commandants de cette armée milicienne seraient encore plus étroitement liés au peuple, et débarrassés de ce qu'on appelle l'esprit de caste, qui est nourri par les conditions matérielles meilleures des élèves des instituts de formation militaire[30] ». Il heurte ainsi la caste militaire, en proposant de réduire ses forces et son budget, de la diluer dans la population et de rogner ses avantages.

Le 14 décembre, le Praesidium reprend à son compte – mais sans donner de chiffre – cette proposition et convoque une réunion des commandants d'armées, chefs d'état-major et membres des conseils militaires des districts militaires invités à écouter un rapport de Khrouchtchev sur la question. Joukov n'est plus là mais le corps des officiers n'est pas pour autant prêt à accepter sans rechigner la cure d'amaigrissement que Khrouchtchev veut lui imposer.

23

LE BLUFF DE RIAZAN (1960)

En janvier 1959, au XXIe congrès du PCUS, Khrouchtchev avait salué le « glorieux exploit » des communistes de Riazan. L'année 1960 devait ainsi être l'année Larionov. Le 16 décembre 1959, une semaine avant le plenum du Comité central, le comité régional de Riazan adopte le texte d'une lettre reproduite dans la *Pravda* et les *Izvestia* affirmant que la région a rempli tous ses engagements : elle a livré à l'État 150 000 tonnes de viande au cours de l'année contre 48 000 en 1958. Dans une folle fuite en avant, le comité régional promet de faire encore mieux et de livrer à l'État en 1960 de 180 000 à 200 000 tonnes de viande. Khrouchtchev fait décorer Larionov de l'ordre du Héros du travail socialiste et de l'ordre de Lénine. En janvier et février 1960, des centaines de délégations de tout le pays et de plusieurs démocraties populaires se précipitent dans la province pour étudier le miracle de Riazan et en tirer des enseignements.

La région est durant toute cette année le foyer d'un intense trafic pour réaliser les folles promesses de Larionov sur le triplement de la production de viande. Des commandos d'activistes font le tour des kolkhoziens et des employés de sovkhozes disposant d'exploitations individuelles où ils élèvent quelques vaches ou porcs. Ils les leur achètent de force en les réglant, la plupart du temps, avec des reconnaissances de dettes contre l'engagement de restituer le bétail un jour ou l'autre. Les bêtes sont aussitôt abattues et vendues aux organismes de stockage de l'État. Le clan Larionov fait abattre à tout-va le cheptel de la région, y compris une bonne partie des vaches laitières et le cheptel conservé pour la reproduction. Mais on est encore loin du compte. Des commandos de Riazan descendent alors dans les régions voisines – elles aussi sollicitées par les augmentations de livraisons exigées par Khrouchtchev – pour acheter au comptant du bétail qu'ils revendent aussitôt aux organismes de stockage de l'État 25 ou 30 % plus cher que le prix d'achat. Le financement de ce trafic exige le détournement des crédits affectés à d'autres objectifs.

Les autorités des régions voisines de Riazan, inquiètes du racket organisé par leur voisin, installent au début de l'été sur leurs frontières des piquets de miliciens chargés de confisquer le bétail acheté par les commandos de Riazan. La direction du PC ukrainien elle-même installe des cordons le long de sa frontière avec Riazan. Le « socialisme dans un seul pays » aboutit ainsi à instaurer des frontières régionales...

Larionov trouve deux parades : il impose en hâte l'élevage en masse des lapins et invite la population à acheter de la viande dans un magasin au prix de 1,5 ou 2 roubles le kilo et à la revendre six à sept fois moins cher aux centres de stockage, qui peuvent ainsi afficher des chiffres records de viande stockée pour l'État... mais la viande disparaît des magasins.

La méthode Larionov est un secret de polichinelle. Les dirigeants du Kazakhstan l'ont eux aussi mise en œuvre, plus modestement. Les kolkhozes à leur initiative ont massivement acheté du bétail aux paysans individuels et fait figurer ces tonnes de viande dans le plan de livraison des kolkhozes à l'État. De nombreux kolkhozes et sovkhozes d'Ukraine ont acheté du bétail au marché libre et l'ont ensuite déclaré élevé sur leurs terres pour atteindre et dépasser le plan de production de viande. En mars 1961, après la révélation du scandale Larionov, les deux principaux organisateurs de cette fraude seront sévèrement punis. Pourtant, note le secrétaire régional de Kiev Piotr Chelest : « Nous les avons nous-mêmes poussés à acheter du bétail à l'exemple de Riazan pour produire de la viande. Et maintenant nous les accusons, nous les traînons en justice[1]. » Il faut dégager la responsabilité de

Khrouchtchev et du secrétariat du Comité central qui ont couvert la fraude.

Au plenum de décembre 1959, où il a invité plus de 700 cadres locaux du Parti et des organisations agricoles, Khrouchtchev pour une fois ne présente aucun rapport d'ensemble. Le plenum s'ouvre par les rapports des dirigeants des sept Républiques fédérées. Le secrétaire du PC ukrainien, Kirilenko, affirme que les achats de vaches nourries sur les lopins « sur la base du volontariat » aux ouvriers, employés et kolkhoziens ont sensiblement progressé en Ukraine. Khrouchtchev ne relève pas cette étrange façon de remplir le plan de fourniture à l'État par le recours croissant à la petite (et même minuscule) propriété privée. Les Terres vierges et Larionov retiennent toute son attention. Il raille la faillite des « sceptiques » qui hésitaient à rendre publics les engagements de Larionov qu'il qualifie de « camarade sérieux et réfléchi. Il ne sera jamais homme à prendre un engagement irréel, à briller aujourd'hui pour s'effondrer demain. Il n'est pas homme à faire cela ». Il le félicite d'avoir tenu ses promesses et invite les autres dirigeants à l'imiter en réalisant « trois plans annuels », soit les objectifs du plan pour trois ans en un an seulement.

En revanche, le premier secrétaire du Kazakhstan Bieliaev et son adjoint Kouniaiev sont sévèrement tancés. La récolte du Kazakhstan sur laquelle Khrouchtchev comptait tant est si médiocre que Bieliaev oublie d'indiquer le chiffre de la production globale ; mais il doit avouer que le Kazakhstan n'a livré à l'État que 700 des 794 millions de pouds prévus et promis. Khrouchtchev leur reproche de mentir. Il va donc dire la vérité amère qu'ils cachent : « Cette année le Kazakhstan a connu une bonne récolte. Mais à la suite d'une mauvaise organisation cette récolte n'a pas été engrangée en totalité. À la date du 1er novembre dans la République, 1 618 000 hectares n'ont pas été fauchés et engrangés. La moisson sur cette immense étendue est irrémédiablement perdue. » Pour Khrouchtchev, les responsables de cet immense gâchis sont les dirigeants locaux dont il dénonce rituellement l'incurie. Or l'entreprise lancée dans la précipitation portait tous les stigmates de l'improvisation la plus totale.

Khrouchtchev démet Bieliaev, dégradé au poste de secrétaire du territoire de Stavropol – et remplacé par l'ancien président du Conseil des ministres de la République, Kouniaiev, coresponsable de la mauvaise récolte. À ce limogeage rituel, Khrouchtchev ajoute l'idée d'une recette miracle. Si la rentrée de la récolte se fait mal, affirme-t-il, c'est que le Kazakhstan manque de cadres (techniciens), de conducteurs de tracteurs et de moissonneuses-batteuses. Les dirigeants du Kazakhstan auraient donc dû demander de l'aide : « Il aurait été alors possible de transporter par avion dans le nord du Kazakhstan de 30 000 à 50 000 des meilleurs conducteurs de moissonneuses-batteuses d'Ukraine et du Caucase. [...] Chaque homme expérimenté aurait travaillé pour dix. » Les dirigeants de l'Ukraine et des Républiques caucasiennes firent-ils la moue à l'idée de vider leurs régions de techniciens indispensables à la moisson chez eux ou Khrouchtchev perçoit-il lui-même l'aberration ruineuse de ces commandos volants de mécaniciens sillonnant le ciel et débarquant en masse au Kazakhstan ? Il l'abandonne aussitôt pour une autre idée aussi aberrante : « Ou bien choisissons dans les usines locales un certain contingent d'hommes hautement qualifiés, apprenons-leur à manier les moissonneuses-batteuses, afin qu'au début de chaque récolte le directeur de l'usine puisse les envoyer dans un kolkhoze donné pour y conduire ces machines[2]. » Ainsi, des milliers d'ouvriers et d'ingénieurs seraient retirés de la production pour apprendre à conduire un tracteur ou une moissonneuse-batteuse, puis retirés à nouveau pendant les cinq à six semaines de la moisson et dans les deux cas remplacés par on ne sait qui ou plus exactement par personne.

On a là un condensé du comportement politique de Khrouchtchev : coup de sang, coup de tête, emballement devant une solution miracle qu'il s'acharne à mettre en œuvre ou abandonne bientôt pour une autre qui subit le même sort que la précédente, après la révocation d'un incapable ou d'un bouc émissaire. Ce comportement individuel exacerbe une constante propre à la bureaucratie. Celle-ci, empirique par nature, court d'expédients en expédients mal masqués par une idéologie factice réduite à quelques formules et slogans rituels.

À ce même plenum, Khrouchtchev dénonce... les hauts salaires des kolkhoziens, qui pourtant représentent en moyenne 30 % du salaire des ouvriers et employés. Certes, le produit de leur lopin individuel augmente sensiblement leur revenu, mais au prix d'une double journée de travail... même si le paysan traîne les pieds au kolkhoze. Khrouchtchev exige que « la rémunération des kolkhoziens ne dépasse pas le niveau des salaires des ouvriers dans une région donnée. Les ouvriers et les kolkhoziens [...] doivent marcher du même pas pour l'élévation de leur bien-être [3] ». Or ils ont le sentiment croissant que, loin de marcher du même pas, ils piétinent ensemble.

Khrouchtchev dénonce enfin les malfaçons qui sévissent de haut en bas de l'appareil productif. Il lit la récente lettre d'un ingénieur mécanicien de kolkhoze qui dénonce une liste invraisemblable de matériel défectueux réceptionné par son kolkhoze. Ainsi, dans un simple semoir, il en détaille quinze qui en interdisent le fonctionnement. Du temps de Staline, le dixième de ces malfaçons entraînait l'accusation de « sabotage » et de « trotskysme » et dix ans de camp. Khrouchtchev tonne : « Les saboteurs incorrigibles doivent être traduits en justice [4]. » C'est la même méthode, modulée certes, mais aussi inefficace.

Le plenum est prolongé d'un jour pour entendre sa proposition de réduction des forces armées. Il vote une résolution inhabituellement courte dont le caractère général et allusif montre que sa proposition se heurte à une sérieuse résistance : « Approuver les mesures visant à la réduction de la tension internationale exposées dans la note du camarade Khrouchtchev du 8 décembre 1959 et dans son rapport au plenum du Comité central [5]. » Dans la foulée de cette résolution, Khrouchtchev annonce le 14 janvier 1960 devant le Soviet suprême la décision de réduire les effectifs des forces armées soviétiques d'ici décembre 1962 de 1,2 million d'hommes, dont 250 000 officiers, officiers supérieurs, généraux et amiraux. Il rappelle qu'au début de 1955 les armées soviétiques avaient 5 763 000 hommes sous les drapeaux, et qu'à la fin de 1958 les réductions successives d'effectifs les avaient ramenés à 2 140 000. L'industrie soviétique a besoin de bras. Les soldats libérés les lui fourniront, mais des milliers d'officiers renvoyés dans le civil se ruent sur des postes bien rémunérés déjà occupés par des civils. Le maréchal Malinovski doit publiquement condamner « les officiers démobilisés qui présentent aux autorités locales des revendications irréalistes, cherchent à obtenir des fonctions dirigeantes, hautement payées [...]. Il faut expliquer aux officiers que les postes dirigeants dans l'économie et l'administration sont occupés en majorité par des citoyens soviétiques qui en sont dignes et qu'on ne peut les libérer de ces fonctions pour faire place à un officier[6] ».

Au début de l'année 1960, le dénouement de l'affaire Larionov est encore lointain et Khrouchtchev croit peut-être encore que les fruits dépasseront les promesses des fleurs. En tout cas, il affiche à l'orée de 1960 une mâle assurance. Le 8 février 1960, il assure au président de la République italienne Giovanni Gronchi qu'il reçoit à Moscou : « Aujourd'hui nous sommes la deuxième puissance mondiale sur le plan économique. Dans les années 1965-1967, nous serons la première puissance mondiale. Vous pouvez le noter. Cela sera. Je dis que cela sera. Aujourd'hui notre économie, notre culture et le niveau de vie du peuple croissent régulièrement sans aucune crise. » Dans la discussion, il émet quelques sentences percutantes comme : « Les idées ne sont pas du saucisson[7] », qui, il est vrai, se fait alors rare en URSS.

Le « miracle de Riazan » tourne cependant bientôt au cauchemar. Le KGB a pourtant alerté Khrouchtchev sur le système qui y règne des fausses factures et de la comptabilité truquée. Mais Khrouchtchev ne bronche pas. Le régime ne peut se passer du bluff. Mais la viande n'arrive guère que sur le papier et fort peu dans les magasins. Selon l'enquête menée en octobre-novembre 1960, la production de viande dans la région a été de 62 500 tonnes et non de 125 000 comme annoncé, ensuite la région a vendu à l'État 100 600 tonnes et non les 150 000 annoncées... et sur ces 100 000 tonnes seules 60 000 (et non 123 900) venaient de la région même. Le reste a été acheté à l'extérieur. Mieux encore, 31 600 tonnes représentaient « du bétail n'existant pas, à commencer par les veaux à naître au cours de l'année suivante ». « De plus, ajoute le rapport, le bétail était comptabilisé deux fois dans le relevé : en tant que bétail vendu à l'État et en tant que bétail appartenant aux kolkhozes et aux sovkhozes. » Enfin, l'achat forcé à bas prix du bétail aux kolkhozes et sovkhozes de la région a grevé leurs comptes devenus lourdement déficitaires : aussi les comptes en banque de 420 des 509 kolkhozes de la région (soit 85 % !) à la Banque d'État ont été fermés et « pour cette année rien ne sera versé pour régler les *troudodni* sauf une petite quantité de grain [8] ». Les paysans qui ne touchent rien refusent d'aller travailler. Tous ceux, kolkhoziens et ouvriers des sovkhozes à qui on avait acheté leurs vaches et leurs cochons contre un bon de restitution réclament cette impossible restitution. Ils refusent de travailler tant qu'on ne leur aura pas rendu leurs bêtes abattues depuis longtemps. C'est le second motif d'une grève perlée de masse. En 1960, 34 000 porcs périssent dans la province de Riazan, officiellement faute de nourriture, mais souvent parce que les paysans écœurés les laissent mourir. La production s'effondre. Larionov acculé, et qui depuis longtemps avait tenté de noyer ses mécomptes imminents dans la vodka, se tire une balle dans la tête le 22 septembre 1960.

La presse dissimule son suicide mais une commission d'enquête se rend dans la région. Le nouveau secrétaire du comité régional Grichine affirme avoir averti tous les responsables à tous les niveaux qu'il fallait en finir « avec la tromperie, la mystification et le trucage des chiffres ». Mais, dépité ou feignant de l'être, il constate : « Dans toute une série de districts le trucage des chiffres continue. » Larionov n'est en effet qu'une loupe grossissante et à peine déformante d'un système qui doit recourir au bluff pour dissimuler sous les couleurs roses du socialisme et écarlates du communisme son incapacité à satisfaire les besoins élémentaires de la population. Grichine le souligne lorsqu'il cite une liste impressionnante de responsables et de comptables « entraînés dans le système des chiffres truqués, dans l'établissement de relevés mensongers et la délivrance de fausses quittances et de fausses factures [...]. De nombreux kolkhozes avaient une double comptabilité : une pour eux-mêmes sur la situation réelle, une seconde qui en donnait une image déformée[9] ». L'enquête révèle que le trucage des chiffres portait aussi sur les pommes de terre, les légumes et le beurre que des délégations de Riazan se ruaient à Moscou pour acheter afin de les comptabiliser ensuite dans leurs livraisons à l'État. L'enquête s'élargit et débusque des trafics similaires au Tadjikistan, au Kazakhstan, en Azerbaïdjan, dans la région de Kirov.

Pourtant, dans une note adressée au Praesidium le 29 octobre 1960, un mois après le suicide de Larionov, Khrouchtchev présente toujours comme « réaliste » sa promesse de tripler la production de viande en un an, mais manifeste une prudence gênée. « Des voix se sont élevées pour dire que tout n'était pas net là-dedans. [...] Aujourd'hui, certains dans des conversations mettent encore en doute les succès des gens de Riazan, disant que tout n'est pas correct dans les données chiffrées ; [...] il faudrait vérifier afin que le Comité central sache ce qui s'est réellement passé, si ces affirmations reposent sur quelque chose ou si l'on calomnie les gens de Riazan[10]. » Comment pouvait-il feindre de douter ? Il faudra attendre le 17 mars 1963 pour que, dans une nouvelle note au Praesidium, Khrouchtchev déclare : « Les dirigeants de la région de Riazan ont habilement trompé le Comité central. Ce fut là une bévue du Comité central du PCUS, du bureau du Comité central de la Fédération de Russie, du Conseil des ministres de la Fédération de Russie. » Bref, de tout le monde, sauf de Khrouchtchev pourtant à la tête des deux premiers organismes. La direction collective se mue ici en responsabilité collective. Les membres du bureau du comité régional, qualifiés de « carriéristes et d'aventuriers », sont limogés et affectés à des postes inférieurs. Ils ont sans aucun doute truqué, trafiqué, maquillé, falsifié... Mais pouvaient-ils faire autrement ?

Khrouchtchev a fait adopter par le Praesidium puis par le Comité central des objectifs irréalisables. Les secrétaires régionaux membres du Comité central les ont votés par discipline obligatoire. Une fois le plan irréalisable voté, tout l'appareil du Parti a fait pression pour qu'il soit atteint. Les membres de chaque bureau régional savent qu'ils ne peuvent obtenir ce qui est exigé d'eux : ils n'ont donc le choix qu'entre démissionner ou ruser. Démissionner signifie revenir dans la production, horreur suprême pour un permanent très vite déqualifié, ou au mieux être rétrogradé. Mais, dans l'appareil, toute rétrogradation signifie la fin de la carrière. Elle est l'équivalent d'une préretraite. Pour qui a goûté à l'ivresse du pouvoir même au niveau local, cette perspective n'est pas envisageable. Celui qui refuserait de marcher dans la combine serait marginalisé, rejeté ou diffamé. C'est ce mécanisme infernal que le romancier soviétique Vladimir Voïnovitch décrira un peu plus tard dans un roman au titre significatif : *Il est difficile d'être honnête*. Il ne reste en réalité que le seul choix de la fraude organisée. L'appareil du Parti fonctionne de haut en bas sur ce mode. Les successeurs des dirigeants révoqués de Riazan feront comme leurs prédécesseurs, de façon seulement plus modeste et modérée. Et chacun le sait. Le mensonge ronge donc le système à tous ses échelons. L'idéologie n'en est qu'un masque grossier qui ne trompe pas grand monde. Khrouchtchev tente de contourner le problème en révoquant, déplaçant, mutant, pour retrouver à peu près toujours les mêmes hommes et les mêmes comportements, sans comprendre pourquoi ces changements ne modifient rien.

Dans aucune des versions de ses Mémoires, pourtant bavards, Khrouchtchev ne cite le nom de Larionov. Il se refuse donc à s'interroger sur le mécanisme qui a engendré ce bluff insensé de Larionov et de ses émules, nécessairement certains au fond d'eux-mêmes d'être un jour ou l'autre démasqués.

L'affaire Larionov fera une victime politique : le président du bureau du parti de Russie, Aristov ; ce dernier se rend à Riazan les 2 et 3 décembre 1960. II découvre des quittances d'achat de centaines de têtes de bétail imaginaires[11] (1 000 dans un seul kolkhoze !) et apprend que des lettres dénonçant les trucages sont parvenues au Conseil des ministres, et en particulier à Khrouchtchev ou à la section agricole du Comité central. Nul n'a réagi. Donc Khrouchtchev savait et a laissé faire. Aristov devient dès lors l'homme qui en savait trop, mais un membre du bureau régional l'accuse de l'avoir su avant et d'avoir couvert Larionov ! Aristov en savait donc deux fois trop mais a fait trop peu. Il va payer. Khrouchtchev dénonce son incurie et son aveuglement[12]. Le Praesidium du 20 janvier

1961 l'élimine de ses fonctions de vice-président du bureau russe du Comité central et le nomme ambassadeur en Pologne.

L'affaire Larionov n'est que la plus tapageuse parmi d'autres affaires similaires à tous les niveaux de l'appareil où se dessinent les premiers linéaments des futures mafias soviétiques. Sous Staline, la corruption, les pots-de-vin, les abus de pouvoir, les privilèges existaient et les bureaucrates en profitaient tant que le glaive de la police politique ne s'abattait pas sur eux. Mais l'ampleur de la répression, sa répétition, sa brutalité, son imprévisibilité interdisaient la transformation durable des clans en groupes ou réseaux privés. Seule la police politique avait un caractère mafieux organisé. Le NKVD avait constitué un vaste réseau de magasins où il vendait à vil prix les biens confisqués aux « ennemis du peuple » à ses propres agents, qui tiraient ainsi un bénéfice matériel substantiel de l'épuration. L'affaire Larionov met enfin à nu un problème : l'élargissement des droits accordés depuis 1956 aux barons locaux, les possibilités offertes à ces derniers par la décentralisation économique des sovnarkhozes desserrent la subordination des régions à Moscou et provoquent une véritable explosion de la corruption. Khrouchtchev inverse alors sa politique vis-à-vis des cadres régionaux en renforçant le contrôle du sommet.

Cette année 1960 marque un tournant : la chute de la production agricole débouche sur des pénuries qui vont multiplier les files d'attente, provoquer un sourd mécontentement et miner le pouvoir de Khrouchtchev. Lors de son retour de Chine en octobre 1959, Khrouchtchev s'était arrêté en Sibérie. Passant à Vladivostok, il avait constaté que sa venue avait suscité l'apparition de marchandises introuvables les semaines antérieures, « chaussures, tissus, lait et beaucoup d'autres ». À Bratsk, à des ouvriers qui lui demandaient quand serait décrétée une baisse des prix, il répondit : « Certes on pourrait baisser inconsidérément les prix des marchandises (ou augmenter les salaires), mais où prendrions-nous les moyens de développer ultérieurement notre économie ? » À Krasnoïarsk, le lendemain, confronté à la même demande, il fut plus net encore : vu la pénurie de marchandises, une baisse des prix ne résoudrait rien [13].

Persuadé qu'un ouvrier salarié doté d'un minuscule lopin de terre travaille mieux et plus qu'un kolkhozien incertain de toucher ses *troudodni* et attaché à son lopin individuel, il poursuit sa politique de transformation massive des kolkhozes en sovkhozes, pourtant aussi coûteuse que peu rentable. Le coût de l'opération dans la seule région de Moscou a été de 2 milliards de roubles, soit le dixième des investissements de l'État dans l'agriculture. Au Comité central de décembre 1959, le ministre de l'agriculture Vladimir Matskevich a souligné que la transformation excessive de kolkhozes en sovkhozes a abouti à ce que, dans ces derniers, « la production des plus importants types de produits est dans l'ensemble bien inférieure aujourd'hui à celle des kolkhozes [14] ». L'opération, coûteuse, est donc un échec. Mais Khrouchtchev s'obstine. Le 1er mars 1960, il fait voter par le Comité central la transformation en sovkhozes de 365 des 615 kolkhozes de la région de Moscou, regroupés par trois ou quatre afin de former des sovkhozes géants. La décision est prise dans l'urgence. Les membres de l'académie agricole Timiriazev renâclent devant une décision de refonte administrative prise à la hâte juste à la veille des semailles de printemps. Khrouchtchev les envoie promener et limoge Matskevich qui a le tort d'avoir raison. Un membre du comité régional se rend dans les kolkhozes pour faire avaliser formellement la décision en promettant aux kolkhoziens qu'on ne touchera pas à leurs lopins privés. Et tous votent comme un seul homme. Que peuvent-ils faire d'autre ? Tout étant décidé d'en haut, ils n'ont pas réellement voix au chapitre sur l'activité de leur kolkhoze, sur ce qu'il faut y semer et récolter, et même sur la date des semailles et de la moisson. Ils votent donc sans conviction mais sans grand regret leur transformation en ouvriers d'État et traîneront les pieds plus encore qu'avant.

De plus, Khrouchtchev qui voit dans les lopins privés la cause première de la crise de l'agriculture ne tient pas longtemps la promesse de ne pas y toucher. Revenu à Moscou en août 1959 de son ambassade de Budapest, le futur et ultime chef du KGB Vladimir Krioutchkov constate dès cette année-là une dégradation régulière de la situation économique. « Soudain quelque chose se rompit de nouveau.

L'approvisionnement devint de plus en plus maigre, avant tout celui des produits alimentaires. Sur les marchés kolkhoziens les prix sur la viande et sur les autres produits agricoles montèrent brutalement. » Pour Krioutchkov, la responsabilité repose entièrement sur l'offensive de Khrouchtchev pour « limiter puis étrangler ouvertement les lopins individuels, mesures accompagnées du transfert du bétail de la propriété individuelle dans les kolkhozes et les sovkhozes. Partout se produisait alors un abattage incontrôlé du bétail et de la volaille, et les surfaces pour les jardins et lopins individuels commencèrent à se rétrécir[15] ». Khrouchtchev, pour combler les vides des entrepôts de l'État, amplifie en effet la chasse engagée dès l'année précédente à l'élevage individuel sur les lopins de terre des kolkhoziens, poussés à vendre massivement leur bétail aux kolkhozes et aux sovkhozes. Mais ces derniers leur payent à un prix dérisoire les millions de têtes de bétail qu'ils sont par ailleurs matériellement incapables d'accueillir par insuffisance de fourrage. Les paysans préférèrent donc abattre leurs bêtes pour les consommer ou vendre à un bon prix la viande sur les marchés kolkhoziens. De 1959 à 1962, l'abattage est massif.

À la crise de l'agriculture répond la crise religieuse. Khrouchtchev durcit en effet sa politique en matière de religion. En 1959, le pouvoir a fermé treize monastères ; il planifie la fermeture de dix-sept monastères supplémentaires en 1960. Le 24 novembre 1959, le métropolite Nicolas dénonce « des faits d'anéantissement physique de l'Église orthodoxe » et affirme : « Aujourd'hui se mène clairement une ligne menant à l'anéantissement de l'Église et de la religion en général beaucoup plus profondément et plus largement que dans les années 1920. » Il tente à plusieurs reprises d'obtenir une entrevue avec Khrouchtchev, qui refuse obstinément de le recevoir. Le 9 janvier 1960, le Comité central, dans une résolution sur les tâches de la propagande du Parti, dénonce la « passivité de certains responsables face à l'idéologie religieuse ». Quatre jours plus tard, le 13, une nouvelle résolution précise « les mesures de liquidation des violations par le clergé de la législation soviétique sur les cultes ». Elle stigmatise « les servants du culte [qui] ont concentré toute la direction des paroisses dans leurs mains ». Le 16 février 1960, le patriarche de Moscou participant à la conférence pour le désarmement organisée par le Kremlin déclare que les mesures prises contre l'Église seront inefficaces : « Le Christ lui-même l'avait déclaré [...] les portes mêmes de l'enfer ne viendraient pas à bout de son Église [16]. » Khrouchtchev réagit à ce défi en remplaçant en février le responsable du Conseil des affaires religieuses, Karpov, nommé par Staline à sa création en octobre 1943 et jugé trop conciliant, par un certain Kouroedov (dont le nom signifie « mangeur de poules » !). Ce dernier annonce au patriarcat sa volonté de réduire le nombre d'églises, de monastères, de séminaires, de prêtres et d'évêchés. Il remplace le trop têtu métropolite Nicolas par un jeune évêque, Nicodime, plus accommodant avec le pouvoir, chargé de la direction du Département des affaires extérieures de l'Église. Il se conduira, lors de ses voyages à l'étranger, en vrai représentant du pouvoir. L'Église orthodoxe, il est vrai, poursuit la tradition byzantine d'une symbiose étroite entre l'État et l'Église.

La contrainte aboutit au résultat inverse du but recherché. Pour Pâques 1960, plusieurs dizaines de milliers de croyants se rassemblent dans les églises de Moscou. Khrouchtchev donne un tour de vis supplémentaire. Il fait fermer les séminaires de Kiev, Saratov, Stavropol, Minsk et Volun, soit cinq des huit séminaires ouverts sous Staline à partir de 1943. L'archevêque de Kazan, Job, est condamné à trois ans de prison. En novembre, le Comité central ordonne l'élaboration d'une nouvelle instruction sur l'application de la législation sur les cultes promulguée en mars 1961 et qui limitera strictement les activités religieuses (organisation de cercles, pèlerinages, bibliothèques, etc.). En 1959, le pouvoir avait annulé l'enregistrement de 364 communautés orthodoxes, en 1960, il en annule 1 398, soit quatre fois plus !

En 1961, Khrouchtchev renforcera encore son offensive contre l'Église orthodoxe et le judaïsme. Le 31 mars 1961, Kouroedov annonce au patriarcat que le gouvernement a décidé d'écarter les prêtres de la direction et de la gestion des paroisses. Un conseil paroissial élu par les membres de la communauté religieuse déclarée, c'est-à-dire par les laïcs, où peuvent aisément s'infiltrer des agents du KGB, en aura la responsabilité. Le prêtre, réduit au seul rôle de servant du culte, n'aura plus le droit de participer aux réunions – à commencer par la réunion élective – du conseil paroissial, dont il devient l'employé et qui peut donc le démettre. Le patriarche Alexis demande en vain à Khrouchtchev d'adoucir sa politique antireligieuse. Quelques mois plus tard, le pouvoir ferme le monastère de la Laure Petchetrskaïa de Kiev, berceau de l'orthodoxie russe.

Khrouchtchev marie la propagande athée avec l'instauration de son propre culte. Au début de l'année 1960, Adjoubeï, avec le concours de son conseiller Lebedev et d'un groupe de journalistes, publie un long reportage illustré d'hommage au voyage de Khrouchtchev aux États-Unis sous le titre « Face à face avec l'Amérique ». Le livre enthousiasme Khrouchtchev qui décide de lui faire attribuer le prix Lénine. Le règlement ne prévoyant pas de prix Lénine de journalisme, il le fait modifier. Il ne sera plus jamais accordé à personne...

24

L'AFFAIRE DE L'U2 (1960)

En 1959 et 1960, les États-Unis installent des rampes de lancement nucléaires en Angleterre, en Italie et en Turquie. Toutes les villes de Russie d'Europe sont sous la menace nucléaire américaine. L'ultimatum que Khrouchtchev a lancé sur Berlin en novembre 1958 n'a guère eu d'effet et paraît dérisoire face à cette menace à laquelle il tente de faire face en préparant par une activité diplomatique débridée la conférence au sommet entre les quatre « grands » (États-Unis, Angleterre, France et URSS), à Paris, à laquelle Eisenhower a donné son accord définitif en janvier 1960 et qui doit se tenir à la mi-mai. Eisenhower a aussi accepté le principe d'une visite en URSS. Khrouchtchev effectue d'abord une longue tournée de propagande tiers-mondiste du 11 février au 5 mars qui le mène en Inde, en Birmanie, en Indonésie puis en Afghanistan, sans résultat tangible.

Il est ensuite reçu en France par le général de Gaulle du 23 mars au 3 avril 1960. Le gouvernement Michel Debré, pour assurer à son invité un séjour sans nuage, a assigné à résidence en Corse près de 8 000 réfugiés politiques de toutes nationalités. Lorsqu'il atterrit à Orly le 23 mars, Khrouchtchev s'extasie sur la qualité des pistes en béton de l'aéroport – il se livrera d'ailleurs dans ses Mémoires à de longues réflexions sur le sujet ! De Gaulle le reçoit le 1er avril. Il lui annonce que la France vient cette nuit même de faire exploser une bombe atomique dans le Sahara. Après cette entrée en matière digne de Khrouchtchev lui-même, la discussion s'engage sur l'Algérie et la guerre qui la ravage. Khrouchtchev s'empresse de souligner que le Kremlin n'a pas reconnu le gouvernement algérien en exil : « Nous n'avons pas de contact régulier avec lui, mais des contacts intermittents avec des membres de ce gouvernement comme il s'intitule lui-même. » La question algérienne, dit-il, peut être réglée sur la base de la déclaration faite en septembre 1959 par de Gaulle, qui souligne, satisfait : « Il n'y a jamais eu d'État en Algérie, seulement une sorte de poussière humaine originale [1]. » Khrouchtchev ne conteste pas.

L'Algérie n'est qu'un hors-d'œuvre. Pour Khrouchtchev, la question centrale est celle de Berlin. L'Allemagne au lendemain de l'armistice a été divisée en quatre zones d'occupation. Berlin se situant au cœur de la zone soviétique, à 180 km de la frontière des zones occidentales, est elle-même divisée en quatre zones d'occupation. Le redressement économique de l'Europe, nécessaire au commerce des États-Unis selon le secrétaire d'État américain George Marshall [2], passant d'abord par celui de l'Allemagne, son poumon industriel, les États-Unis investissent massivement pour la reconstruction de l'Allemagne occidentale via le plan Marshall, mis en place à partir de 1948. Ils entraînent les gouvernements français et anglais dans la proclamation au début de 1949 de la République fédérale allemande (RFA) ; Staline répond en proclamant la République démocratique allemande (RDA). Berlin est dès lors divisée en deux secteurs : Berlin-Ouest, où on ne peut accéder que par une autoroute traversant la RDA ou par avion, et Berlin-Est. Les dollars coulent à flots en RFA dont la reconstruction contraste avec le dénuement et la misère de la RDA, placée sous un régime policier dirigé par Walter Ulbricht que Beria qualifiera en juin 1953 de « sous-officier prussien ».

Khrouchtchev rappelle alors à de Gaulle son plan sur l'Allemagne formulé dès le 27 novembre 1958. Il propose la fin de l'état de guerre et la signature d'un traité de paix avec les deux Allemagnes ; si les Occidentaux ne veulent pas signer, l'URSS déclarera caduques les clauses de l'accord de Potsdam sur Berlin, signera un traité de paix séparé avec la RDA et proposera pour Berlin-Ouest, située sur le territoire de la RDA, un statut de ville libre d'où les troupes étrangères devront être évacuées. De Gaulle lui répond sèchement : « La république de Pankow [RDA] est un fait artificiel. Elle ne constitue pas une manifestation de la volonté de sa population. » Khrouchtchev, un peu estomaqué, bafouille : « Le fait que vous ne reconnaissez pas et ne voulez pas reconnaître *de jure* ou *de facto* la RDA ne change pas la situation. » De Gaulle ironise : « Le ton inquiet avec lequel vous parlez de l'Allemagne m'étonne quelque peu. » Khrouchtchev propose ensuite d'inviter Konrad Adenauer et Otto Grotewohl à la conférence de Paris sur l'Allemagne. « Je ne pense pas que ce serait utile[3] », répond de Gaulle. Khrouchtchev ne reviendra plus sur la question. Il se contente, à la fin des entretiens, d'offrir à son interlocuteur son propre portrait. De Gaulle se moque : il lui offrirait bien le sien en échange, mais il n'aura pas le temps de le faire encadrer avant le départ de son invité !

Au moment même où Khrouchtchev rentre à Moscou, Eisenhower donne à nouveau l'autorisation de survoler l'URSS aux avions espions supersoniques U2. Le 4 juillet 1956, alors même que Khrouchtchev, à l'ambassade américaine, prononçait un toast en l'honneur de l'indépendance des États-Unis, le premier avion espion américain U2 s'était envolé de Wiesbaden, avait survolé la Baltique, Leningrad, Moscou et photographié tous les objectifs militaires. Ce fut le premier d'une série de vols d'espionnage répétés à partir de Wiesbaden, de Peshawar au Pakistan, de Bodo en Norvège, d'Incirlik en Turquie et d'une base aérienne américaine installée près de Tokyo. L'U2 vole à près de 21 000 mètres d'altitude. Les meilleurs chasseurs soviétiques, incapables de dépasser les 18 000 mètres, ne peuvent rien contre lui ; les missiles dont dispose alors l'URSS sont aussi impuissants. Khrouchtchev, la rage au cœur, ne peut que constater cette forme particulière de la coexistence pacifique. Le 9 avril 1960, après sept mois d'interruption, un U2 s'envole donc d'une base pakistanaise, photographie tranquillement ses objectifs et rejoint sa base sans que l'aviation soviétique tente de l'intercepter. Khrouchtchev, alors en vacances dans le Sud, ne réagit pas.

Le 1er mai, Eisenhower, qui doit venir visiter l'URSS du 10 au 19 juin, autorise un second vol d'un avion espion. Sans doute se dit-il que Khrouchtchev tient trop à sa conférence au sommet pour s'indigner publiquement de ces violations répétées de l'espace aérien soviétique. Le 1er mai 1960 à l'aube, le jour même de la grande parade rituelle sur la place Rouge, un U2 piloté par Francis Harry Powers, aux couleurs nationales soigneusement maquillées, décolle d'une base militaire américaine au Pakistan pour survoler l'URSS à une altitude de 20 000 mètres puis se poser à Budö en Norvège. L'aviation soviétique lance à ses trousses plusieurs MIG-19 ; peu avant 9 heures, au-dessus de l'Oural, la défense antiaérienne lance six fusées sol-air dont l'une abat l'appareil, une deuxième pulvérise à moitié ses débris et une troisième abat un MIG-19, dont le pilote saute en parachute mais arrive mort au sol. Harry Powers, qui a pu lui aussi s'éjecter, atterrit sain et sauf. Des paysans du voisinage l'emmènent au kolkhoze voisin où il est ensuite interpellé par le KGB à qui il avoue travailler pour la CIA.

Ce 1er mai, Khrouchtchev, debout sur le mausolée de Lénine, salue rituellement la foule qui défile sagement. Soudain, le général Biriouzov apparaît à ses côtés et lui chuchote la nouvelle à l'oreille. Khrouchtchev convoque aussitôt une réunion exceptionnelle du Praesidium dont on n'a pas trace. Le 5 mai, devant le Soviet suprême, il évoque l'incident sans préciser que Powers a été capturé. Il y affirme : « Je ne doute pas du sincère désir de paix du président Eisenhower[4]. » Le gouvernement américain affirme alors que Powers, chargé d'effectuer des analyses de la haute atmosphère pour la Nasa, a sans doute franchi accidentellement la frontière soviétique. Deux jours plus tard, Khrouchtchev réunit à nouveau le Soviet suprême et se déchaîne : « Camarades, s'écrie-t-il, je dois vous raconter un secret. Lorsque j'ai rédigé mon rapport, j'ai délibérément oublié de dire que le pilote est vivant et en bonne santé et que les débris de son avion sont entre nos mains. Nous l'avons fait délibérément, parce que si nous l'avions dit dès le début, les Américains auraient fabriqué une autre version. » Powers, pour mettre fin à ses jours en cas de capture, disposait d'une seringue empoisonnée que Khrouchtchev brandit en s'écriant : « Quelle barbarie ! Voici cet instrument, le dernier cri de la technique américaine pour tuer ses propres gens. » Le KGB a trouvé sur Powers 75 billets de 100 roubles, deux montres en or en plus de la sienne et sept anneaux en or pour femmes. Khrouchtchev ricane : « Pourquoi avait-il besoin de tout cela dans les couches supérieures de l'atmosphère ? Peut-être l'aviateur devait-il voler encore plus haut... sur Mars, et se préparait-il là-bas à séduire les martiennes ? » S'il raille la version officielle « météorologique » américaine, il concède pour sauver la conférence de Paris : « J'admets tout à fait que le président n'a pas su qu'un avion avait été envoyé en Union soviétique et n'était pas revenu[5]. » Khrouchtchev est prêt à l'admettre, mais Eisenhower n'y est nullement décidé.

La veille, le Praesidium puis le plenum du Comité central, laissant Powers et l'U2 de côté, se sont réunis pour discuter dans une lourde atmosphère de courtisanerie d'un seul et unique point : la restructuration du Praesidium et du Secrétariat décidée en décembre 1959. Khrouchtchev fait valider une refonte de la direction destinée à constituer une équipe encore plus resserrée de fidèles qui lui doivent tout. Poursuivant sa volonté de se libérer de l'emprise du Secrétariat du Comité central, il déclare ce dernier « trop volumineux ; son poids est grand dans le Praesidium ». Il remplace au poste de président du Soviet suprême Vorochilov par Brejnev. Il en élimine Aristov, Ignatov et Fourtseva, accusés en coulisse d'avoir constitué tous les trois une clique intriguant contre Khrouchtchev, mais aussi Pospelov, Beliaev, qui paie les désordres de la moisson dans les Terres vierges, et Kiritchenko, éliminés aussi officiellement du Praesidium où ils ne siègent plus en fait depuis décembre. Sa proposition suscite une pluie d'éloges. Les limogés s'affirment aussi satisfaits que les promus. Ces applaudissements des éliminés eux-mêmes sont un acte collectif de soumission au chef omnipotent. Le Comité central réuni le même jour valide sans discussion toutes ces décisions. Khrouchtchev fait nommer Kossyguine, Polianski et Podgorny membres titulaires du Praesidium. Le premier est un technicien de l'économie, les deux autres des bureaucrates ukrainiens, des fidèles de Khrouchtchev. Ignatov est nommé vice-président du Conseil des ministres, Fourtseva ministre de la Culture, Aristov et Pospelov au Bureau russe du Comité central. Cette atmosphère servile perdurera au Praesidium jusqu'à la veille de la chute de Khrouchtchev.

Le 7 mai, Khrouchtchev joue l'apaisement dans l'affaire de l'U2 : « Cette affaire ne doit pas nous amener à revoir nos plans dans le sens d'un accroissement des crédits à l'armement et à l'armée, ne doit pas nous forcer à arrêter le processus de réduction des effectifs de l'armée. » Le surlendemain, il va encore plus loin : « Vraisemblablement, nous continuerons de réduire les effectifs [6]. » Il tape inlassablement sur ce clou. Les Éditions d'État publient deux gros volumes de ses écrits sous le titre *Le Monde sans armes* et *Le Monde sans guerre*. L'U2 tombe vraiment mal.

Les Américains veulent pourtant lui faire plier le genou. Le 9 mai, le secrétaire d'État Herter déclare que « le président a mis en œuvre depuis le début de son mandat des directives visant à rassembler par tous les moyens possibles les informations nécessaires pour protéger les États-Unis et le monde libre contre une attaque-surprise [...] incluant une large surveillance aérienne par des avions civils non armés effectuant normalement des vols de caractère périphérique, mais à l'occasion des vols de pénétration ». Khrouchtchev est pris à contre-pied. Il confie à l'ambassadeur américain Thompson : « Cette histoire de l'U2 m'a mis moi aussi dans une situation effrayante. Vous devez m'aider à en sortir [7]. »

Loin de l'aider, Eisenhower lui porte le coup de grâce le 11 mai en qualifiant le programme d'espionnage aérien américain de « nécessité dégoûtante mais vitale ». Khrouchtchev tient alors une conférence de presse debout sur une chaise entouré de débris de l'U2 étalés devant les journalistes. « Pour la première fois, écrit le correspondant du *Monde* Michel Tatu, le bouillant chef du Parti donnait l'impression d'un désarroi sincère. » Khrouchtchev avoue aux journalistes : « En nous envoyant un avion en mission d'espionnage, les militaristes américains m'ont placé, moi qui suis responsable de la préparation du voyage du président des États-Unis en URSS, dans une situation très difficile[8]. » Ses efforts répétés pour distinguer les « militaristes américains » d'Eisenhower sont condamnés à l'échec.

Ce même 11 mai s'ouvre au Kremlin une conférence des secrétaires des cellules du Parti dans l'armée qui dure jusqu'au 14 sans Khrouchtchev, qui, le 12, invite Mao à venir à Moscou discuter de la situation. Mao refuse. *Le Drapeau rouge* du 1er et du 16 avril et le *Quotidien du peuple* du 22 avril 1960, jour du 90e anniversaire de la naissance de Lénine, publient trois longs articles – dont l'un est dû à la plume de Mao – réunis peu après sous le titre *Vive le léninisme* et diffusés dans plusieurs dizaines de langues. Ces articles dénoncent en termes à peine voilés la politique internationale de Moscou comme « opportuniste et révisionniste ». La « défense de Lénine » est le procès de Khrouchtchev, accusé d'abandonner la « voie révolutionnaire » violente d'accès au « socialisme » pour une impossible « voie parlementaire ». Cette discussion pseudo-théorique masque le souci réel des Chinois : payer les pots cassés d'un rapprochement entre Washington et Moscou. Khrouchtchev annule l'invitation d'Eisenhower, dont l'avion avait déjà reçu les moyens d'espionnage photographique les plus sophistiqués. Il menace en même temps d'anéantir les bases militaires d'où partiraient les futurs avions espions.

Le 14 mai, il atterrit à Orly flanqué du maréchal Malinovski, pour mieux souligner ses intentions belliqueuses. Le 16, la conférence s'ouvre au palais de l'Élysée et s'interrompt aussitôt. Khrouchtchev exige d'Eisenhower des excuses que le président américain refuse de présenter et fait savoir que la participation de ce dernier à la conférence signifierait qu'il abandonne ses conditions ; c'est lui interdire d'y participer. Le 18 mai, avant de repartir pour Moscou, Khrouchtchev, dans une conférence de presse à Chaillot, promet une sanglante correction aux « restes des envahisseurs fascistes qui préparent une nouvelle attaque contre l'URSS ». Le rédacteur André Fontaine du *Monde* qui y assiste est, dit-il, comme les autres auditeurs, « convaincu que tout cela n'est comme on dit que du cinéma[9] ». Khrouchtchev fait escale à Berlin. Il y tient un meeting le 20 mai où il affirme inutile de se hâter de signer un accord de paix séparé. Que les deux États allemands existants se développent en parallèle et que le meilleur gagne ! Il semble ainsi enterrer l'ultimatum de novembre 1958. Le 1er juillet, la chasse soviétique abat un avion espion américain parti d'une base américaine en Grande-Bretagne qui avait violé l'espace aérien soviétique dans la mer de Barentz. Khrouchtchev ne donne cependant pas l'ordre promis de bombarder la base d'où il s'est envolé.

Pourtant, le 9 juin 1960, il menace à nouveau les États-Unis, manifestement décidés à intervenir contre le régime de Castro à Cuba : « Si les forces agressives au Pentagone osent pénétrer à Cuba, les artilleurs soviétiques soutiendront cette dernière par le feu de leurs missiles[10]. » La menace encore seulement défensive est aussi purement rhétorique. L'URSS ne possède en effet aucun missile capable d'atteindre les États-Unis, sauf à installer des rampes de lancement à Cuba, ce que Khrouchtchev n'envisage pas encore.

Mais ces foudres de carton-pâte, auxquelles Eisenhower bien informé n'accorde aucune attention, alimentent la campagne présidentielle aux États-Unis. Tout au long de l'année 1960, Kennedy mène sa campagne électorale en brandissant le prétendu *missile gap* (fossé) qui laisserait les États-Unis à la traîne de l'URSS et les placerait dans un état d'infériorité grave d'ici deux à trois ans. Les photographies prises par les U2 montrent que cette propagande est mensongère. Ainsi la presse affirme que l'URSS dispose de 35 ICBM (missile balistique intercontinental) mais les U2 n'en ont repéré que deux... Qu'importe ! La « défense du monde libre » exige le renforcement du budget militaire américain. Kennedy sait que ce *missile gap* n'est qu'une invention, mais en le dénonçant à cor et à cri il met en cause le bilan du républicain Eisenhower et suggère qu'il sera mieux apte à mener la lutte contre le « communisme » que le candidat républicain Richard Nixon. Malgré cela, Khrouchtchev, favorable à l'élection de Kennedy, propose au Praesidium de ne pas libérer Powers et les deux pilotes américains rescapés de la mer de Barentz pour ne pas faire de cadeau à Eisenhower et, à travers lui, au candidat républicain.

Avec le goût amer de l'échec de la conférence au sommet qu'il avait si longtemps appelée de ses vœux, Khrouchtchev se rend, fin juin 1960, au congrès du Parti communiste roumain à Bucarest. Il y convoque une réunion secrète des partis communistes des douze « pays socialistes ». À la veille de la conférence, le 24 juin, il fait distribuer parmi les délégations une lettre d'information critiquant en termes vifs les thèses de *Vive le léninisme.* Lors de la réunion à huis clos, il se déchaîne contre Mao et les dirigeants chinois qu'il qualifie de « fous à lier », de « bellicistes », de « purs nationalistes » et, injure suprême, de « trotskystes ». Mao a droit aux qualificatifs d'« ultragauchiste », « ultradogmatique », « révisionniste de gauche ». Il l'accuse de « ne tenir compte des intérêts de personne sauf des siens propres ». Le délégué chinois Peng Zhen proteste. Il interrompt à un moment Khrouchtchev en évoquant Staline ; Khrouchtchev lui jette au visage : « Si vous avez besoin de Staline, récupérez son cercueil de chez nous. Nous vous l'enverrons par wagon spécial[11]. » À l'issue de la conférence, Peng Zhen distribue une déclaration dénonçant vivement Khrouchtchev, dont « l'attitude, affirme-t-il, est toute patriarcale, arbitraire et despotique » et qui « ne considère pas les relations existantes entre le PCUS et notre parti comme des relations entre partis frères, mais comme des rapports entre père et fils[12] ». Mais le père recule devant le fils. Khrouchtchev avait annoncé son intention de faire adopter son projet de communiqué final à la majorité des délégations présentes, plaçant ainsi les Chinois en position de minoritaires. Ces derniers protestent et réclament le respect de la coutume : un communiqué final unanime. Khrouchtchev est forcé d'accepter. Le communiqué unanime réaffirme la validité de la déclaration de la conférence de 1957 et de son verbeux manifeste sur la paix.

Pendant qu'il voyage ainsi à l'étranger ou dans les provinces, dans son ombre Frol Kozlov tient une partie des rênes du pouvoir. Au Secrétariat du Comité central, il supervise à la fois l'armée, l'industrie militaire, le KGB et les cadres, en un mot le cœur de l'appareil d'État. Jusqu'à sa crise cardiaque de mars 1963, il préside d'ordinaire le Conseil des ministres et sa commission des affaires courantes en l'absence de Khrouchtchev dont il soutient toujours les propositions. Selon Anastase Mikoïan, c'était un « prostalinien réactionnaire, stupide [...] mais rusé » qui voulait réduire Khrouchtchev au rôle de roi décoratif sous lequel il exercerait le pouvoir réel. « Qu'il se promène donc dans le monde entier, et nous dirigerons », aurait-il alors déclaré. Selon Mikoïan, qui rapporte ce mot, il accablait de flatteries Khrouchtchev qui « aimait ça [13] ». Son goût de la flatterie ne l'empêchera pas, trois ans plus tard, de mettre sur la touche Kozlov, trop sûr de lui.

Le 23 mai 1960, le Praesidium examine le projet d'un troisième programme du Parti validé par le Comité central du 19 juin. Le 21 juillet, Khrouchtchev confirme le texte, publié dans la *Pravda* du 30 juillet. Ses remarques sur ce document verbeux ont peu d'intérêt sauf deux. La première manifeste une prudence rare chez lui. Bien qu'annonçant l'arrivée prochaine du communisme en URSS (c'est-à-dire le règne de l'abondance), il propose de modifier le début de la phrase : « Au cours des prochaines années, tous les ouvriers et employés auront au minimum trois semaines de congés » par « à l'avenir » et d'ajouter « progressivement » à l'affirmation « Les congés payés seront étendus aussi aux kolkhoziens », renvoyant ainsi ces promesses à un futur indéterminé. Ensuite, il fait introduire un article, gros de déboires pour lui, préparant le renouvellement systématique des cadres : « La composition des comités centraux des Républiques fédérées, des comités territoriaux, des comités régionaux est renouvelée au minimum à hauteur d'un tiers lors de chaque élection régulière, la composition des comités de district de ville et d'arrondissement du Parti, des bureaux des cellules pour moitié. Et leurs membres ne peuvent être élus plus de trois mandats successifs. Les secrétaires des cellules pas pour plus de deux mandats successifs [14]. » Cette rotation vertigineuse des cadres se révélerera inacceptable pour l'appareil, qui a besoin d'une continuité sans interruption pour engranger et faire fructifier ses privilèges. Pour le moment, la rotation n'est qu'à l'état de programme. Lorsque Khrouchtchev la transformera en article de statuts, il savonnera lui-même la planche qui le poussera vers la chute...

Khrouchtchev n'en pressent rien, car il s'affirme alors satisfait des changements qu'il a mis en œuvre : « Nous n'avons pas seulement critiqué les insuffisances du passé, nous avons engagé une refonte *(perestroïka)* que l'on peut sans exagération qualifier de révolutionnaire dans toute la direction et la gestion de tous les domaines de la construction économique et culturelle. Au Praesidium nous sommes très satisfaits de la situation dans laquelle se trouvent aujourd'hui le Parti et le pays. Une excellente situation [15]. » La récolte de 1960 s'annonce pourtant mal et il juge alors nécessaire de revenir partiellement sur la réforme des sovnarkhozes : il crée en effet trois « sovnarkhozes de République » (soit trois supersovnarkhozes) dans les républiques de Russie, d'Ukraine et du Kazakhstan, chargés de coiffer les quelque 80 sovnarkhozes qui existent alors dans ces trois Républiques. Les réformes simplificatrices se traduisent ainsi par un nouvel empilement d'organes bureaucratiques qui s'ajoutent les uns aux autres, se contrôlent et se paralysent les uns les autres.

Khrouchtchev est revenu furieux de Bucarest. Trois semaines plus tard, en août, il décide de frapper. Moscou informe Pékin de sa décision de retirer de Chine d'ici un mois les 1 390 spécialistes et experts soviétiques qui s'y trouvaient et d'annuler 343 contrats de coopération économique et 257 projets de coopération scientifique et technique. Le coup est brutal pour les Chinois. Les ingénieurs, techniciens, savants, et constructeurs soviétiques partent dans les quatre semaines qui suivent, emportant avec eux projets, plans et documentation technique et scientifique. L'URSS interrompt la fourniture à la Chine d'une large panoplie de matériels. À l'époque, Moscou et Pékin gardent ces décisions secrètes. Lorsque Mao rendra publique la rupture avec Khrouchtchev en juillet 1963, le gouvernement chinois affirmera dans le *Quotidien du peuple* : « Il en est résulté pour l'économie, la défense et la recherche scientifiques de la Chine des dommages et des difficultés incommensurables. » Selon un dirigeant chinois, « 300 grands projets étaient en cours de réalisation dans toutes les branches industrielles de toute la Chine ». En un mois, « les spécialistes soviétiques sont partis avec leurs plans, l'équipement a cessé d'arriver. C'était comme si on avait retiré les assiettes au milieu d'un repas [16] ». Le coup est effectivement brutal vu la minceur des relations de la Chine avec les grands pays industrialisés et l'extrême difficulté pour elle à trouver une solution de remplacement à l'aide soviétique.

La Chine est de plus confrontée à une gigantesque famine. L'année 1960 est marquée du nord au sud du pays par une sécheresse sans exemple depuis le début du siècle : rivières et canaux s'assèchent, le Yangzi Jiang lui-même est réduit aux dimensions d'une modeste rivière. Au début de l'année, Mao, aussi bluffeur que Khrouchtchev, prévoyait une récolte de 300 millions de tonnes de blé (contre 170 millions en 1959) et paradait : « La situation dans le pays est magnifique [17]. » Au printemps, la presse annonçait un nouveau « Grand Bond en avant ». La récolte de blé ne sera finalement que de 143,5 millions de tonnes, soit 50 millions de moins qu'en 1957, l'année d'avant le premier « Grand Bond en avant » sur le papier, en arrière dans la réalité. La famine ravage les campagnes. Les paysans font la chasse à tout ce qui porte poil et plume, voire façonnent une sorte de pain fait de terre cuite mélangée avec de l'herbe qui condamne à mort ceux qui l'avalent. Dix millions de paysans fuient les campagnes vers les villes dans l'espoir vain d'y trouver de quoi se nourrir. Des villages entiers disparaissent. Mao et Zhou Enlai cessent publiquement de manger de la viande. Cet ascétisme démonstratif ne règle évidemment rien. Mao trouve mieux : il fait venir Edgard Snow, auteur jadis d'un reportage sur la révolution chinoise, lui organise une tournée touristique, ce qui permet au journaliste américain de proclamer qu'il n'a vu en Chine aucune trace de famine ni d'affamés. Après la mort de Mao, le secrétaire du PC chinois Hu Yaobang affirmera que la famine a fait 20 millions de morts – le chiffre réel avoisine sans doute les 30 millions. Dans cette saignée, il est difficile de déterminer la part de la sécheresse inouïe et du « Grand Bond en avant ».

Khrouchtchev décide de frapper un grand coup et de rattraper l'échec de la conférence manquée de Paris en débarquant à l'Assemblée générale de l'Onu de la fin septembre. Le 9, il embarque pour New York sur le *Baltika* avec la délégation soviétique et les représentants de toutes les démocraties populaires (sauf les Roumains, qui s'y rendent de leur côté). Il hésite d'abord : le navire peut heurter une mine, être victime d'un attentat en plein océan, sans témoin ! Puis il surmonte ses craintes. À part une flottille d'hélicoptères truffés de journalistes qui photographient le navire à tout-va dans la Manche et l'éphémère apparition, inattendue, d'un sous-marin américain, rien ne trouble la traversée, mais la plupart des délégués, victimes du mal de mer, ne viennent pas prendre part aux repas auxquels souvent Khrouchtchev se retrouve quasiment seul. Il est fier de résister à cette véritable épidémie. Pendant la traversée, dira-t-il à ses collègues du Praesidium, « une pensée m'est venue en tête sur la structure des organes de l'Onu [18] ». Sans les avoir consultés, il propose la suppression du poste de secrétaire général de l'Onu, et son remplacement par une troïka représentant les principaux blocs de pouvoir dans le monde.

Il est moins fier des conditions de débarquement. Effrayé par les tarifs de location des quais, il a demandé à l'ambassade de négocier au plus bas. Aussi le *Baltika* accoste-t-il le 20 septembre 1960 sur un quai abandonné, à moitié en ruine, aux équipements métalliques rouillés. Il avait pourtant prévu une arrivée en fanfare en répétant en plus grandiose l'épisode du *Lunik* à la veille de son arrivée à New York l'année précédente. La comédie du quai désert tourne à la tragédie. Le jour même où le *Baltika* doit y accoster, Khrouchtchev a ordonné le lancement de la première fusée soviétique à destination de la Lune sur le cosmodrome de Baïkonour à l'heure où doit se produire l'accostage. Le commandant des unités de missiles de l'URSS, vice-ministre de la Défense, le maréchal Nedeline, doit piloter l'opération entouré d'une foule d'experts et de généraux. Nedeline est une vieille connaissance de Khrouchtchev : de 1943 à 1945, il a commandé l'artillerie du front sud-ouest et du 3e front ukrainien. Sa poitrine s'orne de cinq ordres de Lénine qui ne le protégeront pas de la catastrophe. Au signal du décollage, le premier étage de la fusée ne bouge pas. Les règles de sécurité imposent de pomper le combustible avant de procéder aux travaux de vérification. Mais Khrouchtchev a exigé que la fusée soit lancée à l'heure de son arrivée. Est-ce par crainte de la colère du chef ou par négligence que le maréchal néglige de faire pomper le combustible et ordonne d'engager sans délai les travaux de vérification en sa présence ? Soudain, le moteur du second étage démarre ; une gigantesque boule de feu engloutit les techniciens, les experts, plusieurs généraux et le maréchal Nedeline lui-même, réduit en cendres et dont on ne retrouvera qu'un bref morceau enterré solennellement sur la place Rouge. La catastrophe est totalement occultée en URSS et Nedeline sera officiellement déclaré mort dans un accident d'avion trois semaines plus tard. L'arrivée triomphale de Khrouchtchev à New York est donc un double raté.

Il assiste à la 15e session de l'Onu qui réunit toute une brochette de chefs d'État : Castro, Nkrumah, le président du Ghana, Nehru, Sukarno, le roi Hussein de Jordanie, Nasser, Sékou Touré, le président de la Guinée, MacMillan, le Premier ministre anglais, Eisenhower, Tito. Il intervient le 11 octobre et tonne contre le secrétaire général de l'Onu Dag Hammarskjöld qu'il qualifie de « valet du capital monopoliste des États-Unis » et l'accuse de soutenir au Congo les sécessionnistes du Katanga riche en minerais, manipulés par les colonisateurs belges et soutenus par les États-Unis contre le dirigeant indépendantiste Patrice Lumumba. Il stigmatise toutes les autres « marionnettes de l'impérialisme américain », accuse les États-Unis de « perfidie et de brigandage ». Khrouchtchev interrompt de sa place plusieurs orateurs. À un moment, pour marquer sa colère, il retire sa montre de son poignet, la serre dans sa main droite et tape violemment du poing sur la table. Après plusieurs coups, sa montre se détraque, au milieu des rires. Furieux, il brandit une chaussure avec laquelle il frappe sur le pupitre de l'Assemblée devant un auditoire surpris. Le président de l'Assemblée, cramoisi, en brise son maillet pour rétablir le calme. Quelques jours plus tard, Jean-Paul Sartre s'enthousiasme : « Par ce geste M. Khrouchtchev a incarné la protestation populaire du prolétariat mondial devant l'imposture de la respectabilité diplomatique [19]. »

Il exprimait surtout son dépit devant le rejet massif de ses propositions intéressées de « désarmement » par l'Onu. Il lui faudrait trouver ailleurs les crédits nécessaires à l'économie. Mais où ?

25

Khrouchtchev, Kennedy et le mur (1961)

Le 4 novembre 1960, John Fitzgerald Kennedy est élu président des États-Unis avec une très mince avance sur son rival républicain Richard Nixon. À la nouvelle de cette victoire, écrit Sergueï Khrouchtchev, « mon père rayonnait de satisfaction. En plaisantant, il présentait la victoire de Kennedy comme un cadeau original pour la célébration de la révolution d'Octobre [1] ». Il va vite déchanter. Trois mois plus tard, Khrouchtchev est contraint de faire libérer Powers et les deux pilotes américains rescapés de la mer de Barentz.

Mais pour l'heure il est confronté à la crise ouverte de l'agriculture. Dans plusieurs régions du pays, la viande, le lait et le beurre se font rares. Le 29 octobre, dans une note aux membres du Praesidium, il indique que la récolte de 1960 sera la plus mauvaise depuis la mort de Staline, même dans les Terres vierges. Il souligne : « Si nous ne prenons pas les mesures indispensables, nous serons revenus à la situation de 1953 [2]. »

Khrouchtchev convoque alors le 16 décembre 1960 une réunion du Praesidium sur l'agriculture élargie à divers spécialistes dont Lyssenko. Il ne peut contenir sa fureur face au désastre agricole : « Je suis dans un état d'esprit très critique. [...] J'ai accumulé beaucoup de bile pour le plenum. Je veux surtout concentrer le feu sur l'Ukraine où la moisson est catastrophique. » Il mêle le bluff, de nouvelles propositions de réorganisation et une nouvelle marotte ou panacée : la culture du riz pour laquelle, prétend-il, « nous avons des possibilités illimitées ». Il précise : « Je veux maintenant me compter dans un certain sens au nombre des partisans du riz. Toutes les conditions sont superbes pour la culture du riz. » Et il esquisse des plans grandioses pour l'avenir : « Si on irrigue les terres noires, elle deviendront des terres à riz », et il explique aux membres du Praesidium : « Prenez l'Inde, la Birmanie, l'Indonésie. Ils se nourrissent de riz. » Se rend-il compte de l'aveu implicite que contient cette comparaison ? Quatre ans plus tôt, il prenait les États-Unis comme point de référence, aujourd'hui il utilise des pays dont la majorité de la population vit dans une misère qu'il a pourtant constatée lui-même lors de ses voyages et qu'il évoque dans ses Mémoires. Il énumère une série de terres à riz : « La steppe de la faim dans le Tadjikistan, la Géorgie orientale. » Il demande : « Avez-vous pensé à l'Azerbaïdjan ? » Aussitôt, le premier secrétaire du PC azerbaïdjanais, désireux de monter sa docilité, s'écrie dans la salle : « Nous sommes pour le riz. » Cependant, Khrouchtchev avoue : « Je n'ai pas de calculs à ma disposition. Je ne fais que raisonner, donner libre cours à mon imagination, mais je me représente cela concrètement. C'est pourquoi ce n'est pas de la fantaisie, qui pourrait ne pas être renforcée par la réalité, mais nos possibilités réelles. »

Puis il avertit : « Les questions d'organisation constituent aussi chez nous un réservoir énorme pour l'essor de la production agricole » et décide de « laisser de côté les investissements et de concentrer l'attention sur les questions d'organisation ». Il propose de réorganiser les structures du Parti dans les Terres vierges, d'insister sur le développement de la culture du maïs, de pousser les paysans à livrer leurs vaches aux kolkhozes. Il propose enfin une réorganisation du commerce des produits agricoles fondée sur la constitution d'un organisme autonome et sur son autonomie comptable : en fait une refonte totale du système existant. Khrouchtchev interroge la salle. « Ce schéma est-il acceptable ? » La salle, pourtant surprise, approuve [3]. Dans la foulée, il propose de reconstituer un ministère de l'Agriculture au niveau de l'Union et de nommer Lyssenko vice-ministre ! Celui-ci refuse. Le 29 décembre, Khrouchtchev limoge le ministre de l'Agriculture Matzkevitch et le remplace par un agronome disciple de Lyssenko, Olchanski, aussi charlatan que son maître.

Lors de cette réunion sur l'agriculture, il évoque un des thèmes qu'il va développer de plus en plus dans les cercles dirigeants : celui de leur vieillissement et de la nécessité de favoriser la montée d'une jeune génération dont l'ascension est bloquée par le maintien des « vieux » en place. « Les camarades ont pour ainsi dire vieilli. C'est normal, camarades, quand on m'a envoyé en Ukraine en 1938, je me considérais comme un vieillard, j'avais quarante-cinq ou quarante-huit ans. Et aujourd'hui nous avons des grands-pères et des arrière-grands-pères aux postes de secrétaires de comités régionaux, de comités de territoires et où peuvent donc aller les jeunes de trente-trente-cinq ans ? Ils n'ont pas de voie. On leur ferme la route. Je considère que c'est incorrect, camarades, il faut qu'il y ait un avancement. [...] Nous allons échouer si nous restons installés ainsi, dans une situation où les vieux ne laissent pas monter les jeunes alors qu'ils ne sont eux-mêmes pas en état de travailler[4]. » Il ne va cesser de le répéter en cercle fermé avec un découragement croissant. Car il se heurte à une résistance insurmontable des apparatchiks en place. La promotion d'une nouvelle génération pour régler les problèmes en suspens n'est qu'une variante des solutions « organisationnelles » et de ses propositions permanentes de restructuration. Le changement des individus doit parachever celui des structures.

Au plenum du Comité central du 10 au 18 janvier 1961, destiné à valider ces décisions, il se déchaîne. Il dénonce le truquage des statistiques organisé par des dirigeants et des dignitaires locaux et régionaux pour faire croire qu'ils ont réalisé, voire dépassé le plan. Khrouchtchev constate, dénonce, s'emporte, menace, révoque, mais rien ne change ou plutôt tout empire lentement, et l'irritation gagne peu à peu les cadres de l'appareil, régulièrement stigmatisés.

Pendant que se déroule le plenum, le 15 janvier, à Krasnodar, dans le sud de l'URSS, un incident banal se transforme en émeute révélatrice de la tension sociale contenue qui règne en URSS. La police militaire arrête sur le marché un soldat en situation irrégulière. Le bruit court qu'il a été sauvagement brutalisé. Une bagarre éclate au marché avec la police et les *droujinniki* (jeunes auxiliaires volontaires de la milice). La police arrête quelques participants. Deux heures plus tard, 3 000 personnes, surtout des jeunes, se rassemblent devant le siège de la commandanture militaire et exigent leur libération sous peine de lyncher ses occupants. L'un d'eux appelle à « construire ici une deuxième Hongrie ». Un autre promet de « faire mieux qu'en Hongrie ». La foule brise les vitres et entre dans l'immeuble. La garde tire et tue un adolescent de dix-sept ans. Des manifestants s'emparent de son cadavre et organisent une marche funèbre vers l'immeuble du comité de district du PCUS. Un commandant en retraite membre du PCUS harangue la foule : « On nous parle de pouvoir du peuple, mais on tire sur le peuple ! » La police, l'armée et le KGB réussissent finalement à dégager l'immeuble. Le lendemain, dans l'usine de mécanique n° 4, les ouvriers découvrent un tract qui dénonce la trahison de la révolution d'Octobre et interroge : « Pourquoi croyons-nous aux fables de Khrouchtchev et de tous ses complices, alors qu'en réalité chaque jour la vie empire et empire ? » Le slogan de la révolution, « Qui ne travaille pas ne mange pas », a été inversé : « Celui qui travaille ne mange pas, et celui qui ne travaille pas mange, c'est-à-dire vit sur votre dos[5]. » Bien que n'ayant pas pris part aux désordres, l'auteur principal de ce tract écope de sept ans de camp. Les jours suivants, la police arrête 32 personnes, 10 d'entre elles sont condamnées à quinze ans de prison. En l'absence de toute possibilité d'activité sociale, politique ou syndicale indépendante, tout incident peut servir de catalyseur au mécontentement larvé et se transformer en désordres, manifestation ou pillage.

Au lendemain du plenum, Khrouchtchev parcourt le pays pour inviter paysans et cadres à mettre en œuvre ses décisions : il est à Kiev le 28 janvier, à Rostov le 2 février, à Tbilissi le 7 février, à Voronej le 11 février. Le 16 février, il dresse un bilan de ses premières tournées devant le Praesidium : « Ces conférences, dit-il, ont suscité de l'enthousiasme dans le peuple et une excellente humeur. [...] J'ai illustré nos possibilités de rattraper l'Amérique », affirme-t-il, malgré les résultats plus que décevants qui l'amènent pourtant à grogner : « Quel communisme aurons-nous quand il n'y aura rien à bouffer ? » Le règne de l'abondance n'est donc pas pour demain ! Il insiste pourtant : « Je suis sûr que nous pouvons rapidement rattraper l'Amérique. » Il souligne involontairement les perversions du système de la nomenklatura en stigmatisant le secrétaire du comité territorial de Krasnodar, coupable d'avoir raflé 100 000 vaches aux ouvriers des sovkhozes et de les avoir fait abattre pour remplir le quota de livraison de viande à l'État. Blâmé pour ce massacre, il est limogé et aussitôt nommé secrétaire du comité du parti de Kalouga. Khrouchtchev s'en étonne et s'en indigne : « S'il a été mauvais à Krasnodar, il sera meilleur à Kalouga ? [...] Il a échoué comme premier secrétaire et maintenant on le nomme deuxième secrétaire. Et à Kalouga il va remonter au rang de premier secrétaire ? [...] Un homme a échoué et on le réaffecte à une fonction dans le Parti [6] ! » C'est le fonctionnement même de l'appareil du Parti qu'il critique, cet appareil auquel, un mois plus tard, il fera un beau présent : en mars 1961, il fait décider que les permanents du Parti, du Komsomol et des syndicats toucheront des primes similaires à celles accordées aux ingénieurs et aux administrateurs ayant introduit de nouvelles technologies dans la production et donc contribué à l'améliorer. Seule restriction, ces primes ne doivent pas excéder trois ans de salaire alors que pour les ingénieurs et administrateurs elles peuvent atteindre l'équivalent de six ans de salaire [7]. Cette équivalence douteuse place le permanent sur le même plan que celui qui organise la production ou l'améliore. Cette alchimie bureaucratique transforme en moteur de la production celui qui en est le premier frein, en fixant aux producteurs mêmes des objectifs irréalisables et en les harcelant à coups de réunions interminables, de circulaires, de télégrammes impératifs et de coups de téléphone impérieux.

Ce même 16 février 1961, Khrouchtchev fait adopter un projet de réorganisation du ministère de l'Agriculture et un texte critiquant la transformation massive – pourtant impulsée par lui – de kolkhozes en sovkhozes, réclamée à grands cris, dit-il, par les comités locaux du Parti. À la date du 1er janvier 1961, ils ont demandé la transformation de 7 748 kolkhozes en sovkhozes. Le mécanisme est toujours le même : pour démontrer leur zèle à la direction, les comités locaux et régionaux poussent à leur terme, et même jusqu'à l'absurde, les décisions prises au sommet.

La propagande maoïste n'a pu empêcher les bruits sur la famine en Chine de parvenir aux oreilles du Kremlin. Malgré la situation alimentaire difficile de l'URSS, Khrouchtchev propose le 27 février 1961 à Mao de fournir à la Chine 300 000 tonnes de blé, 700 000 tonnes de seigle et 50 000 tonnes de sucre cubain. Zhou Enlai accepte le sucre, mais refuse le blé et le seigle en arguant des difficultés de l'Union soviétique qu'il ne veut pas aggraver. Mao préfère acheter du blé à l'étranger : en 1961, Pékin importe 4 millions de tonnes de blé d'Australie, du Canada et des États-Unis. Il en achètera plus encore en 1962.

Dans ses tentatives pour mettre au pas un appareil pesant et routinier, opposé par principe à tout changement sauf à l'exagérer pour mieux y faire obstacle, Khrouchtchev se heurte à la corruption croissante. Les garanties qu'elle a reçues depuis la mort de Staline rassurent la bureaucratie. Le bureaucrate peut être déplacé, voire – rarement – rétrogradé dans l'appareil, mais sa vie et sa liberté ne sont plus en danger. Pas même son statut. Même rétrogradé, il reste toujours membre de l'appareil et bénéficie de privilèges liés à cette appartenance. Ce sentiment de sécurité développe vite en son sein des aspirations à l'enrichissement personnel, alors même que la valse des projets grandioses, souvent inachevés ou abandonnés, le gaspillage effréné qu'ils provoquent et le réseau des combines nécessaires pour faire fonctionner l'économie ouvrent aux bureaucrates de larges possibilités qu'ils exploitent dès la fin des années 1950.

Khrouchtchev répond par la répression. Le 4 mai 1961, le Soviet suprême promulgue un décret ordonnant l'expulsion des grandes villes « des individus qui se soustraient au travail social et s'adonnent au parasitisme ». Le dissident Efim Etkind commente : « La quantité effrayante de tire-au-flanc qui vivaient de vols et de diverses spéculations justifiait cette mesure. » Mais, ajoute-t-il, « ce décret permettait surtout de priver de travail tout contestataire et puis, sous prétexte qu'il ne voulait pas travailler, de l'envoyer au fin fond des steppes pour parasitisme[8] ». Le lendemain, une loi prise là encore à son initiative introduit la peine de mort pour « délits économiques », détournements de fonds ou de marchandises. La loi vise le réseau de petites entreprises privées clandestines qui commencent à pulluler. Le même décret stipule que tous ceux qui sont responsables « d'une interruption de travail non autorisée » peuvent être déportés et condamnés aux travaux forcés pour une période de deux à cinq ans. La menace vise toute tentative de grève. Les syndicats soviétiques sont pourtant à la tête de la Fédération syndicale mondiale dont la charte affirme que « tout ouvrier a le droit absolu de se mettre en grève quel que soit son travail ». La réponse par la coercition à tout exercice de ce droit pousse les ouvriers à des formes passives de résistance, seules possibles en l'absence de tout droit de grève et d'organisation. Au début des années 1960 circule un dicton : « On cessera de faire mine de travailler quand ils cesseront de faire mine de nous payer. »

Les mécanismes de corruption sont divers. Ainsi les ateliers de « réadaptation par le travail » liés aux dispensaires neuropsychologiques et bénéficiaires d'un budget leur permettant d'acheter des matières premières et du matériel pour fabriquer les vêtements nécessaires à leur personnel fournissent une opportunité. Faute d'une main-d'œuvre compétente, ces matières premières pourrissaient souvent sans être utilisées. Quelques malins décident de profiter de la situation et de la pénurie générale. Un certain Roïfman et son associé Chakerman proposent à l'un de ces dispensaires d'installer dans ses murs une petite fabrique de confection. Les médecins acceptent, l'entreprise démarre et se développe vite. Roïfman trouve des actionnaires dont il fait fructifier les investissements, achète des machines modernes et rafle des centaines de tonnes de laine détournées de leur destination grâce à de multiples complicités et pots-de-vin... La demande ne cessant d'augmenter, les deux entrepreneurs multiplient pots-de-vin et commissions et écoulent leur production sur les marchés privés. À ces ateliers médicaux s'ajoutent les artels et les ateliers de production permettant de constituer de petites unités de production rattachées à une usine ou à un kolkhoze. Les ateliers de confection clandestins fleurissent un peu partout.

Les bureaucrates locaux laissent faire, voire collaborent à l'approvisionnement en matières premières, moyennant un pourcentage sur les bénéfices.

Soucieux de plaire à son beau-père furieux contre la corruption galopante et de fabriquer un journal vivant, Adjoubeï est à l'affût d'affaires tapageuses. Le KGB lui offre les deux juifs Roïfman et Chakerman. Les *Izvestia* révèlent le pot aux roses. Chakerman est condamné à mort. Le KGB promet à Roïfman la vie sauve s'il dénonce ses complices du Gosplan et du ministère de l'Intérieur, mais sa demande de grâce est rejetée par Khrouchtchev. Roïfman est fusillé. Il faut souligner que 88 des 163 condamnés à mort au titre de la loi du 5 mai 1961 entre juillet 1961 et août 1963 sont juifs, comme Roïfman et Chakerman. L'application de la loi vise ainsi à présenter les juifs comme des voleurs et des parasites. Telle n'était sans doute pas la volonté de Khrouchtchev, mais tel est le résultat.

Au début, les apparatchiks raflent sous la forme de pots-de-vin et de partage des bénéfices le produit du travail effectué par des individus extérieurs à l'appareil, sans se charger eux-mêmes de fabriquer et d'écouler les marchandises. Sous Brejnev, ils prendront en charge l'ensemble du processus et formeront des réseaux ou des groupes qui se cristalliseront en bandes mafieuses parasitant et pillant des secteurs entiers de l'économie. Ce processus est déjà engagé dans les années 1960 surtout en Ouzbékistan, en Azerbaïdjan et en Géorgie. Ainsi se forme un capital privé, modeste au début, mais que ses détenteurs ne peuvent investir sur le marché mondial, bloqués par la non-convertibilité du rouble et le monopole du commerce extérieur dont ils tenteront de se débarrasser.

Le Praesidium du 17 juin examine le projet de nouveaux statuts qui, une fois adoptés par le XXIIe congrès, contribueront à la chute de Khrouchtchev. Ils contiennent en effet une bombe à retardement : l'article 25, gros de menace pour l'appareil du Parti, vise explicitement à préparer « le renouvellement systématique » des organismes dirigeants du Parti à tous les échelons : « À toutes les élections ordinaires, un quart au moins des membres du Comité central du PCUS et de son Praesidium doit être renouvelé. En règle générale, les membres du Praesidium ne doivent pas être élus plus de trois fois de suite » – ils ne peuvent donc rester que douze ans au pouvoir, mais Khrouchtchev a prévu une entorse à cette règle impérative : « Certains responsables du Parti, étant donné leur autorité reconnue, leurs grandes qualités politiques, leurs talents d'organisateurs, etc., peuvent être réélus aux organismes dirigeants plusieurs fois de suite pour de plus longs délais [à condition] de recueillir au moins les trois quarts des voix au scrutin secret. » Les statuts prévoient une rotation encore plus grande pour les échelons inférieurs de l'appareil : les effectifs des comités centraux des partis communistes des 15 Républiques, des comités du Parti des territoires et des régions doivent être renouvelés « pour un tiers au moins à chaque élection ordinaire », ceux des comités du Parti d'arrondissement, de districts, de ville, de quartier, des organisations de base « sont renouvelés pour la moitié » et tous ceux-là ne peuvent effectuer que deux mandats.

Ces dispositions mécontenteront l'appareil tout entier. Pourtant, au Praesidium, nul ne les critique. Les amendements proposés ne portent que sur des détails de rédaction infimes, voire ridicules. Ainsi, Elena Fourtseva propose de remplacer « tout citoyen » par « chaque citoyen ». Souslov, lui, veut remplacer « les normes, les principes de la morale communiste » par « les règles » et « l'idéologie communiste » par « l'esprit du communisme [9] ».

Après les statuts, le programme. Au Comité central des 19 et 20 juin 1961, Khrouchtchev rapporte longuement sur le projet de nouveau programme du PCUS soumis au prochain congrès. Il y promet l'abondance communiste dans les vingt ans à venir. Toute l'assistance approuve. Pourtant, souligne Piotr Chelest dans son journal, « dans ses propositions et dans le projet lui-même, il y avait beaucoup de “fantaisie politique”, d'illusions, de présomption et de volontarisme. Beaucoup de dispositions, propositions et conclusions irréalisables et irréelles ». Néanmoins, poursuit Chelest, « nous avons tous “approuvé”, tous “applaudi tempêtueusement”. Là est notre grande tragédie économique et politique commune [10] ».

Il y a pourtant des succès. Le 12 avril 1961, Iouri Gagarine à bord de la fusée *Vostok* effectue le premier vol humain et le premier tour du globe dans l'espace. Ce jour est décrété fête nationale. À la parade militaire sur la place Rouge, Khrouchtchev ajoute un banquet au Kremlin. Dans son discours, il exalte la Russie hier en pieds nus et lancée aujourd'hui à la conquête du cosmos et l'exploit de Iouri Gagarine : « Que tous ceux qui aiguisent leurs griffes contre nous sachent que Iourka a été dans le cosmos, a tout vu, sait tout [11]... », bref est un maître espion !

Le 17 avril 1961, jour anniversaire de Khrouchtchev, la CIA, après un bombardement nourri, deux jours plus tôt, des aéroports de Cuba, envoie un groupe d'émigrés cubains, sous la protection de la marine américaine, dans la baie des Cochons à l'assaut du régime castriste. Khrouchtchev est persuadé, affirme son fils, que les troupes américaines vont débarquer et que le régime castriste va s'effondrer en quelques jours. Apprenant l'échec complet de l'opération, il s'étonne : « Je ne comprends pas Kennedy. Il manque donc d'esprit de décision [12] ? » C'est peut-être cette vision simpliste qui va l'année suivante l'amener à s'engager dans l'aventure cubaine des missiles d'où il sera contraint de se retirer sans gloire.

Le 12 mai, Kennedy invite Khrouchtchev, qui accepte aussitôt, à une rencontre au sommet à Vienne. Avant de s'y rendre, Kennedy abat ses cartes : le 25 mai, dans un message à la nation, il réclame l'augmentation des dépenses militaires, et en particulier un triplement de celles consacrées à la construction de missiles. Le lendemain, le Praesidium se réunit pour préparer la rencontre de Vienne. Khrouchtchev y qualifie Kennedy de « fils de chienne » puis expose à ses collègues son plan de règlement de l'affaire allemande qu'il a expliqué la veille à l'ambassadeur américain Thompson : l'URSS va signer un traité de paix avec la RDA. La fin de l'état de guerre retire donc toute légitimité à la présence de troupes d'occupation étrangères et tous les problèmes liés à l'accès de Berlin-Ouest devront désormais être traités avec le gouvernement souverain de la RDA. Khrouchtchev rassure ses collègues : cette décision unilatérale n'entraîne que des risques de guerre limités. Il précise néanmoins : « Nous ne demanderons pas le retrait des troupes étrangères de Berlin-Ouest. Nous considérons qu'elles ne sont pas légales mais nous n'entreprendrons aucune mesure pour les éloigner de force. Nous n'interromprons pas l'arrivée de produits alimentaires et nous ne couperons pas les autres artères vitales. Nous veillerons strictement à ne pas violer et à ne pas nous ingérer dans les affaires de Berlin-Ouest » – il envisage cependant de contraindre les avions étrangers à atterrir sur les aéroports de RDA. Et il insiste : « Je veux que nous prenions une décision maintenant. Je considère que nous devons [...] conclure un traité de paix. » Il insistera effectivement des mois durant, mais finira par reculer.

Il développe en même temps une vision curieuse des États-Unis : « Depuis la mort de "notre ami" John Foster Dulles, affirme-t-il, il n'y a pas là-bas d'homme ferme, et l'arrivée de Kennedy n'a rien changé à la situation, l'exemple de Cuba montre que la situation est restée la même que sous Eisenhower. C'est pourquoi il est impossible de répondre de l'Amérique, parce que les décisions là-bas ne découlent pas de la logique, elles sont prises sous l'influence de groupes divers et d'une conjonction circonstancielle d'événements. » À ses yeux il n'y a donc pas de politique cohérente du gouvernement américain. C'est pourquoi il s'affirme certain à 95 % que sa politique allemande « ne débouchera pas sur la guerre [13] ».

Khrouchtchev arrive à Vienne le 2 juin. Il rencontre les 3 et 4 juin Kennedy prévenu par Averell Harriman : « Il va essayer de vous effrayer et de vous embrouiller, mais n'y faites pas attention [14]. » C'est la première et dernière rencontre entre les deux hommes. Lyndon Johnson, alors vice-président, affirmera : « Khrouchtchev a mortellement effrayé le gamin [15]. » Il appelle Kennedy « jeune homme » et menace de signer un accord avec la RDA en décembre réglant unilatéralement le sort de Berlin. Kennedy a beau lui rétorquer qu'il ne lui laisse le choix qu'entre le recul et l'affrontement, Khrouchtchev répond méprisant : « Si les États-Unis veulent la guerre, c'est leur problème. » Kennedy racontera au correspondant du *Time* au retour de Vienne : « Je n'ai encore jamais rencontré un tel homme. Je lui dis qu'une guerre nucléaire tuera 70 millions d'hommes en dix minutes ; il me regarde et me répond : "Et alors [16]" ? » Khrouchtchev a donc répété avec Kennedy la comédie que Mao lui avait jouée deux ans auparavant. Khrouchtchev reprend cette bravade dans son allocution télévisée du 15 juin, à Moscou. Il clame : « Ne cherchez pas à nous effrayer, messieurs, l'accord sera signé dans tous les cas » d'ici la fin de l'année, et il menace ceux qui voudraient tester la force de l'URSS de « connaître le sort de Hitler », tout en précisant que ces mots ne constituent nullement « une menace mais un appel au bon sens [17] ».

Khrouchtchev avouera sa déception dans une réunion de savants atomistes tenue le 10 juillet au Kremlin, où il annonce sa décision de reprendre les essais nucléaires. Il fanfaronne : « Nous avons aidé Kennedy à être élu. On peut dire que c'est nous qui l'avons élu l'an dernier. » Puis ajoute goguenard : « Vous parlez d'un zigomar ! Il arrive pour des pourparlers mais il ne peut rien faire. Qu'avons-nous à fiche d'un type pareil, pourquoi discuter avec lui et perdre son temps [18] ? »

Le 19 juillet 1961, Kennedy annonce une augmentation des dépenses militaires de 3,5 milliards de dollars, puis l'envoi en Europe de six nouvelles divisions américaines prêtes au combat. L'historien américain William Taubman souligne : « Comme résultat des fanfaronnades de Khrouchtchev, les dépenses militaires de l'Occident augmentaient, alors que la force de frappe des fusées intercontinentales de l'URSS était égale à zéro [19]. » Alexandre Foursenko et Timothy Naftali, les auteurs de l'ouvrage de référence sur la crise des missiles à Cuba, *One Hell of a Gamble,* le confirment : « Dès la fin des années 1950, Khrouchtchev a largement contribué à développer les craintes aux États-Unis sur la supériorité nucléaire soviétique en multipliant les déclarations soigneusement enjolivées prétendant que les usines soviétiques pouvaient produire des fusées comme des saucisses [20]. » Les autorités américaines font voter les augmentations nécessaires de crédits militaires pour faire face à un danger dont elles connaissent pourtant le caractère illusoire. Le colonel Penkovsky, qui travaillait pour la CIA depuis plus d'un an, avait rapporté à son agent traitant américain les propos désabusés du général Serge Varentsov déclarant que les fusées intercontinentales soviétiques n'existaient que sur le papier. Khrouchtchev continue pourtant à multiplier les bravades. Le 7 août, il déclare à la télévision : « Notre peuple ne tremblera pas devant les épreuves. Nous pourrons répondre à la force par la force et nous repousserons la pression de n'importe quel agresseur[21]. » En multipliant ces déclarations tonitruantes, il reprend une tradition de Staline qu'il avait pourtant raillée dans son rapport secret du XXe congrès : « Avant la guerre, disait-il, notre presse et tout notre travail politico-éducatif était caractérisé par un ton bravache : qu'un ennemi viole le sol soviétique sacré et pour chacun de ses coups il en recevra trois et nous battrons cet ennemi sur son propre sol, remportant la victoire sans beaucoup de dommages pour nous-mêmes[22]. » Il a oublié la leçon qu'il en tirait alors.

Pendant ce temps, en RDA, la situation se dégrade. Les Allemands de l'Est, surtout les plus qualifiés, fuient de plus en plus la République « socialiste » pour l'Allemagne de l'Ouest. En même temps, les Berlinois de l'Ouest raflent les marchandises de Berlin-Est à des prix très attractifs, les salaires de l'Est étant bas. Cette double ponction croissante de l'économie de la RDA prouve que la compétition économique entre les deux systèmes chère à Khrouchtchev n'est qu'un mirage. Si le « socialisme » réalisé représente une étape supérieure de la civilisation, comment expliquer cette fuite de plus en plus massive de la population ? Khrouchtchev répond : « L'avant-garde de la société, l'avant-garde de la classe ouvrière et de l'intelligentsia [la bureaucratie au pouvoir] comprend indubitablement la signification historique de la doctrine marxiste-léniniste et les possibilités que cette doctrine a présentées et présente pour tous les pays du monde, pour le peuple travailleur, mais, malheureusement à une certaine étape, c'est l'estomac qui règle la question idéologique, devant les vitrines des magasins, les prix et les salaires. Et là nous n'avions pas la possibilité de nous mesurer avec l'Occident, surtout avec Berlin-Ouest[23]. » Ainsi, pour Khrouchtchev, le « socialisme » est une simple idéologie... alors que le capitalisme permettrait de mieux satisfaire « les besoins immédiats » de la population ! Mais même si l'homme ne vit pas seulement de pain, il ne saurait se nourrir que d'idéologie.

Il souligne que la productivité des pays dits socialistes « est plus basse qu'en Allemagne fédérale, en France, en Angleterre, aux États-Unis, au Japon » où la productivité du travail est en effet trois fois plus élevée qu'en URSS et dans les démocraties populaires. Il ajoute : « Nous nous heurtons à ce problème depuis tant d'années, nous avons de tels espaces, de telles ressources et nous ne parvenons pas à créer les réserves nécessaires. Nos réserves gouvernementales se trouvent constamment au bord de l'épuisement. » Pourquoi ? Il concède : « Bien sûr les gens aussi influent sur la productivité du travail. » Mais il s'arrête là et ne se demande pas pourquoi les ouvriers travaillent si lentement s'ils détiennent effectivement le pouvoir en URSS et dans les pays « socialistes »... Il regrette qu'« il soit impossible d'entraîner derrière soi le peuple uniquement par des commentaires sur la doctrine marxiste-léniniste ». Il rêverait de transformer la RDA en vitrine du socialisme « attrayante sur le plan moral, politique et matériel. [...] Malheureusement nous n'avons pas encore cette possibilité et il nous convient de nourrir les gens de promesses[24] », peu nutritives, régulièrement répétées et démenties... C'est pourquoi les ouvriers de RDA, comme ceux d'Union soviétique, travaillent les bras croisés.

Certes, les cadres, les enseignants, les intellectuels et les ouvriers qualifiés sont attirés à l'Ouest par des salaires plus élevés, des produits abondants et de meilleure qualité, mais aussi, ce que Khrouchtchev n'évoque jamais, par rejet du régime policier, de son parti unique et de sa Stasi, qui contrôlent toute la « vie politique », intellectuelle et artistique, du syndicat d'État unique qui défend les intérêts de l'État contre ceux de ses propres syndiqués d'office, en un mot de l'absence totale de libertés individuelles et politiques. Khrouchtchev occulte cette réalité tant la RDA n'est que la copie conforme de l'URSS. Il le reconnaît naïvement lorsqu'il affirme que la différence entre la collectivisation agricole en URSS et celle de RDA découle de ce que « les Allemands n'avaient pas d'endroit où déporter les koulaks[25] ».

En mars 1961, Walter Ulbricht appelle à l'aide. Il affirme avoir soumis à Khrouchtchev, d'abord réticent, l'idée – dont Khrouchtchev s'attribue à son tour la paternité – de séparer Berlin-Est de la zone occidentale par un mur pour arrêter ce flot grandissant des fuyards. En juin, le flot atteint quasiment les 20 000, en juillet les 26 000. Pour juger la situation, Khrouchtchev fait une tournée en voiture incognito dans les deux secteurs de la ville. L'idée du mur apparaît aussi chez les Américains eux-mêmes. Ainsi, le 2 août, le sénateur J. William Fulbright déclare : « Je ne comprends pas pourquoi les Allemands de l'Est ne ferment pas leurs frontières, parce que je pense qu'ils ont le droit de le faire. » Kennedy déclare à son conseiller Walt Rostow : « Khrouchtchev est en train de perdre l'Allemagne de l'Est. Il ne peut pas laisser faire. S'il perd l'Allemagne de l'Est, il perdra aussi la Pologne et toute l'Europe de l'Est. Il devra faire quelque chose pour arrêter le flot des réfugiés, peut-être un mur. Et nous ne pourrons pas l'en empêcher[26]. »

C'est pour en préparer la construction que Khrouchtchev harangue le 5 août 1961 les dirigeants des démocraties populaires et leur présente l'idée d'un mur séparant Berlin-Est de Berlin-Ouest en leur demandant de garder le plus grand secret. Il insiste sur sa volonté de signer un traité de paix séparé avec la RDA. Son discours est une litanie de menaces. Il a, dit-il, demandé au nouvel ambassadeur américain « de transmettre au président : si vous nous déclarez la guerre [...] nous vous répondrons par la guerre [...] qu'il peut commencer la guerre, mais s'il la commence il sera visiblement le dernier président des États-Unis ». Une fois le traité signé, l'a-t-il prévenu, l'accès à Berlin sera fermé. « Si vous voulez envoyer des avions à Berlin-Ouest, vous violerez la souveraineté de la RDA et nous vous abattrons », ce que Staline s'était bien gardé de dire et de faire lors du blocus de Berlin en 1948.

Puis il annonce la fermeture des frontières de la RDA : « Nous pensons installer des tanks comme défense le long de toute la frontière. Il faut fermer partout. » Il invite enfin la Tchécoslovaquie, la Pologne, la Hongrie, la Bulgarie et la Roumanie à faire de même. Les pays capitalistes réagiront-ils en décrétant l'embargo, en cessant de commercer avec les pays socialistes ? « Ce serait encore mieux, ce serait plus utile pour nous[27]. » Pour donner consistance à ces propos virils, la *Pravda* du 8 août informe ses lecteurs que « les soviets des entreprises de Moscou, Leningrad, Kiev, Gorki et d'autres régions demandent au gouvernement d'autoriser les usines travaillant pour la défense nationale de passer de la journée de sept heures à celle de huit heures ». Le 13 août au matin, les

Berlinois se réveillent face au spectacle d'un mur en construction, de plusieurs lignes de soldats d'Allemagne de l'Est derrière lesquels s'alignent des soldats soviétiques, flanqués de chars. Les Américains feignent de réagir, puis laissent faire. Le mur, il est vrai, est une défaite pour Moscou et pour la « compétition pacifique » dont Khrouchtchev annonçait et annonce toujours l'issue victorieuse pour le « socialisme ».

26

La bataille de Volgograd (1961)

Il n'y a pas de monument sur Baby Yar
Une pente abrupte, comme une grossière pierre tombale...
Tout ici crie en silence,
Et, ôtant mon chapeau,
Je sens mes cheveux
Blanchir lentement.
Et moi-même,
Je suis un cri compact et sans voix
Au-dessus de milliers et de milliers d'enterrés.

Ces vers d'Evgueni Evtouchenko publiés le 19 septembre 1961 dans le journal de l'Union des écrivains *Literatournaïa Gazeta* font grand bruit. Evtouchenko y évoque le massacre, occulté en URSS, de plus de 30 000 juifs par les nazis dans ce ravin de la banlieue de Kiev à la fin de septembre 1941 et l'absence de plaque rappelant ce carnage. Khrouchtchev, absorbé par la préparation du XXIIe congrès du PCUS qui s'ouvre le 17 octobre, n'y accorde d'abord pas grande attention.

Les pseudo-débats préparatoires au congrès au cours desquels des assemblées de militants las écoutent des rapports creux et répétitifs se passent en général sans accroc. La salle assoupie vote à l'unanimité. Mais à l'assemblée de l'arrondissement Lénine de Moscou, le général Piotr Grigorenko, enseignant à l'Académie militaire, évoque sa crainte que ne se renouvelle le culte de la personnalité qu'il attribue au fait qu'on a trop rarement renvoyé les bureaucrates. Il propose des « élections démocratiques et fréquentes » et dénonce « les hauts traitements donnés aux fonctionnaires et leur inamovibilité de fait[1]. » Pendant l'interruption de séance, le bureau de la conférence décide de retirer à Grigorenko son mandat de délégué. Celui-ci proteste. Un tiers des présents seulement votent pour, mais le bureau décrète pourtant « voté à l'unanimité ». Le même jour, à Koursk, le journaliste Valentin Ovetchkine critique le projet de programme, la salle l'applaudit. À la reprise, les apparatchiks le somment de rendre son mandat de délégué. Ovetchkine rentre chez lui et se tire une balle dans la tête. Plusieurs délégués protestent par lettre au comité de ville contre le traitement infligé à Grigorenko. Ce dernier tente en vain de parler à Khrouchtchev, mais il est chassé de l'Académie militaire malgré le soutien de ses collègues.

Ainsi, une intervention critique peut faire exploser l'apparent consensus dû à la contrainte. Grigorenko va fonder une Union – clandestine – pour la renaissance du léninisme, mais il sera interné en février 1964 dans un hôpital psychiatrique : l'opposition au régime, surtout au nom du communisme, peut être contagieuse et doit être considérée comme une maladie mentale qui exige l'isolement de la société. L'appareil dirigé par Khrouchtchev la soigne donc brutalement.

Le 12 octobre 1961, cinq jours avant l'ouverture du congrès, les instances dirigeantes de la république de Russie adoptent un décret « Sur les ressources des productions de l'élevage pour le ravitaillement de la population pendant le 4e trimestre 1961 » qui introduit en fait le rationnement. Les habitants du Donbass peuvent se consoler grâce à la publication à Stalino (l'ancienne Iouzovka), au même moment, d'une biographie officielle de Khrouchtchev intitulée *Récit du mineur d'honneur*, dont le caractère hagiographique marque un pas de plus dans le culte du premier secrétaire.

Ce culte est aussi célébré par la publication d'un ouvrage sur Stalingrad du maréchal Andreï Eremenko, ancien commandant en chef du front de Stalingrad. Eremenko manie l'encens :

« Se trouvant devant Stalingrad depuis le commencement de la bataille, Khrouchtchev connaissait mieux que tous les autres les troupes et le commandement politico-militaire [...]. Son énergie bouillonnante, son art de collaborer avec les hommes et d'apprécier justement les côtés positifs et les insuffisances dans le travail, sa haute conception du Parti en toutes choses, furent un excellent exemple pour nous tous [2]. »

Le 17 octobre, Khrouchtchev annule son dernier ultimatum sur Berlin au moment même où il ouvre le XXIIe congrès. En deux jours, il présente deux rapports truffés de répétitions dont la lecture – interruption de séance comprise – lui prend au total près de douze heures. Un vrai marathon où son conseiller Bourlatski voit « un spectacle frisant la bouffonnerie [3] ». Il y révèle que 100 000 chantiers sont en cours, pour beaucoup entamés depuis de longues années mais toujours inachevés. Il annonce la formation entre novembre 1961 et janvier 1962 de 17 grandes régions économiques dirigées par des conseils de coordination et de planification et une réforme des statuts discutée au Praesidium du 17 juin 1961.

Confronté à la résistance passive de l'appareil à tous les niveaux, initiant des réformes successives et parfois contradictoires, Khrouchtchev tente de secouer l'appareil en le renouvelant systématiquement, mais en oubliant que le jeune apparatchik, vite façonné par le système, ressemblera comme deux gouttes d'eau à son prédécesseur. La décision de limiter à deux mandats (donc à huit ans) les fonctions occupées dans le Parti et le gouvernement, sauf exceptions rarissimes, sème l'effroi chez les apparatchiks, qui refusent toute perspective de retourner au bureau ou à l'usine.

Le rapport d'activité de Khrouchtchev comporte un long développement sur la « liquidation des conséquences du culte de la personnalité. Développement des règles léninistes de la vie du Parti et des principes de direction ». Il y affirme : « Ce qui fait la force de la direction du Parti, c'est son caractère collectif.» Il revient sur le « groupe antiparti » de Molotov, Malenkov, Kaganovitch et Vorochilov (ajouté cette fois au trio pour justifier son élimination) « personnellement responsables de bien des répressions massives contre les cadres du Parti, des soviets, de l'économie, de l'armée et du Komsomol [4] ». Rien dans ces formules rituelles n'annonce les débats du troisième jour, le 19 octobre, où de nombreux orateurs s'en prennent au « groupe antiparti » balayé en 1957. Pourquoi s'acharner ainsi sur un groupe de vaincus sans aucune influence ? Kossyguine répond : « Si nous parlons à notre congrès du groupe antiparti, ce n'est pas qu'il présente aujourd'hui la moindre force ou le moindre danger pour l'activité de notre parti. [...] Notre parti est rassemblé et uni autour de son Comité central à la tête duquel se trouve le léniniste fidèle N. S. Khrouchtchev [...]. Nous faisons cela pour montrer une nouvelle fois au Parti et au peuple à quoi mène le culte de la personnalité », et il précise : « La lutte contre le groupe antiparti c'est la lutte contre le culte de la personnalité [5]. »

Dans son discours de clôture, Khrouchtchev revient sur l'assassinat de Kirov, sur la liquidation des chefs militaires en 1937-1938, sur plusieurs dirigeants victimes de la terreur stalinienne, suggère que les répressions n'ont pas frappé les seuls cadres du Parti et évoque l'édification « d'un monument à Moscou en mémoire des camarades victimes de l'arbitraire » ; le bureau du congrès, dit-il, « a reçu des lettres de vieux bolcheviks [...]. Ils proposent d'immortaliser le souvenir des éminentes personnalités du Parti et de l'État qui sont tombées victimes des répressions iniques pendant la période du culte de la personnalité. Nous pensons que cette proposition est juste [6]. »

Mais la résolution du congrès est sans appel : « Le Parti a dit au peuple toute la vérité sur les abus de pouvoir pendant la période du culte de la personnalité. [...] Il a critiqué à fond le culte de la personnalité et a surmonté les erreurs et les dénaturations du passé, et il applique sans relâche des mesures propres à exclure totalement la possibilité de répétition de telles erreurs à l'avenir [7]. » Il n'y a donc plus rien à dire, le débat est clos. Khrouchtchev ne soumettra jamais l'érection d'un monument aux victimes communistes de Staline au vote du Comité central.

Pour compenser cet échec trop prévisible, Khrouchtchev a monté un coup à demi réussi. Le 30 octobre, le secrétaire du comité régional de Leningrad, Spiridonov, propose de retirer la momie de Staline du Mausolée. Une déléguée rescapée du goulag où elle a passé dix-sept ans, Lazourkina, s'écrie dans un élan mystique digne de Bernadette Soubirous : « Hier j'ai pris conseil de Lénine, il était comme vivant devant moi et il m'a dit : “Il m'est désagréable d'être à côté de Staline qui a fait tant de mal au Parti.” Comment s'opposer à ces volontés ultimes du fantôme de Lénine [8] ? » Six délégations soutiennent sa proposition, adoptée à l'unanimité, après une réunion du Comité central le 31 octobre. La résolution décide d'effacer le nom de Staline du Mausolée et juge « inopportun », puis « impossible » d'y conserver son sarcophage.

L'opération est menée à la sauvette. La milice fait évacuer la place Rouge à 18 heures et en ferme les issues en arguant d'une répétition de la parade du 7 novembre. Vers 21 heures, dans la nuit tombante, les soldats, sous la lueur d'un projecteur, creusent une tombe derrière le Mausolée près du mur du Kremlin, puis extraient Staline de son sarcophage pour l'installer dans un cercueil tendu de tissu rouge. Avant de déposer son cadavre embaumé, un gradé fait remplacer les boutons d'or de son uniforme par des boutons de laiton – il n'y a pas de petites économies. À 22 heures arrive la commission du Comité central. Au moment de clouer le couvercle du cercueil, on s'aperçoit qu'il n'y a pas de clous. On en trouve et à 22 h 15 les soldats déposent le cercueil dans la tombe sur laquelle la garde applique une plaque de granit portant le nom de Staline.

Khrouchtchev prolongera l'expulsion de Staline du Mausolée, le 10 novembre 1961, en faisant changer le nom de Stalingrad en Volgograd, « conformément au désir exprimé par des collectifs d'entreprises industrielles, chantiers de construction, sovkhozes, kolkhozes et d'institutions diverses, ainsi que par des organisations de masse de la région [9] ». Or, la population locale ressentira la débaptisation de Stalingrad comme un camouflet à son passé historique et à la fierté qu'elle en retire.

Soljenitsyne reflète sans doute l'état d'esprit d'une partie de l'intelligentsia quand il écrit : « Après un XXIe congrès incolore, qui avait enterré sans un mot les merveilleuses perspectives ouvertes par le XXe, il était impossible de prévoir l'attaque soudaine, tonitruante et furieuse que Khrouchtchev tenait en réserve contre Staline, pour le XXIIe congrès [...] elle eut lieu, et non point en secret comme lors du XXe congrès, mais au grand jour. Je ne me souvenais pas d'avoir lu depuis longtemps chose aussi intéressante que les discours prononcés à ce XXIIe congrès [...] je lisais, relisais encore ces discours [10]. » Le congrès se prolongera par l'exclusion du Parti en mars-avril 1962 de Molotov, Malenkov et Kaganovitch. Un décret du 4 avril 1962, sans expliciter le motif de la décision, retirera leurs décorations à 700 officiers du NKVD décorés en 1944 pour avoir organisé la déportation d'une demi-douzaine de peuples du Caucase et les Kalmouks. La sanction purement symbolique est bien mince au regard des souffrances imposées aux millions de déportés du printemps 1944. Là s'arrêtera la nouvelle vague de « déstalinisation ».

Vassili Grossman l'apprend à ses dépens. Il voit dans la reprise de la dénonciation de Staline un espoir pour son manuscrit de *Vie et Destin*, confisqué par le KGB en février 1961 avec ses rubans de machine à écrire sur dénonciation de son éditeur, le directeur de la revue *Znamia* Vadim Kojevnikov. Le 23 février 1962, dans une lettre à Khrouchtchev, il s'élève contre « l'arrestation » et « l'emprisonnement » de son livre et ajoute : « Votre rapport au XXIIe congrès qui a éclairé avec une force nouvelle tout ce qui s'est passé de lourd, de fautif dans notre pays pendant la direction stalinienne m'a encore renforcé dans la conviction que *Vie et Destin* ne contredit pas la vérité que vous avez dite. » Aussi lui demande-t-il de « rendre la liberté à son livre [11] ». Khrouchtchev se défausse. Le Praesidium discute la lettre le 22 mars, confie la tâche de recevoir l'écrivain à Souslov, qui, le 23 juillet, lui déclare que son roman ne sera jamais publié. Grossman sombrera alors dans une profonde dépression, avant de mourir d'un cancer dix-huit mois plus tard.

Khrouchtchev, en lui jetant en pâture la momie de Staline et les noms de quelques staliniens oubliés, a voulu offrir un dérivatif idéologique à une population déçue de la détérioration de ses conditions de vie et des innombrables promesses non tenues, mais aussi criminaliser toute opposition, même interne et réduite, au cercle étroit du Praesidium. Si même les critiques émises dans ce petit cénacle peuvent leur être imputées à crime, toute critique est criminelle.

Khrouchtchev fait aussi adopter par le congrès un nouveau programme qui annonce : l'Union soviétique entre dans la période de « l'édification de la société communiste [...] toutes les sources de richesse sociale couleront à flots ». Ce programme se réalisera en deux étapes : « Au cours des dix prochaines années (1961-1970), l'Union soviétique dépassera les États-Unis pour la production par habitant [...] ; tous les kolkhozes et les sovkhozes deviendront des exploitations hautement rentables ; tous les besoins essentiels en logements seront satisfaits ; le travail manuel pénible disparaîtra ; la journée de travail deviendra plus courte. [...] Au cours de la deuxième décennie (1971-1980), la base matérielle et technique du communisme sera créée, toute la population connaîtra l'abondance matérielle et culturelle ; la société soviétique réalisera le principe de la répartition selon les besoins. [...] Ainsi, dans son ensemble sera fondée la société communiste, qui sera complètement réalisée dans la période suivante [12]. » Seul bémol à ce programme : son exécution pleine et entière exige le maintien de la paix ; une aggravation de la tension internationale exigeant l'augmentation des crédits militaires le ralentirait sans toutefois le remettre en cause. Le communisme dans un seul pays succède donc au socialisme dans un seul pays.

Pourquoi dans vingt ans, s'interroge-t-il, en feignant de répondre à des critiques demandant si ce délai n'était pas trop long ? « Pour préparer la société aux principes du communisme, répond-il, il faut obtenir un développement gigantesque des forces productives, créer une abondance de biens matériels et de valeurs spirituelles. Or il faut un certain temps pour cela. » De plus, ajoute-t-il : « Nous nous inspirons de calculs scientifiques. Or les calculs montrent que nous construirons la société communiste pour l'essentiel en vingt ans. » Quels calculs ? Mystère. Mais il le garantit : « L'Union soviétique dépassera le niveau économique des pays capitalistes les plus évolués et prendra la première place pour la production par habitant. Le niveau de vie le plus élevé au monde sera assuré au peuple [13]. » Comment l'Union soviétique pourra-t-elle passer d'une économie de pénurie toujours marquée par le déficit à cette abondance ? Il ne le dit pas.

Aucune de ces promesses ne verra le moindre début d'application, mais leur répétition et le contraste croissant entre ces phrases ronflantes sur l'avenir radieux et la grise réalité accroissent l'irritation de la population. Khrouchtchev reprochait à Staline à la fin de sa vie de se représenter la vie en URSS d'après des films, mais, malgré ses voyages à travers le pays, la vision de Khrouchtchev est aussi fantasmagorique que celle de Staline.

Pourquoi les congressistes unanimes votent-ils ce programme utopique qu'ils savent tous parfaitement irréalisable ? À la même question posée à propos d'une proposition absurde de Khrouchtchev, le chef du KGB Chelepine répondra plus tard : « Après Staline arriva Khrouchtchev... C'était le nouveau patron. Personne n'avait l'audace de protester [14]. » Certes, mais l'explication est un peu courte. Ce programme est un rideau de fumée destiné à masquer la réalité sociale de l'URSS. Dès octobre 1961, l'historien américain Robert Tucker y voyait « l'expression politique d'une classe dirigeante et possédante qui veut imposer l'image d'une Russie soviétique en marche vers le communisme intégral, mais qui, en réalité, est avant tout soucieuse de préserver, sans changements radicaux, la structure institutionnelle existante et le système de pouvoir, de politique et de privilèges qui l'accompagne [15]. » En réalité, pour passer du contrôle à la propriété et devenir « classe » possédante, la couche dirigeante de l'URSS devra liquider et piller la propriété d'État. Mais ce point mis à part, Tucker dit vrai. Les promesses d'abondance générale future servent de camouflage au système de pouvoir et de privilèges qui l'accompagne et qu'il dissimule.

Dans ses Mémoires, neuf ans plus tard, Khrouchtchev sans rappeler ce programme grandiose évoquera la situation réelle de l'Union soviétique qui en révèle l'échec. « Aujourd'hui encore on n'a pas réglé de façon convenable la production de produits agricoles en URSS. Il n'y a pas assez de pommes de terre, de légumes. Le pays subit un manque grave de viande, d'œufs, de volaille. Seul le lait est en quantité suffisante, semble-t-il [16]. »

Ce XXIIᵉ congrès manifeste une nouvelle escalade dans le culte de Khrouchtchev. Son nom est cité près de 800 fois par les délégués contre 500 fois lors du précédent. Les titres les plus pompeux pleuvent sur lui : il est « le père du cosmos », « le guide de la vérité, du progrès, de la vie et du bonheur », « l'espoir de l'humanité ». Certains se contentent du minimum : Khrouchtchev est un « fidèle léniniste » pour Kossyguine. Leonide Brejnev bat le record de la flagornerie en célébrant son « énergie infatigable, sa passion révolutionnaire », « sa grande foi dans le peuple [17] ». Khrouchtchev semble prendre plaisir à entendre ces flatteries de commande, relayées à l'étranger. Ainsi le Parti communiste français diffuse cette année-là un *Khrouchtchev inédit* du journaliste Pierre Courtade qui, rencontrant son héros sur la place Rouge, s'extasie : « La présence de Nikita Sergueïevitch Khrouchtchev explose parmi nous comme un carburant de fusée [18]. »

Le 31 octobre, jour de clôture du congrès, l'Union soviétique fait exploser une bombe nucléaire de 50 mégatonnes au-dessus de l'Arctique. Si le programme d'instauration prochaine du communisme est destiné à l'intérieur, cette démonstration de force est destinée à l'extérieur et surtout à Kennedy qu'elle n'impressionne guère.

La publication du programme d'édification du communisme à un moment où les files d'attente s'allongent devant des magasins aux vitrines et aux rayonnages clairsemés provoque dans la population ricanements, sarcasmes, voire colère, qui se reflètent dans la profusion d'anecdotes moqueuses, ironiques (attribuées souvent à une mythique « radio arménienne »). Souvent à peine arrivés sur leur lieu de travail, employés, ouvriers et même bureaucrates s'interpellent : « Connais-tu la dernière ? » et se la racontent en se tenant les côtes. Une anecdote met en scène des journalistes qui vont interviewer Gagarine. À la maison ils ne trouvent que les enfants. « Où est papa ? – Il vole dans le cosmos. – Quand reviendra-t-il ? – Dans une demi-heure. – Et maman ? – Elle est allée faire la queue à la boucherie. –Quand reviendra-t-elle ? – Oh elle ? Dans cinq heures, peut-être plus ! » Une devinette plus agressive proclame : « Ce que Hitler n'a pas pu faire, Khrouchtchev a réussi à le faire. Qu'est-ce que c'est ? » Réponse : « Détruire Stalingrad. »

La popularité de Khrouchtchev dans le pays est en chute libre. Un incident significatif l'illustre. La mise en service du premier agrégat de la centrale hydroélectrique de Brastk, grand sujet de la propagande gouvernementale, est fixée au 28 novembre 1961. Le 28 à 0 h 14, l'ingénieur en chef Georgiadi appuie sur la manette puis part se coucher. Le lendemain, Khrouchtchev vient mettre officiellement la centrale en service, puis on accroche une grande banderole devant l'entrée : « Le 28 novembre N. S. Khrouchtchev a mis en service le premier agrégat. » Une main anonyme remplace Khrouchtchev par Georgiadi. Ce dernier s'attend à une réprimande ; personne ne lui dit rien.

Pourtant, selon certains, ce congrès marque un nouvel essor du pouvoir personnel et du culte de Khrouchtchev. Selon le premier secrétaire du comité de Moscou Egorytchev : « Après le XXIIe congrès, il est devenu un tout autre homme. Avant on pouvait discuter avec lui et régler les problèmes. Il savait écouter ses interlocuteurs. Au congrès il reçut un solide soutien de la majorité absolue des délégués et il me semble qu'il en tira des conclusions inexactes pour lui. Il se surestima. On semblait l'avoir changé. Il se persuada qu'il savait tout. Il considérait son opinion comme infaillible... et commença à concentrer toute la totalité du pouvoir dans ses mains [19]. » Son conseiller Bourlatski souligne lui aussi : « Les lèche-bottes le noyaient sous une pluie de flatteries et de louanges, recevant en échange de hauts postes, de hautes récompenses, des primes, des titres [...] plus les affaires périclitaient dans le pays, plus le chœur des lèche-bottes et des flatteurs chantait haut et avec encore plus d'enthousiasme les succès de la grande décennie. [...] Dans l'atmosphère d'obséquiosité et de servilité qui régnait alors, Khrouchtchev lui-même s'est de plus en plus détaché des autres dirigeants, s'est mis à planer au-dessus d'eux, au-dessus de tout le Parti et de l'État. Sous nos yeux, en quelques années, de 1960 à 1964, s'est effectuée une évolution vertigineuse dans le jugement que Khrouchtchev portait sur son propre rôle [20]. »

Au lendemain du congrès, Khrouchtchev paraît fatigué et soucieux. Dix jours plus tard, le 9 novembre, il écrit à Kennedy avec lequel il a entamé une correspondance secrète pour quémander un geste de sa part : « Comprenez donc que je ne peux pas reculer plus ; j'ai un précipice derrière mon dos [21]. » Cette missive ne fait allusion qu'à la question de Berlin où le refus de Kennedy de céder à ses menaces répétées le place devant un véritable mur. Mais la remarque vaut également pour les problèmes intérieurs. Et bientôt le précipice ne sera plus derrière son dos mais s'ouvrira béant devant lui.

27

L'ANNÉE DE TOUS LES PÉRILS (1962)

Khrouchtchev a signé le 4 août 1961 un premier accord avec Fidel Castro et en signe un deuxième le 30 septembre prévoyant jusqu'en 1964 la fourniture de matériel militaire à Cuba. Le 1er décembre 1961, Castro s'affirme publiquement partisan du socialisme. Les États-Unis réagissent immédiatement : en janvier 1962, ils font exclure l'île de l'Organisation des États américains et décrètent l'embargo du commerce de Cuba avec tous les pays d'Amérique latine. Enfin, ils élaborent plusieurs plans militaires d'intervention prévoyant une série de raids sur l'île, l'assassinat de Castro et un débarquement à Cuba en octobre 1962. Kennedy demande à l'état-major d'être prêt à une invasion rapide. Khrouchtchev en est informé.

Fin janvier, son gendre, alors en voyage aux États-Unis, rencontre Kennedy. Ce dernier compare ses difficultés avec Cuba à celles que Khrouchtchev a rencontrées en Hongrie en 1956. En un mot, chacun doit être le maître dans le secteur que les accords de Yalta et Potsdam lui ont attribué. Au début de février 1962, Khrouchtchev est informé par le haut commandement et les principaux constructeurs de fusées qui l'avertissent que les fusées soviétiques intercontinentales sont parfaitement incapables de répondre à une éventuelle attaque des SS-6 américains.

Pis encore, les magasins soviétiques sont incapables de fournir régulièrement les produits alimentaires de base.

Khrouchtchev convoque du 5 au 11 mars 1962 un nouveau plenum du Comité central consacré une nouvelle fois à l'agriculture. Il dresse un tableau inquiétant de la situation alimentaire du pays, évoque « la grande inquiétude que le Parti et tous les Soviétiques éprouvent devant l'état de l'agriculture ». Il avoue : « Nous avons rencontré des difficultés pour organiser sans à-coups la fourniture de la viande et de certains produits, [...] la viande a parfois manqué dans le commerce », puis il lâche enfin la vérité : « Nous manquons tout simplement de viande. » Oublieux de l'affaire Larionov, il déclare : « Nous devons doubler ou tripler en quelques années la production des denrées agricoles les plus importantes [1] » et il se lance dans de nouvelles propositions de réformes du secteur agricole.

Dans son discours introductif, il avait annoncé une augmentation des investissements dans l'agriculture. Dans son discours de clôture, il n'en dit plus un mot. Entre le début et la fin du plenum, les États-Unis ont repris leurs essais nucléaires. L'état-major et le ministère de la Défense ont sans doute imposé à Khrouchtchev une augmentation des crédits alloués à l'armée au détriment de l'agriculture, alors que la crise alimentaire menace et provoque la première crise sociale ouverte grave en URSS depuis la mort de Staline.

Les nuages qui s'accumulent au-dessus de Cuba assombrissent aussi le ciel de l'URSS. Les rapports issus des photographies prises en URSS par les avions espions américains confirment que le *missile gap* dont les gouvernements occidentaux, exploitant les déclarations tapageuses de Khrouchtchev, faisaient état existe bien... mais au lourd désavantage de l'URSS.

En ce début de 1962, l'URSS dispose d'un assez grand nombre de fusées intermédiaires, mais elle n'a encore que 75 fusées intercontinentales, et quelques rares sous-marins porte-missiles et bombardiers stratégiques. Face à ce maigre arsenal, souligne Georges Sokoloff, « les États-Unis, eux, ont déjà 274 engins intercontinentaux Minuteman (sur les 1 000 commandés pour "rattraper les Russes"), de très nombreuses fusées à moyenne portée comme les Jupiter installés en Turquie ; 144 fusées Polaris armant 9 sous-marins porte-missiles, et une flotte impressionnante de bombardiers B 52. En outre, les moyens américains en têtes nucléaires dépassent de dix-sept à trente fois (suivant les estimations) ceux des Soviétiques ». Georges Sokoloff commente, sarcastique : « Et Khrouchtchev qui présentait le vol réussi par Iouri Gagarine le 12 avril 1961 comme la preuve définitive de la suprématie stratégique de l'URSS ! Qui bombait toujours davantage le torse devant les Américains ! Qui lançait "Vous êtes mes otages" aux Européens ! Qui se vantait de détenir des armes "terrifiantes" ! Qui disait avoir vu chez lui une usine crachant des missiles "comme des saucissons" ! De quoi a-t-il l'air maintenant ? D'un matamore, d'un bluffeur démasqué [2]. » Et pourtant, selon son fils, malgré les renseignements fournis par Penkovski, Khrouchtchev « espérait en vain que ses déclarations sur l'incroyable puissance soviétique continueraient à abuser la Maison-Blanche [3] ».

Khrouchtchev part en vacances à Pitsounda au début d'avril 1962 ; il y reçoit la visite de Rodion Malinovski, le ministre de la Défense, qui insiste auprès de lui sur la supériorité des Américains dans le domaine des missiles. Khrouchtchev ricane alors : « Et si nous glissions notre hérisson dans le pantalon de l'oncle Sam [4] ? » Ce hérisson, ce sont des missiles à moyenne portée (4 000 km) qu'il propose d'installer à Cuba. Malinovski trouve l'idée excellente. Le 5 mai, Khrouchtchev envoie à Cuba une mission militaire dirigée par le général Goussiev qui se noie en se baignant le jour de son arrivée.

Le voyage en URSS de Pierre Salinger, le conseiller de Kennedy, offre des possibilités de camouflage que Khrouchtchev se hâte d'exploiter. Le 11 mai 1962, il le reçoit à sa datcha, avec Adjoubeï et quelques dignitaires, autour d'une table croulant sous la nourriture et la boisson. Khrouchtchev est d'excellente humeur à l'idée de tromper son invité. Salinger note : « On raconta beaucoup de blagues, et celles de Khrouchtchev s'avérèrent les meilleures. C'était apparemment un conteur-né [5]. »

En pleine préparation de l'opération cubaine, le 21 mai 1962, le Conseil de la Défense se réunit sous la présidence de Khrouchtchev. Ce dernier propose d'installer un groupe d'armées soviétique à Cuba et d'élaborer un plan d'installation de missiles nucléaires dans l'île, que Malinovski est chargé de mettre en forme. Khrouchtchev le soumet à l'approbation du Praesidium ce même 21 mai : « Déployer un armement nucléaire. Le faire clandestinement. L'annoncer ensuite. Les fusées sous notre commandement. Ce sera une politique offensive [6]. » Le Praesidium donne son accord semble-t-il du bout des lèvres. Le Conseil de la Défense du 24 mai présidé par Khrouchtchev adopte la décision d'installer des fusées à tête nucléaire à Cuba. Le Praesidium décide le soir même, à l'unanimité, « d'organiser secrètement par mer l'installation de troupes et de matériel militaire à Cuba [7] ». Mikoïan émet des réserves sur une décision qu'il juge aventureuse et dangereuse. Khrouchtchev déclarera plus tard les avoir lui-même partagées : « Je le dis moi-même d'emblée. Je déclarai même que, pour le dire grossièrement, cette décision était à la frontière de l'aventure [8]. » On peut en douter, car Khrouchtchev exige que tous les membres du Praesidium et du Secrétariat signent le texte de la résolution en notant « pour ». Mikoïan signe sans l'indiquer. Khrouchtchev exige qu'il ajoute ce « pour » à sa signature. Il envoie aussi un secrétaire faire le tour des datchas des suppléants du Praesidium et du Secrétariat, qui, n'ayant pas le droit de vote, se contentent d'ordinaire d'indiquer seulement qu'ils ont pris connaissance du document. Il veut qu'ils indiquent tous par écrit « pour ». « L'affaire est importante, pas question qu'ils se planquent derrière les buissons », commente Khrouchtchev, conscient que certains manquent d'enthousiasme. Mais tout le monde s'incline.

L'avis de Castro est néanmoins nécessaire. Khrouchtchev propose d'abord de lui écrire pour l'informer et solliciter au moins formellement son avis, puis se ravise. Il préfère envoyer à Cuba une mission chargée d'en discuter avec le dirigeant cubain. Une délégation dirigée par Charaf Rachidov, le premier secrétaire du PC ouzbek, et le général Biriouzov, commandant des forces stratégiques, accompagnés des spécialistes du renseignement militaire part pour Cuba le 29 mai. La mission obtient de Castro un accord de principe pour l'installation de fusées sur l'île. Cette décision doit rester secrète jusqu'au jour des élections américaines à la Chambre des représentants et au Sénat le 6 novembre. Khrouchtchev envisage ensuite de rendre la décision publique lors d'une réunion de l'Onu à New York. La mise en œuvre de la décision ne sera pas à la hauteur de cette mise en scène théâtrale.

Celle-ci s'accompagne d'une mise en sourdine de la dénonciation de Staline. Le 4 mai, la *Pravda* a annoncé le limogeage du premier secrétaire du PC de Leningrad, Spiridonov, écarté du Secrétariat du Comité central où il avait été promu six mois plus tôt au lendemain du congrès et nommé au poste honorifique de président du Soviet de l'Union. Spiridonov avait soumis au congrès la proposition de retirer la momie de Staline du Mausolée, il paie sans doute cette initiative.

L'élimination de Spiridonov semble contrebalancée par l'exclusion du Parti de Malenkov, Molotov et Kaganovitch. Le 23 mai, le bureau du comité de Moscou impute à cet ancien protecteur de Khrouchtchev le crime d'avoir signé une liste de 223 condamnations à mort sur laquelle figurait 23 membres du Comité central, 22 membres du Comité de contrôle du Parti et 21 commissaires et vice-commissaires du peuple et d'avoir avec Malenkov et Molotov organisé le massacre du Comité central du Komsomol en 1938 : 77 de ses 93 membres furent alors arrêtés et 48 d'entre eux, dont le secrétaire général Kossarev, fusillés. Le crime de Kaganovitch est donc d'avoir collaboré au massacre des cadres dirigeants du Parti. Khrouchtchev, ainsi dans la ligne de son rapport du XXe congrès, se présente comme l'homme qui ne l'accepte pas.

Il accroît en même temps son offensive verbale contre les bureaucrates de rang moyen et leurs protecteurs haut placés dans l'appareil. La *Pravda* du 11 mai 1962 publie sa nouvelle diatribe : « Ceux qui se posent en défenseurs de l'esprit de clocher, de l'honneur de l'uniforme, font un travail anticommuniste. Ils font corps avec les bureaucrates. » Il menace : « Ces gens-là ne resteront pas en selle, de toute manière ; tôt ou tard le cheval les culbutera. » C'est lui que le cheval culbutera. Il stigmatise des coupables individuels, mais l'appareil tout entier, de par sa fonction et sa nature purement parasitaires, est gangrené de bas en haut ; sans effectuer une tâche productive il prélève une dîme croissante sur ceux qui remplissent ces tâches et ne peut donc vivre qu'en truquant et pillant l'économie d'État. Deux journaux en donnent deux jours de suite une illustration éclairante. La *Pravda d'Ukraine* du 18 mai 1962 dénonce les malversations du directeur d'une usine de Kharkov, Tianitchev, qui a organisé depuis treize ans la production – et la vente de plus en plus massive par le réseau commercial étatique de la ville – d'articles de bonneterie. Le journal accuse le parquet régional et le comité régional du Parti de couvrir l'activité de Tianitchev, qui reverse à ses membres de fructueuses commissions et « a plusieurs femmes, plusieurs voitures, plusieurs maisons, 176 cravates, une centaine de chemises, des dizaines de costumes, etc. ». Le journal de l'armée du 19 mai, *Krasnaïa Zvezda*, dénonce « une bande de pillards, concussionnaires et trafiquants du marché noir chevronnés, qui sévit depuis longtemps dans le réseau commercial desservant les unités militaires de la région de Leningrad ». Or les Tianitchev, en général munis de la carte du Parti et protégés par ses cadres, auxquels ils rétroversent une partie de leurs bénéfices, sont déjà légion ; leur nombre ne cesse d'augmenter malgré les campagnes de presse et les condamnations.

Le 14 mai, Khrouchtchev part pour la Bulgarie rencontrer Todor Jivkov, le premier secrétaire du PC bulgare, puis se repose quelques jours à Varna sur la mer Noire. C'est là qu'il apprend que les missiles américains Jupiter installés en Turquie seront prochainement opérationnels et pourront frapper toutes les villes d'URSS. Cette information renforce sa détermination à installer des fusées nucléaires à Cuba.

Reste à régler deux questions pratiques : comment débarquer ces fusées puis les dissimuler ? Biriouzov et les agents de renseignements de la délégation soviétique arrivés à Cuba le 30 mai trouvent la solution : placer les rampes et les missiles de 18 mètres de long, au nez armé d'une ogive nucléaire de 2 mètres, sous le feuillage des palmiers. Le Kremlin sait que les U 2 américains survolent et photographient régulièrement Cuba. Pourtant, ce projet fantaisiste est repris dans le plan de l'opération « Anadyr », nom d'une rivière de Tchoukotkie, au nord de la Sibérie, visant à suggérer une opération dans cette région. Le plan énumère de strictes mesures de secret pour le transport des rampes, des missiles et des bombes atomiques jusqu'au port d'embarquement où ils doivent être chargés, puis sur des navires à l'équipage militaire camouflé en civil, et auquel on donne des équipements contre le froid pour tromper l'ennemi. Une bonne partie des équipages embarquent pourtant à Odessa sur la mer Noire, un port mal adapté à un départ vers le pôle Nord !

Dans ses Mémoires, Khrouchtchev raille « les faibles qualités des agents des services de renseignements [qui] considéraient naïvement que les palmiers dissimuleraient l'installation des fusées. [...] Mais les fameux palmiers ne dissimulèrent rien et nos agents de renseignements se couvrirent honteusement de ridicule [9] ». Certes, mais Khrouchtchev et son chef d'état-major manifestent un amateurisme et une incompétence aussi graves en croyant que des palmiers peuvent camoufler le déploiement d'une armada nucléaire.

Cinquième partie

La chute

28

Les trente morts de Novotcherkassk (1962)

Novotcherkassk est une ville industrielle du sud de la Russie, à une trentaine de kilomètres au nord-est de Rostov-sur-le-Don. En 1962, elle compte 104 000 habitants. Des événements qui s'y déroulent à partir du 1er juin, écrit Soljenitsyne dans *L'Archipel du Goulag*[1], « on peut affirmer sans exagération [que c'est] un des nœuds de l'histoire russe contemporaine ».

Le 31 mai, un peu partout en URSS, les cadres du Parti sont réunis pour prendre connaissance de la décision du gouvernement d'augmenter de 30 à 34 % en moyenne le prix de la viande de bœuf, de veau et d'agneau, de 19 % la viande de porc, et de 25 % celui du lait, du beurre, du fromage et des œufs qui sera publiée dans la presse le lendemain. Lors d'une réunion dans un quartier de Kiev, Piotr Chelest se heurte à une avalanche de questions. Comment vivra un ouvrier qui touche un salaire de 300 à 400 roubles ? Quand y aura-t-il des marchandises dans les magasins ? Quand finira donc dans le pays la réglementation des salaires par les directeurs d'entreprise ?

Ce 31 mai, le Praesidium discute des problèmes posés par l'achèvement du plan septennal. Le vice-président du Conseil des ministres Zassiadko affirme qu'il manque un milliard et demi de roubles pour équilibrer le budget. Il propose de repousser au 1er octobre 1965 les réductions d'impôt prévues et d'augmenter le prix des voitures et de la vodka. « Nous y réfléchirons », répond Khrouchtchev, qui juge « plus difficile d'augmenter les prix du tabac, parce que le tabac touche un cercle plus large de gens, alors que boire de la vodka est nuisible[2]. » Mais augmenter la vodka après avoir augmenté le prix de la viande, du lait et du pain provoquerait sans doute de graves troubles. Son prix ne bougera pas.

Le 1er juin 1962 la presse, *Pravda* en tête, et la radio diffusent le communiqué qui annonce la hausse des prix et affirment : « Cette mesure est provisoire ; le Parti est certain que le peuple soviétique réalisera avec succès les mesures prises lors du plenum du Comité central du PCUS de mars dans le domaine de l'agriculture, [...] ce qui donnera la possibilité dans un avenir proche de baisser les prix sur les produits de l'agriculture. » En un mot, l'augmentation des prix est destinée à préparer leur baisse. Dans la population, qui ne croit plus aux promesses, circule un aphorisme : « Il n'y a rien de plus durable qu'une mesure provisoire. »

Khrouchtchev prend cette mesure alors même que les manifestations d'opposition se multiplient. Dans la première moitié de 1962, le KGB saisit 7 705 tracts anonymes hostiles à sa personne. Au cours des mêmes six premiers mois le KGB se targue d'avoir démantelé 60 groupes dits antisoviétiques, soit presque trois fois plus qu'en 1961. Ils sont certes tout petits mais, dans le régime policier de l'URSS, ceux qui prennent la décision de former un groupe fût-il minuscule pour manifester leur mécontentement ne sont que la pointe avancée d'un sentiment plus large et plus vaste.

Inquiet à l'idée que ce mécontentement ne trouve cette fois un écho au sein même du Parti, Khrouchtchev charge le KGB de surveiller les réactions de ses membres à tous les échelons. Ainsi Chelest à Kiev reçoit-il du KGB « une longue liste de communistes qui réagissent négativement à l'augmentation des prix sur la viande et le lait ». Et il ajoute : « Ils [le KGB] nous surveillent aussi pour voir comment nous réagissons. C'est ainsi que nous menons le travail du Parti dans une discussion libre[3]. » Pour la première fois depuis la liquidation de Beria, l'appareil policier est invité à contrôler les cadres du Parti eux-mêmes. Khrouchtchev cumule ainsi le mécontentement de la population et l'inquiétude des apparatchiks dont il était longtemps apparu comme le protecteur...

Le décret du 1er juin indigne d'autant plus la population que, les mois précédents, les rumeurs sur une augmentation prochaine des prix des produits alimentaires avaient été dénoncées comme une odieuse campagne des agents de l'impérialisme. La décision provoque discussions, commentaires désabusés, critiques et manifestations de protestation ; ici et là, des tracts dénonçant l'augmentation des prix sont collés sur les murs à Moscou et dans d'autres villes. Des appels à la grève sont affichés à Magnitorgorsk, Tambov, Donetsk ou Leningrad. Un peu partout les ouvriers mécontents, voire indignés, discutent, grognent, mais se mettent finalement au travail.

À Novotcherkassk, la colère se transforme en acte. Tout s'y prête. Depuis le début de janvier, la direction de l'usine de construction de locomotives électriques de la ville (NEVZ) a abaissé dans plusieurs ateliers le tarif des heures de travail d'un tiers. En mai, la baisse frappe les ouvriers de l'aciérie de l'usine dont certains voient leur salaire baisser de 30 %. Or l'usine d'électricité n'a quasiment pas construit de logements pour ses ouvriers, contraints de louer ou de sous-louer une ou deux pièces à titre privé. Les magasins de la ville aux étals désespérément vides n'offrent quasiment jamais de viande ; les ouvriers ne peuvent en acheter qu'au marché kolkhozien, à un prix prohibitif ; il faut y faire la queue jusque dans la nuit pour acheter des pommes de terre ; certains mangent même des pelures de pommes de terre grillées.

Le 1er juin au matin, les ouvriers et employés de l'aciérie discutent en chemin de l'augmentation des prix. Une dizaine d'ouvriers du laminoir de l'usine NEVZ, qui la veille ont reçu un salaire diminué de 30 % après la révision des tarifs, se rassemblent dès leur arrivée dans l'atelier et continuent à discuter au lieu de s'installer à leur poste. Une demi-heure plus tard, ils sont une bonne vingtaine. Le chef d'atelier les invite à se mettre au travail. Ils refusent et se réunissent dans le petit square de l'usine pour continuer à discuter où d'autres ouvriers les rejoignent. Le directeur Kourotchkine descend avec le secrétaire du Parti de l'usine les sermonner. Le responsable local du KBG écrira au lendemain des événements : « Kourotchkine s'occupait peu des besoins des ouvriers, se conduisait grossièrement dans le collectif, avait une attitude bureaucratique avec les gens, ce qui contribua à tendre la situation dans l'usine [4]. » Voyant passer une ouvrière qui avait acheté un pâté en croûte, Kourotchkine, jouant les Marie-Antoinette en pantalon, lâche, sarcastique : « Si vous n'avez pas de quoi acheter de la viande et du saucisson, eh bien mangez des pâtés en croûte. » Les ouvriers explosent : « En plus ces salauds se foutent de nous ! » Sa morgue transforme en rage leur colère et en grève ce qui n'était encore qu'un retard collectif au travail. Les ouvriers de l'atelier décident de débrayer et actionnent la sirène d'alarme de l'usine pour inviter les autres ateliers à cesser le travail. La sirène retentit dans toute la ville.

Khrouchtchev donnera une version édulcorée de l'incident lorsqu'il évoquera « la funeste affaire de Novotcherkassk » devant le Praesidium du 20 septembre 1962 : « Lorsque là-bas on a révisé les normes et fait coïncider la révision des normes avec l'augmentation des prix de la viande, visiblement là-bas un crétin de directeur a eu un comportement totalement incorrect vis-à-vis de cette affaire. Quand on lui en a parlé dans l'organisation du Parti, il a déclaré : “Et alors si ça coûte cher d'acheter de la viande, ils n'auront qu'à manger du chou.” Seul un ennemi pouvait parler comme cela [5]. » Un ennemi peut-être... Mais ce sont les grévistes et non ce directeur que l'armée, le KGB, les tribunaux et Khrouchtchev vont traiter en ennemis.

Des ouvriers confectionnent des pancartes de carton jugées plus tard provocatrices par la justice avec les inscriptions : « De la viande, du beurre, hausse des salaires », « On veut des logements » et, le plus populaire, « Khrouchtchev à la casserole ! ». La milice et le KGB local mis en état d'alerte vers 11 heures du matin ne bougent pas. Vers 11 h 30, les grévistes au nombre d'environ 400 se rassemblent sur la place devant les bureaux de la direction, dont les membres ainsi que les permanents du Parti se tiennent cois, paralysés par la peur ou le sentiment de leur impuissance. La foule exige que le directeur vienne s'expliquer, puis elle tient un meeting improvisé.

Commençant par parler du prix de la viande et du beurre, les orateurs en viennent bientôt à dénoncer l'injustice du gouvernement.

Une délégation de NEVZ fait le tour des usines ; certains ouvriers de l'usine d'électrodes puis de l'usine Neftemach se joignent à eux. La voie de chemin de fer est toute proche. À midi, le train Saratov-Rostov apparaît. Les grévistes le bloquent et actionnent le signal de détresse pour informer les localités voisines que « quelque chose se passe ». Trois heures après, la foule envahit les bureaux de l'administration. Finalement débusqués, les dirigeants s'avancent sur le balcon. En bas, une foule de 4 000 grévistes attendent des explications. Le secrétaire du Parti Bassov paraphrase le communiqué gouvernemental. Des cris l'interrompent : « On sait lire ! », « Dis-nous donc un peu comment on va vivre avec des salaires abaissés et des prix augmentés ! ». L'apparition du directeur de l'usine honni, Kourotchkine, déclenche la fureur des grévistes, qui le bombardent de pierres et de bouts de fer. Il s'éclipse. Depuis le début des événements, des officiers de la milice et du KGB en civil photographient discrètement les grévistes et surtout les « meneurs » occasionnels, même d'un instant...

Pour nettoyer la cour de l'usine, Bassov fait venir un détachement de 200 miliciens que la foule balaye en cinq minutes. Les ouvriers réunis dans la cour décident de poursuivre la grève, de manifester en ville le lendemain, d'élaborer les revendications et d'aller les présenter aux autorités. Avant de se disperser, ils rassemblent les portraits de Khrouchtchev et en font un grand feu de joie.

À 20 heures arrivent dans la cour de l'usine 5 automitrailleuses, des soldats et trois véhicules blindés chargés de ramener en ville les dirigeants bloqués dans l'usine. Des ouvriers dressent une barricade devant l'entrée principale, entourent les autres portes de fil de fer. Pendant qu'ils empêchent les soldats passifs d'entrer, des officiers de l'armée et du KGB en civil libèrent les dirigeants « otages » des grévistes et s'en vont. Ce comportement confortera les ouvriers dans l'idée – fausse – que l'armée ne peut en aucun cas tirer sur des citoyens soviétiques.

Le Kremlin est alerté. Le maréchal Malinovski ordonne par téléphone à l'état-major du district de mettre les troupes en état d'alerte et de ramener l'ordre. Khrouchtchev, inquiet, décide d'y envoyer Mikoïan et Kozlov. Dans ses Mémoires, Mikoïan affirme : « Arrivé à Novotcherkassk, j'étudiai la situation et je compris que les revendications des ouvriers étaient tout à fait justes et leur mécontement justifié [6]. » Il dénonce la morgue et la brutalité de Kourotchkine et le caractère provocateur de sa décision d'abaisser les salaires de près de 30 % à la veille même de l'augmentation des prix. Cependant, son comportement ne confirme pas vraiment ces propos ultérieurs.

Vers 23 heures, des tanks entrent dans la ville. Le 2 août, au matin, une manifestation imposante de plus de 10 000 ouvriers et ouvrières portant des banderoles réclamant la justice sociale et des portraits de Lénine se dirige vers le centre-ville. En tête marchent des enfants en uniforme de pionnier et un ouvrier portant un drapeau rouge, ce que le tribunal lui reprochera. Selon l'historien Vladimir Kozlov, « tout cela rappelait beaucoup le début du Dimanche rouge [7] », de 1905.

Les manifestants arrivent au pont sur la Tetcha qui sépare la cité ouvrière de la ville de Novotcherkassk. Des tanks leur barrent le chemin. La foule scande : « Place à la classe ouvrière ! » Le général Chapochnikov, héros de l'Union soviétique, qui les commande ordonne aux tankistes de ne pas broncher ; les ouvriers contournent les tanks. Ils arrivent devant le comité de ville du Parti protégé par un épais cordon de soldats et réclament la venue des dirigeants qui, Mikoïan et Kozlov compris, ont fui par la porte de derrière.

Des ouvriers écartent les soldats massés devant le comité de ville, enfoncent la porte d'entrée et se ruent dans les escaliers et les bureaux. Des manifestants jettent de la fenêtre du premier étage des chaises, des papiers, un portrait de Khrouchtchev, du matériel de bureau. Les ouvriers font rapidement cesser ces exactions. Des orateurs improvisés prennent la parole du balcon, dénoncent la hausse des prix, la diminution des normes salariales et Kourotchkine. Presque tous invitent à ne pas reprendre le travail tant qu'on n'aura pas baissé les prix et rétabli les anciennes normes de salaire à l'usine.

Les grévistes désignent une délégation de neuf membres dirigée par l'ouvrier Mokrooussov qui se rend au siège du comité de ville du PCUS. La délégation demande au commandant de la garnison de retirer les troupes de la ville. Celui-ci leur répond qu'il n'a pas l'autorité pour le faire. La délégation se rend alors au centre militaire où elle est reçue par Kozlov et Mikoïan. Elle exige le retrait des troupes de la ville et l'annulation de l'augmentation des prix. Mikoïan leur déclare : « Nous savons que les normes de salaires avaient été diminuées, nous allons revoir ça, mais en ce qui concerne la hausse des prix, nous ne pouvons rien changer. » Mokrooussov tape du poing sur la table et menace : « Nous sommes la classe ouvrière, nous sommes nombreux. » Kozlov les renvoie en les invitant à calmer les gens et à « cesser les désordres [8] ».

Malgré son insuccès, cette délégation a une énorme portée. Pour la première fois, l'appareil qui prétend représenter la classe ouvrière et des représentants désignés par cette dernière se retrouvent face à face. À l'horizon s'agite le spectre d'une protestation ouvrière s'organisant par et pour elle-même. Mokrooussov le paiera de sa tête. Selon les termes de sa condamnation : « À l'initiative de Mokrooussov, un groupe de neuf personnes a été formé, prenant le nom de "délégation", pour présenter des revendications provocatrices aux représentants du commandement militaire. Dans sa conversation avec les dirigeants du parti communiste et de l'État soviétique, Mokrooussov, représentant des bandits et hooligans fauteurs de troubles, a impudemment exigé l'évacuation des unités militaires, a injurié et menacé les dirigeants du Parti et du gouvernement, a haineusement calomnié la réalité soviétique [9]. » Il avait en effet adapté une strophe du poème de Nekrassov « À qui fait-il bon vivre en Russie ? » en disant qu'en URSS il faisait bon vivre pour Khrouchtchev et son entourage, mais pas pour le peuple. Pendant cette discussion, des manifestants attaquent le poste de police pour libérer leurs camarades arrêtés pendant la nuit, mais déjà emmenés ailleurs. Les policiers tirent. Un premier manifestant trouve la mort.

Kozlov appelle alors Khrouchtchev à Moscou et demande l'autorisation d'employer la force pour disperser les manifestants. Khrouchtchev l'y autorise « en cas d'extrême nécessité ». D'après Mikoïan, il « était extrêmement effrayé que les grévistes, selon les informations du KGB, envoyassent des délégués à eux dans les centres industriels voisins ». La peur d'une extension du mouvement pousse Khrouchtchev à mander des dirigeants adresser la bonne parole aux ouvriers des grands centres ; il expédie ainsi Chelepine dans son Donbass natal.

Un détachement des troupes spéciales du ministère de l'Intérieur sous le commandement du chef de la garnison de la ville, le général Olechko, arrive sur la place. Ces soldats armés de mitraillettes éloignent la foule du Comité de ville, vident le bâtiment des manifestants qui s'y trouvent. Olechko, du balcon, invite la foule à se retirer. Elle ne bouge pas. Il réitère alors son invitation, puis les soldats tirent une première salve en l'air, qui, selon Soljenitsyne, atteint des gamins grimpés dans les arbres pour regarder le spectacle et qui tombent alors comme des fruits mûrs, provoquant la rage de la foule. Cette scène dramatique est inventée. Après cette première salve en l'air en effet la foule crie : « N'ayez pas peur, ils tirent à blanc ! » et s'avance vers la ligne des soldats. Ces derniers abaissent alors leurs armes et tirent dans la foule. Une longue file de morts jonchent le pavé. Les blessés se comptent par dizaines. Les moins atteints se traînent dans l'hôpital de la ville où le lendemain le KGB ira en rafler quelques dizaines. Combien y a-t-il de morts ? Officiellement 22 ; des survivants avancent le chiffre d'une cinquantaine. Le chiffre officiel est très douteux, car dans la nuit la police subtilisera des cadavres et les enterrera dans des endroits restés secrets. Ce secret est lourd. L'ouvrier Siouda, condamné à douze ans de prison, une fois libéré, s'acharnera, lors de la perestroïka, à découvrir le lieu des sépultures clandestines. En mai 1990, il aura l'imprudence d'annoncer qu'il l'a découvert. Dans la nuit du 5 au 6 juin, un inconnu l'abattra en pleine rue.

Presque aussitôt après la fusillade, les gens reviennent sur la place couverte de sang. La radio diffuse alors un discours de Mikoïan, enregistré. Il y clame : « Nous nous sommes entretenus avec Nikita Sergueïevitch Khrouchtchev, nous prendrons toutes les décisions nécessaires mais l'ordre sera rétabli ! » Son discours répercuté par des dizaines de haut-parleurs se perd dans les cris et les hurlements. Les manifestants crient : « Qu'il vienne donc ici nous parler ! » Mais Mikoïan ne veut pas sortir de sa tanière. Les autorités décrètent la loi martiale et les troupes nettoient la place.

Le 3 au matin, les ouvriers de l'usine de construction électrique Boudienny ne reprennent pas le travail ; ils déambulent dans la ville par petits groupes grossis ici et là de travailleurs d'autres entreprises. À 9 heures, 500 manifestants regroupés devant le commissariat central et le comité de ville du PCUS exigent la libération des personnes emprisonnées. Les autorités repassent alors l'enregistrement du discours de Mikoïan. En vain.

À Moscou, Khrouchtchev prononce un discours radiodiffusé, et retranscrit le lendemain par la presse, dans un meeting de la jeunesse soviétique et cubaine. Il justifie longuement l'augmentation des prix, dénonce « les éléments antipatriotiques qui nous empêchent de vivre, les profiteurs, fainéants et criminels ». Évoquant la guerre civile, il rappelle qu'alors « il fallut se battre avec ceux qui n'étaient pas d'accord, avec ceux qui étaient contre la révolution », auxquels il assimile donc les ouvriers de Novotcherkassk, qu'il ne cite pas. Et il invite à « tout faire pour convaincre ceux qui ne comprennent pas la nécessité des mesures prises par le Parti et le gouvernement[10] ».

À 15 heures, Frol Kozlov intervient à la radio de Novotcherkassk. Il dénonce l'action des « hooligans, ivrognes et provocateurs » qui ont entraîné derrière eux « quelques ouvriers peu conscients ». Il récupère à son profit la délégation qu'il a éconduite : « Hier nous avons reçu un groupe de représentants choisis par vous, nous avons discuté avec eux. Ils ont posé le problème de l'ordre dans la ville et dans les entreprises. » Il suggère aux ouvriers que leurs délégués les ont trompés en affirmant : « Ils ont été d'accord avec nous qu'il était indispensable de rétablir sans tarder l'ordre normal. Ils nous ont demandé d'intervenir à la radio locale et d'exprimer notre attitude vis-à-vis des désordres provoqués par les éléments hooligans. » À cette falsification il ajoute une fable : « Hier et aujourd'hui nous sommes allés dans les entreprises où les ouvriers travaillent consciencieusement [...] dans les entreprises et dans la rue de la ville nous avons discuté avec les ouvriers, les habitants. » Or aucun des deux n'a arpenté les rues, ils se sont rendus dans une seule entreprise sans gréviste et ont réuni à huis clos des cadres du Parti. De ces conversations inventées, il tire une conclusion imaginaire : « La majorité écrasante d'entre eux a une attitude compréhensive vis-à-vis des mesures prises par le Parti et le gouvernement. » L'évocation d'une « majorité », même « écrasante », est une première dans l'univers monolithique bureaucratique, et « l'attitude compréhensive » rompt avec l'habituelle approbation enthousiaste et unanime.

Puis il justifie l'augmentation des prix, mesure que, dit-il, « nous avons prise d'un cœur douloureux », mais mesure nécessaire, car face aux menaces de l'impérialisme sur l'URSS « pouvons-nous réduire les crédits affectés à notre industrie et à notre défense ? », alors qu'il faut d'abord « préserver la paix, permettre aux Soviétiques de jouir des biens de la paix ». D'ailleurs « ces mesures sont provisoires, elles vont produire de bons résultats d'ici une année ou deux et nous allons obtenir dans notre pays l'abondance des produits alimentaires, la baisse des prix et l'élévation du niveau de vie [11] ». Mais qui croit encore à ces promesses d'un avenir d'autant plus radieux que le présent est plus triste ?

La rumeur court que les grévistes envoient des délégations dans les usines de Chakhty, à 40 km de Novotcherkassk. Alors même que le mouvement retombe, la crainte de son extension au-delà de Novotcherkassk étreint Kozlov, Mikoïan et le KGB. Le 3 juin, la milice interpelle 32 individus qui se dirigent vers Chakhty à pied, à vélo et à motocyclette et en emprisonne trois. Dans la nuit du 3 juin, les arrestations de masse commencent à Novotcherkassk ; le KGB arrête 240 ouvriers, ouvrières et employé(e)s. Les milliers de photographies prises par ses agents en civil ont permis de reconnaître les « meneurs » et les agitateurs. Le couvre-feu est instauré et l'approvisionnement amélioré selon la tactique du knout et du pain d'épices, variante russe de la carotte et du bâton.

En ville, le Parti organise des réunions dans les collectifs de travail et les établissements scolaires. Le secrétaire du comité central du Komsomol, Pavlov, y compare la grève écrasée à celle de la Hongrie en 1956. Ce 3 juin, la justice entame une action contre ses meneurs réels ou supposés qui mobilise 26 enquêteurs et 140 agents du KGB. L'appareil du Parti fait boire le calice jusqu'à la lie aux grévistes et les humilie : le 9 juin, les ouvriers de l'atelier qui a déclenché la grève demandent par un vote à travailler le dimanche pour « racheter leur faute ». Péché avoué à demi pardonné : la nouvelle direction de l'usine, magnanime, répond que le repos dominical est un droit.

Les événements de Novotcherkassk se distinguent de tous les mouvements de protestation antérieurs sous Khrouchtchev par trois aspects : ils sont provoqués par une mesure qui concerne l'ensemble du pays et non par une situation locale ; ils se déroulent sur fond d'un mécontentement massif à l'égard de la politique du pouvoir dans son ensemble ; enfin, pour la première fois, de hauts dirigeants du Parti ont pris directement part, au nom du chef du Parti et de l'État, à l'écrasement de la protestation – ils font ainsi retomber la responsabilité du massacre directement sur la direction suprême du pays. Le régime lui-même et d'abord Khrouchtchev sont exposés. Nombre des grévistes et de manifestants inculpés se voient reprocher par le procureur d'avoir insulté « un dirigeant du Parti et du gouvernement » dont l'anonymat dissimule mal Khrouchtchev.

La bureaucratie se venge brutalement de la peur que la grève a provoquée en elle : elle tente d'abord de terroriser les ouvriers de la ville en organisant du 14 au 20 août un procès public de 14 accusés, tous des ouvriers, jugés par la Cour suprême de Russie présidée par l'ancien juge au procès de Nuremberg L. N. Smirnov en personne. Des centaines d'ouvriers sont emmenés tous les jours au tribunal assister au procès des grévistes pour leur ôter à jamais toute envie de recommencer. Le tribunal traite les accusés comme des criminels de droit commun, interdit à leurs familles de choisir leurs avocats et leur impose des avocats commis d'office, qui selon la tradition stalinienne accablent leurs clients auxquels, de plus, le tribunal interdit de parler. Il condamne sept ouvriers à mort, sept autres à des peines de dix à quinze ans de prison ou de camp. Or la plupart des accusés et des condamnés à mort n'étaient coupables que de paroles et non d'actes.

Le KGB prétend : « Ce procès public a eu une grande influence éducative sur la population de la ville [12]. » Il recueille quelques déclarations complaisantes contre les condamnés, mais le pouvoir n'organise aucun meeting ni aucune réunion publique. Il ne tente pas de mobiliser la société pour cautionner les condamnations ; ce procès public reste confiné aux frontières de Novotcherkassk même, totalement ignoré du reste du pays. Il empêche toute information de filtrer au-delà de la ville, dont les habitants sont invités à se taire. Il faut éteindre l'étincelle que Novotcherkassk peut constituer à un moment où « les déclarations et tracts antigouvernementaux, les insultes à l'adresse de Khrouchtchev, les appels à la révolte et à la grève venaient effectivement de partout [13] ». Les autres accusés sont jugés à huis clos en septembre et octobre par des juridictions administratives et écopent de peines allant de dix à quinze ans de camp ou de prison.

Un mois après l'écrasement de la grève, plusieurs organisations de Moscou, Chakhty et Tbilissi reçoivent six lettres et un appel signés « Vissarion le furieux ». Leur auteur, le général Chapochnikov, qui avait laissé les manifestants se diriger vers la ville le 2 juin, dénonce le massacre de Novotcherkassk et s'indigne. « Le Parti, écrit-il, s'est transformé en un véhicule dirigé par un mauvais chauffeur, qui par ivresse viole souvent les règles de la circulation. Il est depuis longtemps temps de retirer son permis à ce chauffeur afin d'éviter la catastrophe. » Au-delà de Khrouchtchev, il met en cause « le pouvoir de la pire forme d'autocratie qui s'appuie sur une énorme force bureaucratique et armée [14] ». En août 1966, le KGB saisira le manuscrit des épîtres de Vissarion le furieux. À cette date Khrouchtchev avait été envoyé à la retraite, mais en janvier 1967 le général sera exclu du Parti qu'il mettait en cause.

Le Praesidium discute de Novotcherkassk le 10 juin. Kozlov rapporte, puis Mikoïan – dont rien dans le procès-verbal ne laisse entrevoir les réserves dont il fait complaisamment état dans ses Mémoires. Khrouchtchev conclut : « On a bien mené l'action. Nous n'avions pas d'autre issue. La majorité soutient.

La faiblesse de notre travail (politique) s'est manifestée. [...] Conclusion à tirer : améliorer notre travail. Renforcer le travail des organes du KGB [15]. » Ainsi, le Praesidium et Khrouchtchev déduisent de la grève de Novotcherkassk la nécessité de donner un tour de vis suplémentaire à l'État policier.

Au Praesidium du 5 novembre 1962, Khrouchtchev évoquera ces événements sous un autre jour. Pourquoi la révision des normes et des tarifs a-t-elle posé problème ? « Parce que le Parti ne s'en occupe pas, dit-il ; les syndicats sont hors jeu, les bureaucrates élaborent une décision, on la promulgue, les ouvriers ne sont pas préparés, rien n'est expliqué et voilà le résultat [16]. » Il ne parle plus ici de voyous ni d'ivrognes, mais de bureaucrates qui ne savent pas préparer les ouvriers à accepter la juste révision de leurs normes. Au Comité central de novembre 1962, il reviendra encore sur Novotcherkassk : « Ce qui s'y est passé est le résultat d'une attitude bureaucratique vis-à-vis des besoins fondamentaux des travailleurs [17]. » Dans sa bouche, les bureaucrates sont les seuls dirigeants de l'usine et du Parti local. Il n'évoquera pourtant pas les grèves et les manifestations de juin 1962 et leur brutale répression dans ses Mémoires. Dans ses 1 000 pages de souvenirs, son fils n'en dit pas plus.

Un mois plus tard, sept cadres du KGB, dont son président Chelepine et son successeur Semitchastny, affirment dans une note au Comité central leur inquiétude sur la situation du pays et la nécessité de renforcer la lutte contre « les activités antisoviétiques » et de prévenir d'éventuelles émeutes. Les rapports du président du KGB et les mesures qu'il prend alors pour faire face à d'éventuels « troubles de masse » soulignent la peur qui étreint la couche dirigeante. Il invite le ministère de l'Intérieur à « constituer dans les unités et les divisions des troupes intérieures du MVD des unités de réserve, susceptibles en cas de nécessité d'être utilisées pour assurer la protection des immeubles officiels, des centres de liaison, des stations radio, des banques, des prisons et autres institutions et de fournir à ces unités des moyens spéciaux en armement et en moyens de liaison ». Il demande enfin « d'augmenter les capacités combattantes de la milice, de renforcer son encadrement, de développer leur fourniture en moyens de transport, instrument de liaison et matériel opérationnel (c'est-à-dire en armement)[18] ». Ces mesures destinées à faire face à une menace révolutionnaire sérieuse paraissent hors de proportion avec le danger réel. L'agitation est groupusculaire voire individuelle et elle vise surtout Khrouchtchev. Ainsi, dans la nuit du 24 août 1963, deux ouvriers de Krasnoïarsk peignent sur les murs de quatre maisons les slogans suivants : « À bas Khrouchtchev ! » « La viande à 1 rouble ! » « Assez de mensonges ! » « Conseil des ministres, nous ne vous croyons pas. » « Le communisme sans Khrouchtchev[19]. » En cette année 1962, plusieurs dizaines d'individus sont condamnés à la prison pour avoir affirmé – parfois en état d'ébriété – leur volonté de tuer Khrouchtchev. Plus politiques, trois komsomols de Simferopol diffusent des tracts appelant la population à combattre « le gouvernement antipopulaire de Khrouchtchev, qui déforme délibérément les idées du léninisme[20] ».

Mais comment cette poussière de groupuscules sans lien entre eux pourrait-elle donc inquiéter les dirigeants de l'énorme appareil politique, policier, pseudo-syndical et militaire de l'URSS et ses centaines de milliers de permanents occupés à la seule tâche de diriger, surveiller, contrôler et sanctionner ? Le président du KGB répond dans sa langue de bois policière : « Dans la société soviétique, pour le moment, il existe encore des éléments antisociaux qui [...], dans des circonstances particulières, s'efforcent d'utiliser les difficultés temporaires, qui apparaissent dans le cours de l'édification du communisme, dans leurs buts criminels en incitant des individus politiquement instables à des désordres de masse. » Et ils y parviennent ! « Au cours des dernières années dans plusieurs villes du pays se sont déroulés des désordres de masse, accompagnés de pogroms de bâtiments administratifs, d'anéantissement de biens sociaux, d'attaques contre des représentants du pouvoir et autres excès. » En d'autres termes, des citoyens en colère se sont attaqués aux symboles de l'autorité. Pis encore, « dans toute une série de cas, il n'a pas été possible de prévenir à temps les désordres de masse avec leurs conséquences sérieuses[21] ». Les dirigeants soviétiques craignent donc des explosions de mécontentement. Outre les mesures préventives esquissées par le KGB, ils vont inéluctablement chercher un bouc émissaire ou un fusible : Khrouchtchev, occupant tous les postes dirigeants, est la cible toute désignée.

La bureaucratie dirigeante répond enfin à Novotcherkassk en durcissant le régime pénitentiaire. En octobre 1962, tous les camps, déjà placés en régime renforcé en mars, sont placés en régime sévère. Ce changement entraîne la réduction des envois de colis aux détenus, de leurs possibilités d'acheter de la nourriture ou des marchandises à la boutique du camp et la restriction de la correspondance avec l'extérieur. Un détenu attribue ce durcissement « aux troubles survenus à Novotcherkassk, aux procès contre les trafiquants, ainsi qu'à la dégradation générale de la situation alimentaire dans le pays qui avait débouché sur les révoltes du beurre [22] ».

Novotcherkassk est pour Khrouchtchev le début de la fin. Pour l'historien Rudolf Pikhoia, « les événements de Novotcherkassk furent l'une des raisons qui poussèrent l'appareil du Parti à se débarrasser du dirigeant du Parti devenu impopulaire dans toutes les couches de la société [23] ». Selon l'ancien maire de Moscou Gavril Popov : « Novotcherkassk a été le prélude de la révolution de palais de 1964 [24]. »

Neuf ans plus tard, à la fin de décembre 1970, six mois avant la mort de Khrouchtchev, le gouvernement polonais de Gomulka décrète une hausse de 10 à 20 % des principaux produits alimentaires. Mêmes causes, mêmes effets : la grève balaie les grandes villes de la Baltique, Gdansk, Gdynia, Sopot et Szczecin. À Gdansk, la police tire sur les manifestants, en tuant plus d'une centaine. Une vague d'indignation balaie le gouvernement Gomulka. Khrouchtchev dicte alors les dernières lignes d'un chapitre sur « le voisin polonais ». Il y qualifie la grève de « soulèvement, provoqué par la hausse des prix » et ajoute : « Les dirigeants avaient perdu le contact avec les masses, le lien avec le peuple, le sentiment de la mesure. La hausse des prix devait provoquer les événements qui se sont produits. » Avait-il oublié Novotcherkassk ou en avait-il tiré sans le dire la leçon ?

29

CUBA ALLER-RETOUR (1962)

Le 10 juin 1962, après avoir exprimé sa satisfaction sur la façon dont a été liquidée la grève à Novotcherkassk, le Praesidium écoute le rapport de Charaf Rachidov, le premier secrétaire du PC ouzbek, sur sa mission à Cuba puis adopte le projet « Anadyr » dont le maréchal Malinovski présente le détail : l'envoi à Cuba d'une gigantesque armada (24 fusées balistiques R-12 et 16 fusées R-14 armées de têtes nucléaires, quatre unités motorisées, deux bataillons de blindés, une escadrille de chasseurs MIG-21, 42 bombardiers légers Iliouchine-28, plusieurs batteries de défense antiaérienne et 12 unités de fusées SA-2 munies de 144 rampes de lancement). Malinovski se propose d'y ajouter deux unités d'engins-fusées munis de têtes nucléaires. Enfin, pour défendre les côtes de l'île, le plan prévoit l'envoi de 2 croiseurs, 4 torpilleurs, 12 vedettes, plus 12 sous-marins chargés de patrouiller le long de la côte orientale des États-Unis. Au total, 50 874 soldats et officiers doivent constituer le contingent soviétique à Cuba. Le chiffre sera abaissé à un peu plus de 45 000 en septembre de cette même année.

Khrouchtchev et Malinovski exigent le secret le plus absolu pour le transfert de cet arsenal et de ses servants, surtout des missiles nucléaires soviétiques qui sortiront pour la première fois d'URSS. Khrouchtchev, après avoir un mois plus tôt demandé à Malinovski s'il était possible d'expédier les missiles par avion, envisage un moment l'idée folle de les convoyer par sous-marin, mais l'abandonne vite. Pour assurer leur transport, dans les délais prévus, il mobilise toute la marine soviétique, y compris de nombreux navires marchands. Le ministère de la Marine marchande doit revoir tout son planning et louer – fort cher – des bateaux de commerce étrangers, attirant ainsi l'attention des services de ces pays. Khrouchtchev invite le ministère des Finances à ne pas regarder au coût très élevé de l'opération. Une fois tout ce matériel débarqué à Cuba, il faut compter quatre mois environ pour l'installer et le rendre opérationnel. En attendant, il reste vulnérable...

Le secret exigé relève de la gageure. Les principales opérations de chargement se font de nuit ; pour camoufler les cargaisons des bateaux, on installe sur le pont des machines agricoles dont Cuba semble avoir soudain un énorme besoin. On fournit aux soldats des tenues chaudes pour suggérer leur envoi dans des pays froids. Mais à Odessa, où s'effectue la plus grande partie de l'embarquement, toute la population est bientôt convaincue que l'expédition se rend à Cuba.

Au début de juillet, Khrouchtchev reçoit à Moscou une délégation cubaine conduite par Raoul Castro pour signer un accord secret de défense de Cuba et un accord tout aussi secret sur l'installation des fusées dans l'île. Khrouchtchev semble parfois nourrir quelques doutes sur la viabilité de l'entreprise, mais la tension croît autour de Cuba. Dès le 21 août, le chef de la CIA John A. Mac Cone, dans un « Plan d'action contre Cuba », dénonce dans le gouvernement de Castro « une place forte pour l'activité soviétique subversive en Amérique centrale et du Sud ». Il juge donc nécessaire « d'adopter des mesures plus décidées et même agressives [1] ». Elles ne vont pas tarder.

Le 26 août, Che Guevara arrive à Moscou pour la signature du traité d'alliance soviéto-cubain. Le 29, Khrouchtchev signe un accord avec Nehru, promettant de fournir des MIG-21 à l'Inde. Nehru ne l'a sans doute pas informé qu'il se préparait à attaquer l'armée chinoise sur la ligne Mac-Mahon, mais cette décision conforte Pékin dans la conviction que Moscou joue « les pays impérialistes » contre la Chine. Le 30, Guevara rencontre Khrouchtchev en Crimée, d'où, le 6 septembre, deux mois avant les élections à la Chambre des représentants, ce dernier adresse à Kennedy un message personnel affirmant : « Avant les élections au Congrès des États-Unis, rien ne sera entrepris qui puisse compliquer la situation internationale ou renforcer la tension dans les relations entre nos pays[2]. » Le lendemain, Kennedy, peu convaincu, demande l'accord du Sénat pour envoyer 150 000 réservistes sous les drapeaux.

Un autre souci habite toutefois Khrouchtchev, celui de la moisson de 1962 qui ne s'annonce pas brillante. Il tente de masquer les difficultés de l'agriculture par une technique aussi primitive que le recours aux palmiers pour dissimuler les ogives nucléaires à Cuba : la promotion du biologiste charlatan Trofim Lyssenko, l'homme qui avait qualifié les gènes d'« invention de la bourgeoisie » et volait d'échec en échec dans les champs, mais de succès en succès dans ses rapports. Le 11 juillet, Khrouchtchev visite son institut. Le lendemain, la *Pravda* et les *Izvestia* le montrent à côté de Lyssenko dont il affirme que ses « réalisations [...] contribueront à assurer l'abondance de nos produits agricoles et à résoudre le problème de l'édification du communisme dans notre pays[3] ». Ces résultats sont, comme d'habitude, inscrits au futur.

Quelques jours plus tard, il explique que l'agriculture, et l'élevage en particulier, sont sacrifiés sur l'autel de l'armée. Revenant sur l'augmentation des prix, il reconnaît qu'elle est impopulaire, mais la justifie et attribue son rejet aux ennemis de l'URSS : « Naturellement nos ennemis [...] auraient voulu une autre décision. [...] Celle d'affecter des crédits importants au développement de l'élevage aux dépens de l'industrie et au prix d'une réduction des investissements pour la défense nationale. [...] Mais une telle décision aurait retardé le développement de notre industrie et miné la capacité de défense du pays[4]. »

Fin août, Khrouchtchev part en vacances pour quinze jours à Gagra, en Crimée. Il y invite Podgorny, Brejnev, Polianski et Kirilenko ; il leur expose deux idées à ses yeux également géniales qu'ils accueillent avec un enthousiasme aussi tapageur que feint. Il leur propose d'abord de constituer un nouvel organisme, un bureau spécial du Comité central chargé de coordonner les actions des grands complexes économiques. Ce nouvel organisme bureaucratique n'est rien au regard de la seconde idée qui les remplit d'effroi : diviser les organismes régionaux du PCUS en deux secteurs pour impliquer directement ses dirigeants dans la gestion de l'économie : l'un, industriel, dirigé par un secrétaire régional à l'industrie et l'autre, agricole, dirigé par un secrétaire régional à l'agriculture. Le 10 septembre, de Gagra, il adresse au Praesidium une longue note sur « le perfectionnement de l'appareil du Parti et des Soviets » où il détaille cette dernière proposition qu'il expose en détail au Praesidium du 20 septembre.

Cette réforme est étrange à quatre titres au moins : alors que Khrouchtchev maudit « les bureaucrates » à chaque occasion, elle va encore alourdir l'appareil bureaucratique en le doublant aux échelons supérieurs ; ensuite, elle transfère totalement aux organismes du Parti non seulement le contrôle, mais aussi la gestion de l'économie alors que Khrouchtchev ne cesse de souligner l'importance des spécialistes. Ensuite, si les deux bureaux régionaux chargés respectivement de l'industrie et de l'agriculture dirigent ces deux secteurs, quel sera le rôle des comités centraux des partis des quatorze Républiques qu'il ne propose pas de diviser en deux ? S'occuper d'idéologie et de répartition des cadres... comme le voulait Beria en 1953 ? Enfin, qui va s'occuper de la santé, de l'enseignement, de la science, du commerce, de la justice, de la police... et du KGB ? Khrouchtchev lui-même s'interroge : « Faut-il diviser la procurature et la milice dans l'arrondissement ? » Il prévoit bien sûr des difficultés pour l'utilisation des locaux pour la tenue des (nombreuses) conférences et réunions régionales désormais multipliées par deux, mais décrète : « Je veux que sur place les organisations du Parti, les comités régionaux, les comités centraux des partis des Républiques délibèrent sur la meilleure décision à prendre. » Ils pourraient donc prendre des décisions différentes suivant les régions et les Républiques ? Le contrôle politique et policier – plus important que jamais après Novotcherkassk – se trouverait morcelé et donc affaibli. C'est pourquoi Khrouchtchev propose de créer « un organe coordinateur » entre les deux comités régionaux « uniquement pour [leur] donner la possibilité de se contacter[5] ». Cet organisme bureaucratique supplémentaire ne verra toutefois pas le jour. Semitchastny prétendra plus tard avoir empêché la division du KGB en demandant à Khrouchtchev : « Comment puis-je diviser les espions en espions agricoles et en espions industriels[6] ? »

Les secrétaires régionaux, qui constituent un bon quart du Comité central, accueillent fraîchement cette réorganisation qui diminue leur pouvoir et menace donc leur monopole. À leur inquiétude s'ajoute celle des secrétaires des comités de districts supprimés. Khrouchtchev menace mollement : « Cette réorganisation ne doit en aucun cas aboutir à une augmentation des postes. Je pense même qu'elle doit déboucher sur une réduction du nombre des postes vu les excédents dans les districts[7]. » Ces secrétaires seront tous recasés dans l'appareil, qui n'oublie jamais les siens, mais parfois à des postes techniques sans commune mesure avec leur pouvoir politique antérieur.

Le 26 septembre, au moment même où l'installation des fusées à Cuba bat son plein, Khrouchtchev part pour Achkabad au Turkménistan, première étape d'une tournée en Asie centrale. Il y annonce la création d'une administration économique unifiée de la production et de l'agriculture en Asie centrale, nouvel organisme bureaucratique supplémentaire, afin d'éviter un « parallélisme inutile ». L'idée naît à son arrivée au Turkménistan, où il en informe les cadres de la région sans avoir encore consulté le Praesidium. Dès lors, à chaque réunion qu'il tient au Turkménistan, au Tadjikistan et en Ouzbékistan, il soumet sa proposition et pose rituellement la question : « Si vous êtes d'accord, j'aimerais rédiger un mémorandum à l'adresse du Comité central en m'appuyant sur votre opinion. Pensez-vous que cela soit utile ? » Bien sûr, tout le monde crie : « Oui ! Oui[8] ! »

Son périple s'achève à Tachkent, capitale de l'Ouzbékistan, où il a fait venir les dirigeants du Kazakhstan. Devant eux, il envisage de « subordonner même les régions cotonnières du Kazakhstan à cette administration de la production » et fait plébisciter sa proposition par Kounaïev, premier secrétaire du PC du Kazakhstan, pour mieux pouvoir l'imposer au Praesidium. Or cette administration unifiée va réduire les pouvoirs des premiers secrétaires du Parti de la région, réticents, voire hostiles à cette idée, mais qui se sentent contraints de l'approuver publiquement, quitte à la saboter ensuite dans la pratique.

Les cinq mémorandums que Khrouchtchev adresse au Praesidium au cours de cette tournée semblent respecter les formes d'une prise de décision collective. Ainsi, dans le premier, envoyé du Turkménistan, il promet : « À mon retour à Moscou, nous discuterons de tout cela au Praesidium du Comité central », et il ajoute prudemment : « Je dis tout cela maintenant en vue de poser la question, non pas pour émettre un jugement définitif[9]. »

De retour à Moscou le 10 octobre, Khrouchtchev s'enflamme au cours du Praesidium qui a lieu deux jours plus tard sur la « chimisation » de l'économie. Il entame une série d'initiatives que Georges Sokoloff résume d'une formule lapidaire : « De nouvelles chimères en nouvelles déceptions[10]. » Lors du déjeuner, Kossyguine lui a donné quelques pièces de matière plastique. Khrouchtchev invite aussitôt le Praesidium à en promouvoir la production massive pour relancer l'industrie et prophétise : « Cela va remplacer la métallurgie [...] cela remplace le métal, le zinc, le nickel, le cuivre, le plomb » et même « le coton ». Le plastique échappe en effet à la corrosion, à la différence des métaux, souligne-t-il, et il voit déjà les immeubles du pays munis d'une nouvelle tuyauterie en plastique pour l'eau, ainsi débarrassée de sa rouille tenace, et pour le transport du gaz ; il envisage de construire en plastique tous les objets nécessaires de la vie courante, les jouets pour enfants, des tables qui rendront inutile l'usage des nappes, les réservoirs de voiture et d'avion, les jerricans et même les cabines des conducteurs de tracteurs ! Fini l'extraction si coûteuse de la bauxite, du zinc, de l'étain, du plomb, du nickel désormais caducs. Les économies réalisées seront donc formidables, ou plutôt seraient, car l'URSS ne possède malheureusement que deux petites usines achetées aux Allemands capables de produire chacune 24 000 tonnes de plastique par an. Il en faudrait au moins 10, 20, 30 pour aboutir à fabriquer 500 000 tonnes de plastique par an. Il incite les responsables du Gosplan présents – qui le promettent, sachant que les promesses ne coûtent rien –, à mettre en œuvre au plus vite ces suggestions. Khrouchtchev insiste : « Il faut forcer [les rythmes] » et annonce : « Nous achèterons [des usines] aux Italiens, aux Anglais, aux Allemands ou mieux encore aux Japonais. » Une usine chimique est déjà en construction à Lissitchansk. Zassiadko, ministre de l'Industrie houillère, prévient Khrouchtchev : « Sa construction avance très lentement. » Pour le moins... Elle a commencé à la veille de la guerre, a été interrompue pendant le conflit, a été reprise en 1951 et n'est toujours pas achevée ! Pourquoi ? s'étonne Khrouchtchev, qui ne reçoit pas de réponse... Elle ne commencera à fonctionner qu'après sa chute [11].

Khrouchtchev découvre aussi qu'il n'y a aucune division du travail entre les diverses usines d'aviation du pays. Le « socialisme dans un seul pays », qui sanctifie l'autarcie économique, débouche sur le « socialisme » dans une seule République. Chaque usine d'aviation fonctionnant en autonomie fabrique à peu près toutes les parties constituantes de l'appareil, tout comme chaque République tente d'assurer sur son propre territoire la transformation de ses matières premières. Puis il stigmatise le Gosplan, semblable, dit-il, à un chirurgien qui trouve que tout va bien alors que son patient se tord de douleur et qu'il lui coupe la jambe. Les instructions que Kossyguine et lui-même transmettent au Gosplan restent lettre morte. Et il s'exclame : « C'est le petit fonctionnaire qui définit la politique, qui fournit la conclusion [...] c'est ce que ce fonctionnaire a dit, et non ce que Kossyguine et moi avons recommandé, qui est réalisé. » Les dirigeants sont prisonniers de leur appareil, qui leur dicte sa loi. Khrouchtchev s'emporte : « Il faut [...] renouveler ces fonctionnaires. Il faut envoyer à leur place des gens qui ont travaillé en usine. » Le vice-président du Gosplan jure servilement : « Nous ne permettrons pas que vos instructions soient violées. » Khrouchtchev explose : « Vous m'avez déjà rapporté cela, j'en ai assez d'avoir donné ces instructions sans qu'elles parviennent jusqu'à vous [12]. »

Parallèlement, Khrouchtchev a poursuivi la mise en œuvre de l'opération « Anadyr » dont il a confié à Cuba la direction au vieux général Pliev, alors déjà malade. Pour son fils, « ce choix est toujours resté une énigme ». Pliev, ancien cavalier promu général des troupes spéciales du NKVD chargées de l'ordre intérieur, a participé à l'écrasement de l'insurrection hongroise en 1956 puis de la manifestation de Novotcherkassk. Un homme sûr donc, mais une chose est de fusiller des ouvriers hongrois ou soviétiques, une autre de gérer l'utilisation éventuelle de missiles et de bombes atomiques – auxquels Pliev ne connaît rien – dans une île voisine des États-Unis. Sa fidélité compensait mal sa faible compétence encore réduite par son âge avancé. Certes, sous le soleil des tropiques, écrit Sergueï Khrouchtchev, il « sembla rajeunir[13]... ». Cette cure de jouvence le poussera à envoyer des rapports enthousiastes à Khrouchtchev qui pensera à le nommer maréchal ! Il oubliera bientôt cette idée...

Pour éviter l'espionnage ennemi, les navires soviétiques ne déchargent pas leur cargaison dans les ports commerciaux de l'île ; le déchargement et l'installation sont assurés uniquement par des Soviétiques ; mais, ajoute Khrouchtchev, « la présence de nos troupes n'était pas un secret pour la population de Cuba et ce facteur contribua à démasquer notre activité[14] ». C'était prévisible. Mais Khrouchtchev n'y pensera qu'après coup. Mikoïan dira pourtant à Castro en novembre : « La principale condition du succès de ce plan consistait à le réaliser en secret. Alors les Américains auraient été placés dans une situation très difficile[15]. »

Embarqué dans une partie délicate à Cuba, Khrouchtchev tente de ménager la Chine, alors confrontée à une offensive indienne que ses troupes balayent vite, tout en essayant, comme en août 1959, de maintenir la balance à peu près égale entre les deux parties, au grand mécontentement de Pékin. Néanmoins, au Praesidium du 14 octobre, il propose de suspendre les livraisons à l'Inde de MIG-21 entreprises au titre de l'accord du 29 août 1962 – Moscou n'avait jusqu'alors livré que 8 avions à New Delhi. Il demande à l'ambassadeur en Inde d'informer Nehru que les Soviétiques sont « déçus ». Mais la condamnation de l'attaque indienne est bien molle.

Ce 14 octobre marque un tournant dans l'affaire cubaine. Un U2 américain prend des photographies de l'île où s'étalent des rampes de lancement de missiles à moyenne ou longue portée, capables d'atteindre le sol des États-Unis. Le camouflage des palmiers n'a pas suffi à tromper les Américains, d'autant que Pliev a laissé une partie du matériel d'installation des rampes de lancement à découvert !... Kennedy s'étonnera neuf jours plus tard : « Peut-être les Russes m'expliqueront-ils plus tard pourquoi ils ne les ont pas camouflés et pourquoi ils les camouflent en hâte maintenant [16] », une fois abondamment photographiés et leur présence connue de tous.

Kennedy, informé le 16 au matin des photos prises par l'U2, réunit aussitôt un groupe informel de crise, nommé « Excom », qui étudie quatre hypothèses : une frappe aérienne chirurgicale contre les sites de missiles IRBM (intercontinentaux), le bombardement de tous les sites de missiles, des bases aériennes, des avions, des fusées antiaériennes soviétiques et des dépôts de têtes nucléaires, l'invasion de Cuba ou un simple blocus de l'île que recommande son secrétaire d'État Robert McNamarra pour interdire l'arrivée de missiles supplémentaires et des têtes nucléaires à la présence encore incertaine sur l'île. Kennedy se prononce d'abord pour la frappe chirurgicale, puis pour une invasion de Cuba qu'il commence à préparer avec son frère Robert et pour laquelle il met en place un comité spécial. À ce moment-là, près de 42 000 soldats soviétiques sont installés sur l'île.

Une nouvelle série de photos prises le 18 persuade l'état-major américain et Kennedy que la menace est encore plus grave qu'ils ne le pensaient ; ils envisagent alors une invasion de l'île. Le soir, Gromyko demande à être reçu par Kennedy : il l'assure que l'Union soviétique se contente d'installer à Cuba des armes défensives à l'exclusion de toute arme offensive, que l'aide soviétique ne vise qu'à concourir à la capacité défensive de l'île et au développement de son économie. Kennedy ne dit mot des missiles à tête nucléaire déployés et l'assure que les États-Unis n'ont aucun plan d'attaque de l'île. Gromyko, berné, envoie un télégramme rassurant à Moscou.

Le 20 octobre, la CIA informe Kennedy que huit missiles opérationnels sont déjà installés à Cuba. L'Excom vote ce jour-là le blocus de l'île, délicatement baptisé « quarantaine ». Ce même jour, Khrouchtchev, d'excellente humeur, reçoit le poète Alexandre Tvardovski, lui fait l'éloge d'*Une journée d'Ivan Denissovitch*, de Soljenitsyne, dont Lebedev, son conseiller, lui a fait la lecture du 9 au 14 septembre, et l'autorise à la publier dans sa revue *Novy Mit.* Il s'épanche avec lyrisme. La censure ? Ils la supprimeront un jour. Les conservateurs rétrogrades du Parti ? Il y en a certes mais avec l'aide des intellectuels comme vous nous les vaincrons ! Enfin l'abondance est pour demain. Il l'autorise aussi à publier son poème antibureaucratique *Tiorkine dans l'autre monde*, dans lequel Tvardovski a accepté de supprimer une strophe montrant un général décidé à rameuter un « petit régiment de soldats » pour les lancer à l'assaut de la bureaucratie raillée dans le poème. On y avait vu, lui dit Khrouchtchev, une « allusion à la révolte ». Mais le poème restera encore un an dans les cartons. *Les Héritiers de Staline*, que son auteur, Evgueni Evtouchenko, avait amendé sur les conseils de Lebedev pour rendre sa dénonciation de Staline et des siens plus acceptable à Khrouchtchev, paraissent dans la *Pravda* du 21 octobre, en pleine crise ouverte sur Cuba. Le poème fera pourtant quelque bruit. On y lit :

> Certains héritiers dans leur retraite
> Taillent leurs roses
> Et croient en secret
> Que cette retraite est provisoire.
> D'autres même à la tribune
> Attaquent Staline
> Mais la nuit ils pensent
> Avec nostalgie au passé...

Sa publication déclenche un afflux de lettres de protestation. Selon Evtouchenko, Khrouchtchev, brandissant l'une de ces lettres lors d'une réunion du Secrétariat du Comité central, se serait écrié : « Si ces vers d'Evtouchenko et le roman de Soljenitsyne sont antisoviétiques, alors moi aussi je suis antisoviétique [17] ! »

Le 22 octobre, à Washington, Kennedy convoque une conférence de presse à la Maison-Blanche avec une exposition de photographies montrant les installations militaires soviétiques à Cuba et suggérant que l'URSS prépare une attaque nucléaire contre les États-Unis. Le soir, à la télévision, il annonce la présence de missiles soviétiques dans l'île et sa décision de décréter le blocus de Cuba à partir du 24 octobre. Ce même jour, le KGB arrête l'espion Oleg Penkovski, colonel du GRU (Direction générale des renseignements) soviétique, coupable d'avoir révélé aux Américains l'état réel de l'arsenal nucléaire russe et Khrouchtchev réunit le Praesidium tard dans la soirée. Malinovski, qui introduit la discussion, veut se montrer rassurant : « Je ne pense pas que les États-Unis puissent d'un seul coup entreprendre des actions ultrarapides. [...] Manifestement le discours à la radio est un truc préélectoral. Si une intervention à Cuba est déclarée, on aura encore vingt-quatre heures pour se préparer. Je pense que nous ne sommes pas dans une situation telle qu'il faille mettre nos fusées en état d'alerte maximale. » Khrouchtchev partage son avis : « Nous ne voulons pas déchaîner la guerre, nous voulons effrayer les États-Unis, les retenir par rapport à Cuba. » Mais « il y a un aspect tragique : ils peuvent attaquer, alors nous répondrons. Ça peut se terminer dans une grande guerre ». Il propose de « donner à Pliev la consigne de mettre les troupes en état d'alerte », mais précise : « Dans les premiers instants, [il faut] à toute force ne pas utiliser l'arme atomique [18]. » En fait, le Praesidium, affolé, hésite : il pense d'abord interdire à Pliev d'utiliser l'arme nucléaire en cas d'attaque américaine, puis envisage de l'autoriser à employer l'armement nucléaire tactique (défensif), avant de revenir à l'interdiction initiale. Khrouchtchev se prononce finalement pour la prudence et fait décider le retour en mer Noire des navires soviétiques prêts à entrer dans les eaux de la Méditerranée, sauf cinq, porteurs de têtes thermonucléaires, invités à poursuivre leur route vers Cuba mais à se tenir aux abords de l'île : quatre sous-marins Diesel et un navire, l'*Alexandrovsk*. Khrouchtchev, dans son message à Kennedy, affirme son refus d'accepter le blocus, qui entre en application le 24 à 10 heures, dénonce comme « actes de piraterie » toute tentative américaine de contrôler la cargaison des navires soviétiques se trouvant dans les eaux internationales et affirme que les capitaines desdits navires ont ordre de s'y refuser. L'armée soviétique est placée en état de préparation au combat sur tout le territoire de l'URSS, les permissions et congés des soldats et officiers sont supprimés.

À la fin de la réunion, vers 22 heures, Khrouchtchev invite tous les membres du Praesidium à rester au Kremlin. Lui-même s'allonge sur la couchette installée dans son bureau. Les vice-présidents du Conseil des ministres, dont les bureaux sont voisins, jouissent du même confort. Les secrétaires du Comité central, dont les bureaux se trouvent sur la Vieille Place, dorment eux sur des chaises... Le lendemain soir, il déclare à son fils, inquiet des risques de guerre : « C'est une chose de brandir la menace de l'arme atomique, c'en est une autre de l'utiliser ! » Mais son fils ajoute : « Mon père se sentait pris dans un piège » – qu'il s'était en réalité tendu à lui-même [19]. Il n'avait aucun moyen de répondre à un bombardement de Cuba qui anéantirait les installations en cours de montage. Et le maréchal Malinovski estimait à deux jours la capacité de résistance des Cubains à une invasion américaine.

Pendant ce temps, Kennedy prépare le bombardement et l'invasion de l'île. Sa lettre à Khrouchtchev du 22 octobre ne laisse planer aucun doute sur cette intention. Khrouchtchev dans sa réponse du 23 proteste contre la prétention des Américains de contrôler l'armement de Cuba. Kennedy lui répond par sa décision d'instaurer la quarantaine autour de l'île et donc de contrôler les navires soviétiques qui s'en approcheront ; il exige le démantèlement des rampes de missiles. Khrouchtchev dénonce la quarantaine comme un acte de piraterie qu'il ne saurait accepter, puis il réunit à nouveau le Praesidium le 25. Il y affirme la nécessité de reculer. « Les Américains disent qu'il faut démonter les rampes de missiles à Cuba. Peut-être qu'il faut le faire. Ce n'est pas une capitulation de notre part [...]. Il est évident que les Américains ont eu la trouille. » Il se félicite : « Nous avons attiré l'attention du monde entier sur Cuba. Les deux systèmes se sont heurtés frontalement. [...] Il faut apaiser l'adversaire et recevoir une assurance concernant Cuba. Il ne faut pas parvenir jusqu'à l'ébullition. » Et il prétend : « Nous pouvons écraser les États-Unis à partir du territoire de l'URSS. » L'objectif de ce bluff est obscur puisque tous les membres du Praesidium savent qu'il n'en est rien. Il propose enfin de dire aux Américains : « Prenez l'engagement de ne pas toucher à Cuba et nous serons d'accord pour le démontage et pour autoriser des inspecteurs de l'Onu à vérifier[20]. » Tous jugent cette tactique « correcte et raisonnable » et approuvent le schéma de la lettre de Khrouchtchev.

Le 25, le secrétaire général de l'Onu, U Thant, mandaté par le Conseil de sécurité, propose ses bons offices dans la négociation entre Moscou et Washington, et suggère le gel de toute mesure des deux côtés pendant ces discussions. Le 26 octobre, Khrouchtchev fait porter à l'ambassade américaine à Moscou sa lettre qui, écrit son fils, « à la différence du message du président Kennedy, était longue, et, comme beaucoup de déclarations de mon père, pas toujours cohérente et par endroits confuse[21] ». Kennedy se plaindra d'ailleurs des difficultés de ses services à traduire la prose embrouillée de Khrouchtchev, qui ne soumet d'ailleurs même pas le texte définitif aux membres du Praesidium avant de l'expédier. Il y propose de déclarer que les navires soviétiques se rendant à Cuba « ne transportent aucun armement. De votre côté, vous déclarerez que les États-Unis n'enverront pas leurs troupes envahir Cuba et ne soutiendront aucune autre force ayant l'intention d'envahir Cuba. Dès lors, la nécessité de la présence à Cuba de nos spécialistes militaires tombera[22] ». Mais ce ne sont pas ces spécialistes qui inquiètent Kennedy à qui la lettre parvient le 26 au soir.

Le 27 au matin, il fait annoncer à l'ambassadeur soviétique par son frère Robert son accord pour s'engager à ne pas envahir Cuba si les Soviétiques démontent tout leur arsenal nucléaire. Depuis une semaine, les avions américains survolent en permanence l'île, parfois en rase-mottes. Khrouchtchev a interdit aux batteries soviétiques de tirer sans l'accord de Moscou.

Ce même matin, le major Anderson survole l'île aux commandes de son U2. Son image apparaît sur le radar soviétique. Que faire ? On cherche Pliev. Il est introuvable. Cédant à l'insistance répétée de Castro, le commandant de la batterie ordonne le feu et abat l'avion américain. Khrouchtchev demande des explications à Malinovski. Ce dernier répond que le général, pressé par le temps, a cédé à l'exigence de Castro. Khrouchtchev s'indigne : « Dans quelle armée sert ce général, l'armée soviétique ou l'armée cubaine[23] ? »

Au Praesidium qui se tient le 27, Malinovski insiste sur « la complexité de la situation ». Khrouchtchev justifie les initiatives prises jusqu'alors puis recule : « Nous ne pouvons pas liquider le conflit si nous ne donnons pas satisfaction aux Américains et ne leur disons pas que nos fusées R-12 sont là-bas. Je pense qu'il ne faut pas nous obstiner. » Puis il feint de s'interroger : « Avons-nous commis une faute ou non ? » Et se rengorge : « Les États-Unis n'ont pas attaqué Cuba. Et si nous obtenons en plus la liquidation de leurs bases en Turquie, au Pakistan, alors nous aurons été gagnants [24]. » Il accepte enfin que les Américains vérifient le retrait des fusées.

Le Praesidium soutient unanimement la position de Khrouchtchev, qui tente de reprendre la main dans sa réponse à Kennedy transmise par radio ce jour même à 17 heures et publiée dans la presse le lendemain. Il y affirme : « Nous sommes d'accord pour retirer de Cuba les moyens que vous considérez comme des moyens offensifs. [...] Vos représentants déclareront [à l'Onu] que, de leur côté, les États-Unis, prenant en compte l'inquiétude et les soucis de l'État soviétique, retireront leurs moyens analogues de Turquie [25] », à savoir les missiles Jupiter que Washington y a fait installer en 1961. Puis Khrouchtchev dicte une lettre à Castro pour lui expliquer ce marchandage.

Le lendemain, il dicte une nouvelle lettre, confidentielle celle-là, à Kennedy. Il lui annonce qu'après avoir décidé d'arrêter l'installation de l'armement soviétique arrivé sur l'île, il a pris « une nouvelle disposition sur le démontage de l'armement que vous considérez comme offensif, son emballage et son renvoi en URSS [26] ». Il écrit aussitôt après à Castro pour l'inviter à ne pas faire tirer sur les avions américains qui survolent l'île. L'accord est conclu, l'URSS retire ses armes offensives et l'essentiel de ses troupes de Cuba et propose qu'une mission de l'Onu dirigée par U Thant le vérifie. Mais Castro rejette ce contrôle. Kennedy refuse alors de s'engager par écrit à ne pas envahir Cuba. Il promet verbalement à Khrouchtchev de retirer les fusées Jupiter de Turquie pour mieux le convaincre d'accepter une reculade aux allures de capitulation. La promesse ne lui coûte guère car il juge déjà ces engins obsolètes. Kennedy retirera les fusées Jupiter de

Turquie et d'Italie en avril 1963. Khrouchtchev avouera : « Il ne les retira pas seulement à cause de notre accord pour retirer nos fusées de Cuba, mais essentiellement parce que les fusées installées en Turquie et en Italie avaient vieilli [27]. »

Cette reculade tend les relations avec Castro qui proteste contre les décisions unilatérales prises par les dirigeants soviétiques sans consulter les dirigeants cubains. Il s'affirme décidé à tirer sur les avions américains qui continuent à survoler l'île à basse altitude, et critique le Kremlin pour sa « confiance excessive » et ses « concessions permanentes ». Pour tenter de l'apaiser, Khrouchtchev envoie un émissaire à Cuba le 31. Mikoïan, réticent, dont la femme agonise à l'hôpital (elle mourra le 3 novembre), accepte la mission.

Le 5 novembre commence l'évacuation des missiles soviétiques embarqués sur huit navires. L'opération prend quatre jours en tout car les Américains veulent vérifier qu'ils sont tous rapatriés. Khrouchtchev ne peut laisser les Américains inspecter les navires soviétiques sous peine de transformer sa défaite en déroute publique. Il accepte donc un compromis bâtard : les missiles sont installés sur le pont, les navires américains accostent les navires soviétiques et peuvent ainsi faire aisément *de visu* le décompte. L'URSS laisse à Cuba les tanks, les armements légers, les blindés, les mitrailleuses... et les dizaines de milliers d'uniformes cubains taillés pour camoufler les soldats soviétiques. Financièrement, l'ensemble de l'opération est d'un coût pharaonique.

Kennedy pousse son avantage. Il fait établir une liste des matériels soviétiques déclarés offensifs et dont il exige le rapatriement en URSS. Il y fait figurer les 42 bombardiers Iliouchine-28. Khrouchtchev proteste : ce sont des avions vieillis aux fonctions purement défensives ! En vain. Le 15 novembre, il transmet à Kennedy une lettre indignée : il a consciencieusement rempli toutes ses obligations pour régler le conflit ; les États-Unis, eux, n'ont pas formalisé à l'Onu leur promesse de ne pas envahir Cuba et leurs avions continuent à survoler l'île. Kennedy maintient ses exigences. Le lendemain, Khrouchtchev capitule. Au Praesidium du 16 novembre, il affirme la nécessité de céder. À ce même Praesidium, il fustige les positions de Castro : « Sa position est déraisonnable, criarde.

C'est une leçon pour nous. » Et il brandit une menace qu'il ne pourra mettre à exécution : « Ou ils [les Cubains] collaboreront, ou nous rembarquerons nos hommes[28]. » Puis il invite par télégramme Mikoïan à expliquer à Castro que la proposition d'U Thant, alors à Cuba, d'une inspection de l'Onu pour vérifier le démantèlement des rampes de missiles n'a rien à voir avec la demande d'inspection présentée par les Américains. Khrouchtchev a donné son accord à ce contrôle que les Américains posent comme condition préalable à la levée de l'embargo sur les navires soviétiques se dirigeant vers Cuba. Castro rejette cet accord où il voit une atteinte humiliante à la souveraineté nationale de Cuba.

À La Havane, U Thant reçoit la visite de l'ambassadeur soviétique à Cuba et d'un général soviétique qui l'assurent que le démantèlement a bien commencé. Leur intervention mécontente Castro pour qui c'est à lui seul qu'il revient de donner cette garantie. Il déclare à un interlocuteur que « Khrouchtchev a manqué de couilles » ! La police laisse des cortèges de manifestants conspuer aimablement « Nikita la pédale » ! Castro déclare à l'envoyé du *Monde* : « Si Khrouchtchev était venu lui-même, je l'aurais boxé[29]. » Le 19 novembre, Mikoïan finit par obtenir l'accord réticent de Castro pour le rapatriement des 42 bombardiers Iliouchine-28 en URSS. Khrouchtchev se hâte d'informer Kennedy que le rapatriement sera effectué dans les trente jours. Le lendemain, celui-ci rend publique cette promesse et lève la quarantaine imposée par la marine américaine sur les bateaux soviétiques.

Évoquant l'affaire de Cuba, Kissinger confie alors à Raymond Aron : « Quelle chance a eue le Président que M. Khrouchtchev commette une pareille bévue[30] ! » Khrouchtchev lui reconnaît : « Nous étions près de la guerre, nous nous tenions au bord de la guerre. Tout pouvait arriver », mais il voit dans son action une grande victoire : « Dans l'ensemble nous avons agi correctement et nous avons accompli une grande entreprise révolutionnaire, nous n'avons pas eu peur, nous ne nous sommes pas laissé effrayer par l'impérialisme américain. [...] En fin de compte c'est nous qui avons gagné. » Il affirme même plus nettement encore : « La crise des Caraïbes est l'ornement de notre politique extérieure, et en particulier de la mienne en tant que membre du collectif qui a mené cette politique et a obtenu un brillant succès pour Cuba sans avoir tiré un seul coup de feu[31]. » Dans cette épreuve de force, les deux camps auraient donc gagné ? Khrouchtchev prolonge pourtant sa reculade à Cuba par l'abandon concomitant de son ultimatum sur le traité de paix séparé avec la RDA. Il ne reprendra plus jamais cette menace inlassablement répétée pendant deux ans. Il expliquera à Castro un peu plus tard que, ce faisant, l'URSS a garanti deux ans de vie supplémentaire à Cuba (jusqu'à la fin du premier mandat de Kennedy) et même six, car il s'affirme certain de la réélection de Kennedy, « un homme intelligent, qui se détache vivement sur le fond de ses prédécesseurs », dont il « apprécie hautement l'activité. [...] Il a manifesté de la sagesse, une sagesse d'homme d'État[32] ».

Engager les dépenses fantastiques, à ma connaissance jamais évaluées, pour transporter, installer des fusées nucléaires, plus 50 000 hommes et leur équipement spécial, abandonné sur place, les rapatrier et risquer une guerre mondiale pour un engagement verbal du président américain de ne pas envahir Cuba..., les membres du Praesidium attendront deux ans pour juger l'enjeu disproportionné.

Les États-Unis ne tenteront plus d'envahir Cuba. Faut-il voir là un succès du chantage atomique exercé par Khrouchtchev pour « effrayer » les Américains ? En réalité ces derniers préféreront étrangler l'île par leur blocus économique et imposer à l'URSS le coût élevé qu'il lui faudra payer pour aider Castro à tenir. C'était militairement moins aventureux et politiquement plus rentable…

30

COUPS DE TÊTE

Après Novotcherkassk, l'aventure des Caraïbes ne peut que renforcer l'inquiétude des dirigeants du Kremlin sur la politique que Khrouchtchev leur fait avaliser. Débarrassé du souci de Cuba, celui-ci insiste devant le Praesidium du 5 novembre 1962 sur sa nouvelle marotte : fini le règne de l'acier et du métal en général, vive les matières plastiques ! Là est le secret des progrès futurs de l'industrie. Le représentant du Gosplan l'assure que la tonne de matière plastique coûte deux à trois fois moins cher que la tonne d'acier et sa production est deux à trois fois plus élevée... Khrouchtchev s'emballe : alors que les pays capitalistes se sont lancés dans le plastique, « nous continuons à planifier à l'ancienne, en nous laissant toujours entraîner par l'acier ».

Il souligne ensuite l'énorme gâchis de l'économie bureaucratique : « Nous achetons à l'étranger beaucoup de machines auxquelles nous cessons de porter de l'intérêt et qui restent inutilisées. » Pour régler un problème, « nous formons une commission, nous prenons une décision puis nous l'oublions ». Évoquant l'absence de coopération entre les pays de l'Est, il grogne : « Une telle coopération existe entre les pays capitalistes, alors pourquoi ne pouvons-nous pas la pratiquer entre pays socialistes ? [...] Les pays capitalistes vont dans le sens de la fusion de l'économie, de la coopération et nous nous allons dans le sens de l'éloignement. » Il prône même leur exemple dans la défense des intérêts des ouvriers, qui doivent, dit-il, pouvoir donner leur avis (purement consultatif) sur la gestion de leurs entreprises, et confondant comités d'entreprise et conseils ouvriers, il s'écrie : « Même sous le capitalisme, il y a des conseils d'ouvriers dans les entreprises. Et nous en ce moment, ajoute-t-il, nous n'en avons pas [1]. » Le capitalisme serait donc à la fois un modèle économique et un modèle social. Où est la supériorité du « socialisme » existant ? Dans l'idéologie...

Khrouchtchev ouvre le plenum du Comité central de la mi-novembre par un rapport introductif que Tvardovski juge « comme toujours longuet, truffé de détails techniques pas nécessaires pour un plenum du Comité central ». Tvardovski note aussi que comme lui aucun des membres du Comité central avec qui il en discute ne comprend rien à la refonte de l'appareil régional du Parti. Khrouchtchev s'emballe et déclare : « Staline devenu complètement fou a construit un appareil [du Parti et de l'État] avec l'objectif que cet appareil se hisse au-dessus de la classe ouvrière, au-dessus du peuple. Il n'avait pas confiance dans le peuple et avait peur de lui [2]. » Il ne restera que l'ombre de cette phrase dans le texte de la *Pravda*.

Il fait adopter par le plenum la réforme de la structure de l'appareil régional en deux secteurs, agricole et industriel, la concentration de sovnarkhozes, qui passent de 105 à 43, et la création d'un nouvel organisme fédéral : le Conseil de l'économie du peuple qui doit superviser le Gosplan, le Comité d'État à la construction et les grands comités de branche du Conseil des ministres. L'empilement des organismes bureaucratiques provoque une paralysie croissante de l'économie.

Dans le droit-fil de sa professionnalisation de l'appareil du Parti, Khrouchtchev veut contourner les « bureaucrates », c'est-à-dire les membres de l'appareil du gouvernement auxquels il oppose les cadres du Parti. Ainsi, pour augmenter les normes afin d'améliorer la productivité du travail, il ne faut pas envoyer dans l'usine un chronométreur ou un contremaître. « Causez avec les ouvriers, martèle Khrouchtchev, dites-leur ce qu'il faut faire et ils vous comprendront parfaitement. Mais pour cela, il faut aller à l'ouvrier non comme un administrateur bureaucrate mais comme un camarade ;

alors il vous ouvrira son cœur et vous montrera les moyens qu'il a d'augmenter le rendement et de réduire le prix de revient[3]. » Mais au titre du Parti ou de l'administration, il s'agit toujours de dire à l'ouvrier « ce qu'il faut faire » afin qu'il augmente son rendement, donc sa norme, alors que l'augmentation de la norme fait baisser son salaire et qu'il la rejette. Après Berlin-Est 1953 Novotcherkassk l'a rappelé à tous. Pourtant, Khrouchtchev fait voter une résolution qui en termes alambiqués dénonce l'augmentation trop lente de la productivité du travail et l'augmentation trop rapide (selon lui) des salaires. Le plenum déclare « tout à fait inacceptable la tendance, observée dans toute une série de sovnarkhozes et dans certaines Républiques, à un retard des rythmes d'augmentation de la productivité du travail sur les rythmes d'augmentation du salaire moyen[4] ». En deux mots, les ouvriers travaillent trop lentement et gagnent trop. Ce n'est pas ce qu'ils pensent eux-mêmes.

Il fait enfin peser une lourde menace sur les cadres du Parti. Il stigmatise les abus commis par de nombreux dirigeants parfois déjà dénoncés dans la presse au cours de l'année, qui truquent les statistiques, détournent des produits et des fonds. Au cours de la dernière période, dit-il, 4 000 cadres du Parti (dont des juges d'instruction) ont été arrêtés ou jugés pour malversations diverses, pots-de-vin, abus de pouvoir, etc. Khrouchtchev exige de « mettre fin au bluff, au gonflement des chiffres, aux préséances, à la concussion, à la dilapidation, au pillage des biens de l'État, etc., tous faits qui sont malheureusement monnaie courante » et souvent couverts, ajoute-t-il, par les comités du Parti. Il insiste : « Le mal a gagné certains services centraux, atteint des dirigeants ayant la carte du Parti en poche[5]. » Il touche donc le cœur même de l'appareil. Dans la pénurie généralisée et rationnée des biens de consommation, la formation d'une production et d'un marché parallèle parasitant les entreprises et le circuit d'État est inéluctable. La répression envoie certains de leurs acteurs en prison, mais n'enraye pas le mécanisme, que Khrouchtchev nie en le réduisant à des défaillances individuelles. Les journaux, la radio et la télévision encouragent le phénomène en évoquant largement les festivités, les banquets somptueux, les réceptions coûteuses organisées par les hauts dirigeants. Satioukov alerte sur ce point le Comité central et Khrouchtchev, et les invite, sans succès, à réduire au maximum les informations « gastronomiques » sur l'existence repue et cossue des sphères supérieures qui irritent la population contre ces dernières [6].

Dans sa colère, Khrouchtchev cite une lettre de Lénine du 18 mars 1922 restée jusqu'alors inédite et qu'il fait publier dans la *Pravda* du 20 novembre. Un jour de 1921, Lénine, apprenant que le comité de Moscou du parti bolchevik défendait au soviet ses élus chargés de la répartition des logements et coupables de passe-droits, de corruption et de favoritisme, avait dénoncé le fait que le parti au pouvoir défende « ses propres canailles » et proposé, rappelle Khrouchtchev, de « pendre les criminels-communistes ». Il voulait certes ainsi fouetter des énergies défaillantes, non dresser des potences. Mais l'avertissement est net : en rappelant la menace de Lénine et en la publiant dans la *Pravda*, Khrouchtchev suggère la nécessité de châtier les « communistes-criminels » de son époque. Cependant, l'appareil censure ce rappel qui ne figure pas dans le texte de son discours imprimé de la *Pravda* d'où disparaissent aussi ses propos sur Novotcherkassk et sur la nature de l'appareil façonné par Staline ! Ainsi Khrouchtchev peut tempêter à son aise dans le cercle étroit du Comité central, l'appareil le censure avec son accord au moins tacite : on ne peut tout dire au bon peuple. Même si les imprécations de Khrouchtchev les laissent de marbre, elles lassent néanmoins de plus en plus les dignitaires de l'appareil, désireux de gouverner leur territoire en paix à l'abri des remarques humiliantes du premier secrétaire.

À peine le Comité central achevé, Khrouchtchev consacre une réunion entière du Praesidium, le 29 novembre, à « la réalisation des décisions du plenum ». Il y propose une nouvelle salve de mesures : refondre le travail du Gosplan et des sovnarkhozes, renforcer le caractère vertical de la gestion de l'économie, créer un Conseil général des comités d'État chargé d'unifier ces derniers tout en divisant chaque grande branche de l'industrie en petites unités (ainsi la branche de l'industrie mécanique en construction de turbines, construction mécanique, construction automobile, construction de machines-outils) et les bureaux techniques en autant de secteurs.

La discussion au Praesidium sur le dédoublement des secrétaires régionaux est tendue et revêt des aspects ubuesques. Khrouchtchev explique : il faut réunir sous la coupe politique du secrétaire régional à l'agriculture tout ce qui est agricole, des matières premières à leur transformation effectuée en usine. Sinon, dit Khrouchtchev, qui va dans le détail, il peut se produire qu'un kolkhoze propose son blé à une usine de panification, qui le trouve trop humide et le refuse. Sans une instance politique de décision, le blé peut pourrir. Idem pour le combinat de viande : la viande est certes un produit agricole mais le combinat chargé de la découper, travailler et livrer relève de l'industrie. Il doit être subordonné au secrétaire régional chargé de l'agriculture. Il concède : « Certes il y aura une sorte de double commandement sur ces entreprises et de la production agricole et de la production industrielle. » Mais « cela n'est pas gênant, parce que c'est le sovnarkhoze qui est responsable économiquement de leur financement et de leur situation technique ». Ainsi, ces entreprises seront placées sous une triple chape bureaucratique... Mais sous quelle coupe placer les hôpitaux, l'école, la police ?

Il se déchaîne ce jour-là contre un autre adversaire : la peinture moderne. Il déclare « inadmissible la pénétration du formalisme dans la peinture » – dont il a une vision très vague et obscure ; il condamne la façon dont les *Izvestia* et son supplément *Nedelia* traitent de la peinture, stigmatise Adjoubeï qui dirige ce journal, félicite Souslov pour sa vigilance dans ce domaine, exige qu'on se penche sur les expositions et affirme qu'il faut « casser les élections » qui ont porté des non-conformistes à la tête de l'Union des artistes et « retirer l'immeuble [où se tient une exposition jugée sulfureuse], convoquer, arrêter s'il le faut [...] peut-être déporter quelqu'un[7] ». Oui, déporter un peintre pour crime de formalisme. C'est le début d'un véritable accès d'hystérie soigneusement entretenu par les chefs du Secrétariat, Souslov, Kozlov, Chelepine, qui soumettent à Khrouchtchev une note évoquant fort peu les problèmes artistiques mais citant « des propos vrais ou inventés d'écrivains et de peintres sur Khrouchtchev », qualifié d'« Ivan le Sot sur le trône », de « champion du maïs », de « bavard ». Puis ils lui transmettent une lettre d'artistes officiels au Comité central, sans doute rédigée à sa demande, dénonçant leurs collègues indépendants et, pis encore, non figuratifs. Une fois sa bile échauffée, ils l'emmènent à une exposition organisée salle du Manège à 500 mètres du Kremlin...

Un peintre, Elii Belioutine, a organisé depuis quelques années un atelier intitulé « La nouvelle réalité ». Près de 2 000 peintres l'ont fréquenté, suscitant la colère des peintres académiques officiels de l'Union des artistes qui parviennent cette année-là à empêcher l'exposition de l'atelier. Le 29, Belioutine se voit soudain invité de façon pressante et inattendue à reconstituer de toute urgence l'exposition dans la partie fermée du Manège où l'on installe les tableaux de « La nouvelle réalité » à l'entresol pendant que les tableaux des peintres officiels trônent au rez-de-chaussée.

Le 30 novembre, Khrouchtchev en personne, suivi de près par Souslov et quelques autres officiels, débarque au Manège. Khrouchtchev grogne : « Où sont chez vous les justes et où sont les pécheurs ? » Il arrive à l'entresol. Douze peintres flanqués du sculpteur Neizvestny sont alignés, l'air sombre, près de leurs œuvres, nullement abstraites et non figuratives pour la plupart, contrairement aux allégations de Khrouchtchev pour qui la peinture est abstraite dès qu'elle n'est pas d'une exactitude photographique. Un tableau intitulé *L'Année 1917* l'irrite au plus haut point : « Mon petit-fils dessine mieux ! » Puis il interpelle Belioutine : « Je vous le dis en tant que président du Conseil des ministres : tout cela n'est pas nécessaire au peuple soviétique. » Khrouchtchev s'approche enfin du dernier objet de l'exposition : une sculpture d'Ernst Neizvestny... faite de cuivre, ce métal dont l'URSS manque cruellement. D'où ce sculpteur étranger aux canons du réalisme officiel a-t-il pu l'obtenir ? Qui le lui a donné ? Ou, pis encore, vendu, ce qui suggérerait trafic et corruption ? Or Khrouchtchev a fait voter un an et demi plus tôt la loi punissant de mort les coupables de délits économiques. Neizvestny, inquiet, lui explique qu'il achète les vieux robinets ou tuyaux de cuivre usagés aux plombiers et les fait fondre. Khrouchtchev se déchaîne plus encore devant ce détournement de métal précieux et conclut ivre de rage : « Interdire ! Interdire tout ! Arrêter cette horreur : Je l'ordonne ! Je le dis ! Et les suivre tous à la trace ! Et extirper les partisans de ça à la radio, à la télévision, dans la presse [8] ! »

Le 17 décembre 1962, il convoque 300 membres de l'intelligentsia à la Maison des réceptions sur les Leninskie Gory. Evtouchenko lui cite les quatre derniers vers de son *Baby Iar.* Khrouchtchev grogne : « Ce poème est déplacé ici. » Evtouchenko insiste : une question héritée de Staline « n'est toujours pas résolue : c'est la question de l'antisémitisme ». Khrouchtchev le coupe : « Ce n'est pas une question. » Evtouchenko déclare en avoir été lui-même témoin et que « c'était le fait de gens occupant des postes officiels et [que] cela prenait de la sorte un caractère officiel ». Khrouchtchev, de plus en plus irrité, l'interrompt brutalement et, pour illustrer le rapport entre l'artiste et la direction du Parti, explique : « Un colonel discute avec un général ; le colonel parle de façon convaincante, très convaincante. Le général écoute, écoute, et n'a rien à objecter. Le colonel l'ennuie, il se lève et lui dit : “Bon, mais tu es colonel et moi général. Demi-tour droite, en avant marche !” Et le colonel fait demi-tour et obéit. Eh bien voilà, vous vous êtes des colonels, et moi, excusez-moi, je suis le général. Demi-tour droite, en avant marche ! S'il vous plaît [9]. »

Le lendemain et le surlendemain, le poème symphonique de Chostakovitch et son orchestration de *Baby Iar* remportent un triomphe au conservatoire de Moscou. Convoqué aussitôt devant la commission idéologique du Comité central les 24 et 26 décembre 1962, Evtouchenko, assez penaud, affirme qu'après la réunion de la semaine précédente et les « remarques profondément amicales » de Khrouchtchev, il a réfléchi et jugé nécessaire d'ajouter à son poème, sans que personne lui ait rien imposé, « une certaine explication, un certain complément ». En fait, il a réécrit huit vers entiers, supprimant l'affirmation qu'il lui « semble être un juif » et évoquant « cette terre où gisent des victimes juives, les victimes russes et ukrainiennes étendues à leurs côtés », ce qui pour être vrai atténue la spécificité de l'extermination des juifs [10].

L'aversion de Khrouchtchev pour l'intelligentsia, liée à sa conception purement utilitariste de l'activité intellectuelle et artistique, se double d'un vif mépris pour l'héritage du passé. Ainsi, au Praesidium du 9 janvier 1963, il s'élève contre l'Académie d'architecture et ses filiales qui tentent – avec un succès d'ailleurs très relatif – de sauver des monuments du passé. Recourant, selon son habitude, à la simplification caricaturale, il déclare qu'il faut « dépenser de l'argent pour créer des richesses pour le pays et pas pour une écurie dans laquelle a séjourné le cheval de Murat, quand Napoléon était à Moscou ». On pourrait ne voir là qu'un humour douteux s'il ne proposait en conclusion de cette charge de dissoudre l'Académie d'architecture, « ce truc fabriqué [...] engendré par la vanité et l'ignorance de l'affaire » et, péché suprême, « créé par Kaganovitch » en 1934.

Il élargit cette aversion pour les monuments du passé et leur inutilité à l'activité scientifique en général, à la recherche fondamentale et aux chercheurs des instituts scientifiques. « Les instituts doivent avoir un but à atteindre, ils doivent servir les branches (économiques) et ne pas s'occuper seulement de problèmes abstraits, qui n'apportent aucune utilité à notre construction socialiste [11]. »

Entre-temps, Khrouchtchev a engagé les premières manœuvres pour rattraper, sur le plan international, les conséquences de son recul cubain qui a refroidi ses relations avec Castro et nourri l'offensive de Pékin contre son « aventurisme » et sa « capitulation ». Le 13 décembre 1962, il reçoit le journaliste catholique américain, Norman Casins, qui veut le sonder sur l'établissement de contacts officieux avec le Vatican. Khrouchtchev n'y est pas hostile et déclare : « Nous avons beaucoup de choses en commun le pape et moi, parce que nous sommes tous les deux d'extraction modeste, nous avons travaillé la terre dans notre jeunesse et nous savons toutes les forces qu'il faut dépenser pour obtenir de la terre les fruits de son travail nécessaire pour la vie. » En passant, il tente comme à son habitude de bluffer son interlocuteur. Il camoufle le recul public de la production agricole en déclarant : « Dans l'agriculture nous avons rempli les tâches que nous nous étions fixées, mais les besoins des gens ont sensiblement augmenté. » Il confie pourtant au journaliste : « Il y a des problèmes avec l'appareil du Parti et avec la bureaucratie. [...] Le Parti s'est bureaucratisé, son appareil s'est gonflé » et, ajoute-t-il, bizarrement si l'on songe aux motifs de sa réforme de l'appareil « il s'ingère dans la production [12] ». Au début de janvier 1963, il envoie à Rome son gendre Adjoubeï qui est reçu en audience par le pape Jean XXIII. Pendant toute la première moitié de 1963, Khrouchtchev, qui libère deux mois plus tard l'évêque uniate ukrainien Slipi, et le pape échangent une correspondance. Mais la mort de Jean XXIII le 4 juin 1963 interrompra ce rapprochement.

Il essaie dans le même temps de relancer les négociations avec Kennedy. Le 9 janvier 1963, dans une lettre au président américain sur le désarmement nucléaire, il propose d'accepter deux ou trois inspections par an sur les sites nucléaires soviétiques. Kennedy, qui en veut une dizaine, ne réagit pas. Une semaine plus tard, Khrouchtchev met fin à la crise de Berlin ouverte en 1958. Le 12 décembre, devant le Soviet suprême, il s'était encore déclaré prêt à signer un traité de paix séparé avec la RDA et donc à régler unilatéralement le sort de Berlin, mais en déclarant qu'« il n'y avait pas urgence [13] ». Au congrès du parti communiste est-allemand, le SED, le 16 janvier, il affirme soudain qu'il n'y a aucune raison de forcer la signature d'un traité de paix en Allemagne. Il n'en parlera plus.

31

VERS LE « COMMUNISME » DE LA PÉNURIE ? (1963)

L'année 1963 marque le point culminant de la brouille sino-soviétique. « Nous n'avons jamais considéré comme marxiste-léniniste l'attitude qui consiste à jouer avec les armes nucléaires et à prendre cela comme moyen propre à régler les différends internationaux », écrivait l'organe du PC chinois le *Quotidien du peuple* le 31 décembre 1962 sous le titre allusif « Les divergences entre le camarade Togliatti et nous-mêmes ». Castro pense de son côté que dans l'affaire des missiles il a servi de pion à l'URSS. Khrouchtchev tente donc de dissocier les deux parties d'un éventuel front sino-cubain. Fin janvier 1963, il invite Castro à Moscou mais le leader cubain réserve sa réponse pendant trois mois. Au Praesidium du 15 février 1963, il atténue le projet de lettre au Comité central du PC chinois rédigé par le Secrétariat et qu'il juge trop brutal : « Il faut, dit-il, éviter la polémique, et le texte doit montrer que la possibilité d'une scission nous soucie. Nous ne saisissons pas sur quels points nous sommes en désaccord. Nous sommes d'accord pour nous rencontrer et prêts à démêler, à écouter, à expliciter toute compréhension si elle existe [1]. » Ce jour-là, lors d'une réception en l'honneur du roi du Laos, il empoigne les deux mains de l'ambassadeur chinois et s'exclame : « Les partis communistes de Chine et de l'URSS ont coopéré, coopèrent et coopéreront dans l'avenir. » Le 21, il propose à Mao de réunir une conférence bilatérale sino-soviétique au sommet.

Le 9 mars, Mao répond en suggérant qu'après sa visite au Cambodge (où il n'a jamais eu le dessein de se rendre), Khrouchtchev poursuive sa route jusqu'à Pékin. Sinon, Mao se prononce pour un échange de délégations. Khrouchtchev insiste encore au Praesidium du 12 mars : « Nous accueillerions avec satisfaction la venue de Mao à Moscou, et s'il ne peut pas, nous accueillerions l'arrivée d'une délégation », et il revient sur le projet de lettre en insistant : « Pas sur un ton polémique [2]. » Cette éclaircie purement diplomatique ne durera pas.

Cette année 1963 sera en effet celle de l'explosion publique de la crise sino-soviétique et plus grave encore sans doute celle du désastre agricole. Au 1er janvier, la catastrophe engendrée par la chasse à l'élevage individuel, chasse orchestrée par Khrouchtchev, apparaît dans toute son ampleur : à cette date, les kolkhoziens entretenaient sur leurs lopins individuels 10 millions de vaches seulement contre 22 millions en 1958. Les paysans répètent ce qu'ont fait leurs parents lorsqu'on a voulu les contraindre à entrer par la violence dans les kolkhozes en 1930-1931 : plutôt que de brader leur bétail, ils en abattent une bonne part – 12 millions de vaches ont été soit abattues, soit vendues aux kolkhozes et sovkhozes chargés désormais de fournir le fourrage nécessaire à leur entretien, dont la production n'a guère augmenté. Et la baisse se poursuit jusqu'à la chute de Khrouchtchev. Au cours des deux années suivantes, le nombre de bêtes à cornes va encore diminuer de 6,2 millions, dont 2,2 millions de vaches, provoquant un effondrement de la production de lait. Malgré cet abattage massif, les villes manquent de viande. Les paysans la vendent au marché libre kolkhozien à des prix élevés et les étals des magasins d'État restent désespérément vides. Khrouchtchev répond à cette pénurie en restreignant l'activité des marchés kolkhoziens, réduisant ainsi un peu plus l'offre de viande, de légumes et de fruits en dehors du circuit étatique approvisionné par à-coups. Mais il se sent pris à la gorge.

Khrouchtchev affronte cette année politiquement affaibli. L'arrestation de Penkovsky et l'instruction de son affaire ternissent un peu plus son prestige déclinant dans les cercles dirigeants. En janvier 1959, il avait nommé son vieil ami Serov chef adjoint de l'état-major pour le renseignement et chef des services de renseignements de l'armée (Grou). Les liens entre les deux hommes sont anciens et notoires. Or, Serov a fréquenté la famille Penkovsky. On lui prête d'étroites relations avec la fille du colonel, que sa famille a accompagné dans un voyage en Angleterre. Khrouchtchev rechigne pourtant à le sanctionner, ainsi que le général Varentsov qui a fourni à l'espion des renseignements ultraconfidentiels. Kozlov, deuxième secrétaire du Comité central depuis 1960, insiste pour qu'ils soient punis. Khrouchtchev finit par céder de mauvais gré. Le 2 février 1963, Serov est accusé de « perte de vigilance politique et actes indignes » (non précisés), dégradé du rang de général d'armée à celui de général-major, privé du titre de héros de l'Union soviétique et démis de ses fonctions. Le 12 mars, Varentsov est rétrogradé et privé de son titre de héros de l'Union soviétique. Mais la « perte de vigilance politique et les actes indignes » de Serov retombent sur son protecteur Khrouchtchev. Alors même qu'il menace les ennemis de l'URSS, il a, lui, le chef suprême des armées soviétiques et président du conseil de défense, laissé à la tête du KGB un homme assez léger pour livrer des secrets militaires à un colonel qui, dans ses services et sous ses ordres, travaillait pour la CIA.

Khrouchtchev est aussi affaibli politiquement par la résistance que l'appareil du Parti de haut en bas oppose à ses mesures. Confronté à ce blocage, écrit Sergueï Khrouchtchev, « mon père ne comprenait pas de quoi il s'agissait. Il s'énervait, s'échauffait, se disputait, cherchait des coupables. [...] Hier encore docile, l'appareil cessait d'exécuter, ignorait purement et simplement les instructions de mon père. La peur de la mort avait disparu et tous les leviers du pouvoir se trouvaient entre les mains de l'appareil ».

Le sentiment de son impuissance le ronge. Recevant Castro à Moscou fin avril-début mai, il lui confie un jour : « Tu penses peut-être que, comme je suis premier secrétaire, je peux changer quelque chose dans cet État. Peau de balle, oui ! Quelles que soient les réformes que j'ai proposées et effectuées, tout reste fondamentalement comme avant[3]. » Il s'acharne néanmoins à houspiller cet appareil. Si, après un rapport de synthèse sans suite de Kozlov en date du 21 janvier, il laisse son projet de Constitution s'enliser dans les sables, il multiplie les projets de réformes. Il juge nécessaire une nouvelle discussion entre les membres du Praesidium sur la division de l'appareil en deux secteurs, agricole et industriel « afin, dit-il, de mieux embrasser la structure ». Il se hâte d'ajouter : « Je considère que c'est une structure correcte pour l'essentiel mais qui exige certains correctifs et je dirais un échange d'opinion [4] », puisque la mise en œuvre se heurte à de nombreuses difficultés au niveau même de la direction suprême...

Au plus haut sommet, l'appareil freine la mise en œuvre du dédoublement des secrétaires régionaux. La réforme bouleverse en effet son mode d'existence traditionnel ; jusqu'alors, le secrétaire de région était le roi chez lui. Or deux rois, même à l'échelon régional, c'est un de trop. Ainsi la justice soviétique fonctionne selon le principe inavoué du « droit téléphonique » : pour toute affaire qui intéresse le pouvoir, le secrétaire régional dicte la sentence par téléphone au procureur et au président du tribunal qui s'exécutent. Qui aura désormais l'autorité pour le faire ?

Cette frénésie de réformes sans cesse elles-mêmes réformées, voire inversées, revêt une forme brouillonne qui donne l'impression d'une incertitude permanente. Le vice-président du Gosplan Novikov souligne ainsi : « L'un des défauts de Khrouchtchev était son inconstance. Il pouvait aujourd'hui promettre une chose et le lendemain faire tout autre chose [5]. »

L'irritation que provoquent en lui les résistances auxquelles il se heurte facilite les efforts des adversaires de la poursuite d'une déstalinisation même limitée, qui veulent le dresser contre une intelligentsia favorable à cette reprise. Au premier rang d'entre eux se trouve désormais Souslov, dit « le cardinal gris », officiellement remplacé comme secrétaire à l'Idéologie par Ilitchev. C'est lui qui, au nom de l'« idéologie marxiste-léniniste », et avec le concours de Brejnev et Chelepine, téléguide le fruste Khrouchtchev contre l'intelligentsia.

Le 7 mars, dans la salle bleue du Kremlin, Khrouchtchev règle ses comptes à l'intelligentsia frondeuse qui plaçait ses espoirs en lui. Khrouchtchev dénonce « les tendances malsaines dans la littérature et l' art », les accuse de céder à l'idéologie bourgeoise et s'emporte : « La coexistence pacifique dans le domaine de l'idéologie [c'est-à-dire en réalité la liberté d'expression dans le domaine des idées, de la science et de l'art] est une trahison du marxisme-léninisme, une trahison de la cause des ouvriers et des paysans. » Pour justifier son raidissement, il déclare : « Le Parti rend hommage aux mérites de Staline à l'égard du Parti et du mouvement communiste. [...] Staline était dévoué au communisme ; c'était un marxiste. » Khrouchtchev achève son long discours par une tirade antisémite. Il tombe d'abord à bras raccourcis sur le *Baby Var* d'Evtouchenko, où, s'indigne-t-il, « les faits sont exposés comme s'il n'y avait que la population juive qui ait été victime des atrocités commises par les fascistes ». Evtouchenko avait souligné l'absence d'une plaque rappelant le massacre sans expliquer le sens de cette absence, que Khrouchtchev, lui, devine fort bien : « Pour qui et dans quel but avait-on besoin de présenter les choses comme si quelqu'un, dans notre pays, usait de discrimination envers les juifs ? Il n'y a pas de discrimination. [...] La question juive n'existe pas chez nous et ceux qui l'inventent répètent servilement ce que l'on dit ailleurs [6] » et sont donc des agents de l'étranger.

Cette journée du 7 mars va se prolonger par une dénonciation de l'art dit formaliste, c'est-à-dire tout art échappant à l'académisme stalinien, et déboucher sur une campagne antisémite. Ainsi un certain Trofim Kichko publie en Ukraine, où paraissent alors plusieurs romans antisémites, une brochure intitulée *Le Judaïsme sans fard* tirée à 75 000 exemplaires, où il accumule les accusations antisémites traditionnelles. L'appareil formé sous Staline est parcouru de ces sentiments que Khrouchtchev flatte à l'occasion imprudemment. Ainsi lâche-t-il un jour : « Le sans-parti Leonide Sobolev nous est plus cher que le membre du Parti Margarita Aliguer. » Cette dernière étant juive et Sobolev un Russe pur sang, la formule a une évidente connotation antisémite. L'appareil du Parti le comprend ainsi. Ainsi la majorité absolue des condamnés à mort pour délits économiques en application de la loi de 1961 sont des juifs : c'est le *numerus clausus* à l'envers.

La direction collective, lassée par le mouvement perpétuel des réformes et les colères de Khrouchtchev aspire à l'écarter.

De son côté, il laisse alors entendre qu'il est insatisfait d'un certain nombre de « camarades » de la direction. De qui ? Certains sont inquiets, surtout le fainéant et peureux Brejnev. L'hebdomadaire britannique l'*Observer* du 21 avril 1963 évoque des sources anonymes prévoyant le départ de Khrouchtchev dans un délai maximal de deux ans. Mikoïan tente une manœuvre en ce sens. Le 10 avril, un vieux retraité lui écrit pour se dire « littéralement effrayé par l'état de santé de Khrouchtchev », « sa surcharge de travail, [...] surcharge effrayante » et suppose qu'il « doit souffrir d'hypertension ». Mikoïan transmet sa lettre à Khrouchtchev en notant dans la marge : « Ça ne serait pas nuisible pour toi de lire cette lettre[7]. » Il lui suggère ainsi de mettre un frein à son activisme débordant qui rejette dans l'ombre les autres membres d'une direction de moins en moins collective. C'est un avertissement sans frais. Le 24 avril, Khrouchtchev déclare qu'à son âge un politicien surmené est en droit de penser à la retraite, mais il continue à occuper plus que jamais à lui seul la scène intérieure et extérieure.

Son aversion pour l'intelligentsia se nourrit de toute manifestation d'indépendance dont celle-ci peut faire preuve. Ainsi le 11 avril, la commission d'attribution des prix Lénine (où siège Lyssenko lui-même) rejette au vote secret la candidature de deux lyssenkistes. Lyssenko en informe aussitôt Khrouchtchev qui explose et exige le surlendemain que la commission révise sa position. La commission se réunit immédiatement en séance extraordinaire et, sous la pression des émissaires de Khrouchtchev qui coupent la parole voire l'interdisent aux opposants de Lyssenko, fait attribuer le prix Lénine aux deux charlatans.

Au Praesidium du 25 avril, Khrouchtchev dénonce ainsi l'insuffisance grave du contrôle de l'ensemble de la production intellectuelle du pays, laissée, dit-il, sans vraie direction politique. Il s'indigne contre la représentation du *Revizor* de Gogol (« À qui a-t-on demandé, à qui est-ce nécessaire ? Quel but poursuivait-on ? ») et celle de *Marie Stuart* de Schiller. Il l'a vue deux fois, dit-il, mais ajoute « ce n'est pas un spectacle pour nous » puisque sans utilité idéologique. Il leur oppose trois grossières pièces de propagande dont une, *Lioubov Iarovaia*, sur la défense de Tsaritsyne en 1918-1919 sous les ordres de Staline.

Puis il critique les écrivains qui se font inscrire à l'Union des écrivains et abandonnent leur métier. « Si c'est un paysan qui commence à écrire, qu'il continue à travailler comme conducteur de tracteur. S'il est enseignant, qu'il le reste », et il s'indigne que Soljenitsyne, qui a écrit dit-il « un mauvais livre [*Le Premier Cercle*] et un bon [*Une journée d'Ivan Denissovitch*] et dont on ne sait pas s'il en écrira un troisième », ait abandonné l'école où il enseignait de 1957 à 1962 pour entrer à l'Union des écrivains. Khrouchtchev propose la création d'une commission (une de plus), présidée par Souslov, pour contrôler la culture. Créée en avril, elle remplacera la commission idéologique du Comité central dirigée par Ilitchev.

Un contrôle total de la vie intellectuelle suppose la fermeture des frontières. Il propose donc au Praesidium de dresser un barrage face aux émissions radio de l'étranger. Mais comment faire ? Il lance l'idée de « produire des postes radio qui ne fonctionneraient que pour accueillir nos stations émettrices », des postes patriotiques en quelque sorte, et il suggère de fabriquer des postes radio sans ondes courtes ! Kossyguine, ironique, susurre : « Sur les ondes moyennes et longues, ils n'attraperont rien. » Une fois de plus, Khrouchtchev prend exemple sur les Américains qui, eux, prétend-il, « ont remplacé tous les postes sur ondes courtes. [...] Mais nous les communistes nous sommes des balots, nous ne comprenons pas, nous nous contentons d'un milicien [8] ». Mais ce contrôle n'est efficace que s'il est universel. Khrouchtchev décide de convoquer en juin un plenum du Comité central consacré à la culture et à l'idéologie.

Le 25 avril, Castro atterrit à Moscou. Il séjourne six semaines en URSS, et parcourt le pays avec Khrouchtchev. Ils passent ensemble plusieurs jours dans la réserve de chasse de Zavidovo à une centaine de kilomètres de Moscou et festoient abondamment. Devant son hôte, Khrouchtchev plastronne et accable de remarques sarcastiques ses ministres et secrétaires du comité central, dont Brejnev. En conclusion d'une visite officiellement terminée le 24 mai, la *Pravda* du 25 mai annonce le rappel de Cuba du général Pliev, malade, et publie un communiqué menaçant : l'URSS a aidé Cuba à se défendre contre toute agression éventuelle en lui fournissant les moyens militaires modernes et « si, en violation des engagements de non-intervention à Cuba pris par le président des États-Unis, Cuba était victime d'une agression, l'Union soviétique alors remplira son devoir internationaliste devant le peuple frère cubain et lui apportera l'aide nécessaire pour défendre la liberté et l'indépendance de la république de Cuba par tous les moyens à sa disposition. Les organisateurs de l'agression doivent se rendre compte que l'invasion de Cuba placera l'humanité devant une guerre thermonucléaire destructrice ».

Mais ces rodomontades lassent chaque jour un peu plus une population confrontée à des difficultés de ravitaillement croissantes et à l'augmentation des prix de détail, provoquée par le manque de marchandises dans le réseau des magasins de détail coopératifs et de l'État. La fille d'un couple d'ouvriers de sovkhoze, Aksinia Kozoloupenko, témoigne : « Khrouchtchev se préparait à rattraper et à dépasser l'Amérique dans tous les domaines, mais sous sa direction, dans notre village (et pas seulement chez nous) disparurent de la vente le pain blanc, les pâtes, le sucre, le saucisson, les bonbons, le thé, le hareng. On se mit à vendre de nombreuses marchandises pendant les élections (et seulement au début), dans les réunions du Parti, dans les congrès de travailleurs d'avant-garde [9]. » Dans cette situation, note l'écrivain Sourov, « imaginez que quelqu'un, sans rire, naturellement et très sérieusement, dise "Notre cher et bien aimé Nikita Sergueïevitch !", si l'on n'avait pas compris qu'il était atteint d'une maladie psychique aiguë, on lui aurait foutu sur la gueule, dans le meilleur des cas. Il n'y avait rien à bouffer, on n'avait pas de viande, on faisait la queue pour le pain et on entendait à la radio parler de "la pleine satisfaction des besoins toujours croissants de la population [10]" ».

L'augmentation des prix rend la pénurie plus insupportable encore. Le Praesidium du 16 mai se penche sur la question. Khrouchtchev semble désemparé et lance diverses propositions : « Il faut, dit-il une nouvelle fois, trouver une forme organisationnelle », et « utiliser les femmes », sans doute inviter celles qui font les achats à prendre au collet les employés du commerce. Il suggère : « Peut-être créer un organe qui s'occuperait des questions de la consommation et du commerce ; un comité d'État administrant la production d'objets de consommation et du commerce », et un « comité de contrôle du Parti et de l'État, qui prenne des décisions [11] ». À chaque difficulté, Khrouchtchev invente un nouveau comité. Aucun ne verra le jour.

Peu avant le plenum du Comité central consacré à la culture et à l'idéologie, le KGB informe Khrouchtchev et le Praesidium que Joukov est en train de rédiger ses Mémoires et qu'il y porte sur le rôle de Khrouchtchev pendant la guerre une appréciation pour le moins mesurée et plus encore sur son attitude et celle de son entourage en 1957. Le Praesidium en discute le 7 juin. Khrouchtchev en rage décide : « Convoquer Joukov au Comité central (Brejnev, Chvernik, Serdiouk) et l'avertir que s'il ne comprend pas, on l'exclura du Parti et on l'arrêtera [12]. » Son fils prétend que Khrouchtchev s'opposa à toute tentative d'intimider le maréchal. Le procès-verbal contredit cette pieuse version filiale. Mais Joukov fera la sourde oreille et Khrouchtchev n'osera ni faire exclure ni faire arrêter l'homme qui a pris Berlin.

À ce même Praesidium, Khrouchtchev relate ses longs entretiens avec Castro sur les rives de la mer Noire du 24 mai au 1er juin 1963. Leur discussion a surtout porté sur la crise des missiles. Dans cette affaire, lui a-t-il dit, Cuba et l'URSS ont remporté une grande victoire et les dirigeants du PC chinois se sont comportés en alliés de l'impérialisme : « Au lieu de concentrer leurs efforts révolutionnaires contre l'ennemi, ils ont ouvert le feu contre nous. À qui cela profita-t-il ? Aux forces révolutionnaires ? Non. Le morcellement, l'émiettement cela profita aux forces impérialistes. » Khrouchtchev lui affirme avoir arraché quelques années de paix pour Cuba. À l'en croire, Castro avait acquiescé. Khrouchtchev ressasse même les conseils qu'il a prodigués au leader cubain sur la récolte de la canne à sucre. Il se rengorge : « Quand je lui ai parlé des questions internes au Parti de la période stalinienne, il m'a dit : "Merci j'ai écouté un cours." » Et Khrouchtchev de conclure triomphalement : « Castro est un jeune homme qui réfléchit, il a visiblement correctement compris notre position. »

Interrogé par Castro sur les différends avec le PC chinois, Khrouchtchev lui a répondu : « Je me demande moi-même quels différends il y a. Nous sommes pour la paix, ils sont pour la paix, nous sommes pour la coexistence et eux aussi [13]. » C'est exact. Malgré les rodomontades verbales de Mao dénonçant « l'impérialisme américain » comme un tigre de papier, les dirigeants chinois affirment régulièrement leur attachement à la « coexistence pacifique ». À Genève, en juillet 1962, le maréchal Chen Yi, ministre des Affaires étrangères, a déclaré : « Nous avons toujours été en faveur de la coexistence pacifique [14]. » En septembre, le comité central du PC chinois déclare vouloir « faire prévaloir, sur la base des cinq principes [de la conférence de Bandung] la coexistence pacifique avec les pays de régime social différent [15] ». Les raisons de la polémique sont ailleurs. Khrouchtchev s'interroge : « De quoi s'agit-il ? » Il répond : « C'est une question de nationalisme, une question d'égoïsme. C'est l'essentiel. Ils veulent jouer les premiers rôles », c'est-à-dire assumer la direction du « mouvement communiste international ». À cette vision simpliste, l'ambassadeur soviétique à Washington, Troïanovski, longtemps conseiller de Khrouchtchev pour les affaires internationales, répond : la rupture de Khrouchtchev avec la Chine de Mao « lui donnait beaucoup plus d'espace pour ses recherches de compréhension mutuelle avec les États-Unis et les autres puissances occidentales [16] ». En un mot, tout accord entre Moscou et Washington se fait aux dépens de Pékin, pris entre les deux Grands. Alors que les États-Unis se sont installés au Vietnam du Sud, Khrouchtchev manifeste d'ailleurs une réticence affichée à soutenir le Vietnam du Nord, ce qui facilite son accord avec Kennedy.

Rien d'étonnant donc si les tentatives de Khrouchtchev pour apaiser Pékin par des mots n'aboutissent à rien. La presse chinoise l'accable de qualificatifs aimables : bouffon lecteur de la Bible et chanteur de psaumes, menteur, traître, raciste, aventurier [17].

Quatre jours avant l'ouverture du plenum du Comité central (18 au 22 juin 1963), le PC chinois adresse au Comité central soviétique une longue lettre accusant entre autres l'URSS de « pratiquer un chauvinisme de grande puissance ». L'ambassade de Chine assure une modeste diffusion de ce texte à Leningrad et à Moscou par des étudiants. Cette initiative marginalise au plenum le long et fastidieux rapport d'Ilitchev, truffé de citations de Khrouchtchev, sur « le travail idéologique du Parti ». Souslov y occupe une place centrale avec son rapport sur les relations avec le PC chinois à la veille d'une rencontre à Moscou avec une délégation de ce parti. Khrouchtchev a invité plusieurs centaines de personnalités membres ou non du Parti, qui votent avec les membres du Comité central la résolution finale qu'il soumet au plenum. Staline marginalisait le Comité central en le décimant puis en cessant de le convoquer. Khrouchtchev, après lui avoir rendu sa place, le noie sous une pluie d'invités. Mais il ne peut utiliser la terreur pour faire accepter cette dilution. Khrouchtchev fait élire au Secrétariat du Comité central deux hommes qu'il avait étrangement présentés au Praesidium comme des « cadres industriels » : Brejnev et son fidèle courtisan Podgorny, le premier secrétaire du PC ukrainien remplacé à ce poste par le secrétaire régional de Kiev, Piotr Chelest. Les deux hommes joueront un rôle déterminant dans l'élimination de Khrouchtchev l'année suivante.

Khrouchtchev part aussitôt pour Berlin-Est où il a convoqué à l'occasion du 70e anniversaire de Walter Ulbricht une mini-conférence au sommet des dirigeants des démocraties populaires. Les Roumains, qui jouent la carte de l'indépendance (relative mais démonstrative) depuis un an, ne sont pas présents. Dans son discours fleuve, il ne dit mot des désaccords avec les dirigeants chinois et s'affirme très satisfait du mur qui coupe Berlin en deux depuis deux ans.

Le 5 juillet, alors que s'ouvre à Moscou la rencontre entre les délégations des PC soviétique, dirigée par Souslov, et chinois dirigée par son secrétaire général Deng Xiaoping, Khrouchtchev part à Kiev. La rencontre, tendue, se conclut le 20 juillet par l'affirmation publique de désaccords... et un banquet auquel Khrouchtchev n'assiste pas.

En juillet 1963, Kennedy et Khrouchtchev se mettent d'accord pour installer une ligne directe entre la Maison-

Blanche et le Kremlin. Le 13, le *Quotidien du peuple* révèle publiquement la rupture unilatérale par Khrouchtchev en 1959 des accords passés avec la Chine et le rapatriement brutal des techniciens soviétiques de Chine. Le 5 août, Washington, Moscou et Londres signent un accord sur l'interdiction partielle des essais nucléaires des expériences atomiques dans l'atmosphère et sous l'eau, alors que la Chine ne dispose pas encore de la bombe atomique. Le 15 août, les dirigeants chinois, jugeant l'accord dirigé contre eux, le dénoncent violemment en même temps que le refus opposé par l'URSS en 1959 de leur fournir les moyens de fabriquer la bombe atomique.

L'antisémitisme rampant que Khrouchtchev laisse s'exprimer ouvertement gêne sa politique de rapprochement avec les États-Unis, où certains politiciens en font bon usage. En septembre 1963, Leonard Farbstein, représentant démocrate de l'État de New York, déclare : « Le harcèlement des juifs en URSS présente quelques analogies avec les premières mesures de l'Allemagne hitlérienne. » Abraham Ribicoff, élu démocrate du Congrès, peu soucieux de nuances, assimile même ce harcèlement aux « fins jadis recherchées par l'Allemagne nazie [18] » c'est-à-dire à l'extermination des juifs d'Europe.

À cette date, Khrouchtchev est déjà en vacances à Gagra en Crimée. Le 13 août, il écoute Alexandre Tvardovski lire son poème satirique *Tiorkine dans l'autre monde*. Quelques jours plus tard, avec son aval, les *Izvestia* puis le numéro d'août 1963 de *Novy Mir* publient enfin ce poème qui ridiculise la bureaucratie soviétique. Le paysan soldat Tiorkine, mort au combat, part pour l'au-delà, immense et sinistre caserne souterraine gérée par une bureaucratie tatillonne répartie en une pluie de comités occupés à la seule tâche d'enregistrer, ficher, faire remplir d'interminables questionnaires, soumettre les morts à des visites médicales absurdes, organiser la distribution de rations fantômes. Une énorme cohorte de fonctionnaires à tous les niveaux enregistre, comptabilise, gère, dirige. Un service spécial ultrasecret dirige tout, sous la houlette d'un invisible « ordonnateur de toutes les destinées, au nom duquel Tiorkine est mort au combat », à savoir Staline, jamais nommé mais clairement désigné. Khrouchtchev offre ici un cadeau de consolation aux intellectuels progressistes qu'il a accablés en mars 1963, mais ce présent antibureaucratique n'importe guère aux millions d'ouvriers, d'employés et de paysans contraints de piétiner dans les files d'attente de plus en plus longues devant des magasins de plus en plus vides.

Marx et Engels avaient souligné dans *L'Idéologie allemande* que la socialisation de l'indigence ressusciterait la lutte des individus pour le nécessaire et donc tout le vieux fatras des relations les dressant dans une brutale concurrence les uns contre les autres. La pénurie qui règne en URSS réalise ce pronostic. À la recherche de crédits que la réduction des forces armées ne suffit pas à fournir, Khrouchtchev tente d'amadouer les hommes d'affaires américains. Recevant un groupe d'entre eux le 7 novembre, jour anniversaire de la révolution de 1917, il lève son verre « aux capitalistes et aux réalistes » et déclare : « Il n'y a pas de meilleurs placements possibles qu'un investissement en URSS [19] », peut-être parce que l'État et son KGB garantissent l'absence de grève. Mais ses invités n'investiront pas un dollar. Aussi longtemps qu'existent la seule propriété d'État des moyens de production, une banque d'État, le monopole d'État du commerce extérieur, les bénéfices éventuels immédiats de leurs investissements ne comptent pas au regard d'une exigence fondamentale pour eux : la liberté totale des mouvements de capitaux, la privatisation des banques et le rétablissement de la propriété privée.

32

DANS L'IMPASSE (1963)

L'été 1963 a été marqué par une sécheresse brutale et la récolte est catastrophique. « Catastrophe » c'est le mot même qu'utilisera Khrouchtchev pour la qualifier un an plus tard devant le Praesidium du 19 août 1964, où il avouera : « Pour conserver les machinistes sur les Terres vierges, nous avons dû leur donner à chacun un kilo de blé [1]. » Ce présent dérisoire n'a pas freiné la fuite des intéressés vers la Russie d'Europe. La culture extensive des Terres vierges sans assolement tourne au cauchemar. En mai, des vents violents ont balayé des centaines de kilomètres de terres, mis la roche à nu et emporté vers les contreforts montagneux des millions de tonnes de terre arable et ensemencée. Les surfaces ensemencées se réduisent de 6 millions d'hectares. Le Kazakhstan devait livrer 960 millions de pouds de blé, il en livrera au maximum 250 millions et encore... L'Altaï et la Sibérie, qui devaient en livrer 250 millions, en livreront au maximum 15 millions. La Sibérie manque de pain et doit faire venir du blé d'autres régions. La récolte atteint péniblement le chiffre de 107 millions de tonnes de blé contre 140 millions en 1962, alors que Khrouchtchev avait fixé l'objectif à atteindre pour satisfaire les besoins de la population à 162 millions de tonnes. Le résultat est si catastrophique que le chiffre alors tenu secret ne sera rendu public qu'en février 1965 par les successeurs de Khrouchtchev pour illustrer sa faillite. Podgorny déclare à son successeur Chelest : « Nous n'achèterons pas de blé à l'étranger. Il faut économiser le pain au maximum, réduire le nombre de variétés de pain, en particulier de pain blanc. Lors de la cuisson du pain il faut ajouter du sel, y mêler de la pomme de terre, du son, du maïs, augmenter l'humidité du pain », bref le rendre à peu près immangeable et il ajoute : « Peut-être faudra-t-il instaurer des cartes de rationnement du pain [2]. » À la veille d'entrer dans le royaume du communisme, l'URSS, qui en 1960 exportait 7 millions de tonnes de blé, surtout dans les démocraties populaires, s'apprête donc à fournir un ersatz de pain à son peuple. Khrouchtchev ne s'y résout pas. Il se refuse d'abord à accepter l'idée d'acheter du blé à l'étranger que lui suggère Kossyguine. Il y voit une humiliation nationale et personnelle. Il se décide enfin à acheter 12 millions de tonnes de céréales aux pays occidentaux – l'importation la plus importante jamais effectuée jusqu'alors par l'URSS ; il doit néanmoins réintroduire le rationnement du pain dans les grandes villes... comme pendant la guerre ou les premières années de l'après-guerre. L'échec est brutal. L'URSS devra encore acheter 12 millions de tonnes de blé en 1964.

« Sous Staline, notent Alexandre Nekritch et Michel Heller, on aurait simplement abandonné la population affamée à son triste sort, tandis que sous Khrouchtchev on a préféré échanger de l'or contre du blé : l'énorme différence entre ces deux époques transparaît dans ces attitudes [3]. » Le désastre ébranle pourtant la position de Khrouchtchev, qui a bâti sa carrière sur ses compétences en agriculture. Des anecdotes satiriques raillent son échec. « Quel est le plus grand agronome de notre pays ? demande l'une d'elles. – C'est Khrouchtchev. – Pourquoi ? – Parce qu'il plante du blé en Union soviétique et le récolte au Canada. »

L'échec des Terres vierges, dont il s'est fait le chantre, se marque dans les chiffres de la collecte de blé du Kazakhstan, leur véritable centre. En 1958, la République a fourni 14,8 millions de tonnes, son record, puis 8,2 millions en 1962, et 4,7 millions en 1963. La catastrophe alimentaire se double d'une catastrophe financière, 5,3 milliards de roubles ont été engloutis dans l'opération.

Khrouchtchev répond à ces difficultés en durcissant encore les mesures prises contre les lopins individuels des kolkhoziens et en multipliant les restrictions au ravitaillement des marchés kolkhoziens. Il impose des limitations sévères aux déplacements des kolkhoziens sur des marchés extérieurs à leur province : ainsi, les Géorgiens n'ont pas le droit d'aller vendre leurs fruits en dehors de la Géorgie. Le résultat est inexorable : entre 1958 et la fin de 1964, l'écart double presque entre les prix fixes officiels des magasins d'État ou coopératifs, pourtant augmentés en 1962 mais où les marchandises se raréfient, et les prix libres en hausse constante du marché kolkhozien dont le volume des ventes baisse. Le coût réel de la vie augmente, les revenus des kolkhoziens diminuent et certaines couches de la population ne peuvent que rarement manger de la viande disponible souvent sur le seul marché kolkhozien. Plus Khrouchtchev annonce l'avènement du communisme, plus les problèmes de ravitaillement deviennent aigus.

Ces mesures ne sont que des expédients et, qui plus est, contre-productifs. Fin septembre 1963, à Krasnodar, Khrouchtchev lance son nouveau remède miracle : régler la crise de l'agriculture par la production massive d'engrais chimiques dont il propose de multiplier par quatre la production dans les quatre années à venir et pour cela construire au plus vite 60 nouvelles usines : coût de l'opération, 6 milliards de roubles, un peu plus que le coût de l'entreprise des Terres vierges que Khrouchtchev s'acharne à présenter comme un succès. Quelques jours plus tard, il déclare au secrétaire d'État américain à l'Agriculture qu'il pense consacrer 10 milliards de roubles à cette entreprise et réduire à cette fin le budget militaire, ce que l'état-major et le ministère de la Défense ne peuvent accepter. En 1962, l'URSS avait produit 17,3 millions de tonnes d'engrais minéraux ; la production sera de 19,9 millions en 1963. Khrouchtchev annonce à Krasnodar qu'en 1970 elle atteindrait 100 millions de tonnes, soit une progression de 500 % en sept ans. Trois mois plus tard, sans explication, il réduira l'objectif à 80 millions de tonnes, objectif qui ne sera atteint qu'à moitié.

À la crise de l'agriculture s'ajoute celle de l'industrie. À la réunion du Praesidium du 10 novembre 1963, le président du

Gosplan et vice-président du Conseil des ministres, Lomako, annonce tranquillement : « Le volume des chantiers inachevés a augmenté de 53 % par rapport à 1958. » Ainsi l'augmentation des investissements ne produit que l'augmentation du gaspillage. Aux critiques de Khrouchtchev, le président du Gosplan répond : « Nous avons des difficultés. » Khrouchtchev s'emporte : « Je ne veux pas entrer dans vos difficultés. Dites : nous n'avons pas ça, nous avons ça et alors nous déciderons nous-mêmes : ce sont ou non des difficultés. [...] Mais nous ne voulons pas savoir ce que c'est que ces difficultés [4]. » Son irritabilité croissante reflète son sentiment de ne rien maîtriser et de voir que tout lui échappe.

Dans une note ultérieure au Praesidium, il introduit une menace : de nombreux dirigeants de sovkhozes et de kolkhozes, écrit-il, « ont fait leur temps » et ne comprennent pas qu'ils doivent laisser leur place à des jeunes [5]. Les dirigeants des régions et Républiques rassemblés dans le Comité central peuvent craindre que ce constat inquiétant ne s'étende à eux...

Le 9 décembre 1963 s'ouvre le plenum du Comité central consacré à l'agriculture et aux rapports soviéto-chinois, c'est-à-dire les deux crises qui sèment le trouble dans la direction du Parti. Ce plenum est une caricature de Comité central : avec les invités que Khrouchtchev a convoqués, il rassemble près de 6 000 personnes et n'a donc plus rien à voir avec le corps censé détenir le pouvoir réel. Tvardovski est frappé par le changement de ton de Khrouchtchev : « Évanouies la crânerie antérieure habituelle, la fanfaronnade, l'avalanche de bons mots et de leçons appuyées sur des exemples de sa propre vie. Ou plutôt il y avait encore un peu de tout cela, mais la voix était différente, le timbre était différent, le rythme de la lecture était différent et les digressions étaient différentes [6]. » En un mot, Khrouchtchev s'en tient beaucoup plus que d'habitude au texte rédigé par ses collaborateurs, sauf lorsqu'il se déchaîne contre Mao : « Pourquoi, feint-il de s'interroger, les dirigeants chinois s'acharnent-ils tant sur Khrouchtchev ? [...] Manifestement la faute en est à la maman [de Mao]. Si sa maman ne lui a pas donné l'intelligence, personne ne lui en ajoutera, pas même l'école. » Puis il se déchaîne contre les dirigeants du PC chinois : « Les Chinois ne sont pas contre le pouvoir soviétique, ils ne sont même pas contre notre parti, même pas contre le Comité central, même pas contre le Praesidium dans son ensemble, mais seulement contre Khrouchtchev. À chaque fois que nous annonçons la réunion prochaine du plenum, ils s'activent, à chaque fois c'est une vague nouvelle d'attaques contre Khrouchtchev. On dirait qu'ils attendent de lire un bulletin d'information annonçant que Khrouchtchev a été écarté du plenum du Comité central. Mais, ajoute-t-il, la question n'est pas celle de Khrouchtchev, comme aux temps du culte de la personnalité. Khrouchtchev met en œuvre et exécute ce que le Parti lui confie. » Toute la salle se lève et le salue par des applaudissements tempétueux dont on peut suspecter la sincérité. L'idée que le plenum puisse l'écarter n'est à ses yeux qu'une invraisemblable hypothèse d'école. Il poursuit donc : « Je suis déjà dans ma soixante-dixième année, mais je suis encore vif [...] C'est au Parti et au peuple de décider si je dois ou non rester à ce poste. [...] Mais comme on dit, il y a encore de la poudre dans la poudrière ! » Toute l'assistance se lève encore et éclate en « longs applaudissements prolongés [7] ».

La vieillesse est l'âge béni des rites. Khrouchtchev y cède de plus en plus. Le 14 décembre 1963, il emmène une fois encore tout le Praesidium dans la ferme de Trofin. Lyssenko à Leninskie Gori. Il s'extasie : « Sur ce sol argileux, Lyssenko a produit à l'hectare jusqu'à 5 000 quintaux de betterave sucrière et 30 à 35 quintaux de froment. C'est cela l'application concrète de la science à la terre [8]. » Ces chiffres sont fantaisistes. L'équipe de Lyssenko vérifie elle-même ses propres déclarations. Mais l'heure de vérité approche pour elle. En 1955, Lyssenko avait promis de créer une nouvelle race de vache donnant un lait riche de 5,2 % de matière grasse et avait fait acheter à cette fin des vaches de Normandie et de Jersey pour opérer des croisements, mais la nouvelle race de vache se fait autant attendre que l'homme nouveau, alors que le lait, abondant dans les promesses de Lyssenko et de Khrouchtchev, manque dans les magasins.

Le soir du 31 décembre 1963, comme chaque année, les dirigeants du pays sont rassemblés au Kremlin avec une cohorte d'invités pour célébrer le Nouvel An. Au moment où vont résonner les douze coups de minuit, Khrouchtchev se lève et prononce un toast surprenant : « L'année 1963 a été une bonne année ; nos affaires vont bien. Mais les gens naturellement en veulent plus. Et ce sera fait[9]. » Croit-il à la propagande officielle ou refuse-t-il de voir une réalité dérangeante, que son gendre Adjoubeï accablé aux *Izvestia* de lettres de lecteurs mécontents résume en une phrase : « À la fin de la décennie khrouchtchévienne, le pays se trouvait dans l'impasse[10]. »

Tous les groupes de la population ont des motifs d'être mécontents et le sont. Les ouvriers, les employés et les retraités grognent contre la réduction et la détérioration du ravitaillement, l'insuffisance de produits de première nécessité, l'augmentation des prix. Les paysans râlent contre les atteintes croissantes à leur lopin de terre et la diminution des revenus de leur travail dans les sovkhozes et les kolkhozes. La réduction de leur retraite mécontente les officiers renvoyés dans la vie civile et la suppression de leurs primes traditionnelles irrite les cadres et officiers du MVD. Les cadres de l'État et de l'économie n'apprécient pas l'instabilité provoquée par les refontes et réorganisations successives. Ceux du Parti rejettent la rotation des cadres prévue par les nouveaux statuts, la division des comités régionaux en comités industriels et agricoles, la disparition des comités de district et la réduction par Khrouchtchev de la liste de ceux ayant droit d'utiliser à titre personnel les voitures de l'État. Enfin, sa dénonciation des peintres dits « abstractionnistes » et des poètes et musiciens dits « formalistes » a détourné de lui la jeunesse estudiantine et l'intelligentsia. Ainsi, toutes les couches de la population se dressent passivement mais massivement contre lui. Il le reconnaît à demi-mot dans ses Mémoires : « J'ai reçu pas mal de lettres, dont les auteurs s'exprimaient en termes assez vifs à l'encontre de la politique menée par la direction de notre pays[11]. »

L'aversion croissante contre Khrouchtchev du haut en bas de la société prend des formes détournées. Puisque le chef qui promet l'abondance en augmentant les prix, en abaissant les salaires, en réduisant les lopins individuels mais s'avère incapable de nourrir le pays a dénoncé Staline et retiré son cadavre du Mausolée, se revendiquer de Staline est une façon de s'opposer à lui. « Aimer Staline, commente l'historien Kozlov, signifiait "haïr Khrouchtchev", "faire l'éloge de Staline" signifiait "insulter Khrouchtchev[12]". » Ainsi aux manifestations du 1er mai et du 7 novembre 1962 et 1963, dans la ville ouvrière de Soumgaït près de Bakou de nombreux manifestants ont arboré par défi de petits portraits de Staline. En novembre 1963, les chefs locaux, inquiets de la colère du premier secrétaire, ordonnent aux miliciens de retirer ces portraits. Une centaine de manifestants se heurtent à la milice ; ils défendent le portrait de Staline arraché à l'un d'eux et bombardent de pierres l'énorme portrait de Khrouchtchev qui orne la façade du palais de la culture. Six manifestants, accusés de délits divers, seront condamnés à des peines de trois à six ans de prison.

Plus sa popularité décline, plus son culte s'amplifie. Le musée Lénine de Moscou présente dix-huit portraits de Khrouchtchev, qui n'a pourtant jamais rencontré Lénine. On y voit une photographie de Khrouchtchev déposant une gerbe sur la tombe de Marx en avril 1956, retouchée pour effacer Boulganine qui accompagnait le premier secrétaire – le vaincu n'est plus digne de participer à la rencontre posthume entre Marx et Khrouchtchev.

Adjoubeï prétend que Khrouchtchev « sentait que le pays était dans l'impasse. Il comprenait qu'il devait entreprendre quelque chose de totalement différent. Tous ses tâtonnements précédents (reconstructions, réorganisations, divisions, fusions) étaient les actes désespérés d'un homme honnête et consciencieux qui essayait à tout prix de sortir de l'impasse ». Mais il se contredit en ajoutant : « Je me souviens encore de la dernière réunion du Comité central avant le départ de Khrouchtchev à Pitsounda quand il dit : "Il faut céder la place aux autres, aux jeunes[13]". » Cette phrase n'indique pas la recherche d'une issue. Elle n'est qu'un geste de coquetterie ou l'expression d'une lassitude ou d'un découragement, peut-être passagers.

L'hostilité de la masse de la population laborieuse à l'encontre de Khrouchtchev inquiète l'appareil du Parti, car elle peut aisément se prolonger en rejet de ce dernier.

L'appareil avait soutenu Khrouchtchev tant qu'il lui garantissait la vie, la sécurité et la tranquillité. Une décennie après la mort de Staline, la peur de la purge et de la liquidation physique s'est évanouie. Sa sécurité physique garantie, l'appareil veut jouir en paix de ses privilèges. Or, Khrouchtchev change les responsables au gré de ses caprices et de ses réorganisations aventureuses et inefficaces. L'heure de Khrouchtchev a donc sonné, mais un homme doit prendre l'initiative comme il le fit lui-même lorsqu'il fallut se débarrasser de Beria. Or, dans l'équipe de ternes bureaucrates qui l'entourent, personne ne possède le dynamisme ou la soif de pouvoir qui le caractérisaient en 1953. La valse-hésitation va durer un an dans un climat délétère de fin de règne et d'intrigues de palais.

33

Le complot (1964)

Cette année 1964 qui marque la fin de son règne commence par une mesure de diversion politique : le 2 janvier 1964, Khrouchtchev fait adopter par le Comité central un plan destiné à liquider entièrement les préjugés religieux des Soviétiques... C'est le complément idéologique de son programme d'avènement du communisme d'ici 1980. À cette fin, on introduit dans les programmes des universités les fondements de l'athéisme scientifique comme discipline. Khrouchtchev crée un Institut de l'athéisme scientifique. De 1961 à sa chute, 700 croyants et prêtres sont envoyés en prison sous l'accusation de parasitisme et fainéantise. La campagne antireligieuse frappe particulièrement l'Ukraine. Ainsi, dans l'épiscopat de Poltava, le nombre d'églises ouvertes aux fidèles passe de 340 en 1958 à 52 en décembre 1964. La lutte contre « les préjugés religieux » est un dérivatif à la crise sociale qui ne peut que les renforcer. Le règne de l'abondance communiste dans un futur aussi rose que le présent est gris ressemble d'ailleurs au paradis de l'au-delà à une nuance près : personne n'y croit.

Quelques jours après apparaît sur les écrans de cinéma du pays un film documentaire intitulé sobrement *Notre Nikita Sergueïevitch*. Son propre fils est écœuré par la propagande grossière qui s'y étale. La foule ne s'y rue pas. Si Khrouchtchev est présent sur les écrans, il l'est de moins en moins dans le pays. Sur les neuf mois et demi qui restent jusqu'à son limogeage en 1964, il passe cent trente-cinq jours, soit cinq mois, à l'étranger, le plus souvent pour des voyages sans aucun objectif politique réel ou sérieux. Inconsciemment sans doute, Khrouchtchev fuit l'avalanche des difficultés et des problèmes qu'il ne sait comment résoudre et que ses décisions aggravent souvent. Il passe de plus près de deux mois à parcourir le pays avec des invités de marque. En son absence, Brejnev dirige le Secrétariat du Comité central et Kossyguine le gouvernement. Cette situation de fait ne peut que se transformer en situation de droit.

Lors de sa rencontre avec Castro en mai 1963, Nikita Khrouchtchev lui avait promis de se rendre à Cuba le 1er janvier 1964 pour participer aux festivités du cinquième anniversaire de la révolution. Il envoie à sa place Podgorny à la tête d'une délégation qui reste à Cuba du 28 décembre au 12 janvier et en revient avec Castro. Après quelques échanges politiques, Khrouchtchev emmène Castro et Podgorny chasser près de Kiev où les trois hommes arrivent le 22 janvier 1964 à l'aube. Ils vont directement de la gare à la chasse. Ils abattent force sangliers, boucs, et lièvres, festoient dans la forêt autour d'un grand feu puis recommencent. Khrouchtchev rentre à Kiev avec Chelest qui s'est un moment joint à eux. Brejnev téléphone à Khrouchtchev : à Moscou, des gens se plaignent de la mauvaise qualité du pain. Khrouchtchev explose : « Qu'est-ce que vous avez à me faire des rapports sur tout ? Il faut que vous appreniez à faire vous-même quelque chose ! » Puis il déclare à Chelest qui reste prudemment silencieux : « Vous voyez ces “assistants”. Ils sont forts de la gueule, mais pour agir ils n'ont pas assez de capacités et d'esprit [1]. »

Le 11 février 1964 s'ouvre un nouveau plenum du Comité central consacré à l'agriculture et aux relations avec Pékin et envahi, comme de coutume, par des centaines de spécialistes divers. Il s'étend jusqu'au 28 février. Khrouchtchev répète : « Il faut apprendre chez nos savants comme Trofim Lyssenko », dont il exalte les succès toujours aussi imaginaires et invite ses auditeurs à aller voir son blé, son maïs et ses betteraves à sucre. « Je suis sûr qu'il aura comme toujours une bonne récolte à vous montrer. » Bien que courant d'un endroit du pays à l'autre, d'un kolkhoze à l'autre, Khrouchtchev vit finalement dans l'univers de papier des rapports truqués.

Soudain méfiant à l'égard de l'appareil du Parti, il réclame la mise en œuvre d'un décret du Comité central du 9 mars 1955 jamais appliqué donnant une certaine, quoique très relative, autonomie de décision aux kolkhoziens. Il souligne : « Les kolkhoziens doivent être en mesure de décider eux-mêmes combien ils doivent semer de maïs et autres espèces de fourrage. [...] La tâche fixée aux kolkhozes et aux sovkhozes par l'administration détermine les quantités et les qualités des produits agricoles qu'ils auront à fournir à l'État. Mais quant à savoir ce qu'une exploitation doit semer et sur quelle étendue, quelle quantité de bétail entretenir, comment utiliser la terre de manière plus rationnelle [...] cela c'est l'affaire des kolkhozes eux-mêmes et des employés des kolkhozes[2]. »

Il annonce en même temps un renforcement des mesures répressives. Alors que l'érosion galopante des sols est due à la mise en culture systématique et permanente de terres pas toujours adaptées et à sa dénonciation tout aussi systématique de la mise en jachère, il fait voter par le Comité central le châtiment des coupables hypothétiques : « Chaque fois que des terres de labours sont rendues impropres à la culture, il faut [...] intenter des poursuites rigoureuses contre les coupables pour déprédation des biens de l'État[3]. »

Le 14 février au soir, Podgorny et Brejnev rendent visite à Piotr Chelest à l'occasion de son 56e anniversaire et lui lâchent quelques phrases sibyllines sur les difficultés qu'ils rencontrent sans se découvrir. Dès ce moment se nouent les fils du complot contre Khrouchtchev. Le mécontentement croît dans l'appareil du Parti. D'après Mazourov, alors premier secrétaire du PC de Biélorussie, « l'idée du limogeage de Khrouchtchev [...] était dans l'air dans l'année qui a suivi le XXIIe congrès du Parti. Pendant un certain temps après le congrès il est resté calme, puis il est devenu méconnaissable. Il s'était manifestement convaincu de sa propre grandeur, il était devenu irritable, même soupçonneux à l'égard des camarades [...]. Il s'est mis à remarquer que nous ne partagions pas nombre de ses avis. Nous avons supporté cette situation pendant deux ans.

Mais entre nous, nous disions qu'il fallait corriger Nikita[4] ». Donc nul ne pense d'abord à l'écarter.

À ce plenum, Souslov prononce un très long rapport en huit parties contre les dirigeants du PC chinois. La septième est intitulée : « Du danger de la tendance petite-bourgeoise nationaliste et néotrotskyste. » Souslov y présente les « vues de la direction chinoise » comme « coïncidant avec celle des trotskysmes d'hier et d'aujourd'hui », étant « sur bien des points [...] une déviation petite-bourgeoise identifiable au trotskysme », manifestant comme lui « la volonté d'aiguillonner la révolution mondiale par les armes, ce qui était précisément le vrai sens de la théorie trotskyste de la révolution permanente ». Enfin, « la parenté avec le trotskysme ressort aussi en relief dans les thèses chinoises sur le danger de la dégénérescence bourgeoise des pays socialistes », pure et simple répétition de « la calomnie trotskyste sur la dégénérescence de l'URSS en état thermidorien[5] ».

Les dirigeants des partis communistes du monde entier s'étant fédéré dans les années 1930 sur la dénonciation et la haine du trotskysme, l'assimilation des dirigeants chinois aux trotskystes vise à susciter un rejet mécanique de leur politique. C'est pourquoi ces derniers renvoient le compliment à Khrouchtchev aux mêmes fins. Dans une interminable lettre intitulée « La révolution prolétarienne et le révisionnisme de Khrouchtchev », publiée à Pékin dans le *Quotidien du peuple* le 31 mars, ils le qualifient de « plus grand capitulard de l'Histoire » et l'accusent d'avoir « revêtu le manteau du trotskysme », et de reprendre à son compte « le bagage idéologique du trotskysme ».

La dernière partie du rapport de Souslov reproduite dans la *Pravda* du 3 avril accuse les dirigeants chinois de viser avant tout « Khrouchtchev, le promoteur des transformations remarquables intervenues dans notre parti et notre pays après le XXe congrès [...]. Ils voudraient séparer le camarade Khrouchtchev du Comité central du PCUS [...]. Mais ce vil dessein d'aventuriers est vain, il est condamné à un échec complet et infamant [...]. Le camarade N. S. Khrouchtchev avec son énergie inépuisable, son ardeur bolchevique et sa fermeté de principes, est le guide reconnu de notre parti et de notre peuple. Il interprète les pensées et les vœux les plus chers des Soviétiques ».

Le 28 mars, Khrouchtchev conduit une délégation en Hongrie et y reste dix jours. Il confie à Chelest qui l'accompagne ses réserves sur Brejnev et son mépris pour Souslov. En Hongrie, il se déchaîne contre les dirigeants chinois. Le 5 avril, après avoir suggéré de façon transparente que Mao est « un parfait imbécile », il vitupère « ceux qui veulent redonner vie au cadavre de Staline, ceux qui veulent s'appuyer [...] non sur la confiance et l'amitié des peuples, mais sur la hache et le couteau » et conclut : « Ceux qui aiment Staline peuvent l'emporter s'ils aiment l'odeur des cadavres [6]. » Entre le 3 avril, date de publication de la dernière partie du rapport de Souslov dans la *Pravda*, et le 18 avril, Khrouchtchev prononce au total douze discours contre les dirigeants du PC chinois présentés comme des fauteurs de guerre.

Pour son 70e anniversaire, les éditions d'État publient huit épais tomes d'œuvres complètes de Khrouchtchev, soit 4 000 pages, sous le titre « L'édification du communisme en URSS et le développement de l'agriculture », qui seront mis au pilon dix mois plus tard. Les motifs réels de cette publication sont obscurs. Seuls ses adversaires y ont intérêt, même si les lecteurs des rapports fastidieux et répétitifs qui en forment l'essentiel seront rares. Ces volumes soulignent en effet son échec tant ils sont parsemés de promesses non réalisées et de mesures de réorganisation successives s'annulant, se contredisant et s'ajoutant les unes aux autres. Ainsi en 1953, dans son mémorandum sur les Terres vierges, Khrouchtchev affirmait sa certitude que ces nouvelles terres « ne produiront pas moins de quatorze à quinze quintaux à l'hectare ». En 1954, il affirmait même : « Nous pouvons exporter des céréales, même vers les pays capitalistes. » Au début de 1960, il abandonnait l'idée d'exporter du blé vers les pays capitalistes et faisait un grand bond en arrière en déclarant : « Nous n'avons pas encore les réserves de céréales nécessaires pour satisfaire les demandes des pays socialistes amis. » En 1962, il reconnaissait que la récolte des Terres vierges était en moyenne de six quintaux à l'hectare [or dans certains endroits du Kazakhstan elle tourne autour de deux quintaux] et pour atténuer l'échec il révisait discrètement ses déclarations de 1953 : « Lorsque nous avons commencé à maîtriser les Terres vierges, nous comptions obtenir une moyenne de huit quintaux de grain à l'hectare [7]. »

Le 16 avril, Chelest venu à Moscou pour les cérémonies du 70e anniversaire de Khrouchtchev rencontre au siège du Comité central Podgorny, Brejnev et Kirilenko, qui lâchent quelques propos prudents pour le sonder : « C'est déjà presque un vieillard. Soixante-dix ans. Il est temps qu'il se repose. Il faut nous le conserver [8]. » Le lendemain, tous les membres titulaires et suppléants du Praesidium se réunissent chez Khrouchtchev dans son hôtel particulier de Leninskie Gory à 9 heures du matin. Les discours rituels succèdent aux discours rituels. Mikoïan, chargé de lire le dithyrambique message du Praesidium – signé de tous ses membres qui en feront confisquer l'original signé par eux tous le jour même de la mort de Khrouchtchev – en rajoute : « Nous fêtons aujourd'hui, dit-il, le jubilé d'un homme d'âge moyen qui se trouve, comme vous le voyez vous-même, dans la fleur de ses forces et de ses capacités. » Et il conclut : « Nous considérons, cher ami, que vous n'avez vécu que la moitié de votre vie [9]. » Les invités boivent un verre de cognac puis Brejnev et Podgorny déclarent qu'il ne faut pas fatiguer le jeune septuagénaire et les invités s'éclipsent, laissant Khrouchtchev un peu étonné.

À cette rapide cérémonie privée succède une cérémonie officielle au Kremlin en fin d'après-midi. Un décret signé Brejnev au nom du Praesidium du Soviet suprême attribue d'un coup à Khrouchtchev, qui en est friand, trois nouvelles décorations : une troisième médaille de héros de l'Union soviétique pour ses mérites devant le Parti et l'État soviétique et « pour ses services exceptionnels dans la lutte contre les envahisseurs hitlériens », un septième ordre de Lénine et la médaille de l'Étoile d'or ! La brochure de 160 pages consacrée à cet événement informera le lecteur que « selon la coutume russe antique, L. I. Brejnev étreint et embrasse trois fois N. S. Khrouchtchev [10] ». C'est le baiser de Judas. Toute la cérémonie est soigneusement filmée et montrée dans tous les cinémas du pays.

Quelques ombres obscurcissent ce tableau. Le PC italien n'a envoyé aucune délégation à cet anniversaire, se contentant d'expédier un portrait de Khrouchtchev par un peintre du Parti, Renato Guttuso. Le PC indonésien rappelle Khrouchtchev à l'ordre en souhaitant voir la division qui règne dans le mouvement communiste mondial « réglée par nos efforts communs et incessants ». Le PC japonais manifeste une insolence dédaigneuse en envoyant un télégramme dont le laconisme contraste avec l'habituelle logorrhée bureaucratique : « Félicitations à l'occasion de votre 70e anniversaire. »

Pendant ce temps, Brejnev et Podgorny contactent certains de ceux qu'ils veulent gagner à leur complot. Ils profitent de leurs séjours à la réserve de chasse de Zavidovo, où ces rencontres ne peuvent susciter de soupçon. L'ancien membre du Praesidium Nicolas Ignatov, furieux de ne pas y avoir été réélu, est l'un des agents de liaison les plus actifs du complot, l'un des plus bavards aussi. Lorsqu'il a bu, il épanche sa bile sur Khrouchtchev et fait savoir à qui veut l'entendre que les militaires, las des diminutions d'effectifs, en ont par-dessus la tête de lui.

En mai, Khrouchtchev effectue un long voyage en Égypte où l'URSS a financé la construction du barrage d'Assouan à hauteur d'un milliard et demi de roubles. Il y reste deux bonnes semaines, du 9 au 25 mai. Il avait refusé plusieurs invitations antérieures en arguant de la répression contre les communistes égyptiens massivement emprisonnés. Nasser lui fait promettre qu'il les libérera mais il n'en fera rien. L'envie de voir l'Égypte balaie ses dernières réserves. Il y proclame Nasser – qui maintient les communistes égyptiens en prison – « héros de l'Union soviétique » et le décore de l'ordre de Lénine. Avant son retour, le 24 mai 1964, il donne une interview au journaliste américain Drew Pearson, ami personnel du nouveau président Lyndon Johnson. Dénonçant les violations répétées de l'espace aérien cubain par les avions américains, il menace : « Si Cuba commence à abattre les avions américains et si les États-Unis répondent [...] nous devrons répondre à cette frappe. [...] Il ne serait pas logique que nous abattions les avions qui violent l'espace aérien de la République démocratique allemande et que nous laissions impunis les vols américains qui pénètrent dans l'espace aérien de Cuba. » Ces menaces ne l'empêchent pas d'ajouter : « Cela étant, jusqu'à l'élection [présidentielle] l'Union soviétique n'entreprendra rien qui en puisse compliquer la conduite pour le président Johnson. Nous ne voulons fournir aucun aliment aux adversaires de Johnson [11] » que, depuis son accession à la présidence, il juge aussi progressiste que Kennedy, assassiné le 22 novembre 1963 pour le compte d'on ne sait qui.

Le 12 juin 1964, l'URSS signe avec la RDA un accord d'aide et de collaboration qui confirme le recul de Khrouchtchev sur la question de Berlin. Le texte confirme en effet le statu quo qu'il avait bruyamment dénoncé six ans durant. L'article 6 de cet accord affirme que les parties contractantes considèrent Berlin-Ouest comme « une unité politique autonome ». Il n'est plus question de remettre à la RDA le contrôle des communications avec elle, et l'accord précise que jusqu'à la signature d'un traité de paix, les règles et obligations fixées dans le traité de Potsdam par les quatre puissances sont confirmées. Reste comme unique trace des tensions antérieures le mur de 155 km qui divise Berlin.

Le 16 juin, se tient la seconde et dernière réunion de la commission du nouveau projet de Constitution, que les héritiers de Khrouchtchev enterreront. Khrouchtchev constate d'abord qu'« un bon nombre de camarades n'assistent pas à la réunion pour cause de maladie », sans s'interroger sur cette étrange épidémie. Les travaux sont en retard. Khrouchtchev propose à l'assistance d'entendre les rapports des présidents de sous-commission et de confier à une sous-commission spécifique la rédaction d'un projet de nouvelle Constitution qui doit selon lui élargir les droits démocratiques des travailleurs, dont il donne une description idyllique : « La nouvelle Constitution sera la Constitution de la démocratie socialiste populaire, encore jamais vue dans l'histoire de l'humanité. [...] Elle doit préparer les conditions du passage à l'autogestion communiste de la société. » Le nouvel article 43 renforce encore le rôle dirigeant du parti unique, réduisant à néant le développement annoncé de la démocratie [12]. En conclusion, il propose qu'aucune information ne soit diffusée sur les travaux en cours et juge inutile d'organiser un échange sur le contenu des rapports. Les rares présents opinent du bonnet.

Pendant les absences répétées de Khrouchtchev – il part à nouveau dans un long voyage en Suède, au Danemark et en Norvège, du 16 au 29 juin, qui tient plus du voyage d'agrément que du déplacement politique –, le complot contre lui prend consistance. Début juillet, Brejnev et Podgorny rendent visite à Chelest, alors en vacances. Pour obtenir son soutien, ils énumèrent la liste de leurs reproches à Khrouchtchev, semblables parfois à ceux que le « groupe antiparti » lui adressait sept ans plus tôt. « On ne peut plus continuer à travailler comme ça [...]. Khrouchtchev règle les questions en toute indépendance, il voyage beaucoup dans le pays et à l'étranger. Il a fait de l'agriculture son monopole, il multiplie les réorganisations diverses dans l'économie, le Parti et les organismes des soviets... Il méprise manifestement les questions d'idéologie, exige un travail concret et pas de "bavardage" comme il dit. En politique extérieure et dans les rapports avec les pays socialistes et leurs partis communistes il commet beaucoup de bévues [...]. Il fait des avances aux sociaux-démocrates et aux pays capitalistes. » Enfin, il a dégradé les relations avec la Chine, provoqué la crise des Caraïbes...

Un reproche rassemble ou condense cette longue liste : « Il a déclaré récemment que notre direction est vieille et qu'il fallait la rajeunir. Il rassemble des "charges" pour nous chasser tous. » Chelest a effectivement entendu Khrouchtchev déclarer que « le Praesidium était un rassemblement de vieillards et qu'il faudrait en rajeunir sensiblement la composition ». Khrouchtchev répète de plus en plus souvent son désir de rajeunir une direction du PCUS à ses yeux trop vieillie et trop routinière, sans préciser ni le nom des victimes ni celui des bénéficiaires du renouvellement. Pour Brejnev et Podgorny, « le rajeunissement des cadres n'est qu'un prétexte ; en réalité il veut chasser les cadres expérimentés pour diriger souverainement toutes les affaires [13] ». Chelest juge l'entreprise des comploteurs fondée sur « la lâcheté et l'absence de principes » ; Brejnev lui paraît de plus avoir mortellement peur de Khrouchtchev qui le considère comme un hâbleur, un « dessinateur » (sa principale occupation dans les réunions) et un lèche-bottes, mais il se laisse convaincre. Deux ans plus tôt, lors du 68e anniversaire de Khrouchtchev, il notait pourtant : « Dommage qu'il ait déjà tant d'années [...]. On voudrait qu'il soit en bonne santé et qu'il puisse mener au moins partiellement jusqu'au bout l'œuvre qu'il a commencée [14]. »

Quelques jours plus tard, Khrouchtchev fournit un nouvel aliment à la hargne de ses adversaires. Le 11 juillet se tient une brève réunion du Comité central avec un unique point à l'ordre du jour : le remplacement à la présidence du Soviet suprême de Brejnev, invité à se concentrer sur le Secrétariat du Comité central, par Mikoïan. Le Praesidium n'a prévu aucune intervention de Khrouchtchev, qui pourtant, à la surprise générale, se lance dans un long discours incohérent où il menace de dissoudre l'Académie des sciences hostile à Lyssenko et dénonce le fonctionnement des organes locaux du Parti – Souslov le lui reprochera dans son acte d'accusation du 14 octobre. Le Secrétariat du Comité central ne publie aucun compte rendu de ce plenum.

Khrouchtchev est de plus en plus hanté par l'idée que tout dépend de l'organisation technique et de la spécialisation professionnelle. Aussi, dès le 18 juillet, il remet à Brejnev une note destinée au prochain plenum du Comité central qui va hérisser tout l'appareil du Parti. Souslov en évoquera une première version qu'il juge « stupide » et débouchait selon lui, sur « une militarisation originale des organisations du Parti » et que « la pression générale des membres du Praesidium poussa Khrouchtchev, à son grand mécontement, à retirer ». Mais la version définitive vise toujours, dira-t-il, « un abaissement systématique des organes du Parti [15] ». Khrouchtchev propose une nouvelle réorganisation technique : diviser les directions de tout le secteur de l'agriculture en douze *glavki* ou comités spécialisés par secteur de production ou de la technique : céréales, betterave sucrière, volailles, brebis, vaches, horticulture, chevaux, bonification des sols, mécanisation, etc. Chacun de ces comités devait employer au minimum un demi-millier d'experts, soit au total de 6 000 à 7 000 individus. Chaque réorganisation simplificatrice de Khrouchtchev se traduit ainsi par un nouveau gonflement de l'appareil bureaucratique.

Le 20 juillet, le Praesidium adopte la proposition de Khrouchtchev d'envoyer cette note à toutes les organisations locales du PCUS puis de faire le bilan de la discussion engagée au prochain plenum du Comité central convoqué en novembre 1964. La peur du chef qu'ils se préparent à renverser ne suffit certainement pas à expliquer le vote positif des membres du Praesidium. Sans doute espèrent-ils que cette note va dresser tout l'appareil du Parti contre son auteur et faciliter ainsi son renversement.

Le premier secrétaire de Biélorussie Mazourov, se trompant par ailleurs sur le contenu exact du texte, affirme : « Le point critique a été la note, qu'il envoya sans que nous le sachions, où il proposait la liquidation des comités territoriaux du Parti. [...] Alors nous en sommes venus à la conclusion qu'il fallait le démissionner. » C'est cet attentat minime qui transforme la grogne en révolte. Certains rechignent pourtant à se dresser contre Khrouchtchev. Ainsi le premier secrétaire du PC de Lituanie Snetskus élude la discussion quand le premier secrétaire du comité de Moscou, Egorytchev, chargé de rencontrer neuf autres membres du Comité central, va le voir en août 1964. Mais il n'alerte pas Khrouchtchev. Tous les autres, dont le vieux Pelche, donnent leur accord.

L'offensive des dirigeants chinois contre Khrouchtchev redouble alors d'intensité. Le *Quotidien du peuple* et le *Drapeau rouge* du 14 juillet 1964 publient une longue charge contre lui. Sous sa direction, écrivent-ils, « les forces capitalistes ont grandi de façon foudroyante en Union soviétique. [...] Khrouchtchev a épaulé les éléments dégénérés implantés aux postes de direction. [...] Il a préconisé le mode d'exploitation capitaliste. [...] Sous le couvert de la “coexistence pacifique”, il s'est entendu avec l'impérialisme américain [...] s'est opposé à la lutte révolutionnaire des nations et des peuples opprimés, a pratiqué le chauvinisme de grande puissance et l'égoïsme national ». Ces imprécations quasiment rituelles ne sont rien à côté de la bombe que Mao lance deux semaines plus tard. Fin juillet, recevant à Pékin une délégation de socialistes japonais, Mao leur déclare qu'il revendique une correction de territoire avec la Sibérie portant sur un million et demi de kilomètres carrés et dénonce les « spoliations territoriales » dont en 1941 et 1945 l'Union soviétique s'est rendue coupable au détriment de la Finlande, de la Roumanie, de l'Allemagne et de la Pologne. Que ces « spoliations » aient été décidées sous Staline, pour lequel Mao étale une admiration tapageuse, ne le gêne pas. Il préconise la libération de la Mongolie-Extérieure de l'emprise soviétique... et la restitution au Japon des îles Kouriles dont l'URSS s'est emparée en 1945 ! À l'image des thuriféraires du « monde libre », il présente donc l'URSS comme un État impérialiste.

L'opposition à Khrouchtchev se manifeste désormais ouvertement. Pour les élections à l'Académie des sciences qui doivent se dérouler en juin 1964, il a fait créer trois sièges d'académiciens et deux sièges de membres correspondants pour la génétique afin d'y faire élire des élèves de Lyssenko. En commission, l'un d'eux est élu. Mais lors de l'assemblée plénière de l'Académie, plusieurs académiciens dont André Sakharov, qui appelle à rejeter la candidature de ceux qui « portent la responsabilité des pages infâmes et douloureuses de l'histoire de la science soviétique [16] », s'opposent à la confirmation de son élection. La défaite des lyssenkistes est écrasante. Khrouchtchev, ainsi défié et en rage, convoque le président de l'Académie. Il exige ses explications et celles de Sakharov, qui les donne par écrit, décuplant sa rage. Quelques jours plus tard, lors d'une réception, il affirme : « Le peuple soviétique n'a que faire de l'Académie des sciences [17] » qu'il envisage de liquider, ce que Staline lui-même n'avait jamais tenté. Mikoïan lui objecte qu'elle a été fondée par Pierre le Grand. Khrouchtchev s'acharne et crée une commission chargée d'étudier une refonte de l'Académie qu'il veut réduire au rang de « comité des sciences ».

Inquiet sur la récolte de 1964, Khrouchtchev part le 1er aout dans une vaste tournée d'inspection. À Tselinograd, capitale des Terres vierges kazakhes, il annonce une récolte exceptionnelle : « Par leur labeur, par le blé qu'ils ont produit, les travailleurs des Terres vierges ont cloué le bec aux ennemis de l'Union soviétique [18]. » Pour assurer cette moisson, le Kremlin mobilise en hâte 27 000 mécaniciens et conducteurs de tracteurs transportés par avion pour rentrer une partie de cette récolte en réalité si peu miraculeuse, mais fort coûteuse, que le bilan n'en sera publié qu'un an plus tard. Deux mois et demi après ce communiqué de victoire, le 27 octobre, une dépêche de presse annoncera l'achat par l'URSS de 2,9 millions de quintaux de blé et de farine au Canada payables comptant. Deux mois plus tard, l'URSS en commandera encore 2,5 millions.

Khrouchtchev rencontre le directeur d'un institut agronomique, Baraiev, partisan affiché de la mise en jachères régulière des terres de la région. Furieux, il demande son limogeage. Après son départ, le bureau du comité régional se réunit. Le secrétaire communique l'exigence de Khrouchtchev à ses membres, qui décident en majorité de maintenir Baraiev à son poste. Ce rejet tout à fait inhabituel dans un système où l'autorité du premier secrétaire du Comité central est absolue illustre le fossé qui sépare Khrouchtchev de l'appareil du Parti, las de son autorité.

Plusieurs signaux visent à alerter Khrouchtchev sur le complot en préparation contre lui. Une femme téléphone à sa fille Rada pour l'en informer. Celle-ci, sceptique, l'invite à en informer le KGB. La correspondante répond : « Comment puis-je leur téléphoner alors que le président du KGB Semitchastny est lui-même impliqué [19] ? » Valentin Pivovarov, l'ancien chef du service administratif du Kremlin, l'alerte lui aussi peu après, elle écarte son avertissement.

De retour des Terres vierges, Khrouchtchev fait voter par le Praesidium du 19 la convocation d'une conférence internationale à Moscou le 15 décembre 1964 pour préparer une nouvelle réunion au sommet pour l'année suivante, qui risque de déboucher sur une rupture publique définitive avec le PC chinois et les partis communistes qui soutiennent ces derniers ou hésitent entre les deux camps. Cette décision inquiète ses collègues qui la votent à contrecœur.

Cette réunion illustre la dégradation des rapports entre le Praesidium et lui. Mis en cause sur une question agricole, Khrouchtchev s'emporte puis finit par s'excuser à demi : « C'est peut-être une question d'âge, mais je m'énerve, je m'émeus, je réagis. Visiblement, jusqu'à ma mort, je réagirai. Je ne peux pas m'en empêcher. » Dernier motif de colère : les

Biélorusses et les Ukrainiens qui achètent de la paille au Kazakhstan qu'il faut donc transporter sur 4 000 à 5 000 km. Il explose : « Qui a cautionné cette opération ? Je ne sais pas », puis ajoute : « Manifestement il est temps que je prenne ma retraite. Je n'arrive pas à contenir mon caractère. Je m'échauffe vite. J'ai toujours été intransigeant vis-à-vis de ça et dans ma jeunesse et dans ma vieillesse. » Personne ne dit mot.

Ses réflexions sur le conflit frontalier avec la Chine l'amènent à lancer des suggestions explosives sur la question des frontières : « Nous souffrons, dit-il, de toutes les survivances que nous avons reçues en héritage. » Que faire ? Revenir en arrière ? Mais « à quelle période devons-nous revenir pour établir des frontières correctes et justes ? C'est une question très difficile. Les Chinois disent "le tsar russe a saisi telle terre". Mais les empereurs chinois se sont eux aussi emparés de ces terres dont le tsar russe s'est emparé. Et cette région n'est pas habitée par des Chinois, mais par des Kirghizes, des Ouïgours, des Ouzbeks, des Kazakhs. Comment se sont-ils retrouvés en Chine ? [...] La frontière établie avec la Chine découpe pour ainsi dire le corps vivant non de la Chine, mais des Kazakhs, des Mongols, des Kirghizes, des Ouzbeks et autres. » Pour régler la querelle sino-soviétique sur les frontières, il propose de demander aux peuples de choisir eux-mêmes par référendum quelle patrie ils préfèrent choisir : l'URSS et la Chine !

Seul le courtisan Ilitchev applaudit. Mais Andropov objecte : cela pourrait poser des problèmes aux Roumains (qui abritent une forte minorité de Hongrois), aux Bulgares, qui abritent une forte minorité turque. Certes, reconnaît Khrouchtchev, cela pourrait poser des problèmes avec les 120 000 Hongrois installés en Ukraine, qu'il qualifie d'envahisseurs : « Ils ont pénétré sur les terres ukrainiennes [...] se sont emparés des meilleures terres et ont refoulé les Ukrainiens dans les montagnes [20]. » Vu le nombre de nationalités vivant en URSS et l'importance des minorités nationales dans les pays d'Europe centrale et orientale, la suggestion de Khrouchtchev est explosive.

Quos vult perdere Jupiter dementat. Khrouchtchev, en mauvaise posture, multiplie pourtant les gaffes. Au début de septembre, son gendre rencontre à Bonn le chancelier Ludwig Ehrard.

Selon le *New York Times* du 21 septembre, il lui avait confié que la Russie par tradition défendait l'Europe contre les Mongols (comprendre ici les Chinois !) et que Walter Ulbricht allait bientôt mourir du cancer. Le 15 septembre, devant une délégation de parlementaires japonais, Khrouchtchev évoque sa récente visite d'un centre de recherches militaires où l'on a, dit-il, « fabriqué des engins capables d'anéantir l'humanité dans l'espace d'un éclair [...] On m'y a montré un engin de destruction terrible. Je n'en ai jamais vu de semblable. C'est un moyen de destruction et d'extermination de l'humanité, le plus puissant, le plus fort des engins existants. Sa puissance est sans limites ». Cette nouvelle fanfaronnade fait le tour du monde et réjouit le Pentagone, qui en profite pour réclamer de nouveaux crédits d'armement pour faire face à la « menace soviétique ». Deux jours plus tard, Khrouchtchev déclare avoir été mal traduit et n'avoir pas parlé de « puissances sans limites ». Il promet une « version officielle » de son discours qui « prendra quelque temps [21] ». Le leader de la délégation japonaise persiste et confirme les propos de Khrouchtchev. Le Kremlin diffuse le 19 septembre seulement une version officielle édulcorée de ses déclarations tonitruantes.

Malgré les craintes de Brejnev, le complot contre Nikita Khrouchtchev se développe de façon quasi publique dans les échelons supérieurs du Parti et de l'État. Khrouchtchev ne se rend compte de rien car la plupart des dirigeants sont – à l'exception de Mikoïan, Souslov et Kossyguine – des « gens à lui », qu'il a promus, dont il a fait la carrière. « Mais, commente Mikoïan, il ne se rendait pas compte qu'ils avaient déjà cessé d'être “ses gens” [...] ils se mirent à craindre sa versatilité et se sentaient extrêmement dépendants de ses caprices et de ses humeurs [22]. » Pourtant, d'après lui, vu la lâcheté de Brejnev et de Souslov, si Khrouchtchev ne les avait pas inconsciemment provoqués en répétant à l'envi sa volonté de rajeunir le Praesidium – c'est-à-dire leur limogeage –, ils auraient mis longtemps à agir.

Pour gagner les principaux dirigeants à leur cause, les comploteurs évoquent le caractère de plus en plus irascible de Khrouchtchev qui les humilie et traite avec désinvolture ceux-là mêmes dont il assure la carrière, et rejette sur les autres dirigeants les échecs dont il refuse d'assumer la moindre responsabilité. Souslov et Kossyguine ont d'abord une attitude réservée. Avertis peu de temps avant, ils s'inquiètent des conséquences sur la politique extérieure de l'URSS. Souslov, ignorant manifestement l'état d'esprit de la population et de son propre parti, se demande même si le limogeage de Khrouchtchev n'y suscitera pas une scission, voire la guerre civile[23]. Kossyguine demande la position du KGB. Rassuré sur ce point, il s'engage. C'est un symbole. L'anecdote qui circule sur lui en URSS illustre l'image de cet homme qui va bientôt remplacer Khrouchtchev à la présidence du Conseil des ministres : « Une magnifique limousine noire vide entre dans la cour du Kremlin et s'arrête. Kossyguine en descend. »

Plus le complot avance, plus Brejnev est inquiet et plus il courtise Khrouchtchev. Fin septembre, les deux hommes descendent dans le Kazakhstan visiter le site de lancement atomique de Baïkonour. Brejnev suit Khrouchtchev pas à pas et prévient toutes ses demandes même informulées. Pendant ce voyage, l'ancien responsable de la sécurité d'Ignatov, Galioukov, tente en vain de joindre Khrouchtchev puis se rabat sur son fils Sergueï à qui il donne tous les détails du complot : la liste des participants, l'ampleur du soutien dans le Comité central et la date, le plenum d'octobre. Sergueï raconte la conversation à son père dès son retour de Baïkonour. Khrouchtchev répond : « Brejnev, Chelepine, Podgorny... Des gens aussi différents. C'est invraisemblable[24]. » Il s'affirme sûr de Chelepine et de Semitchastny dont il a assuré la carrière. Il invite son fils à exposer l'affaire à Mikoïan qui assure bizarrement les deux hommes que Brejnev, Podgorny et Chelepine sont d'honnêtes communistes. Il demande à Sergueï Khrouchtchev de rédiger un compte rendu des déclarations de Galioukov, puis, constatant que sa propre réplique finale n'y figure pas, il lui demande de l'ajouter et de signer le document de sa main. Cette déclaration ne vise qu'à rassurer demain les comploteurs. Mikoïan est donc au courant de leur entreprise et convaincu qu'elle réussira, mais il ne veut ni y participer ni y faire obstacle, comme lors du renversement de Beria onze ans plus tôt.

Néanmoins, quelques jours plus tard, Khrouchtchev interpelle Podgorny ; le bruit court, lui dit-il, qu'il appartient à un groupe désireux de le révoquer. Podgorny s'insurge : « Comment pouvez-vous croire une chose pareille ? » Khrouchtchev lui montre alors le récit de Galioukov et lui demande ce qu'il sait à ce sujet. Rien, répond Podgorny, qui propose de confier l'enquête au KGB. Khrouchtchev, méfiant, charge Mikoïan de convoquer Ignatov, qui nie tout. Mikoïan transmet alors l'enquête au KGB. Brejnev, atterré, propose à Podgorny de repousser l'action. Or les conjurés jugent au contraire nécessaire d'accélérer les choses sous peine d'être découverts. Podgorny injurie Brejnev : « Tu veux périr, péris, mais n'ose pas trahir les camarades[25]. »

Le 30 septembre, Khrouchtchev part se reposer dans le Sud pendant que Brejnev se rend en RDA à la tête d'une délégation du Soviet suprême. Arrivé à Simferopol le lendemain, Khrouchtchev s'étonne d'y rencontrer Chelest mais bavarde longuement avec lui. Il assassine ses collaborateurs : Souslov, dit-il, est « un rond-de-cuir » ; Podgorny, qu'il a fait monter de Kiev, le déçoit ; Brejnev, dit-il, est « une nullité ». Quant au Praesidium, « c'est une société de vieillards[26] ».

La tragédie inachevée de 1953 se répète ici en farce : Staline voulait lui aussi rajeunir la direction en liquidant physiquement une bonne partie de la direction qu'il jugeait trop vieille ; au XIXe congrès, il avait promu des hommes nouveaux. Khrouchtchev, lui, repète qu'il veut rajeunir le Praesidium, mais, bien que moins isolé que Staline, tapi dans sa tanière, il n'a pas vraiment d'hommes nouveaux à proposer et n'a pas les moyens de les imposer.

Le président du KGB Semitchastny prétend que Brejnev, par peur d'affronter Khrouchtchev, lui a successivement proposé de l'empoisonner, puis de faire sauter l'avion dans lequel il doit rentrer d'Égypte, enfin d'organiser un accident d'automobile à Leningrad où il doit rencontrer Tito. Semitchastny rejette chaque proposition. Brejnev, en désespoir de cause, propose d'arrêter Khrouchtchev. Qu'en ferons-nous après ? demande Semitchastny, que rien n'oblige à croire.

Dans quel état est Khrouchtchev lorsqu'il arrive dans sa luxueuse villa de Pitsounda le 4 octobre, à la veille du dernier combat qu'il ne livrera pas ? À quelques pages de distance, son fils le dit alors « fatigué, terriblement fatigué, à la fois moralement et physiquement », puis un peu plus tard, « arrêté en plein élan [...] encore plein d'énergie et d'idées[27] ». Mikoïan le rejoint le lendemain. Khrouchtchev met la dernière main au projet de nouvelle Constitution qu'il veut soumettre, sans grand enthousiasme, au prochain plenum du Comité central. Le secrétaire du comité territorial, Vorobiev, l'une des chevilles ouvrières du complot, vient les voir. Khrouchtchev lui demande de quoi il a discuté avec Ignatov cet été et l'interpelle : « On dit que vous avez voulu me limoger. » L'autre nie et informe aussitôt Podgorny, qui prévient Brejnev en RDA. Saisi de peur quand il apprend que Khrouchtchev a été informé de ce qui se trame contre lui, Brejnev refuse d'abord de rentrer en URSS.

Le 10 octobre, les comploteurs informent le maréchal Malinovski, qui donne aussitôt son accord. Les militaires reprochent à Khrouchtchev d'avoir sensiblement réduit les effectifs de l'armée et ne supportent pas la grossièreté avec laquelle il les traite souvent. Brejnev rentre de RDA le 11. Podgorny revient de Kichinev le 12 au matin. Le Praesidium se réunit presque jusqu'au soir sans Khrouchtchev ni Mikoïan et sans établir de procès-verbal, « dans un certain état de nervosité et de peur, et même d'incertitude[28] ». En 1957, Khrouchtchev l'avait emporté sur la majorité du Praesidium parce qu'il avait derrière lui la majorité du Comité central, l'état-major, la direction du KGB. Cette fois-ci, il ne peut compter sur aucun des trois.

Les conjurés décident de convoquer Khrouchtchev pour les 13 et 14 octobre à une réunion du plenum décidée en hâte parce que de nombreux membres du Comité central s'interrogent sur l'établissement du prochain plan septennal et surtout sur la note de Khrouchtchev concernant la réorganisation du Parti. La discussion de ces questions exige sa présence. La résolution adoptée évoque prudemment « des obscurités de caractère principiel sur des problèmes soumis au plenum de novembre et dans l'élaboration du nouveau plan quinquennal [...] et les nombreuses obscurités apparues sur place concernant la note du camarade Khrouchtchev du 18 juillet de cette année sur la direction de l'agriculture [...] et les formulations confuses qu'elle contient[29] ». Le 12 au soir, ses membres insistent longuement pour convaincre Brejnev, apeuré, d'en informer Khrouchtchev. Au début réticent, ce dernier finit par accepter.

À minuit, on informe Semitchastny que Khrouchtchev a commandé un avion et s'embarque avec son fils, Mikoïan et une garde restreinte de cinq hommes. Khrouchtchev devait recevoir le lendemain matin pendant deux heures le ministre français Gaston Palewski. Il doit réduire l'entrevue à une demi-heure. Évoquant de Gaulle, il déclare à son interlocuteur : « Seule la mort peut arracher un homme d'État à ses fonctions. » On ne saurait être plus mauvais prophète.

La veille du plenum, à l'aube, Brejnev téléphone au premier secrétaire du PC de Moscou Egorytchev et lui dit : « Tout est perdu. Khrouchtchev est informé dans le détail de la préparation du plenum. » Egorytchev essaie de le rassurer : ce qu'ils font est légal. « Ah, déclare Brejnev, tu ne le connais pas. Il va tous nous faire fusiller[30]. »

Le 13 octobre, à 15 heures, le Praesidium se réunit dans sa salle du Kremlin, attendant l'arrivée de Khrouchtchev, étonné que ses membres, contrairement à l'usage, ne soient pas venus l'accueillir à l'aérodrome de Vnoukovo. Il ne pressent pas vraiment l'ampleur du complot préparé contre lui. « Nous attendions non sans agitation et dans une grande tension, écrit Chelest. Nous étions installés dans l'immeuble, coupés du monde extérieur, sans savoir ce qui se faisait autour de nous. Nous nous reposions sur les informations que nous fournissaient Semitchastny et Chelepine ; ils nous "garantissaient" tout, et à ce moment-là nous étions entre leurs mains et en leur pouvoir[31] », qui n'est rien sans la légitimité du Comité central. Khrouchtchev arrive enfin, flanqué de Mikoïan. Le bourdonnement dans la salle s'interrompt.

Khrouchtchev, l'air las, les traits tirés, énervé, demande : « Qu'est-ce qui se passe ici ? Qui va diriger les travaux du Praesidium ? » Il s'installe à la présidence laissée vide et interroge : « Qui va parler ? Quelle est l'essence de la question ? » Un silence glacial lui répond d'abord, puis, conformément au scénario établi, Brejnev prend la parole. Il dénonce l'absence de travail collectif dans la direction, les nombreuses décisions prises de façon irréfléchie, les outrages infligés aux membres de la direction (ce que le procès-verbal appelle pudiquement « une façon étrangère au Parti de s'adresser aux camarades »), les dimensions incroyables prises par le culte de la personnalité, la fâcheuse division des comités régionaux en comités industriels et agricoles, et enfin le caractère confus et embrouillé de la dernière note sur l'agriculture.

Khrouchtchev se défend : « À mon grand regret je n'ai peut-être pas remarqué ce que vient de dire Brejnev, mais personne ne m'en a jamais rien dit, et si c'est ainsi il aurait fallu me le dire, moi aussi je suis tout simplement un homme. De plus, vous m'avez toujours apporté votre soutien en tout, vous m'avez toujours dit que tout était correct. Je vous ai tous considéré comme des collègues de travail et pas comme des adversaires ou des ennemis. » Enfin, conclut-il : « Pour les grossièretés dont je me suis rendu coupable à l'égard de certains camarades, je leur présente mes excuses. »

N'a-t-il donc pas compris que la réunion vise non à l'inviter à se corriger mais à le démettre, ou ruse-t-il ? Il ne dit mot de cet épisode dans ses Mémoires. Les conjurés passent ensuite à l'exécution. L'estocade est confiée à Piotr Chelest, qui, dans ses souvenirs, affirme : « Personnellement je respectais Khrouchtchev pour ses nombreuses qualités positives, il ne m'avait jamais enguirlandé, jamais offensé et n'avait jamais même haussé la voix avec moi. » Il se dit alors profondément agité, terrifié même à l'idée de la décision, à ses yeux historique, qu'ils allaient prendre. De plus, souligne-t-il, tous ceux qui se dressaient contre Khrouchtchev maintenant n'avaient jamais eu le courage de tenter de discuter avec lui pour infléchir ses positions et décisions, ce qui, affirme-t-il, aurait été possible, car « Khrouchtchev était emporté, parfois brutal, mais pas rancunier et très ouvert à la discusssion [32] ».

Puis c'est une avalanche de reproches. Voronov souligne l'absence de réelle direction collective, le fait que Khrouchtchev ne supporte aucune remarque et ne réponde à ses avis que par des cris et des injures. Chelepine lui reproche d'avoir transformé les plenums du Comité central en meetings, concentré le pouvoir entre ses mains et d'en avoir abusé, créé un culte de la personnalité, sombré dans l'autosatisfaction et la démagogie, systématiquement dressé les dirigeants les uns contre les autres, transformé la *Pravda* en organe de presse tenu par sa famille, voulu liquider l'Académie des sciences, sombré dans l'aventurisme dans le domaine économique et en politique extérieure, d'avoir ainsi poussé le pays « au bord de la guerre » lors de la crise de Suez en 1956 et de s'être entouré de gens douteux. Il qualifie la crise des Caraïbes d'« aventure menant à jongler avec les destins des peuples ». Il lui rappelle la triste affaire Larionov et affirme : « La caractéristique de Staline donnée par Lénine s'applique totalement à vous [33]. »

Le soir du 13, Khrouchtchev rentre chez lui, où Semitchastny a remplacé ses gardes par des hommes sûrs. Il raconte brièvement sa journée à son fils, qui lui demande si le Praesidium exige qu'il quitte toutes ses fonctions. Il répond : « Pour l'instant seulement une, mais ça ne veut rien dire. C'est juste le début. » Puis il téléphone à Mikoïan et lui déclare : « Je suis vieux, je suis fatigué. Qu'ils se débrouillent eux-mêmes. [...] Je ne me battrai pas [34]. » Il est isolé. Toutes les lignes de téléphone officielles sont coupées. Seule lui reste sa ligne privée évidemment sur écoute. Il le sait. Son appel à Mikoïan est donc un message de résignation adressé à ses adversaires.

Malgré cela, le lendemain matin, la séance d'accusations se poursuit. Podgorny dénonce « ses fautes colossales dans la réorganisation » (du Parti et de l'État), et la division en deux des comités régionaux. On lui reproche aussi l'effondrement de l'agriculture, la création des sovnarkhoses qui affaiblirait la capacité de défense du pays ; le limogeage arbitraire et décidé par lui seul de nombreux cadres dirigeants qui lui déplaisent, l'influence décisive de flatteurs et favoris dont l'avis compte plus pour lui que celui des membres du Praesidium ; la vente de valeurs pour offrir des cadeaux à des hommes politiques étrangers, et sa mainmise personnelle sur le flot des cadeaux venus de l'étranger.

Malgré cela, Mikoïan essaie de proposer un compromis bâtard. Dans ses Mémoires, il affirme avoir proposé que Khrouchtchev reste président du Conseil des ministres pendant un an. Mais, d'après le PV du Praesidium, il a suggéré que « Khrouchtchev reste à la direction du Parti [35] ». L'idée est aussitôt rejetée par tous les autres. Kossyguine et Brejnev proposent de le limoger de toutes ses fonctions et de séparer celles de premier secrétaire du Comité central et de président du Conseil des ministres.

Khrouchtchev répond pour prononcer, dit-il, son « chant du cygne ». Il remercie ses adversaires d'avoir « tout de même dit quelque chose de positif sur son activité » et conclut : « Je ne vais pas me battre avec vous. Je m'en vais et ne vais pas me battre. Je vous demande pardon si j'ai fait preuve de grossièreté. Vous me présentez toute une série d'accusations avec lesquelles je ne peux pas être d'accord. Mais vous tous, ici présents, vous ne m'avez jamais parlé ouvertement et franchement de mes défauts, vous m'avez approuvé, vous m'avez soutenu. Ce qui vous a manqué c'est l'esprit de courage et l'audace. » Il ajoute : « Je pensais depuis longtemps qu'il me fallait partir, mais la vie est un drôle de truc. [...] L'Histoire prononcera un jour son jugement sur ce qui se passe aujourd'hui. » Il justifie sa conduite, dont il se dit fier, dans l'affaire de Suez, sa campagne pour le maïs, la division professionnelle des secrétaires régionaux, mais admet une erreur dans la crise de Berlin. Il souligne ironiquement : « Je n'ai jamais joué aux osselets ni au billard. J'ai toujours été au travail. » Et il conclut : « Décidez vous-mêmes où je dois vivre. Je suis prêt, si nécessaire, à partir n'importe où, à quitter Moscou[36]. » Sa lassitude plus que le poids des ans explique sans doute le sentiment d'être dans une impasse. Après un carrousel de réformes sans résultats, il ne sait plus que faire.

La résolution « ultrasecrète » adoptée par le Praesidium et réservée au Comité central critique « les erreurs et les actions incorrectes de Khrouchtchev qui, violant les principes léninistes de la direction collective, ont ces derniers temps [...] interdit aux membres du Praesidium de remplir leurs responsabilités ». Puis elle précise qu'en cumulant les fonctions de premier secrétaire et de président du Conseil des ministres, Khrouchtchev « a concentré dans ses mains un grand pouvoir », échappé souvent « au contrôle du Comité central, cessé de tenir compte de l'avis des membres du Praesidium et réglé des questions capitales sans la discussion collective indispensable ». Elle dégage ainsi la responsabilité des membres du

Praesidium pour des décisions impopulaires qu'ils ont pourtant approuvées.

La résolution dénonce ensuite son « intolérance et grossièreté vis-à-vis de ses camarades du Praesidium et du Comité central, son attitude méprisante face à leur opinion » qui l'a mené à commettre « toute une série d'erreurs grossières qu'elle ne le juge pas capable de corriger vu son âge avancé et la dégradation de sa santé ». Le Praesidium décide donc de « satisfaire à la requête » de Khrouchtchev de le « libérer de ses obligations », de dissocier à l'avenir les deux fonctions de premier secrétaire du Comité central et de président du Conseil des ministres et de confier la présidence du plenum du Comité central qui s'ouvre l'après-midi de ce 14 à Brejnev et le rapport initial à Souslov, qui avait déjà exécuté le « groupe antiparti » puis Joukov en 1957 [37]...

Le 14 dans l'après-midi, Brejnev ouvre brièvement la séance du plenum auquel le Praesidium a omis de convoquer les trois derniers partisans avérés ou supposés de Khrouchtchev. Puis Souslov dévide un réquisitoire comportant, chose inhabituelle dans le rituel bureaucratique, un portrait psychologique du premier secrétaire déchu, qui, pendant toute la réunion, se tient à l'extrémité de la tribune, la tête enfouie dans les mains sans jamais jeter un regard sur la salle.

Souslov concède que, dans l' élaboration de la ligne « sacrée et intangible » collectivement définie par les XXe, XXIe et XXIIe congrès, « Khrouchtchev a apporté une certaine contribution » et salue « le rôle positif qu'il a joué dans la dénonciation du culte de la personnalité de Staline, dans la mise en œuvre d'une politique léniniste de coexistence pacifique des États ayant des systèmes sociaux différents ». Mais son comportement a réduit les succès économiques et culturels ainsi obtenus. Il rappelle le « combat commun contre le groupe antiparti de Molotov, Kaganovitch, Malenkov » et affirme : « Nous n'oublions pas ces mérites de Khrouchtchev. Mais ces dernières années il a brutalement changé dans un sens négatif, [...] il se jugeait infaillible, s'attribuait le monopole de la vérité, accablait dédaigneusement de toutes sortes de sobriquets méprisants et offensants, humiliant la dignité humaine, tous les camarades qui exprimaient leur avis, et faisaient des remarques qui déplaisaient à Khrouchtchev. Souffrant d'une forme de maladie des grandeurs [...] il se comportait aussi en intrigant, en s'efforçant par tous les moyens de dresser les membres du Praesidium les uns contre les autres. » « Khrouchtchev se considérait comme l'unique connaisseur de l'agriculture », et pourtant il a porté aux nues « l'expérience du mystificateur et aventurier Larionov qui proposait de tripler en un an la production de viande », mais a engendré « les difficultés bien connues dans le ravitaillement de la population en viande, en pain, en gruau et en autres produits ».

Il accuse Khrouchtchev d'avoir transformé les plenums du Comité central en de tapageuses conférences rassemblant des milliers d'individus, sans discussion possible, où les orateurs défilaient à la tribune pour chanter ses louanges, d'avoir multiplié les déplacements à l'étranger accompagné de sa nombreuse famille, d'avoir promu son gendre, « politiquement immature », au rang de véritable ministre des Affaires étrangères et d'avoir quasiment interdit aux membres du Praesidium de se déplacer en province en les accusant de vouloir y faire du tourisme.

Soulignant enfin l'instauration par Khrouchtchev d'un véritable culte de la personnalité, il affirme que les membres du Praesidium ont « longtemps cherché des voies, discuté toutes les possibilités de corriger les choses ». En vain : « Toutes les caractéristiques et particularités dont Lénine critiquait la présence chez Staline dans sa fameuse lettre au Comité central se manifestaient de plus en plus chez Khrouchtchev. » Et il dénonce « son extrême grossièreté, son extrême déloyauté, son caractère capricieux et sa susceptibilité [...] son goût pour le règlement administratif des problèmes, une hâte irréfléchie, des idées préconçues et la partialité dans ses jugements, l'irritabilité et la tendance, surtout dans les derniers temps, à multiplier les accusations, une vantardise et une assurance extrêmes [...] la précipitation, le caractère irréfléchi » de sa conduite. Devant l'unanimité du Praesidium, dit-il, Khrouchtchev, dont il lit la déclaration écrite, a fini par reconnaître la justesse des critiques émises à son encontre, la nécessité pour lui de démissionner et a demandé à ne pas intervenir au plenum. Il lit la résolution du Praesidium. Le paragraphe rejetant la conjonction en une seule personne des fonctions de premier secrétaire du Comité central et de président du Conseil des ministres suscite des rafales d'applaudissements : la dissociation du pouvoir au sommet rassure les membres du Comité central...

Chelepine affirmera plus tard que l'ouverture d'une discussion aurait pu déboucher sur l'exclusion de Khrouchtchev du Comité central, voire du Parti lui-même. Le Praesidium ne l'interdit pas pour éviter ce sort infamant au premier secrétaire, mais pour se protéger : ses membres ont tous voté et approuvé toutes les décisions qu'ils reprochent à Khrouchtchev sans avoir comme à l'époque de Staline le revolver sur la tempe. Ils ne pouvaient ressortir indemnes d'un tel débat. Dans la salle, leurs hommes crient : « Tout est clair ! [...] Ne pas ouvrir de débat. Passons à l'adoption de la résolution. » Brejnev répète : « Personne n'insiste sur l'ouverture de débats ? » La salle répond en chœur « Non[38] ! »

Le plenum élit Brejnev premier secrétaire et Alexis Kossyguine président du Conseil des ministres, puis les membres du Praesidium s'alignent dans la salle, debout. Khrouchtchev serre la main de chacun d'eux. À Chelepine, il déclare : « Ils te feront la même chose qu'à moi, sinon pire[39]. »

Si Khrouchtchev s'était battu, avait-il une chance quelconque ? Le chef du KGB de l'époque, Semitchastny, dira plus tard que pendant la journée du 13, il a reçu des coups de téléphone alarmés de membres du Praesidium du Soviet suprême et du Comité central déjà arrivés à Moscou : « Certains s'indignaient : “Quoi tu ne bouges pas, on est en train de virer Khrouchtchev et tu ne fais rien !” D'autres au contraire s'inquiétaient à l'idée que Khrouchtchev reste en place. » Semitchastny dit avoir téléphoné à Brejnev : « Il est impossible de prolonger les débats ; il peut y avoir des actes imprévisibles : il y a beaucoup d'agitation tout autour[40]. » Vladimir Medvedev, officier du KGB, prétend : « On nous avait consignés et nous sommes restés trois jours en état d'alerte, tant que le nouveau pouvoir n'était pas sûr que des troubles n'éclateraient pas dans l'armée ou dans les services spéciaux. Tout se passa bien, mais le chef de la garde personnelle de Brejnev garda toutes les nuits la porte de son appartement l'arme au poing[41]. » Ils avaient peur d'un homme qui n'était déjà plus qu'une ombre.

Le lendemain 15 octobre se tient une brève réunion du Praesidium du Soviet suprême présidé par Mikoïan pour formaliser les décisions du plenum. Mikoïan lit les deux décrets, votés à l'unanimité, limogeant Khrouchtchev de la présidence du Conseil des ministres et y nommant Kossyguine qui remercie les présents habitués à enregistrer sans poser de questions. Mikoïan lève la séance, qui a duré dix minutes[42].

34

La retraite (1964-1971)

La bureaucratie se distingue rarement par sa hauteur de vues. Elle le montre par le soin qu'elle apporte à humilier son ancien chef. Dès le 15 octobre 1964, au matin, on remplace la luxueuse ZIL de Khrouchtchev par une Tchaïka. Puis un apparatchik vindicatif se souvient sans doute que Khrouchtchev avait tenté, en vain d'ailleurs, de réduire le nombre des bénéficiaires de voitures de fonction. Une demi-heure plus tard, une Volga, voiture de classe inférieure, remplace l'éphémère Tchaïka. Peu après, on lui intime l'ordre de s'installer dans sa datcha hors de la capitale d'où il déménagera bientôt pour une datcha un peu plus éloignée dans le village de Petrovo-Dalneie situé à 30 km de Moscou, où il restera jusqu'à la fin de ses jours.

Au plenum de juin 1957, Khrouchtchev avait déclaré : « Je suis contre le fait que l'on nous emporte directement des réunions du Praesidium au cimetière. Je voudrais, avant d'être emmené au cimetière, jouir un peu de ma retraite comme tout le monde. Chaque retraité a droit à quelque chose ; donnez-moi ce qui m'est dû. [...] Si nos forces s'épuisent, laissez-nous avec plus d'audace propulser à la direction des gens intelligents, dignes de diriger. Et laissez-nous, les vieux, boire du thé et jouir de la vie[1]. » Il peut maintenant satisfaire ce souhait d'une sincérité relative. Mais les premiers mois il est abattu, sans ressort, pleure parfois. Convoqué au Comité central fin novembre 1964, terrassé par une grippe, il ne peut s'y rendre.

Les nouveaux dirigeants semblent avoir peur de son nom autant que de son ombre. Ainsi l'éditorial de la *Pravda* du 17 octobre stigmatise « la manie de faire des projets, les conclusions précipitées, les décisions et actions prématurées, détachées de la réalité, la vantardise et la hâblerie, l'engouement bureaucratique, le refus de compter avec ce qu'ont élaboré la science et l'expérience pratique ». Le nom de Khrouchtchev n'est pas cité, mais tout lecteur de la *Pravda* l'aura reconnu sans peine dans ce portrait accablant. La presse le critique par cibles interposées. Ainsi la *Komsomolskaïa Pravda* du 29 novembre publie sous le titre « Les faits contre les mensonges » une lettre qui dénonce les truquages, les mensonges, les falsifications de Lyssenko dans sa ferme modèle de Leninskie Gory. Les reproches retombent indirectement sur son protecteur Khrouchtchev ! Les 1er et 2 février 1965, l'Académie des sciences lors de sa session générale annuelle révoquera Lyssenko de son poste de directeur de l'Institut de génétique. Son président dénoncera son « imposition par la force de conceptions parfaitement erronées [...] et leurs conséquences désastreuses dans la pratique[2] ». La *Pravda* du 7 février sonne l'hallali en dénonçant dans son éditorial un monopole qui a freiné « le développement des sciences biologiques, médicales et agronomiques ». À travers Lyssenko, la nouvelle direction règle ses comptes avec Khrouchtchev indirectement accusé d'avoir nui aux sciences et donc à l'agriculture dont il se prétendait le grand spécialiste. Il devient un non-être. Il disparaît de la presse, des photographies, des livres d'histoire. Onze années sont d'un coup effacées. Le seul dignitaire du « camp socialiste » qui se rappelle son existence est János Kádár, qui lui doit tant. À chaque anniversaire, l'ambassade de Hongrie lui fait parvenir une caisse qui contient, selon les sources, des pommes ou... son vin rouge hongrois préféré.

Dans les semaines qui suivent, les comités régionaux et territoriaux du Parti organisent des réunions d'explication. Le rapport d'un secrétaire de l'Altaï illustre la réaction de l'appareil. La dernière proposition de réforme des structures du Parti de Khrouchtchev visait, commente l'apparatchik en colère, à

« écarter les organes du Parti de la décision des questions [...] de la production de l'économie [...]. En portant des coups contre le saint des saints de notre structure socialiste à savoir le rôle dirigeant du Parti, Khrouchtchev voulait affaiblir les bases organisationnelles de notre parti, transformer le comité du Parti en organisation culturelle et civilisatrice ». Lorsqu'il annonce la réunification des organismes agricoles et industriels du Parti, la salle debout applaudit à tout rompre. Le secrétaire du comité territorial des Terres vierges reproche à Khrouchtchev d'avoir voulu « abaisser le rôle de notre parti comme force dirigeante de notre État ». Ainsi Khrouchtchev se voit reprocher en 1964 ce dont il accusait Beria en 1953 : vouloir réduire la place de l'appareil tentaculaire du parti communiste dans la société.

Dernier écho du plenum de la mi-octobre, le 14 décembre 1964, la section du PCUS de l'usine Krasny Proletarii de Moscou se réunit en présence de Mikoïan, invité à répondre à la question : « Qu'est-ce qui a motivé la mise à l'écart inattendue de Khrouchtchev et pourquoi a-t-on tant tarder à la décider ? » Mikoïan souligne d'abord ses mérites, dont « la liquidation des conséquences du culte de la personnalité », mais, dit-il, ses insuffisances et ses défauts s'accroissaient au fil des années, à la suite de « son état sclérotique qui le rendait irritable, agité, irascible, inquiet [...]. Il était constamment en mouvement, en voyage. Il improvisait, tranchait à la légère [...] pérorait sans que l'on puisse l'arrêter ». Il fallait corriger ses discours truffés de digressions improvisées éloignées du texte préparé par le Secrétariat et de répétitions. Ses pairs « essayaient de le convaincre d'être moins disert et de moins parler de lui-même. En vain, et ces conseils se heurtaient à son irascibilité et à son intolérance à la critique ». Enfin « il souffrait d'un prurit organisationnel, d'une tendance à la réorganisation permanente[3] ».

L'annulation de ses réformes commence sans délai. Au début du mois de novembre, le Comité central annule ses mesures visant à réduire les lopins individuels paysans et à interdire aux ouvriers, employés et fonctionnaires d'en cultiver un pour améliorer leur maigre ordinaire. Il vote la réunification des comités régionaux séparés en comités industriels et agricoles. L'un des deux précédents premiers secrétaires régionaux doit donc perdre sa fonction. L'URSS compte alors 161 régions, donc 161 premiers secrétaires régionaux au moins vont perdre ce titre, car le nouveau ne sera peut-être pas l'un des deux anciens ! La mesure est prudemment mise en œuvre par tranches et d'abord en Ukraine dont les 12 régions se voient doter de nouveaux secrétaires. La refonte y fait donc 24 victimes et 12 promus...

La chute de Khrouchtchev s'accompagne d'un relâchement sensible du contrôle sévère des pratiques religieuses instauré depuis 1960. Les conséquences en sont spectaculaires. Ainsi à Leningrad, l'église Troitskaïa avait procédé au baptême de 575 individus lors des six premiers mois de l'année. Pour la seule journée du 18 octobre 1964, le prêtre célèbre d'un coup 53 baptêmes. Le même phénomène s'observe partout. Le tandem Brejnev-Kossyguine veut marquer sa rupture avec la politique antireligieuse de Khrouchtchev. Le 19 octobre, les métropolites Nikodime et Pitirime sont invités à la réception gouvernementale en l'honneur des astronautes qui ont accompli le vol de Vostok dans l'espace. En janvier 1965, le Praesidium du Soviet suprême adopte un décret « sur certains faits de la violation de la légalité socialiste à propos des croyants ». Plusieurs centaines de croyants et de prêtres condamnés à des peines de prison pour fainéantise et parasitisme sont libérés.

Les condamnés de Novotcherkassk se réjouissent de l'élimination de Khrouchtchev et tentent de l'utiliser. L'un d'eux écrit à Brejnev le 21 novembre : « Comme tout le peuple soviétique j'ai accueilli avec joie la résolution du plenum du Comité central d'octobre. » Il souligne l'injustice des condamnations prononcées pour les événements de Novotcherkassk, provoqués, écrit-il, « par les fautes de quelques dirigeants du Parti et du peuple, dont Khrouchtchev ». Il ajoute : « Les revendications des ouvriers de Novotcherkassk étaient justes, mais [...] on a utilisé la répression contre les ouvriers sur les indications de Khrouchtchev lui-même [4]. » Les mères et femmes de 25 condamnés adressent une demande collective de révision du jugement. Brejnev, coresponsable de Novotcherkassk, gracie quelques condamnés, réduit les peines de plusieurs autres, mais n'en réhabilite aucun. Une barrière infranchissable sépare toujours la bureaucratie des grévistes et manifestants.

Au début de janvier 1965, Brejnev convoque Khrouchtchev au Comité central. Il lui annonce officiellement qu'il recevra désormais une retraite de 500 roubles (le salaire moyen d'un ouvrier à l'époque est de 120 roubles), qu'il aura l'usage d'un appartement à Moscou passage Starokouniechnny à la place de celui de Leninskie Gory, une datcha à la campagne à la place de celle de Gorki- 2 et d'une voiture du parc automobile du Kremlin. Les deux hommes se voient pour la dernière fois. Kossyguine, présent à l'entretien, lui lance : « Si vous apparaissiez en public maintenant, vous seriez lynché [5] ! » Ironie du sort, Kozlov, l'homme qu'il avait promu au rang de second et qui espérait lui succéder, apprenant qu'il a été rayé de la liste des membres du Praesidium, meurt le 30 janvier 1965 à l'hôpital, déjà oublié de tous. C'est le propre des apparatchiks comme des ministres : ils n'existent que par leur fonction. L'année suivante, le principal commis voyageur du complot contre Khrouchtchev, Ignatov, meurt, aigri de n'avoir reçu aucune promotion en récompense de ses efforts.

Le Comité central de mars 1965, dont le procès-verbal est mis en vente en septembre 1965, est un long acte d'accusation contre Khrouchtchev. Chelest souligne : alors que l'on diffusait les slogans « Rattraper et dépasser les États-Unis » ou « Aujourd'hui nous vivons bien, demain nous vivrons encore mieux », les gens faisaient la queue devant les boulangeries. Vassili Mjavanadzé rappelle l'importance cruciale de la division de l'appareil du Parti en deux branches : « Nous avons tout supporté, mais les membres du Comité central n'ont pas accepté que l'on attente au Parti [6]. » Pour illustrer les aberrations de la politique agricole de Khrouchtchev sans le nommer, les nouveaux dirigeants prennent l'exemple de Kalinovka, qu'il avait couverte de crédits. Une commission d'enquête en donne un tableau accablant : « Dans les salles de bains, dans des baignoires éclatantes de blancheur, les locataires préparaient la pâtée pour les cochons [...] par une triste nécessité [7]. » Autour des lotissements de type urbain construits dans cette bourgade modèle, chaque famille paysanne ne peut avoir sa grange, son étable, son poulailler. La salle de bains en fait office.

Un an plus tard, le Comité central de la fin septembre 1966 rétablit 35 ministères industriels centraux et dans la foulée supprime le Conseil supérieur de l'économie nationale, les conseils de l'économie des quinze Républiques et les sovnarkhozes. Il ne reste rien des restructurations de Khrouchtchev.

Son entourage essaie de détourner ce dernier des sombres pensées qu'il rumine en tentant de l'intéresser à la pêche, distraction favorite des apparatchiks. La première tentative dans l'Istra, affluent de la Volga, qui coule le long de sa villa, sera la dernière. Il lance sa ligne deux fois puis se lève et déclare : « À force de rester assis sans rien faire, on se sent devenir complètement idiot ! Pour un peu on entendrait les poissons se moquer de vous au fond de l'eau. Non, ce n'est pas pour moi[8]. » Il écoute la radio, regarde la télévision et apprend ainsi la liquidation progressive de ses mesures, puis il se reprend. En août 1966, il entreprend de dicter ses mémoires sur un dictaphone. Il s'y met avec ardeur, évoquant d'abord ses souvenirs sur la crise des missiles. Il dicte de trois à cinq heures par jour selon son fils, qui se charge ensuite de la transcription au prix de mille difficultés. Le KGB, qui a truffé sa maison de micros, le laisse d'abord faire. Brejnev semble ne pas s'en soucier. Et brusquement, le 15 avril 1968, Khrouchtchev est convoqué au siège du Comité central. Son ancien promu et protégé Kirilenko, individu grossier et arrogant, le reçoit flanqué du président de la commission de contrôle Pelche et du premier secrétaire du Parti de Moscou Demitchev. Kirilenko exige au nom du Bureau politique qu'il cesse de dicter ses mémoires et leur remette la partie déjà transcrite. Khrouchtchev dit leur avoir « fait une scène terrible » et déclare le lendemain à son fils : « Je leur ai dit ce que je pensais d'eux. Peut-être suis-je allé trop loin [...]. Ils pensaient que j'allais ramper devant eux. » Il demande en vain aux trois inquisiteurs de lui fournir une sténo et une dactylo et proteste contre l'installation de micros dans sa datcha jusque dans la salle de bains : « Vous dépensez l'argent du contribuable à écouter mes pets[9]. » Il en rajoute peut-être dans son récit, mais le coup est en tout cas brutal pour lui. Il cesse quasiment de dicter jusqu'à la fin de 1968.

Il se consacre au jardinage puis reprend la dictée en 1969. Toutefois, note son fils, « sa santé déclinait et il s'affaiblissait de manière visible ». Son médecin le déclare « sérieusement atteint d'artériosclérose, occasionnant des pertes de mémoire[10] » d'autant plus fâcheuses qu'il dicte ses souvenirs sans les confronter au moindre document, auquel de toute façon il ne pourrait avoir accès. Son fils s'attache dès lors à préserver ses souvenirs de l'attention et des griffes de l'équipe Brejnev. L'un de ses parents lui présente « un certain Victor Louis, marié à une Anglaise et qui servait d'intermédiaire entre l'Orient et l'Occident », euphémisme pour désigner un agent notoire du KGB. Victor Louis lui propose de cacher le texte des Mémoires chez sa belle-mère à Londres. Sergueï Khrouchtchev, méfiant, donne néanmoins son accord avec l'aval de son père. En cas de complication, pense-t-il, le KGB ne pourra l'accuser d'avoir transmis des secrets d'État à des étrangers puisqu'il les a communiqués à l'un de ses membres ! Victor Louis avertit Sergueï qu'il a informé Andropov. Ce dernier s'est, d'après lui, contenté d'un hochement de tête et a refusé de prendre connaissance du texte. Et, ajoute Sergueï Khrouchtchev, de fait la section internationale du KGB aida Victor Louis à emporter d'Union soviétique les copies des bandes magnétiques et le manuscrit.

Ainsi l'envoi et la publication à l'Ouest des Mémoires de Khrouchtchev relèvent d'une opération du KGB. Interrogé sur l'absence de passages critiques concernant Brejnev et Castro dans le texte publié des Mémoires, et à la question précise : « Est-ce que le KGB a nettoyé le manuscrit ? », Sergueï Khrouchtchev précise : « C'est Louis qui s'en est chargé, sinon autrement ses amis du KGB n'auraient plus pu nous défendre. » Bref, le texte des Mémoires publié aux « États-Unis et en France en 1970 est à la fois authentique, censuré et remanié ici et là ». Sergueï Khrouchtchev affirme : par la suite « Brejnev s'intéressa au texte et Andropov se trouva dans une situation compliquée. Il lâcha sur nous alors la deuxième direction du KGB chargée de l'étranger. Par bonheur, ces kaguébistes ne trouvèrent rien qui fût lié à ce que leurs collègues avaient fait auparavant [11] ». Curieux... Les services d'Andropov chargés de l'étranger ne savaient donc pas ce qu'avait fait quelques années plus tôt la section internationale du même KGB – c'est-à-dire le même service – dépendant du même Andropov.

Plus curieux encore, le 25 mars 1970, une fois les Mémoires partis à l'étranger, Andropov alerte le Secrétariat du Comité central. Khrouchtchev, souligne-t-il, dicte de plus en plus de souvenirs sur la période où il était au pouvoir et fournit des renseignements portant sur des domaines secrets : « La capacité de défense de l'État soviétique, le développement de l'industrie, de l'agriculture, de l'économie dans son ensemble, les conquêtes scientifiques et techniques, le travail des organes de la Sécurité d'État, la politique extérieure, les rapports entre le PCUS et les partis frères des partis socialistes et capitalistes et autres problèmes. » Enfin, péché plus surprenant : « Il y révèle la pratique de discussion des questions lors des séances à huis clos du Bureau politique du PCUS. » L'idée que les dirigeants discutent entre eux serait donc un secret d'État. Andropov conclut à la nécessité absolue « de contrôler le travail de N. S. Khrouchtchev sur ses souvenirs et de prévenir la fuite tout à fait vraisemblable de secrets du Parti et de l'État à l'étranger » (déjà organisée avec son accord) et donc d'espionner secrètement Khrouchtchev père et fils. Il propose de convoquer à nouveau Khrouchtchev au Comité central et « de le prévenir sur la responsabilité qu'il encourrait pour la diffusion et la fuite de secrets du Parti et de l'État et d'exiger de lui qu'il en tire les conclusions nécessaires [12] ». Andropov se couvre... Le surlendemain, le Bureau politique l'invite à discuter avec Khrouchtchev. Le KGB réclame les bandes et les textes déjà saisis. Sergueï Khrouchtchev feint de résister avant de céder les copies des bandes et textes déjà partis à New York.

Le 29 mai 1970, Khrouchtchev est terrassé par un infarctus. On l'hospitalise sur-le-champ. Il ressort de l'hôpital fin août. « Pâle et affaibli, écrit son fils ; il faisait peu de promenades, préférait rester assis sur la terrasse ou sommeiller dans un fauteuil de sa chambre [...]. Petit à petit il a repris des forces [13]. » Il va en avoir besoin.

Le 6 novembre 1970, en effet, les agences de presse annoncent la parution imminente des Mémoires de Khrouchtchev aux États-Unis. La question se pose partout : est-ce un faux comme l'histoire de l'URSS en a tant connu ? Le Bureau politique – certain, lui, de l'authenticité du texte – réagit immédiatement. Il convoque Khrouchtchev le 10 novembre 1970 au Comité de contrôle du Parti présidé par Pelche. Invité à s'expliquer, il s'emporte, crie, tape du poing sur la table. La direction du Parti, dit-il, se comporte vis-à-vis de lui comme le tsar Nicolas Ier censurant l'écrivain ukrainien Chevtchenko. Il joue sur le registre du drame : « S'il vous plaît, arrêtez-moi, fusillez-moi. La vie m'ennuie. Quand on m'interroge, je dis que je ne suis pas content de vivre. Aujourd'hui la radio a annoncé la mort de De Gaulle. Je l'envie. Je suis prêt à supporter n'importe quel châtiment, y compris la peine de mort ! » Puis, il lance à ses interlocuteurs : « Ne cherchez pas à m'effrayer, je n'ai pas peur. Aujourd'hui ma vie n'est pas une vie, mais une souffrance [...]. J'ai aujourd'hui une existence pénible. » L'un d'eux s'étonne : « Et en quoi est-elle pénible ? — Quand vous partirez à la retraite, vous verrez que ce sont des souffrances infernales. » Pelche s'étonne : « Mais c'est le sort de tout le monde. Tout le monde part à la retraite. » Khrouchtchev gémit : « Je suis totalement isolé et me trouve pratiquement en résidence surveillée. J'ai deux portes, l'entrée et la sortie sont contrôlées. C'est tout à fait honteux. J'en ai assez. Soulagez mes souffrances. » Il joue même au Christ « marxiste-léniniste » : « Je suis prêt à être mis en croix. Préparez les clous et le marteau. » Par instants, il frôle ou joue le gâtisme.

Et ses Mémoires alors ? Il finit par y venir. Il les a bien dictés, dit-il, dans des conditions d'ailleurs difficiles puisque le Comité central a refusé de lui envoyer une sténo, mais il n'a rien écrit et rien envoyé à l'étranger. « Je ne crois pas que les documents soient tombés entre les mains des Américains. C'est un mensonge, une fabrication. » Et il se dit indigné et prêt à signer une déclaration affirmant que « c'est une falsification [14] ». Pelche lui fait donc signer un texte dénonçant la publication annoncée « de prétendus Mémoires ou souvenirs de N. S. Khrouchtchev. C'est une fabrication qui m'indigne.

Je n'ai jamais transmis à personne, ni au *Time* ni à d'autres maisons d'édition étrangères de souvenirs ni de documents de ce type. Je n'en ai pas transmis non plus à des éditions soviétiques. C'est pourquoi je déclare que tout cela est une falsification. La presse bourgeoise vendue s'est déjà livrée plus d'une fois à un pareil mensonge [15] ».

Le lendemain, Khrouchtchev est frappé par un micro-infarctus. Il faut à nouveau l'hospitaliser. Le Secrétariat du Comité central décide de le sanctionner. Le 25 décembre 1970, le président du KGB alerte le Secrétariat du Comité central : Khrouchtchev reçoit une correspondance importante venant des pays capitalistes, surtout des vœux de Noël et de bonne année. « Certains, précise Andropov, comparent Khrouchtchev à des héros bibliques », saluent en lui « un combattant pour la paix et un adversaire de l'antisémitisme, lui manifestent leur sympathie à l'occasion de sa maladie ou de la publication de ses Mémoires à l'Ouest ou sollicitent son avis sur certains hommes d'État occidentaux ». Rien de tout cela n'est menaçant pour le Kremlin ; pourtant Andropov juge « raisonnable d'en limiter la distribution à l'adresse de Khrouchtchev, cette correspondance ayant un caractère tendancieux et pouvant être inspirée par des centres subversifs étrangers [16] ».

Khrouchtchev ne sort de l'hôpital qu'à la veille du nouvel an, très affaibli : « Ses capacités physiques et mentales avaient grandement souffert, écrit son fils. Il se fatiguait vite [...]. La discussion au Comité central avait entamé sa résistance, mais il n'était pas brisé [17]. » En février 1971, il se remet à dicter. Le 17 avril, pour son dernier anniversaire, Khrouchtchev a invité le peintre Boris Joutkovski, qu'il avait violemment stigmatisé dix-neuf ans plus tôt lors de son exposition au Manège. Joutkovski raconte : « Il parlait, parlait sans arrêt en évoquant avec insistance, avec force et beaucoup de détails les années qu'il avait vécues dans la peur. Il était heureux d'avoir survécu. Il regrette aussi l'incident du Manège. » « Je n'avais pas à me mêler de cette affaire, dit-il à Joutkovski. J'étais le chef du gouvernement. Ce n'était pas mon affaire, mais voilà l'emballement [18]... »

Le 5 septembre, quelques heures après avoir dicté les dernières lignes de ses Mémoires intitulés « Je ne suis pas un juge », un dernier infarctus terrasse Khrouchtchev, qui meurt le 11 septembre 1971 à l'hôpital du Kremlin. Le KGB met aussitôt les scellés sur sa datcha qu'il fouille de fond en comble en confisquant tous les papiers, même les plus anodins, à commencer par l'original des félicitations pompeuses signées de tous les membres de la direction à l'occasion de son 70e anniversaire le 17 avril 1964 et une copie du poème satirique d'Ossip Mandelstam contre Staline.

Le journal du PC chinois, *Le Drapeau rouge*, salue sa mort avec enthousiasme dans un déluge de langue de bois : « Il a pratiqué le capitulationnisme vis-à-vis de l'impérialisme, [...] pratiqué le scissionnisme, substituant le chauvinisme de grande puissance à l'internationalisme prolétarien. En Union soviétique même [...] il a entrepris de restaurer le capitalisme en substituant au système socialiste l'idéologie, l'économie et la culture bourgeoises [19]. » Pourtant, la propriété d'État et le monopole du commerce extérieur sont globalement intacts. Mais apparemment, pour les maoïstes chinois, l'idéologie compte plus que les rapports de propriété !

La *Pravda* annonce sa mort en quatre lignes dans son numéro du 13 septembre, le jour même de ses funérailles. « Le Comité central du PCUS, le Conseil des ministres de l'URSS ont la douleur d'informer que Nikita Sergueïevitch Khrouchtchev, ancien premier secrétaire du Comité central du PCUS et ancien président du Conseil des ministres de l'URSS retraité, est mort le 11 septembre 1971, à la suite d'une longue et durable maladie. » Le communiqué, signé « le Comité central du PCUS et le Conseil des ministres de l'URSS », sans aucune liste nominative de signataires contrairement à l'habitude et à la tradition, ne précise ni la date ni l'heure de l'enterrement de façon à éviter une affluence pourtant improbable tant la popularité éphémère de Khrouchtchev n'est plus qu'un lointain souvenir. Le Comité central prend en charge les frais des obsèques, mais refuse d'enterrer son ancien premier secrétaire au Kremlin avec ses prédécesseurs. L'administration refuse même de fournir un emplacement proche de l'allée centrale trop visitée. Malgré cette prudence, le cimetière Novodievitchi où il doit être enterré est fermé au public pour « inspection sanitaire », entièrement entouré par un cordon de troupes, et les rues adjacentes et l'entrée sont bloquées par des camions remplis de soldats. L'entrée est permise à la seule famille, aux amis proches du défunt et à une soixantaine de correspondants étrangers.

Nina Petrovna, Sergueï, Rada et Adjoubeï, qui tente de ne pas trop se faire remarquer, entourent le cercueil. Parmi les quelque quatre cents personnes qui suivent le convoi, une petite moitié sont des agents en civil dont certains ont d'abord photographié toute l'assistance à l'entrée du cimetière. Dans le cliquetis des appareils photo et des caméras, Sergueï chante les mérites du mort, bon père, bon mari, qui ne souhaitait que le bien des gens. Après ces banalités intervient une vieille femme, Nadia Dimenstein, qui a travaillé avec lui à partir de 1926, a été arrêtée en 1937, emprisonnée, déportée puis libérée et réhabilitée après le XXe congrès. Elle le rappelle et s'écrie : « Au nom de millions d'innocents torturés dans les prisons et les camps, à qui Nikita Sergueïevitch tu as rendu leur réputation, au nom de leurs amis et de leurs proches, au nom des centaines de milliers que tu as libérés de leurs terribles lieux d'incarcération, accepte notre reconnaissance et nos humbles salutations [...]. Nous nous en souviendrons jusqu'à la fin de notre existence et nous le raconterons à nos enfants et à nos petits-enfants[20]. » Puis le fils d'une ancienne victime de Staline, Vadim Vassiliev, rend un dernier hommage à Khrouchtchev.

Après ce discours, le maître de cérémonie, un agent du KGB, invite les présents à faire leurs adieux au défunt sans traîner. Une nuée d'agents en civil tente de faire appliquer cet ordre sans trop d'insistance, sous les yeux des correspondants étrangers. Un homme haletant apporte une dernière gerbe signée Mikoïan. L'orchestre se hâte de jouer l'hymne de l'Union soviétique, puis le maître de cérémonie répète : « Maintenant dispersez-vous camarades. » Personne ne lui obéit. Les cinq fossoyeurs se mettent vite au travail. Nina Petrovna est victime d'un malaise. On l'emmène en voiture. La tension retombe, les assistants se dispersent.

35

La réforme impossible

Lors de leur publication en Occident en 1970, les Mémoires de Khrouchtchev ont surtout suscité l'intérêt pour les révélations, pourtant rares et parfois douteuses, que les lecteurs en attendaient. Les éditeurs américains en avaient coupé le plus intéressant, ses réflexions sur son passé et sur celui de son pays, sur son bilan et celui de l'Union soviétique, et sur les difficultés du présent. Ce en quoi, quelles que soient les limites de cette réflexion, Khrouchtchev diffère du bureaucrate typique comme Brejnev qui se contente de célébrer les fastes d'une histoire mystifiée et mythifiée.

Dans ses Mémoires, Khrouchtchev se penche d'abord sur la période de Staline en essayant d'aller au-delà des vérités officielles ou officieuses qu'il a semées au cours de sa décennie au pouvoir. Revenant sur la liquidation par Staline de la quasi-totalité des militants qui avaient fait la Révolution, il déclare : « La dictature du prolétariat s'est tournée non pas contre les ennemis de classe, mais contre les meilleurs représentants de la classe ouvrière même, [...] c'est une chose effrayante. » Pis encore, ajoute-t-il, « il n'y a aucune garantie que cela ne se répétera pas ». Il ne s'agit pas seulement de Staline mais du stalinisme, car sans utiliser ce dernier mot, il écrit : « On observe une triste règle : la dictature du prolétariat engendre presque partout la dictature d'une personne sur les classes travailleuses, sur le parti qui a assuré la victoire et même sur ses propres collaborateurs. » Il n'arrive pas à en expliquer la raison, car il n'aborde jamais sa nature sociale, confondant ou assimilant classe ouvrière et bureaucratie, mais il se demande comment éviter que cela ne se reproduise. Il faut, répond-il, « un contrôle effectif d'en bas sur les chefs, c'est-à-dire une démocratie authentique [1] ». Les divergences d'opinions sont, ajoute-t-il, inévitables puisque même deux gouttes d'eau ne sont jamais totalement identiques. Dès lors, les individus ont inéluctablement des réponses différentes aux problèmes posés. Mais il ne remet jamais en cause le monopole du parti unique. Or le parti unique étant au pouvoir et fusionnant par là même avec l'appareil d'État et ses structures répressives, le contrôle d'en bas qu'il évoque par ses membres est fictif et impossible. Quand il répète inlassablement sa fidélité à « l'enseignement du marxisme-léninisme » et au « socialisme », il désigne par là le parti unique et son appareil. C'est pourquoi ses dénonciations de Staline s'accompagnent d'un hommage inlassablement répété au constructeur du socialisme qu'il aurait été.

Il s'interroge ensuite longuement sur l'arriération récurrente de l'économie soviétique par rapport à celle des pays capitalistes. Lorsque le 23 mars 1960, il atterrit à Orly, il s'extasie sur la qualité des pistes en béton de l'aéroport. « Il faut rendre à l'Occident l'hommage qui lui est dû, il sait couler le béton mieux que nous. Chez eux on ne voit pas de malfaçon, tout apparaît neuf, comme si la piste venait d'être tracée. Chez nous, malheureusement, il n'en est pas de même. J'ai eu beau m'occuper beaucoup de la question, critiquer nos constructeurs, au bout d'un an se créent des ornières, et les routes apparaissent vieilles [2]. »

Après le béton des pistes d'aéroport, c'est le logement qui retient son attention. À Bordeaux, le maire Jacques Chaban-Delmas lui montre un quartier dont il veut raser les vieilles demeures pour y bâtir de nouveaux appartements. Khrouchtchev s'en étonne : « Peut-être, écrit-il, parce qu'en URSS nous ressentons un grand besoin dans le domaine du logement et que nous prenons grand soin de toute maison susceptible de pouvoir encore servir. Eh oui, nous ne pouvions satisfaire alors les besoins les plus essentiels de notre population, en premier lieu à Moscou. Et, dans les autres villes, la situation n'était pas meilleure. Les gens souffraient, vivaient comme des cafards, dans chaque fissure, à quelques individus dans une seule pièce, à plusieurs familles dans un seul appartement[3]. » En deux lignes, Khrouchtchev donne de la vie à l'époque du « socialisme réalisé » une vision crue aux antipodes de la propagande officielle, seul domaine où ce « socialisme » se réalise.

À Paris, Marcel Boussac, le grand patron du textile, l'invite à venir visiter ses ateliers. Khrouchtchev, enthousiasmé, oppose aux réussites de Boussac la médiocrité de la production soviétique qui « continue à rester à la traîne et pour la qualité des produits et pour l'organisation de la production de bonneterie. Nous sommes en retard pour tout ce qui attire l'acheteur, le met de bonne humeur, se transforme en nécessité économique, embellit l'homme et son habitation. Et à l'étranger on fabrique tout ce dont peut rêver une maîtresse de maison : du beau linge, des nappes, tout ce qui permet d'orner la table et le lit[4] ».

Il élargit le constat à l'économie tout entière : « La question la plus sérieuse aujourd'hui est la qualité de notre production. Malheureusement nous ne pouvons d'aucune manière rattraper les pays capitalistes [...]. Nous devons faire des courbettes aux capitalistes. Quelle honte ! Malheureusement, prenez nos postes de radio, nos magnétophones, nos voitures. Que valent-ils ? Nous avons célébré le cinquantième anniversaire de la révolution d'Octobre en achetant une usine Fiat au "capitalisme pourrissant". Et ces voitures avaient à coup sûr vieilli ; les capitalistes ne sont pas des crétins ; ils nous vendent le modèle qu'ils retirent de la production[5]... »

À tout propos, il souligne la supériorité économique de l'Occident sur l'Union soviétique. Ses réflexions personnelles contrastent avec ses déclarations officielles de jadis. « En comparant le système américain et notre système d'enseignement, je considère que leur système est plus progressiste. Les capitalistes savent aborder de façon rationnelle la solution des problèmes[6]. » Khrouchtchev admire la manière dont les Américains savent lier enseignement théorique et pratique. Il y revient de façon lancinante : « Je me pose, dit-il, encore et encore cette question : "Pourquoi sommes-nous en retard sur les pays capitalistes dans la production des produits de l'agriculture ? [...] Pourquoi sommes-nous si en retard sur l'Occident dans tous les domaines ?" » Il tente d'y répondre : « Il n'y a là rien de secret, c'est une question de discipline dans la production et d'un processus technologique sévère [...] tout le secret est dans une haute culture du travail. » Mais pourquoi la discipline dans la production est-elle inférieure à celle des pays capitalistes alors que les ouvriers sont officiellement au pouvoir en URSS ? Or, l'URSS se distingue des États-Unis et des principaux États capitalistes par sa basse productivité du travail. « Nous utilisons mal la force de travail [...]. Nous avons des excédents de force de travail, seulement nous les utilisons incorrectement. » Et il affirme même alors : « En fait nous avons à Moscou un chômage dissimulé de centaines de milliers de gens. Ils sont occupés, mais occupés à quoi ? Si leur occupation disparaît, personne ne le remarquera[7]. » En un mot, ils remplissent des emplois totalement improductifs, voire fictifs.

À lire ces lignes, on comprend qu'au début de la perestroïka, l'éphémère maire démocrate de Moscou Gavril Popov (1991-1992) ait pu prétendre : « C'est lui [Khrouchtchev] précisément qui a ruiné les idées de base sur le caractère inacceptable des relations marchandes[8]. » Il hésite à l'affirmer, mais son diagnostic annonce en pointillé ou en négatif ce rétablissement auquel Mikhaïl Gorbatchev et Boris Eltsine donneront libre cours, débouchant sur la chute de l'URSS, la destruction et le pillage par la nomenklatura de la propriété d'État, la liquidation de secteurs entiers de l'industrie et un chômage massif.

Khrouchtchev cherche alors une autre réponse : « L'essentiel, ce sur quoi doit être concentrée toute notre attention, c'est l'accroissement par tous les moyens de la productivité du travail. » Puis il ajoute : « La résolution de ce problème exige un véritable héroïsme. » C'est-à-dire des sacrifices. Mais la recette déjà utilisée est usée. Il en trouve la raison « dans une mauvaise organisation ». Et il ajoute : « Pendant la période de mon activité, j'y ai vu le principal défaut et j'ai essayé de trouver les formes nécessaires d'organisation de la gestion de l'économie. » Mais sa réflexion tourne court, car il réduit la crise permanente à des questions techniques et ne propose donc que des solutions techniques. Chaque domaine doit être dirigé « par un spécialiste et non un politique [...] ce sont des spécialistes qui doivent s'occuper de l'affaire ». Ainsi l'économie pourrait-elle être séparée du politique. Mais comment le parti unique, qui domine toute la société, et dont il ne remet pas en cause l'hégémonie, pourrait-il continuer à la diriger si l'économie, la base matérielle de la société même, échappait à son contrôle ? Or lorsqu'il affirme que, pour faire progresser l'agriculture, « ni un meeting, ni une réunion, ni une conférence, ni la presse ne servent à rien[9] », non seulement il rejette sa propre pratique antérieure, mais il suggère que le Parti ne sert à rien, car toute son activité se résume en meetings, réunions, conférences, résolutions, appels publiés dans la presse et pressions pour imposer leur mise en œuvre. C'est donc un pur parasite...

Khrouchtchev s'arrête devant cette conclusion ; il ne remet pas en question le « socialisme dans un seul pays » qu'il a toute sa vie considéré comme un dogme intangible justifiant les immenses sacrifices imposés à tous les peuples de l'URSS et le monopole de ce parti unique dont il suggère pourtant l'inutilité. En tentant donc seulement d'assouplir vaguement le régime politique sans toucher à ses fondements, Khrouchtchev n'a pu que chercher des remèdes miracles, de Lyssenko et ses moissons futures imaginaires aux restructurations permanentes de l'appareil du Parti et de l'État. Or cet appareil, dont la seule fonction est de contrôler, diriger, contraindre, menacer la masse de la population laborieuse et prélever pour salaire de cette activité une part importante – et croissante – du surproduit social, a sabordé toutes les réformes qui le gênaient. La quête permanente de remèdes miracles inefficaces a engendré inéluctablement la vantardise, la hâblerie, le bluff, traits caractéristiques du régime que Khrouchtchev poussa à leur terme, parfois jusqu'à la bouffonnerie délibérée.

Il serait faux toutefois de réduire Khrouchtchev à cet aspect. Évoquant la mort de Staline et le « dégel » qui la suivit avec l'accession de Khrouchtchev au pouvoir, Gavril Popov affirmera en 1989 : « Khrouchtchev a ouvert à temps les soupapes et libéré la vapeur, sauvant ainsi l'appareil du Parti du châtiment pour les crimes de Staline[10]. » Il a ensuite refermé ces soupapes au grand et durable plaisir de cet appareil.

Cinq jours avant la crise cardiaque qui l'emporte dans l'au-delà, Khrouchtchev le dit à sa manière. Soucieux de comprendre son propre parcours, il se retourne une dernière fois sur son passé et dicte les ultimes paragraphes de ses Mémoires. Revenant alors sur cette période, il explique dans un aveu lucide : « En nous décidant à l'arrivée du dégel et en nous y engageant consciemment, la direction de l'URSS et moi en son sein nous en avions en même temps peur ; nous craignions que ce dégel ne se transforme en une crue qui nous inonderait et dont nous ne pourrions pas régler le cours [11]. » Il a contribué à empêcher cette crue qui rejaillira quarante ans plus tard lorsque la grève d'un demi-million de mineurs soviétiques en juillet 1989 ébranlera l'ordre bureaucratique fissuré.

Dans une interview donnée peu avant sa mort en 2001 évoquant la fin de la présidence de Boris Eltsine, l'ancien chef du KGB Semitchastny affirme : « Tout ce que nous avons aujourd'hui dans le pays a commencé avec Khrouchtchev. Que certains veuillent le reconnaître ou pas, c'est avec Khrouchtchev que tout cela a commencé [12]. » Quelques années plus tard, en 2006, Mikhaïl Gorbatchev déclare en termes plus vagues : « Il y a un lien organique entre le XXe congrès et la perestroïka. En 1956, comme à l'époque de la perestroïka, ce qui mûrissait dans la société s'est exprimé sous une forme brutale et ne pouvait que s'extérioriser. [...] C'était le début de nouveaux changements importants [13]. »

La perestroïka a en effet débouché sur la dislocation de l'URSS, la dissolution du PCUS, le pillage et la liquidation massive de la propriété d'État, la quasi disparition de secteurs industriels entiers balayés par l'ouverture au marché mondial, le bourgeonnement des mafias, le développement exponentiel des inégalités sociales, la formation d'une mince couche richissime, la misère d'un bon quart de la population et le maintien d'un état policier à peine recouvert d'un vernis pseudo démocratique. Or, ce dernier point mis à part, ce n'est pas ce que Khrouchtchev souhaitait pour son pays.

Pourtant Gorbatchev et Semitchastny ne se trompent guère. Les réformes de Khrouchtchev visaient à améliorer et assouplir le fonctionnement de la société façonnée par Staline, dominée par une caste bureaucratique, la nomenklatura, acharnée à élargir ses privilèges. Le communiste polonais Mieczyslaw Bibrowski la définissait en 1956 comme une « excroissance parasitaire[14] » cancéreuse sur la propriété sociale. La terreur stalinienne avait asservi la paysannerie, domestiqué la classe ouvrière et corseté la bureaucratie elle-même en contraignant ses aspirations matérielles dans d'étroites limites. Ce faisant, elle avait paralysé la société.

Les réformes de Khrouchtchev ont disloqué cet équilibre terroriste, tout en maintenant ses cadres politiques totalitaires, et libéré ainsi partiellement le jeu des forces sociales encore contenues par la domination du parti unique et de son appareil défendue obstinément par Khrouchtchev : ainsi, en 1962, les élections portent des non-conformistes à la tête de l'Union des artistes. Il ordonne aussitôt de les « casser ». Son projet de Constitution renforce encore le rôle du parti unique dont toutes les organisations sociales ne sont que des courroies de transmission. Les clans bureaucratiques, débarrassés de toute peur, ont commencé à se dessiner des fiefs, sans que Khrouchtchev fasse réellement obstacle aux aspirations de la couche sociale dont il était le mandant. Cette dernière s'est débarrassée en 1964 du gêneur qu'il était devenu pour elle, puis a commencé à se morceler en clans mafieux dont la liberté d'action et l'aspiration à transformer son contrôle de la propriété d'État en possession durable étaient entravées beaucoup plus par le monopole du commerce extérieur et la propriété d'État que par le KGB. L'affaiblissement de l'appareil provoqué par Khrouchtchev a débouché avec Gorbatchev sur un affrontement de plus en plus ouvert entre forces sociales et politiques antagonistes ; à partir de 1989, grèves, comités de grèves, syndicats indépendants et groupes politiques divers se sont multipliés. La nomenklatura a répondu à cette mobilisation qui menaçait sa domination en démantelant l'Union soviétique puis en pillant ses richesses, avec l'appui ouvert de l'Occident. En promulguant des réformes qui laissaient intact tout l'édifice institutionnel policier de la nomenklatura, Khrouchtchev a, certes sans le prévoir ni le vouloir, préparé ce dénouement.

Notes

Avant-propos

1. *Vivre dans la paix et l'amitié*, p. 204.
2. *Raskaz o potchonom chakhtiore*, p. 6.
3. Pierre Courtade, *Khrouchtchev inédit*, p. 5.
4. Wolfgang Leonhard, *Nikita Sergueievitch Khrouchtchev*, p. 5.
5. Pierre Courtade, *op. cit.*, p. 6.
6. Georges Sokoloff, *La Puissance pauvre*, p. 261.
7. *Contrat social*, vol. VIII, n° 5, p. 268.
8. Raymond Jean, *La Singularité d'être communiste*, p. 47.
9. Milovan Djilas, *Conversations avec Staline*, p. 134-136.
10. Vladimir Krioutchkov, *Litchnoe Dielo*, t. 1, p. 74.
11. A. Levitine-Krasnov, entretien avec l'auteur, 1981.
12. Iouri Afanassiev, *Ma Russie fatale*, p. 111.
13. Raymond Aron, *Mémoires*, p. 356.
14. Alexandre Nekritch et Michel Heller, *L'Utopie au pouvoir*, p. 442.
15. Christian Dupan et Vincent Giret, *La Vie en rouge*, t. 1, p. 217.
16. Fiodor Bourlatski, *La Seule Issue*, p. 136.
17. Alekseï Adjoubeï, *Dix ans avec Khrouchtchev*, p. 175.
18. André Bitov, *Zvezda*, n° 9, 1994, p. 83.
19. *L'Histoire*, n° 217, janvier 1998, p. 7.
20. Roy et Jaurès Medvedev, *Khrouchtchev*, p. 100, 200 et 206.
21. Fiodor Bourlatski, *La Seule Issue*, p. 156.
22. *Id.*, *Soratniki*, p. 27.
23. Nikita Khrouchtchev, *Vremia, Lioudi, Vlast, Vospominania*, t. 2, p. 633. Ultérieurement *Vospominania*.
24. *Kentavr*, n° 3, 1993, p. 85.
25. *Vospominania*, t. 2, p. 269.
26. *Ibid.*, p. 617.

1. « Khrouchtchev l'ignorant » (1908-1916)

1. *Vospominania*, t. 2, p. 15-16.
2. *Praesidium Ts K KPSS*, t. 1, p. 627.
3. *Vospominania*, t. 2, p. 46-47.
4. Dimitri Chepilov, *Vospominania, Voprossy Istorii*, n° 11-12, 1998, p. 7.
5. Nikita Khrouchtchev, *Mémoires inédits*, p. 24.
6. *Ibid.*, p. 24.
7. *Voprossy Istorii*, n° 10, 1998, p. 9.
8. *Istoritcheski Arkhiv*, n° 3, 1998, p. 62.
9. William Taubman, *Khrushchev*, p. 224.
10. Félix Tchouev, *Conversations avec Molotov*, p. 283.
11. *Ogoniok*, n° 10, mars 1989, p. 24.
12. Vladimir Allilouïev, *Khronika odnoï semii*, p. 161.
13. Alexandre Chirokorad, *Khrouchtchev i sovietski flot*, p. 304.
14. *Rossiiskaia Gazeta*, 14 avril 1994.
15. *Vospominania*, t. 3, p. 370.
16. Anastase Mikoïan, *Tak bylo*, p. 386.
17. Jean-Jacques Marie, *Staline*, p. 233.
18. André Farkas, *Budapest 1956*, p. 26.
19. Anastase Mikoïan, *Tak bylo*, *op. cit.*
20. *Vivre dans la paix et l'amitié*, p. 55.
21. Alekseï Adjoubeï, *À l'ombre de Khrouchtchev*, p. 160.
22. *Istoritcheski Arkhiv*, n° 2, 1994, p. 16-17.
23. William Taubman, *op. cit.*, p. 43-44.
24. *Vospominania*, t. 3, p. 325.
25. Constantin Paoustovski, *Une jeunesse inquiète*, p. 224-225.
26. *Vospominania*, t. 3, p. 383.
27. *Ibid.*, t. 4, p. 43.
28. *Ibid.*, t. 1, p. 729.
29. *Lavrenti Beria 1953*, p. 235.
30. *Istoritcheski Arkhiv*, n° 2, 1994, p. 23.
31. Fiodor Bourlatski, *op. cit.*, p. 50.
32. *Vospominania*, t. 4, p. 11.
33. *La Révolution de 1917*, « Dossiers Clio », p. 26.
34. *Raskaz*, *op. cit.*, p. 25.
35. *Vospominania*, t. 4, p. 53.
36. *Raskaz*, *op. cit.*, p. 6.
37. *Voprossy Istorii*, n° 4, 1998, p. 8.
38. Nikita Khrouchtchev, *Souvenirs*, p. 43.
39. *Vospominania*, t. 4, p. 8.
40. *Ibid.*, p. 55.
41. *Ibid.*, t. 1, p. 83.

2. Vers une ère nouvelle ? (1917-1924)

1. Marc Ferro, *Nicolas II*, p. 202.
2. *Vospominania*, t. 1, p. 732-733.
3. Anton Denikine, « Vospominania », *Voprossy Istorii*, n° 2, 1991, p. 138-139.
4. Orlando Figes, *La Révolution russe*, p. 692.
5. *Zvezda*, n° 3, mars 2004, p. 167.
6. *Vospominania*, t. 4, p. 53.
7. *Ibid.*, t. 1, p. 319.
8. *Ibid.*
9. Pierre Courtade, *op. cit.*, p. 9.
10. *Raskaz*, *op. cit.*, p. 46.
11. *Ibid.*, p. 48.
12. *Vospominania*, t. 4, p. 54.
13. Anatoli Mariengof, *Les Cyniques*, p. 99-100.
14. *Vospominania*, t. 4, p. 56.
15. *Ibid.*, t. 2, p. 335.
16. *Ibid.*, t. 1, p. 733.
17. *Ibid.*
18. *Cahiers du mouvement ouvrier*, n° 20, p. 29.
19. *Vospominania*, t. 2, p. 226.
20. Nikita Khrouchtchev, *Souvenirs*, p. 37.
21. Lénine, *Œuvres complètes* (édition russe), t. 45, p. 345.
22. *Ibid.*, p. 346.
23. Jean-Jacques Marie, *Trotsky*, p. 291.
24. *Ibid.*, p. 292.
25. *Ibid.*, p. 297.
26. *Molotov, Malenkov, Kaganovitch 1957*, p. 482.

3. L'homme lige de Kaganovitch (1925-1935)

1. *Vospominania*, t. 1, p. 20.
2. *Ibid.*
3. *Ibid.*, p. 736.
4. *Ibid.*, p. 737.
5. *Ibid.*, p. 30.
6. *Ibid.*, p. 738.
7. *Voprossy Istorii*, 1990, n° 2.
8. *Vospominania*, t. 1, p. 745-746.
9. *Cahiers Léon Trotsky*, n° 18, p. 82.
10. *Ibid.*, p. 83.
11. Staline, *Œuvres complètes* (édition russe), t. 11, p. 159.
12. A. Ponomarev, *N. S. Khrouchtchev, put k lidertsu*, p. 8.

13. *Vospominania*, t. 1, p. 43.
14. *Ibid.*, p. 68-69.
15. *Ibid.*, p. 47.
16. *Istoritcheski Arkhiv*, n° 1, 1994, p. 68.
17. *Moskovskaïa Pravda*, 10 janvier 1989.
18. *L'État soviétique et la révolution du droit*, n° 1, 1930, p. 9.
19. *Vospominania*, t. 2, p. 64-65.
20. *Vospominania*, t. 2, p. 150.
21. Staline, *Œuvres complètes*, t. 12, p. 262.
22. *Vospominania*, t. 1, p. 70.
23. A. Ponomarev, *op. cit.*, p. 19.
24. *Vospominania*, t. 1, p. 49.
25. *Neizvestnaïa Rossia*, n° 3, p. 127.
26. *Rossiskaia Gazeta*, 29 juin 1995.
27. *Vospominania*, t. 1, p. 58.
28. *Ibid.*, p. 73, 74 et 76.
29. Iouri Trifonov, *Sobranie Sotchionenii*, t. 2, p. 379-380.
30. *XVII sjezd stenografitcheski otcthot*, p. 139.
31. Léon Trotsky, *Œuvres*, t. 3, p. 203.
32. *XVII sjezd*, *op. cit.*, p. 258.
33. *Ibid.*, p. 34.
34. *Vospominania*, t. 1, p. 98-99.
35. *Ibid.*, p. 83.
36. *Pravda*, 30 décembre 1935.
37. *Neizvestnaïa Rossia*, n° 3, p. 129.
38. *Libre*, n° 4, p. 11-13.

4. La machine infernale de la Terreur (1936-1937)

1. *Pravda*, 23 août 1936.
2. *Les Conquêtes de la démocratie soviétique*, p. 163-164.
3. *Ibid.*, p. 161-163.
4. Anna Larina, *Boukharine ma passion*, p. 319.
5. David Samoïlov, *Pour mémoire*, p. 469.
6. Léon Trotsky, *Œuvres*, t. 14, p. 240.
7. *Ibid.*, p. 286.
8. *Pravda*, 19 février 1937.
9. XXIIe congrès du PCUS, *Cahiers du communisme*, déc. 1961, p. 508.
10. Staline, *L'Homme le capital le plus précieux*, p. 37.
11. *Voprossy Istorii*, n° 2, 1994, p. 16.
12. *Ibid.*
13. *Ibid.*, n° 10, 1995, p. 4.
14. *Pravda*, 24 mai 1937.
15. A. Ponomarev, *op. cit.*, p. 40-41.

16. *Pravda*, 6 juin 1937.
17. Félix Tchouev, *Conversations avec Molotov*, *op. cit.*, p. 297.
18. *Istoritcheski Arkhiv*, n° 2, 1994, p. 50.
19. Nicolas Werth, *L'Ivrogne et la Marchande de fleurs*, p. 75.
20. *Ibid.*, p. 81.
21. *Ibid.*, p. 83.
22. *Neizvestnaïa Rossia*, *op. cit.*, n° 3, p. 135.
23. *Istoritcheski Arkhiv*, n° 4, 1993, p. 65.
24. *Pravda*, 20 juin 1963.
25. *Ogoniok*, 12 avril 1964.
26. *Vospominania*, t. 1, p. 114.
27. *Ogoniok*, n° 8, février 1988.
28. Nikita Khrouchtchev, *Mémoires inédits*, p. 61.
29. Vladimir Allilouïev, *op. cit.*, p. 161.
30. *Kentavr*, n° 3, 1993, p. 81.
31. *Vospominania*, t. 1, p. 114-115.
32. *Ibid.*, t. 1, p. 113.
33. *Ibid.*
34. *Vospominania*, t. 1, p. 115.
35. *Ibid.*, t. 1, p. 111, 146, 147, 180, 195, 135, 120, 127, 137, 140, 185, 213, 221 ; t. 2, p. 175 et 433 ; t. 4, p. 23.
36. *Ibid.*, p. 140.
37. Mikhaïl Vozlensky, *Les Maîtres de la nomenklatura*, p. 158.
38. Dmitri Volkogonov, *Sem Vojdei*, p. 342.
39. Rgaspi, fonds 17, inventaire 2, dossier 630, f° 4.
40. *Libre*, n° 6, 1979, p. 122.
41. *Ibid.*, p. 124.

5. Proconsul d'Ukraine (1938-1939)

1. *Vospominania, t. 1, p. 147 et 151.*
2. *Ibid.*, p. 120.
3. Dmitri Volkogonov, *Staline*, éd. russe, t. 1, p. 553 ; t. 2, p. 55-56.
4. *Visti V TsVK*, 23 mai 1938.
5. *Visti*, 6 juin 1938.
6. *Ukrainski bolchevik*, juillet 1938.
7. Dmitri Volkogonov, *Sem vojdei*, p. 342.
8. *Visti*, 21 juin 1938.
9. *Visti*, 17 juin 1938.
10. *Neizvestnaïa Rossia*, n° 3, p. 138.
11. *Protokoly Politburo*, t. 3, p. 693.
12. *Vospominania*, t. 1, p. 761.
13. *Istoritcheski Arkhiv*, n° 2, p. 13.
14. *Vospominania*, t. 1, p. 174.

15. *Pravda*, 1995, n° 25, p. 11.
16. *Vospominania*, t. 1, p. 184 et t. 2, p. 556.
17. Oleg Khlevniouk, *1937 god, Stalin, NKVD i sovietskoie obchestvo*, p. 225.
18. *Praesidium Ts K KPSS, 1954-1964*, p. 627.
19. *Krasnaia Zvezda*, 23 février 1938.
20. *Ibid.*, 21 février 1938.
21. *Reablilitirovan postsmertno*, Moscou, 1988, p. 415-416.
22. *Souvenirs*, p. 68 et 73.
23. *Stenografitcheski otchot XVIII sjezda*, p. 170.
24. Vadim Rogovine, *Mirovia revolioutsia i mirovaia voina*, p. 40.
25. *Vospominania*, t. 1, p. 222.
26. *Neizvestnaïa Rossia*, n° 4, 1993, p. 203.
27. Roy Medvedev, « Khrouchtchev », *Droujba Narodov*, n° 7, 1989, p. 126.
28. Dmitri Volkogonov, *Sem vojdei*, p. 351.
29. Jean-Jacques Marie, *Staline*, p. 549.
30. *Vospominania*, t. 1, p. 222.
31. Nikita Petrov, *Ivan Serov*, p. 21.
32. Jaurès et Roy Medvedev, *op. cit.*, p. 183.
33. Michel Tatu, *Le Pouvoir en URSS*, p. 25.
34. *Vospominania*, t. 2, p. 154.
35. *Ibid.*, p. 158.

6. Le pacte germano-soviétique (1939-1941)

1. *Vospominania*, p. 764-766.
2. *Ibid.*, p. 237 et 246.
3. *Drougaia Voïna*, p. 281-282.
4. Gueorgui Koumanev, *Riadom so Stalinim*, p. 112-113.
5. Rgaspi, fonds 17, inventaire 2, dossier 670, f° 157.
6. Dmitri Volkogonov, *Lénine*, t. 2, p. 221-222.
7. *Vospominania*, t. 1, p. 251.
8. *Ibid.*, p. 255.
9. *Ibid.*, p. 257.
10. *Loubianka, Stalin i NKVD-NKGB-GOUKR-SMERCH*, p. 246-247.
11. André Rossi, *Autopsie du stalinisme*, p. 106.
12. Phrase similaire *in* Gueorgui Joukov, *Vospominania*, t. 1, p. 383.
13. *Ibid.*, p. 368.
14. *Vospominania*, t. 1, p. 281-282.

7. Khrouchtchev chef de guerre ? (1941-1944)

1. Dmitri Volkogonov, *Staline* (édition russe), t. 2, p. 181.
2. *Izvestia Ts K KPSS*, n° 7, 1990, p. 206-207 ; *Istotchnik*, n° 2, 1995, p. 113.
3. Gueorgui Dimitrov, *Journal*, p. 504.
4. Gueorgui Joukov, *op. cit.*, t. 2, p. 137.
5. *Vospominania*, t. 1, p. 323.
6. *Izvestia Ts K KPSS*, n° 12, 1990, p. 208-209.
7. Dmitri Volkogonov, *Staline*, t. 2, p. 289 ; *Drougaia Voïna*, *op. cit.*, p. 156.
8. *Velkikaia Otechestvennaia Voïna*, t. 1, p. 339.
9. Dmitri Volkogonov, *Staline*, t. 2, p. 239-240.
10. *Vospominania*, t. 1, p. 182.
11. Gueorgui Koumanev, *op. cit.*, p. 441-442.
12. Simon Montefiore, *Staline, la cour du tsar rouge*, p. 434.
13. Vladimir Allilouïev, *op. cit.*, p. 160.
14. V.V. Pavlov, *Stalingrad*, p. 90.
15. Jean-Jacques Marie, *Staline*, p. 662.
16. *Stalingradskaia epopeia*, p. 198.
17. Félix Tchouev, *op. cit.*, p. 288-289.
18. *Vospominania*, t. 1, p. 782.
19. Roy Medvedev, « Khrouchtchev », *Droujba Narodov*, n° 7, 1989, p. 133.
20. Wolodymyr Kosyk, *L'Allemagne nationale-socialiste et l'Ukraine*, p. 431.
21. *Ibid.*, p. 437.
22. Volodimir Sergitchouk, *Radianski partisani proti OUN-UPA*, p. 71.
23. William Taubman, *op. cit.*, p. 195-196.
24. Sergo Beria, *Beria mon père*, p. 135.
25. Gueorgui Joukov, *op. cit.*, t. 3, p. 98.
26. *Vospominania*, t. 3, p. 27.
27. Charles de Gaulle, *Mémoires*, t. 3, *Le salut*, p. 88-89.
28. Milovan Djilas, *Conversations avec Staline*, p. 132-136.
29. Jean-Jacques Marie, *L'Antisémitisme en Russie de Catherine II à Poutine*, p. 283-284.
30. *Vospominania*, t. 3, p. 214.

8. Main de fer en Ukraine (1945-1950)

1. *Istoritcheski Arkhiv*, n° 2, 1994, p. 24.
2. *Voprossy Istorii*, n° 2, 2002, p. 39-40.
3. *Vospominania*, t. 2, p. 229.
4. *Ibid.*, t. 3, p. 209-210.
5. Steven Merrit Miner, *Stalin's Holy War*, p. 186.
6. *Vospominania*, t. 2, p. 725-727 et 729.
7. *Ibid.*, t. 4, p. 22.
8. *Goulag 1918-1960*, p. 132-133.

9. *Istoria SSSR*, 1991, n° 4, p. 5.
10. *Otetchestvennye Arkhivy*, n° 4, 1994, p. 83-84.
11. Nikita Petrov, *Ivan Serov*, p. 77.
12. *Vospominania*, t. 2, p. 11.
13. *Pravda*, 20 octobre 1961.
14. *Ibid.*
15. Rgaspi, fonds 17, inventaire 121, dossier 673, f° 3.
16. *Otetchestvennye Arkhivy*, n° 2, 1993, p. 33-35.
17. *Voprossy Istorii*, n° 4, 1997, p. 24.
18. *Ibid.*, n° 2, 2002, p. 38.
19. Pavel Soudoplatov, *Missions spéciales*, p. 317.
20. *Vospominania*, t. 2, p. 159.
21. Boris Souvarine, « La folie de Staline », *Est-Ouest*, 15-31 juillet 1957, p. 37.

9. Sous le manteau de Staline (1950-1953)

1. *Vospominania*, t. 2, p. 23.
2. A. Ponomarev, *op. cit.*, p. 51.
3. Nikita Khrouchtchev, *Souvenirs*, p. 240.
4. Félix Tchouev, *op. cit.*, p. 230.
5. Svetlana Allilouïeva, *En une seule année*, p. 374.
6. *Kentavr*, n° 3, 1993, p. 84.
7. A. Ponomarev, *op. cit.*, p. 56.
8. *Otetchesvennaia istoria*, n° 1, 1994, p. 43-44.
9. *Molodaïa Gvardia*, n° 4, 1989, p. 58 ; *Voprossy istorii*, n° 8, 1998, p. 32.
10. *Cahiers du communisme*, novembre 1952, p. 116, 122.
11. *Ibid.*, p. 243.
12. *Pravda*, 10 février 1946.
13. *Kentavr*, nov.-déc. 1992, p. 71.
14. *Vospominania*, t. 2, p. 129.
15. *Ibid.*, p. 130.
16. *Ibid.*, p. 131.
17. Félix Tchouev, *op. cit.*, p. 270.
18. *Istoritcheski Arkhiv*, n° 3, 1999, p. 42.
19. *Ibid.*, p. 43.
20. Constantin Simonov, *Glazami*, *op. cit.* ; *Znamia*, n° 4, 1988, p. 107.
21. Rgaspi, fonds 2, inventaire 1, dossier 136, f° 125.
22. *Voprossy Istorii*, n° 8, 1998, p. 3.
23. *Vospominania*, t. 2, p. 157.

10. Le complot de l'improbable héritier (1953)

1. *Istoria SSSR s drevneieskhikh vremion do naszikh nei*, Moscou, 1971, t. 2, p. 208.
2. *Pravda*, 7 mars 1964.
3. *Istoritcheski Arkhiv*, 1993, n° 6, p. 37.
4. *Vospominania*, t. 2, p. 159-160.
5. Vladimir Boukovski, *Et le vent reprend ses tours*, p. 140.
6. *Voprossy istorii*, n° 3, 1998, p. 23.
7. *Ibid.*, n° 4, 1997, p. 29.
8. A. S. Akhiezer, *Rossia, kritika istoritcheskogo opyta*, t. 1, p. 564.
9. Fiodor Bourlatski, *op. cit.*, p. 48.
10. *XX sjezd KPSS i jego istoritcheskie reealnosti*, Moscou, 1991, p. 13.
11. *Lavrenti Beria 1953*, *op. cit.*, p. 351.
12. *Ibid.*, p. 19-21.
13. *Ibid.*, p. 161-162.
14. *Kommersant i Vlast*, 8 février 2000.
15. *Literatournaïa Gazeta*, 18 avril 1990.
16. Anastase Mikoïan, *Tak bylo*, chap. 4 ; Félix Tchouev, *op. cit.*, p. 277 et 283 ; *Literatournaïa Gazeta*, 18 avril 1990 ; *Voprossy Istorii*, 1998, n° 8, p. 15.
17. *Istoritcheski Arkhiv*, n° 3, 1999, p. 45.
18. Félix Tchouev, *op. cit.*, p. 283.
19. Anastase Mikoïan, *Tak bylo*, chap. 47.
20. Félix Tchouev, *op. cit.*, p. 282.
21. *Voprossy Istorii*, n° 8, 1998, p. 18.
22. *Vospominania*, t. 2, p. 750 et 752.
23. *Lavrenti Beria 1953*, p. 233.
24. Dmitri Volkogonov, *Lénine*, t. 2, p. 121-122.
25. Lavrenti Beria, *op. cit.*, p. 235.
26. Nikita Petrov, *Ivan Serov*, *op. cit.*, p. 164.
27. *Izvestia Ts K KPSS*, 1991, n° 1, p. 160. *Lavrenti Beria 1953*, *op. cit.*, p. 100.
28. *Izvestia Ts K KPSS*, 1991, n° 1, p. 146, 149, 156, 165, 177, 187, 190.
29. *Ibid.*, p. 90 et 100.
30. *Voprossy Istorii*, n° 8, 1998, p. 19.

11. Vers la conquête du pouvoir (1953-1954)

1. Svetlana Allilouïeva, *Une seule année*, *op. cit.*, p. 374-375.
2. *Izvestia Ts K KPSS*, 1991, n° 1, p. 193.
3. Elena Zoubkova, *Obchtchestvo i reformy*, p. 101-102.
4. *Istoritcheski Arkhiv*, n° 4, 1997, p. 15.
5. Nikita Khrouchtchev, « Des mesures tendant à assurer le développement de l'agriculture en URSS », Rapport au Comité central, p. 43.
6. *Voprossy Istorii*, n° 8, 1998, p. 6.

7. Andreï Malenkov, *O moiem otse, Gueorgui Malenkove*, p. 71.
8. *Praesidium Ts K KPSS, 1954-1964* (ultérieurement Praesidium), t. I, p. 22-23.
9. Nikita Petrov, *Ivan Serov, op. cit.*, p. 338.
10. Nicolas Werth, *La Terreur et le Désarroi*, p. 448.
11. *Voprossy Istorii*, n° 4, 1994, p. 109.
12. *Ibid.*, 1998, n° 8, p. 28.
13. *Ibid.*, p. 9.
14. Georges-Henri Soutou, *La Guerre de cinquante ans*, p. 281.
15. Anatoli Gribkov, *Soudba...*, p. 195.
16. Michael Foot, *Aneurin Bevan*, p. 441.
17. Nicolas Werth, *La Terreur et le Désarroi, op. cit.*, p. 447.
18. *Vospominania*, t. IV, p. 553.
19. *Vlast i oppositsia*, p. 193-194.
20. *Voprossy Istorii*, n° 8, 1998, p. 25.
21. Elena Zoubkova, *op. cit.*, p. 107.
22. *Voprossy Istorii*, n° 8, 1998, p. 25.
23. *Praesidium, op. cit.*, p. 708.
24. *Znamia*, n° 7, 1988, p. 101.

12. La chute de Malenkov (1954-1955)

1. *Voprossy Istorii*, n° 10, 1998, p. 25.
2. Alexandr Pantsov, *Mao*, p. 559.
3. *Ibid.*, p. 560.
4. *Vospominania*, t. 3, p. 21-22.
5. *Praesidium, op. cit.*, p. 35.
6. *Voprossy Istorii KPSS* (ultérieurement VIKPSS), n° 1, 1990, p. 116.
7. *Voprossy Istorii*, 1-1999, p. 31-32.
8. *Praesidium, op. cit.*, p. 39.
9. Nikita Khrouchtchev, *Mémoires inédits*, p. 62.
10. *Voprossy Istorii*, n° 8, 1998, p. 10.
11. Félix Tchouev, édition russe, p. 336 ; édition française, p. 283.
12. Anastase Mikoïan, *Tak bylo*, chap. 47.
13. *Kommersantr-Vlast*, 8 février 2000.
14. Félix Tchouev, édition russe, p. 336.
15. *Pravda*, 9 février 1955.
16. *Kommunist*, 1955, n° 14, p. 127.
17. XXe congrès, *Cahiers du communisme*, mars 1956, p. 115.
18. Nikita Khrouchtchev, *Stroitelstvo kommunismza*, t. 2, p. 126-127.
19. Georges-Henri Soutou, *op. cit.*, p. 322.

13. L'épopée ratée des Terres vierges (1954-1955)

1. *Vospominania*, t. 4, p. 80.
2. *Istoritcheski Arkhiv*, n° 1, 2009, p. 81.
3. Ditiouk, *Tselinny Kharatker*, Moscou, 1979, p. 1-3.
4. *Istoritcheski Arkhiv*, n° 5, 1994, p. 94-95.
5. *Vospominania*, t. 4, p. 82-83.
6. Édouard Chevardnadze, *L'avenir s'écrit liberté*, p. 63.
7. *Praesidium, op. cit.*, p. 46.

14. La boîte de Pandore (1955)

1. *Praesidium, op. cit.*, p. 46.
2. *Vospominania*, t. 2, p. 189-190.
3. *Istoritcheski Arkhiv*, n° 1, 1999, p. 6.
4. *Ibid.*, n° 2, 1999, p. 12-13.
5. *Vospominania*, t. 2, p. 248 et 255.
6. *Ibid.*, p. 263.
7. Georges Sokoloff, *La Puissance pauvre*, p. 526.
8. *Istoritcheski Arkhiv*, n° 5, 1993, p. 46.
9. V. Kozlov, *Massovye besporiadki v SSSR, op. cit.*, p. 98.
10. *Istoritcheski Arkhiv*, n° 2, 1994, p. 22.
11. *Praesidium, op. cit.*, p. 61, 64, 75.
12. *Vospominania*, t. 3, p. 317.
13. *Praesidium, op. cit.*, p. 909.

15. Le rapport secret (1956)

1. *Praesidium Ts K KPSS 1954-1964*, p. 57.
2. *Ibid.*, p. 79.
3. *Ibid.*, p. 95-97.
4. *Ibid.*, p. 99-103.
5. *Vospominania*, t. 2, p. 186-187.
6. Nikita Petrov, *Ivan Serov, op. cit.*, p. 151.
7. *Vospominania*, t. 2, p. 183.
8. *La Seule Issue*, p. 136-137.
9. XXe congrès, *Cahiers du communisme*, p. 103.
10. *Istoritcheski Arkhiv*, n° 1, 1999, p. 6.
11. XXe congrès, *op. cit.*, p. 101.
12. Nikita Khrouchtchev, *Pour un lien étroit de la littérature et de l'art avec la vie du peuple*, p. 16-17.
13. *Vospominania*, t. 2, p. 223.

14. XXe congrès, *op. cit.*, p. 235.
15. *Ibid.*, p. 264.
16. Alexandre Iakovlev, *Le Cimetière des innocents*, p. 27-28.
17. Branko Lazitch, *Le Rapport Khrouchtchev*, p. 53 et 56.
18. *Ibid.*, p. 61, 75 et 77.
19. *Pravda*, 21 déc. 1957.
20. *Voprossy Istorii*, n° 4, 2003, p. 56.
21. *Vospominania,*, t. 2, p. 191.
22. *Ibid.*, p. 192.
23. Raymond Aron, *Mémoires*, p. 356.
24. *Vospominania*, t. 2, p. 785 ; *Znamia*, n° 7, 2006, p. 152.
25. *Argumenty i Fakty*, 4 octobre 1989.
26. XXIIe congrès, *Cahiers du communisme*, décembre 1961, p. 99.
27. *Europeo*, 18 août 1963.
28. Félix Tchouev, *op. cit.*, p. 122, 267, 286-287.

16. L'onde de choc

1. Fiodor Krioutchkov, *Litchnoe Dielo*, p. 44.
2. Giuseppe Boffa, *Le Grand Tournant*, p. 56.
3. *Lettre à Thorez* ; site combat en ligne et oulala.net.
4. *Cahiers du mouvement ouvrier*, n° 39, p. 91-92.
5. Giulio Serreti, *À l'ombre des deux*, p. 343-344.
6. Roger Garaudy, *Itinéraire d'une négation*, p. 93-94.
7. Charles Fiterman, *Profession de foi*, p. 269.
8. Alexandre Nekritch et Michel Heller, *L'Utopie au pouvoir*, p. 446.
9. *Istoritcheski Arkhiv*, 1997, 3, p. 121.
10. David Samoïlov, *Pour mémoire*, p. 18-19.
11. *Voprossy Istorii*, n° 8, 2006, p. 5-21.
12. *Zoubkova, op. cit.*, p. 136.
13. *Ibid.*, p. 144.
14. *Svobodnaia Mysl*, n° 6, 2003, p. 110.
15. *Le jour se lève*, p. 148.
16. *Svobodnaia Mysl*, n° 8, 2008, p. 97.
17. Nikita Petrov, *Le jour se lève*, p. 147-148.
18. Veljko Mićunović, *Journées de Moscou*, p. 29 et 31.
19. *Cahiers du mouvement ouvrier*, n° 14, p. 65.
20. Anastase Mikoïan, *Tak bylo*, chap. 47.
21. Alexandr Pantsov, *op. cit.*, p. 581.
22. *Praesidium, op. cit.*, p. 120-121.
23. *Ibid.*, p. 118-119.
24. *Ibid.*, p. 278.
25. *Ibid.*, p. 127.
26. *Ibid.*, p. 130.

27. *Ibid.*, p. 138.
28. Anastase Mikoïan, *Tak bylo*, chap. 47.
29. Giulio Ceretti, *op. cit.*, p 344-345.
30. *Istotchnik*, n° 2, 1994, p. 86-88.
31. *Istoritcheski Arkhiv*, 1995, n° 2, p. 118-119.
32. *Ibid.*, p. 126.
33. *Livre noir du communisme*, p. 278.
34. *Istotchnik*, 1994, n° 2, p. 85-86 ; *Z pola walki*, n° 1, p. 131-135.
35. *Praesidium*, *op. cit.*, p. 149.
36. *Voprossy Istorii*, n° 4, 1997, p. 32.
37. G. Smirnov, *Ouroki minouvchego*, p. 85.
38. Dmitri Volkogonov, *Sem vojdeï*, p. 368.
39. *Praesidium*, *op. cit.*, p. 634.
40. *Vospominania*, t. 1, p. 160-161.

17. L'explosion : Budapest (1956)

1. Veljko Mićunović, *op. cit.*, p. 99.
2. Alexandr Pantsov, *op. cit.*, p. 590.
3. *Ibid.*, p. 590-591.
4. *Cahiers du mouvement ouvrier*, n° 31, p. 75.
5. *Istoritcheski Arkhiv*, n° 5-6, 1996, p. 181.
6. K. S. Karol, *Visa pour la Pologne*, p. 171.
7. *Praesidium*, *op. cit.*, p. 173-174.
8. *Ibid.*, p. 175.
9. Alexandr Pantsov, *op. cit.*, p. 591-592.
10. *Praesidium*, *op. cit.*, p. 176-177. *Cahiers du mouvement ouvrier*, n° 32, p. 67.
11. *Praesidium*, *op. cit.*, p. 183-186. *Cahiers du mouvement ouvrier*, n° 32, p. 70-72.
12. *Praesidium*, *op. cit.*, p. 191. *Cahiers du mouvement ouvrier*, n° 32, p. 74-75.
13. *Ibid.*, p. 74-75 et 191.
14. *Cahiers du mouvement ouvrier*, n° 32, p. 81.
15. *Praesidium*, *op. cit.*, p. 202. *Cahiers du mouvement ouvrier*, n° 32, p. 81.
16. Bobkov, *KGB i Vlast*, p. 144.
17. *Istotchnik*, n° 6, 2003, p. 82.
18. *Istoritcheski Arkhiv*, n° 2, 1994, p 33.
19. *Cahiers du mouvement ouvrier*, n° 32, p. 135-137.
20. *Ibid.*, p. 139. *Praesidium*, *op. cit.*, p. 211.
21. *Cahiers du mouvement ouvrier*, n° 32, p. 25-27.
22. *Voprossy Istorii*, n° 4, 94, p. 111.
23. *Zvezda*, n° 6, 2008, p. 109.
24. *Praesidium*, *op. cit.*, p. 213.
25. *Istoritcheski Arkhiv*, n° 4, 1993, p. 21.
26. *Ibid.*, n° 5, 1993, p. 48.

27. Bodgan Nahajlo et Victor Swoboda, *op. cit.*, p. 126.
28. *Voprossy Istorii*, n° 4, 1994, p. 115 et *Sovremennaia Mysl*, n° 9, 1993, p. 106.
29. Nikita Petrov, *Ivan Serov, op. cit.*, p. 171.
30. *Voprossy Istorii*, n° 4, 1997, p. 32-33.
31. Vejlko Mićunović, *op. cit.*, p. 333.

18. L'avant-dernière purge (1957)

1. Alexandr Pantsov, *op. cit.*, p. 596.
2. *Voprosy Istorii*, n° 1, 1989, p. 113.
3. *Praesidium, op. cit.*, p. 254.
4. *Istoritcheski Arkhiv*, n°5, 1993, p. 41.
5. *Praesidium, op. cit.*, p. 254.
6. *Istoritcheski Arkhiv*, n° 5, 1993, p. 11.
7. Nikita Khrouchtchev, *Stroitelstvo kommunisma v SSSR*, t. 2, p. 28.
8. *Vospominania*, t. 4, p. 139 et 142.
9. *Zoubkova, op. cit.*, p. 155.
10. *Voprossy Istorii*, n° 3, 1993, p. 35.
11. *Voprossy Istorii*, n° 11-12, 1998, p. 3 et 7.
12. *Istoritcheski Arkhiv*, n° 3, 1993, p. 65.
13. Félix Tchouev, *op. cit.*, édition française, p. 290.
14. *Istoritcheski Arkhiv*, n° 3, 1993, p. 75.
15. *Ibid.*, n° 2, 1994, p. 55.
16. *Ibid.*, p. 53.
17. *Ibid.*, n° 3, 1999, p. 69.
18. Lazar Kaganovitch, *Pamiatnye Zapiski*, p. 521-523.
19. *Istoritcheski Arkhiv*, n° 4, 1993, p. 33.
20. *Argumenty i fakty*, n° 44, 1989, p. 5-6.
21. *Istoritcheski Arkhiv*, n° 5, 1993, p. 12.
22. *Ibid.*
23. *Ibid.*, p. 7 et 8.
24. *Ibid.*, p. 15, 17, 19-20.
25. *Ibid.*, n° 6, 1993, p. 66.
26. *Ibid.*, p. 31-34.
27. *Ibid.*, n° 4, 1993, p. 74.
28. *Ibid.*, n° 3, 1993, p. 36 et 43 ; n° 2, 1994, p. 17 et 18.
29. *Ibid.*, n° 6, 1993, p. 6.
30. *Ibid.*, n° 3, 1993, p. 62 et n° 4, 1993, p. 42.
31. *Ibid.*, n° 4, 1993, p. 8.
32. *Ibid.*, n° 5, 1993, p. 30.
33. *Ibid.*, n° 4, 1993, p. 22 et 70.
34. *Ibid.*, n° 3, 1993, p. 12.
35. *Molotov, Malenkov, Kaganovitch, 1957*, p. 583-585.

36. *Istoritcheski Arkhiv*, n° 5, 1993, p 25.
37. *Histoire du PCUS*, Moscou, p. 711.
38. *Istoritcheski Arkhiv*, n° 1, 2000, p. 13-16.
39. *Ibid.*, p. 12.
40. *Voprossy Istorii*, n° 6, 2008, p. 39.
41. *Ibid.*, n° 4, 1993, p. 24.

19. L'hydre de Lerne

1. *Istoritcheski Arkhiv*, n° 2, 1994, p. 29.
2. *Ibid.*
3. *Vospominania*, t. 2, p. 336.
4. *Praesidium*, *op. cit.*, p. 487.
5. Jozsef Lengyel, *Deux communistes*, p. 173.
6. Moshe Lewin, *Le Système soviétique*, p. 384.
7. Boris Eltsine, *Jusqu'au bout*, p. 179 et 181.
8. *Praesidium*, *op. cit.*, p. 636.
9. *Ibid.*, p. 821.
10. Georges Sokoloff, *La Puissance pauvre*, *op. cit.*, p. 535.
11. André Kaspi, *John Kennedy*, p. 102.

20. Le fantôme de Bonaparte

1. André Kaspi, *John Kennedy*, p. 60.
2. *Istoritcheski Arkhiv*, n° 3, 1999, p. 55.
3. *Ibid.*, p. 56.
4. *Gueorgui Joukov*, p. 183.
5. *Ibid.*, p. 197.
6. *Ibid.*, p. 192, 197, 201.
7. *Ibid.*, p. 227.
8. *Ibid.*, p. 226.
9. *Ibid.*, p. 405-408.
10. *Vospominania*, t. 2, p. 208-210.

21. Le carrousel des réformes (1958)

1. Sergueï Khrouchtchev, *Krizisy i rakety*, *op. cit.*, t. 1, p. 315.
2. Anastase Mikoïan, *Tak bylo*, chap. 47.
3. Alexandr Pantsov, *op. cit.*, p. 603.
4. *Ibid.*, p. 604.
5. *Pravda*, 31 janvier 1958.

6. *Praesidium, postanovlenia, op. cit.*, t. 1, p. 781.
7. *Praesidium 1954-1964, op. cit.*
8. *Mémoires*, inédit, p. 62.
9. *Praesidium, op. cit.*, p. 470.
10. Sergueï Khrouchtchev, *Krizisy i Rakety*, t. 2, p. 177.
11. Sagatlein et Podrenny, *Otvestvennaia diplomatia XX ogo vieka, ot Lva Trotskogo do Andcreia Gromyko*, Arzamas, 1992, p. 270.
12. Fiodor Bourlatski, *Soratniki, op. cit.*, p. 183.
13. *Praesidium 1954-1964, op. cit.*, p. 293.
14. Alexandr Pantsov, *op. cit.*, p. 621.
15. *Ibid.*, p. 621-622.
16. *Ibid.*, p. 623.
17. François Fejtö, *Chine/URSS. De l'alliance au conflit 1950-1972*, p. 133 et 137.
18. *Praesidium 1954-1964, op. cit.*, p. 340 et Nikita Petrov, *Ivan Serov, op. cit.*, p. 91.
19. *Ibid.*, p. 340-341.
20. *Ibid.*, p. 341.
21. Anastase Mikoïan, *Tak bylo*, chap. 47.

22. Khrouchtchev, Einsenhower et Mao (1959)

1. *Praesidium 1954-1964, op. cit.*, p. 354.
2. Nikita Khrouchtchev, *Ce que je pense de la coexistence pacifique*, p. 19-20.
3. *Le jour se lève*, p. 150.
4. *Ibid.*
5. *La Vérité*, octobre-décembre 1964, p. 101.
6. *Vospominania*, t. 2, p. 755.
7. Alexandr Pantsov, *op. cit.*, p. 628.
8. *Vospomonania*, t. 3, p. 97.
9. Alexandr Pantsov, *op. cit.*, p. 633.
10. « L'âge d'or objectif numéro un de l'URSS », *Europe*, mars 1949, p. 94.
11. *Pravda*, 29 juin 1959.
12. V. Kozlov, *op. cit.*, p. 56.
13. *Vospominania*, t. 2, p. 294.
14. *Ibid.*, p. 228.
15. *Ibid.*, p. 298.
16. *Ibid.*, p. 500.
17. *Vivre dans la paix et l'amitié*, p. 170-171 et 173.
18. *Praesidium, postanovlenia*, 1959-1964, p. 62-65.
19. *Vivre dans la paix, op. cit.*, p. 245.
20. *Ibid.*, p. 258.
21. *Vospominania, op. cit.*, t. 2, p. 331 et 368.
22. *Vivre dans la paix, op. cit.*, p. 378.

23. *Nouvelle Revue internationale*, novembre 1959 ; *Contrat social*, mars 1960, vol. IV, n° 2, p. 68.
24. Vladislav Zubok, *The Mao-Khrushev Conversations*, p. 269 ; Dmitri Volkogonov, *Lenin*, t. 2, p. 394.
25. *New York Times*, 7 octobre 1959.
26. *Ibid.*, 8 octobre 1959.
27. *Pravda*, 7 janvier 1961.
28. Richard Lowenthal, supplément de *Preuves*, avril 1961, p. 3.
29. *Praesidium 1954-1964*, *op. cit.*, p. 1065.
30. *Istoritcheski Arkhiv*, 1998, n° 3, p. 64-67.

23. Le bluff de Riazan (1960)

1. Piotr Chelest, *Da ne soudimy boudete*, p. 146.
2. *Pravda*, 29 décembre 1959.
3. *Ibid.*
4. Nikita Khrouchtchev, *Pour un nouvel essor*, p. 29.
5. *Istoritcheski Arkhiv*, n° 3, 1998, p. 68.
6. *Krasnaia Zvezda*, 20 janvier 1960.
7. *Kentavr*, n° 4, 1992, p. 78 et 80.
8. *Regionalnaia politika N. S. Khrouchtcheva*, p. 262.
9. *Ibid.*, p. 263-264.
10. *Ibid.*, p. 264.
11. *Ibid.*, p. 284.
12. *Praesidium 1954-1964*, *op. cit.*, p. 469.
13. *Pravda*, 8, 10 et 11 octobre 1959.
14. *Pravda*, décembre 1959 ; *Contrat social*, novembre-décembre 1961, p. 352.
15. Vladimir Krioutchkov, *Litchnoie delo*, p. 73.
16. *Voprossy Istorii*, n° 2, 1999, p. 46-47.

24. L'affaire de l'U2 (1960)

1. *Istoritcheski Arkhiv*, n° 2, 1996, p. 108.
2. J. P. Warburg, *Pourquoi le plan Marshall*, p. 225.
3. *Istoritcheski Arkhiv*, n° 2, 1996, p. 119-121 et 128.
4. *Pravda*, 6 mai 1960 ; Michel Tatu, *Le Pouvoir en URSS*, p. 57.
5. *Pravda*, 8 mai 1960.
6. *Pravda*, 8 mai 1960 ; Michel Tatu, *op. cit.*, p. 76.
7. William Taubman, *op. cit.*, p. 458.
8. Michel Tatu, *op. cit.*, p. 62-63.
9. André Fontaine, *La Tache rouge*, p. 281.

10. *Pravda*, 10 juin 1960.
11. Alexandr Pantsov, *op. cit.*, p. 641 ; Fejtö, *op. cit.*, p. 179.
12. François Fejtö, *op. cit.*, p. 180.
13. Anastase Mikoïan, *Tak bylo*, *op. cit.*, chap. 49.
14. *VIKPSS*, n° 88, 1991, p. 7 et 8.
15. Elena Zoubkova, *op. cit.*, p. 167.
16. *Ibid.*, p. 183.
17. Alexandr Pantsov, *op. cit.*, p. 636.
18. *Praesidium 1954-1964*, *op. cit.*, p. 444.
19. Raymond Jean, *La Singularité d'être communiste*, p. 47.

25. Khrouchtchev, Kennedy et le mur (1961)

1. Sergueï Khrouchtchev, *op. cit.*, t. 2, p. 88-89.
2. *Stroitelstvo kommunizma v SSSR*, t. 4, p. 137.
3. *Praesidium 1954-1964*, *op. cit.*, p. 451, 454, 455, 457, 459, 464, 468.
4. *Ibid.*, p. 467.
5. V. Kozlov, *op. cit.*, p. 251.
6. *Praesidium*, *op. cit.*, p. 480-81, 483-84, 486, 488.
7. Moshe Lewin, *Le Siècle soviétique*, p. 290.
8. Efim Etkind, *Dissident malgré lui*, p. 110-111.
9. *Praesidium*, p. 513 et 516.
10. Piotr Chelest, *op. cit.*, p. 149.
11. Dmitri Volkogonov, *Sem Vojdei*, t. 1, p. 396.
12. Sergueï Khrouchtchev, *op. cit.*, t. 2, p. 105.
13. *Praesidium 1954-1964*, *op. cit.*, p. 499, 501-503.
14. William Taubman, *op. cit.*, p. 494.
15. *Ibid.*, p. 495.
16. *Ibid.*, p. 500.
17. *Pravda*, 22 et 29 juin 1961.
18. Andreï Sakharov, *Mémoires*, p. 245.
19. William Taubman, *op. cit.*, p. 504.
20. Alexandre Foursenko et Timothy Naftali, *Bezoumny riskk*, p. 190.
21. *Pravda*, 8 août 1961.
22. Branko Lazitch, *Le Rapport Khrouchtchev*, *op. cit.*, p. 102.
23. *Vospominania*, t. 3, p. 171-172.
24. *Ibid.*, p. 188 et 185.
25. *Ibid.*, p. 175.
26. André Kaspi, *op. cit.*, p. 115 ; Walt Rostow, *The Diffusion of Power. An Essay in Recent History*, p. 231.
27. *Praesidium 1954-1964*, *op. cit.*, p. 858-859 et 861-865.

26. La bataille de Volgograd (1961)

1. Piotr Grigorenko, *Mémoires,* p. 376-377.
2. André Eremenko, *Stalingrad,* p. 87. Voir aussi *Pravda,* 27 janvier 1963.
3. *La Seule Issue,* p. 149.
4. *Cahiers du communisme,* décembre 1961, p. 102 et 110.
5. *Pravda,* 23 octobre 1961 ; *Est-Ouest,* n° 271, p. 17.
6. *Cahiers du communisme,* décembre 1961, p. 504 et 509.
7. *Ibid.*, p. 558-559.
8. *Ibid.*, p. 364 ; *Est-Ouest,* n° 270, p. 3.
9. *Pravda,* 11 novembre 1961.
10. Alexandre Soljenitsyne, *Le Chêne et le Veau,* p. 19.
11. *Istotchnik,* n° 3, 1997, p. 133-134.
12. *Cahiers du communisme, op.cit.*, p. 620, 622 et 632.
13. *Ibid.*, p. 150-151.
14. William Taubman, *op.cit.*, p. 524.
15. *Contrat social,* septembre-octobre 1961, p. 256.
16. *Vospominania,* t. 3, p. 162.
17. *Cahiers du communisme,* décembre 1961, p. 276, 334 et 465 ; Michel Tatu, *op.cit.*, p. 188-189.
18. Pierre Courtade, *op. cit.*, p. 4.
19. *Ogoniok,* n° 6, février 1989, p. 7.
20. *La Seule Issue,* p. 148 et 156-157.
21. William Taubman, *op.cit.*, p. 538.

27. L'année de tous les périls (1962)

1. *Pravda,* 6 mars 1962.
2. Georges Sokoloff, *op. cit.*, p. 540.
3. Sergueï Khrouchtchev, *op. cit.*, t. 2, p. 194.
4. Dmitri Volkogonov, *Sem vojdei,* t. 1, p. 420.
5. Pierre Salinger, *De mémoire,* p. 209 et 217.
6. *Praesidium, op. cit.*, p. 556.
7. *Ibid.*, p. 1100.
8. *Vospominania,* t. 2, p. 508.
9. *Vospominania,* t. 2, p. 512-513.

28. Les trente morts de Novotcherkassk (1962)

1. Alexandre Soljenitsyne, *Archipel du Goulag,* t. 3, p. 345.
2. *Praesidium, op. cit.*, p. 566.
3. Piotr Chelest, *op. cit.*, p. 155.

4. *Istoritcheski Arkhiv*, n° 1, 1993, p. 122-123.
5. *Praesidium 1954-1964*, p. 581.
6. Anastase Mikoïan, *Tak bylo*, *op. cit.*
7. V. Kozlov, *op. cit.*, p. 348.
8. *Ibid.*, p. 357.
9. *Istoritcheski Arkhiv*, n° 4, 1993, p. 154.
10. *Pravda*, 4 juin 1962.
11. *Istoritcheski Arkhiv*, n° 1, 1993, p. 120-121.
12. *Ibid.*, n° 4, p. 174.
13. V. Kozlov, *op. cit.*, p. 305-306.
14. *Literatournaïa Gazeta*, 21 juin 1989.
15. *Praesidium 1954-1964*, p. 568.
16. *Ibid.*, p. 637.
17. Alexandre Tvardovski, « Rabotcie tetrady », *Znamia*, n° 7, 2008, p. 140.
18. *Istoritcheski Arkhiv*, n° 4, 1993, p. 161.
19. 58-10, mars 1953, 1991, p. 646.
20. *Ibid.*, p. 607.
21. *Istoritcheski Arkhiv*, n° 4, 1993, p. 167.
22. *Voprossy Istorii*, n° 4, 1994, p. 114.
23. *Istoritcheski Arkhiv*, n° 1, 1993, p. 110.
24. *Ogoniok*, n° 42, octobre 1989, p. 15.

29. Cuba aller-retour (1962)

1. *Kentavr*, n° 1, 1995, p. 6-7.
2. Theodore Sorensen, *Kennedy* (édition américaine), p. 668.
3. *Pravda*, 12 juillet 1962.
4. Nikita Khrouchtchev, *Stroitelstvo kommunizma*, t. 7, p. 36-37.
5. *Praesidium 1954-1964*, *op. cit.*, p. 579.
6. *Neizvestnaia Rossia*, n° 1, p. 277.
7. *Praesidium 1954-1964*, *op. cit.*, p. 580.
8. Nikita Khrouchtchev, *Stroitelstvo kommunizma*, vol. VII, p. 232.
9. *Ibid.*, p. 200-203.
10. Georges Sokoloff, *op. cit.*, p. 553.
11. *Praesidium*, *op. cit.*, p. 600-601.
12. *Ibid.*, p. 612, 615, 616.
13. Sergueï Khrouchtchev, *op. cit.*, t. 2, p. 186.
14. *Vospominania*, t. 2, p. 513.
15. *Kentavr*, n° 1, 1995, p. 6.
16. William Taubman, *op. cit.*, p. 531.
17. *Ogoniok*, n° 6, février 1991, p. 16.
18. *Praesidium*, *op. cit.*, p. 617-618.
19. Sergueï Khrouchtchev, *op. cit.*, p. 279, 294 et 299.

20. *Praesidium*, *op. cit.*, p. 620-622.
21. Sergueï Khrouchtchev, *op. cit.*, t. 2, p. 302.
22. Timothy Naftali et Alexandre Foursenko, *op. cit.*, p. 354.
23. Sergueï Khrouchtchev, *op. cit.*, t. 2, p. 335.
24. *Praesidium*, *op. cit.*, p. 623.
25. Timothy Naftali et Alexandre Foursenko, *op. cit.*, p. 370.
26. *Ibid.*, p. 383.
27. *Vospominania*, t. 2, p. 529.
28. *Praesidium*, *op. cit.*, p. 646.
29. J.-P. Clerc, *Les Quatre Saisons de Fidel Castro*, p. 199.
30. *Le Figaro*, 27 mars 1963.
31. *Vospominania*, t. 2, p. 509, 529-530 et 532.
32. *Ibid.*, p. 525, 534-535.

30. Coups de tête

1. *Praesidium*, *op. cit.*, p. 630, 638, 643-644.
2. *Znamia*, 2000, n° 7, p. 140.
3. *Pravda*, 20 novembre 1962.
4. *Otchot plenuma Ts K KPSS 19-23 11-1962*, p. 62.
5. *Pravda*, 20 novembre 1962.
6. *Zoubkova*, *op. cit.*, p. 166.
7. *Praesidium*, *op. cit.*, p. 648.
8. Eli Belioutine, « Khrouchtchev i Manèje », *Droujba Narodov*, 1990, n° 1, p. 139-143 ; Alexandre Arkhansgelski, *Znamia*, 1962, juillet 2006, p. 132 ; Ernst Neizvestny, *Moï Dialog*, p. 176-177.
9. Jean-Jacques Marie, *L'Antisémitisme en Russie de Catherine II à Poutine*, p. 371 ; Ernst Neizvestny, *op. cit.*, p. 185-186 ; Mikhaïl Romm, *Oustnye Raskazy*, p. 129-131.
10. *Izvestia Ts K KPSS*, n° 11, 1990, p. 198.
11. *Praesidium*, *op. cit.*, p. 676.
12. *Kentavr*, 1992, juillet-août, p. 82 et 85.
13. *Pravda*, 13 décembre 1962.

31. Vers le « communisme » de la pénurie ? (1963)

1. *Praesidium 1954-1964*, *op. cit.*, p. 699.
2. *Ibid.*, p. 700.
3. William Taubman, *op. cit.*, p. 598.
4. *Praesidium*, *op. cit.*, p. 670 et 679.
5. *Voprossy Istorii*, n° 2, 1989, p. 117.

6. Jean-Jacques Marie, *L'Antisémitisme*, *op. cit.*, p. 372-374 ; *Khrouchtchev et la culture*, p. 80-81.
7. *Istotchnik*, n° 3, 1997, p. 138.
8. *Praesidium*, *op. cit.*, p. 714.
9. *Rossia XX vek*, p. 436.
10. Elena Zoubkova, *op. cit.*, p. 176.
11. *Praesidium*, *op. cit.*, p. 718.
12. *Ibid.*, p. 720.
13. *Ibid.*, p. 720-721, 724-725.
14. *Time*, 3 août 1962.
15. *Nouvelle Revue internationale*, novembre 1962.
16. William Taubman, *op. cit.*, p. 477.
17. *Contrat social*, novembre-décembre 1963, vol. VII, n° 6, p. 315.
18. Pauline Peretz, *Le Combat pour les juifs soviétiques*, p. 94.
19. François Fejtö, *op. cit.*, p. 314.

32. Dans l'impasse (1963)

1. *Praesidium*, *op. cit.*, p. 829.
2. Piotr Chelest, *op. cit.*, p. 176.
3. Alexandre Nekritch et Michel Heller, *op. cit.*, p. 457.
4. *Praesidium*, *op. cit.*, p. 764-766.
5. *Stroitelstvo kommunizma*, t. VIII, p. 245.
6. *Znamia*, n° 9, 2000, p. 166.
7. Rgani, fonds 2, inventaire 1, f° 52-53 ; William Taubman, *op. cit.*, p. 606.
8. *Pravda*, 15 décembre 1963.
9. Roy Medvedev, *Droujba Narodov*, n° 9, 1989, p. 203.
10. Alekseï Adjoubeï, *op. cit.*, p. 352.
11. *Vospominania*, t. 2, p. 332-333.
12. V. Kozlov, *op. cit.*, p. 392.
13. Alekseï Adjoubeï, *op. cit.*, p. 352.

33. Le complot (1964)

1. Piotr Chelest, *op. cit.*, p. 186-187.
2. *Pravda*, 15 février 1964.
3. *Pravda*, 16 février 1964.
4. *Literatournaïa Gazeta*, 31 mars 2004.
5. Jean Baby, *op. cit.*, p. 177.
6. *Pravda*, 6 et 8 avril 1964 ; Jean Baby, *op. cit.*, p. 192.
7. *Stroitelstvo kommunizma v SSR*, t. 1, p. 89, p. 303, t. 3, p. 297, t. 4, p. 115, t. 7, p. 191.

8. Piotr Chelest, *op. cit.*, p. 194.
9. *Pravda*, 18 avril 1964.
10. *N.S. Khrouchtchev fidèle léniniste, lutteur indomptable pour la paix et le communisme*, p. 11.
11. *Zvezda*, n° 6, 2008, p. 191-162.
12. *Istoritcheski Arkhiv*, n° 1, 1997, p. 48-52.
13. Piotr Chelest, *op. cit.*, p. 201.
14. *Ibid.*, p. 153.
15. *Istoritcheski Arkhiv*, n° 1, 1993, p. 8.
16. Andreï Sakharov, *Mémoires*, *op. cit.*, p. 265.
17. Jaurès Medvedev, *Grandeur et chute de Lyssenko*, p. 268.
18. *Contrat social*, mars-avril 1965, p. 64.
19. *Khrouchtchev par Khrouchtchev*, p. 94.
20. *Praesidium*, *op. cit.*, p. 849-850, 938-939, 942.
21. *Contrat social*, septembre-octobre 1964, p. 269.
22. Anastase Mikoïan, *Tak bylo*, *op. cit.*, chap. 49.
23. *Khrouchtchev par Khrouchtchev*, *op. cit.*, p. 139.
24. *Ibid.*, p. 112.
25. Piotr Chelest, *op. cit.*, p. 217.
26. *Ibid.*, p. 219.
27. *Khrouchtchev par Khrouchtchev*, *op. cit.*, p. 129, 165.
28. Piotr Chelest, *op. cit.*, p. 223.
29. *Istoritcheski Arkhiv*, n° 1, 1993, p. 4.
30. *VIKPSS*, mai 1991, p. 99.
31. Pior Chelest, *op. cit.*, p. 225.
32. *Ibid.*, p. 225-227.
33. *Praesidium*, *op. cit.*, p. 863-868.
34. Sergueï Khrouchtchev, *Krizisy i Rakety*, *op. cit.*, t. 2, p. 154.
35. *Praesidium*, *op. cit.*, p. 868-871 ; Anastase Mikoïan, *op. cit.*, chap. 49.
36. Piotr Chelest, *op. cit.*, p. 235-236 ; *Neizvestnaïa Rossia*, n° 1, p. 283-284.
37. *Postanovlenia 1960-1964*, p. 767-768.
38. *Istoritcheski Arkhiv*, n° 1, 1993, p. 7-16.
39. *Neizvestnaia Rossia*, n° 1, *op. cit.*, p. 285.
40. *Ibid.*, p. 278.
41. Vladimir Medvedev, *Dans l'ombre de Brejnev et de Gorbatchev*, p. 21.
42. *Vospominania*, t. 4, p. 631-632.

34. La retraite (1964-1971)

1. *Istoritcheski Arkhiv*, n° 2, 1994, p. 56-58.
2. *Pravda*, 4 février 1965.
3. *Polititcheski Dnevnik*, t. 1, p. 5-6.
4. V. Kozlov, *Massovye Besporiadki*, *op. cit.*, p. 382-383.
5. Alekseï Adjoubeï, *op. cit.*, p. 23.

6. *Le Monde*, 9 septembre 1965.
7. *Molodoï Kommunist*, n° 9, 1965, p. 68.
8. *Khrouchtchev par Khrouchtchev*, *op. cit.*, p. 197.
9. *Ibid.*, p. 238 et 240.
10. *Ibid.*, p. 264.
11. *Rossiiskaia Gazeta*, 21 août 2002.
12. Dmitri Volkogonov, *Lenine*, t. 2, p. 115-116.
13. *Khrouchtchev par Khrouchtchev*, *op. cit.*, p. 290.
14. *Vospominania*, t. 3, p. 612-622.
15. *Ibid.*, t. 2, p. 689.
16. *Ibid.*, t. 4, p. 622-623.
17. *Khrouchtchev par Khrouchtchev*, *op. cit.*, p. 296.
18. *Literatournaïa Gazeta*, 5 juillet 1989, p. 8.
19. *Le Monde*, 14 septembre 1971.
20. *Ogoniok*, n° 33, août 1988, p. 26 ; *Khrouchtchev par Khrouchtchev*, *op. cit.*, p. 339-340.

35. La réforme impossible

1. *Vospominania*, t. 3, p. 99, 108-110.
2. *Ibid.*, t. 2, p. 387.
3. *Ibid.*, p. 390.
4. *Ibid.*, p. 410.
5. *Ibid.*, p. 197.
6. *Ibid.*, p. 351.
7. *Ibid.*, t. 4, p. 119, t. 2, p. 387, t. 3, p. 41 et 45-46.
8. *Ogoniok*, n° 42, 1989, p. 14.
9. *Vospominania*, t. 4, p. 112, 119, 132-134, 137, 155.
10. *Ogoniok*, n° 42, 1989, p. 14.
11. *Vospominania*, t. 4, p. 283.
12. Reproduit dans *Rossiiskaia Gazeta*, 8 octobre 2004.
13. *Ibid.*, 14 février 2006.
14. *Nowa Kultura*, n° 6, 10 février 1957.

Chronologie

1894 : (14 avril) Naissance de Nikita Sergueïevitch Khrouchtchev à Kalinovka.

1905 : (9 janvier) Dimanche rouge : l'armée et la police tsaristes mitraillent une manifestation d'ouvriers et d'ouvrières grévistes conduites par le pope Gapone.

1908 : La famille Khrouchtchev s'installe à Iouzovka (rebaptisée Stalino en 1924 puis Donetsk en 1961).

1914 : (août) Début de la Première Guerre mondiale ; la Russie, alliée à la France et à la Grande-Bretagne, entre en guerre contre l'Allemagne et l'Autriche-Hongrie. Khrouchtchev épouse Efrosinia Pissareva.

1917 : (février-mars) Chute du tsarisme ; formation des premiers soviets ; (mai) Khrouchtchev est élu président du soviet de Routchenkovo ; (octobre) naissance de son fils Leonide.

1919 : Khrouchtchev adhère au parti bolchevik ; il est mobilisé dans l'Armée rouge ; sa femme Efrosinia est emportée par le typhus.

1922 : Khrouchtchev revient à Iouzovka ; il entre à la *rabkfak*.

1923 : Il épouse Nina Petrovna. Trotsky et l'opposition de gauche engagent la lutte contre Staline et la bureaucratie du Parti, Khrouchtchev vote pour eux.

1925 : Khrouchtchev est délégué au IXe congrès du PC ukrainien, puis délégué au XIVe congrès du parti bolchevik au cours duquel Staline et ses partisans écrasent la Nouvelle Opposition de Kamenev et Zinoviev.

1926 : Formation de l'Opposition unifiée.

1927 : (décembre) Khrouchtchev est délégué au XVe congrès du parti bolchevik qui exclut les membres de l'Opposition.

1928 : (mars) Khrouchtchev est nommé chef adjoint de la section d'organisation du Comité central du PC ukrainien.

1929 : (avril) Naissance de sa fille Rada ; (septembre) Khrouchtchev entre à l'Académie industrielle à Moscou ; (décembre) Staline lance la collectivisation totale de l'agriculture. Déportation massive des paysans qui résistent, qualifiés systématiquement de « koulaks » ; Khrouchtchev est nommé secrétaire du bureau du PC de l'Académie industrielle.

1931 : (janvier) Khrouchtchev est nommé premier secrétaire du comité de l'arrondissement du PC de Bauman ; (juin) il est nommé premier secrétaire du comité de l'arrondissement du PC de Krasnaïa Presnia.

1932 : (janvier) Khrouchtchev est nommé secrétaire du comité de ville du PC de Moscou.

1932-1933 : Famine meurtrière en Ukraine et au Kazakhstan.

1934 : (janvier-février) Khrouchtchev est délégué au XVIIe congrès du parti communiste officiellement qualifié de « congrès des vainqueurs » ; il y est élu membre titulaire du Comité central dont les deux tiers des membres seront abattus par Staline ; (1er décembre) assassinat de Serge Kirov, premier secrétaire du PC de Leningrad.

1935 : Khrouchtchev est nommé premier secrétaire du comité de ville et du comité régional du PC de Moscou ; naissance de son fils Sergueï.

1936 : (août) Condamnation à mort des 16 accusés du premier procès de Moscou, dont Zinoviev et Kamenev ; (5 décembre) adoption de la Constitution soviétique dite « stalinienne ».

1937 : (janvier) Deuxième procès de Moscou qui condamne à mort 17 des 21 accusés. Les quatre autres seront assassinés par le NKVD au goulag et en prison ; naissance de sa fille Elena.

1938 : (janvier) Khrouchtchev est nommé premier secrétaire du PC ukrainien et membre suppléant du Bureau politique ; (mars) troisième procès de Moscou, Boukharine et Rykov figurent parmi les condamnés à mort.

1939 : (mars) Khrouchtchev assiste au XVIIIe congrès du PC, il est nommé membre du Bureau politique ; (23 août) signature du pacte Molotov-Ribbentrop dit de « non-agression » ; (17 septembre) l'Armée rouge envahit la Pologne ;

(30 novembre) l'Armée rouge attaque la Finlande. Khrouchtchev organise la « soviétisation » de l'Ukraine occidentale.

1941 : (22 juin) La Wehrmacht envahit l'URSS ; (5 juillet) Khrouchtchev est nommé commissaire du front sud-ouest ; (18 septembre) la Wehrmacht entre dans Kiev.

1942 : (mai) Échec de la contre-offensive sur Kharkov menée par Timochenko et Khrouchtchev ; la Wehrmacht entre dans Stalingrad.

1943 : (31 janvier) L'armée de von Paulus se rend à Stalingrad ; (12 février) Khrouchtchev est nommé lieutenant général ; (mars) mort de Leonide Khrouchtchev, abattu en vol ; (15 mai) dissolution de l'Internationale communiste ; (13 novembre) l'Armée rouge libère Kiev ; Khrouchtchev occupe à nouveau le poste de secrétaire du PC ukrainien.

1944 : (15 janvier) Khrouchtchev est désigné président du conseil des commissaires du peuple d'Ukraine.

1945 : (février) Conférence des trois grands à Yalta ; (mai) capitulation de l'Allemagne nazie ; (juillet-août) conférence des trois grands à Potsdam ; explosion de la première bombe atomique américaine.

1946 : La famine frappe à nouveau l'Ukraine.

1947 : (mars) Kaganovitch remplace Khrouchtchev comme premier secrétaire du PC ukrainien, poste que Khrouchtchev retrouve en décembre ; (septembre) création du Kominform.

1948 : (février) Khrouchtchev fait promulguer une loi sur la déportation des paysans accusés de parasitisme et de sabotage de l'agriculture ; (octobre) Staline exclut le PC yougoslave du Kominform ; (novembre) dissolution du Comité antifasciste juif.

1949 : Arrestation des principaux dirigeants du PC de Leningrad, exécutés l'année suivante ; (décembre) Khrouchtchev revient à Moscou à la veille du 70e anniversaire de Staline ; il est nommé membre du Secrétariat du Comité central et premier secrétaire du comité de Moscou du PC.

1952 : (août) Exécution de plusieurs dirigeants du Comité antifasciste juif et écrivains yiddish ; (octobre) XIXe congrès du PC, Khrouchtchev présente le rapport sur la modification des statuts du PC ; (novembre) arrestation de médecins accusés de complot.

1953 : (13 janvier) Communiqué publié dans la *Pravda* annonçant la découverte d'un prétendu complot de « médecins assassins » dont le procès est imminent, mais qui ne se tiendra jamais ; (5 mars) mort de Staline ; (14 mars) Khrouchtchev confirmé secrétaire du Comité central ; (17-18 juin) grève générale à Berlin-Est et en RDA écrasée dans le sang ; (26 juin) arrestation de Beria ; (août) explosion de la première bombe thermonucléaire soviétique ; (septembre) Khrouchtchev est élu premier secrétaire du Comité central, il prend les premières mesures en faveur des kolkhoziens ; (décembre) jugement et exécution de Beria et cinq de ses associés.

1954 : (février) Lancement des Terres vierges ; (août) délégation soviétique dirigée par Khrouchtchev en Chine.

1955 : (janvier) Malenkov limogé de la présidence du conseil des ministres ; (mai) Khrouchtchev dirige une délégation soviétique en Yougoslavie titiste.

1956 : (février) XXe congrès du PCUS à la fin duquel Khrouchtchev, dans une séance à huis clos, lit son rapport secret sur le « culte de la personnalité » de Staline ; (fin octobre-début novembre) agitation révolutionnaire en Pologne et en Hongrie, qui débouche dans ce dernier pays sur une insurrection ; Khrouchtchev envoie les chars écraser la révolution hongroise.

1957 : Création des sovnarkhozes ; Khrouchtchev lance le slogan « Rattraper et dépasser les États-Unis » dans la production des principaux produits alimentaires par habitant ; (18-28 juin) la tentative de la majorité du Praesidium du Comité central dirigée par Malenkov, Kaganovitch et Molotov de limoger Khrouchtchev échoue ; le plenum du Comité central condamne le « groupe antiparti » ; (octobre) Khrouchtchev élimine Joukov du Praesidium et du poste de ministre de la Défense.

1958 : (février-avril) Khrouchtchev dissout les stations de machines et tracteurs et devient président du Conseil des ministres ; (juin) pendaison d'Imre Nagy et de trois révolutionnaires hongrois ; (novembre) Khrouchtchev menace de signer un traité de paix séparé avec la RDA.

1959 : (janvier) Fidel Castro et ses partisans renversent la dictature de Batista à Cuba ; (janvier-février) XXIe congrès du PCUS ; (juillet) visite du vice-président des États-Unis

Richard Nixon en URSS ; (15-27 septembre) visite de Khrouchtchev aux États-Unis.

1960 : (janvier) Khrouchtchev annonce une nouvelle réduction des forces armées soviétiques (de 1,2 million d'hommes) ; (1er mai) la chasse soviétique abat l'U2 espion de Powers au-dessus de l'URSS ; (juillet) les États-Unis décrètent l'embargo contre Cuba ; (19 septembre) le jour de l'arrivée de Khrouchtchev à New York, explosion d'une fusée R-16 qui tue le commandant en chef des fusées stratégiques, Nedeline ; (19 septembre-13 octobre) Khrouchtchev participe à l'Assemblée générale de l'Onu et rencontre Castro.

1961 : (janvier) John Kennedy, élu en novembre 1960, prend ses fonctions de président des États-Unis ; (avril) premier vol humain dans l'espace du cosmonaute Iouri Gagarine ; échec du débarquement des contre-révolutionnaires cubains soutenus par les États-Unis dans la baie des Cochons à Cuba ; (3-4 juin) rencontre Khrouchtchev-Kennedy à Vienne ; (13 août) début de l'édification du mur de Berlin ; (17-30 octobre) : XXIIe congrès du PCUS à la fin duquel Khrouchtchev fait retirer le cadavre de Staline du Mausolée, puis modifier le nom de Stalingrad en Volgograd.

1962 : (1er-3 juin) Annonce d'une augmentation de 25 à 30 % du prix des principaux produits alimentaires. Grèves et manifestations réprimées dans le sang à Novotcherkassk ; (juin-juillet) installation de missiles à tête nucléaire à Cuba ; (14 octobre-3 novembre) crise des missiles à Cuba, Khrouchtchev accepte de faire démonter les missiles et rapatrier les bombardiers soviétiques ; (début novembre) le plenum du Comité central vote le plan de Khrouchtchev de division de l'appareil du Parti en appareil agricole et industriel ; (décembre) harcèlement des peintres (au Manège) et écrivains par Khrouchtchev.

1963 : (7 mars) Poursuite de ce harcèlement ; (22 novembre) assassinat du président Kennedy ; (décembre) plenum du Comité central consacré aux relations sino-soviétiques.

1964 : (9-25 mai) Visite de Khrouchtchev en Égypte ; (14 octobre) le plenum du Comité central limoge Khrouchtchev et le remplace par Brejnev comme secrétaire du Comité central.

1970 : Édition aux États-Unis, en France et dans de nombreux pays d'une édition partielle des *Mémoires* de Khrouchtchev.

1971 : (11 septembre) Décès de Nikita Khrouchtchev après un double infarctus.

Bibliographie

Ouvrages

XX sjezd i jego istoritcheskie realnosti, Moscou, 1991.
58-10, nadzornye proizvodstva prokoutarury SSSR, mars 1953-1991, Moscou, Demokratia, 1999.
Alekseï Adjoubeï, *À l'ombre de Khrouchtchev*, Paris, La Table ronde, 1989.
Iouri Afanassiev, *Ma Russie fatale*, Paris, Calmann-Lévy, 1992.
Iouri Afanassiev (dir.), *La Seule Issue*, Paris, Flammarion, 1989.
A. S. Akhiezer, *Rossia, kritika istoritcheskogo opyta*, Novossibirsk, Sibirski khronograph, 1993.
Vladimir Alliloueïv, *Kronika odnoï siemii*, Moscou, Molodia Gvardia, 1995.
Svetlana Allilouïeva, *En une seule année*, Paris, Robert Laffont, 1970.
—, *Vingt lettres à un ami*, Paris, Le Seuil, 1967.
Raymond Aron, *Mémoires*, Paris, Julliard, 1983.
Jean Baby, *La Grande Controverse sino-soviétique 1956-1966*, Paris, Grasset, 1966.
Oleg Benioukh, *Khrouchtchev*, Moscou, Astrel, 2003.
Lavrenti Beria, *Koniets Kariery, Izdatelstvo polititcheskoï literatoury*, Moscou, 1991.
Lavrenti Beria 1953, Stenogramma ioulskogo plenuma TsK KPSS, Moscou, Demokratia, 1999.
Michael R. Beschloss, *The Crisis Years, Kennedy and Khrushchev, 1960-1963*, New York, Edward Burelingam Books, 1991.
Bobkov, *KGB i Vlast*, Moscou, 1995.

Giuseppe Boffa, *Le Grand Tournant de Staline à Khrouchtchev*, Paris, François Maspero, 1960.
—, *Storia dell' unione sovietica, 1945-1964*, Rome, L'Unita, 1990.
Vladimir Boukovsky, *Et le vent reprend ses tours*, Paris, Robert Laffont, 1978.
Fiodor Bourlatski, *Nikita Khrouchtchev i jego sovietniki*, Moscou, Eksmo Pres, 2002.
Giulio Ceretti, *À l'ombre des deux T*, Paris, Julliard, 1973.
Chapoval, *Khrouchtchev na Oukraini*, Kiev, Znania, 1990.
P. E. Chelest, *Da ne soudimy boudete*, Moscou, 1995.
Dimitri Chepilov, « Vospominania », *Voprossy Istorii*, n° 3-12, 1998.
Édouard Chevardnadze, *L'avenir s'écrit liberté*, Paris, Odile Jacob, 1991.
Pierre Courtade, *Khrouchtchev inédit*, Paris, Éditions sociales, 1960.
Anton Denikin, « Vospominania », *Voprossy Istorii*, 1991 et 1992, n° 1-12, 1993 et n° 2, 4-12.
Gueorgui Dimitrov, *Journal 1933-1949*, Paris, Belin, 2005.
Ditiouk, *Tselinny Kharakter*, Moscou, 1979.
Milovan Djilas, *Conversations avec Staline*, Paris, Gallimard, 1962.
Drougaïa Voina, 1939-1945, Moscou, Rossia XX viek, 1996.
Christian Duplan et Vincent Giret, *La Vie en rouge*, Paris, Le Seuil, 1994, 2 vol.
Ekologia i vlast, 1917-1990, Moscou, Demokratia, 1999.
André Eremenko, *Stalingrad*, Paris, Plon, 1963.
Efim Etkind, *Dissident malgré lui*, Paris, Albin Michel, 1977.
François Fejtö, *Chine-URSS*, Paris, Le Seuil, 1973.
Orlando Figes, *La Révolution russe, 1917-1924*, Paris, Denoël, 2007.
Michael Foot, *Aneurin Bevan*, t. 2, Londres, 1973 (édition utilisée), rééd. 2009.
Alexandre Foursenko et Timothy Naftali, *Bezoumny risk*, Moscou, Rosspen, 2006.
Anatoli Gribkov, *Soudba Warszawskogo dogovora*, Moscou, Rousskaia Kniga, 1998.
Michel Heller et Alexandre Nekritch, *L'Utopie au pouvoir. Histoire de l'URSS de 1917 à nos jours*, Paris, Calmann-Lévy, 1982.
Alexandre Iakovlev, *Le Cimetière des innocents*, Paris, Calmann-Lévy, 2007.
Istoria sovietskoï polititcheskoï tsenzoury, Moscou, Rosspen, 1999.
Istoria SSSR z drevnieszikh vremion, do naszikh dniei, Moscou, 1971.
Raymond Jean, *La Singularité d'être communiste*, Paris, Le Seuil, 1979.
K. A. Jelenski, *La realtà dell' Ottobre polacco*, Milan, Silva Editore, 1961.
Gueorgui Joukov, *Stenogramma oktiabrskogo 1957 g. plenuma TsK KPSS i drougie dokoumenty*, Moscou, Demokratia, 2001.

Lazar Kaganovitch, *Pamiatnye Zapiski*, Moscou, Vagrious, 1996.
André Kaspi, *John F. Kennedy*, Bruxelles, Complexe, 2007.
Oleg Khlevniouk, *1937 god, Stalin, NKVD i sovietskoie obchestvo, respublika*, Moscou 1992.
—, *Stalinskoie politburo v 30 e gody Azirp-XX*, Moscou, *Le Cercle du Kremlin*, 1995, Paris, Le Seuil, 1996.
N. S. Khrouchtchev, *Ce que je pense de la coexistence pacifique*, Paris, Plon, 1960.
—, *Souvenirs*, Paris, Robert Laffont, 1971.
—, *Mémoires inédits*, Paris, Belfond, 1990 (des éditions partielles et parfois aménagées).
—, *Stroitelstvo kommunizma*, Moscou, 1964, 8 vol.
—, *Vremia, Lioudi, Vlast, Vospominania*, Moscou, Moskovskie Novosti, 1999.
—, *Khrouchtchev et la culture*, discours du 8 mars 1963, Paris, Preuves, 1963.
Sergueï Khrouchtchev, *Krizissy i Rakety*, Moscou, Novosti, 1994, 2 vol.
—, *Khrouchtchev par Khrouchtchev*, Paris, Plon, 1991.
Amy Knight, *Beria*, Paris, Abiert, 1994.
Kolektivizatsia i golod na Oukraïni 1929-1933, Kiev, Noukova Doumka, 1993
Tamara Kondratieva, *Gouverner et nourrir*, Paris, Les Belles Lettres, 2002.
Wolodymyr Kosyk, *L'Allemagne national-socialiste et l'Ukraine*, Paris, PEE, 1986.
V. Koudriavtsev et A. Troussiv, *Polititcheskaia Ioutitsia v SSSR*, Moscou, Naouka, 2009.
Gueorgui Koumanev, *Riadom co Stalinim*, Moscou, Bylina, 1995.
V. Kozlov, *Massovy besporiadki v SSSR pri Khrouchtcheve i Brejneve*, Novossibirsk, Sibirski Khronograph, 1999.
KPSS v rezolioutsiahk, Moscou, 1953, 2 vol.
Vladimir Krioutchkov, *Litchnoie Delo*, Moscou, Olymp, 1996, 2 vol.
Branko Lazitch, *Le Rapport Khrouchtchev et son histoire*, Paris, Le Seuil, 1976.
Anna Larina, *Boukharine ma passion*, Paris, Gallimard, 1993.
Les Conquêtes de la démocratie soviétique, Paris, Bureau d'édition, 1937.
Stéphane Courtois (sous la dir. de), *Le jour se lève*, Monaco, Éditions du Rocher, 2005.
Les Lettres nouvelles, écrivains soviétiques, mai 1962.
Wolfgand Leonhard, *Nikita Sergueïevitch Khrouchtchev, ascension et chute d'un homme d'État soviétique*, Lausanne, Éditions Rencontre, 1965.
Moshe Lewin, *Le Siècle soviétique*, Paris, Fayard/Le Monde diplomatique, 2003.

Loubianka, Stalin, NKVD, NKGB, GOUKR, Smerch, 1939-mars 1946, Moscou, Demokratia, Materik, 2006.

Loubianka, Stalin i MGB SSSR, mars 1946-mars 1953, Moscou, Demokratia, Materik, 2007.

Jean-Jacques Marie, *Les Peuples déportés d'Union soviétique*, Bruxelles, Complexe, 1995.

—, *Le Goulag*, Paris, PUF, 1999.

—, *Staline*, Paris, Fayard, 2001.

—, *La Guerre civile 1917-1922*, Paris, Autrement, 2005.

—, *Trotsky*, Paris, Payot, 2006.

—, *L'Antisémitisme en Russie de Catherine II à Poutine*, Paris, Tallandier, 2009.

Nadine Marie-Schwartzenberg, *Le KGB*, Paris, PUF, 1993.

Anatoli Mariengof, *Les Cyniques*, Paris, Le Seuil, 1990.

Jaurès Medvedev, *Grandeur et chute de Lyssenko*, Paris, Gallimard, 1971.

Roy et Jaurès Medvedev, *Khrouchtchev, les années de pouvoir*, Paris, Maspero, 1977.

Roy Medvedev, « Khrouchtchev », *Droujba Narodov*, n° 7, 8 et 9, 1989.

Vladimir Medvedev, *Dans l'ombre de Brejnev et de Gorbatchev*, Paris, Plon, 1997.

Vejlko Mićunović, *Journées de Moscou, 1956-1958. Un ambassadeur de Tito au Kremlin*, Paris, Robert Laffont, 1979.

Anastase Mikoïan, *Tak bylo, razmychlenie o minouvchem*, Moscou, 1999.

Sergueï Mikoïan, *Anatomia Karibskogo krizissa*, Moscou, Academia, 2008.

Steven Merritt Miner, *Stalin's Holy War*, Chapell Hill, The University of North Carolina Press, 2003.

Molotov, Malenkov, Kaganovitch 1957, Stenogramma Ioulskogo plenuma TsK KPSS i drougie dokumentu, Moscou, Demokratia, 1998.

Bodgan Nahajlo et Victor Swoboda, *Après l'Union soviétique*, Paris, PUF, 1990.

Nuovi argumenti, n° 57-58, « 8 domande sul tredicesimo congresso del PCUS », juillet-octobre 1962.

Alexandr Pantsov, *Mao Tse-Toung*, Moscou, Molodaia Gvardia, 2007.

Constantin Paoustovski, *Une jeunesse inquiète*, Paris, Gallimard, 1964.

Boris Pasternak i vlast, 1956-1972, Moscou, Rosspen, 2001.

V. V. Pavlov, *Stalingrad, Mif i realnost*, Saint-Pétersbourg, Olma Press, 2003.

Pauline Peretz, *Le Combat pour les Juifs soviétiques*, Paris, Armand Colin, 2006.

Nikita Petrov, *Ivan Serov, pervy predsedatel KGB*, Moscou, Materik, 2005.

Rudolf Pikhoia, *Sovietski Soiouz, istoria vlasti 1945-1991*, Novossibirsk, Sibirski Khronograph, 2000.
Polititcheski dnievnik, t. 1, *1964-1970*, Amsterdam, fonds Herzen, 1972.
A. Ponomarev, *Put k liderstvu*, *Znanie*, Moscou, 1990.
—, « Nikita Khrouchtchev : Natchalo kariery », *Neisvestnaia Rossia*, n° 3, Moscou, Istoritcheskoie Nasledie, 1993.
Praesidium Ts K KPSS 1954-1964 (*Tchernovy protokolnye zapisi zasedanii.* T. 1, *Stenogrammy* ; t. 2, *Postanovlenia 1954-1958* ; t. 3, *Postanovlenia 1959-1964*), Moscou, Rosspen, 2004 (t. 1), 2006 (t. 2), 2008 (t. 3).
Quel terribile 1956, Rome, editori Reuniti, 1956.
Raskaz o potchotnom ckhaktiore, Stalino, 1961.
« Reabilitatsia, Polititcheskie protsessy 30-50 x godov », *Izdatelstvo politictheskoï literatoury*, Moscou, 1991.
Reabilitirovan postsmetrno, Moscou, 1988.
Regionalnaia politika N. S. Khrouchtcheva, 1953-1964, Moscou, Rosspen, 2009.
Vadim Rogovine, *Byla-li Alternativa ?*, Moscou, Terra, 1992.
—, *Vlast i oppositsia*, Moscou, Teatr, 1993.
—, *Stalinski neonep*, Moscou, 1995.
—, *1937*, Moscou, 1996.
—, *Partia Rasstrelianykh*, Moscou, 1997.
—, *Mirovaia revolioutsia i mirovaia Voina*, Moscou, 1998.
—, *Koniets oznatchaiet Natchalo*, Moscou, 2002.
Mikhail Romm, *Oustnye Raskazy*, Moscou, Kinotsentr, 1991.
André Rossi, *Autopsie du stalinisme*, Paris, Pierre Horay, 1957.
Walt Rostow, *The Diffusion of Power, an Essay in Recent History*, New York, The Macmillan Company, 1972.
Alain Roux, *Le Singe et le Tigre. Mao un destin chinois*, Paris, Larousse, 2009.
Sagatlein et Podrely, *otetchesvennaia diplomatia XX ogo vieka ot Lva Ttrotskogo do Andreia Gromyko*, Arzamas, 1992.
Andreï Sakharov, *Mémoires*, Paris, Le Seuil, 1990.
Pierre Salinger, *Pour mémoire*, Paris, Denoël, 1995.
David Samoïlov, *Pour Mémoire*, Paris, Fayard, 1998.
Henry Schapiro, *L'URSS après Staline*, Paris, Gallimard, 1954.
Glenn T. Seaborg, *Kennedy, Khrushev and The Test Ban*, Berkeley, Los Angeles, London, University of California Press, 1981.
Vladimir Sergitchouk, *Radianski partisani proti OUN-UPA*, Kiev, Spilka, 2000.
Philip Short, *Mao Tse Toung*, Paris, Fayard, 2005.
Konstantin Simonov, « Glazami Tchgelovieka mojego pokolenia », *Znamia*, n° 3, 4 et 5, 1988.
G. Smirnov, *Ouroki minouvchego*, Moscou, Rosspen, 1997.

Georges Sokoloff, *La Puissance pauvre*, Paris, Fayard, 1993.
—, (présenté par), *1933 l'année noire*, Paris, Albin Michel, 2000.
Alexandre Soljenitsyne, *Le Chêne et le Veau*, Paris, Le Seuil, 1975.
Theodore Sorensen, *Kennedy*, Paris, Gallimard, 1966.
Soudby Rossiiskogo krestianstva Rossia XX viek, Moscou, 1996.
Pavel Soudoplatov, *Missions spéciales*, Paris, Le Seuil, 1994.
Georges-Henri Soutou, *La Guerre de cinquante ans*, Paris, Fayard, 2001.
Sovietski faktor v sovietskoi evrope, 1944-1953, Moscou, Rosspen, 2002, 2 vol.
Staline, *L'Homme le capital le plus précieux*, Paris, Éditions sociales, 1948.
Grigori Svirski, *Les Écrivains de la liberté*, Paris, Gallimard, 1984.
Michel Tatu, *Le Pouvoir en URSS*, Paris, Grasset, 1967.
William Taubman, *Khrushchev, the Man and his Era*, New York, Norton and Co, Londres, Simon and Schuster, 2003.
A. S. Tchianovski, *Nevidola viina, partizanski rukh v Oukraini 1941-1945*, Kiev, éditions Oukraïna, 1994.
Félix Tchouev, *Sto sorok bessed s Molotovim*, Moscou, Terra, 1991 ; édition française (partielle), *Conversations avec Molotov*, Paris, Albin Michel, 1995.
Léon Trotsky, *Œuvres*, Grenoble, EDI puis Institut Léon Trotsky, 1978-1989, 27 vol.
—, *La Révolution trahie*, Paris, 10-18, 1969.
Tsentralny komitet KPSS, istoriko-biografitcheski spravotchnik, Moscou, Parad, 2005.
Cécile Vaissié, *Les Ingénieurs des âmes en chef*, Paris, Belin, 2008.
Larissa Vassilieva, *Kremliovskie Zony, Vagrius*, Moscou, 1993 [édition en anglais, *Kremlin Wives*, New York, Arcade Publishing, 1994].
Velikaia otietchesvennaia Voïna 1941-1945, Moscou, Naouka, 1998-1999, 4 vol.
Vivre dans la paix et l'amitié, le séjour de N. Khrouchtchev aux USA, Moscou, s.d.
Vlast i oppozitsia, Moscou, Rosspen, 1995.
Dmitri Volkogonov, *Lenin*, Moscou, Novosti, 1994, 2 vol.
—, *Siem Vojdei*, Moscou, Novosti, 1996, 2 vol.
—, *Stalin*, Moscou, Novosti, 1996, 4e édition, 2 vol.
Mikhail Voslensky, *La Nomenklatura*, Paris, Belfond, 1980.
—, *Les Maîtres de la nomenklatura*, Paris, Belfond, 1989.
J. P. Warburg, *Pourquoi le plan Marshall ?*, Paris, Éditions Self, 1948.
Nicolas Werth, *La Terreur et le Désarroi. Staline et son système*, Paris, Perrin, 2007.
—, *L'Ivrogne et la Marchande de fleurs*, Paris, Tallandier, 2009.
Elena Zoubkova, *Obchtchestvo i reformy, 1945-1964*, Moscou, Rossia Molodaia, 1993.

Revues, almanachs et magazines

Cahiers du communisme
Cahiers du mouvement ouvrier
Cahiers Léon Trotsky
Communisme
Contrat social
Droujba Narodov
Est-Ouest
Istoria SSSR
Istoritcheski Arkhiv
Istotchnik
Izvestia Ts K KPSS
Jarhbuch für Historische Kommunismus-Forschung
Kentavr
Kommunist
Neizvestnaia Rossia (4 vol.)
Novy Mir
Ogoniok
Otetchestvennye Arkhivy
Problèmes du communisme
Problèmes soviétiques
Sotsialistitcheski Viestnik
Soviet Studies
Svobodnaia Mysl
Voprossy Istorii
Voprossy Istorii KPSS
Znamia
Zvezda

INDEX

TABLE DES CARTES

Table des matières

TROISIÈME PARTIE
L'iconoclaste

QUATRIÈME PARTIE
Le prisonnier

CINQUIÈME PARTIE
La chute

Mise en pages
PCA
44400 Rezé

Édition exclusivement réservée
aux adhérents du Club,
Le Grand Livre du Mois

Achevé d'imprimer en mars 2010
sur les presses de Normandie Roto Impression s.a.s.
à Lonrai (Orne)
pour le compte des Éditions Payot & Rivages
106, bd Saint-Germain – 75006 Paris
N° d'imprimeur : 10-0757
Dépôt légal : mars 2010
ISBN : 978-2-286-06550-8

Imprimé en France